# 现代集装箱码头经营管理

于汝民 主编

人民交通出版社

## 内 容 提 要

本书共计18章。一至三章系统总结了我国国际集装箱运输的发展历程,并从现代物流的角度,深刻分析了现代集装箱码头经营管理对物流发展的重要作用。四至十章介绍了现代集装箱码头的平面布置、专用装卸设备、装卸工艺以及数字化建设的新进展,并从市场营销、人力资源管理、投融资管理和财务管理等职能战略方面阐述了现代集装箱码头的有关经营问题。十一至十八章从集装箱码头的单证管理、生产作业计划、生产作业管理、箱务管理、商务管理等生产环节和设备管理、科技节能计量、质量安全环境管理及港口设施保安等生产保障方面系统分析了现代集装箱码头的有关管理问题。

本书可供集装箱码头经营管理人员和相关行业的有关人员使用,并可作为有关院校及科研机构参考用书。

**图书在版编目(CIP)数据**

现代集装箱码头经营管理/于汝民主编.—北京:人民交通出版社,2007.8
ISBN 978-7-114-06745-7

Ⅰ.现... Ⅱ.于... Ⅲ.集装箱码头-管理 Ⅳ.U656.1

中国版本图书馆CIP数据核字(2007)第122783号

书　　名:现代集装箱码头经营管理
著 作 者:于汝民
责任编辑:钱悦良
出版发行:人民交通出版社
地　　址:(100011)北京市朝阳区安定门外外馆斜街3号
网　　址:http://www.chinasybook.com(中国水运图书网)
销售电话:(010)64981400,64960094
总 经 销:北京中交盛世书刊有限公司
经　　销:人民交通出版社交实书店
印　　刷:中国电影出版社印刷厂
开　　本:787×960　1/16
印　　张:34.5
字　　数:570千
版　　次:2007年8月 第1版
印　　次:2007年8月 第1次印刷
书　　号:ISBN 978-7-114-06745-7
印　　数:0001~4000册
定　　价:168.00元
(如有印刷、装订质量问题的图书由本社负责调换)

# 序 XU

当前,我国海运业发展正进入高峰期,特别是经过"十五"的洗礼,我国海运业开始由大到强的飞越。现代化的港口体系是建设海运强国的重要支撑。为积极推进水路交通现代化,必须建设适应经济发展需求、布局合理的沿海港口体系,加快建设具有较强国际竞争力的集装箱干线港口和国际航运中心,提升港口在现代物流中的重要枢纽作用。

集装箱运输是现代化运输的集中体现,现代集装箱码头作为国际集装箱运输体系的重要组成部分和现代物流链的重要节点,其经营管理关系到集装箱运输的效率、效益和效能,对推动现代物流业特别是港口物流业的发展起着举足轻重的作用。加强、完善和创新现代集装箱码头的经营管理,是从"传统"走向"现代"的码头经营管理者们一直思考的问题。现在,由天津港(集团)有限公司总裁于汝民同志主编的《现代集装箱码头经营管理》一书的付梓出版,适当其时。本书比较全面地总结了集装箱码头经营管理的实践,对现代集装箱码头的发展做了积极有益的探索,对于系统了解现代集装箱码头的运营、指导解决其经营管理中遇到的有关问题具有一定的参考、借鉴价值。

汝民同志长期从事港口经营管理工作,是一位学者型的企业家,博学善思,以其深邃的思想、独特的设计,被誉为2006年中国港口管理界的"战略家",同时也是一位见证和创造了新中国港口及集装箱码头发展历程的实干家。本书凝聚了以于汝民同志为代表的几代港口经营管理者们来自实践的心血和汗水,也反映了他们走向世界一流大港的国际化视野和胸怀。

在我国水运事业以及集装箱港口发展的黄金时代,现代集装箱码头的经营管理要适应新形势,以科学发展观为指导,在企业战略、管理理念、管理方法等方面不断创新。相信本书的出版,对于推进我国集装箱运输事业又好又快地发展、对于加快推进我国水路交通现代化将起到积极的作用。

是为序。

2007年8月

# 《现代集装箱码头经营管理》编审委员会



# 编　辑　部

# 前　言　QianYan

伴随着科学技术进步和经济全球化,国际集装箱运输蓬勃发展。在这一运输方式革命的进程中,集装箱码头日益凸显其作为国际集装箱运输体系中的枢纽和物流供应链中重要节点的作用,现代集装箱码头的经营管理代表着港口企业未来经营管理的发展方向。

我国国际集装箱运输事业在国际集装箱运输开创、成长期中起步、跟进,在成熟期中迅速发展,近年来的持续超常规高速发展更令世人刮目相看。21 世纪前 20 年,是我国的重要发展历史机遇期,在这一段时期,加快发展我国集装箱运输事业,港口及其集装箱码头任重道远。

10 年前,我们承担了交通运输经济管理科学丛书中《集装箱码头经营管理》一书的编写任务。编写组成员在业界前辈的悉心指导下,历时近两年,于 1999 年完成了编写出版任务。鉴于近年来国际集装箱运输的飞速发展,为了更好地回顾总结我国集装箱码头的发展历程,系统地梳理、提炼与升华世纪之交以来港口国际集装箱运输事业新经验、新成果及其发展的新动向,我们与时俱进,在原书基础上重新编写了一本指导集装箱码头经营管理的新书——《现代集装箱码头经营管理》。

本书共计 18 章。一至三章通过对国际集装箱运输兴起与发展历史的回顾,系统总结了我国国际集装箱运输的发展历程,并从现代物流的角度,深刻分析了现代集装箱码头经营管理对物流发展的重要作用。四至十章深入分析了现代集装箱码头前期策划与战略管理,介绍了现代集装箱码头的平面布置、专用装卸设备、装卸工艺以及数字化建设的新进展,以此为基础,分别从市场营销、人力资源管理、投融资管理和财务管理等职能战略方面阐述了现代集装箱码头的有关经营问题。十一至十八章从集装箱码头的单证管理、生产作业计划、生产作业管理、箱务管理、商务管理等生产环节和设备管理、科技节能计量、质量安全环境管理及港口设施保安等生产保障方面系统分析了现代集装箱码头的有关管理问题。本书力求理论上的系统性、完整性,强调实用性、可操作性。

《集装箱化》杂志社原社长刘鼎铭教授担纲全书主审。

交通部蒋千总工程师为本书作序。

此外,我们得到上海海事大学黄有方副校长,大连海事大学交通工程与物流学院吕靖副院长,交通部水运研究院费维军副院长、彭传圣研究员，交通部水运规划设计院陈韬副院长的指点与帮助，在此向他们表示诚挚的谢意。

本书出版之际，适逢中国港口集装箱吞吐量即将突破1亿TEU，谨以此书献给为中国港口及集装箱码头发展做出贡献和关心我国集装箱运输事业发展的业界同仁！

2007年8月

# 目　录 MuLu

# 第一章　国际集装箱运输兴起与发展

集装箱是一种运输设备。集装箱具有足够的强度,可长期反复使用;适于多种运输方式运送,途中转运时,箱内货物不需换装;具有快速装卸和搬动的装置,特别便于从一种运输方式转移到另一种运输方式;便于货物装满或卸空;具有 $1m^3$ 及 $1m^3$ 以上的容积。

集装箱运输是以集装箱为单元进行货物运输的一种方式,其主要特点是将单件适箱货集中成组装入集装箱内,实现门到门的运输,是对传统运输方式乃至港口装卸工艺的一次重大革命。集装箱运输已成为当今世界最先进的运输组织形式,代表着件杂货运输的发展方向,是交通运输现代化的重要标志之一。

集装箱运输作为全球运输史上一场重大变革,自它诞生以来就显示出强大的生命力,它给全球带来一种崭新的运输系统;它所产生的影响不仅仅是集装箱运输领域,而是涉及整个综合运输体系,乃至社会经济系统;甚至在某种程度上能改变某些地域的经济格局。

集装箱运输的兴起与发展,在全球范围内促进了国际贸易更大发展,并给港口带来空前深远的影响,不仅促进了港口自身功能的提升,而且对港口结构和布局的调整产生重大影响。

港口是物流中的一个重要结点,是发展现代物流的核心资源,也是全球运输网络体系重要的基础设施和载体。当今世界港口正处于从第二、三代港口向第四代港口发展演变的进程中。作为港口重要组成部分的集装箱码头,其业态及其功能适应着从传统物流、配送物流、综合物流,向现代物流发展的过程。随着现代集装箱码头功能不断拓展,其对社会经济以及综合运输体系进一步发展和完善所起的保证、凝聚、辐射、调节、驱动作用日益显现。

本章通过国际集装箱运输发展概述,从集装箱运输的源流视角作理

论总结；对集装箱枢纽港、干线港、支线港、喂给港等基本概念作一介绍；从国际集装箱运输起源、发展历程和趋势等几方面作历史性回顾。

## 第一节 概 述

集装箱运输这一具有划时代意义的运输方式革命，从其萌芽孕育之时算起至今已经整整两个世纪，现正处于成熟发展期。集装箱运输方式从陆上运输发展到水上，由内河进入海上，进而由欧美走向世界，渐进发展，逐渐形成由集装箱水上运输，港口及其集装箱码头，集装箱公路、铁路、航空运输及内陆集装箱“转运站”等组成的集装箱运输系统。

### 一、国际集装箱运输发展及其运输系统的巨大变化

国家、地区间大宗海上贸易中的件杂货及其他适箱货类的运输方式，经历了由单件运输逐步向成组运输，再向集装箱运输方向发展的历程。国际集装箱海上运输担负着全球国际贸易中适箱货运输的重任。集装箱箱体本身的发展、演变，经历了由简单、简陋、不规范，逐步向标准化、规范化、多类别、多用途方向发展的历程；运输船舶由杂货船携带集装箱到半集装箱船，再向全集装船方向发展；而码头则经过了由杂货码头兼做集装箱码头，到集装箱专业化码头，再向现代化、大型化、深水化、多功能化方向发展的历程。

现代化、标准化的国际集装箱运输的兴起与快速发展，有力地带动了整个集装箱运输系统的巨大进步。

(1)带动了包括集装箱运输工具如集装箱船舶、集装箱码头装备、铁路公路运输设备的现代化、标准化。

(2)带动了包括交通道路、桥梁、涵洞、集装箱场站建设的现代化、标准化。

(3)带动了集装箱船舶向大型化、现代化方向发展。

(4)带动了现代港口功能的提升及其集装箱码头向现代化、大型化、深水化、自动化方向发展，产生了一批具有影响力的集装箱枢纽港和干线港。

在经济全球化和区域经济一体化的大格局和大环境下，国际集装箱运输系统已成为连接各国间经贸往来的重要纽带与桥梁，而港口及其集装箱码头则是该纽带的端点和重要的海—陆桥头堡。集装箱枢纽港、干线港及其现代化集装箱码头已成为影响全球资源优化配置的重要枢纽和关

键节点。港口及其集装箱码头的布局规划、建设、投融资、体制机制模式、前期的策划与运营设计、生产要素与资源配置、码头生产业务运营以及运营效率、效益、效能的评估无不与集装箱运输系统的成长与发展息息相关。因此,各国(地区)均将包括港口及其集装箱码头建设在内的国际集装箱运输事业作为经济和社会发展规划中优先发展的重点之一。国际集装箱运输在可预见的相当长的历史时期内仍将持续、高速发展。

就国际集装箱运输系统而言,论其源,商务经贸活动是其实质;论其流,本质活动即从传统业态的物流演绎成当今的现代物流。国际集装箱运输是适箱货物(商品)进入流通领域必不可少的重要阶段。以出口集装箱货物为例,集装箱货物流程为:工厂“门”—内陆货运站或“无水港”装箱—陆上运输—港口集装箱码头(公用码头或货主码头)—卸至库场—装船—水上运输(内河或海上)—对方港口集装箱码头—货运站拆箱或经陆上运输—用户(超市、商店、工厂)“门”—广义上的消费者。进口集装箱货物流程也是如此,只是货主或其代理商作为消费者代表而已。其中就港口及其集装箱码头在整个现代物流体系中各运输段的源流地位而言,港口及其集装箱码头既是出口货物的海上运输段的海上(水上)源头,又是进口货转运至顾客陆上运输段的陆上源头。反之,港口及其集装箱码头既是进口货物的海上运输段的终点又是出口货物陆上运输段的终点。国际或地区中转货物水陆运输换装方式,与上述流程相同,只是陆上运输的距离远近和目的地不同,若是目的地超出了本地区而跨越国界,则成为陆上国际中转运输。作为水水运输换装的方式(大多是先进后出),无论是国内沿海港口之间中转或是国际转国内、国内转国际、国际转国际,对于港口及其集装箱码头而言,则既是上一航次的终结又是另一航次的开头。港口及其集装箱码头在现代物流中担当系源之头、流之尾功能于一身的特殊角色。由此可以看出港口及其集装箱码头在现代物流体系中的地位与作用。

## 二、不同层次的集装箱港口

集装箱港口的发展由于受地理位置、自然条件、设施设备先进程度等内部因素影响,以及港口所在区域经济发展水平、航运市场的变化、集装箱船舶大型化等外部因素影响,逐渐形成了枢纽港、干线港、支线港、喂给港等不同层次的集装箱港口。

### 1. 集装箱枢纽港

简称枢纽港,是指有若干条集装箱超大型船舶主干航线汇集的港口,

是完善的多式联运网络的中心,特别是集装箱干、支航线网络的中心。不仅是集装箱超大型船舶主干航线与支线航线交汇的港口，也是集装箱干线航线与干线航线交汇的港口，同时该港口还是一个或多个大型班轮公司或大型班轮公司联盟的基地港。枢纽港大多位于国际海上战略要道或国际深水航道的附近,是国际集装箱运输主干航线的起始港、终点港或主要挂靠港。

就当今世界而言，枢纽港是指具有可同时接纳一定数量的第六代以上超大型集装箱船舶和国际中转大型集装箱船舶的能力，集疏运体系完善通畅,通关便利,手续简便,港口及集装箱码头设施设备先进、功能完善齐全,服务优质高效,收费合理,集装箱货源充足或中转集装箱运量占有相当比重的大型现代化集装箱港口。

从集装箱枢纽港在全球经贸活动以及在地域和区域中的地位与作用的角度,可分为就全球而言的国际集装箱枢纽港和就其所在地区、区域而言的区域集装箱枢纽港。

就一国而言的集装箱枢纽港,往往与通常所指的干线港很难区分。因此，本书所述的集装箱枢纽港仅是对国际集装箱枢纽港或区域集装箱枢纽港的统称。世界上真正意义上的枢纽港实际上为数并不多,较为典型的如香港港和新加坡港。

此外,以货源的主要来源还可划分为腹地型枢纽港、中转型枢纽港、复合型枢纽港。世界上大多数大型集装箱港口属复合型枢纽港,其集装箱货源主要来自陆域腹地,同时又靠干、支线集装箱船舶运输将其海域腹地货源吸引过来。国际集装箱枢纽港是一国或某一地区建立国际航运中心重要的基础条件之一,而建成真正意义上的全球或区域性国际航运中心,还需若干与之配套的设施、功能等,在此不作赘述。

2. 集装箱干线港

简称干线港,是指国际集装箱运输主干航线船舶在此直航、挂靠,或区域性国际航线的起始港、终点港。本地区及邻近地区集装箱货源充足,并有一定数量的支线港、喂给港组成支线网络作保障。干线港一次装卸箱量较大,周边港口的箱货通过陆上或海上支线运输向该港口集中或疏散;国际集装箱航线、航班密度大,设备先进,泊位数量多,装卸效率高,在同一区域港口群中具有明显的区位优势，在集装箱运输系统中占有重要地位。干线港是船公司基于干线船舶航线布局的产物。

干线港与前述枢纽港在地理位置、自然条件、通航条件等外部条件,自身基础设施设备及其装备水平、功能、管理现代化程度等方面无本质差别,仅规模大小不同。在全球集装箱船舶大型化潮流下,各国集装箱港口能否接纳并完成载箱量在6 000TEU以上的主流大型集装箱船舶已成为是否成为该国(或地区)干线港的重要指标之一。因此,疏浚并加深航道及进出港、靠离泊水域,新建或改扩建集装箱码头泊位,提升并改善集装箱设施、设备能力及其服务功能和现代化管理水平,已成业界的共识,并得到各国(地区)集装箱港口当局及其投资者的支持。

我国的大连、天津、青岛、上海、宁波—舟山、深圳、广州以及苏州、厦门等港作为我国国际集装箱干线港,其地位在短时期内不会发生“升降”,环渤海三港鼎立的格局也不会动摇。我国最具发展潜力的将是地处长三角的集装箱港口群,有望成为新崛起的区域集装箱枢纽港。

3. 集装箱支线港

简称支线港,也可称为枢纽港、干线港的喂给港,是指区域性集装箱国际航线或分支航线的挂靠港,或是少数区域性国际航线及国内集装箱航线的起始港、终点港。

支线港是相对于干线港而言,主干航线班轮一般不在这些港口挂靠,而只有近洋航线和支线班轮在此挂靠或始发。这些港口的集装箱货物,通常由本港经济腹地生成,主要用于当地生产或消费,转运量相对很小,这类港口与干线港之间有定期支线航班往来。

支线港相对于干线港而存在,其基础设施、设备能力、服务功能完善程度及管理水平与上述港口相比存在相当的差距,主要体现在所处的地理位置大多远离主干航道,自然条件、通航条件无法接纳大型、超大型集装箱船舶;所在城市或区域社会经济发展居次发达水平;适箱货生成量有限;港口自身规模较小,设施、设备水平和能力一般,服务功能受限等而影响其发展。但在船舶大型化形势下,由于主干航线挂靠港相对有所减少,部分地区(区域)集装箱货源在市场经济规律支配下向枢纽港、干线港高度集中,使得有些条件较好的干线港会沦为区域干线港或其他干线港的支线港。

4. 集装箱喂给港

简称喂给港,是相对枢纽港、干线港、支线港而存在,通常是指出口适箱货的“原生地”或局部地区陆上或水上集装箱货源的“聚集地”。这些港口集装箱货源内外贸兼而有之,往往量小且较为零散难以形成规模,目的港也较为分散,基于本港内外条件所限只能通过集装箱水上运输运至有直达主干航线或支线航班始发或挂靠的集装箱港口去转运。正如当年我国沿海主要港口在其发展国际集装箱运输的初中期,几乎都是周边日、韩

等国集装箱港口的喂给港。如喂给港将其集装箱运至无直达航线的港口，对于这批集装箱货物而言该港则是又一层次的喂给港。

## 第二节 国际集装箱运输发展历史的回顾

国际集装箱运输的发展与全球经济发展以及科技进步密切相关。其规模、运输船舶、运输组织、运营模式、运输系统，以及科技含量、信息技术等诸方面，都经历了由简单到复杂，由低级技术到高级技术，由单一经营到联盟组合，由区域到全球的演变，并留下深刻而清晰的发展轨迹。现代化、标准化集装箱及其运输方式的兴起与发展，带动了整个集装箱运输系统的进步并为其持续发展奠定了基础。

两个世纪以来国际集装箱运输的发展大体经历了萌芽期、开创期、成长期、成熟期 4 个阶段。

### 一、萌芽期(1801—1955)

1801—1955 年一个半世纪是国际集装箱运输发展的萌芽期。该时期欧美等发达国家在其国内开始尝试陆上短距离集装箱运输。后来在欧洲各国之间进行陆上集装箱运输的合作。由于公路和铁路集装箱运输不统一，制约了陆上集装箱运输的发展，集装箱运输发展非常缓慢。

英国的工业革命促进了运输业的发展。1801 年，英国人安德森博士首先提出了集装箱运输的设想。1845 年，在英国铁路上开始出现了酷似现在集装箱的载货车厢，这是集装箱运输的雏形。

1880 年，美国正式试制了第一艘内河集装箱船在密西西比河上试航，但这种新型的运输方式没有被人们接受。

1900 年，英国铁路正式使用简陋的集装箱。1917 年，美国在铁路上试行集装箱运输。1926 年，德国出现了集装箱运输。1928 年，法国开始集装箱运输。此后，日本和意大利等国也相继试行集装箱运输。

20 世纪 30 年代，公路运输得到迅速发展，公路和铁路集装箱运输产生了激烈竞争。1928 年 9 月，在罗马举行了“世界公路会议”，会议探讨了铁路和公路相互间合作的最优集装箱运输方案，成立了国际集装箱运输委员会。同时，欧洲各铁路公司签订了有关集装箱运输的协议。

1933 年，在法国巴黎成立了民间组织“国际集装箱运输局”，协调有关集装箱运输各方面的合作。

1931—1939 年期间，由于公路和铁路之间的再度竞争，致使这两种运输方式不能紧密配合和相互协调,集装箱运输的优势不能得到充分发挥,基本上处于停滞不前状态。

第二次世界大战爆发后,美国陆军为了提高军用物资运输效率,成立了军事运输系统课题组,提出了货物运输要实现成组化的原则,实现门到门运输。这一原则被交通运输和工商业界所接受。于是,利用托盘和集装箱的成组运输系统广泛开展起来。1952 年,美国陆军开始使用集装箱运输弹药和其他军用物资。

## 二、开创期(1955—1966)

1955—1966 年为集装箱运输发展的开创期。该时期美国首先用油船、件杂货船改装成集装箱船舶在美国沿海从事海上集装箱运输,并获得良好的经济效益。海上集装箱运输的成功,为实现国际远洋航线的海上集装箱运输打下了良好的基础。

1955 年,美国人马尔康·马克林首先提出了集装箱运输必须实现海陆联运的观念,主张陆运和海运由一个公司控制和管理。

1956 年 4 月 26 日,美国泛大西洋轮船公司将一艘 T-2 型油船“马科斯屯”号经过改装后,在甲板上装载了 58 只集装箱,由美国新泽西州的纽约港驶往得克萨斯州的休斯敦港试运成功,开创了海上集装箱运输的先河。3 个月后,试运获得了巨大的经济效益,平均每吨货物装卸费用仅为普通件杂货船的 1/37。

1957 年 10 月,美国泛大西洋轮船公司又将 6 艘 C-2 型件杂货船改装成带有箱格的全集装箱船。第一艘船的船名为“盖脱威城”号,该船上设有集装箱装卸桥,其载重量为 9 000t,装载 2.44m×2.59m×10.67m(8ft×8.5ft×35ft)的集装箱 226 只,每箱总重为 25t,仍航行于纽约至休斯敦的航线上。“盖脱威城”全集装箱船的正式投入营运,标志着海上集装箱运输方式正式开始。

1960 年 4 月,美国泛大西洋轮船公司改名为海陆运输公司。1961 年 5 月,该公司又陆续开辟了纽约至洛杉矶至旧金山等航线。另外,在此期间,美国的马托松等其他轮船公司也先后开辟了夏威夷等航线。

## 三、成长期(1966—20 世纪 80 年代末)

1966—20 世纪 80 年代末为国际集装箱运输发展的成长期。这一时期初期集装箱运输从美国的沿海运输向国际远洋运输发展。从事集装箱运输的船舶为第一代集装箱船,其载箱量在 700~1100 箱之间。1965 年,国际

标准化组织(ISO)颁布了一系列国际标准箱的规格(尺寸),其中20ft和40ft的标准集装箱成为国际集装箱运输中的常用箱,为集装箱运输的多式联运发展打下了良好的基础。至70年代末期,集装箱运输迅速发展,世界各主要航线都开展了集装箱运输。出现了2 000TEU左右的第二代集装箱专用船舶;集装箱专用泊位从无到有,并不断增多;港口装卸设施专业化、现代化;集装箱多式联运组织形式及管理水平不断提高。由于集装箱运输具有运输装卸效率高、成本低、效益好、运输质量高且便于开展国际多式联运等优点,因此,集装箱运输逐渐被货主、轮船公司、港口及其他有关部门所接受,1971年至20世纪80年代末发展提速。国际远洋运输航线从欧美扩展到东南亚、中东及世界各主要航线。

1966年4月, 美国海陆运输公司用经过改装的全集装箱船开辟了纽约至欧洲的国际远洋集装箱运输航线。当年,"美式"集装箱跨越大西洋到达鹿特丹和不来梅港,欧洲在接受了美国集装箱运输系统之后,其远东和太平洋航线随之也进入集装箱运输时代,但比美国整整晚了10年。

1967年9月,美国马托松轮船公司将"夏威夷殖民者"号全集装箱船投入到日本至北美太平洋沿岸的国际远洋航线。

1968年, 日本有6家轮船公司在日本至美国加利福尼亚之间开展集装箱远洋运输。随后,日本与欧洲各国的轮船公司也先后在日本、欧洲、美国和澳大利亚等国家和地区之间开展了海上集装箱运输。

随着国际集装箱运输的发展,世界各国普遍建设了集装箱专用码头。至1983年,全球已建有983个集装箱专用泊位。港口建设不断现代化,许多集装箱码头开始配备集装箱装卸桥、跨运车及堆场使用的轮胎式龙门起重机。电子计算机开始应用于集装箱运输,其管理水平明显提高,在美国出现了集装箱多式联运。1980年5月,在日内瓦通过了《联合国国际货物多式联运公约》。

### 四、成熟期(20世纪80年代末至今)

20世纪80年代末以来,国际集装箱运输的发展进入成熟期。集装箱运输船舶、码头泊位、装卸机械、集疏运的道路桥梁等硬件设施日臻完善,集装箱运输在全世界得到普及,多式联运得到进一步发展。集装箱运输的经营管理、业务管理系统越来越现代化。国际集装箱运输呈现船舶大型化、码头深水化、运输联运化、竞争激烈化的发展趋势。

1. 集装箱船舶升级换代

20世纪80年代末以来,世界集装箱船舶运力大量增加。单船规模越

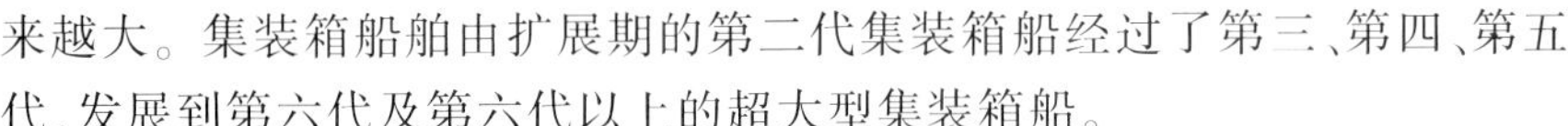


来越大。集装箱船舶由扩展期的第二代集装箱船经过了第三、第四、第五代,发展到第六代及第六代以上的超大型集装箱船。

2. 集装箱码头深水化

与船舶大型化相适应的现代化大型深水集装箱码头应运而生，而且已成为当代国际集装箱干线港的主要硬件设施之一。

3. 国际集装箱运输联运化

在集装箱运输管理方面,广泛采用了电子数据交换(EDI)系统,实现了集装箱动态跟踪管理,加速了集装箱的周转,降低了集装箱运输中的用箱成本。在运输组织上,国际集装箱多式联运得到迅速发展,尤以欧亚大陆桥运输最为典型。由于各国运输基础条件的差异,发达国家之间的集装箱运输基本上实现了门到门的多式联运，而发达国家与发展中国家之间的集装箱门到门的多式联运尚不平衡，发展中国家之间的集装箱多式联运正处于起步阶段。

4. 国际贸易集装箱增速出现新的变化

当今世界各国普遍采用国际标准化的集装箱运输方式进行外贸运输,全球90%以上的外贸货物由海运完成,其中采用集装箱船运输的份额占相当大的比例。四通八达的国际集装箱航线遍布全球,集装箱定期航班穿梭于世界各地，海上集装箱运输已被世界各国作为对外贸易的主要运输手段,极大地推动了国际贸易稳步发展。据有关资料表明,20世纪80年代以来的20多年内，全球国际贸易增长速度始终高于全球经济增长,而全球国际集装箱运量的增长一般均高于全球国际贸易额的增长。但随着贸易货物科技含量的提高,发达国家(地区)集装箱运量的增速相对放缓,有的集装箱港口则出现集装箱吞吐量的增长速度低于同期该港口进出口集装箱货值增长速度的现象，这已成为当今国际集装箱运输发展新的动向。

5. 各国(地区)重视集装箱码头建设

国际集装箱运输发展至今,集装箱海上运输量、港口集装箱吞吐量、港口集装箱国际中转量，已成为衡量一个国家港航实力和地位的重要指标之一。因而,国际集装箱运输越来越受到世界各国政府、世界航运业界、港口业界、经济和外贸业界的高度重视,都在不断总结、研究其发展规律,预测其发展趋势,并结合本国、本地区、本港口的实际,研究制订科学发展规划及相关政策与法规，采取切实步骤指导建设集装箱枢纽港及其集装箱码头,以利在经济全球化进程中取得主动,新一轮的集装箱码头建设热潮于21世纪初在全球再次兴起。

综上所述,国际集装箱运输的渐进发展,带动了各国公、铁路建设和汽、火车运输逐渐向国际标准化靠拢;带动了与之相关的运输工具的科技革命与发展,特别是全集装箱船舶的设计制造向大型化、高速化发展,以及适应不同区域集装箱运输需求的多种船型的发展;加速了集装箱制造业、集装箱专用机械设备等相关产品的技术进步与发展;同时,带动了港口及集装箱码头的技术改进与设施装备的完善;集装箱码头深水化、规模化、枢纽化、多功能化进程随之不断加快。集装箱码头信息化建设,乃至口岸计算机通信网络、电子商务建设与发展迈入一个崭新的阶段;带动并促进了国际集装箱多式联运的发展,进而为改进和完善集装箱运输系统奠定更加扎实的基础,特别是为现代物流业新的快速发展提供极好的机遇。国际集装箱运输的发展加快了集装箱运输经营和集装箱码头经营向集团化、联盟化、网络化、物流化方向发展的进程;在港口及其集装箱码头所在港口与城市以及周边地区社会经济的平稳发展中,国际集装箱运输在推动区域乃至全球产业布局与产业结构调整,以及带动全球资源的优化组合配置与集中的渐进过程中产生"聚集效应"、"辐射效应";带动并促进了集装箱国际枢纽港乃至国际或区域性航运中心、物流中心的建设与发展。国际集装箱运输的发展,成为推动全球经济发展的重要驱动力之一。

## 第三节　国际集装箱运输发展趋势

进入新世纪,国际集装箱运输发展趋势集中体现在以下几个方面:一是班轮运营联盟化、全球化;二是国际集装箱干线船舶大型化;三是以国际枢纽港为中心的支线运输网络化;四是枢纽港、干线港集装箱码头深水化、规模化、多功能化;五是集装箱码头生产、管理自动化、信息化;六是集装箱码头经营模式全球化、多样化。

### 一、国际集装箱班轮运输运营联盟化、全球化

自集装箱化兴起之初,集装箱班轮公司间从班轮公会的协议费率、协议运力到舱位租赁和联合配船等广泛领域就存在相互参与合作。但不同时期,班轮公司的合作方式不同,其具体方式有:

1. 班轮公会

班轮公会是两家以上在同一航线上或相关航线上经营班轮运输的企业为限制或避免竞争,共同制定统一费率及在航线经营方面签订协议。19世纪后期,7家航运公司结成了世界上第一个班轮公会。1974年,班轮公

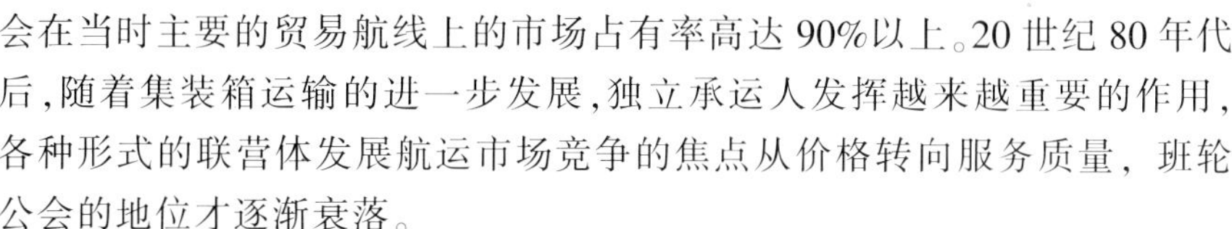

会在当时主要的贸易航线上的市场占有率高达90%以上。20世纪80年代后，随着集装箱运输的进一步发展，独立承运人发挥越来越重要的作用，各种形式的联营体发展航运市场竞争的焦点从价格转向服务质量，班轮公会的地位才逐渐衰落。

2. 联营体

联营体是指两家或两家以上航运公司，为了共同开展一项业务而产生的临时松散性的自愿合作形式。联营的目的主要是节约成本，提高服务质量，其具体范围是以某一航线为单位分别订立协议。

3. 航线稳定协议

20世纪80年代，集装箱运输市场一度运力严重过剩，3大航线运价大幅下跌，价格失控。在这种情况下班轮公会与独立承运人(非公会成员)达成航线稳定协议，其核心内容是防止某一航线(航区)的运力过剩，有计划地封存船舶以保持对班轮公司有利的运价水平。但是，由于美国联邦海事委员会和欧洲都认为航线稳定协议违反了美国、欧盟的反垄断法，各航线稳定协议被迫纷纷终止限制运力计划。

4. 战略联盟

班轮公司战略联盟主要起源于联营体。班轮公司在组建战略联盟时缔结的协议涉及到航线的分配、船期和线路的安排、运力的增加与撤出、港口和挂靠顺序以及全球性的经营，但每个成员都保持自己相对的独立性。

当今，国际集装箱班轮航运市场班轮运输经营联盟化、全球化，已成为21世纪全球集装箱航运的发展方向。面对激烈的国际班轮市场的竞争，班轮公司通过集装箱班轮运输联盟化以增强实力和竞争力，获得规模经济效益。国际集装箱班轮运输经营联盟化可以获得以下好处：

(1)通过轮流派出大型集装箱船的方式，以减少协议方派船的频率和数量，优化了航线的生产要素，降低单箱运输成本。

(2)通过接运舱位、箱位互租互拼，舱位、箱位共享，以及舱位采购、联合派船等进行业务经营，从而保证了协议方都能向客户提供运输服务，以巩固和扩大班轮公司各自航运市场份额。

(3)通过联营体可增加发船密度，提高为客户服务的频率，吸引更多的集装箱货源，揽取更多的集装箱货载，占领更大的市场份额，以保持在航运市场竞争中的优势地位。

(4)采用联合和合作方式，可共享诸如集装箱、集装箱场站、集装箱装卸搬运机械、集装箱维修设施设备和信息系统等资源，以提高设施设备资

源的利用率，降低投资和经营的风险。

(5)通过联合和合作经营后，联营协议的各方可统一与各支线运输服务公司签订支线运输合同，以扩大支线运输网络范围、降低支线运输费用。

(6)可以充分利用联盟协议各方的运输、货运、信息和营销网络系统等庞大的资源优势，开展国际多式联运，并向现代物流方向发展。

目前，经过不断地调整与发展，世界上的大型班轮公司已形成了包括伟大联盟(Grand Alliance)、新世界联盟(The New World Alliance)和CKYH联盟(COSCO-KLINE-YANGMING-HANJIN)的三大联盟，见表1-3-1。

全球班轮公司三大联盟组成表 表1-3-1

| 联盟体名称 | 联盟体成员(班轮公司) |
|---|---|
| 伟大联盟 | 日本邮船航运公司<br>德国赫伯罗特航运公司<br>香港东方海外货柜航运公司<br>马来西亚国际航运公司 |
| 新世界联盟 | 美国总统轮船公司<br>日本大阪商船三井船舶公司<br>韩国现代商船海运公司 |
| 中远/川崎/阳明/韩进海运联盟 | 中远集装箱运输有限公司<br>日本川崎汽船公司<br>台湾阳明海运公司<br>韩进海运 |

世界20大班轮公司集装箱船舶保有量如表1-3-2所示。

世界20大班轮公司集装箱船舶保有量(2006.9.15) 表1-3-2

| 公　司 | 排名 | 占总运力的比例(%) | 较上年增幅(%) | 合计(TEU) | 艘数合计 | 6 000TEU以上艘数 |
|---|---|---|---|---|---|---|
| A.P.穆勒集团 | 1 | 14.7 | 59.1 | 1 600 012 | 518 | 62 |
| 地中海航运 | 2 | 8.6 | 31.3 | 937 145 | 305 | 42 |
| 达飞法航 | 3 | 5.5 | 40.0 | 597 677 | 252 | 20 |
| 长荣海运 | 4 | 4.9 | 19.7 | 539 801 | 166 | 18 |
| 赫伯罗特 | 5 | 4.1 | 108.1 | 448 840 | 138 | 13 |
| 中远集运 | 6 | 3.5 | 28.5 | 385 368 | 125 | 13 |
| 中海集运 | 7 | 3.1 | 11.4 | 339 545 | 97 | 6 |
| 韩进海运 | 8 | 3.0 | 10.6 | 328 307 | 80 | 7 |
| 美国总统 | 9 | 3.0 | 0.2 | 323 319 | 100 | 0 |

续上表

| 公　司 | 排名 | 占总运力的比例(%) | 较上年增幅(%) | 合计(TEU) | 艘数合计 | 6 000TEU以上艘数 |
|---|---|---|---|---|---|---|
| 日本邮船 | 10 | 2.9 | 9.0 | 313 049 | 115 | 16 |
| 三井大阪航运 | 11 | 2.6 | 26.0 | 284 848 | 91 | 10 |
| 东方海外 | 12 | 2.5 | 13.8 | 268 502 | 90 | 10 |
| 智利南美航运 | 13 | 2.3 | 8.0 | 249 885 | 85 | 1 |
| 川崎汽船 | 14 | 2.2 | 10.1 | 241 772 | 79 | 0 |
| 阳明海运 | 15 | 2.0 | 17.5 | 223 192 | 80 | 1 |
| 汉堡南方 | 16 | 2.0 | 13.4 | 217 018 | 102 | 0 |
| 以星航运 | 17 | 2.0 | 1.6 | 213 795 | 84 | 0 |
| 现代商船 | 18 | 1.4 | 8.1 | 153 850 | 38 | 8 |
| 太平洋船务 | 19 | 1.3 | 26.4 | 141 391 | 100 | 0 |
| 万海航运 | 20 | 1.1 | 20.2 | 117 767 | 70 | 0 |

## 二、国际集装箱干线船舶大型化

由于大型和超大型集装箱船可以大大节约燃油、提高效率、降低单箱营运成本，获得规模效益，因而在国际航运市场上越来越受到国际大型集装箱班轮公司的重视。进入 21 世纪，集装箱班轮公司出于自身利益需求，驱动集装箱船型向超大型发展，全球国际集装箱运输市场新建造的超大型集装箱船舶不断地投入到国际集装箱运输主干航线。

自 20 世纪 60 年代中期第一代集装箱船问世以来，经过 50 多年的发展，国际海上集装箱运输已日趋成熟，集装箱运输工具也完成了历史性的升级换代。

从横穿太平洋、大西洋，装载量 700~1 000TEU 的第一代船，到装载量 1 800~2 000TEU 的第二代船，再到装载量 3 000TEU 的第三代船，20 年的时间，集装箱运输船舶凸显了大型化的强大优势及其带来的规模效应。

20 世纪 80 年代末，集装箱船舶大型化的进程明显加快，出现了装载量达到 4 400TEU 的“巴拿马型”即第四代集装箱船。而作为引领第五代集装箱船潮流的先锋，德国船厂建造的 5 艘 APLC-10 型集装箱船，以 4 800TEU 的数字，刷新了集装箱船规模的世界纪录。此后，各大班轮公司对大型集装箱船表现出了极高的热情，进一步促进了集装箱船的大型化。1996 年 1 月 30 日，马士基海陆公司竣工投入使用的“Regina

Maersk”号集装箱船，载箱能力为6 000TEU，成为当时最大的集装箱船。从此，世界海运业进入了第六代集装箱船时代。1997年9月17日，投入使用的“Sovereign Maersk”号轮，再次刷新了纪录。其后，其他班轮公司陆续投入使用更大的集装箱船舶。

2006年8月12日，A.P.穆勒—马士基集团(A.P.Moller-Maersk)在丹麦奥登塞船厂将其载箱能力达11 000TEU的集装箱船舶命名为“Emma Maersk”并投入运营。同年，中远、中海、达飞轮船公司相继投入使用载箱能力为9 400TEU以上大型集装箱船舶。当代科学发展技术进步，新的造船工艺和先进设计方案以及舰艇制造能力的提升，促进了集装箱船舶大型化加速发展。

集装箱船舶大型化发展趋势参考数据见表1-3-3。

**集装箱船舶大型化发展趋势表** 表1-3-3

| 主要参数<br>年代 | 船长(m) | 船宽(m) | 满载吃水(m) | 载箱量(TEU) |
|---|---|---|---|---|
| 第一代　20世纪60年代由货船改造<br>60~70年代由油船改造 | 141 | 22.6 | 8.3 | 701~1 050 |
| 第二代　20世纪70~80年代箱格式 | 183 | 27.6 | 10.5 | 1 051~1 900 |
| 第三代　20世纪80~90年代箱格式<br>1985年巴拿马型 | 241 | 32.3 | 12.0 | 1 901~3 500 |
| 第四代　1988~2000年柱式巴拿马型 | 293 | 32.3 | 13.0 | 3 501~5 650 |
| 第五代　20世纪80年代后期<br>90年代前期 | 300 | 40.3 | 14.0 | 5 651~6 630 |
| 第六代　20世纪90年代末21世纪初<br>超巴拿马型 | 346 | 45.6 | 14.5 | 6 631~9 500 |
| 第六代以上　21世纪初巨超巴拿马型 | 367<br>398 | 45.6<br>56.4 | 14.5<br>16.5 | 9 501~11 000<br>11 001~12 500 |

船舶大型化，尤其是集装箱船舶的大型化对于世界海上航运的重要通道马六甲海峡、苏伊士运河及巴拿马运河提出新的挑战。据专家测算，当代造船技术可以使巨超型集装箱船吃水减至18m，未来将设计制造“马六甲型”集装箱船舶，可以通过马六甲海峡。埃及苏伊士运河当局准备用10年时间，将苏伊士运河水深从14.5m疏浚深至21m。连接大西洋加勒比海和太平洋的巴拿马运河，全长83.1km，现有闸室宽度、长度分别为33.5m和305m，装载4 000TEU巴拿马限制级集装箱船舶勉强通过运河，远不适应集装箱船舶大型化发展的要求。巴拿马政府提出总预算为52.5

亿美元的扩建计划，分别于运河太平洋和大西洋两端各修建一组3级提升船闸和配套设施，新闸室宽度、长度、深度分别为55m、427m、15m，能够通过更大吨位的船舶。该扩建计划2007年动工，施工期间运河通航不中断，2014年竣工。此举，为巴拿马运河两端的集装箱港口将成为中美洲重要的集装箱枢纽港带来极好的机遇。

据预测，基于世界集装箱航运市场竞争态势和港口运营等多方面因素考虑，集装箱船舶大型化发展并非越大越好。

## 三、以国际枢纽港为中心的支线运输网络化

当前，营运于全球航运干线的大型、超大型集装箱船舶设备先进，船舶造价高昂，各大航运公司为取得规模经济效益，必须加快船舶周转，提高航次经营效果，降低平均单箱成本。除上述考虑外，还要节约燃油、运力、人力，降低运价争取货源，谋求强强联合组建新的联盟，以及发展支线船、内陆运输和投资集装箱码头，在各挂靠的枢纽港发展由其控股、为其服务的港口物流企业等。为加速大型集装箱船舶周转，提高其运营效率，在具体的营运组织上主要采取了以下措施：

(1)减少大型船舶营运航线的中途挂靠港口数。

(2)尽量缩短大型船舶在枢纽港的停靠时间。

为达到上述目的，需要不断建立并完善以枢纽港为中心的支线运输网络布局系统，以便在枢纽港集中大批箱量，为主干航线大型集装箱船喂给，确保其载箱率达到预期目标。

目前，在全球已建立起来的世界著名海上支线运输网络(以下简称网络系统)有：远东航运区网络系统；东南亚航运区网络系统；南亚航运区网络系统；地中海航运区网络系统；西欧北海航运区网络系统；北美西海岸航运区网络系统；北美东海岸航运区网络系统；加勒比海航运区网络系统等。

支线运输布局网络系统，除海上支线运输布局网络系统外，还包括内河、公路、铁路、航空等方面支线运输网络系统。

## 四、枢纽港、干线港集装箱码头的深水化、规模化、多功能化

随着集装箱船舶大型化发展趋势，各国(地区)港口当局竭尽全力想方设法满足其客户，特别是各大班轮公司的需要，以保持其枢纽港、干线港的地位，确保主干航线仍然选择其作为沿线挂靠港。为此，各国(地区)港口基础设施建设规模、内涵正在发生根本性的变化，纷纷开挖或疏浚更广阔的港口水域、配置更先进的大型的装卸设备和管理、操作系统等。

港口及其集装箱码头枢纽化与其所在城市或区域国际航运中心和国际物流中心的建设是相辅相成的，国际集装箱港口多功能化则依托国际航运中心、国际物流中心多功能化的实际运作效果。其多功能化集中体现在以下方面：

(1)推进管理现代化,提升宏观调控、组织协调和高效率的政务与服务功能。

(2)提供货物运输、装卸、中转、存储、拆装箱、集疏运、多式联运等功能。

(3)开展现代物流服务,提供综合集约、物流加工、货物包装,分拣分拨配送、原材料质检、信息集成、物流系统规划设计、物流系统评估、物流技术咨询等服务。

(4)具备高效、便捷的监管、查验、质检等服务系统功能。

(5)具备航运、陆运、空运交易,国际国内贸易交易以及中介服务功能。

(6)在信息集成功能基础上,以信息技术和网络技术进行电子商务活动。

(7)具备信誉高、实力雄厚的银行、保险、信贷和投融资等金融系统服务功能。

(8)具备法律、仲裁、公证、咨询、财务、统计、劳务、燃物料供应、房地产、电信、医疗、文体娱乐、旅游、餐饮、购物、保安等辅助保障功能。

## 五、集装箱码头生产、管理的自动化、信息化

全球国际集装箱运输量大幅增长，集装箱船舶大型化对集装箱码头及其堆场的装卸效率、安全质量及服务提出新的更高的要求。于是,越来越多的业内人士意识到集装箱码头和堆场的自动化、信息化是稳定可靠地提高码头通过能力和服务水平、降低运营成本可行且有效的途径。荷兰、德国、日本等发达国家集装箱码头在自动化、信息化方面作了有益的探索与实践；我国上海港外高桥集装箱码头吸取世界上各集装箱自动化堆场的优点，采用世界上最新的科技成果研制建成的全自动化无人空箱堆场已投入运营。

## 六、集装箱码头经营业务全球化、多样化

随着全球集装箱码头投资格局的变化，各国民营资本投向集装箱码头服务业成为国际集装箱运输业界新动向，集装箱码头经营民营化风靡

全球。跨地区、跨国界经营集装箱码头,已成为当今国际港口运营商以及具有远见卓识的各大班轮公司追求的目标。同时,为争取更多的集装箱货物在港口及其集装箱码头得到更多的各具特色的增值服务,以提高自身的竞争优势,不少港口及其集装箱码头在经营服务专业化分工基础上,按照经营一体化思路开展装卸、堆存,拆装箱、修洗箱及物流配送等服务。

国际集装箱运输的发展,造就了如香港、新加坡等国际集装箱枢纽港,其国际中转功能的不断增强,吸引大批集装箱货源聚集。集装箱码头业务物流化趋势势不可挡,众多大型班轮公司及国际港口运营商加紧投资新建、改造码头及口岸物流基础设施,以确保并开发足够稳定的集装箱货源。港口及其集装箱码头作为区域性和战略性资源正受到世界主要大型班轮公司及集装箱码头运营商的青睐。各国(地区)港口及其集装箱码头,在从传统装卸业态向现代物流的改造、变革进程中,正发挥其“地主”优势,与其合作伙伴共同发展各具特色的现代物流业务。

## 第四节 国际集装箱港口业的发展重心向亚洲和中国转移

全世界港口及其集装箱码头重心的转移及其发展、演变使全球资源配置布局发生了革命性变化。集装箱码头发展、演变过程见表1-4-1。

集装箱码头发展演变简表 表1-4-1

| 发展演变 | 码头功能的变化 | 码头生产、运营特点 | 决定因素 |
| --- | --- | --- | --- |
| 20世纪50年代中期以前 | 运输枢纽、箱货装卸、位移与储存、只能接纳第一代由货船或油船改造的载箱量1 000TEU以下的非专用集装箱船 | 箱货位移、码头内交接,分项简单服务,低增值,一般装卸设备、手段落后 | 劳动力、资本 |
| 20世纪50年代中期至80年代 | 运输枢纽、箱货中转、物流中心功能显现。已能接纳第二代至第四代载箱量2 000~4 000TEU巴拿马型全集装箱船 | 码头生产、管理步入标准化、专业化,计算机的应用提升了码头管理水平,提升联合、增值服务水平 | 资本、技术、货源 |

续上表

| 发展演变 | 码头功能的变化 | 码头生产、运营特点 | 决定因素 |
|---|---|---|---|
| 20世纪80年代至90年代末 | 运输枢纽，多式联运，海铁联运，与现代物流、综合配送结合，成为与商贸、信息、服务中心，开始向供应链物流管理方向转变。已能普遍接纳第四代、第五代载箱量5 000~7 000TEU巴拿马大型集装箱船 | 供应链物流综合增值服务。码头生产、管理全面实现现代化、高效化、信息化 | 资本、技术、信息、经营观念 |
| 21世纪 | 全球资源配置枢纽，能接纳10 000TEU以上超巴拿马、巨超巴拿马型最现代化集装箱船 | 生产自动化，经营集约化，管理信息化、数字化，提供全程、全方位、多层面个性化服务 | 资本、技术、信息，低成本，低消耗 |

自20世纪七八十年代至20世纪末，港口业及其集装箱码头的发展经历了由西欧向北美再向亚洲推进的演变。在过去的10多年中，由于资本输出扩大、货类结构变化及货物科技含量提高等原因，欧美等发达国家（地区）港口集装箱吞吐量增速放缓，逐渐被崛起的亚洲东北部和东南部新兴集装箱港口替代，上述亚洲港口集装箱吞吐量以惊人的速度增长。其中以我国上海、深圳为代表的一批主要沿海集装箱港口以及印尼、马来西亚名不见经传的港口相继进入世界集装箱港口20强行列，见表1-4-2。

21世纪初，中国港口业和国际集装箱运输迎来新的发展时期。加快建立现代企业制度，深化港口体制改革，扩大对外开放力度，提高自身实力，加快国际化步伐，已成为中国加快发展港口业和国际集装箱运输的战略举措。以资产为纽带，与国际知名的大班轮公司、大货主和现代物流大企业广结战略联盟，积极参与国际港口间集装箱运输领域的竞争与合作，增强国际竞争能力，已成为中国港口业及其集装箱码头追求的目标。在可预见的时期内，中国部分有实力的港口包括其旗下的集装箱码头，将成为跨行业经营的港口企业集团，并逐步发展成为跨国经营的国际知名港口及集装箱码头运营（开发）商。

在世界港口业的竞争中，中国起着举足轻重的作用。中国港口正在改变着全球港口业的格局，全球港口业将迎来中国时代。

2001~2006 年世界港口集装箱吞吐量前 20 名及所在地区　（万 TEU）　表 1-4-2

| 位次 | 2001年 | | | 2002年 | | | 2003年 | | | 2004年 | | | 2005年 | | | 2006年 | | |
|---|---|---|---|---|---|---|---|---|---|---|---|---|---|---|---|---|---|---|
| | 港口 | | 吞吐量 | 港口 | | 吞吐量 | 港口 | | 吞吐量 | 港口 | | 吞吐量 | 港口 | | 吞吐量 | 港口 | | 吞吐量 |
| 1 | 香港 | 亚 | 17 900 000 | 香港 | 亚 | 18 600 000 | 香港 | 亚 | 20 450 000 | 香港 | 亚 | 21 984 000 | 新加坡 | 亚 | 23 192 200 | 新加坡 | 亚 | 24 800 000 |
| 2 | 新加坡 | 亚 | 15 520 000 | 新加坡 | 亚 | 16 800 000 | 新加坡 | 亚 | 18 100 000 | 新加坡 | 亚 | 20 600 000 | 香港 | 亚 | 22 427 000 | 香港 | 亚 | 23 234 000 |
| 3 | 釜山 | 亚 | 8 072 814 | 釜山 | 亚 | 9 436 307 | 上海 | 亚 | 11 370 000 | 上海 | 亚 | 14 557 200 | 上海 | 亚 | 18 084 000 | 上海 | 亚 | 21 720 000 |
| 4 | 高雄 | 亚 | 7 540 524 | 上海 | 亚 | 8 610 000 | 深圳 | 亚 | 10 650 000 | 深圳 | 亚 | 13 650 000 | 深圳 | 亚 | 16 197 000 | 深圳 | 亚 | 18 470 000 |
| 5 | 上海 | 亚 | 6 340 000 | 高雄 | 亚 | 8 493 000 | 釜山 | 亚 | 10 368 000 | 釜山 | 亚 | 11 430 000 | 釜山 | 亚 | 11 840 445 | 釜山 | 亚 | 12 030 000 |
| 6 | 鹿特丹 | 欧 | 6 102 000 | 深圳 | 亚 | 7 613 754 | 高雄 | 亚 | 8 844 000 | 高雄 | 亚 | 9 710 000 | 高雄 | 亚 | 9 470 000 | 高雄 | 亚 | 9 774 000 |
| 7 | 洛杉矶 | 美 | 5 183 520 | 鹿特丹 | 欧 | 6 500 000 | 洛杉矶 | 美 | 7 149 000 | 鹿特丹 | 欧 | 8 281 000 | 鹿特丹 | 欧 | 9 300 000 | 鹿特丹 | 欧 | 9 600 000 |
| 8 | 深圳 | 亚 | 5 076 435 | 洛杉矶 | 美 | 6 105 863 | 鹿特丹 | 欧 | 7 118 000 | 洛杉矶 | 美 | 7 321 440 | 汉堡 | 欧 | 8 050 000 | 汉堡 | 欧 | 8 861 804 |
| 9 | 汉堡 | 欧 | 4 688 669 | 汉堡 | 欧 | 5 373 999 | 汉堡 | 欧 | 6 138 000 | 汉堡 | 欧 | 7 003 479 | 迪拜 | 亚 | 7 619 222 | 迪拜 | 亚 | 8 782 000 |
| 10 | 长滩 | 美 | 4 462 971 | 安特卫普 | 欧 | 4 777 387 | 安特卫普 | 欧 | 5 445 000 | 迪拜 | 亚 | 6 428 883 | 洛杉矶 | 美 | 7 484 624 | 洛杉矶 | 美 | 8 469 980 |
| 11 | 安特卫普 | 欧 | 4 220 780 | 巴生 | 亚 | 4 530 000 | 迪拜 | 亚 | 5 152 000 | 安特卫普 | 欧 | 6 063 746 | 长滩 | 美 | 6 709 818 | 青岛 | 亚 | 7 702 000 |
| 12 | 巴生 | 亚 | 3 759 512 | 长滩 | 美 | 4 526 365 | 巴生 | 亚 | 4 840 000 | 长滩 | 美 | 5 779 852 | 安特卫普 | 欧 | 6 482 029 | 长滩 | 美 | 7 289 365 |
| 13 | 迪拜 | 亚 | 3 501 820 | 迪拜 | 亚 | 4 194 264 | 长滩 | 美 | 4 658 000 | 巴生 | 亚 | 5 243 593 | 青岛 | 亚 | 6 310 000 | 宁波 | 亚 | 7 140 000 |
| 14 | 纽约/新泽西 | 美 | 3 316 272 | 纽约/新泽西 | 美 | 3 700 000 | 青岛 | 亚 | 4 230 000 | 青岛 | 亚 | 5 139 700 | 巴生 | 亚 | 5 543 527 | 安特卫普 | 欧 | 7 000 000 |
| 15 | 不来梅 | 欧 | 2 915 169 | 青岛 | 亚 | 3 410 000 | 纽约/新泽西 | 美 | 4 068 000 | 纽约/新泽西 | 美 | 4 478 480 | 宁波 | 亚 | 5 191 000 | 广州 | 亚 | 6 660 000 |

续上表

| 位次 | 2001年 | | | 2002年 | | | 2003年 | | | 2004年 | | | 2005年 | | | 2006年 | | |
|---|---|---|---|---|---|---|---|---|---|---|---|---|---|---|---|---|---|---|
| | 港口 | | 吞吐量 | 港口 | | 吞吐量 | 港口 | | 吞吐量 | 港口 | | 吞吐量 | 港口 | | 吞吐量 | 港口 | | 吞吐量 |
| 16 | 费利克斯托 | 欧 | 2 800 000 | 不来梅港 | 欧 | 2 998 598 | 丹戎佩列帕斯 | 亚 | 3 487 000 | 丹戎佩列帕斯 | 亚 | 4 020 421 | 天津 | 亚 | 4 801 000 | 巴生 | 亚 | 6 300 000 |
| 17 | 东京 | 亚 | 2 535 841 | 焦亚陶罗 | 欧 | 2 954 571 | 东京 | 亚 | 3 314 000 | 宁波 | 亚 | 4 005 500 | 纽约/新泽西 | 美 | 4 800 000 | 天津 | 亚 | 5 950 000 |
| 18 | 青岛 | 亚 | 2 640 000 | 东京 | 亚 | 2 900 000 | 不来梅 | 欧 | 3 191 000 | 天津 | 亚 | 3 814 000 | 广州 | 亚 | 4 684 000 | 纽约/新泽西 | 美 | 5 092 806 |
| 19 | 丹戎佩列帕斯 | 亚 | 2 050 000 | 费利克斯托 | 欧 | 2 750 000 | 差邦角 | 亚 | 3 180 000 | 差邦角 | 亚 | 3 624 000 | 丹戎佩列帕斯 | 亚 | 4 169 177 | 丹戎佩列帕斯 | 亚 | 4 770 000 |
| 20 | 焦亚陶罗 | 欧 | 2 488 332 | 拉姆恰班 | | 2 749 194 | 焦亚陶罗 | 欧 | 3 149 000 | 不来梅 | 亚 | 3 469 104 | 差邦角 | 亚 | 3 815 421 | 不来梅 | 亚 | 4 444 389 |
| 合计 | – | – | 111 114 659 | – | – | 127 023 302 | – | – | 144 901 000 | – | – | 166 604 398 | – | – | 186 170 463 | – | – | 208 090 344 |
| | 吞吐量 | | 比重(%) | 吞吐量 | | 比重(%) | 吞吐量 | | 比重(%) | 吞吐量 | | 比重(%) | 吞吐量 | | 比重(%) | 吞吐量 | | 比重(%) |
| 亚洲 | 74 936 946 | | 67.44 | 84 587 325 | | 66.59 | 103 985 000 | | 71.76 | 127 676 401 | | 76.63 | 143 343 992 | | 77.00 | 161 776 389 | | 77.74 |
| 其中:中国 | 47 569 773 | | 42.81 | 56 163 061 | | 44.21 | 65 912 000 | | 45.49 | 84 290 400 | | 50.59 | 99 004 445 | | 53.18 | 112 680 000 | | 54.15 |
| 欧洲 | 20 726 618 | | 18.65 | 22 604 555 | | 17.80 | 21 892 000 | | 15.11 | 21 348 225 | | 12.81 | 23 832 029 | | 12.80 | 25 461 804 | | 12.24 |
| 美洲 | 12 962 763 | | 11.67 | 14 332 228 | | 11.28 | 15 875 000 | | 10.96 | 17 579 772 | | 10.55 | 18 994 442 | | 10.20 | 20 852 151 | | 10.02 |

# 第二章　我国集装箱运输发展历程

我国国际集装箱运输始于20世纪70年代。1978年我国大陆仅有3个港口开展国际集装箱业务，集装箱吞吐量仅为1.8万TEU。近30年来，我国国际集装箱运输一直保持高速增长的态势。2005年，仅我国沿海主要港口集装箱吞吐量，已占当年亚太地区港口集装箱吞吐量1.1亿TEU的57.6%，而全国港口集装箱吞吐量，占当年世界港口集装箱吞吐量的近1/4。2006年我国集装箱吞吐量猛增至9 361万TEU，并连续4年居世界第一位。我国国际集装箱运输事业发展的成就，令世界瞩目，反映我国社会经济和外贸强劲发展势头，印证着我国向全球贸易大国迈进的步伐，以及我国国际集装箱运输事业和集装箱码头建设事业现代化的巨大成就。

本章从我国集装箱运输发展所经历的几个阶段，港口及其集装箱码头建设、发展、演变过程以及我国集装箱水路运输网络的形成等方面作重点介绍。

## 第一节　我国国际集装箱运输发展概述

我国集装箱试运起步并不晚。1956年5月24日，沈阳火车站首次将20只铁木结构、总重为2.5t的铁路集装箱经铁路运到大连，然后由上海海运局的"和平十八号"轮海运到上海。后因南北货源不均衡，起重装卸能力不足等技术经济上的问题，只试运数月即中止。20世纪60年代初，国际集装箱运输的理念引入中国。鉴于当时我国对外贸易的需要，先进的集装箱运输方式，受到政府有关部门的高度重视，外贸、交通等部门对于开展集装箱运输的需求日益迫切。

### 一、试运阶段(1973—1978)

20世纪70年代，发达国家的国际集装箱运输已进入全集装箱船

环球航线和洲际钟摆式航线的运营阶段，并形成了全球干支线运输网络的第3个发展高潮。1973年，我国政府提出实现四个现代化的方针，推行整顿和恢复国民经济政策。鉴于当时国际间的外贸件杂货物大多已采用国际集装箱运输方式，为赶上世界潮流，维护我国对外贸易和货物承运的权益，把发展集装箱运输列为实现交通运输现代化的重要一环，推动国际集装箱海上运输试运。在一无集装箱专用船舶，二无集装箱专用泊位，三无集装箱专用装卸机械，四无集装箱管理专业人才的困难条件下，试运初期利用普通杂货船捎运集装箱靠泊港口件杂货码头，采用传统杂货装卸工艺，用岸上设备或船机等设备进行集装箱装卸作业。试运条件虽十分困难，但取得了宝贵经验，为我国正式开展国际集装箱海上运输和集装箱码头作业管理打下基础。

1973年5月25日至6月6日，由中国远洋运输总公司、中国外轮代理总公司和中国外运总公司与日本新和海运、日新仓库两公司于北京达成协议，在中日航线杂货班轮上使用小型(8ft和10ft)集装箱，在我国上海、天津至日本大阪、神户、横滨之间开展两年试运。同年7、8月间，上海、天津口岸相继成立“集装箱试运小组”，由港口、外贸、海关、商检、卫检、动植物检、铁路等单位人员组成。1973年9月，日本川崎汽船公司“渤海1号”轮装载小型集装箱由日本神户驶抵天津港，标志着我国第一条海上国际集装箱班轮航线的开通。同时新和海运公司派船运来空箱，在天津、上海两港装箱启运。中远上海分公司“风雷”轮在上海至日本航线上，用杂货船试运20ft国际集装箱成功，在中国集装箱水运史上，写下具有历史意义的一笔。1977年末该公司又增加杂货船“丰城”、“盐城”两轮各装20ft集装箱20只，在上海至日本航线上进行国际集装箱标准箱的试运。

1977年12月，中远上海分公司从国外购进我国第一艘半集装箱船“萍乡”轮。1978年5月，该公司又从国外购进我国第一艘滚装船“南口”轮。虽然都是二手船，却是我国拥有集装箱船的开端。

集装箱试运相继理顺了集装箱及其货物海关监管、港口收费、单证提供、集装箱理货等业务环节及程序，为以后正常运输和发展奠定基础。在我国沿海港口集装箱专业化泊位建成前，天津、上海两港均利用件杂货泊位及港口现有装卸设备、设施和船舶吊装设备进行集装箱装卸作业，装卸工艺及作业管理基本沿用件杂货模式，此后随着设施、设备专业化，人员素质提高，才逐步向国际标准靠拢。

## 二、创业阶段(1978—1988)

1976年后,我国国民经济和对外贸易逐渐好转。但交通运输却出现了紧张局面。港口通过能力与经济发展不相协调,甚至连年出现严重的压船、压港、压货现象,国家有关部门,不得已采取临时疏港措施。这其中的部分原因,也与我国当时的集装箱运输并不普及不无关系。1977年末,邓小平作出重要指示:“要搞装卸机械化,搞集装箱,港口必须搞集装箱,集装箱并不复杂。”与此同时,交通部部长考察北欧海运状况后,非常重视我国开展集装箱运输工作。1978年交通部据此确定把发展集装箱运输作为远洋运输和港口建设的重点。部署组建集装箱船队,加强港口基础设施建设,加速培养集装箱运输管理专业人才等。1977年8月18日,交通部成立集装箱运输筹备小组。1980年4月,正式成立集装箱运输领导小组。同年5月17日,交通部水运司集装箱运输处正式成立,作为交通部集装箱运输领导小组的办事机构,加强对全国集装箱运输行业的规划和管理。同时上海、天津、黄埔、大连、青岛等港相继组建集装箱装卸公司,承担集装箱装卸业务。

1. 组建集装箱船队,开辟国际航线

1979年初,中国远洋运输总公司(以下简称“中远总公司”或“中远”)在京召开远洋运输工作会议,决定将工作重点转移到远洋运输现代化,要求普遍开展集装箱运输和班轮运输,以提高在国际航运市场的竞争力和企业经济效益。进入20世纪80年代,该公司为改变船队结构,增加运力,相继利用贷款建造新型集装箱船。至1985年,中远总公司已有集装箱船51艘,其中全集装箱船38艘、滚装船13艘,载箱能力4万TEU。1986年以后,随着远洋集装箱运输航线的陆续开辟,中远总公司提出“稳步发展,调整结构,更新改造,增加部分运力”的方针,重点购入大箱位的全集装箱船。上海远洋运输公司1990年新增世界第三代2 761TEU箱位的“泰河”、“普河”、“民河”、“东河”、“高河”等5艘全集装箱船,投入香港至北美航线。此时,中远直属的上海分公司、广州分公司和天津分公司的全集装箱船增至89艘,占全公司船舶总数的15.4%,载箱能力达到9.2万TEU,在当时世界经营集装箱运输的船公司中居第4位。

中远总公司兴办国际集装箱运输初期,天津、青岛、上海3港每月有近700TEU集装箱出口到美国、加拿大和澳大利亚,全部由日本船公司承运至日本港口,再转运至上述3国,这样要多支付转口运费,延长交货时间。为此,交通部向当时的国家经委建议,上述3条航线可改由国轮承运。

1978年9月26日,中远上海分公司半集装箱“萍乡”轮,由上海首航澳大利亚悉尼港,标志着我国正式开始用自有的集装箱船投入国际集装箱海上运输,并开辟了我国第一条集装箱远洋直达航线。

1980年3月,中远“西江”轮首先开辟香港至菲律宾全集装箱定期班轮航线。1981年2月,中远滚装船“张家口”轮首航美国西海岸的旧金山港,开辟了中国至美国的集装箱航线。与此同时,中远还开辟了上海、天津、大连、青岛至日本各主要港口的多条全集装箱定期班轮航线。1982年3艘1 200TEU箱位的全集装箱船“汾河”、“青河”、“唐河”轮,开辟了中国至美国东海岸港口的直达班轮航线。同时,又开辟了中国至波斯湾、新加坡,至西欧和北欧各港的集装箱班轮航线。

经过5年的努力,到1983年,中远已先后辟建了中澳、中美、中日、中欧及香港的全集装箱班轮航线,以及中国至波斯湾、西非、西北欧的半集装箱班轮航线16条、24个班次,1986年后,中远又开辟了中国至南非航线。1990年,还由中远广州分公司开辟了上海、青岛、新港、大连4港沿海集装箱运输支线。至此,初步形成以中国港口为中心到达世界各国主要港口的我国国际集装箱海上运输网络和国内支线运输网络。

从1978年至1990年底,中远总公司经营着中国至美东、美西、地中海、欧洲、波斯湾、澳大利亚、新西兰、日本、东南亚等国家和地区的集装箱海上运输航线,集装箱运输干支线网络可连接世界各大洲大多数国家的主要港口。

2. 国内外并举培训集装箱管理专业人才

进入20世纪70年代后期,我国国际集装箱运输进入稳步发展阶段,其业务和技术涉及众多行业和部门,且要与国外同行交往。此前,我国大专院校尚未设置这种专业。面对当时在全国推行国际集装箱运输的迫切需要,只能采取中、短期培训班的方式从速培养专业人员。我国交通部门从1982年至1998年,为港口和相关单位组织国际集装箱运输业务管理人员培训班共40期,936人次;组织相关人员前往日本、法国和香港接受培训。与此同时,由上海海运学院举办的集装箱运输业务培训班,从1982—1987年5年间连续举办了15期,计479人次。1987年以后,全国新建的集装箱码头大量涌现,许多港口都相继自行组织培训,邀请上海海运学院教师前往授课。另外,有些港口还邀请国内外国际集装箱运输方面的专家(日、德、比和我国香港等)前来办班讲学。经过上述培训的专业人员,成为我国最早的一批国际集装箱运输企业领导或业务骨干,为发展我国国际集装箱运输事业做出了重大贡献。

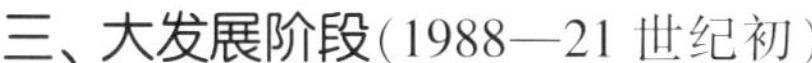

## 三、大发展阶段(1988—21 世纪初)

进入 20 世纪 90 年代,随着经济全球化的进程,促进了国际间的合作与互助。在这种大环境下,国内加快对外开放的步伐,发达国家和地区从事国际集装箱运输的船公司,竭力追求规模效益和争当“全球承运人”,不断地实施集装箱船舶大型化,在国际干线上运营的船舶,从第四代、第五代、第六代节节攀升,直至过万 TEU 箱位的超大型集装箱船已投入使用。20 世纪 90 年代后期,我国国际集装箱海上运输业急起直追,与国际接轨,进入大发展阶段。

1. 我国集装箱船队不断壮大

20 世纪 70 年代,在我国国际集装箱运输起步阶段,各船公司先后通过改造杂货船或购置半集装箱船投入运营。大多营运效益不高,难以形成规模效益。自 20 世纪 90 年代中期,规模较大、效益较好的中远、中海、中外运集团等船公司拥有的大型全集装箱船日益增多,为适应集装箱班轮营运管理的特点,实现规模效益,1997 年前后,新组建的专业化集装箱船公司,相继从“母体”脱胎而出,并落户上海,逐步构成当代我国国际集装箱海上水运输 3 大主力船公司——中远集装箱运输有限公司、中海集装箱运输股份有限公司和中外运集装箱运输有限公司。

1)中远集装箱运输有限公司(简称“中远集运”或“中集”)

1998 年 1 月,中远集团为适应国际船运市场新的竞争环境,按专业化分工在上海组建中远集运。截至 2005 年,中远集运拥有不同类型集装箱船舶 120 艘,总箱位逾 25 万 TEU,年箱运量达到 400 万 TEU,整体实力居世界集装箱班轮公司前列。目前经营着 20 多条洲际主干航线以及遍布全球的干支线网络,船舶挂靠世界 100 多个重要港口,在全球设有 1 000 多个代理分支机构,在国内设有覆盖全国铁路枢纽、公路网站、国际航空站和沿海主要口岸货运机构 300 多个。

2)中海集装箱运输股份有限公司(简称“中海集运”)

1997 年 10 月,交通部决定将上海海运(集团)公司、广州海运(集团)有限公司、大连海运(集团)公司等 5 家以沿海运输为主的海运企业资产重组,建成中国海运(集团)总公司(简称“中海集团”)。至 2005 年,中海集运的船舶箱位超过 35 万 TEU,年运输量超过 500 万 TEU,形成一支包括由 40 艘平均箱位超过 5 200TEU 为主力的远洋船队。其整体实力位居世界前列。

3)中外运集装箱运输有限公司(简称“中外运集运”)

1998 年 5 月，为适应集装箱班轮业务发展的需要，做出重大业务调整，在上海成立中外运集装箱运输有限公司。目前经营中国各主要港口至欧洲、北美、日本、韩国、香港及东南亚等国家和地区的 20 余条远、近洋航线，投入全集装箱船舶近 40 艘，年承运量 60 多万 TEU。

此外，中国(大陆)先后从事近洋和沿海国际集装箱运输的中小型船公司有：民生轮船公司、锦江航运有限公司、海兴集装箱运输有限公司、上海新兴海运公司、上海振东船务公司、上海海华轮船公司、上海天海海运公司、大通国际航运公司等多家船公司。

20 世纪 90 年代，我国国际集装箱运输事业进入大发展阶段。我国集装箱海上运输船队不断壮大，至 2005 年，我国集装箱船舶，由我国沿海主要集装箱港口驶往世界各地的国际集装箱运输直达航线达 577 条，月航班达 2 477 班，国际集装箱船舶往来于世界几百个港口，为我国国民经济、对外贸易事业的发展做出巨大贡献。总体规模、运载能力、市场份额等，均位居世界前列。

2. 我国公路集装箱运输系统日趋完善

我国公路集装箱运输，伴随着海运集装箱运输和铁路集装箱运输的发展而兴起，最早始于 1977 年，为加强疏港工作，当年由交通部在天津组建了第一家集装箱运输专业车队，并通过技术改造，建成第一座集装箱公路中转站。

近几年来，随着公路集装箱运输系统场站建设和运力增加、经营管理和公路运输总体技术装备水平的提高，以及高等级公路的建设，通过公路运输完成的港口国际集装箱集疏运量，一直占港口重箱量的 80%以上；铁路集装箱办理站到、发的集装箱，通过公路运输实现“门到门”服务的比重超过 70%以上。经过近 30 年的建设，中国公路集装箱运输系统，在港口国际集装箱集疏运、开展铁路集装箱“门到门”运输以及完成干线公路集装箱运输方面发挥着重要作用。

目前，全国从事集装箱公路运输的企业有 1 400 多家，已建立公路货运站点 1 300 多处，国际集装箱公路中转站 300 余个，拥有集装箱专用汽车 2 万多辆。集装箱公路运输干线在逐年扩大，运输市场也日趋完善。

同时，在我国内陆有条件的区域，如西安、郑州、石家庄等城市，为发展当地经济、方便箱货进出，先后建立了功能齐全的以公路运输、铁路运输场站为平台的“内陆港”(无水港)，分布在适箱货“原生地”，有力地支持集装箱运输系统的健康有序发展。

3. 我国铁路集装箱运输快速发展

我国铁路集装箱运输经历了漫长、曲折的发展历程。在经历了起步阶段(1955—1977)、创业阶段(1978—1989)、增长阶段(1990至今)的发展,现已形成由铁路局、47个铁路办事处和站段构成的中国铁路集装箱运输系统,承担全国铁路集装箱运输及其经营管理。中国铁路用于发展集装箱运输的投资正逐年增加,全路集装箱运输条件有较大改善。从运输方式看,从国内到国际,从单一运输到多式联运,再向陆桥运输方向发展,在促进铁路国际集装箱运量逐年增长的同时,支持集装箱和港口集疏运有序运转。

4. 我国国际集装箱综合运输、产业化体系日臻完善

时至今日,我国国际集装箱运输体系包括海运、内河、港口、铁路、公路、场站等方面的建设规模与现代化程度,正逐步接近发达国家(地区)水平,正在实现由数量增长型向质量提高型、由管理粗放型向集约经营型的两个转变,有力地支持了国民经济和综合交通运输体系的发展。

同时,我国国际集装箱以港航运输发展为前导,铁路、公路、内河、内支线集装箱运输为支撑,带动了集装箱制造工业、集装箱装卸机械制造业、集装箱船舶制造业和集装箱码头建设工程等同步发展。

## 第二节 长江集装箱运输的发展与内贸集装箱运输网络的形成

内河(内江)、内贸、支内线国际集装箱水路运输网络,是我国国际集装箱运输体系重要的组成部分。推进内河、内贸、内支线国际集装箱水路运输体系标准化、现代化、信息化建设,并形成高效、便捷物流服务链,对进一步发展我国对外贸易,对带动我国内陆及沿河区域经济发展,对进一步完善我国内陆及沿河区域现代物流的建设,都具有重大战略意义。

随着我国加速发展国际集装箱海上运输,从20世纪80年代初,即着力我国国际集装箱水路运输网络建设。我国国际集装箱水路运输发展,成功地借鉴国际集装箱海上运输发展成功经验,组织并开展水路、公路、铁路等多种运输方式的有效衔接和多式联运,充分发挥国际集装箱“门到门”运输优势。有力推动国际集装箱运输方式向主要内河水系推进,带动沿河区域经济发展,为相关区域集装箱干线港提供稳定集装箱货源。

本节从我国内河、内贸、内支线国际集装箱水路运输发展3个方面,以长江水系国际集装箱水路运输网络建设为重点作简要介绍。

## 一、长江水系集装箱运输的发展

长江集装箱运输起始于1976年，经历试运（1976—1983）、起步(1984—1988)、发展(1988年以后)3个阶段。长江全线的集装箱运输依次分段推进的发展思路,分长江下、中、上区段而先后启动。最先兴起的是江海直达集装箱近洋运输,主要是长江下游各港出口集装箱运输至香港、日本、韩国和东南亚等国家和地区的直达航线;其后是集装箱中转运输,主要是长江中、上游港口采用自航船、机动驳和顶推船组,或推(拖)驳船队,将外贸货箱运至下游各港,或经上海中转出口;再后是内贸集装箱运输,主要是沿江各港之间的集装箱运输，以及经由江海直达到国内其他省、市。

1. 长江集装箱运输船公司及其航线的发展

由于长江上、中、下游区域经济发展的差别,长江集装箱运输发展不平衡。下游区段发展较快,中上游区段则相对迟缓。长江集装箱干线运输主要集中在中下游港口,其中外贸箱运量占干线总箱量的90%以上;长江中游区段,武汉港约占内贸总箱量的50%,芜湖港占30%;上游区段集装箱运输基本集中在重庆港周围。

目前,长江水系经营内支线集装箱运输的船公司有26家,开辟内支航线100条,挂靠30多个港口。拥有集装箱船120余艘,约14.8万载重吨计8 000TEU。船队技术状况已得到明显改善,基本淘汰了拖驳运输航船,自航船占90%以上,最大的自航全集装箱船为144TEU,顶推的6艘集装箱船队一次可载运200多TEU。主要船公司在长江营运的集装箱航线见表2-2-1和表2-2-2。

**主要船公司在长江营运的集装箱航线** 表2-2-1

| 主要船公司 | | 航线数 | 主要挂靠港 | 投放船数（艘） | 投放船型（TEU） |
|---|---|---|---|---|---|
| 1 | 上海集海 | 25 | 南京,上海,张家港,南通,江阴,武汉,九江,安庆,常熟,扬州,镇江,芜湖,无锡,杭州,常州,泰州 | 28 | 16~124 |
| 2 | 重庆太平洋 | 1 | 重庆,宜昌,荆州,上海 | 8 | 64~120 |
| 3 | 扬子江 | 9 | 南京,常熟,张家港,南通,上海,武汉,黄石,安庆,九江,铜陵,芜湖,扬州,镇江,江阴,重庆,宜昌,荆州,城陵矶 | 16 | 50~100 |
| 4 | 南京通海 | 17 | 南京,常熟,张家港,南通,上海,镇江,扬州,江阴,常州,泰州 | 17 | 62~79 |

续上表

| 主要船公司 | | 航线数 | 主要挂靠港 | 投放船数（艘） | 投放船型（TEU） |
|---|---|---|---|---|---|
| 5 | 外运长江 | 8 | 安庆，铜陵，芜湖，马鞍山，扬州，镇江，南通，上海，武汉，九江，常熟，南通，太仓，张家港，重庆，涪陵，宜昌，荆州，泰州 | 23 | 22~112 |
| 6 | 浦海 | 15 | 南京，上海，扬州，镇江，宁波，温州，舟山，台州，福州，武汉，芜湖，九江，青岛，连云港，天津，厦门，重庆，张家港，常熟，大连，南通 | 17 | 64~950 |
| 7 | 中远集运 | 17 | 连云港，青岛，上海，大连，营口，天津，长沙，株州，城陵矶，南昌，南京，江阴，太仓，芜湖，武汉，黄石，九江，安庆，铜陵，扬州，泰州，镇江，张家港，嘉兴，常熟 | 27 | 8~1234 |
| 8 | 武汉水运 | 3 | 宜昌，荆州，城陵矶，武汉，黄石，九江，安庆，铜陵，芜湖，马鞍山，南京，上海 | 6 | 32~104 |
| 9 | 长沙港务局 | 1 | 长沙，上海 | 24 | 28~36 |
| 10 | 连云港外运 | 1 | 连云港，上海 | 1 | 145 |
| 11 | 九江江海 | 1 | 武汉，九江，上海 | 3 | 32~40 |
| 12 | 湖南远洋 | 1 | 株州，长沙，城陵矶，太仓，上海 | 10 | 36 |
| 13 | 重庆长江 | 2 | 重庆，上海 | 11 | 58~96 |
| 14 | 洋浦惠隆 | 1 | 宁波，上海 | 1 | 208 |
| 15 | 上海振东 | 4 | 温州，宁波，上海，海门 | 7 | 39~90 |
| 16 | 民生 | 4 | 重庆，涪陵，宜昌，沙市，武汉，江阴，上海，扬州，南通，沙市，万州，镇江，张家港，南京 | 20 | 40~144 |
| 17 | 扬州兴洋 | 1 | 镇江，江阴，张家港，上海 | 2 | 48 |

上海—长江各港的集装箱航线　　表 2-2-2

| 航 线 | 挂 靠 港 | 经营船公司 |
| --- | --- | --- |
| 渝申线 | 重庆，万州，涪陵，宜昌，荆州，岳阳，上海 | 重庆太平洋、重庆民生、重庆长航、中外运长江公司 |
| 宜申线 | 宜昌，荆州，岳阳，上海 | 外代（中远集运长江部） |
| 汉申线 | 武汉，黄石，九江，安庆，芜湖，上海 | 中外运长江公司、浦海公司（中海集团）、外代、扬子江公司、东方海外、集海公司 |
| 皖申线 | 安庆，芜湖，马鞍山，上海 | 中外运长江公司、外代 |
| 湘申线 | 长沙，城陵矶，上海 | 湖南远洋（中远集团） |
| 宁申线 | 南京，扬州，镇江，张家港，南通，常熟，上海 | 外运、外代、江苏海运、翔宇、金世纪、中通华、集海公司、江苏苏亚 |

2. 长江港口及其集装箱码头的发展

国内长江集装箱运输发展起步虽晚，但起点不低，成功地借鉴国际集装箱海上运输发展中的成熟经验，一起步便朝着标准化、大型化、专业化和多式联运方向发展，充分发挥了集装箱“门到门”优势。为适应迅速增长的内河集装箱运量的需求，长江航运企业按照标准化、大型化、专业化、船队化要求改造或新建船队。沿江各港通过新建和技术改造，形成了一批集装箱专业化泊位，相继配备了集装箱专用设备等，扩大港口集装箱通过能力。

3. 上海港实施“长江战略”初见成效

上海港国际港务集团“十一五”期间，提出以“稳固母港，走向世界”的模式，实施长江、东北亚和国际化 3 大战略。其中实施长江战略的目标是通过管理、资本和技术输出，培育集装箱市场，强化集货网络，集聚腹地货源，服务长三角，服务长江流域，实现集团与腹地经济的和谐共赢发展。要在已经建立“点—线—面”框架布局的基础上，整合长江港口、航运、代理资源，形成区域性集货网络；构建一体化信息平台，推广一站式服务。目前，上海港相继与重庆、武汉、芜湖、南京、南通、扬州等港口签订了合资协议和合作意向，合资建立了集装箱码头公司、物流公司和内支线集装箱运输公司，形成了从长江上游到下游的集装箱装卸、运输、代理一条龙服务的支线运营网络和喂给港群，实现了长江流域和江浙沿海集装箱业务资源的整合。此举无疑对正步入集装箱运输快速发展期的沿江港口及其集装箱码头以及沿江经济发展注入强大的活力，使长江港口集装箱运输的发展后劲倍增。

目前，长江沿江已形成了数十个从事集装箱运输的大小港口，江苏

400km 长江岸线上集装箱港口迅速崛起，以武汉和重庆为代表的中上游港口群也在集装箱运输体系中发挥了越来越重要的作用。长江沿江各港集装箱泊位加上从事集装箱运输的多用途泊位，累计已经超过 100 个，吞吐能力在 2 000 万 TEU 左右，具备了较为雄厚的基础设施保障。

优越的经济发展环境预示了长江集装箱运输发展良好的发展前景。据预测，2010 年和 2015 年长江三角洲及沿线地区外贸集装箱生成量分别达到 3 500 万 TEU 和 4 600 万 TEU。其中长江三角洲两省一市占 90%以上。预测 2010 年和 2015 年内贸集装箱生成量分别达到 500 万 TEU 和 650 万 TEU，未来 10 年年均增速为 10%（表 2-2-3）。长江黄金水道将在新世纪我国国际集装箱运输发展中继续发挥其不可替代的作用。

**长江沿线主要集装箱港口 2010 年、2015 年吞吐量预测表**　　表 2-2-3

万 TEU

| 港　口 | 2010年 | 2015年 |
| --- | --- | --- |
| 上海港 | 2 900 | 3 400 |
| 江苏沿江港口合计 | 1 000 | 1 500 |
| 南京港 | 220 | 300 |
| 南通港 | 90 | 150 |
| 镇江港 | 70 | 120 |
| 苏州港 | 540 | 800 |
| 扬州港 | 30 | 60 |
| 武汉港 | 120 | 200 |
| 重庆港 | 100 | 150 |

## 二、国内内贸集装箱水上运输的发展及内支线网络的形成

1. 内支线的概念

内支线集装箱运输，是指固定船舶在国内港口之间，按照公布的船期表或有规则地在与干线船舶衔接的固定航线上从事外贸进出口集装箱的国内沿海（江、河）的运输，或内贸集装箱运输。内支线运输，包括沿海内支线和内河支线运输。

沿海支线运输是指国内沿海港口之间的内支线运输；内河支线运输是指内河港口至内河港口或至沿海港口之间的内支线运输。

专用内支线运输，是指干线船公司经营的内支线集装箱运输，如中远、中海、中外运经营的内支线集装箱运输船舶装载的集装箱货物专为本船公司干线集装箱船舶喂给，其好处是能使干支线集装箱运输经营管理

一体化。

公共内支线集装箱运输，是指非干线船公司的其他支线船公司与干线船公司签订的支线运输协议，为干线船舶进行的喂给运输，其好处是能够充分发挥社会公共船公司的积极性，特别是地方货运网络的优势，有利于社会资源的合理利用。

2. 我国内贸集装箱水上运输的历史回顾

我国内贸集装箱水上运输始于1956年，远早于我国国际集装箱运输起步时间，但由于当时国民经济发展几经波折条件不够成熟，内贸集装箱水上运输的发展曲折起伏。

我国内贸集装箱水上运输发展大致经历了4个阶段：

(1)第一阶段：尝试阶段。1956年5月，我国首次利用铁路箱试办了水路与铁路的集装箱联运，铁道部和交通部共同制定了水陆联运试运办法，但由于货源不平衡、空箱率高、设备不适应及组织衔接等方面的问题，试验仅二三个月即告流产。1960年，国家项目"水陆联运集装箱一条龙运输研究"试制了4个1.24t集装箱，但仅进行一次往返试运即中止。1972年，国际集装箱运输正处于起步阶段，其优越性被介绍到国内，原交通部水运局借用297只铁路3t箱投入上海/大连、南京/南通/大连、上海/南通3条航线试营运，限于当时国民经济发展水平低，资金不足，货主承受能力差，试验又随着集装箱陆续报废而停顿。

(2)第二阶段：起步阶段(1973—1990)。1973年，交通部组织水运科学研究所研制5t水陆联运集装箱，于1976年4月首次在长江上开辟第一条班轮航线：武汉—沙市航线，以后又相继开辟武汉—上海、武汉—宜昌、武汉—黄石以及沙市—宜昌等航线。1977年，广州海运局研制了3t集装箱，投入华南沿海货轮运输。1979年，交通部投资建造国际标准5t集装箱1 000个，投入北方沿海客货班轮运输。同期，长江航运管理局将两艘800t驳船改造成集装箱专用驳船，投入长江运输。

进入20世纪80年代，内贸集装箱运输在沿海和长江均有不同程度的发展。1986—1989年，全国共开辟17条内贸集装箱运输航线，内贸集装箱运量和港口吞吐量以5%的平均增幅发展。在此期间，交通部根据运输发展的需要制定了内贸集装箱运费和港口装卸费收标准，规范了各运输环节的收费行为，在一定程度上促进了内贸集装箱的发展。但由于需求不旺和主要资源都偏重国际集装箱运输等原因，这期间的内贸集装箱运输在发展速度、运输方式与规模等方面并没有明显的突破。

(3)第三阶段：徘徊阶段(1990—1995)。针对内贸集装箱运输发展存在的问题，交通部于1990年11月在温州召开了全国国内集装箱运输工作会议，提出了积极开拓、重点发展具有优势的内贸集装箱航线等举措。但由于对市场发展方向把握不准，内贸集装箱运输仍徘徊不前。在集装箱运输刚有所发展时，又受到来自于公路和航空运输发展的严峻挑战，分流了水上运输的客源，直接冲击客货班轮运输，给主要依靠客货班轮捎带集装箱的内贸集装箱运输以致命的打击。致使利用客货班轮捎带集装箱运输仅剩下大连/天津、大连/烟台、大连/上海3条航线，内贸集装箱运输，再度走入低谷。

(4)第四阶段：发展阶段。进入20世纪90年代，随着国家产业结构和经贸政策的调整，物流在生产和流通中的作用增强，货主对内贸集装箱运输服务需求加大。一方面随着国际集装箱运输的扩展，沿海国际集装箱运输干线急需内贸支线的支持；另一方面，国际集装箱运输市场竞争日趋激烈，资源得不到充分利用，客观上为内贸集装箱运输的发展提供了良好的机遇。1993年10月广州港货运总公司牵头，与广州海运(集团)公司、上海港务局及佛山市联运公司共同协作，投入65TEU箱位的“浙舟3078”轮，首先开辟广州至上海的内贸第一条集运航线。至1994年参加沿海内贸集运的有上海海运集团、广州海运集团、上海新海海运公司、广东港澳公司、山东国际海运公司、江苏远洋运输公司和浙江远洋运输公司7家。接着上海市地方企业锦江航运有限公司也组建了集装箱船队，开通了上海至日本、韩国近洋航线和国内江海内贸支线。又有上海海兴集装箱运输有限公司投入两艘614TEU箱位全集装箱船，参与内贸集装箱沿海运输快运航线。1996年在广州港货运公司开辟的上海—广州全集装箱班轮上，首次开始使用20ft、40ft国际标准箱。1997年海口南海青年实业公司针对市场的需求，经调研设计构筑了以上海龙吴港区为枢纽，长江下游、南北沿海“T”字型江海内贸集装箱运输网络，开创了内贸集装箱运输新局面。江海内贸集装箱运输惊人的发展引起业内的高度重视与普遍关注。1997年4月，中海集运投入一艘614TEU的经改造的全集装箱船，开辟了广州—蛇口—厦门—上海航线，开通南北沿海全集装箱班轮快运航线。中远集运随后也投入千箱位以下船舶加入国内沿海南北航线。至此，许多原本只经营外贸航线的船公司相继进入沿海内贸集装箱运输市场。

与此同时，珠江三角洲，长江沿线和环渤海等区域性内贸集装箱运输支线也先后兴起，我国内贸集装箱运输进入兴盛发展时期。

到2006年末，我国从事内贸集装箱业务的码头企业已超过50家，遍布我国各地沿海、内河，合计吞吐箱量近百万TEU，在50家码头企业中，年吞吐量超10万TEU以上20万TEU以下的14家；年吞吐量超30万TEU

以上50万TEU以下的4家;年吞吐量超50万TEU以上100万TEU以下的6家。

3. 沿海内支线及其网络体系的形成

20世纪90年代末,我国国际集装箱运输进入快速增长新的机遇期。国民经济稳步持续增长和对外贸易量高速增长,各省、区、市适箱货生成量同步增长。沿海沿江中小港口发展国际集装箱运输事业,新建集装箱码头的需求骤增。此时开辟新的"内支线",增加原有"内支线"集装箱船的运力引起了国内大型航运企业的关注。于是,中海集团率先构筑了以水路内贸运输为主线,以在我国沿海主要港口城市建设综合物流中心为依托,辐射港口经济腹地,向货主提供门到门的综合物流服务。我国集装箱主力舰队中远集运利用外贸航线的退役航船,加大沿海内贸运输的介入力度。2000年以来,内贸集装箱运输量保持了强劲的增长势头。

经过多年来的培育,我国已形成从北到南"内支线"网络体系,环渤海、长江地区、长江水系、东南沿海、珠三角、西南沿海等区域"内支线"网络体系的合理布局,为上述地区沿海(江)各大集装箱干线港国际集装箱运输新的重大发展提供稳定增长的集装箱货源,促进上述地区社会经济持续发展。

## 第三节 我国港口及其集装箱码头建设与发展

本节从我国港口及其集装箱码头装卸工艺、码头功能、经营模式的发展演变历程,以港口及其集装箱码头建设规模与速度、港口集装箱吞吐量逐阶段大幅增长、干线港布局体系的形成、利用外资合资合作经营以及加快集装箱干线港建设步伐等方面的详实图表与数据,多视角、多层面反映我国港口及其集装箱码头建设事业所取得的巨大成就。

### 一、码头工艺、功能、经营模式的发展

1. 我国港口及其集装箱码头装卸工艺的发展

20世纪70年代初至80年代初,件杂货码头兼做集装箱业务,利用岸上设备或船上吊机以件杂货人工操作方式进行装卸船,以件杂货方式组织生产管理集装箱业务。

20世纪80年代中期专业化集装箱码头出现,开始采用专业化装卸设备与滚装作业相结合的方式,以解决当时专用设备不足的问题。当时我国大陆还没有一个真正意义上的干线港,我国港口及其集装箱码头,只能充当日、韩等港口喂给港角色。业务管理人员也都是长期从事件杂货生产调

度、货运系统人员经短期培训后“转业”而来，因此，在组织生产和业务管理上，带有很浓的件杂货作业的痕迹。其他相关制度等也是如此。

同时期，在我国部分港口曾尝试采用跨运车系统工艺，不久即被淘汰。20 世纪 90 年代初，我国集装箱码头采用了岸边集装箱起重机（简称“岸桥”）–集装箱拖挂车（简称“集卡”）–轮胎式集装箱龙门起重机（简称“轮胎式场桥”）装卸工艺，所采用的岸桥、轮胎式场桥以及配套的专用装卸设备，现代化水平已经显现。随后又配套了更加先进的、现代化的各类大型专用装卸设备。

21 世纪集装箱码头自动化系统的采用，已被我国港口、码头业界人士高度重视，并已在局部如生产指挥，现代化、自动化、高效化大型机械的配置，生产过程可视化跟踪、控制、反馈，先进信息技术的采用、智能化闸口（大门、检查桥）、无人化堆场管理等方面，都取得一定效果，为实现集装箱码头自动化管理打下一定基础。工艺实现自动化，是港口集装箱码头功能进一步升级换代的必然方向。

2. 我国港口及其集装箱码头功能、运输方式衔接的发展

20 世纪 70 年代，仅仅是单一箱货装卸、堆存。

20 世纪 70 年代末 80 年代初，专业化集装箱码头出现，集装箱水路运输系统正在构建中，海铁联运，多式联运初显效果，集装箱码头的物流中心功能开始显现。

20 世纪 80 年代后期 90 年代末，集装箱码头功能迅速提升，我国部分港口已发展成为集装箱干线港，并已形成布局合理，门类齐全，配套设施设备先进，现代化程度较高的国际集装箱水路运输系统，集装箱干线港、支线港、喂给港布局体系已经形成。

21 世纪，我国主要港口及其集装箱码头已能接纳大型集装箱船，少数港口的集装箱码头具备接纳超大型集装箱船舶能力，码头装卸效率、保班能力、综合集疏运能力、辐射功能、聚集功能大大提高，主要集装箱码头已普遍采用先进信息技术，其生产、管理、控制实现自动化、可控化、数字化，部分港口功能正逐步向全球或区域性资源配置中心方向发展。

3. 我国港口及其集装箱码头经营模式的发展

20 世纪 70 年代，计划经济体制下，单一国有经营模式。

20 世纪 80 年代，港口管理体制实行双重领导、地方为主改革试点，港口建设资金渠道增加，开始利用世界银行政策性、商业性贷款用于以集装箱码头为重点的港口，集装箱码头开始专业化经营。

20 世纪 90 年代，外资、国内民营资本进入集装箱码头建设、经营领

域,出现中外合资集装箱码头,改造集装箱码头并成功上市,集装箱码头呈现投资多元化和经营模式多样化。

《中华人民共和国港口法》实施,确定了集装箱码头多元化投资主体和经营主体,我国集装箱码头经营出现新局面,中、外著名的大型船公司以及港口运营商投资集装箱码头,集装箱码头主动与船公司合资、合作经营,实现互利双赢。

## 二、我国港口及其集装箱码头建设发展历程

1. 沿海及长江港口集装箱专用码头的建设

我国第一座国际集装箱专用码头，于 1981 年在天津新港 21 段新建成功,同年 12 月 25 日通过验收正式投产。1983 年在交通部的筹划下,利用世界银行贷款,安排上海港张华浜装卸区,黄埔港第 6、7 泊位等按照国际标准新建或改造集装箱专用码头，并从国外引进集装箱专用设备以及计算机生产管理系统。1984 年前后上述集装箱码头相继正式投产,并成立了集装箱码头公司。

接着，青岛港也将其老港区 8 号码头突堤南北两侧的 47、48、49、50 号 4 个件杂货泊位改造为 6 个国际集装箱专用泊位。

不久,沿海及长江其他港口,都相继筹集资金改建集装箱专用码头,至 1988 年又有大连、南通、张家港、南京、宁波、福州、厦门、湛江、海口等港口拥有 15 个国际集装箱泊位,年设计吞吐能力达 120 万 TEU,当年集装箱吞吐量为 94.7 万 TEU,综合各港集装箱化比重为 23%。

2. 利用外资改扩建沿海集装箱码头

20 世纪 80 年代以来,中国大陆集装箱水路运输及港口吞吐量增势迅猛。继 1985 年国务院颁布的《关于中外合资建设港口码头优惠待遇的规定》后,1993 年交通部在上述文件精神基础上,制定颁发了《关于深化改革、扩大开放、加快交通发展的若干意见》,鼓励中外合资建设、经营公用码头泊位,允许中外合资租赁码头、中外合作经营码头业务,允许外资建设货主码头和专用航道,中外合资集装箱码头企业如雨后春笋般地涌现。

最早在中国大陆组建中外合资集装箱码头公司始于 1987 年末,由当时的南京港与美国英塞纳码头公司共同组建了中外合资南京集装箱装卸有限公司,成为中国大陆第一家中外合资集装箱码头企业。20 世纪 90 年代初,广东港口相继出现了若干家中外合资的集装箱码头,其中规模较大的有深圳蛇口集装箱码头有限公司,于 1991 年 8 月成立,由招商局国际、中远、铁行渣华、太古集团 4 家合资。

在上述政策的鼓励下，中外合资建设、经营码头率先在集装箱水路运输方面取得重大突破。20 世纪 90 年代，以香港和记黄埔港口有限公司、新加坡港务集团为代表的外资大量进入中国港口，采取合资经营最具发展前景和效益的集装箱码头。和记黄埔先后在上海、深圳盐田、宁波北仑、汕头、珠海、江门、厦门、南海等港口投资；新加坡港务集团在大连、福州、广州等港口投资；英国铁行港口公司在青岛、深圳蛇口等港口投资。此外，招商局国际、马士基航运有限公司、美国英塞纳码头公司、香港现代货柜码头有限公司、香港太平洋有限公司、香港银都机场有限公司、香港太古洋行、嘉里建设(香港)有限公司、香港恒基集团、新加坡国际财团、马萨海罗贸易有限公司等外资，也都投资经营集装箱码头。

目前，中国沿海和内河集装箱主要码头合资率分别占集装箱泊位总数的 64.2%，占集装箱泊位总通过能力的 72.2%。沿海主要港口中，大连、秦皇岛、天津、青岛、上海、宁波、福州、厦门、汕头、深圳、广州、珠海等港口，长江上的南京、苏州(张家港、常熟、太仓)等港口，以及珠江三角洲的江门、南海、番禺、潮阳等一批中小港口，均有中外合资，甚至外商独资经营的集装箱码头。其中规模较大的合资企业有：上海港集装箱股份有限公司与香港和记黄埔合资的上海集装箱码头有限公司；大连港集装箱股份有限公司与新加坡港务集团、马士基航运有限公司合资的大连集装箱码头有限公司；深圳盐田与和记黄埔合资的盐田国际集装箱码头有限公司等。

外资的进入，将中国集装箱码头的建设、经营、管理、技术迅速提高到比较先进的程度，缩小了与发达国家先进港口的差距，部分合资经营的集装箱码头设施先进程度、运营效率、管理水平已经接近或达到了世界先进港口水平。中国沿海、沿江主要港口合资集装箱码头情况见表 2-3-1。

**中国港口主要集装箱码头(1987—2005)中外合资经营情况统计表**　表 2-3-1

| 编号 | 企业名称 | 投资方 | 公司成立时间 |
|---|---|---|---|
| 1 | 大连集装箱码头有限公司 | 大连港集装箱股份有限公司<br>新加坡港务集团 | 1996.7 |
| 2 | 大连大港中海集装箱码头有限公司 | 中海码头发展公司<br>新加坡港务集团 | 1999.7 |
| 3 | 天津东方海陆集装箱码头有限公司 | 天津港股份有限公司<br>环球货柜码头新世界(天津)有限公司 | 1997.3 |

续上表

| 编号 | 企业名称 | 投资方 | 公司成立时间 |
| --- | --- | --- | --- |
| 4 | 天津五洲国际集装箱码头有限公司 | 天津港股份有限公司<br>香港新创港口管理有限公司<br>中远码头(天津)有限公司<br>中海码头发展有限公司<br>招商局国际港口(天津)有限公司 | 2005.11 |
| 5 | 烟台环球码头有限公司 | 烟台港(集团)有限公司<br>迪拜环球港务中国(烟台)有限公司 | 2003.11 |
| 6 | 青岛前湾集装箱码头有限责任公司 | 青岛港(集团)有限公司<br>PTS(控股)有限公司<br>中远码头(前湾)有限公司 | 2005.5 |
| 7 | 南京国际集装箱装卸有限公司 | 南京港口集团公司<br>美国 ENCI-NAL 码头公司 | 1987.9 |
| 8 | 张家港永嘉集装箱码头有限公司 | 张家港港务集团有限公司<br>中远(香港)集团中远太平洋有限公司 | 1992.5 |
| 9 | 扬州运输国际码头有限公司 | 扬州市港务集团有限公司<br>张家港永嘉集装箱码头有限公司<br>中远太平洋有限公司 | 2004.3 |
| 10 | 上海浦东国际集装箱码头有限公司 | 上海外高桥保税区港务公司<br>上实基建控股有限公司<br>和记港口浦东有限公司<br>中远太平洋(中国)投资有限公司 | 2003.3 |
| 11 | 上海集装箱码头有限公司 | 上海港集装箱股份有限公司<br>和记黄埔上海港口投资有限公司 | 1993.5 |
| 12 | 上海沪东集装箱码头有限公司 | 上海国际港务(集团)有限公司<br>APM Terminals(shanghai)Co.ltd | 2002.9 |
| 13 | 上海明东集装箱码头有限公司 | 上海国际港务(集团)有限公司<br>和记黄埔港口集团 | 2004.12 |
| 14 | 浙江世航乍浦港口有限公司 | 嘉兴市乍浦开发集团有限公司<br>百思德投资有限公司 | 1999.6 |
| 15 | 宁波北仑国际集装箱码头有限公司 | 宁波北仑集团有限公司<br>和记黄埔港口集团 | 2001.8 |

续上表

| 编号 | 企业名称 | 投资方 | 公司成立时间 |
|---|---|---|---|
| 16 | 宁波大榭招商国际码头有限公司 | 宁波港集团有限公司<br>宁波大榭开发区投资控股有限公司<br>招商局国际港口(宁波)控股有限公司 | 2003.6 |
| 17 | 宁波港吉码头经营有限公司 | 宁波港集团<br>北仑第三集装箱有限公司<br>地中海亚洲码头有限公司 | 2004.12 |
| 18 | 福州青州集装箱码头有限公司 | 福州港务集团<br>新加坡港务集团 | 1998.4 |
| 19 | 福州新港国际集装箱码头有限公司 | 福州港务集团<br>福清市港口开发建设公司<br>新加坡港务集团<br>太平工业发展有限公司 | 2001.11 |
| 20 | 厦门国际货柜码头有限公司 | 厦门海沧港务有限公司<br>和记黄埔港口厦门有限公司 | 1997.3 |
| 21 | 厦门象屿新创码头有限公司 | 厦门海沧港务有限公司<br>香港新建港口管理有限公司 | 1997.4 |
| 22 | 广州集装箱码头有限公司 | 广州港集装箱综合发展有限公司<br>新加坡广州港口私人投资有限公司 | 2001.6 |
| 23 | 中山港货运联营有限公司 | 中山市城市建设投资集团有限公司<br>中山市中航投资发展有限公司<br>香港珠江船务企业集团有限公司 | 1992.12 |
| 24 | 蛇口集装箱码头有限公司一期 | 招商局国际有限公司<br>铁行港口<br>太古洋行 | 1991 |
| 25 | 蛇口集装箱码头有限公司二期 | 铁行港口<br>招商局国际有限公司<br>太古洋行<br>香港现代货箱 | 2002 |
| 26 | 盐田国际集装箱码头有限公司 | 盐田股份集团<br>和记黄埔港口集团 | 1994 |
| 27 | 漳州招商码头有限公司 | 招商局漳州开发区有限公司<br>招商局国际有限公司 | 2000.10 |
| 28 | 赤湾集装箱码头有限公司 | 深圳赤湾港航股份有限公司<br>香港国际企业有限公司<br>赤湾港航(香港有限公司)<br>海丰发展有限公司 | 1990.12 |
| 29 | 珠海国际货柜码头(九洲)有限公司 | 珠海港口集团有限公司<br>和记黄埔港口集团 | 1992.11 |

3. 主要港口国际集装箱吞吐量高速增长

20世纪70年代，我国港口开展国际集装箱水路运输仅有3个港口——上海、天津、黄埔，1979年，3港合计集装箱吞吐量仅为3.29万TEU。

20世纪80年代后期，我国10个港口(上海、天津、广州、大连、青岛、张家港、厦门、福州、湛江、海口)已能接卸第四代、第五代集装箱船，集装箱码头实现专业化管理，其物流中心功能开始显现。1989年上述10港合计集装箱吞吐箱量首次突破100万TEU。90年代初的1992年上述10港合计集装箱吞吐量突破200万TUE。90年代末的1999年，我国10港(上海、深圳、青岛、天津、广州、厦门、大连、宁波、中山、福州)合计集装箱吞吐量首次突破1 000万TEU大关，达到1 416万TEU。

2004年，我国10港(上海、深圳、青岛、宁波、天津、广州、厦门、大连、中山、福州)合计吞吐箱量完成5 115.2万TEU(其中外贸箱完成3 709.5万TEU)，较20世纪末的1999年净增3 699.2万TEU，增长2.6倍，10港合计吞吐箱量占2004年全国港口集装箱吞吐总量6 180万TEU的82.8%。无论增加量还是增加幅度，都呈几何量级增长。

2005年，我国10港(上海、深圳、青岛、宁波、天津、广州、厦门、大连、中山、连云港)合计吞吐箱量完成6 334.2万TEU，较上年增长23.80%，占当年亚太地区港口集装箱吞吐量总和1.1亿TEU的57.6%。

2006年，我国10港(上海、深圳、青岛、宁波/舟山、广州、天津、厦门、大连、连云港、中山)合计吞吐箱量完成7 738.53万TEU，较2005年增长22.17%，10港合计吞吐量占当年全国港口集装箱吞吐总量9 300万TEU的83.7%。

从1979年到2007年的28年间，我国主要集装箱港口合计吞吐箱量从3.29万TEU增至2007年预计的1亿TEU，其跨越式发展取得的巨大成就，令世界瞩目。见图2-3-1。

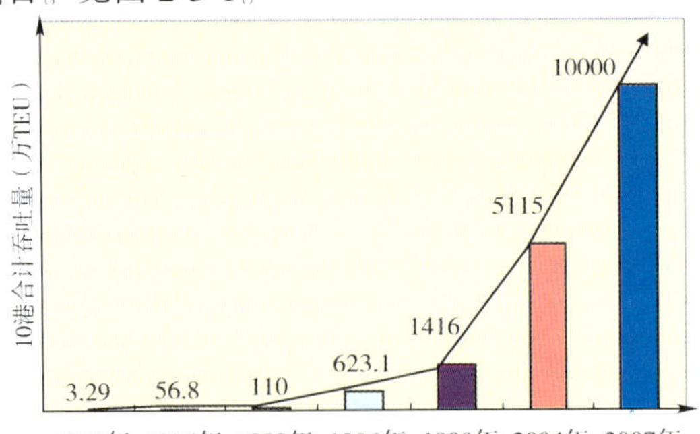


图2-3-1　1979~2007年28年间，我国主要集装箱港口合计吞吐量逐阶段大幅增长趋势图

4. 我国集装箱干线港布局体系初步形成

至 2005 年末，我国沿海、沿江港口集装箱码头逾 120 多家，遍布 17 个省、区、市，其中年吞吐量超过 100 万 TEU 的集装箱码头有 24 家，其分布情况见图 2-3-2。

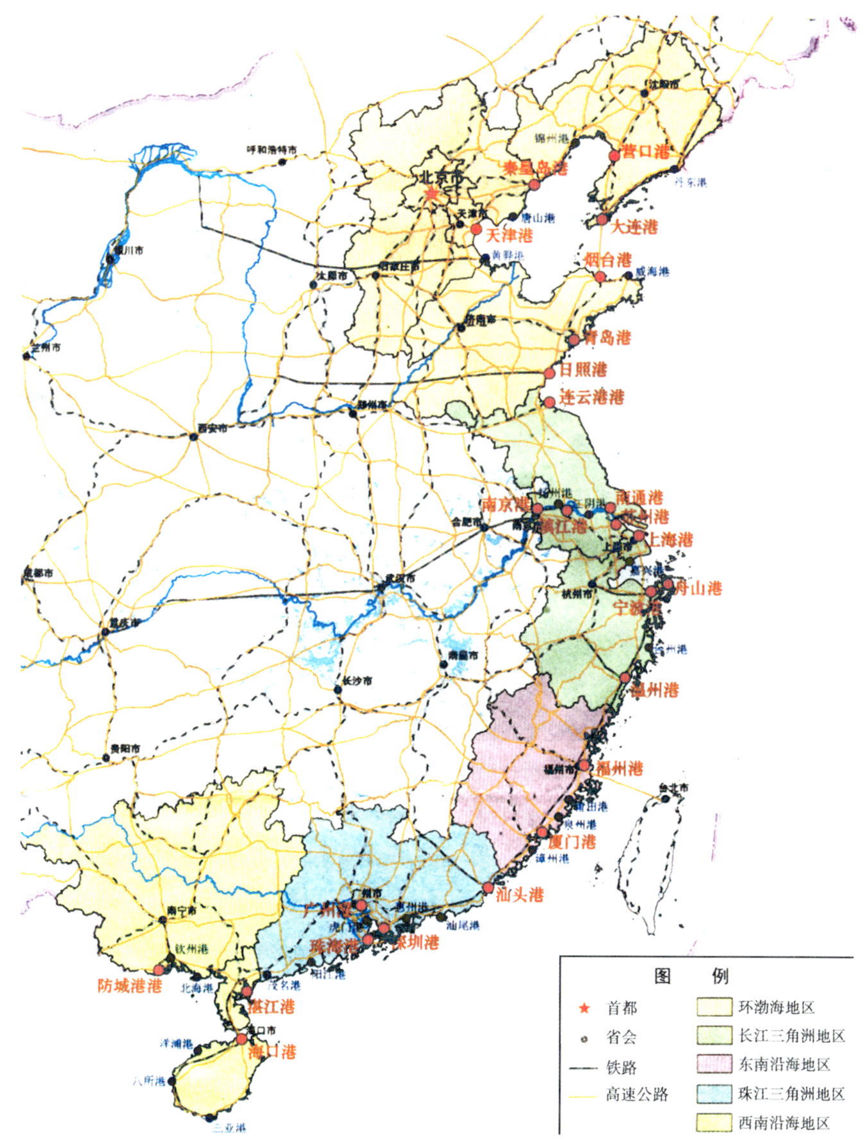


图 2-3-2　我国沿海、沿江主要集装箱港口、码头分布图

2006 年,全国港口集装箱吞吐量达 9 361 万 TEU,连续 4 年雄踞世界首位。迄今为止,我国大陆共有 14 个百万 TEU 以上的集装箱大港。

我国港口、集装箱码头及其和吞吐能力,形成布局合理、门类齐全、配套设施设备先进、现代化程度较高的国际集装箱水路运输系统,集装箱干线港布局体系已经形成,为我国经济和社会的发展奠定了坚实基础。

综上所述,从年代划分上总体论述了我国集装箱水路运输、集装箱码头以及综合运输体系建设的发展历程。如从码头功能、经营模式、管理手段、决定因素等方面分析,其具体发展、演变历程如表 2-3-2 所示。截至 2006 年我国 10 个主要集装箱港口国际航线、航班统计如表 2-3-3 所示。

**我国港口及其集装箱码头发展演变历程简表** 表 2-3-2

| 发展阶段 | 年代 | 码头功能特点 | 码头经营模式 | 码头生产、管理特点 | 决定因素 |
|---|---|---|---|---|---|
| 试运阶段 | 1973—1978 年间 | 运输枢纽,单一箱货装卸、堆存 | 计划经济体制下,单一国有经营模式 | 件杂货码头兼作集装箱业务。利用岸上门机和船上吊机,采用件杂货作业方式作业。管理业务,手工操作 | 劳动力、资本、简单工属具 |
| 创业阶段 | 1978—1988 年间 | 运输枢纽、专业化集装箱码头出现,多式联运、海铁联运、码头的物流中心功能开始显现 | 港口管理体制开始变化,管理权下放地方。开始执行“以港养港”政策,增加港口建设资金渠道,可利用境外世界银行政策性、商业性贷款,集装箱码头开始专业化经营 | 80年代初期采用专业化装卸设备与滚装方式相结合,以解决当时专用设备不足。在生产指挥部门开始引入计算机系统。对码头各级管理人员进行大规模国内外专业培训。80 年代中后期,码头生产已普遍采用岸桥—集卡—场桥工艺。码头专业化管理逐步纳入标准化 | 资本、技术、服务 |
| 大发展阶段 | 1988—21 世纪初 | 集装箱国际中转和国际物流重要节点 | 外资、国内民营资本进入港口集装箱码头建设、经营领域,出现新型股份制集装箱码头公司,并诞生一批上市公司。《港口法》的实施,确定了码头多元化投资主体和经营主体。集装箱码头经营模式呈现多元化 | 码头生产、业务、管理信息化、智能化、高效化、多角化。提供全程、全方位、多层次、个性化、人性化增值服务。全球联网,逐步走向跨地区、跨国经营 | 资本、技术、信息、服务、人才、环境、人性化管理 |

**截至2006年我国10个主要集装箱港口国际航线、航班统计表** 表2-3-3

| 港口 | 航线(条) | 月航班(次) |
| --- | --- | --- |
| 10港合计 | 577 | 2 477 |
| 上海 | 103 | 415 |
| 深圳 | 145 | 583 |
| 青岛 | 99 | 412 |
| 宁波 | 51 | 332 |
| 天津 | 57 | 233 |
| 广州 | 5 | 20 |
| 厦门 | 63 | 240 |
| 大连 | 46 | 216 |
| 中山 | 4 | 13 |
| 连云港 | 4 | 13 |

## 三、我国加快集装箱干线港建设步伐

我国现有沿海主要港口40多个(含长江南京及以下港口),2005年货物吞吐量达33.8亿t,比2000年翻了一番多。2006年完成货物吞吐量35.3亿t。沿海港口作为国民经济和社会发展的重要基础设施,有力地支撑了经济、社会和贸易发展以及人民生活水平的提高,对于国家综合实力的提升、综合运输网的完善等具有十分重要的作用。

近20年来,集装箱专业化运输系统在支持国家外贸稳定发展、保障国家参与国际经济合作和竞争起到了重要作用。当前在旺盛的运输需求带动下,货物吞吐量特别是外贸、集装箱吞吐量持续快速增长,港口建设步伐明显加快,投资主体多元化的局面形成,港口及其集装箱码头呈现出规模化、集约化、现代化发展趋势。

为适应国际航运船舶大型化、专业化、运输组织联盟化日益增强的趋势,在激烈的国际航运市场竞争中提升我国航运业的竞争力和经济安全保障能力,国家对"十一五"期间全国集装箱水路运输系统沿海港口布局提出了明确要求。

*1. 环渤海地区港口群*

环渤海地区港口群体由辽宁、津冀和山东沿海港口群组成,服务于我国北方沿海和内陆地区的社会经济发展。

(1)辽宁沿海港口群以大连东北亚国际航运中心和营口港为主,包括丹东、锦州等港口组成,主要服务于东北三省和内蒙古东部地区。以大连

港为主布局集装箱干线港,相应布局营口、锦州、丹东等支线或喂给港口。

(2)津冀沿海港口群以天津北方国际航运中心和秦皇岛港为主,包括唐山、黄骅等港口组成,主要服务于京津、华北及其西向延伸的部分地区。以天津港为主布局集装箱干线港,相应布局秦皇岛、黄骅、唐山港等支线或喂给港口。

(3)山东沿海港口群以青岛、烟台、日照港为主及威海等港口组成,主要服务于山东半岛及其西向延伸的部分地区。以青岛港为主布局集装箱干线港,相应布局烟台、日照、威海等支线或喂给港口。

2. 长江三角洲地区港口群体

长江三角洲地区港口群体依托上海国际航运中心,以上海、宁波、连云港为主,充分发挥舟山、温州、南京、镇江、南通、苏州等沿海和长江下游港口的作用,服务于长江三角洲以及长江沿线地区的经济社会发展。

长江三角洲地区港口群集装箱水路运输布局以上海、宁波、苏州港为干线港,包括南京、南通、镇江等长江下游港口共同组成的上海国际航运中心集装箱水路运输系统,相应布局连云港、嘉兴、温州、台州等支线和喂给港口。

3. 东南沿海地区港口群体

东南沿海港群以厦门、福州港为主,包括泉州、莆田、漳州等港口组成,服务于福建省和江西等内陆省份部分地区的经济社会发展和对台“三通”的需要。集装箱水路运输系统布局以厦门港为干线港,相应布局福州、泉州、莆田、漳州等支线港。

4. 珠江三角洲地区港口群体

珠江三角洲地区港口群由珠江三角洲地区港口组成。该地区港口群依托香港经济、贸易、金融、信息和国际航运中心的优势,在巩固香港国际航运中心地位的同时,以广州、深圳、珠海、汕头港为主,相应发展汕尾、惠州、虎门、茂名、阳江等港口,服务于华南、西南部分地区,加强广东省和内陆地区与港澳地区的交流。集装箱水路运输系统以深圳、广州港为干线港,汕头、惠州、虎门、珠海、中山、阳江、茂名等为支线或喂给港组成。

5. 西南沿海地区港口群体

西南沿海地区港口群由粤西、广西沿海和海南省的港口组成。该地区港口的布局以湛江、防城、海口港为主,相应发展北海、钦州、洋浦、八所、三亚等港口,服务于西部地区开发,为海南省扩大与岛外的物资交流提供运输保障。该地区港口集装箱水路运输系统布局以湛江、防城、海口及北海、钦州、洋浦、三亚等港口组成集装箱支线或喂给港。

将在全国沿海港口区域分布上形成环渤海、长江三角洲、东南沿海、珠江三角洲、西南沿海5个规模化、集约化、现代化的港口群体。最终形成以大连、天津、青岛、上海、宁波、苏州、厦门、深圳、广州等9大干线港为主,相应发展沿海支线和喂给港的集装箱水路运输系统。

“十一五”期间发展我国集装箱水路运输体系,加快上述重点干线港建设与发展的任务极为重要具深远意义。

# 第三章　现代物流与现代集装箱码头

随着现代科学技术的迅猛发展和经济全球化的趋势加强，现代物流作为一种先进的产业组织模式和经济管理活动，被广泛认为是企业在降低物资消耗、提高劳动生产率之后的“第三利润源泉”,并在国民经济和社会发展中发挥着重要作用。自20世纪初以来,最早在美国兴起了物流的研究与实践,后来在欧美及日本等发达国家或地区得到了快速发展。

## 第一节　现代物流与港口物流

### 一、现代物流

1. 现代物流的含义

“物流”一词是物的流动的简称,是指物品从供应地向接收地的实体流动过程,根据实际需要,将运输、储存、装卸、搬运、包装、流通加工、配送、信息处理等基本功能实施有机结合。狭义物流指商业流程中的仓储及运输。近年来,随着区域经济的快速发展,原来分散的、低效率和高成本的物流活动转化成物流资源互补整合、相互联系、分工协作的产业链条,形成以供应链管理为核心的社会化物流系统。现代物流活动逐渐从生产、交易和消费过程中分化出来,成为专业化的新型经济活动。其实质就是通过产品与服务及其相关信息在供给点与消费点之间的加工、运输与交换,从而发挥物资资料的效用,实现资源的优化配置,为企业和社会带来最佳经济效益。

西方国家一般将物流的发展过程分为3个阶段。第一阶段为实体分配阶段(Physical Distribution,PD),这一阶段物流管理的特征是注重产成品到消费者的物流环节。第二阶段为综合物流阶段 (Integrated Logistics Management, ILM),这一阶段是将物料管理(Material Management, MM)与

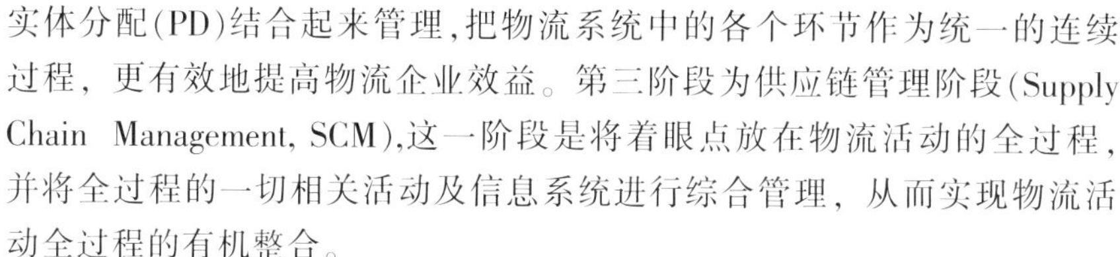

实体分配(PD)结合起来管理，把物流系统中的各个环节作为统一的连续过程，更有效地提高物流企业效益。第三阶段为供应链管理阶段(Supply Chain Management, SCM)，这一阶段是将着眼点放在物流活动的全过程，并将全过程的一切相关活动及信息系统进行综合管理，从而实现物流活动全过程的有机整合。

2. 现代物流的特征及其实现条件

现代物流通过仓储、运输、配送等全面综合管理，令整个物流过程缩短时间、降低成本。其主要特征为：

(1)现代物流是一种以客户为中心的"全程服务"理念。关注的不再是单个环节的服务质量和效率，而是整个物流系统的质量和效率。现代物流除追求商品自然流通的效率和费用外，还力求通过各种途径提高用户服务水平，以使系统总费用最小，或是以一定的货源投入，使用户服务水平达到最高。

(2)现代物流是一种系统化的管理方式。这是指对物流中的仓储、运输、装卸、包装、流通加工、配送、信息等各环节进行统一的控制和管理，建立合理的组织形式和运行规则，以促进各环节的协调配合。

(3)现代物流需要综合利用现代技术实现全程的系统服务。科学技术的飞速发展是现代物流的实现载体，它包括先进的运输工具、装卸设备、仓储设施、包装技术，特别是先进的信息技术，这些先进的技术可以促进物流各环节的协调配合，提高整体的服务效率。

现代物流不是平面的点、线形式，而是综合的立体化系统。现代物流系统由相互作用、相互依存的若干子系统组合而成，包括商品的包装、储存、运输、检验、加工和其前后的整理、再包装配送等环节。其中，运输环节是现代物流的重要支柱。

发展现代物流的条件有：

(1)网络化的物流节点体系。物流节点是对货物提供运输、仓储、加工、分拨、包装、信息等系列增值服务的网点。网络化的物流节点体系是指物流节点与节点之间的活动保持系统性、一致性，以保证整个物流网络达到最优的库存总水平及库存分布，运输与配送快速、机动。

(2)完善的物流基础设施。物流基础设施有硬件和软件之分，这里主要是指硬件部分，即交通、通信等基础设施，如铁路、公路、水路等基础设施的建设，是发挥现代物流便捷性的保证。

(3)先进的物流信息系统。现代物流与传统物流的根本区别在于信息技术的全程应用。由于计算机信息技术的广泛应用，现代物流过程的可见性明显增加，物流过程中的不可控风险大大降低，从而加强了物流各环节

的协调和配合以及对物流全过程的控制。

(4)具有现代物流理念和物流运营能力的经营人。现代物流的营运是通过充分利用市场机制来实现效益的最大化。无论是企业自行组织物流,还是委托社会化物流企业(第三方物流)承担物流服务,都是以效益最大化为总目标。比较而言,物流的社会化、专业化将逐渐成为发展的主流,而具有现代物流理念和物流运营能力的经营人是推动物流社会化、专业化的关键。

## 二、港口物流

### 1. 港口物流的含义

港口是发展综合物流的核心资源,也是发展网络运输的有效载体。港口物流活动是随着港口经济的发展,依托贸易的发展和技术的进步逐步形成的。物流在港口服务中的应用极大地改善了港口的传统服务模式,特别是开展现代化的物流服务,已成为港口寻求长远发展、增强竞争力的新源泉。

目前,对港口物流尚无准确定义,但从港口的自身特点和特有的优势分析,港口物流是指港口城市利用其自身的口岸优势,以先进的软、硬件环境为依托,强化其对港口周边物流活动的辐射能力,突出港口集货、存货、配货功能,以临港产业为基础,以信息技术为支撑,以优化整合港口资源为目标,发展具有涵盖物流产业链所有环节特点的港口综合服务体系。

### 2. 港口物流的发展趋势

随着经济全球化步伐的加快,特别是现代科学技术和知识经济的快速发展,对货物运输提出了更高的要求。它要求实现以满足客户的需求为出发点,进行从起点到终点的原材料、中间产品过程库存、最后产品和相关信息有效流动和储存的全程服务。因而,港口的功能也从单一货运生产向综合物流汇集,从传统的货流向货流、商流、资金流、技术流、信息流等实现全面大流通转变;运输方式也从车船换装到联合运输、联合经营转变,港口物流活动从此真正成熟地发展起来。

伴随着港口从第一代到第四代的发展历程,港口物流的发展也大致经历了4个发展阶段:

(1)传统物流阶段,即运输、转运、储存。

(2)配送物流阶段,即运输、转运、储存、拆装箱、仓储管理、加工。

(3)综合物流阶段,即信息化、网络化,集商品流、信息流、资金流、人才流于一体。

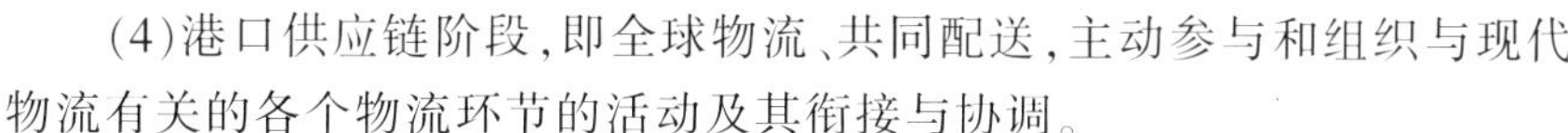

(4)港口供应链阶段，即全球物流、共同配送，主动参与和组织与现代物流有关的各个物流环节的活动及其衔接与协调。

由于港口是水路运输的枢纽，具有整合生产要素的功能，并可促进多式联运的发展，同时港口还是港、航、贸及交通运输等综合信息的重要平台，因此，港口在发展现代物流方面具有独特的优势。宏观而言，港口物流的发展趋势具有以下4方面特征：

(1)“大物流”。全球经济一体化的趋势，促使港口物流必须向国际化、规模化、系统化发展，港口物流产业内部的整合，与陆域、航空物流的全方位的合作势在必行，通过联合规划与作业，形成高度整合的供应链通道关系，进一步降低物流成本，提高物流效率，为客户提供更为满意的服务。

(2)“一体化”。港口物流的服务功能将进一步拓展，充分依托临港物流园区开展“一体化”的物流服务，如腹地运输、拆装箱、报关、报验、包装、质量控制、库存管理、订货处理等增值服务；提供金融、保险等方面的服务；提供货物在港口、海运及其他运输过程中的最佳物流解决方案。

(3)“智能港”。随着高科技在港口物流中的应用力度加大，各种先进的技术，如条形码技术、自动识别技术、自动分拣技术、卫星定位技术、自动仓库、物流仿真技术、辅助决策技术等都将在港口物流领域广泛应用，从而使港口物流从传统的劳动密集型向技术密集型转变，逐步实现“传统港”向“智能港”的转变，实现物流运作方式的现代化，物流工艺合理化，物流设备自动化、电气化，全面提升港口物流的竞争力。

(4)“虚拟链”。港口是“虚拟物流链”的控制中心。港口物流必须建立在港口物流信息平台的基础上，形成四通八达的高速“虚拟供应链”，提高物流信息的搜集、处理和服务能力，缩短物流信息交换与作业时间；大力发展电子商务，提供电子订舱、网上报关、报检、许可证申请、结算、缴(退)税、虚拟银行等网上服务；依托“虚拟链”建设服务全球的“虚拟港”，增强港口对腹地的辐射力，通过“虚拟链”，使港口物流的供应链上任何一环都能达到资源、信息共享，从而实现总体功能最优化的物流服务目标。

## 第二节　港口物流的重要实现方式之一——集装箱运输

港口从本质意义上讲是一个物流基地、物流枢纽、物流节点，是物流企业的集群，主要从事进出口货物的集散。传统的港口物流实现的是“港

到港”的服务,而现代物流要求的是“门到门”服务。随着国际集装箱多式联运的发展与综合运输链复杂性的增加,港口作为全球综合运输网络的节点,其功能也正朝着提供全方位的增值服务方向发展。港口功能的拓展不仅是现代物流发展的要求,而且是港口推动现代物流发展作用的体现。

## 一、集装箱运输的含义

港口是海上运输与陆地运输的连接点,是货物中转、换装和集散的场所,港口作为全球综合运输网络的节点,决定了它与生产制造企业、运输企业、仓储企业及销售企业等有着十分密切的关系。现代物流供应链各环节都离不开港口,并通过港口的功能来实现。而运输作为现代物流的主要环节是挖掘企业“第三利润源泉”的核心,也可以认为现代物流的核心内容是货物的现代化运输。在现代化运输中,集装箱运输的重要性日益凸显。集装箱既是货物的新型运输包装,又是现代运输工具的重要组成部分,它的出现使传统包装运输方式发生了根本性变化。集装箱使一定数量商品或包装件集成为一个更大的包装搬运单元,并把包装、运输、储藏功能一体化,大大简化了传统物流过程中的许多环节,特别是对件杂货流通方式的重大改进,在适应现代物流方面,它具有很多优越性。集装箱促进了商品运输的变革,把海运与陆路联成一体,形成一套完整的集装箱运输网络系统,因此被誉为20世纪的“运输革命”。

集装箱运输是商品运输的发展方向,集装箱运输体系是物流系统化的主要工程,它涉及到物流系统的各个功能要素,即商品包装、装卸、运输、储存保管、加工、配送和信息管理的各功能要素的全部设施、设备的系统化,所以,建立和发展集装箱运输系统是推动物流系统化的关键和基础,集装箱运输系统是集装箱功能和作用得以充分发挥的基本条件,它在现代物流中,特别是在国际物流中占有重要地位。

## 二、集装箱运输在现代物流中的作用

集装箱运输自问世以来,就以其安全、高效、快捷、经济和周到服务的特有优势受到世界各国的欢迎并得以迅速发展。至20世纪80年代,世界上80%以上的国家都采用了集装箱运输,在现代物流中具有重要的经济价值,并在国际物流中发挥重要的作用。

1. 集装箱运输可加速商品流通和车船周转、缩短装卸时间

集装箱的大容量和重负载,要求铁路、公路、水路或航空连成一体,即运输线路网络化、装卸机械化、管理一体化。使货物在流通过程中无论经

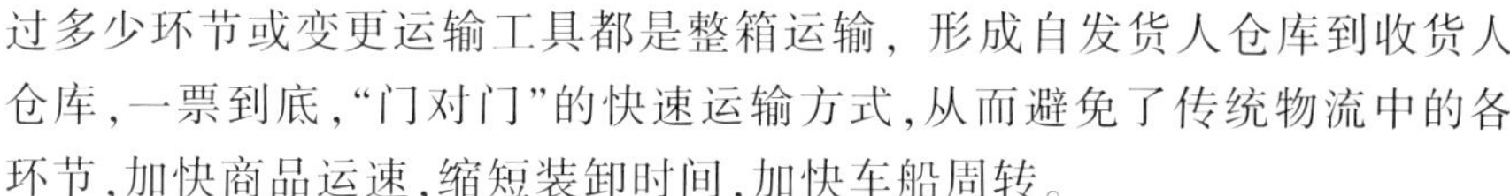

过多少环节或变更运输工具都是整箱运输，形成自发货人仓库到收货人仓库，一票到底，"门对门"的快速运输方式，从而避免了传统物流中的各环节，加快商品运速，缩短装卸时间，加快车船周转。

2. 集装箱运输可保障商品安全，减少商品损耗

商品被密封在集装箱内，实际等于给商品加上一道过硬的外包装，防日晒雨淋、防盗窃，有效地保护商品质量和数量。而"门到门"的运输形式既减少了传统物流中的某些环节，缩短了货物流通时间，也防止了货损、货差，减少商品损耗，提高商品运输的完整率。

3. 集装箱运输可节省包装费用，减少物流成本

集装箱可反复使用，因此可以简化或节约商品外包装。"门到门"的多式联运、简化了理货手续，同时也减少了传统物流中许多费用，如装卸费、搬运费等。

4. 集装箱运输可减少仓库建设费用

集装箱本身就是一座小型仓库，可堆存在露天货场，因而减少港口、车站的仓库建设费用。

## 三、集装箱运输的主要形式——多式联运

纵观当前集装箱业务的发展，集装箱运输朝着多式联运方向发展。多式联运就是把由集装箱装载的货物采用两种以上不同的运输方式，从接收地运往交货地的运输服务方式。一般分为国际集装箱多式联运和国内集装箱多式联运。

国际集装箱多式联运(International multimdal transport)是在集装箱运输的基础上产生和发展起来的，是指按照多式联运合同，以至少两种不同的运输方式，由多式联运经营人将货物从一国境内的接管地点运至另一国境内指定交付地点的货物运输。现代真正意义上的多式联运是由一个经营人对货物的全过程运输负责，是一次托运、一张单证、一个费率、一次收费、完成一个完整的运输过程的物流活动。

1. 国际多式联运的特点

国际多式联运是运输组织技术的发展和革新，也是集装箱运输的高级组织形式。与分段联运相比，多式联运不仅仅是不同运输工具进行的联合运输，而且是由多式联运经营人作为合同承运人统一组织全程运输，负责将货物从接货地运往交货地。其特点主要有以下几方面：

1)责任统一，手续简便

主要表现在国际多式联运方式下，货物运程不管有多远，不论使用几

种运输方式,也不论运输途中对货物经过多少次转换,所有一切运输均由营运经营人负责办理,货主只需要办理一次托运,订立一份运输合同、一次支付费用、一次投保,便可凭多式联运单据向银行结汇,收货人就可凭多式联运单据向多式联运承运人提取货物。

2)减少中间环节,提高货运质量

多式联运是以集装箱为运输单位进行直达运输,货物从发货人工厂或仓库装箱后,可直接运至收货人的工厂或仓库,运输途中换装无须拆箱、装箱,从而减少了中间环节。尽管货物在多种运输方式之间多次换装,但不涉及箱内货物,因此货损货差大为减少,提高了货运质量。同时,由于有多式联运经营人对全过程运输负责,还可大大减少货物在途时间,从根本上保证了货物安全迅速、准确及时地送达目的地。

3)降低运营成本,提早结汇

由于多式联运实现了“门到门”运输方式,运输时间大大缩短,对货主来说,将货物交给第一承运人即可取得货运单证,并据此结汇,加速了资金周转。另外,整个过程货物均放于集装箱内,节省了途中货物换装费用。此外,多式联运采用一张货运单证,统一费率,因而简化了制单和结算手续,节省了开支。

4)统一理赔

在多式联运运送货物的过程中,无论货损货差发生在哪一运输区段,甚至是无法确认事故区段的隐藏损害者,均可由多式联运经营人负责统一理赔,并可直接向货主进行赔偿。

5)实现合理化运输

多式联运是由不同的运输业者共同参与的一种联合运输方式。采用多式联运,不但扩大了业务范围,增大了信息量,还可以充分发挥各种运输方式的各自优势,选择最佳运输路线,组织合理化运输,从而加快了货运周转速度。

2. 集装箱多式联运与现代物流

现代化的交通运输以多式联运为代表,而多式联运又离不开集装箱运输。考察国际集装箱多式联运与现代物流的构成要素和特点,在硬件要求上,多式联运与现代物流基本相同:如两者在运输载体上均以多种运输工具为实现货物流动的载体;在追求的目标上,均以实现全程服务为目标;在责任主体上,均以统一运输组织为责任主体;在管理手段上,均以信息化作为主要管理手段;在集疏运条件上,都需要有完善的运输网络、设施,并需要通过多种运输方式的配合实现商品的位移;在配套设施上,都需要有配套的仓储条件、商品检验、信息系统的支持实现物的通畅流动等。但二者的本质存在着重大差异:多式联运的经营范围仅限于运输领域，而现代物流则涉及从生产到消费的各个领域；多式联运主要承担的是整箱运输而现代物流则更多强调的是配送、分拨，不仅包括整箱运输也包括拆装箱后的货物配送；多式联运主要承担国际间的门到门运输，而现代物流则不局限于国际、国内也不局限于长途和短途；多式联运作为一种单纯的运输组织形式，其主要目的是为客户提供高质量、低成本的运输服务，其“门到门”的服务仅限于运输过程，除了完成货物的安全、便捷、快速、低廉的运输服务外，未包含与运输服务相关联的增值服务；而现代物流则以全程服务为目标，考虑包括运输在内的物流各个环节的成本与质量，并注重在物流过程中提供便捷、低廉、高效的增值服务。特别是在现代物流中，“门到门”仍然存在，但更多的将是“门”到物流中心，再由物流中心到“门”，这种国际配送、国际拼箱作业已成为国际联运新的组织方式。

总之，在推动集装箱多式联运与现代物流的一体化发展中，港口发挥着不可替代的作用。港口既是集装箱多式联运的重要节点，又是多式联运集疏运网络的枢纽，同时其处于领先地位的信息化建设水平，使其成为融合集装箱多式联运与现代物流的有效载体。

## 第三节　现代集装箱码头及其在现代物流中的地位和作用

集装箱运输是由适箱货源、集装箱、集装箱船舶、集装箱码头、集装箱货运站、集装箱卡车、集装箱铁路专用车等基本要素组成的一个复杂的运输系统。在这个复杂的运输系统中，集装箱码头既是现代集装箱运输链中的重要节点，也是这一运输体系的枢纽，因此，现代集装箱码头在集装箱运输和港口物流中，特别是现代物流中具有重要的地位和作用。

### 一、现代集装箱码头的基本条件及主要特征

集装箱码头是国际集装箱水上运输与陆上运输的连接点、中转点、换装及联运的枢纽。集装箱的水转陆、陆转水、水转水以及拆拼箱等业务都要在这里进行。集装箱码头的主要任务是组织人力、机力等要素在各个不同的运输环节中迅速有效地进行集装箱装卸及换装作业，以及负责集装箱和箱内货物的交接和保管。

现代集装箱码头主要是相对传统的集装箱码头而言。为适应国际航运市场的发展变化，现代集装箱码头的基本条件及主要特征主要是：

1. 具有优良的水域环境及充足的岸线资源

优良的水域环境是保证集装箱船舶安全进出港口的前提条件。集装箱船舶进出港的水域主要包括航道、港池、掉头区、锚地等。随着集装箱船舶的日益大型化,现代集装箱码头的水域不仅要具备足够的水深条件,同时还应具有足够的水域面积以供集装箱船舶安全进出港。

集装箱码头是专为集装箱船舶停靠和作业的场所, 现代集装箱码头水深及岸线长度应能满足挂靠集装箱船舶的吃水要求及各航线集装箱船的挂靠频率需要。为适应世界航运市场的发展变化,现代集装箱码头已朝着深水化和大型化方向发展。目前,世界最大型集装箱船舶,载箱量为 11 000TEU,总长度已近 400m,船宽达 45.6m,满载吃水达 14.5m。载箱量为 12 000TEU,专业集装箱船舶的长度约 398m,船宽约 56.4m,满载吃水为 16.5m,将投入使用。因此,世界主要集装箱港口的码头单泊位岸线长度均已超过 300m,并越来越趋向于若干个泊位形成连续泊位组,使深水岸线得以充分利用,同时满足国际干线班轮的靠泊作业要求。

2. 具备充足的陆域条件和完善的配套基础设施

充足的陆域条件是保证集装箱连续作业和集装箱码头实现各项功能的基础。集装箱码头的陆域主要包括堆场、拆装箱场地、辅建区和基础配套设施用地等。由于各种运输工具的载箱量不同,到达时间不一,同时为满足集装箱堆存、作业、拆装箱、调度管理及现代物流功能需要,现代集装箱码头必须具有一定的堆场面积。特别是随着集装箱船舶大型化和集装箱码头作业的高效化, 对集装箱码头的堆场面积提出了更高的要求。通常,在集装箱码头泊位长度确定后,集装箱码头陆域面积大小就主要取决于码头的纵深度。决定码头的纵深度的主要因素是集装箱船舶的到港密度、该泊位靠泊最大集装箱船的装箱数以及码头配备的装卸工艺等。目前,国内外大型集装箱码头的陆域纵深已超过 1 000m,有的已达到 1 200 ~1 500m。实践证明, 集装箱码头堆场面积的大小对码头作业效率的高低将产生重大影响。

现代集装箱码头还要为堆场作业配备必要的作业区域和设备设施,如堆场道路、堆场设备走行线区域、照明设施、冷藏箱区、危险货物箱堆箱区以及相关区域的供电、给排水系统设施等。

3. 具备一定数量技术性能良好的现代化专用设备和先进的工艺系统

为使大量的集装箱在码头上及时地集中或疏散, 集装箱码头必须配备一定数量且技术性能良好的专用机械设备, 以保证集装箱码头上各种作业连续、高效地运转。

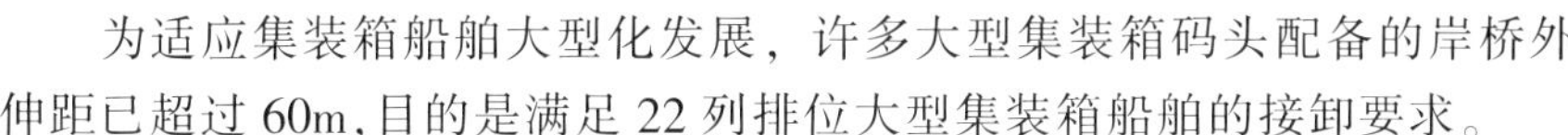

为适应集装箱船舶大型化发展，许多大型集装箱码头配备的岸桥外伸距已超过 60m,目的是满足 22 列排位大型集装箱船舶的接卸要求。

目前，世界各国集装箱码头普遍采用岸桥—集卡—轮胎式场桥组成的装卸工艺系统。为了提高集装箱码头整体装卸效率,集装箱码头、设备制造厂商积极开发先进技术,探索自动化码头等先进装卸工艺。

现代集装箱码头除需配备数量足够和技术性能良好的集装箱专用机械外,还应科学合理地确立上述 3 个作业环节的能力配比,从而保证码头作业连续、高效地进行。

集装箱运输有整箱货运输和拼箱货运输两种。现代集装箱码头除快速高效地完成集装箱装卸外,还应具备拆装箱能力,并具有必要的拆装箱设施及设备,如货物仓库、拆装箱作业堆场和拆装箱作业设备等。

4. 具有通畅完善的集疏运系统

从集装箱运输过程分析，集装箱码头外部的集疏运条件是否通畅是影响集装箱码头发展的重要因素之一。在集装箱运输系统中,集装箱码头是重要的节点，集装箱凡是从发货地经海运到收货地的整个运输过程都需经这个节点来完成。为使大量的集装箱在码头上尽快地集中和疏散,现代集装箱码头除具备必要的硬件和软件技术设施外，还应与内陆集疏运系统连成一个有机系统,如高速公路直接进港,建设集装箱海铁换装中心等,使集装箱通过公路、水运、铁路、航空等多种运输方式快速送达目的地。

5. 具有先进的、科学的经营管理理念和精简高效的组织管理体系

现代集装箱码头以效率、效益、效能为企业目标,着眼为客户提供更加优质的服务、着眼与航运企业更加有效地合作、着眼整个物流体系的高效运转,通过先进的管理和技术手段、科学的经营理念制定战略。并依据其功能定位、经营模式、企业战略和生产服务全过程,在企业管理、业务生产、后勤服务等环节建立精简高效的组织管理体系，以实现企业战略目标。先进的、科学的经营管理理念是现代集装箱码头实现企业发展战略的基础和前提，精简高效的组织管理体系是现代集装箱码头实现企业发展战略的保障。

6. 具有高素质的专业人才队伍

人是生产力中最活跃、最具有决定性影响的要素,现代集装箱码头更是如此。运用先进的管理模式和管理手段,使用高效的集装箱专用设备，都需要与之相应的现代化集装箱专业人才。没有国际集装箱运输的专业知识和业务技能,就无法对先进的集装箱运输进行有效的管理,也就不能

发挥好集装箱码头应有的重要作用。

7. 具备数字化的生产运营管理系统

由于集装箱运输是一种现代化的运输方式，因此，集装箱码头的管理必须采用先进的管理手段和管理模式，以充分发挥集装箱码头的最佳效益。随着信息技术的广泛应用，特别是现代集装箱码头的机械设备大型化、高效化、规模化，在作业生产中均采用先进的计算机生产管理系统以满足生产作业需要，同时，还可以根据国际集装箱运输发展的新趋势、新特点、新工艺、新技术快速提升和完善系统功能。一个拥有世界先进水平的集装箱码头离不开数字化、智能化的生产管理系统。数字化、智能化的生产管理系统不仅能提供精确的信息跟踪和控制，而且还能提供决策支持功能。

8. 具备功能强大的现代物流信息平台

信息技术是现代物流赖以生存的根本技术保障，现代物流管理和配送技术中大量使用着先进的信息技术和商品物流技术。信息技术的广泛运用是现代港口的重要特征，也是现代集装箱码头的重要组成部分，没有稳定高效的计算机物流管理系统，就没有港口集装箱运输系统的高效运作。现代集装箱码头在信息系统建设中，要为客户提供公开、高效的口岸物流共同数据交换平台，以实现口岸物流信息资源共享，提升口岸物流信息管理和服务水平。并可通过网络与用户、制造商、供应商等相关单位连接起来，实现资源共享、信息共用，对各物流环节进行实时跟踪、有效控制和全程管理，为货主、船公司提供良好、及时和周到的服务。

## 二、现代集装箱码头在现代物流中的地位与作用

随着现代物流的发展，国际航运市场的变化对集装箱码头提出了更高的要求。为适应国际集装箱船舶的大型化的发展趋势，集装箱码头不仅要满足大型专业化船舶的装卸需要，还要使之与码头及其配套的堆存向自动化的方向发展，以利于增加载货，减少航线配船，降低成本。同时，现代集装箱码头的发展也进一步促进了现代物流的发展。

1. 现代集装箱码头在现代物流中的地位

现代集装箱码头是港口的重要组成部分，它同港口一样作为国民经济的重要基础设施，国家及地区经济与社会发展的重要支撑以及各国(地区)经济贸易的窗口，在现代物流中具有重要的地位：

(1)全球资源在该区域聚集配置、分拨、贸易、中转的枢纽，适箱货集散的平台。

(2)现代物流网络体系中的重要节点与服务平台。

(3)促进地区多种方式运输现代化、标准化、一体化的重要节点。

(4)世界高新技术科研成果及高端技术产品的应用集成地。

(5)物流、信息流、商流汇集的重要场所。

2. 现代集装箱码头在现代物流中的作用

集装箱码头是集装箱海上运输与陆上运输的连接点，是集装箱海上运输同其他运输方式进行换装、联运的枢纽。它在整个货物运输过程中作为国际运输链和物流链的重要环节，已成为国际货物转运中心，进而实现大型集装箱船舶的规模效益，实现货物从始发港到目的港的快速运输。因此，集装箱码头对加速船舶周转，提高箱、货周转速度和降低综合运输成本都起着十分重要的作用。

(1)提供集装箱船舶进出港及靠离泊位服务。

(2)提供高效、快捷的装卸作业服务。

(3)提供中转、分拨、配送、仓储等服务。

(4)提供通畅的集疏运服务。

(5)提供方便、快捷的通关、查验服务。

(6)提供信息接收、处理与传递服务。

不难看出，现代集装箱码头的重要作用，在于其随着市场竞争与需求变化而不断开拓并完善功能。只有具备强大的综合能力和服务功能，才能实现以功能开发带动货源开发的战略目标，实现国际集装箱运输及时、便利、高效率和高效益的目的。目前，各国政府对发展集装箱码头给予高度重视，班轮公司也不断加大投资经营集装箱码头并加速向全球物流经营人方向转变。更多的现代集装箱码头的建立，将为集装箱运输业的发展以及现代物流业的发展起到强有力的推动作用，进而实现整个物流系统的最大效益。

# 第四章　现代集装箱码头运营的前期策划与战略管理

20世纪90年代以来，国际集装箱运输迅速发展，促进了集装箱码头建设。现代集装箱码头经营类型与管理模式，根据各自所处环境呈多样态势。为使现代集装箱码头正式运营后，短期内达到运营高效率，收到高效益，进行码头前期策划和管理设计很有必要。战略管理是现代企业必需的职能，现代集装箱码头战略管理是为实现码头战略目标，制定战略决策，实施战略方案，控制战略绩效的一个动态管理过程。本章对经营类型与管理模式、前期策划、战略管理、企业文化建设、公共关系管理等内容分别介绍。

## 第一节　现代集装箱码头经营类型与经营管理模式

### 一、全球国际集装箱码头的经营类型

在经济全球化带动下，全球集装箱码头的经营日益明显地呈现向为数不多的全球性集装箱码头运营商(集团)集中的趋势。目前，全球国际集装箱码头经营主要有3大类型：

(1)专业码头经营公司。这类公司主要经营和管理集装箱码头，如中国香港和记黄埔港口控股港务公司（HPH）、美国美洲装卸服务公司(SSA)等。

(2)国有码头经营机构。由港务局(集团)以各种形式直接控制集装箱码头的经营管理，如阿联酋迪拜港务局、中国上海国际港务集团等。

(3)航运公司自行经营或参股合资的码头。航运公司自主经营管理自

建、租赁或参股合资的集装箱码头，如中国远洋运输（集团）总公司(COSCO)、英国铁行港口集团(P&O)、中国台湾长荣海运股份有限公司(EMC)等。

此外,还有兼备两种性质的码头经营者。如新加坡港务集团(PSA),它既是独立经营的国际码头公司，又是新加坡国有的码头经营机构。

## 二、集装箱码头的经营管理模式

就我国集装箱码头经营管理现状而言，主要有以下几种经营管理模式:

1)独资经营。即由国有港务集团公司,或国有投资主体独立经营管理集装箱码头。

2)合资经营。即由国有港务集团公司,或国有投资主体与国内外公司,按约定的投资比例,合资经营管理集装箱码头。

3)租赁经营。即由航运公司或专业码头经营公司,或由合资后的集装箱码头通过与集装箱码头资产所有者签订租赁合同经营管理集装箱码头。

## 三、集装箱码头经营管理模式展望

我国集装箱码头随着社会主义市场经济的发展必将进入一个崭新的发展时期,在效率、效益、效能上将有重大突破。因此,要求集装箱码头以新的经营管理模式适应新的发展要求。

按照市场运作规律，集装箱码头经营管理应实现所有权和经营权分离、经营管理和操作服务分离,其经营管理模式可以分为3个层次;其一是码头资产管理者,代表码头资产所有者专司资本运作,目标是码头资产保值增值；其二是码头经营管理者,受码头资产所有者委托专司码头经营管理,不断提高市场占有率,实现码头效益目标;其三是码头作业操作者,专司码头作业服务,不断提高顾客满意程度,实现码头效率、效益、效能目标(图4-1-1)。

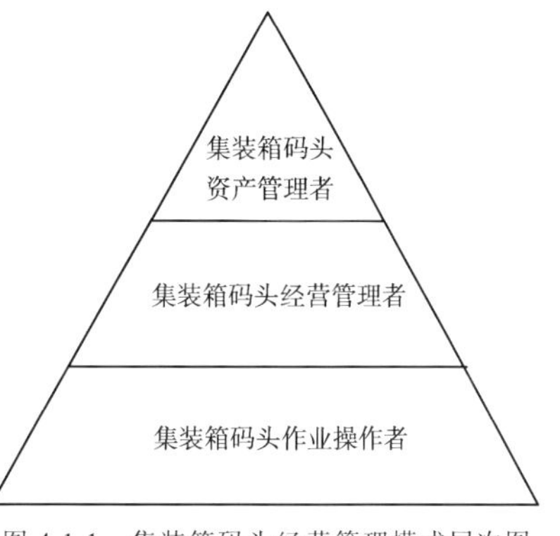

图4-1-1 集装箱码头经营管理模式层次图

# 第二节 现代集装箱码头运营的前期策划

在集装箱码头的定位、功能、规模、通过能力及经营管理模式确定后,其即将建设投产的水工和土建施工及其设备安装调试周期较长。为了借鉴国内外先进管理模式与成功经验,加强未来经营的预见性,增强集装箱码头未来运营中抵御风险的能力,锻炼队伍、发现人才,使集装箱码头正式投产运营后,尽快地发挥其功能和能力,集装箱码头可在此期间进行集装箱码头经营管理的前期策划,即管理设计。现代集装箱码头应当依据公司法等法律法规建立符合自身特色的现代产权制度及现代企业制度,并依据有关法律文件规定的程序办理有关公司成立各项手续。同时进行集装箱码头愿景、使命和目标策划,服务流程及作业过程设计、组织结构及岗位设置设计、人力资源配置策划、制度设计及企业文化设计等。

## 一、集装箱码头愿景、使命和战略目标策划及经营风险预测

愿景、使命和目标属于企业战略管理范畴。愿景是对集装箱码头核心理念和对未来的展望;使命是集装箱码头经营范围和市场目标等的概括描述;战略目标是集装箱码头使命的具体化。对上述问题的策划,将使集装箱码头建成投产开业之时便具有激励员工的内在驱动力。

集装箱码头正式运营后,其内外环境必将发生诸多变化,可能导致集装箱码头运营遇到困难或处于非常不利的地步,如出现社会经济变化导致市场变化、货源及航线等生命周期变化、人力资源危机、决策重大失误等经营风险时,集装箱码头就要作出发展、维持、退出的抉择。前期策划要进行经营风险预测,并要制定有针对性的预案,以防不测,保持集装箱码头持续发展的生命力。

## 二、集装箱码头服务流程及作业(工作)过程设计

集装箱码头正式运营后,其业务和服务要按与国际接轨的市场规则及相关规定进行规范化运作,这就需要进行前期服务流程及作业(工作)过程设计。集装箱码头的服务流程指的是集装箱(货物)从进入集装箱码头开始至离开集装箱码头止,所要经过的业务和服务活动,见图 4-2-1。

作业(工作)过程就是为了实现集装箱码头服务流程而要开展的活动。集装箱码头作业(工作)过程(图 4-2-2)一般可分为 3 类:

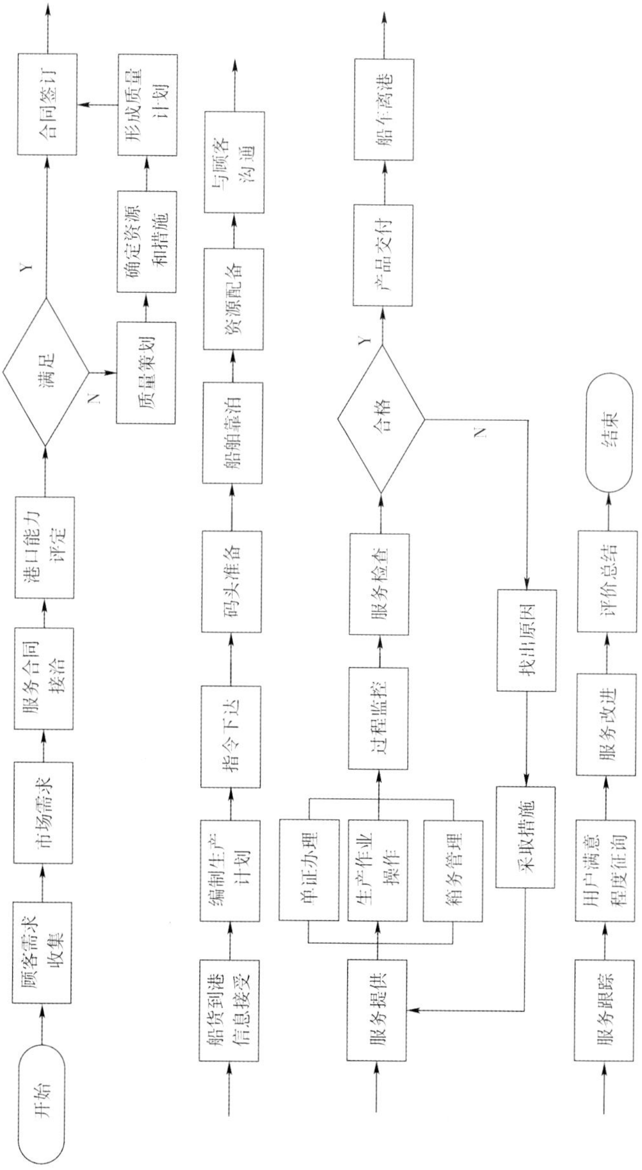

开始
顾客需求收集
市场需求
服务合同接洽
港口能力评定
满足
Y
合同签订
N
质量策划
确定资源和措施
形成质量计划

船货到港信息接受
编制生产计划
指令下达
码头准备
船舶靠泊
资源配备
与顾客沟通

服务提供
单证办理
生产作业操作
箱务管理
过程监控
服务检查
合格
Y
产品交付
船舶离港
N
找出原因
采取措施

服务跟踪
用户满意程度征询
服务改进
评价总结
结束

图 4-2-1　集装箱码头服务流程图

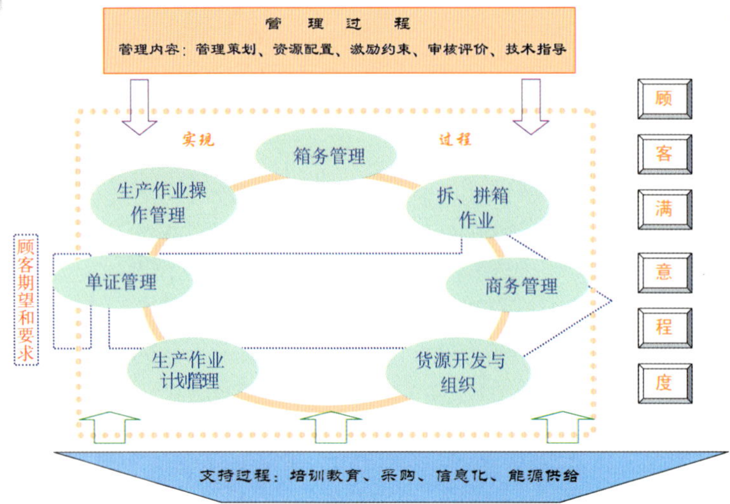


图 4-2-2 集装箱码头作业(工作)过程管理模式图

(1)实现过程。指的是与集装箱作业直接有关的活动,如单证流转、箱务管理、集装箱作业等。

(2)管理过程。指的是经营管理和决策的活动,如战略管理、管理评审等。

(3)支持过程。指的是对上述两种过程起支持作用的活动,如设备采购、人力资源管理、培训教育等。

## 三、集装箱码头人力资源策划

1. 组织结构设计

集装箱码头服务流程及作业(工作)过程确定了集装箱码头需要具备的职能,根据履行职能的需要,设计组织结构。根据职能设置部门时应注意尽量减少管理层次、接口避免管理重叠。部门职责设计要做到定量和定性相结合。

2. 岗位设置

部门设计完成后,要根据分解后的部门职责进行岗位设置。岗位设置既要分清层次,又要尽量减少管理层次。同时要设计岗位职责,岗位职责应清晰,可测量,便于绩效管理及考核。

部门和岗位职责设计,均要考虑与集装箱码头信息化建设结合。

3. 人力资源配置

完成部门职能和岗位设置策划后,要进行人力资源配置。操作岗位应按工艺要求配置人员；管理岗应按职责配置人员，要解决好管理岗的“一人多岗，一岗多人”问题；应充分考虑集装箱码头的发展，人力资源配置要留有余地，即实施适度的人力资源储备。

要策划并尽量拓宽招聘渠道，保持竞争态势。要设计招聘程序，做到公开、公正、公平和人尽其才。要设计人力资源培训程序，如岗前培训、特种作业人员持证培训等，对员工职业生涯发展予以充分考虑。

依据法律法规和惯例进行薪酬分配制度设计。根据可预见的情况，设计多种分配方案，要注意同工同酬，充分发挥激励机制和正常增长机制的作用。还要针对集装箱码头不同的劳务、技术服务、专业业务等外包模式，设计出相应的薪酬分配方式和实施方案。最终达到预测并控制集装箱码头人工成本的目的。

## 四、集装箱码头制度设计

上述各项策划和设计结果，在集装箱码头正式运营后即要付诸实施。为了规范这些活动并达到预期目标，前期策划中必须进行制度设计，以规范从事这些活动的人的行为。制度可以是管理程序，也可以是作业指导书。设计的制度，必须具有可操作性，其结果必须具有可测量性，还要具有准确的考核结果的标准。

制度的设计及实施应树立权变的观念，即设计的制度本身就带有一定的预测成分，加之实施制度过程中，内外环境会发生动态变化，所以超前设计的制度要随着变化进行及时必要的维护与跟踪修订，这里特别强调制度的适宜性和实施的有效性及持续改进。此外要特别重视对自动化、信息化的管理，这将直接关系到其效率、效益、效能的发挥。

策划及设计的制度都要文件化，要履行编、审、批的手续，对文件也要进行规范。

## 五、集装箱码头企业文化策划

企业文化的形成需要多年的积淀，在前期策划中要充分考虑到集装箱码头企业文化的超前策划。

企业文化是一种客观存在。通过集装箱码头企业文化策划，应使正式运营后的集装箱码头全体员工拥有共同的信念、期望值和价值观体系。同时，确定行为标准和方式，规范员工的行为。

集装箱码头企业文化策划，着重于4个方面。

(1)分析集装箱码头的文化特征，即集装箱码头员工共同的信念和价

值观体现应有别于其他企业的特点。

(2)分析策划集装箱码头企业文化与其目标和战略的一致性,企业文化应是实现目标、战略的文化支撑。

(3)策划集装箱码头的文化建设过程,即集装箱码头经营者应该如何塑造企业文化并在全体员工中宣传贯彻,如何被员工接受并付诸实践。

(4)要评价策划集装箱码头企业文化的环境适应性及其效果,要考虑所设计的集装箱码头企业文化同所处的社会文化和产业环境是否相适应,要将权变思想纳入设计中。

## 第三节 现代集装箱码头战略管理

集装箱码头战略是在市场经济激烈竞争的环境中,在总结历史经验、调查现状、预测未来的基础上,为谋求生存和发展而作出的长远性、全局性的谋划或方案。是集装箱码头经营思想的体现,是一系列战略性决策的结果,又是制定集装箱码头中长期规划的依据。

集装箱码头在制定战略时要对企业内外部环境进行系统分析,对企业所拥有的关键资源与能力进行细致梳理。从发展方向上,集装箱码头可根据自身强弱项分析与外部环境分析将自己定位为干线港、支线港、喂给港中的集装箱码头等;从目标市场上,集装箱码头可以给自己定位为远洋外贸或近洋外贸码头、区域内支线或内贸码头;从市场竞争上,集装箱码头可以给自己定位为成本领先型,还是采用差异化战略或是采用集中化战略。

集装箱码头战略从管理层次的角度可分为码头战略、竞争(事业部)战略和职能战略 3 个层次。集装箱码头战略类型可分为成长型战略、稳定型战略、收缩型战略和混合型战略。现代集装箱码头的管理思想、实现技术、业务流程的先进性决定了码头战略的先进性。

### 一、集装箱码头战略管理的意义

集装箱码头战略管理对码头的经营和发展有着极其重要的意义,其具体表现是:

(1)有利于集装箱码头建立长远的发展方向和奋斗目标,在经营中兼顾当前和长远的发展,增强后劲,持续增长。

(2)有利于集装箱码头明确自身在市场中的地位,制定并实施有效的营销战略,提高集装箱码头的竞争能力。

(3)有利于提高集装箱码头的获利能力和经济效益,给集装箱码头带来稳定的发展和不断的成功。

(4)有利于集装箱码头在管理思想、组织、人员、方法和手段等方面实现现代化,全面推动集装箱码头管理现代化的进程。

## 二、集装箱码头战略管理的内涵

集装箱码头战略管理是集装箱码头为实现战略目标,制定战略决策,实施战略方案,控制战略绩效的一个动态过程,是对集装箱码头生存和发展的谋划或方案的制定、实施与控制。

集装箱码头战略管理是高层次的、整体性的和动态性的管理活动。高层次管理是战略管理的核心,是对集装箱码头当前及未来的整体经营活动实行战略性的管理,是使集装箱码头长远生存与发展的管理,而不同于日常管理和各项职能管理;整体性管理是指战略管理活动的整体性;动态性管理是指战略管理应适应企业内外部环境因素的变化。

## 三、集装箱码头战略管理和经营管理的关系

集装箱码头经营管理是集装箱码头对当前的投入、物质转换和集装箱作业的管理,而战略管理则从时间上和范围上扩大了投入-产出管理。

(1)集装箱码头战略管理为经营管理提供了实施框架。

(2)战略管理面临动态的环境,具有外向性的特点;经营管理是以稳定的经营环境为前提,管理重点则放在日常生产经营活动,很少考虑如何适应外部环境的变化。

(3)战略管理重视企业整体性综合管理,而经营管理重视企业职能性业务管理。

(4)战略管理追求企业长期生存、发展及企业核心能力及其潜能的逐步释放与提高;经营管理则常常把着眼点放在短期经营成果和利益上。

(5)战略管理是一种“预应式”管理,而经营管理是一种“因应式”管理。

## 四、集装箱码头战略管理的主要内容

集装箱码头战略管理过程包括码头战略分析、码头战略制定和码头战略实施3个环节。战略分析、战略制定和战略实施之间是相互联系、循环往复、不断完善的一个过程。

### 1. 集装箱码头战略分析

集装箱码头战略分析是对影响集装箱码头现在和未来生存和发展的

一些关键因素进行分析,这也是战略管理的开始。集装箱码头战略分析主要包括码头外部环境分析、集装箱码头内部环境分析和集装箱码头战略目标的设定。

1)集装箱码头外部环境分析

集装箱码头外部环境分析的目的就是找出集装箱码头面对的机会与威胁。

码头外部环境分析有3类:

(1)码头的宏观环境,主要包括码头所处的政治、科技、经济、社会文化环境等。上述诸因素,间接影响着集装箱码头的生产经营活动和领导决策。

(2)码头的产业环境,即集装箱运输及集装箱码头产业演进过程及发展趋势;集装箱运输市场状况及发展趋向;集装箱码头行业竞争状况,现有集装箱码头的竞争,新建集装箱码头的竞争趋势,其他运输方式的变化引起集装箱码头能力的变化;集装箱码头、航运企业和货主在价格方面的承受能力等。

(3)码头所处地域的竞争环境,主要是邻近港口的集装箱码头,就航线和箱源的争夺而造成的竞争,并对竞争对手进行分析。

2)集装箱码头内部环境分析

集装箱码头内部环境分析的主要目的是明确集装箱码头的优势和劣势。

集装箱码头内部环境因素,一般可分为3类:

(1)集装箱码头的资源条件,主要包括集装箱码头的人力、物力、财力、技术、组织、信息资源和自然条件。

(2)集装箱码头的战略能力,主要包括集装箱码头货源及航线开发等营销、财务、竞争能力和环境变化的适应能力。

(3)用“麦肯锡7S模型”分析码头成功的7个要素,即结构(Structure)、制度(System)、风格(Style)、员工(Staff)、技能(Skill)、战略(Strategy)、共同的价值观(Shared Vision)。只有当这7个要素都非常优秀与和谐时,集装箱码头才会获得核心竞争力,才能取得长久的成功。集装箱码头核心竞争力影响因素模型,见图4-3-1麦肯锡7S模型。

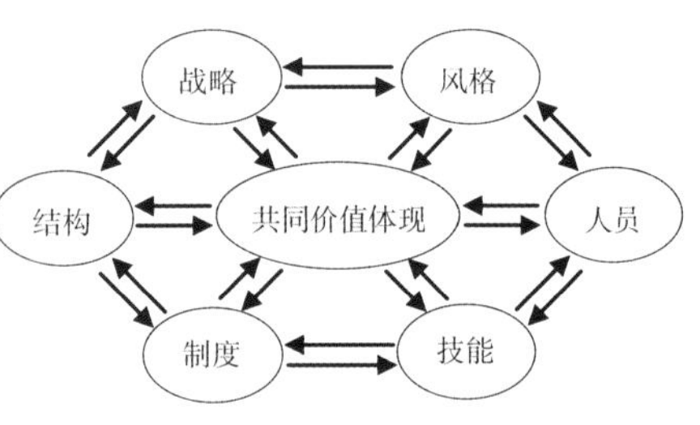


图4-3-1 麦肯锡7S模型

7S模型既包括集装箱码头中的“硬件”要素，又包括集装箱码头中的“软件”要素。战略、结构和制度被认为是集装箱码头成功经营的“硬件”要素，而风格、人员、技能和共同的价值观被认为是集装箱码头成功经营的“软件”要素。

2. 集装箱码头战略目标的设定

集装箱码头要制定正确的码头战略，仅仅有明确的码头使命还不够，还必须把这些共同的愿望和良好的构想转化成码头的各种战略目标。目标应有总目标和子目标，各子目标的汇集应能保证总目标的实现。

3. 制定集装箱码头战略

集装箱码头战略制定后，要进行战略方案的评价与选择。集装箱码头战略方案制定后，要组织码头的内部专家或借助外脑对已制定的战略方案运用统计技术，如市场增长率——相对市场占有率矩阵(波士顿矩阵)、行业吸引力——竞争能力矩阵(GE矩阵)、生命周期分析法、顾客价值与生产者价值矩阵等方法评价战略方案的符合性、适宜性及可操作性。

在对战略方案评价后，根据评价结果在若干个方案中择取最佳方案。择取最佳方案要充分考虑其影响因素，如码头过去的战略、高层管理者对风险的态度、环境、文化与权力关系，低层管理者或职能部门人员的态度，竞争者的行为和反应，时限的长短等。运用统计技术或数学模型择取最佳方案。择取最佳方案时切忌盲目跟随、墨守成规、针锋相对、孤注一掷、本末倒置、顾此失彼等误区。

## 五、企业战略管理的发展趋势

20世纪80年代以来，企业经营战略出现了全面而深刻的变化，表现出带有系统性、革命性的趋势，主要包括：

1. 经营视野全球化

随着加入WTO国家的增多，经营全球化趋势已从发达国家扩展到包括中国在内的发展中国家。

2. 经营活动归核化

20世纪中叶，发达国家企业为寻找发展空间，多元化战略大行其道，结果许多企业遭受重挫。1990年，美国管理学家普雷哈拉德和哈梅尔经过研究提出，竞争优势的真正源泉在于核心竞争力，在战略构思方面引起了一场革命，集中表现为企业经营活动的“归核化”，就是以核心竞争力定位本企业的经营领域，业务向具有核心竞争力的领域靠拢和收缩。主要是通过专业化与适度多元化，通过战略重组强化核心竞争力，以及并购服从提高核心竞争力等手段。

3. 经营资本社会化

为了克服国家投资、银行融资的局限性,集装箱码头经营资本越来越呈现多元化社会化趋势。主要表现是:国家逐步撤出竞争性投资领域,企业越来越多采用直接融资方式解决发展资金问题,资本市场迅速发展,上市公司逐年递增,不同的投资主体有不同的法人治理结构成为战略思考的热点等。

4. 经营手段信息化

当今社会,信息化已经大大超越了作为技术手段的地位,而成为新世纪竞争取胜的战略武器。各国政府大量投资于基础设施,制定优惠政策,推动企业信息化建设。在企业经营及管理中,将信息化建设列入战略规划,全面应用信息技术,建立商业智能与生产管理信息系统,利用互联网建立开放式合作平台等以提高经营管理效率,提升企业竞争力。

5. 经营管理标准化

与信息化类似,标准化已成为企业战略的重要内容。现代企业竞相采用国际标准,取得国际市场通行证。并通过率先建立或参与制定标准,确立竞争优势。

6. 经营策略联盟化

企业兼并和博弈转变为合作竞争。同业间通过合资、合营、特许经营、战略外包等进行的合作竞争模式越来越受企业的青睐。许多港航企业建立各种战略联盟,且范围日益扩大,从一国范围扩展到国际范围、从同行业延伸到服务链的相关行业。

7. 经营导向品牌化

在市场全球开放,商品极大丰富的时代,人们选择商品越来越注重品牌。品牌是商品质量、价格、创新、速度和个性化的综合象征,易于辨识,因此企业日益重视品牌战略在市场中的作用。

8. 经营组织柔性化

主要是出现虚拟性经营组织。随着供应链管理模式、客户关系管理模式、虚拟经营和战略联盟的推行,企业与供应商、分销商、承包商同行之间资源整合共享的力度加大,协同的水平提高,核心企业的管理如发展规划、绩效考核、人员培训已突破传统意义上的"法人边界",组织的边界也日益变得模糊,企业可以根据经营环境随时调整虚拟企业的组织架构,收缩或扩张虚拟企业的规模。此外,还包括组织层次扁平化,即为使组织对环境变化迅速作出反应,企业普遍减少管理层次,下放管理权力。在竞争性行业,纵向的金字塔式的传统模式正在向模块化和网络型组织转变。组织变革经常化,以及学习型组织的建立,目的就是为了将企业办

成长寿公司。

9. 经营创新持续化

创新已经成为企业成长乃至生存的基本法则，持续创新代替间断创新，不断加大研发投入，并将创新能力作为评价企业的重要指标。

10. 经营方针坚持以人为本

在新的形势下，以人为本的经营理念得到了更加彻底的贯彻。主要包括：将员工发展列入企业经营目标；人才战略与人力资源战略受到空前的重视；人力资本参与分配等。

## 第四节　现代集装箱码头企业文化建设

企业文化与企业战略有着十分密切的联系。如前所述，在麦肯锡7S模型的7个要素中，文化要素居于核心地位，其他6个要素都深受文化因素的影响，企业文化通过与其他要素之间深刻的相互影响来塑造企业的核心竞争力。

现代集装箱码头战略应随着经济全球化步伐日益加快、国际集装箱运输事业蓬勃发展、市场环境不断变化的形势不断作出调整。战略制定之后，可以利用优秀的、具有现代集装箱码头特色的企业文化所具有的导向、约束、凝聚、激励等功能，统一全体员工的价值观和行为，形成全员共有的价值观念，为积极贯彻实施集装箱码头战略发挥其凝聚力与创造力作用。尤其是随着投资主体的多元化，更使得跨文化管理成为现代集装箱码头经营管理的重要内容之一。

### 一、企业文化概述

20世纪七八十年代，日本企业的崛起促进日本经济实力的迅速提升，并在全球市场竞争中对美国乃至西欧经济构成威胁和挑战。人们注意到日美企业管理模式以及文化背景的不同，对企业管理和经营业绩的影响产生的差异，进而发现了社会文化与组织管理融合的产物——企业文化。

广义的企业文化是指企业在社会实践过程中所创造的物质财富和精神财富的总和。狭义的企业文化，是指在一定的社会大文化环境背景影响下，经过企业领导者的长期倡导和全体员工的认同、积极创造与实践，所形成的整体价值观念、信仰追求、道德规范、行为准则、经营特色、管理风格以及传统和习惯的总和。

企业文化一般由企业环境、价值观、英雄(先进模范)人物、习俗和仪

式以及文化网络5个基本要素组成。可以将其划分为物质文化、制度文化、精神文化3个层面,分别处于表层、中层和深层。企业文化建设通常将构建理念识别系统(MI)、行为识别系统(BI)、视觉识别(VI)系统作为其切入点。

## 二、现代集装箱码头的文化特征

对于现代集装箱码头来说,投资主体的多元化、经营上的国际化、技术上的信息化,势必会带来集装箱码头企业文化国际化、现代化、标准化和知识化的特征。通过不同主体文化,理念的相互渗透和不断融合,最终会形成一种新的强势的企业文化推动现代集装箱码头的不断发展。

1. 国际化

现代集装箱码头是国际贸易和国际集装箱运输系统中的重要一环,是国际物流中的重要节点。随着投资主体的多元化,现代集装箱码头作为世界市场的一部分,其企业文化也体现出明显的国际化特点。不同文化背景的投资主体、供应商、承包商顾客、合作伙伴及其员工,使不同文化在现代集装箱码头不断交流融合,成为传播世界文化的平台和集散点。同时,也使得科学分析上述各种文化差异,寻求探索对其实施有效跨文化管理成为集装箱码头经营者新的研究课题。

2. 现代化

科技不断进步,加快了现代集装箱码头设施、设备的不断更新改造与升级,集装箱码头的所提供的服务科技含量不断提升。智能化、自动化工艺及设备成为集装箱码头业务流程再造、提高生产和管理工作效率的有效工具。先进的管理系统的应用,要求现代集装箱码头员工具备先进的管理理念,增强自主创新能力,充分发挥科学技术这个第一生产力的作用。

3. 标准化

集装箱箱体的标准化、单据的标准化以及质量管理、职业健康安全管理、环境保护等国际标准体系,使得现代集装箱码头企业文化体现出标准化特点。这种文化特点成为企业制定管理制度、实施标准化流程、规范员工行为的指导。

4. 知识化

国际上先进的管理理念、管理标准、管理手段以及现代化的设施设备在现代集装箱码头得到广泛有效应用,充分体现了知识经济的特点,与此同时也冲击和影响着员工的生活、工作和思维方式,对员工提出了新的要求与挑战。员工只有逐渐改变原有传统思维模式,适应新的形势与环境,

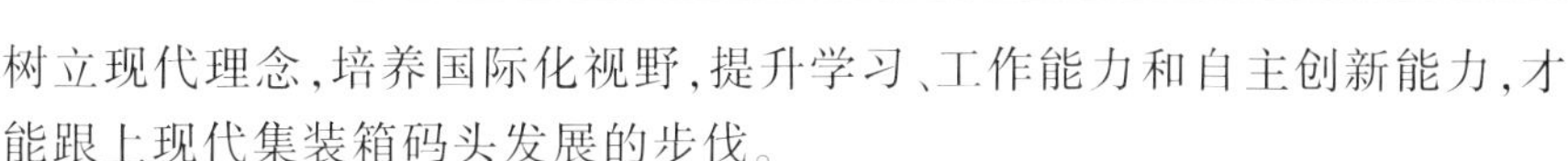

树立现代理念，培养国际化视野，提升学习、工作能力和自主创新能力，才能跟上现代集装箱码头发展的步伐。

## 三、现代集装箱码头企业文化与企业战略的关系

1. 优秀的企业文化是现代集装箱码头战略制订获得成功的重要条件

优秀的企业文化能够突出体现现代集装箱码头的特色，成为全体员工共同的价值观念。企业文化具有鲜明的个性，有利于现代集装箱码头制订并实施与众不同的、提高竞争力的战略。

2. 企业文化是现代集装箱码头战略实施的重要手段

集装箱码头战略制订以后，需要全体员工积极有效地贯彻实施。可通过企业文化的导向、约束、凝聚、激励及辐射等作用，激发员工的热情，统一全体员工的意志，为实现现代集装箱码头的战略目标而努力奋斗。

3. 现代集装箱码头的企业文化与企业战略必须相互适应和协调

从战略实施的角度来看，现代集装箱码头的企业文化既可为实施企业战略服务，有时又可能制约企业战略的实施。两者之间应相互适应和协调。

## 四、现代集装箱码头企业文化的创建模式

针对现代集装箱码头不同的地域、环境、产权结构、运营模式，以及员工素质、精神风貌的不同，结合现代集装箱码头的文化特点，介绍几种企业文化建设的实践模式。

1. 建立共同愿景模式

投资主体的多元化，带来的是多元文化的碰撞、渗透和融合，表现的是企业文化建设的国际化趋势。对于跨国投资经营的现代集装箱码头，受国家、民族乃至地域文化的影响，表现出明显的文化差异。此时，跨文化管理的成功与否将决定企业战略目标能否实现。现代集装箱码头企业文化建设关注的焦点是投资各方达成思想的统一和理念的认同。

在共同目标引导下，整合并传承各投资方科学的管理手段，以“利益共享、风险共担”的薪酬体系，以目标为导向的绩效考核以及合适的培训方式，在合作过程中逐渐培育员工的团队意识和企业使命感，逐步实现员工价值观的共享，改变团队意识的局域性。

2. 卓越绩效管理模式

对于起点较高的国有投资主体独资经营管理的现代集装箱码头，自觉性地建设高素质和高文化领导团队势必会形成强大的领导力。企业文化建设的着眼点应放在全面提升企业国际化水平上。引入“卓越绩效管理

模式”就可以进一步提升企业的自主研发和创新能力,提升员工的创新意识和追求卓越精神,使员工成为企业战略目标的实现者,增强员工对自身工作的认同感和价值感,并促使不同文化背景、成长经历的员工站在企业的高度系统思考每一项工作。

“卓越绩效管理模式”是21世纪企业经营与管理的重要特征,倡导的是持续改进和超越自我的价值理念,体现了全方位、全过程、全员参与的特点。通过建立“追求卓越管理文化体系”、“追求一流装卸效率的生产管理体系”及“安全、质量、环境综合保障体系”,实现文化与制度、战略目标与经营目标、领导力和执行力、发展港口与成就个人的兼顾与平衡。在追求卓越理念引导下,整个生产体系高效顺畅运转,团队的凝聚力、创造力、执行力大幅度提升,成为现代集装箱码头持续、稳定、和谐发展的动力源泉。

3. 精细化管理模式

精细化管理是对现代集装箱码头的必然要求。现代集装箱码头标准化的特点倡导员工培育“精心”、“精准”和“精益求精”的精神,以及追求卓越的理念。

实施精细化管理,要把现代集装箱码头倡导的理念量化分解到岗位,进入流程,并根据统计结果,持续改进生产业务流程、规范作业环境和秩序、提高生产效率和箱位准确率、降低成本等。精细化管理对塑造现代集装箱码头良好的对外形象,在竞争中抢抓机遇赢得优势,实现企业的永续发展充分发挥其独特的管理力。

4. 建立学习型企业模式

实践证明,对于一些企业文化底蕴深厚、员工流动率不高、具有传统国有企业特点的现代集装箱码头,从学习型组织建设入手提升其文化水平更为适合。现代集装箱码头智能化、信息化的发展趋势,需要全体员工尽快转变思想观念,提升学习的能力,培养国际化视野和思维,切实掌握科学化的管理工具。

管理大师彼得·圣吉的《第五项修炼》提出,通过“改善心智模式”、“团队学习”、“自我超越”、“共同愿景下系统思考”等路径,实现全员、全过程的学习,帮助员工树立“终身学习”、“团队学习”的理念。学习型组织的建立,能够逐步培育全员共享价值观,有效激发员工的积极性,提升团队的学习力和创造力,营造“工作学习化,学习工作化”的良好氛围,使员工具有良好的精神面貌,为现代集装箱码头管理水平、创新水平、生产效率的持续改进与提高提供文化动力。

## 五、现代集装箱码头企业文化建设实践

“以人为本”的理念越来越受到世界的重视，塑造独立人格的人性化管理越来越突出。同时具有不同国家和民族背景的企业文化的碰撞、融合与渗透也越来越深刻地影响着现代集装箱码头的经营和管理。以“能力为本位”成为知识经济和市场经济的必然要求。借助“员工职业生涯设计”这一载体，为每名员工创造适合其发展的价值平台，成为提升员工企业忠诚度和职业化素养的有效途径。由于投资、经营主体不同，跨文化管理成为现代集装箱码头企业文化国际化的发展趋势。

实施文化制胜战略，实现跨文化管理，首先要明确与现代集装箱码头战略相匹配的企业文化建设目标，通过探索适宜的建设路径，对处于原发状态的企业文化进行整合提炼，重塑新的现代集装箱码头价值理念体系，使现代集装箱码头倡导的精神、价值理念、行为模式体现在各个层面，实现现代集装箱码头效率、效益、效能最大化。

1. 调研与分析

以问卷、访谈、座谈、查阅资料等形式对现代集装箱码头经营情况与特点，面临的主要矛盾，员工职业素质、优良传统，以及区域文化、不同投资主体国际性的文化背景等进行客观地分析，为塑造共同的价值理念奠定基础。

2. 确定实施方案

企业文化建设是一项需要不断改进的系统工程，在综合分析的基础上，需要制定科学、合理的方案以保证现代集装箱码头文化建设项目得到有效的执行和控制。方案设计时要充分考虑传统集装箱码头文化的延续性与跨文化管理模式下企业文化建设的延伸性。

企业文化体系构建的过程中，通常采取由内向外的建设路径，即先设计确定价值理念体系，再建立视觉识别和行为识别系统。在实施过程中，也可以率先推出具有冲击力的视觉识别系统，为理念的落地生根营造良好的环境氛围。

3. 梳理、整合、提炼精神文化，形成新的价值理念体系

通过对不同投资、经营主体企业文化资源进行梳理，融合并传承各投资方优秀的文化因子，整合、提炼形成现代集装箱码头愿景、使命、核心价值、企业精神、企业作风等价值理念，形成具有合资后的集装箱码头特点的新的价值理念体系。如果是由集团公司管理控制的现代集装箱码头，要注意与集团公司的核心价值理念保持一致。

4. 指导行为和视觉识别系统

在深层价值理念的引导下,形成行为识别和视觉识别系统。《员工行为手册》是行为识别系统的有效载体。在视觉识别系统中,标识、标志、标准色等基础要素和机械、厂房、办公用品、员工着装等应用要素都要与价值理念体系所倡导的内涵相吻合。

5. 应用行动辅导

宣传、管理、培训,是使企业倡导的价值理念转化为内在约束力与凝聚力的有效手段,能够实现员工个人价值追求与企业价值追求的一致。借助质量管理体系、职业健康安全管理体系、环境管理体系认证以及其他现代企业管理手段,使原有的生产、经营方式逐步得到优化,组织流程不断改进,企业和员工行为不断得到规范,激发企业的生机与活力。

6. 评估与持续改进

在理念梳理、宣传灌输、落地转化和监测控制的基础上,进行企业文化的评估, 对于不适合现代集装箱码头战略和目标的文化因素应进行持续改进,从而实现文化、战略和目标的协调一致。

## 第五节　现代集装箱码头公共关系管理

现代集装箱码头公共关系管理是为集装箱码头的运营和盈利服务的,越来越受到集装箱码头经营管理者的重视,成为码头生产经营活动中最重要、最活跃的部分之一。

### 一、现代集装箱码头公共关系管理的含义

集装箱码头公共关系管理就是集装箱码头为了自身的生存和发展,创造良好的内外部环境,以求得公众的理解、支持所采取的一系列合理的策略和行动。

集装箱码头公共关系管理通过研究如何沟通码头与社会各方面的交往关系渠道,寻找出对特定社会关系开展公共活动的规律性,从而指导码头实践,提高自身的社会形象,促进集装箱码头的发展。

随着国际集装箱运输的不断发展,市场竞争越发激烈,集装箱码头面临前所未有的错综复杂的社会关系,其中包括船公司及其代理人、货主及其代理人、陆路运输者及其代理人、集装箱租赁者、设备供应商、操作服务承包商、竞争者、新闻媒体、社会团体、政府机构、内部员工及股东等。集装箱码头要保证其运营活动的正常有效进行,并获得发展,必须要与这些复

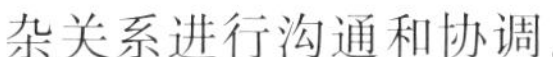

杂关系进行沟通和协调。

集装箱码头不能离开社会而孤立存在，只有适应社会，才能得到公众的理解、信任和支持。集装箱码头在追求经济效益的同时必须重视社会效益，通过公共关系活动，不仅要建立较高的知名度，更要赢得较好的美誉度，营造出良好的生长环境，使码头均衡、协调地发展。

## 二、现代集装箱码头公共关系管理的作用

1. 协调部门和整体之间的利益

随着科学技术的进步和生产力的发展，集装箱码头员工之间的配合、部门之间的协调作战、干群之间的亲密无间，构成了码头坚强的战斗力。然而，现实中各种关系不同程度地存在利益的矛盾，为了个人或部门的局部利益而损害码头整体利益，或因码头的整体利益而忽视了个人和部门的合法利益，这些均会影响到码头的发展。集装箱码头公共关系就是要超越这些利益，站在整体的角度看待这些矛盾，运用公共关系的手段和方法减少摩擦，消除危机，协调和处理矛盾，达到“内求团结”的目的。

2. 协调近期目标和远期目标

集装箱码头公共关系特别关注趋势性的问题，关注环境变化和种种潜在因素对码头的影响，而不拘泥于眼前的得失。因此集装箱码头公共关系可以协调、帮助码头将近期目标与长远目标有机结合起来，并争取得到公众的理解和支持。

3. 协调集装箱码头利益和社会公众利益

集装箱码头的任何发展都必须与自己的公众环境相适应、相协调。只有促进公众利益的发展，才是集装箱码头的根本利益之所在。同成长，共发展，互利互惠是集装箱码头公共关系永恒的思想理念。

4. 协调经济效益与社会效益

经济效益与社会效益在实际的经济运行中经常是一对矛盾。集装箱码头公共关系站在公众的社会的角度，更注重码头的社会效益，努力协调经济效益和社会效益的关系，用良好的社会效益促进集装箱码头长远的经济效益。

5. 集装箱码头公共关系管理的目的是树立良好的码头形象

集装箱码头公共关系所做的就是把码头所做的事情科学合理、真实诚恳地告知公众，求得公众的认可、理解，在公众心里逐渐建立码头美好的印象。这就要求集装箱码头通过严格管理、技术创新、重视质量、诚信服务等实际行动，建立起以顾客为导向的经营管理体系，创出良好效益。

## 三、现代集装箱码头公共关系管理的基本内容和方法

集装箱码头公共关系管理是码头经营管理活动中的一项重要内容，贯穿于码头生产经营的全过程，涉及到码头的方方面面。就其自身的运作包括码头公共关系的机构设置，对内、对外的公共关系管理和传播沟通管理等基本内容。

1. 机构设置

建立职业化、专业化的组织机构是集装箱码头公共关系工作的组织保证。首先要创立组织机构合理、运转高效、调节灵活的公关职能部门(大部分集装箱码头将公关职能设在市场部)。其次，应选择各方面素质高、能力强、有创新精神的人员到公关部门任职。

2. 集装箱码头内部公共关系管理

1)集装箱码头内部公共关系管理的含义

集装箱码头内部公共关系是指码头与码头内部各类公众之间的关系，主要是码头与码头内部员工和股东之间的公共关系。集装箱码头内部公共关系的目的是增强码头内部员工的凝聚力和向心力，提高码头素质和竞争力。集装箱码头内部公共关系是码头公共关系管理的基础和出发点，是码头开展外部公共关系的前提和保证。

2)集装箱码头内部公共关系管理的价值

集装箱码头员工团结合作是码头成功的基本保证，码头的员工关系处于最重要的地位。而股东是码头的投资者，码头与股东之间的关系，实质上是码头经营者与所有者的关系，建立和维护良好的股东关系，也是集装箱码头公共关系的重要内容。码头内部公关的运作正常与否，直接关系到码头内部公共关系，对于码头的生存发展具有重要意义，具体体现在提高码头管理水平，加强码头竞争能力，塑造码头良好形象。

3)集装箱码头内部公共关系管理的内容和方法

(1)员工关系管理

员工关系管理的目标是培养员工对码头的向心力和凝聚力，达成此目标的一个根本原则是承认和尊重员工的个人价值。搞好员工关系关键是尽可能满足员工的合理要求，沟通员工情感，在关系的建立、维护、改善和巩固等阶段与员工达成有效沟通。

(2)股东关系管理

①建立股东关系的目标。一是稳定股东队伍；二是创造良好的投资环境；三是增加股东对码头的关心和支持程度。

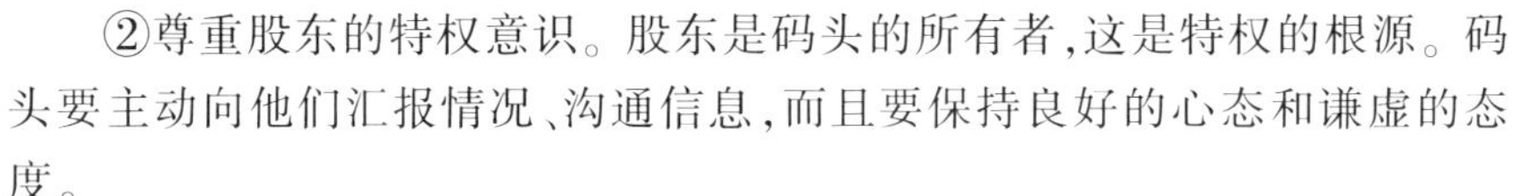

②尊重股东的特权意识。股东是码头的所有者,这是特权的根源。码头要主动向他们汇报情况、沟通信息,而且要保持良好的心态和谦虚的态度。

③加强与股东的信息沟通。一是要及时、准确、全面地向股东汇报有关码头的各种经营管理信息,让其了解现在及将来码头的情况;二是要及时收集来自股东方面的各种信息,反馈给各个职能部门及单位,改善码头的各项管理工作。

3. 集装箱码头外部公共关系管理

集装箱码头的生存和发展越来越依赖于码头外部的公众环境。集装箱码头必须处理好与外部公众的关系,以争取他们对码头的理解、信任和支持,从而使集装箱码头实现其战略目标和社会责任。

集装箱码头外部公共关系是指码头与外部公众，即船公司及其代理人、货主及其代理人、陆路运输人及其代理人、集装箱租赁人、设备供应商、操作服务承包商、竞争者、新闻媒体、社会团体和政府机构等发生的公共关系。集装箱码头外部公共关系的开展,目的在于促进码头与社会公众之间的双向沟通,达到相互了解,协调彼此间的利益关系,清除可能出现的矛盾和冲突,从而树立良好的码头形象。

4. 集装箱码头传播沟通管理

传播沟通是集装箱码头与各类公众建立和维持联系的基本手段,也是公关管理的重要职能。集装箱码头公关部门的重要任务之一就是研究和开发传播沟通的内容、形式、途径,通过策划和开展种种传播沟通活动,以确保集装箱码头与社会环境和各类公众之间信息的畅通交流，从而维护集装箱码头与其内、外环境的动态平衡和协调发展。

集装箱码头传播沟通管理的具体内容是复杂多样的，如新闻宣传的策划与实施,日常接待的规范化设计,广告宣传的策划、实施与效果测评,沟通性会议和商务谈判的具体运作,服务说明书的撰写,上述各项活动的宣传效应评价等。

5. 集装箱码头公共关系危机处理

1)集装箱码头公共关系危机的含义

当集装箱码头在生产、经营和服务等活动中发生了恶性突发事件,如重大质量、人身伤亡、机损船损及恶性服务事故时,码头的公共关系便陷入了危机状态。危机包括突发性与隐性两类。突发性危机多为恶性事故;隐性危机是由集装箱码头在生存发展中长期积累形成的内在危险性,如管理松懈、技术老化、资源缺乏等。隐性危机随时可以发掘和预见,可以通

过制定具体措施逐步排除。公共关系危机处理,主要指处理突发性危机。

2)集装箱码头恶性突发事件的特点

集装箱码头恶性突发事件主要有3个特点:一是突然性,即事件不可预见的突然爆发;二是破坏性,即对集装箱码头的社会声誉及其运行能力具有破坏性,可能造成经济利益等方面的重大损失;三是影响大,当集装箱码头发生了恶性突发事件,会成为社会广泛议论的话题,极易引起新闻媒介的关注,从而在社会上产生重大影响。

3)集装箱码头公共关系危机处理的一般方法

当集装箱码头发生公关危机,面对舆论压力和生存困境,公关人员应该有能力并努力帮助码头摆脱危机,走出困境,转危为安。

危机处理的一般工作程序是:

(1)对事件的调查与判断。危机事件发生时,要迅速查明情况,判断事件的性质、现状、后果及影响,为码头制定应对策略及应急措施提供依据。主要内容包括事件的性质与状况,事件的后果及影响,事件牵涉的公众对象。

(2)确定处理事件的宗旨和基本方针。遵循的原则一般是:保持镇定,判明情况;码头利益与公众利益兼顾;公开事件真相,积极引导舆论;认真处理善后工作,争取公众谅解,努力维护码头形象。

(3)处理危机事件的基本对策:

①内部对策。迅速成立处理事件的专门机构;根据对事件的调查制定对策;迅速采取措施,阻止事态发展;对有关责任人迅速作出初步处理。

②受害者对策。认真了解受害者情况;冷静听取受害者意见;避免与受害者争辩;给受害者安慰和同情;向受害者及其家属或其他受害对象公布赔偿方法和标准,并尽快实施。

③新闻媒体对策。统一对新闻界的传播口径;成立专门的记者接待机构;尽早公开表明码头对事件的立场和态度;慎重对待媒介的报道;对新闻界应持主动合作的态度;多公布公众关心的消息;当新闻界发布了不符合事实真相的报道时,应尽快澄清事实真相。

④政府部门及其他有关机构的对策。及时向政府及其他有关机构通报情况,争取调动各方面的力量,协助码头渡过危机,尽最大可能地降低组织声誉和利益方面的损失。要坚持码头声誉的维护应高于具体的经济利益维护。

# 第五章　现代集装箱码头平面布置、专用装卸设备及装卸工艺

集装箱码头的平面布置是现代集装箱码头规划建设的基础。集装箱专用装卸设备是现代集装箱码头重要的生产要素与资源，其配置是集装箱码头在建设投产前即需作系统策划与设计的重要环节，关系集装箱码头运营的效率、效益、效能。集装箱装卸工艺是基于码头平面布置和集装箱装卸特点所作的设计方案。本章在介绍集装箱码头平面布置的基础上，对集装箱专用装卸设备与常见常用的工艺布置方案作比较全面的介绍，并对集装箱专用装卸设备和集装箱先进装卸工艺方案的发展趋势进行探索和研究。

## 第一节　现代集装箱码头组成与平面布置

### 一、集装箱码头组成

集装箱码头有多种设施，以满足快速装卸集装箱的需要，基本组成设施包括码头前沿、集装箱堆场、调度指挥中心、集装箱拆装箱库、维修车间、闸口等。各种集装箱装卸、运输设备作业将行驶于其间，因此，要求集装箱码头要有一个合理的平面布置，将上述各基本组成设施，有机地组织起来，使各项作业协调形成一个完整高效的作业系统。一般集装箱码头装卸作业地带的典型布置如图 5-1-1 所示。

1. 码头前沿

码头前沿区域主要布置集装箱船舶装卸设备，如岸边集装箱起重机，并为水平流动设备提供接卸集装箱的工作场所。这一区域的宽度主要取决于船舶装卸设备的外形尺寸、水平流动机械的交通布置、后伸距区域的用途、集装箱船舶舱盖板的尺寸以及工艺组织等因素。

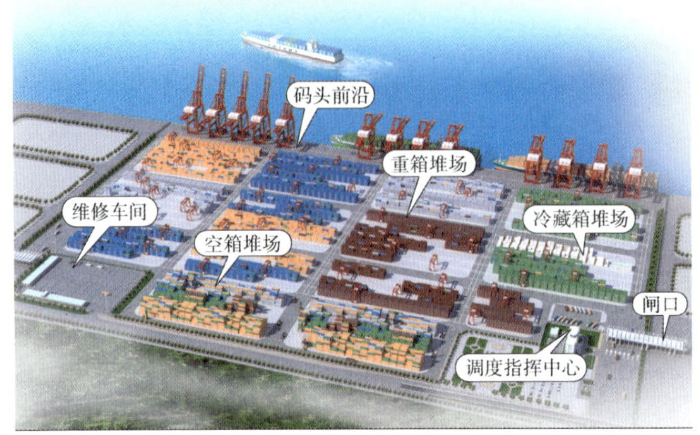


图 5-1-1　典型集装箱码头平面布置示意图

2. 集装箱堆场

集装箱堆场是集装箱码头进行集装箱装卸、交接、存放以及保管的场地，按照用途分为重箱、空箱、冷藏箱、特种箱场地等几个部分，所需平面箱位数和面积大小决定于泊位运量、堆存天数、堆箱层数和装卸系统等因素。平面箱位数计算如下：

$$n_{\min}=\frac{Q}{N}\cdot\frac{t}{h\beta}$$

式中：$n_{\min}$——最低平面箱位数；

$Q$——泊位年吞吐量(TEU)；

$N$——堆场年工作天数；

$t$——集装箱在堆场平均堆存天数；

$h$——集装箱堆存平均层数，一般不超过 4 层；

$\beta$——箱位利用率，一般取 0.7~0.8。

根据工艺方案的不同，配置相应的集装箱堆场装卸设备。

3. 调度指挥中心

调度指挥中心发挥集装箱码头作业流程控制作用，完成集装箱码头作业计划的制订和作业过程的指挥调度。集装箱码头的调度指挥中心，一般应安排在能够环视码头作业区域的位置上，但随着计算机、通信技术的快速发展与应用，通过集装箱码头的业务管理信息系统，配以融合全球定位系统(GPS)、地理信息系统(GIS)等技术专门开发的软件系统，可以实现集装箱码头的虚拟可视化控制，其位置安排变得更加灵活、方便。

4. 集装箱拆装箱库、集装箱货运站

集装箱拆装箱库用于散进或散出货物的堆存和拆装箱作业的场所，在陆域纵深尚未形成配套系统时，拆装箱比重比较大，常布置于集装箱码头中。随着集装箱运输系统的不断完善，集装箱拆装箱作业即可转移到集装箱码头周边的集装箱货运站内进行。

5. 维修车间

集装箱码头的维修车间是对集装箱装卸设备进行检查、维修和保养的场所。现代集装箱码头设备维护保养呈现专业化、社会化的发展趋势，码头维修车间的设置一般考虑满足基本维护保养工作，保障集装箱装卸设备处于完好状态，在不影响集装箱作业的后方可建设综合性的维修保养中心。

6. 闸口

集装箱码头的闸口不仅是集卡的出入口，还具备称重、检查、交接、指挥等功能。集装箱码头车流量相当大，闸口出入口车道数要充分考虑通过闸口的集装箱年运量、闸口年工作总时间、车辆平均载箱量、车辆到港口不平衡系数、单车道小时通过车辆数等因素。

## 二、集装箱码头平面布置

集装箱码头的平面布置是根据集装箱码头装卸生产各环节的作业性质，合理安排陆域装卸作业区、辅助生产作业区、铁路、公路等；其次，要合理确定集装箱码头的陆域规模。集装箱码头平面布置应该为集装箱码头的长远发展留有余地，要综合考虑集装箱码头经营活动的各方面。

集装箱码头平面布置一是要因地制宜；二是要满足装卸工艺以及整个码头集疏运和库场作业的综合要求。常见的平面布置形式包括顺岸式和垂直式两种。

1. 顺岸式布置

码头堆场与码头前沿线大致平行或呈较小角度布置的形式称为顺岸式布置，如图 5-1-2 所示。

2. 垂直式布置

码头堆场与码头前沿线大致呈垂直角度布置的形式称为垂直式布置，如图 5-1-3 所示。

在集装箱码头平面布置的两种形式中，顺岸式布置的优点在于后方可以有较大的陆域面积，以便布置集装箱重箱、空箱、冷藏箱、特种箱堆场以及其他辅助设施，装卸工艺的配置、生产作业的组织、码头交通流的安

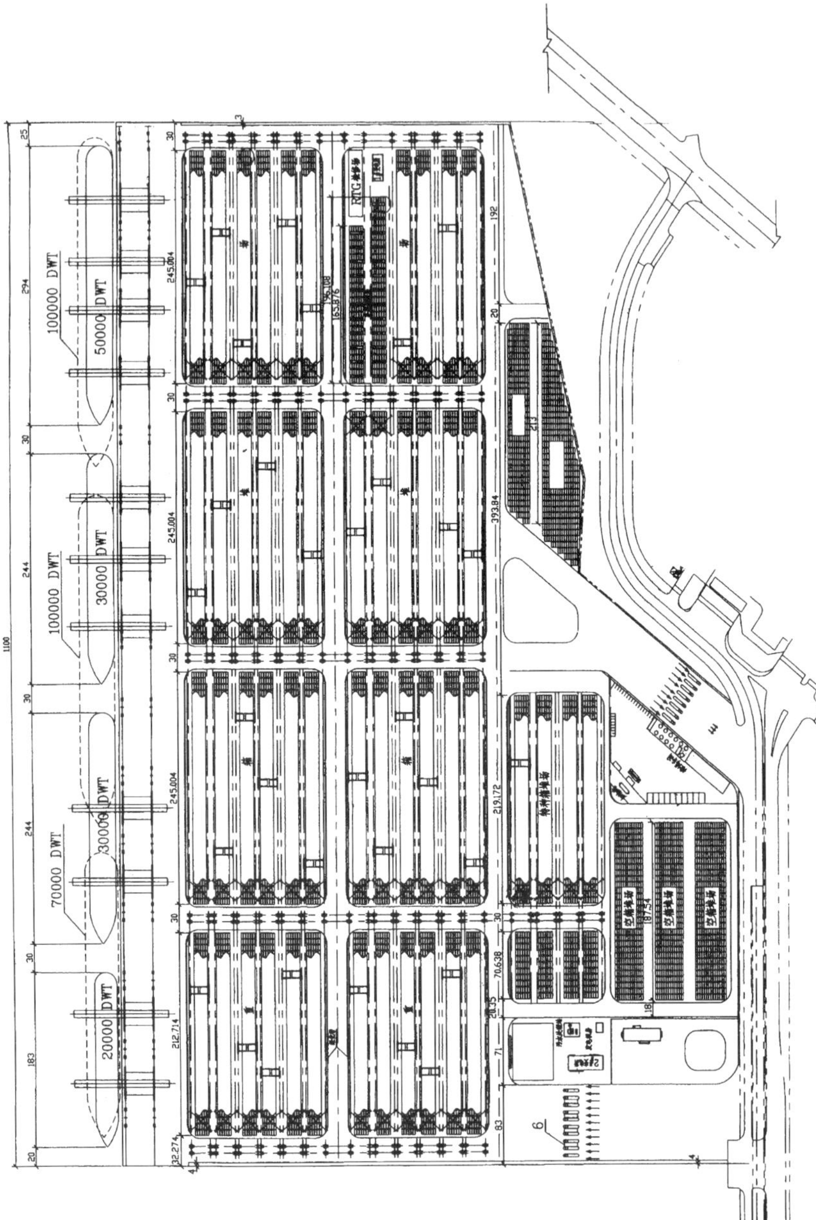

图 5-1-2　顺岸式集装箱码头平面布置图

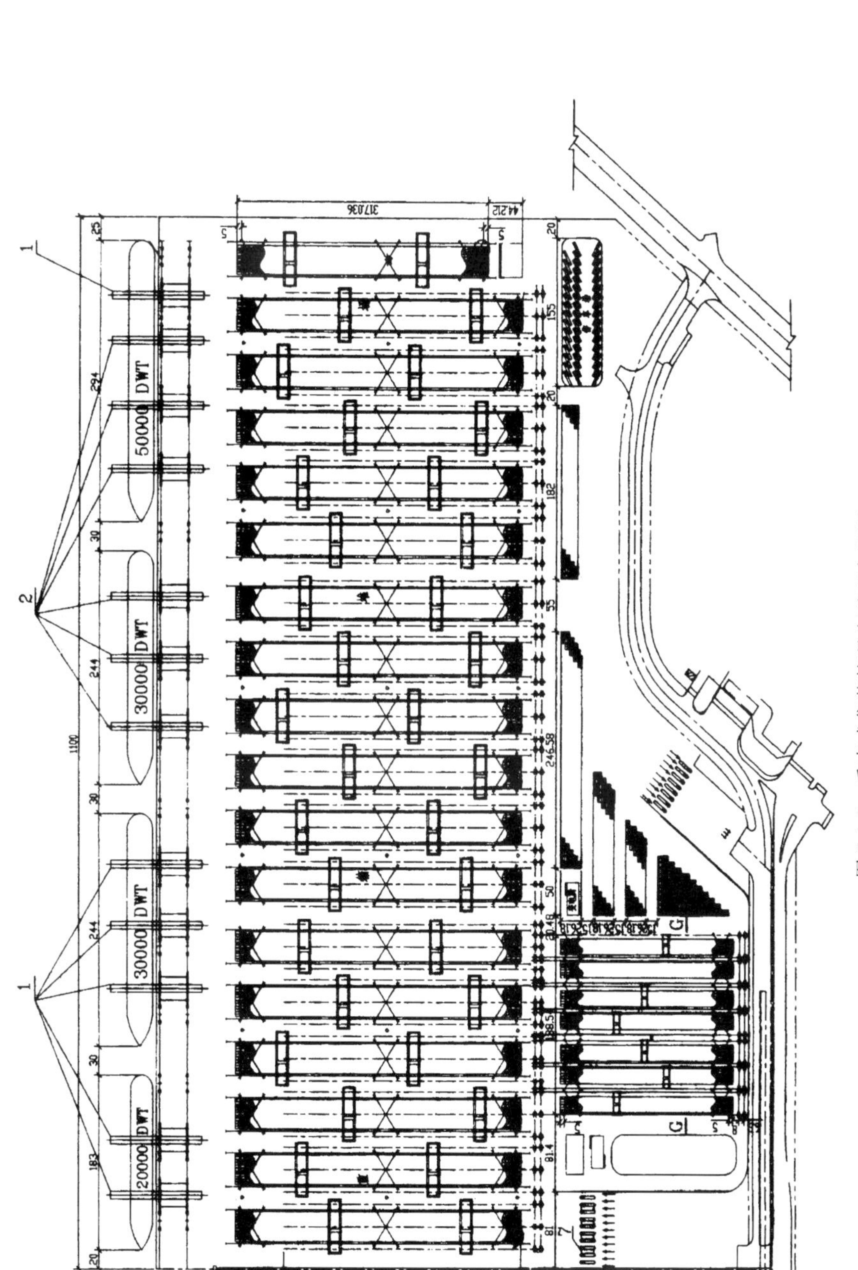


图 5-1-3 垂直式集装箱码头平面布置图

排等比较成熟。在陆域面积充足，采用传统集装箱装卸工艺的情况下，集装箱码头的平面布置一般均采用顺岸式布置。垂直式布置多见于自动化集装箱码头，自动化集装箱码头无人化的特点使得除装卸船外的作业环节，包括码头前沿、堆场作业、水平运输等，基本由计算机系统控制。出于设备操作、业务流程自动化等因素的考虑，自动化码头装卸工艺与传统集装箱码头截然不同。因此，垂直式布置成为自动化码头的优先选择。

## 第二节　集装箱专用装卸设备

集装箱专用装卸设备是指用于集装箱码头集装箱装卸、库场堆码、拆装箱及转运的专用机械设备，根据作业内容的不同可以分为岸边集装箱装卸设备、堆场集装箱装卸设备、水平搬运设备、集装箱堆码设备以及拆装箱设备等。

### 一、岸边集装箱装卸设备—岸边集装箱起重机

岸边集装箱起重机(简称“岸桥”)是集装箱码头前沿装卸集装箱的专用起重机，主要由起升机构、小车行走机构、大车行走机构和俯仰机构 4 个机构组成，见图 5-2-1。

图 5-2-1　岸桥示意图

1. 主要技术参数

岸桥的主要技术参数描述了岸桥的特征、能力和主要技术性能，主要

包括起重量、尺寸参数、速度、自重、轮压、腿压和生产率等。

1)起重量

起重量是岸桥装卸集装箱能力的指标，根据额定起重量和吊具重量决定：

$$Q=Q_e+W$$

式中：$Q$——岸桥起重量(t)；

$Q_e$——额定起重量(t)；

$W$——吊具重量(t)。

额定起重量一般按所起吊集装箱的最大总重量决定。

提高起重量将对起重机的总体结构和整机重量以及价格(设备造价、码头造价)产生较大的影响。

2)尺寸参数(图5-2-2)

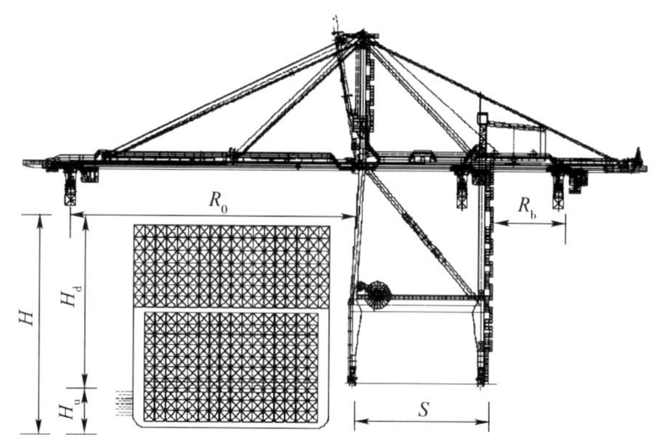


图5-2-2　岸桥主要尺寸示意图

(1)起升高度 $H$

岸桥的起升高度根据船舶型深、吃水、潮差和船上集装箱的装载情况确定，包括轨面以上起升高度和轨面以下起升高度。

①轨上起升高度 $H_d$ 是指吊具被提升到最高工作终点位置时，吊具转锁箱下平面离码头海侧轨顶面的垂直距离。

②轨下起升高度 $H_u$ 是指吊具下降到正常终点位置时，吊具转锁箱下平面离海侧轨顶面的垂直距离。

(2)外伸距 $R_0$

小车带载向着海侧运行到前终点位置时，吊具中心线离码头海侧轨道中心线之间的水平距离，称为外伸距。外伸距是表示岸桥可以装卸船舶大小的主要参数。它受到船宽(甲板上集装箱排数)和层高、船

的横倾角、船舶吃水、码头前沿(岸壁至海侧轨中心线之间)的距离、集装箱码头防碰靠垫(也称护舷)的厚度以及预留小车制动的安全距离等因素的影响。

(3)后伸距 $R_b$

小车带载向着陆侧运行到后终点位置时，吊具中心线离码头陆侧轨道中心线之间的水平距离称为后伸距。后伸距是按照搬运和存放集装箱船舶的舱盖板，以及特殊情况下作为接卸车辆的一条通道或临时堆放集装箱的要求来确定的。

(4)轨距 $S$

轨距是码头海侧与陆侧两轨道中心线之间的水平距离。轨距越大,对岸桥的稳定性越有利,轮压也可以降低。必须指出,在多数情况下,轨距大,岸桥自重并不加大,因而并不增加造价。但加大了码头前沿区域的面积,从而增加了投资。一般情况下,较大规模的专业化集装箱码头,宜发展大轨距,可以开辟多车道以提高集装箱装卸效率;中小集装箱码头,尤其是老集装箱码头,不宜盲目采用大轨距,而应通过经技术经济分析比较后确定。目前轨距尚无国际标准,各国、各地区根据甚至各集装箱码头,轨距均不统一,由各国、各地区根据不同的要求自行确定码头岸桥轨距。

(5)联系横梁下的净空高度

海陆侧门框联系横梁下平面与码头面的距离称为联系横梁下的净空高度。联系横梁下的净空高度是为了使岸桥门框之间可以通过流动搬运设备,如集卡、跨运车等。

(6)门框的净空宽度

司机室平台以下的海(陆)侧门框左右门框内侧之间的水平距离,称为门框的净宽。门框净宽主要是为保证集装箱船舶的舱盖板和超长集装箱通过门腿之间。

(7)基距

门框下横梁上与左右两侧大车行走机构大平衡梁支点之间的中心距离,称为岸桥的基距。基距越小,岸桥在侧向风力或对角方向风力作用下的轮压越大,侧向稳定性也越差。因此,只要岸桥总宽允许,基距应尽可能布置得大一些,行走支点越靠近门框立柱中心越好。

(8)岸桥总宽

岸桥总宽是指岸桥同一侧行走轨道上的左右两组行走台车外侧缓冲器端部之间,在自由状态下的距离。为了多台同时作业,岸桥总宽应尽量

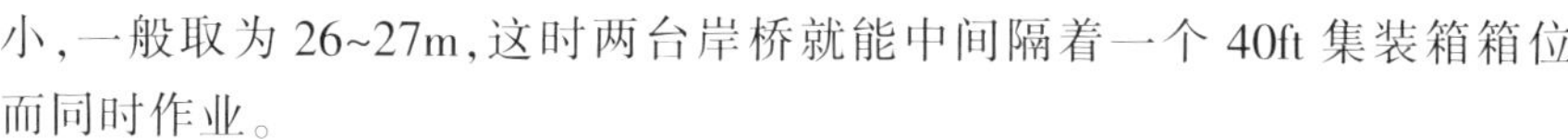

小，一般取为26~27m，这时两台岸桥就能中间隔着一个40ft集装箱箱位而同时作业。

(9)门框下横梁上表面离地高度

为了提高装卸速度，吊具带着集装箱经过门框上横梁上表面的起升高度越低越好。

3)工作速度

(1)起升(下降)速度

①额定起升(下降)速度。满载吊具在起升卷筒牵引下，提升(下降)的线速度。

②空吊具起升(下降)速度。空吊具在起升卷筒牵引下，提升(下降)的线速度。

通常它是以额定速度作为基速，按照恒功率控制的原则及电机的极限转速等条件决定。

(2)小车额定运行速度

小车在规定的作业工况下，带着额定起重量逆风运行时的最高稳定线速度。

(3)大车运行速度

岸桥整机在规定的作业工况下，小车带着额定起重量，逆风水平运行的最高稳定线速度。

(4)前大梁俯仰时间

前大梁的俯仰时间，是指前大梁从水平位置运动到仰起的挂钩位置的时间，或者从仰起的挂钩位置运动到水平位置所需的时间。

4)自重

岸桥自重是指岸桥在吊具无负荷状态下的最大重量，包括配重、吊具、供电电缆、吊具各装置中的油品等重量。

5)轮压

一个车轮对码头行走轨道的压力称为轮压。轮压分为工作状态轮压和非工作状态轮压。岸桥的最大轮压不得超过码头的许用轮压，可以通过增加轮数来降低轮压值，满足集装箱码头许用轮压的要求。

6)腿压

每个门腿下车轮轮压之和为腿压。

7)生产率

岸桥的生产率是指在规定的工作条件下连续进行船舶装卸作业，在单位时间内所能装卸的集装箱数量(箱/h)。影响岸桥生产率的因素

很多，如船型、船舶装载情况、集装箱码头作业条件以及司机操作熟练程度等。

2. 岸桥新技术

1)双40ft岸桥

双40ft岸桥(图5-2-3和图5-2-4)是上海振华港机(集团)公司(ZPMC，简称上海振华港机)为了适应大型集装箱船舶快速装卸要求，自主研发、世界首创的高效率新产品。岸桥总起重量能满足起吊两只40ft集装箱、两个吊具、一个能挂两个吊具的吊具上架总重量的要求，双吊具下起重量约为80t，能够同时起吊两只40ft集装箱，并具备同时起吊4只20ft集装箱的能力。

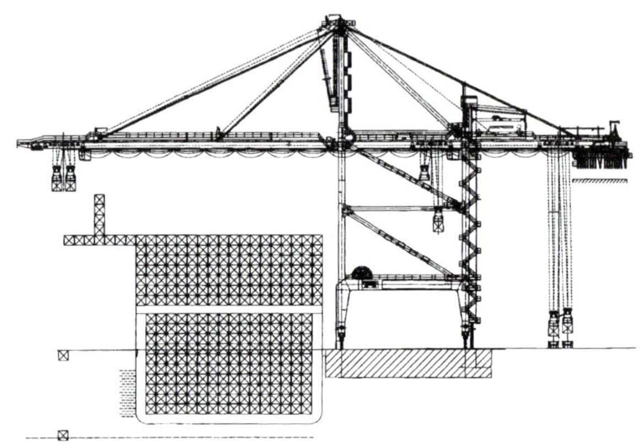

图5-2-3　双40ft岸桥示意图

图5-2-4　双40ft吊具上架

2)双小车岸桥

与一般岸桥机构设置不同，双小车岸桥具有两个水平运行的小车和一个中转平台，前小车进行集装箱船舶与中转平台之间的集装箱装卸，后小车完成中转平台与水平运输机械之间的集装箱转接。

双小车岸桥(图 5-2-5)解决了装卸超巴拿马型集装箱船既要求起重机具有大的起升高度（不小于 43m）又要兼顾集卡或自动导向车(AGV)(1.5m 高)低位作业有利对箱的问题。前小车的生产率即是起重机的生产率,在设计上,使后小车永远快于前小车,并由于后小车的水平行程短,升降高度小,用中转平台作定点装卸,摘取(或安装)集装箱的锁销,不占用生产时间,生产率大大高于同等条件的单小车起重机。

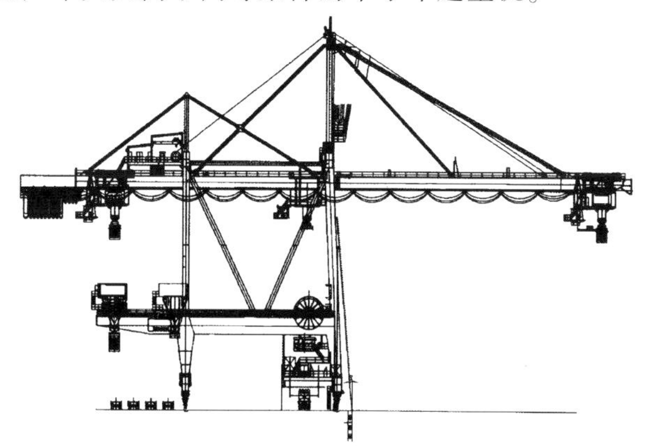

图 5-2-5 双小车岸桥示意图

新型的双小车岸桥装卸效率可以达到 60 自然箱/h,不但可以适用于自动化码头,也可以同样适用于半自动和非自动化常规集装箱码头;既可以和自动化集装箱码头的 AGV 系统自动配合作业,也可以和非自动化码头的集卡或集装箱半挂车配合作业。

## 二、堆场集装箱装卸设备——轮胎式集装箱龙门起重机、轨道式集装箱龙门起重机

### 1. 轮胎式集装箱龙门起重机

轮胎式集装箱龙门起重机(简称“轮胎式场桥”)是集装箱码头堆场或集装箱货场进行堆码作业的专用装卸机械,主要由起升机构、小车行走机构、大车行走机构 3 个机构组成,见图 5-2-6。它由两个“U”形门框与底梁组成门式架,支承在充气橡胶轮胎上,可在规定的行车通道上行走。安装在顶部轨道上的起升小车同时完成集装箱吊运及水平运输作业。起升装置在小车构架上,完成吊具的垂直运行。附设的液压系统可完成大车所有轮胎在 0°~90°之间同时往复转动，实现轮胎式场桥的转场作业要求。

图 5-2-6　轮胎式场桥示意图

轮胎式场桥的主要性能参数为：

1)起重量

轮胎式场桥的起重量由额定起重量和配备的集装箱吊具重量决定，参见岸桥起重量。

额定起重量按所起吊的集装箱的最大总重量决定，一般为 30.5t，35t，40.5t，61t 等，也可按用户要求另行设计确定。

2)尺寸参数

轮胎式场桥的尺寸参数起升高度、跨距等主要对其作业范围有影响，一般由用户的要求决定，见图 5-2-7。

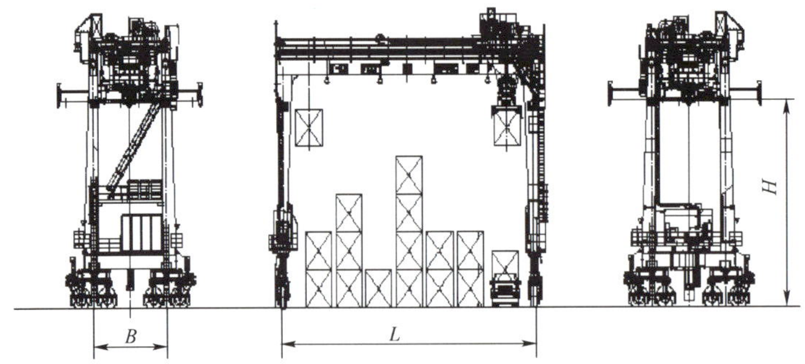


图 5-2-7　轮胎式场桥主要尺寸示意图

(1)起升高度 $H$

轮胎式场桥的起升高度指吊具起升在最高位置时，吊具底部锁销顶部至

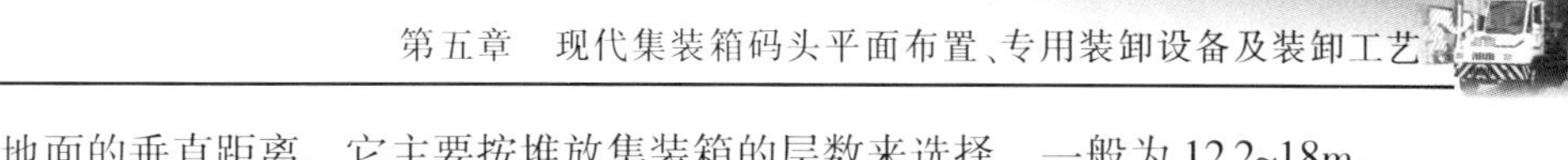

地面的垂直距离。它主要按堆放集装箱的层数来选择。一般为12.2~18m。

(2)跨距$L$

轮胎式场桥的跨距是指小车运行方向上前后两侧大车行走轮中心线之间的距离,通常为23.5m,可跨6排集装箱和一条集卡通道;也有大于23.5m可跨大于6排集装箱的设计。

(3)基距$B$

轮胎式场桥的基距指两侧大车平衡梁轴孔中心线之间的距离。基距的大小决定整机的稳定性能,但过大的基距会影响同一堆场多机作业的效率。一般选取6.4~6.9m。

3)工作速度

轮胎式场桥的工作速度主要根据使用者要求的装卸作业效率来确定。

(1)起升速度

起升速度分额定负荷起升速度和空载起升速度,一般起升机构的控制系统具有恒功率特性,提高轻载起升速度,达到提高生产效率的目的。

(2)小车运行速度

因一般小车的运行距离较短,不需要太高的速度。选取的小车运行速度大多不超过80m/min,过高速度会影响钢结构的受力状况。

(3)大车行走速度

大车行走速度分空载和有载两种。轮胎式场桥空载时,为满足集装箱堆场的长距离作业要求,选取的速度较高,一般为130m/min;当带有集装箱时,为了保证整机的安全性能,一般把大车行走速度降低至25m/min,有载水平移动的距离不宜过长。

(4)大车转向时间

大车转向时间以动作完成的时间(秒或分钟)计算。

4)轮压

轮胎式场桥的轮压分最大工作轮压和最大非工作轮压。

(1)最大工作轮压

轮胎式场桥在20m/s的工作风速情况下起吊额定起重量,并按下列方式进行作业时的每个轮胎承受的最大压力:风向垂直于大梁方向,小车全速向一侧行进,取其中最大数值。

(2)最大非工作轮压

轮胎式场桥不起吊集装箱,风向垂直于大梁,小车位于一侧,取最大的数值。

5)生产率

按轮胎式场桥每小时吊运的集装箱数量计算。由于集装箱重量的不确定性,一般先设计每一作业循环的实际能力,然后再计算出台时装卸作业效率,交机时按作业循环模式进行测试。通常为30~50箱/h。

2. 轨道式集装箱龙门起重机

轨道式集装箱龙门起重机(简称"轨道式场桥")是集装箱码头和中转站货场进行装卸、搬运和堆码集装箱的专用机械。它主要由起升机构、小车行走机构、大车行走机构3个机构组成,见图5-2-8。在集装箱码头上,岸桥将集装箱从船上卸到码头前沿的集卡上,拖到堆场,用轨道式场桥进行装卸堆码作业,或者相反。在集装箱堆场和中转站货场上,还可以采用轨道式场桥装卸汽车和铁路车辆。

图5-2-8 轨道式场桥示意图

轨道式场桥的主要技术参数为:

1)起重量

轨道式场桥的起重量根据其额定起重量和吊具的重量决定,参见岸桥起重量。

2)尺寸参数(图5-2-9)

(1)起升高度$H$

轨道式场桥的起升高度是指吊具底部平面至地面的距离,它与堆场上所需堆放的集装箱层数有关。

(2)跨距$L$

轨道式场桥的跨距是指起重机行走轨道中心线之间的距离。

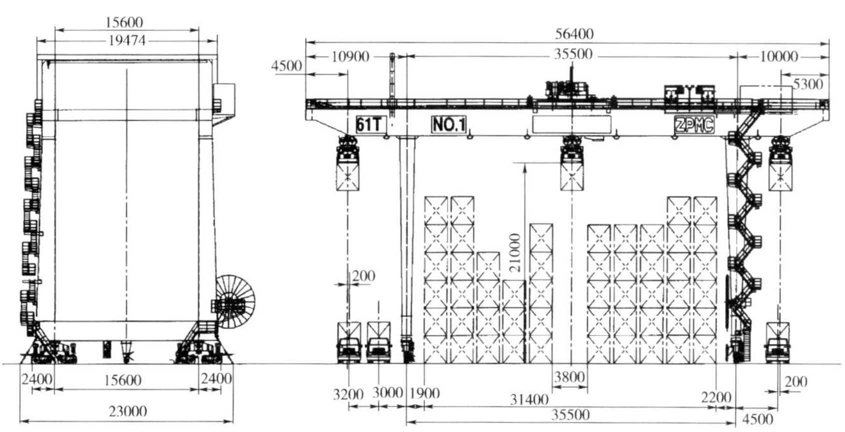


图 5-2-9　轨道式场桥主要尺寸示意图

(3)悬臂伸距

悬臂伸距是指两侧轨道中心线分别至悬臂端吊具中心线之间的距离。

(4)基距 $B$

基距是指起重机同一轨道上两个主支承中心线之间的距离。

(5)门框通过宽度

轨道式场桥的门框通过宽度是指沿起重机轨道线门框通过集装箱的最小宽度。

3)工作速度

(1)起升(下降)和小车行走速度宜与岸桥相同或略高。

(2)大车行走速度宜高于岸桥。

4)轮压

轨道式场桥轮压分最大工作轮压和最大非工作轮压。

(1)最大工作轮压

轨道式场桥在 20m/s 的工作风速情况下起吊额定起重量,并按下列方式进行作业时的每个车轮承受的最大压力:风向垂直于大梁方向,小车全速向一侧行进,取其中最大数值。

(2)最大非工作轮压

轨道式场桥不起吊集装箱,风向垂直于大梁,小车位于一侧,取最大的数值。

5)生产率

按轨道式场桥每小时吊运的集装箱数量计算。由于集装箱重量的不确定性,一般先设计每一作业循环的实际能力,然后再计算出台时装卸作

业效率，交机时按作业循环模式进行测试。

3. 轮胎式场桥和轨道式场桥中采用的先进技术

1）吊装双20ft集装箱的轮胎式场桥和轨道式场桥

为了与集装箱码头前沿一次可起吊两个20ft集装箱的岸桥相匹配，上海振华港机于2002年开发出了起重量为61t，可起吊2个20ft集装箱的双20ft轮胎式场桥和轨道式场桥，大大提高了堆场的装卸效率。

2）节能、环保技术在轮胎式场桥中的应用

轮胎式场桥使用柴油发动机–发电机组作为动力源，在燃油价格不断走高的形势下，运营成本增大，而且各机构频繁启、制动，柴油机必须在一个频繁突加、突减载荷的工况下工作，排出大量的废气污染环境。各设备制造厂商、集装箱码头都在研究、寻求降低轮胎式场桥的油耗、减少环境污染的措施，目前已研发出以下几种新技术并投入试用。

（1）超级电容技术

超级电容可瞬时存储和释放巨大能量，利用超级电容作为储能装置，将其并入轮胎式场桥供电电路中，通过小车下降过程对超级电容进行充电，重载上升过程放电，实现对峰值功率进行补偿，使柴油发电机组处于一个比较平稳的工作状态，对环境的污染明显减少，而且柴油机噪声明显降低，能耗下降可达11%~13%以上，见图5-2-10。

图5-2-10　配置超级电容的轮胎式场桥

（2）使用电网供电的轮胎式场桥

使用电网供电的轮胎式场桥在保持了常规轮胎式场桥原有各项功能的情况下，将轮胎式场桥的机载柴油机–发电机组（一般约700kVA）供电方式改为通过由电网供电方式，这样，可以用较小功率的柴油发动机–发电机组代替常规轮胎式场桥机载柴油发动机–发电机组，小功率柴油发动机–发电机组仅提供轮胎式场桥转场行走（低速）以及应急状态下低速起吊集装箱需要的电能；或者取消机载柴油发动机–发电机组，由外部供电设备提供轮胎式场桥转场等需要的电能，从而达到节省燃油、降低排放的目的。也可以视用户要求，按照常规轮胎式场桥的功率要求配置常规设计的大功率机载柴油发动机–发电机组，但正常作业时仍使用电网供电，只在大车转场行走或电网故障应急状态下才使用机载大功率柴油发动机–发电机组供电。

轮胎式场桥使用电网供电方式主要有两种：

①电缆卷筒供电

上海振华港机研制的使用电缆卷筒的轮胎式场桥如图 5-2-11 所示，在集装箱堆场的箱区之间配置电缆接线箱，通过电缆卷筒将电压 690V 左右的市电提供给轮胎式场桥作为动力。

图 5-2-11　使用电缆卷筒供电的轮胎式场桥

②滑触线供电

在集装箱堆场的箱区之间，架设滑触线供电线路。当轮胎式场桥在箱区作业时，柴油发电机组停止工作，所需动力由集电器从滑触线获得。轮胎式场桥沿滑触线移动，实现对整个箱区的工作覆盖。使用滑触线供电方

式的轮胎式场桥如图 5-2-12 所示。

(3)调速发动机–发电机组的应用

目前,轮胎式场桥的柴油发动机–发电机组中,发动机为恒转速,除启动、停止阶段需在怠速下运转一段时间外,工作过程中均以额定转速带动发电机,为轮胎式场桥的各种动作提供动力,即使在作业等待时,也需为车载各种通信装置及系统提供电力,燃油消耗大。随着柴油发动机技术的进步,可调速的柴油机应用到发电机组中,柴油机可以在不同工况条件下,调整转速,提供满足不同负荷的动力,即在重载起升等工况时柴油机高速运转;在空载或等待时低速运转,以维持各辅助系统对电力的基本需求。应用调速发动机–发电机组,当运行在额定功率以下时,可以有效地降低柴油消耗,减少环境污染,降低噪声。

## 三、水平搬运设备——集装箱跨运车、集装箱牵引车与集装箱挂车

1. 集装箱跨运车

集装箱跨运车(简称“跨运车”)是集装箱码头和中转站货场搬运、堆码集装箱的专用机械,见图 5-2-13。它以门形车架跨在集装箱上,由装有集装箱吊具的液压升降系统吊起集装箱,进行搬运和堆码。此外,还可用跨运车在货场上装卸集装箱底盘车。

图 5-2-12　使用滑触线供电的轮胎式场桥

图 5-2-13　跨运车示意图

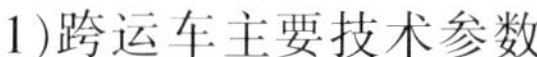

1)跨运车主要技术参数

(1)起重量

跨运车的起重量根据其额定起重量和吊具的重量决定，参见岸桥起重量。

(2)宽度尺寸

跨运车是骑跨在集装箱行列之上行驶的，其外形宽度和内部宽度尺寸,关系到集装箱货场的总体布置和跨运车下部的宽度,各列集装箱之间的间距越小，货场上可堆放的集装箱数量越多；而跨运车下部的宽度过小,则会影响跨运车在集装箱或底盘车上安全通过。

(3)堆码和通过集装箱的层数(高度)

堆码和通过集装箱的层数是指用跨运车堆码集装箱和吊着重箱能通过堆码集装箱的层数,由此可确定跨运车所能通过的工作高度。集装箱跨运车堆码和通过集装箱的层数(高度)的确定,与整个集装箱码头或中转站货场的堆存面积、能力和具体作业条件有着密切的关系。增加堆码和通过集装箱的层数,可以提高堆场的堆存能力,但在收货人提货时,找箱倒箱相对比较困难。

(4)转弯半径

转弯半径是衡量跨运车转向性能的一个重要技术。在使用时,转向性能本身也反映出跨运车的机动性。跨运车的外廓最小转弯半径是指跨运车搬运集装箱在平坦硬路面上低速行驶转弯，其转向轮处于最大偏转角时,轮廓离转弯瞬时中心最远点的圆弧轨迹半径。转弯半径的大小关系到码头和中转站货场面积的合理使用,转弯半径越小,所占用的通道面积也就越小。由于跨运车车体大,重心高,为保证转向时的稳定性,通常应把转弯半径同转弯速度联系在一起考虑,即在最小转弯半径时,只能用慢速行驶转弯,而在较大转弯半径时,才用较快的速度行驶转弯。

(5)稳定性

跨运车的稳定性首先要考虑其横向稳定性,其次是纵向稳定性。跨运车的行驶稳定倾斜角度,是指在车速 10km/h 的情况下,以最小转弯半径转向,不致翻倒的容许倾斜角度。

(6)装卸搬运效率

集装箱跨运车的装卸搬运效率应与集装箱码头前沿岸桥相适应,它与跨运车的配置台数和装卸搬运工作循环时间有关。对于集装箱中转站,集装箱跨运车的配置台数和作业效率应与中转站的通过能力相适应。

2)跨运车技术的新发展

跨运车技术的新发展主要体现在使用柴油电力驱动和运转方式两个方面。

目前,跨运车除了通常采用的液力机械、液力静态传动两种方式外,也可以选择柴油电力驱动方式。采用柴油电力传动方式,跨运车没有液压系统,机械联结较少,减少了维修工作量和维护成本。

在传统跨运车工艺中,跨运车完成码头内部集装箱的水平运输和堆场集装箱作业,使用范围受到限制。由于跨运车具有取箱的功能,上海振华港机等制造厂商开发出了“过0堆1”型、采用柴油电力驱动的跨运车。这种跨运车只进行取箱、水平运输和放箱操作,取代集卡,同时将岸桥从对箱的困难中解脱出来,提高集装箱船舶装卸效率。

2. 集装箱牵引车和集装箱挂车

集装箱牵引车是专门用来拖带集装箱挂车的一种牵引车。集装箱挂车是专门用来装运集装箱的挂车。两者配合使用,进行集装箱的搬运,见图5-2-14。

图5-2-14　集装箱拖挂车示意图

1)集装箱牵引车

集装箱牵引车的构造与普通牵引车大体相同,不同之处主要是其后部安装有供连接挂车用的牵引鞍座,见图5-2-15。

(1)集装箱牵引车的分类

根据牵引鞍座的构造可分为单轴固定式、双轴固定式、高升降式和低升降式4种。

根据集装箱牵引车使用的范围可分为公路型和码头型两种。公路型集装箱牵引车用于集装箱长距离运输,一般要求具备较高的行驶速度。码头型集装箱牵引车用于在集

图5-2-15　集装箱牵引车示意图

装箱码头内或与码头外部集装箱堆场之间的集装箱转运，运输距离较短。码头型集装箱牵引车与公路型集装箱牵引车工况最大的不同是频繁的启动、制动，长时间低速行驶，因此在功率匹配、传动系统设计、司机操作等方面，两种车型要根据使用条件具体考虑。

(2)集装箱牵引车主要技术参数

①牵引力。集装箱牵引车牵引货物的能力。

②行驶速度。集装箱牵引车运送货物时，前进行驶或倒退行驶的速度。

③爬坡度。集装箱牵引车在正常路面上无载和满载时，以低速挡等速行驶所能爬越的最大坡度，以角度或道路坡度的百分数计。

④回转半径。集装箱牵引车在无载低速转弯行驶，当转向轮处于最大转角时，车体最外侧和最内侧至转向中心的最小距离。分别称为最小外侧转弯半径和最小内侧转弯半径。

⑤整备质量。集装箱牵引车在空载时的结构质量。

2)集装箱挂车

(1)集装箱挂车的类型

按其拖挂方式不同，分为半挂式和全挂式两种，其中以半挂式使用最为普遍。半挂式是指挂车重量和货载的一部分是由牵引车直接承受的挂车，它一般均装有支腿，以便与牵引车脱开后，使其能稳固地支承在地面上。

按其结构不同，半挂车可分为平板式和骨架式两种：

①平板式挂车在挂车底盘上全部铺有钢板。搬运集装箱时，在4角按集装箱的尺寸要求装设集装箱固定锁件，见图5-2-16。

图5-2-16　平板式挂车示意图

②骨架式半挂车(又称底盘车)专门用于搬运集装箱，见图5-2-17。它结构简单，仅由底盘骨架构成而没有铺板平台，集装箱本身也作为强度构件加入到挂车的结构中。底盘车架的前后4角装有旋锁，可与集装箱的角配件锁紧，以免在搬运过程中集装箱受震翻落。底盘车自重轻、结构简单、维修方便，在集装箱运输中用得最多。

图 5-2-17　骨架式半挂车示意图

(2)集装箱挂车的构造

集装箱挂车结构由车架、行走支承装置(包括支持桥、悬挂装置、制动装置及从动车轮等)、支腿以及集装箱锁定装置等几部分组成。

## 四、集装箱堆码设备——集装箱正面吊运机、集装箱正面叉车

1. 集装箱正面吊运机

集装箱正面吊运机(简称“正面吊”)是集装箱堆场、中转站和铁路场站需要的性能好、效率高的流动式集装箱装卸搬运机械，见图 5-2-18。正面吊的特点是：有可伸缩和左右共旋转120°的吊具，因此特别适应在货场作业；有能带载变幅的伸缩式臂架；能堆码多层集装箱及跨箱作业，有多种保护装置,能保证安全操作。

图 5-2-18　正面吊示意图

正面吊主要技术参数为：

1)起重量

正面吊的起重量根据额定起重量和吊具的重量决定。额定起重量一般按所吊运的集装箱的最大总重量决定。

2)尺寸参数(图 5-2-19)

(1)起升高度 $H$

起升高度是指吊具底平面至地面的距离。正面吊主要用在码头堆场和集装箱中转站进行集装箱堆码和搬运作业，由于往往受到场地面积的限制,要求尽可能增加堆码层数,一般为 4 层高。

(2)车身外形尺寸

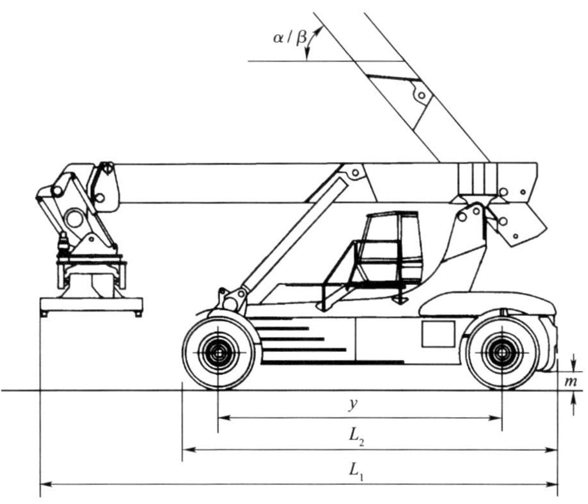


图 5-2-19　正面吊尺寸参数示意图

集装箱正面吊主要用在货场作业，要求能适应狭小的场地条件，因此对通道性能要求较高，需要控制车身宽度和长度。另外还要考虑到整机稳定性和车架受力情况。一般集装箱货场要求正面吊能在 7.5m 左右的直角通道上转弯，在 9.5m 左右的通道内能 90°转向。因此要求其最小转弯半径在 8.5m 左右。由转弯半径定出其最大轴距为 5 500mm 左右，车体不带臂架时长度约为 7 500~8 000mm 左右，车身宽度一般为 3 500~4 000mm 左右。

(3)工作幅度

正面吊的工作幅度是指吊具中心线与正面吊前轮外沿之间的距离，一般要求能跨 1 排箱作业，见图 5-2-20。在对第一排箱作业时，前轮外沿

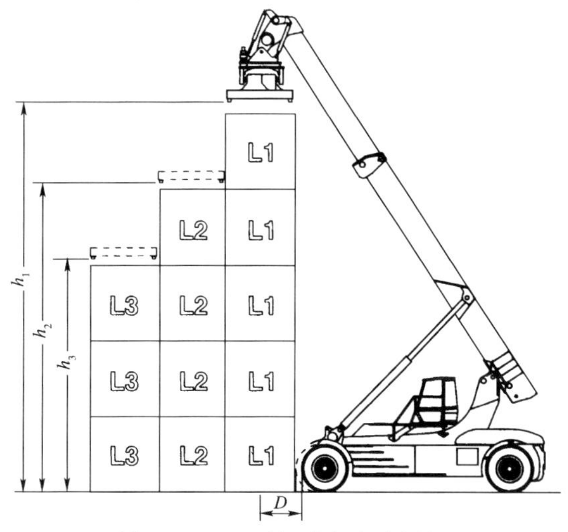


图 5-2-20　正面吊工作幅度示意图

离集装箱的距离为700mm左右,工作幅度最小应距离前轮外沿2m。在对第二排箱作业时,前轮外沿离第一排集装箱的距离为500mm左右,工作幅度最小应距离前轮外沿4.1m。当要求对第三排箱作业时,工作幅度最小应距离前轮外沿6.5m。

3)工作速度

(1)行走速度

正面吊的运行距离因堆场的大小而异，一般在40~50m以内较为合理。如果距离太远，则应在前沿和堆场之间用集装箱拖挂车来作水平运输,而不应使用正面吊作长距离搬运,正面吊在满载时只允许低速行驶,在空载时方可高速行驶。

(2)起升速度

起升或下降可通过臂架俯仰和伸缩来实现。

4)轮压

正面吊轮压分为最大工作轮压和最大非工作轮压。

(1)最大工作轮压

①正面吊在正常工作情况下吊运额定载荷40t，外伸距为1.6m时前轮的最大压力。

②正面吊在正常工作情况下，吊运满载的20ft集装箱并作外伸距为4m跨箱作业时的前轮最大压力。

(2)最大非工作轮压

正面吊在正常工作情况下，将臂架完全缩入并完全仰起状态时后轮的最大压力。

2. 集装箱正面叉车

集装箱正面叉车是集装箱码头和货场常用的一种装卸机械，主要用在集装箱吞吐量不大的综合性码头和货场上进行装卸堆码及短距离的搬运作业。与通用叉车不同,集装箱正面叉车为改善操作视线,将司机室位置升高,并装设在车体的一侧。为适应装卸集装箱的需要,除采用标准货叉外,还备有顶部起吊的专用属具。为便于对准集装箱,具有货架侧移和左右摆动性能。集装箱正面叉车主要包括集装箱重箱叉车和集装箱空箱叉车两种。

1)集装箱重箱叉车

集装箱重箱叉车又称集装箱重箱堆高机(简称“重箱堆高机”),是用来完成重箱堆码操作的叉车,见图5-2-21。

主要技术参数:额定起重量、载荷中心距、最大起升高度、门架倾角、最大起升速度、最大行驶速度、最小转弯半径、最小离地间隙、轴距、外形尺寸、整备质量。

图 5-2-21　集装箱重箱叉车

(1)额定起重量。集装箱重心至重箱堆高机吊具中心线的距离不大于载荷中心距时,允许起升的集装箱最大质量。

(2)载荷中心距。在集装箱吊具上放置标准的货物时,其重心到重箱堆高机门架的水平距离。

(3)起升高度。重箱堆高机在平坦坚实的地面上,满载、轮胎气压正常、门架直立,吊具升至最高时,吊具转锁下端至地面的垂直距离。重箱堆高机按堆码集装箱的层数来确定。

(4)门架倾角。无载的重箱堆高机在平坦坚实的地面上,门架相对其垂直位置向前和向后倾斜的最大角度。

(5)起升速度。直接影响重箱堆高机的作业效率,取决于重箱堆高机液压系统各元件的性能。

(6)行驶速度。重箱堆高机运送货物时,前进行驶或倒退行驶的最大速度。

(7)爬坡度。重箱堆高机在正常路面上无载和满载时,以低速挡等速行驶所能爬越的最大坡度,以角度或道路坡度的百分数计。

(8)转弯半径。重箱堆高机在无载低速转弯行驶,当转向轮处于最大

转角时,车体最外侧和最内侧至转向中心的最小距离,分别称为最小外侧转弯半径和最小内侧转弯半径。

(9)离地间隙。是表征重箱堆高机通过性的主要参数,是车体最低点与地面的距离。

(10)外形尺寸(图 5-2-22)。重箱堆高机的总长、总宽和总高。总长是重箱堆高机门架垂直状态下,最前端至车体最后部的水平距离。总宽是车体两侧最外部之间的横向距离。总高是门架垂直、货叉落至最低位置时,由地面至车体最上端的垂直高度。

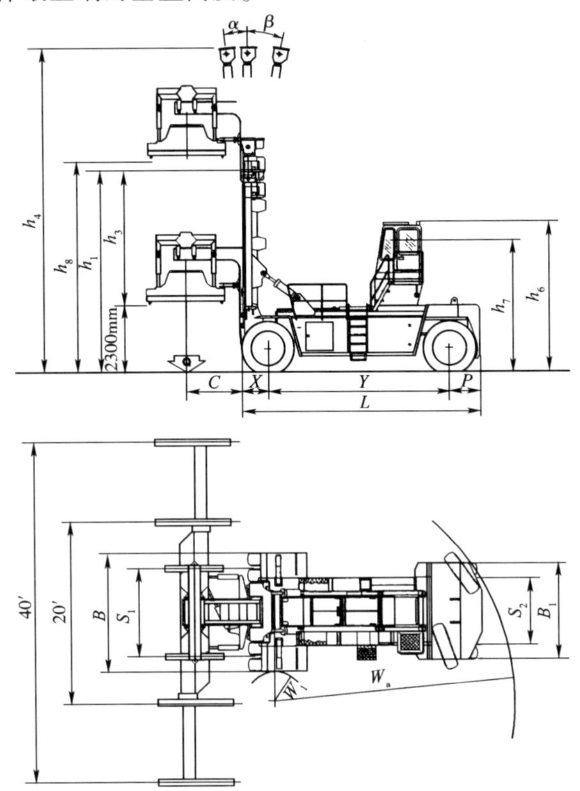


图 5-2-22 集装箱重箱叉车外形尺寸示意图

(11)整备质量。重箱堆高机在空载时的结构质量。

2)集装箱空箱叉车

集装箱空箱箱叉车又称集装箱空箱堆高机(简称"空箱堆高机",见图 5-2-23),是完成空箱堆码操作的叉车。

主要技术参数:额定起重量、载荷中心距、最大起升高度、门架倾角、最大起升速度、最大行驶速度、最小转弯半径、最小离地间隙、轴距、外形尺寸、整备质量。

(1)额定起重量。集装箱重心至空箱堆高机吊具中心线的距离不大于载荷中心距时,允许起升的集装箱最大质量。

(2)载荷中心距。在集装箱吊具上放置标准的货物时,其重心到空箱堆高机门架的水平距离。

(3)起升高度。空箱堆高机在平坦坚实的地面上,满载、轮胎气压正常、门架直立,吊具升至最高时,吊具转锁下端至地面的垂直距离。空箱堆高机按堆码集装箱的层数来确定。

图 5-2-23　集装箱空箱叉车

(4)门架倾角。无载的空箱堆高机在平坦坚实的地面上,门架相对其垂直位置向前和向后倾斜的最大角度。

(5)起升速度。直接影响空箱堆高机的作业效率,取决于空箱堆高机液压系统各元件的性能。

(6)行驶速度。空箱堆高机运送货物时,前进行驶或倒退行驶的最大速度。

(7)爬坡度。空箱堆高机在正常路面上无载和满载时,以低速挡等速行驶所能爬越的最大坡度,以角度或道路坡度的百分数计。

(8)转弯半径。在无载低速转弯行驶,当转向轮处于最大转角时,车体最外侧和最内侧至转向中心的最小距离,分别称为最小外侧转弯半径和最小内侧转弯半径。

(9)离地间隙。是表征空箱堆高机通过性的主要参数,是车体最低点与地面的距离。

(10)外形尺寸(图 5-2-24)。空箱堆高机的总长、总宽和总高。总长是空箱堆高机门架垂直状态下,最前端至车体最后部的水平距离。总宽是车体两侧最外部之间的横向距离。总高是门架垂直、货叉落至最低位置时,由地面至车体最上端的垂直高度。

(11)整备质量。是空箱堆高机在空载时的结构质量。

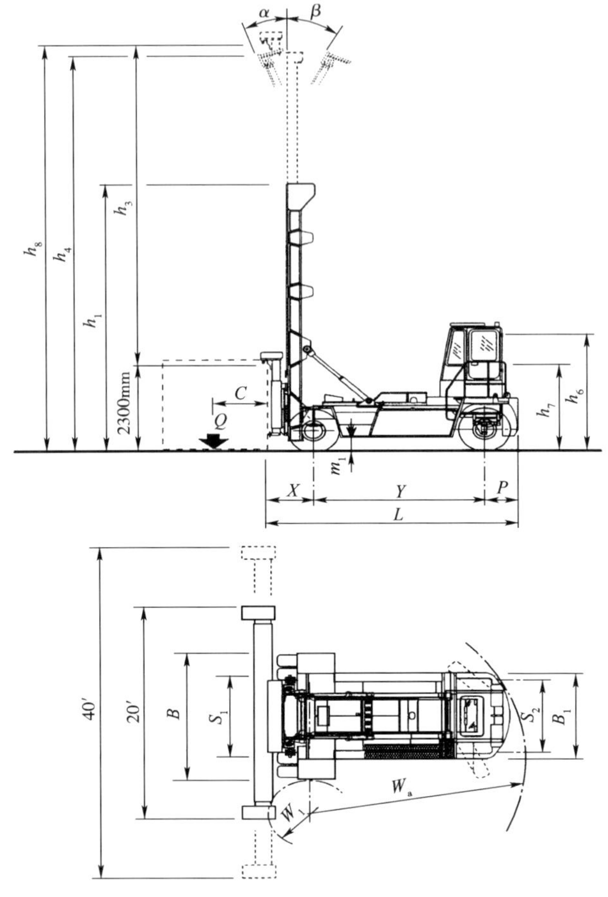


图 5-2-24 集装箱空箱叉车外形尺寸示意图

## 五、拆装箱设备——集装箱拆装箱用叉车

在集装箱货运站进行装箱和拆箱作业,需要用小型叉车(图 5-2-25)。

拆装箱是在集装箱内作业,作业条件受到限制,拆装箱用叉车具有以下特点:

1. 外形尺寸

集装箱拆装箱的叉车在高度上要考虑各种集装箱内部高度、开门最小高度、过渡板厚度以及叉车作业安全间隙。此外,还应注意司机座椅的高度,使司机坐上后其头部高度不致碰到防护架。在无防护架的情况下,司机坐上后其头部高度不应超过门架的高度。

图 5-2-25 集装箱拆装箱用叉车作业示意图

2. 轴压和轮压

集装箱拆装箱用的叉车，其车轴负荷和车轮负荷应小于ISO在集装箱箱底试验标准中的规定：一根车轴的负荷为5 460kg，每个车轮的平均负荷为2 730kg。轮宽为180mm，接地面积为142cm$^2$，轮距为760mm，则轮压为1.88MPa。

3. 自由提升

由于集装箱内作业高度的限制，要求叉车具有自由提升的性能。自由提升是指货叉将货物举升到一定高度，内门架不移动，而托架沿内门架向上移动，使内门架仍保持原有的高度，当货物举升超过这一高度时，内门架才开始升高。全自由提升是指自由提升高度达到提升高度的一半。也就是说，起升托架的上部已经升高到内门架顶部时，内门架才开始升高。这种门架结构的叉车，称为全自由提升叉车。

4. 货架侧移

在集装箱内进行装箱和拆箱作业，要求叉车具有货架侧移性能，使叉车在不挪动位置的情况下，货架可以向左右两侧移动一定的距离，通常为左右各100mm。

5. 货叉侧移

货叉侧移与货架侧移的作用基本相同。不同之处在于货叉可在货架上移动，而货架本身不动。

## 六、集装箱吊具

集装箱吊具是集装箱装卸设备的专用吊具，它通过其端部横梁4角的旋锁与集装箱的顶角配件连接，由司机操作控制集装箱旋锁的开闭作业。

1. 集装箱吊具的形式

集装箱吊具按其机构形式可分为固定式吊具、子母式吊具和伸缩式吊具。其中,伸缩式吊具通过液压传动驱动伸缩链条或油缸,使吊具自动伸缩改变吊具长度,以装卸不同规格的集装箱,操作灵活、通用性强、生产效率高。因此,目前世界上的集装箱专用设备大多采用这种吊具。伸缩式吊具如图 5-2-26 所示。

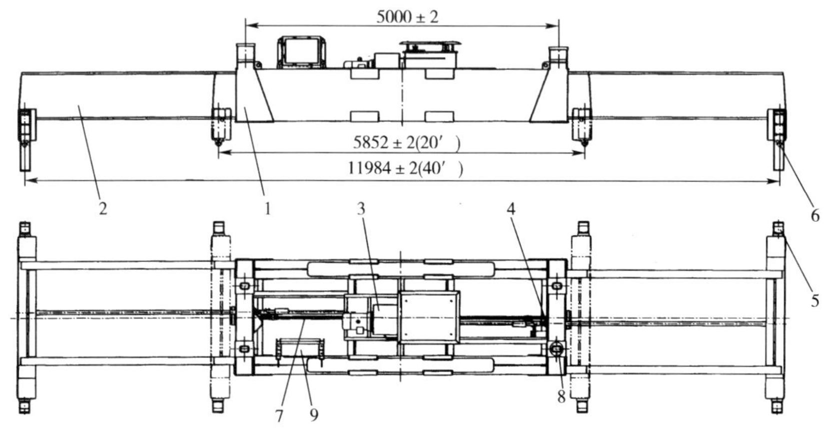


图 5-2-26　伸缩式吊具结构图

1-伸缩梁结构;2-底梁主结构;3-液压系统;4-输缆装置;5-旋锁机构;6-导板机构;7-前后倾装置;8-电气系统;9-伸缩机构

集装箱伸缩式吊具按照装卸集装箱的个数,可分为标准单箱吊具和双箱吊具两种。图 5-2-27 为双箱吊具的结构图。

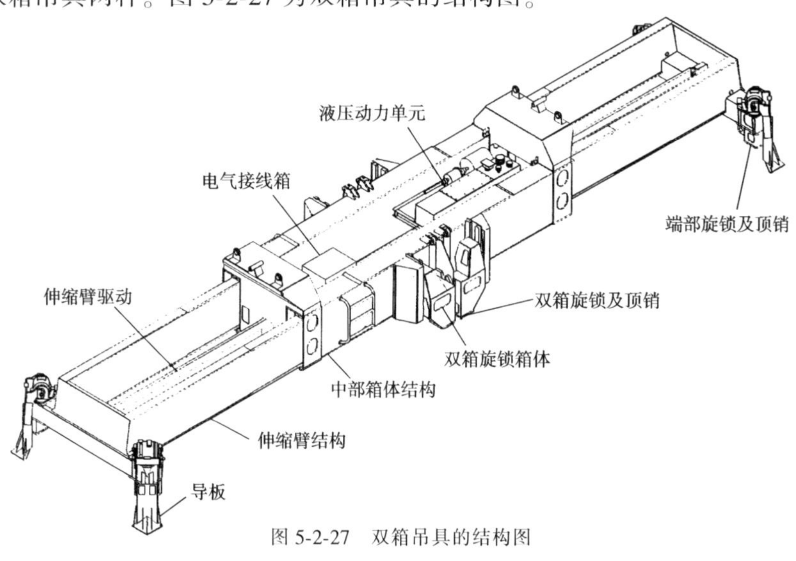


图 5-2-27　双箱吊具的结构图

2. 集装箱吊具的组成

1)钢结构

集装箱吊具的钢结构是集装箱吊具的承载构件,它呈全封闭式,由主梁和伸缩梁两部分组成。伸缩梁结构被嵌套在主梁的两根“III”形梁中。在伸缩驱动力的作用下,它可以在“III”形梁中滑动。

2)旋锁机构

集装箱吊具的旋锁机构采用悬挂方式支承，通过旋锁螺母支承在推力关节轴承上。

推力关节轴承上半部球形支承面作用的凹球面上，允许在较大范围内摆动,从而使集装箱吊具旋锁在空间实现了全方位的“浮动”。这样,集装箱吊具旋锁在吊集装箱时仅承受纯拉力，而且使旋锁更容易插入集装箱上的角配件孔中。

3)伸缩机构

集装箱吊具伸缩动作依靠油马达驱动链轮链条或伸缩油缸实现伸缩动作。当伸缩梁在伸缩运动过程中碰到位置限位开关时,切断伸(缩)电磁阀电源,使油马达或伸缩油缸停止动作。

4)导板机构

导板分别安装在集装箱吊具的 4 个角上，帮助司机快速将旋锁插入集装箱的角配件孔中,以提高装卸效率。导板分为固定式和活动式两种,岸桥上集装箱吊具采用活动式导板、轮胎式或轨道式场桥的集装箱吊具大多采用固定式导板。

5)伸缩定位装置

集装箱吊具的定位装置分为伸缩定位、着箱定位、旋锁定位装置 3 种类型。

(1)伸缩定位装置。按照作业需要,当集装箱吊具伸(缩)到要求的尺寸,即 20ft、40ft 集装箱以及双箱的位置时,停止伸缩梁的动作。

(2)着箱定位装置。用来检测集装箱吊具是否可靠地放在地面、拖板车或船上,以便进入旋锁的操作。

(3)旋锁定位装置。检测集装箱吊具的旋锁是否到达全开/全闭锁的位置。

3. 双 20ft 集装箱吊具的特点

随着双 20ft 岸桥、轮胎式场桥、轨道式场桥的广泛使用,双 20ft 集装箱吊具作为双 20ft 装卸工艺的重要标志发挥着越来越重要的作用，与传统的集装箱单箱吊具相比较，双 20ft 集装箱吊具在结构上和控制系统方

面大大超越了单箱吊具,在局部上形成了独立的系统,成为岸桥、轮胎式场桥、轨道式场桥的重要组成部分。

1)具有独特的中锁机构

中锁机构是伸缩式双箱集装箱吊具特有的机构,由中部锁箱、中锁移动装置、中部旋锁组成。双箱集装箱吊具在装卸单箱时,与单箱集装箱吊具并无区别。当进行双箱作业时,中部锁箱落下,与两端的旋锁构成两套旋锁装置,可以完成对两个集装箱的装卸作业。中锁机构的移动装置可以实现两个20ft集装箱在堆场、集卡、集装箱船舶上不同间距的摆放。

2)具有独立的控制系统

双20ft集装箱吊具比单箱集装箱吊具复杂得多,需要处理用于判断集装箱吊具状态的各种信号,包括集装箱吊具尺寸、位置、条件等,靠传统的集装箱吊具结构无法满足信号处理的需要,必须通过集装箱吊具独立控制系统进行处理。双20ft集装箱吊具的控制系统与岸桥、轮胎式场桥、轨道式场桥各机构的驱动系统配置模式基本一致,由CPU、电源、I/O模块、通信模块、检测单元等组成。集装箱吊具动作的控制程序储存在CPU中,通过对各种检测信号的处理,判断集装箱吊具状态,并根据司机的意图发出吊具动作指令,同时将结果信号反馈给岸桥、轮胎式场桥、轨道式场桥的控制系统。

3)具有中锁伸缩的结构

双20ft集装箱吊具分为可移动式和固定式两种。可移动式双20ft集装箱吊具,起吊两个20ft集装箱作业过程中,集装箱吊具根据需要能够调整两个20ft集装箱之间的距离,因此双20ft集装箱吊具应具有两套伸缩机构或实现中锁伸缩的结构。

4)具有大量的检测开关

双20ft集装箱吊具用于控制系统的检测开关很多,归纳起来有3类:

(1)位置开关,主要包括20ft、40ft、45ft、中锁位置等。

(2)旋锁状态开关,主要包括顶销、开闭锁等。

(3)安全开关,主要包括双箱检测电子眼等。

4. 双40ft集装箱吊具上架

双40ft集装箱吊具上架是实现双40ft集装箱装卸作业的重要组成装置,见图5-2-28。传统集装箱吊具上架仅是集装箱吊具与集装箱装卸设备的连接装置,提供集装箱吊具各种动作的动力,并实现集装箱吊具电控系统与集装箱装卸设备电控系统之间的控制信号传递,反映集装箱吊具的状态，实现司机对集装箱吊具的操作，在结构上较为简单。随着集装箱码头对集装箱装卸效率的追求以及双20ft集装箱吊具在20ft集装箱作业比例较大的集装箱码头广泛应用，借鉴这种思路，40ft集装箱作业比例较大的集装箱码头，积极寻求双40ft集装箱作业方式，经过不断地研究、试验与应用，对集装箱吊架进行开发，是实现了双40ft集装箱作业最可行的解决方案。

图5-2-28　双40ft集装箱吊架

1）双40ft集装箱吊具上架组成

相对于传统集装箱吊具上架，双40ft集装箱吊具上架具有更加复杂的结构，主要包括：海侧吊具上架、陆侧吊具上架、吊具上架连接臂、伸缩油缸、摆动油缸、水平倾转油缸、液压动力单元、控制系统等，见图5-2-29。

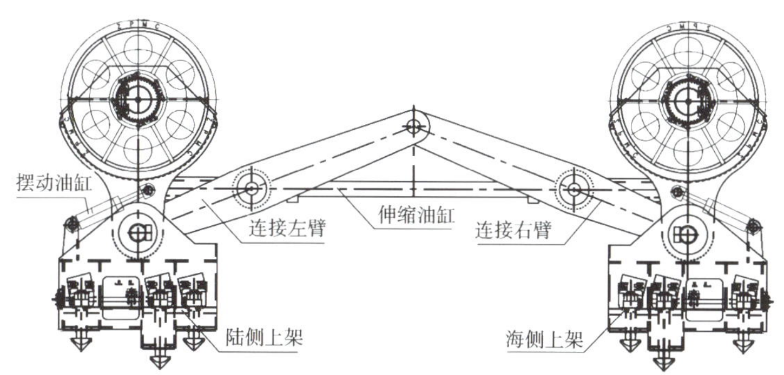


图5-2-29　双40ft集装箱吊具上架机构示意图

2）双40ft集装箱吊具上架的动作

两个集装箱吊具上架作为双40ft集装箱吊具上架基本结构，通过连接左臂、连接右臂和伸缩油缸把呈A字型的结构连接在一起，中间的伸缩

油缸，实现两个吊具上架的分开与合并。吊具上架的摆动油缸可以实现两个吊具上架分别绕轴线摆动。水平油缸实现了两个吊具上架在水平面内位置错动。

3)双 40ft 集装箱吊具上架的使用

双 40ft 集装箱吊具上架的分合、摆动和错动 3 个动作，综合考虑了集装箱装卸过程中可能遇到的情况，为其顺利投入使用奠定了良好的基础。在实际使用过程中，双 40ft 集装箱吊具上架分开可以连接两个吊具，同时装卸两个 40ft 集装箱。如果连接的吊具是双 20ft 吊具，可同时装卸 4 个 20ft 集装箱，但对箱操作比较困难。两个吊具可以同时使用，如果一个出现故障或不具备双 40ft 集装箱作业条件，也可以单独使用一个吊具。在双 40ft 集装箱吊具上架合并起来时，恢复到传统集装箱吊具状态，只能连接一个吊具，进行集装箱装卸。

4)三 40ft 集装箱吊具上架

三 40ft 集装箱吊具上架是在双 40ft 集装箱吊具上架的基础上发展起来的，目前已开发、制造完成并投入试用，见图 5-2-30。

图 5-2-30　三 40ft 集装箱装卸

三 40ft 集装箱吊具上架的应用使岸桥能够同时装卸 3 个 40ft 集装箱，并具有同时装卸 6 个 20ft 集装箱的能力。

## 第三节　集装箱装卸工艺及技术要求

集装箱码头装卸工艺是建成高效、节能、环保、自动化的现代集装箱码头的关键，要采用系统工程的理念、方法，从现代集装箱码头实际运营的整体出发，设计集装箱码头装卸工艺。

## 一、集装箱码头典型作业工艺系统

集装箱码头作业工艺系统：码头前沿配备岸桥进行船舶装卸作业，码头后部堆场上使用的机械根据装卸工艺的不同，可采用轮胎式场桥或轨道式场桥、跨运车，配备正面吊、集装箱重箱叉车或集装箱空箱叉车等堆码设备。整条作业线除跨运车方式外，其他工艺依靠水平运输联系在一起，水平运输的设备为集卡。典型装卸工艺系统有以下几种：

1. 起重机→底盘车→堆场

岸桥将集装箱从船上吊下后，放置在底盘车上，由集装箱牵引车将装有集装箱的底盘车拖至堆场上，等待疏运，届时只要集装箱牵引车拉上底盘车就可运走。这种工艺系统运输环节少，堆场上不需要任何吊运机械，但占用的堆场面积大，同时要备有大量的底盘车，适用于集装箱周转快，集装箱货物在港区停留时间短的集装箱码头。

2. 起重机→集卡→叉车(或正面吊)→堆场

岸桥将集装箱从船上吊下后，放置在集卡上运到堆场，再由叉车或正面吊码垛。这种工艺系统投资小，易于实行，灵活性较好，但要求叉车(或正面吊)的作业通道较宽，需要15~20m，对货物的适应性较强，每个集装箱的单位占地面积大。

3. 起重机→跨运车→堆场

岸桥将集装箱从船上吊下后，放置在码头前沿，再用跨运车将集装箱搬运到堆场码垛，一般可堆放两层高，也有跨运车能堆码3层高。这种工艺系统的优点是灵活方便，能单独完成集装箱的搬运、码垛和拆垛作业。码头配备的机械种类少。存在的问题是堆垛集装箱层数较少、占地面积大，跨运车需吊着集装箱在码头上作长距离运行，容易造成机损，并且不便于装卸火车。

4. 起重机→集卡→轮胎式(轨道式)场桥→堆场

岸桥将集装箱吊下后，放置在集卡上运到堆场，轮胎式(轨道式)场桥在跨距内完成卸箱和码垛。这种工艺系统的优点是设备技术成熟、适应性强、作业高效。

上述各种不同的集装箱装卸工艺系统对应于不同时期或不同规模集装箱码头的集装箱装卸作业。在国际集装箱运输发展初期，尚未改造或建成专业化集装箱码头时，采用“起重机→底盘车→堆场”工艺系统，装卸的船舶载箱量为数百箱，此种工艺方式也适用于集装箱吞吐量较小的码头。“起重机→跨运车→堆场”、“起重机→集卡→叉车（或正面吊)→堆场”是

在专业化集装箱码头出现初期形成的装卸工艺系统，一般可以装卸第一、二代集装箱船舶，码头通过能力较小，“起重机→跨运车→堆场”目前在欧洲部分集装箱码头仍有使用。现代集装箱码头普遍采用“起重机→集卡→轮胎式（轨道式）场桥→堆场”工艺系统，此种工艺系统能够满足停靠第五、六代及以上的大型、超大型集装箱船舶的集装箱码头通过较大集装箱量的需要。

## 二、集装箱船舶装卸工艺

1. 装卸方式

集装箱船舶在集装箱码头的装卸作业方式可分为垂直作业方式和水平作业方式。

1）垂直作业方式

垂直作业方式是集装箱码头前沿采用集装箱装卸设备进行装卸，用岸边或船上的集装箱装卸设备从事集装箱装卸作业，见图5-3-1。垂直作业方式也称为“吊装作业方式”。码头上采用岸桥进行集装箱船舶装卸的垂直作业方式是当前装卸集装箱船舶用得最广泛的一种方式。

集装箱船舶 ⇄ 岸边或船上集装箱起重机 ⇄ 集卡

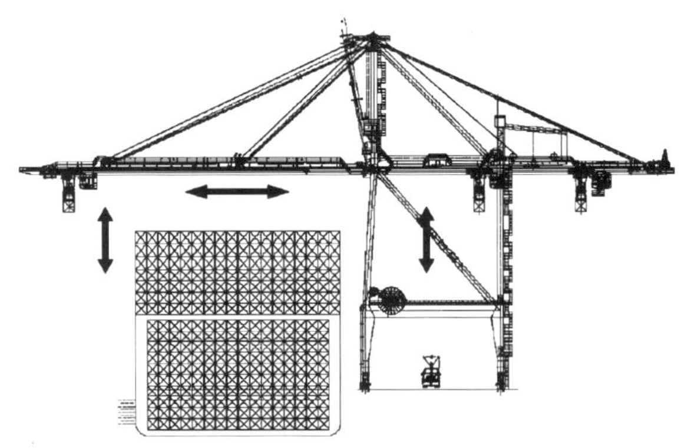

图5-3-1　垂直作业方式

2）水平作业方式

水平作业方式是指采用集卡（底盘车）或叉车等流动搬运设备，从事滚装船舶集装箱装卸作业，见图5-3-2。水平作业方式也称为“滚装作业方式”，此种方式在非集装箱专业码头仍有应用。

集装箱船舶 ⇄ 水平运输车辆

图 5-3-2　水平作业方式

2. 新型船舶装卸工艺

在码头前沿，传统的装卸工艺是采用单小车单吊具岸桥进行船舶装卸作业，每台岸桥的装卸效率平均大约为 30TEU/h，效率较低，但岸桥下车道安排简单，交通组织相对比较容易。现今，集装箱船舶向着大型化发展，船舶靠岸后，希望在最短的时间离港，各港口都在考虑采用新型设备、新装卸工艺以提高装卸船效率。提高集装箱船舶装卸效率可从两个途径考虑：一是尽可能多开作业线，即多配置岸桥；二是提高单台岸桥的装卸效率。由于受岸桥本身的宽度和作业范围的限制，同时作业一艘集装箱船舶的岸桥数量有限，如装卸载箱量 9 600TEU 的集装箱船舶，最多可同时配置 10 台岸桥作业。为了适应大型、超大型集装箱船舶的作业要求，荷兰阿姆斯特丹港建设挖入式港池，即港池形状呈 U 型，在港池两侧配置岸桥，对集装箱船舶两侧作业进行了尝试，如图 5-3-3 所示。

图 5-3-3　荷兰阿姆斯特丹港挖入式港池

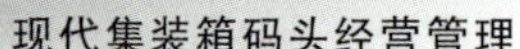


但由于船舶进入U型港池操作非常困难，这种尝试有局限性，未能得到推广。岸桥是与集装箱船舶直接相关的设备，其装卸效率的高低直接影响着整条作业线能力的发挥。因此，提高岸桥的作业效率引起大家更多的关注。一方面，通过增大各机构的技术参数，如起升速度、小车速度等，减少各环节的运行时间，缩短循环周期，从而达到提高效率的目的。另一方面，增加岸桥的起重量，使每一循环能够装卸两个或两个以上的集装箱，效率可以大幅度地提高。从实际运用来看，技术参数的提升可以提高装卸效率，但是司机操作的舒适性、作业的安全性以及各机构配备的合理性使得技术参数的提升有一定的限度。因此，增加岸桥一次装卸集装箱的数量成为关注的焦点。双20ft集装箱吊具的出现，使岸桥能够一次装卸两个20ft集装箱。具备装卸双40ft集装箱能力岸桥和具备两个起重小车的岸桥都已经投入使用，一次能够装卸3个40ft集装箱的集装箱岸桥及吊具已制造成功，投入试用。

1)双20ft岸桥工艺

该工艺方式中的岸桥起重量一般为吊具下65t及以上，较传统起重40.5t有了大幅度提升。另一个显著的不同是采用了双20ft吊具，双20ft吊具具有能够起吊20ft、40ft、45ft集装箱以及同时起吊双20ft集装箱的能力。双20ft集装箱岸桥工艺对水平运输的牵引车和挂车没有特殊的要求。作业时，双20ft岸桥可以将双20ft集装箱同时装船、卸船，使船舶装卸效率的明显提高。在20ft集装箱所占比例较大的集装箱码头，双20ft集装箱岸桥作业逐渐成为主要的工艺方式，见图5-3-4。

集装箱船舶 ⇄ 双20ft岸桥 ⇄ 集卡

图5-3-4　双20ft岸桥作业图

2)双 40ft 岸桥工艺

这种工艺方式是增加岸桥装卸能力的进一步发展，是针对 40ft 集装箱装卸效率提高而开发的新型船舶装卸工艺。这种工艺既可进行单 40ft 集装箱作业，又能够同时进行双 40ft 集装箱装卸(图 5-3-5)。在装卸双 40ft 集装箱时需要同时配备两部集卡，两部集卡按照双 40ft 作业要求并排停放，两部车之间的距离、夹角要在双 40ft 吊具上架的调整范围之内，方便吊具快速、准确地着箱。

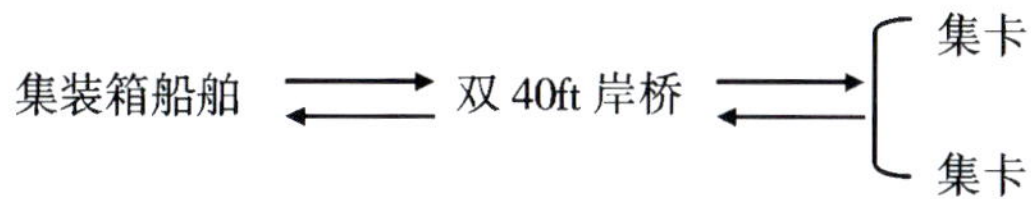

图 5-3-5　双 40ft 岸桥作业图

3)双小车岸桥工艺

该工艺方式中岸桥采用双小车形式(图 5-3-6)。岸桥的大型化使得起升高度达到 40m 以上，这样的高度进行岸桥与水平运输机械之间的集装箱转接难度比较大，不容易准确、快速着箱，此种工艺通过增设中转平台，将起升高度分为两个部分，两个小车各负责一部分，减小了着箱难度，提高了效率。同时，通过使用中转平台，集装箱定位准确度也能够有效的提高，为实现集装箱码头自动化奠定了基础。

集装箱船舶 ⇄ 双小车岸桥前小车 ⇄ 中转平台

水平运输机械 ⇄ 双小车岸桥后小车

上述码头前沿船舶装卸的各种新型岸桥和工艺，主要是对吊具和小车的数量、装卸方式进行了改造和创新。

图 5-3-6　双小车岸桥作业图

## 三、堆场作业工艺

1. 堆场作业工艺方式

集装箱堆场用来存放或保管集装箱船舶装卸的集装箱，堆场作业是按照装卸集装箱船舶编制的作业计划，对集装箱进行装卸，完成集装箱配置。集装箱码头堆场作业工艺应根据泊位的通过能力、集疏运方式、陆域面积，经过技术经济论证来确定，可选用的堆场装卸设备有轮胎式场桥、轨道式场桥、跨运车等。

长期以来，集装箱码头堆场上的集装箱装卸大多采用轮胎式场桥和轨道式场桥两种。近几年，起重量为 61t 可吊两个 20ft 集装箱的双 20ft 集装箱轮胎式场桥和双 20ft 集装箱轨道式场桥也相继投入使用。

1)轮胎式场桥工艺

该工艺方式中堆场上采用轮胎式场桥作为集装箱装卸设备，完成集卡到堆场转接作业。轮胎式场桥可以跨越 6 列集装箱和一个集卡车道，堆放 3~5 层集装箱，机动灵活，调度方便，能较好的与码头前沿岸桥等装卸设备匹配作业(图 5-3-7)，达到较高的装卸作业效率，目前大多数集装箱码头都采用此装卸工艺。该工艺也存在一些不足之处，轮胎式场桥由于采用内燃机驱动，能耗大、维护运行成本日益增高，同时排放的废气对环境产生一定的污染与影响。

堆场 ⇄ 轮胎式场桥 ⇄ 集卡

2)轨道式场桥工艺

该工艺方式中堆场上采用轨道式场桥作为集装箱装卸设备，完成集

图 5-3-7　轮胎式场桥作业示意图

装箱牵引车到堆场转接作业(图 5-3-8)。轨道式场桥采用电力驱动，可以堆放 4~5 层集装箱，轨道跨距可达 40m 以上，具有节能、环保，堆场利用率高，设备完好率高，操作简单，直接装卸成本低等优点。同时轨道式场桥通过安装定位装置可以精确地进行位置控制，易于实现自动化操作。但由于其必须在轨道上行走，作业范围受局限，机动性和灵活性差，转场不方便，设备总投资较高。

堆场 ⇄ 轨道式场桥 ⇄ 集卡

图 5-3-8　轨道式场桥作业示意图

3)跨运车工艺

该工艺方式中跨运车既是水平运输机械,又是堆场装卸机械。跨运车机动灵活,可以完成多项作业(图 5-3-9),减少机械配备,便于现场生产组织和管理;堆码高度为 2~3 个集装箱,减少翻箱倒箱作业量。但是由于现代集装箱码头配备的岸桥高效,甚至采用双 20ft、双 40ft、双小车岸桥,而且数量多,装卸能力大幅度增加,需要大量的跨运车与之配套,初期投资增加大;集装箱船舶大型化,码头一次装卸达数千集装箱,要求堆场有足够的面积,场地利用率低,对集装箱码头的堆场面积或集疏运效率要求较高。

图 5-3-9　跨运车作业示意图

堆场 ⇄ 跨运车

2. 新型堆场作业工艺

1)双 20ft 堆场作业工艺

为了缩短集装箱船舶在港停泊时间,提高码头前沿装卸效率,在 20ft 集装箱装卸量比例比较大的集装箱码头,岸桥采用了双 20ft 吊具的新技术,一个循环岸桥可以装卸两个 20ft 集装箱。与之相适应,堆场上的设备也需要具备同时装卸两个 20ft 集装箱的能力,在工艺上前后呼应,达到匹配。双 20ft 的轮胎式场桥(图 5-3-10)、轨道式场桥(图 5-3-11)工艺在堆场上一方面可以提高卸船的效率;另一方面也为双 20ft 集装箱装卸进行准备。

堆场 ⇄ 双 20ft 轮胎式(轨道式)场桥 ⇄ 集卡

2)自动化无人堆场

中国首个集装箱自动化堆场——上海港外高桥集装箱码头全自动化无人堆场(图 5-3-12 和图 5-3-13)是由上海振华港机与上海国际港务集团公司合作设计制造,于 2005 年底投入运营,年设计通过能力可达 54 万 TEU。

(1)自动化堆场主要特点

①集卡不进入堆箱区而在堆箱区两端固定点装卸,堆区集装箱排列方向和集卡方向一致。

图 5-3-10　双 20ft 轮胎式场桥作业示意图

图 5-3-11　双 20ft 轨道式场桥作业示意图

②装卸集卡与堆存箱分别由高型轨道式场桥(DRMG)和矮型轨道式场桥(CRMG)(图 5-3-14)通过地面固定台座进行中转接力完成。

③创新设计的双小车高型轨道式场桥配上两个独立吊具可以最多一次同时起吊两个 40ft/45ft 集装箱或 4 个 20ft 集装箱，使高型轨道式场桥的效率发挥到最佳。若一台小车出现故障另一台小车仍可保证该堆箱区照常作业,见图 5-3-15。

④地面固定式集装箱平台(图 5-3-16),其导板结构不但保证集装箱快速落位,而且保证多箱排放整齐规范。该平台将集装箱位置规范化,从而保证高型轨道式场桥在堆场内的全自动化作业。

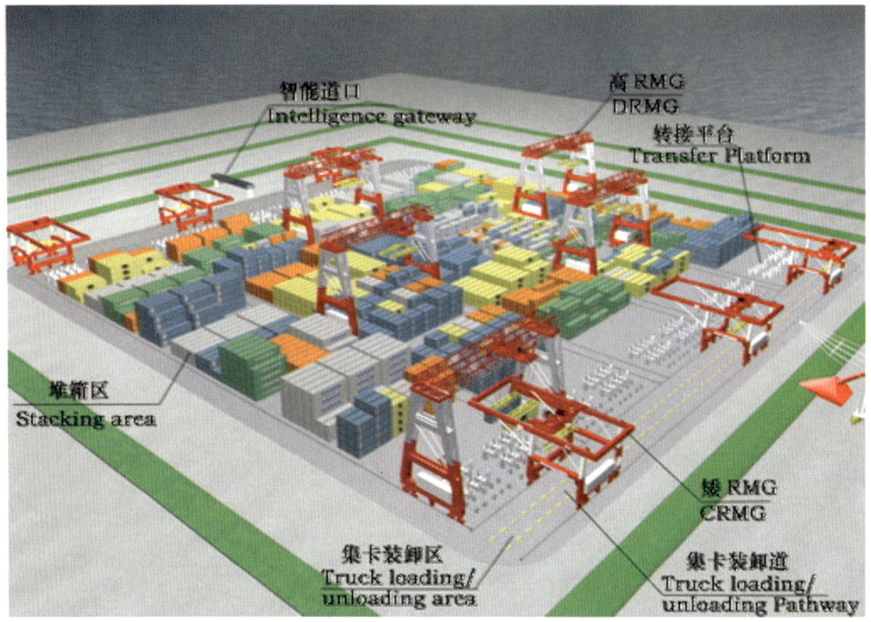


图 5-3-12 上海港外高桥集装箱码头全自动化无人堆场示意图

图 5-3-13 上海港外高桥集装箱码头全自动化无人堆场实景

(2)自动化堆场的几项新技术

①吊具防摇和自动纠偏

吊具悬挂采用了 8 绳防摇系统和吊具自动纠偏装置，能执行吊具自动准确对箱和吊具带箱自动对车的任务，见图 5-3-17。

图 5-3-14 高、低型轨道式场桥

图 5-3-15 双小车及两个独立吊具

图 5-3-16 地面固定式集装箱平台

②保证堆码整齐的吊具长导板装置

特殊设计的吊具长导板装置可保证吊具带箱、着箱时既快又准，见图 5-3-18。

图 5-3-17　吊具 8 绳防摇系统

图 5-3-18　吊具长导板

③声光电集合的集卡定位系统

采用了图像和激光测量相结合的集卡定位系统。司机通过高清晰度的户外大屏幕确认集卡的位置,从而进行定位。

④机电相结合的大车小车定位技术

除了采用目前世界上自动化码头轨道式场桥的电控定位技术以外,还冗余设计了有两个自由度大车减速箱的大车行走微动装置，通过伺服电机可对大车运行误差进行补偿,使车轮达到毫米级的准确定位。

⑤安全保护和监测系统

配有多层的安全保护、故障检测和显示装置等一系列高度可靠的保护和监测系统,确保集装箱无人堆场高度可靠地工作。

⑥堆场智能控制系统

闸口和高型轨道式场桥能自动识别集卡和集装箱，堆场进出箱装卸全部实现全自动化的智能控制。

上海港外高桥集装箱码头全自动化空箱堆场吸取了世界现有各集装

箱自动化堆场的优点，采用最新技术成果，删繁就简，实现高效率、高技术、高可靠、低成本，是机电结合的典范。

## 四、水平运输作业工艺

目前，国内外集装箱码头根据自身情况，选择的在码头前沿与后方堆场间的集装箱水平运输装卸工艺多种多样。总体来说，主要有集卡、跨运车、底盘车等几种方式。

1. 集装箱拖挂车方式

集装箱船舶 ⇄ 岸桥 ⇄ 集卡 ⇄ 堆场

该工艺方式是由集装箱牵引车和集装箱拖挂车完成集装箱在岸边和堆场之间的水平运输。集装箱牵引车和集装箱挂车具有机动车辆在作业过程中调配灵活的行驶特点。一般集装箱牵引车和拖挂车有固定停放区域，不占用堆场，管理方便。集装箱牵引车和挂车购置费用相对较低，市场供应充足，易于通过增加数量来满足集装箱水平运输的需求，这种方式广泛地用于国内外各集装箱码头。但由于集装箱牵引车以燃油作为动力，随着油价的上下波动，运行成本将会影响，对环境有一定的污染。

2. 跨运车方式

集装箱船舶 ⇄ 岸桥 ⇄ 跨运车 ⇄ 堆场

该工艺方式由于跨运车可以将集装箱堆放 3 层高，故较底盘车方式可节省部分场地。采用跨运车既可装卸又可作短距离运输，节省了集卡运输作业环节，调配灵活、管理也较方便。但跨运车本身价格昂贵，维修费用较大。

3. 底盘车方式

集装箱船舶 ⇄ 岸桥 ⇄ 底盘车 ⇄ 牵引车拖运 ⇄ 堆场

该工艺方式的特点是码头上除岸桥外，只使用结构简单的底盘车，因此故障率低，管理方便，调配灵活。但由于底盘车不能叠放，虽提取方便，但堆场面积要求很大。目前采用这种装卸工艺方式的码头越来越少，除了欧洲少数港口外，其他港口一般都不使用。

## 五、集装箱码头自动化装卸工艺方案

随着集装箱码头的不断发展，集装箱吞吐量增长迅猛，对装卸工艺高速化和自动化程度的要求越来越高。因此，在集装箱码头装卸工艺

以及码头布置方面目前正处于不断地创新和发展之中，目的是为了提高船舶装卸作业效率。集装箱专业化装卸设备的技术进步与发展，计算机、信息技术的成熟与广泛使用，为集装箱码头自动化运转提供了硬件条件；集装箱码头生产组织、作业流程的规范化，使集装箱码头自动化运转具备软件基础。荷兰鹿特丹港 ECT 码头（Europe Container Terminals）是世界上第一个自动化集装箱码头（图 5-3-19 和图 5-3-20）。1987 年提出设想，1993 年完成一期工程，1997 年和 2000 年分别完成后续二期和三期工程。

图 5-3-19　荷兰鹿特丹港 ECT 码头

图 5-3-20　荷兰鹿特丹港 ECT 码头堆场

德国汉堡港 CTA 码头（Container Terminal of Altenwerder），是当前世界上最先进的自动化集装箱码头（图 5-3-21~图 5-3-23），其一期和二期工程分别于 2002 年和 2005 年完成。

此外，荷兰鹿特丹港的 Euromax 自动化集装箱码头也将于 2007 年底建成。

1. 自动化码头装卸系统的组成

自动化码头的装卸系统主要由岸桥、自动导向车（AGV）、轨道式场桥 3 类主要设备组成。

图 5-3-21　德国汉堡港 CTA 集装箱码头前沿

图 5-3-22　德国汉堡港 CTA 集装箱码头堆场

图 5-3-23　德国汉堡港 CTA 集装箱码头的自动导向车

作业流程为：

集装箱船舶 ⇄ 岸桥 ⇄ AGV ⇄ 轨道式场桥

岸桥采用的是双小车形式，一方面可以提高装卸效率；另一方面，可以方便与AGV的集装箱自动转接。系统采用的AGV与轨道式场桥都是易于实现自动化操作的设备，通过安装定位装置，可以将AGV、轨道式场桥精确定位在需要装卸的集装箱位置上，保证集装箱装卸的准确率。

2. 自动化码头的平面布置

自动化码头的平面布置根据自动化装卸工艺的特点来考虑，从ECT和CTA码头的示意图(图5-3-24和图5-3-25)中可以看出，集装箱堆场垂直于码头前沿线，属于垂直式的平面布置。自动化码头的水平运输靠AGV来完成，AGV根据作业信息，按照预先设定的路径，沿着定位装置运行。因此，对于自动化码头来说，合理规划AGV的运行路线，不但可以提高作业效率，而且可以减少码头定位装置的数量，降低码头建设的投资。自动化码头的堆场采用轨道式场桥，由于受到轨道的限制，轨道式场桥作业区域相对固定，大车行走范围不宜过大，否则会影响作业效率。自动化码头的垂直式布置一方面可以大大地缩短AGV的运行路程，使AGV以最短的路线进出堆场；另一方面可以减小轨道式场桥的作业覆盖面积，优化配置。

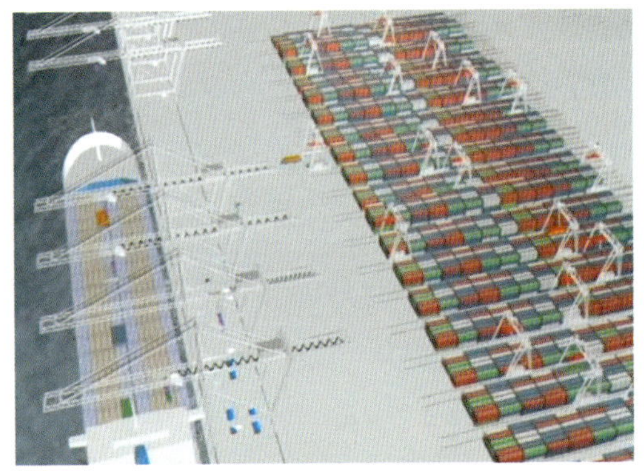

图5-3-24 荷兰鹿特丹港ECT自动化码头平面布置示意图

图5-3-25 德国汉堡港CTA自动化码头平面布置示意图

## 六、集装箱装卸工艺发展的探索

从以上介绍的各种装卸工艺可以看出，每种工艺在提高船舶装卸效率的同时，也都存在一些不足之处。为了充分发挥上述装卸工艺的优势，国内外各港口及其集装箱码头和相关企业都在研究新的装卸工艺，希望探讨从集装箱码头整体出发提高作业效率的方法并提出了一些初步的构想，形成了一些概念化的设计方案。从国际集装箱码头自动化的发展进程来看，集装箱码头自动化尚处于初级阶段，现有的自动化码头技术上实现了无人自动化操作，其投资大，生产率未能达到人工操作的现实水平，性价比尚不能够令码头投资者满意与接受。可是众多设备制造厂商和各集装箱码头从未放弃过对自动化码头的关注，探索投资少、效率高、性价比优的码头自动化运转技术，向着经济型自动化码头的方向发展。以下对上海振华港机和意大利 FATA 集团集装箱码头为代表的自动化集装箱码头方案进行介绍。

1. 上海振华港机的自动化集装箱码头方案

上海振华港机在经济型自动化码头方面有着自己的见解，从发展机电互补、取消水平运输这两个方面去考虑自动化应用。

上海振华港机自动化集装箱码头方案总结了目前世界上集装箱自动化码头的成功经验，取消了传统码头采用内燃机驱动的水平运输，将码头装卸完全置于轨道上用电驱动来实现，又由于前沿岸桥采用了双 40ft 岸桥，从而使码头整体装卸效率得到极大提高，见图 5-3-26。

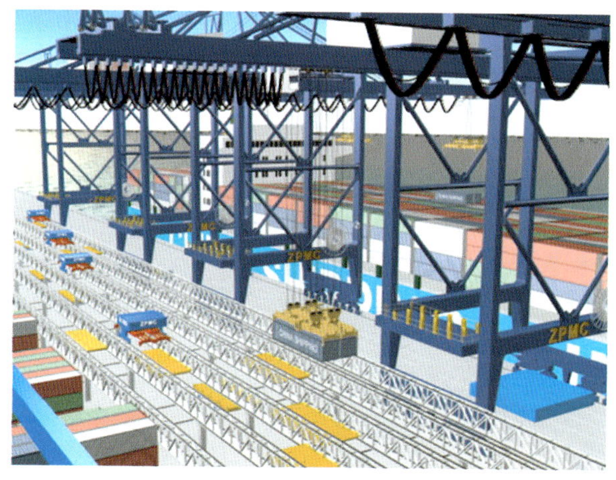


图 5-3-26　上海振华港机自动化集装箱码头方案示意图

1)自动化码头的组成

上海振华港机方案中自动化码头的组成主要包括:岸桥、低架桥、地面电动平板车、轨道式场桥。

(1)岸桥负责集装箱船舶的装卸。

(2)低架桥布置在岸桥后伸距下,由平行于岸桥大车轨道的若干条低架桥组成,低架桥长度和对应的装卸堆场相匹配,完成集装箱由岸桥到存储堆场之间的转运,主要包括起重小车、平板小车两个机构。

(3)地面电动平板车负责低架桥与集装箱堆场之间的水平运输。

(4)轨道式场桥负责完成集装箱堆场的各种业务操作。

2)自动化码头的运转

(1)集装箱船舶装卸的运转

岸桥的小车通过与低架桥的平板小车之间的集装箱转载完成对集装箱船舶的装卸,与传统岸桥小车和牵引车之间转载不同,传统工艺一般情况下,岸桥小车和牵引车之间的转载位于岸桥的轨距之内,而此方案中,岸桥的小车与低架桥平板小车之间的集装箱转载在岸桥的后伸距内完成。

(2)低架桥的运转

每条低架桥上一高一低成组布置有电动小车,高的为起重小车,低的为平板小车,它们在各自轨道上可以互不干涉的交叉运行。每台岸桥对应两组电动小车作业,一组负责左侧箱区的作业,一组负责右侧箱区的作业。平板小车将堆场来的集装箱运至对应的岸桥下,或将岸桥卸下的集装箱运至储存的堆场。起重小车完成平板小车与地面电动平板车之间集装箱转载,图 5-3-27 为低架桥及运行小车示意图。

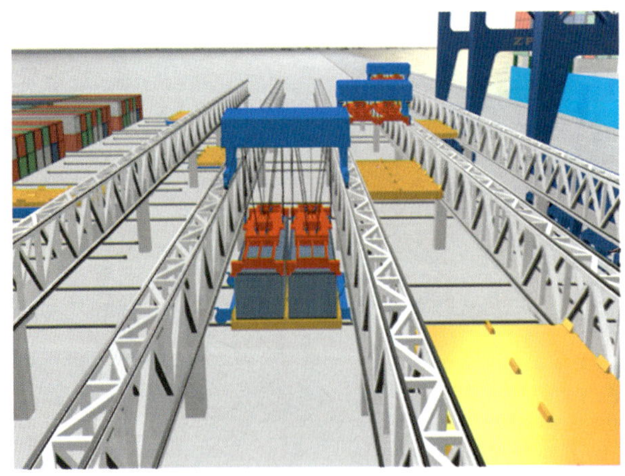

图 5-3-27 低架桥及运行小车示意图

(3)水平运输的运转

低架桥下对应每垛堆箱区布置有地面电动平板车，该平板车轨道垂直于低架桥并延伸至堆箱区的海侧端部装卸区，地面电动平板车完成集装箱在堆场与低架桥之间的水平运输。

(4)堆场的运转

堆场采用轨道式场桥，其轨道垂直于岸桥的大车轨道，海侧端部为地面平板车的装卸区，用于前方集装箱的转接；后方陆侧端部为集卡的装卸区，用于后方集装箱的中转。

3)上海振华港机自动化码头的特点

(1)每个泊位上每条低架桥为一个装卸线，每个岸桥对应一条装卸线。

(2)码头前沿水平运输采用低架桥结合电动小车形式，不但节能、环保，而且极易实现全自动化操作。

(3)该装卸工艺取消了内燃机驱动的水平运输和昂贵的导航系统。

(4)为实现自动化，采用机电优势互补的手段而不是单纯依靠电气手段。

(5)将集装箱装卸完全置于轨道上用电驱动来实现，和传统装卸工艺相比可以提高装卸效率和堆场存量，营运费用也能进一步降低。

2. 意大利 FATA 集团(简称 FATA)集装箱码头工艺方案

FATA 装卸工艺取消了地面水平运输车辆，采用自动化立体仓库结构，堆码层数多，可有效利用空间节省占地面积；直接处理集装箱，没有翻箱、倒箱操作，大大提高了装卸效率，集装箱安全性也显著提高。

1)自动化码头的组成

FATA 方案中自动化码头的组成主要包括：岸桥、高架桥、立体仓库，见图 5-3-28。

图 5-3-28　FATA 自动化码头方案示意图

(1)岸桥负责集装箱船舶的装卸。

(2)高架桥布置在岸边集装箱起重机后伸距下,平行于岸桥大车轨道,高架桥长度和对应的立体仓库相匹配,完成集装箱由岸桥到立体仓库之间的转运,高架桥系统由多组起重及水平运输小车构成。

(3)立体仓库内主要由梭车、提升机、集装箱位架组成,梭车实现集装箱的存取,仓库内横向、纵向的移动由提升机完成。

2)自动化码头的运转

(1)集装箱船舶装卸的运转

岸桥的小车通过与高架桥的起重小车之间的集装箱转载完成对集装箱船舶的装卸,岸桥的小车与高架桥平板小车之间的集装箱转载在岸桥的后伸距内完成。

(2)高架桥的运转

一台起重小车、一台水平运输小车与一台岸桥组成一条作业线,岸桥运行小车将集装箱放到架桥上,起重小车再将集装箱卸到水平运输小车上,见图 5-3-29,小车将集装箱旋转 90°后送进仓库或水平运输小车,将立体仓库来的集装箱运至起重小车下,在起重小车上将集装箱装载给岸桥。

图 5-3-29 高架桥的水平运输小车示意图

(3)立体仓库的运转

梭车完成与高架桥水平运输小车之间集装箱的转接。仓库内横向、纵向的移动由提升机完成,提升机上有可以沿垂直于提升机运行方向的梭车,当提升机停靠在存或取箱的位置上,梭车进入到集装箱存放架中,放置或取出集装箱,回到提升机上,见图 5-3-30。

3) FATA 自动化码头的特点

(1)将自动化立体仓库的概念引入集装箱码头装卸生产中,变集装箱集中堆存为单独存放,减少了翻箱倒箱作业,提高了集装箱识别的准确性。

(2)取消了水平运输环节,通过岸桥后部设置的架桥将堆场与码头前沿连接在一起，方便集装箱出入库。

图 5-3-30　立体仓库的运转示意图

(3)该工艺的前期投入比较大，而且由于堆高8层，对地面荷载、质量要求高。

(4)此装卸工艺更适合靠近岸桥的堆场区域，对于纵深长的后方堆场，如果采用此工艺方式，则难以体现其优势，效率反而会降低。

3. 集装箱码头自动化装卸工艺的设想

从目前运行的自动化集装箱码头，如荷兰鹿特丹 ECT 码头、德国汉堡 CTA 码头，其自动化是在传统集装箱装卸工艺的基础上，通过在堆场、水平运输集装箱装卸过程中采用了自动化控制技术，实现了堆场、水平运输的无人操作，ZPMC 和 FATA 的自动化集装箱码头方案，基本出发点是对传统集装箱装卸工艺进行改造。

传统集装箱装卸工艺可以描述为：V—H—V—H—V—H—V，V 代表集装箱垂直装卸过程，H 代表集装箱水平运输过程。岸桥小车在集装箱船舶与岸桥之间垂直运行(V)—岸桥小车水平运行(H)—岸桥小车在集卡与岸桥之间垂直运行(V)—集卡在码头前沿与堆场之间水平运行(H)—集装箱堆场装卸设备小车在集卡与集装箱堆场装卸设备之间垂直运行 (V)—集装箱堆场装卸设备小车水平运行 (H)—集装箱堆场装卸设备小车在集装箱堆场装卸设备与箱位之间垂直运行(V)，比较形象地勾画出传统集装箱装卸工艺的基本方式。而上海振华港机和意大利 FATA 的自动化集装箱码头方案是对 V—H—V—H—V—H—V 进行了优化重组，取消了水平运输环节，通过架桥结构，实现了码头前沿与堆场的结合，借鉴连续装卸系统的特点，从作业环节整体上进行考虑，系统设计集装箱码头装卸工艺，通过对流程的整合、再造，建立新的工艺系统，达到有效提高集装箱码头装卸效率的目的。

综上所述，新的集装箱装卸工艺方案的探索是基于对现有集装箱装

卸工艺进行的深入研究，但应该清醒地看到上述构想在现阶段还有若干经济上和技术上的关键问题没有解决。随着科学技术的进步，港口、航运市场的发展，以上这些新的集装箱工艺方案构想一定会不断完善，高效率的自动化码头将是集装箱码头的发展方向。

## 第四节 集装箱码头装卸工艺设计

集装箱装卸工艺是集装箱码头的生产方法，对集装箱码头装卸工艺的设计就是要科学、合理地制定集装箱装卸生产方法，使船舶装卸、堆场存取、水平运输等集装箱作业流程中生产各环节相互协调，达到安全、优质、高效、经济、节能、环保等的目的，实现整个集装箱码头装卸系统效率、效益、效能达到最优。

### 一、集装箱码头装卸工艺设计的影响因素

集装箱码头装卸工艺设计是集装箱码头规划建设中的主要决策内容之一，在设计装卸工艺方案时，除了集装箱码头总体建设规划布局外，需要考虑以下几个方面的具体因素：

1. 集装箱码头的设计通过能力

集装箱码头的设计通过能力是指一年之中，经由集装箱码头进行装卸的集装箱总量。它是确定集装箱码头规模的决定性指标，对于集装箱码头的规划建设具有重要的意义。它直接关系到集装箱装卸设备应具备的生产能力，从而影响到所配置集装箱装卸设备的类型和数量以及相应基础设施的投资，是集装箱码头装卸工艺规划的基础性数据。集装箱码头设计通过吞吐量大，应配置生产能力较高的集装箱装卸设备，以获得较高的码头通过能力。

2. 集装箱码头的泊位数

集装箱码头的泊位数是指可同时停靠在集装箱码头进行装卸作业的集装箱船舶数量。泊位数关系到集装箱船舶装卸设备的配置数量，集装箱码头泊位数必须保证集装箱码头有足够的通过能力，高效率地完成预计的吞吐量。

3. 集装箱船舶的类型

集装箱船舶的类型既决定了泊位长度，又关系到集装箱船舶装卸设备的外形尺寸和生产能力。集装箱船舶的甲板堆载高度决定集装箱船舶装卸设备的起升高度，集装箱船舶舱口的数量影响集装箱船舶装卸设备的数量，舱口尺寸影响作业方式和装卸效率。

4. 集装箱堆场的面积和集装箱堆码层数

集装箱堆场的面积和堆码层数决定了集装箱堆场的容量，同时影响

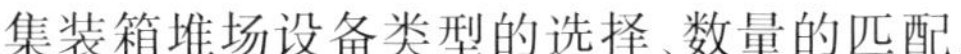
集装箱堆场设备类型的选择、数量的匹配。

5. 集装箱码头集疏运条件及组织

集装箱码头集疏运条件及组织是影响工艺方案的重要因素之一，集装箱码头的效率和工艺布置不仅着眼于单个集装箱作业环节，更要考虑集装箱码头整体的生产流程，而集疏运条件与组织发挥着联系集装箱码头内外及作业各环节的重要作用，配置并组织合理的设备数量可以满足集装箱码头作业的需要。

6. 集装箱码头装卸过程的节能与环保

节能与环保是实现集装箱码头可持续发展的重要途径，在装卸设备的选型、技术要求以及工艺方案的制定、优化等，需要将节能、环保与集装箱码头投资、建设以及效率的提高作综合考虑。

7. 集装箱装卸自动化作业的要求

集装箱装卸作业的自动化具有技术含量高、准确、无人操作等优点，适用于人工成本高的大型集装箱码头。由于其装卸设备、工艺组织、码头业务流程与传统的集装箱码头有很大的不同，在工艺设计上需采用全新的理念。

## 二、集装箱码头主要作业流程的装卸工艺设计

集装箱码头主要作业流程包括集装箱船舶装卸、堆场作业以及水平运输3个环节。

1. 集装箱船舶装卸的工艺设计

集装箱船舶装卸的工艺设计是对装卸集装箱船舶的岸桥技术性能以及配置的数量进行规划和设计。

1)岸桥技术性能的选择因素

(1)岸桥的起重量应能吊起到港最大重量集装箱或到港集装箱船舶最重的舱盖板。

(2)岸桥最大的外伸距应保证最大设计的集装箱船舶在横倾3°时装卸船舶甲板以上顶层最外侧的集装箱。

(3)岸桥的内伸距应根据工艺布置要求确定，并应能吊放集装箱船舶最大尺寸舱盖板。

(4)岸桥的起升高度应满足到港最大集装箱船舶空载设计高水位和满载低水位时全部集装箱的装卸作业。

2)岸桥数量的配备

集装箱码头是指海港和河口港的专业化集装箱码头，其泊位年通过

能力一般在15万TEU以上。集装箱码头装卸船作业应配备岸桥，岸桥的技术参数、配置的数量应满足集装箱船舶及不同规格集装箱作业的要求，并留有一定的发展余地。1台岸桥形成1条作业线，其选型和配置数量至关重要。集装箱码头岸桥配备数量参见表5-4-1。

集装箱码头集装箱岸桥配备数量　　表5-4-1

| 集装箱船舶吨级DWT(t) | 集装箱船舶载箱数(TEU) | 集装箱岸桥配备台数 |
|---|---|---|
| 4 000~15 000(1 000~17 500) | 201~900 | 1~2 |
| 15 000~30 000(17 501~32 500) | 901~1 800 | 2~3 |
| 30 000~40 000(32 501~45 000) | 1 801~3 000 | 2~3 |
| 40 000~50 000(45 001~65 000) | 3 001~4 800 | 4 |
| >50 000(≥65 000) | ≥4 801 | 4~5 |

集装箱码头的岸桥配备数量为设计各泊位配置岸桥数量的总和。如果一座年吞吐量为170万TEU的集装箱码头，可以考虑集装箱船舶基本停靠方案为4个泊位，分别为20 000DWT、30 000DWT、30 000DWT和50 000DWT的船舶，并且预期兼顾能够满足70 000DWT、100 000DWT集装箱船舶的接卸要求，码头装箱岸桥配置的基本数量参见表5-4-2。

岸桥与船舶配比表　　表5-4-2

| 集装箱船舶吨级DWT(t) | 集装箱岸桥配备台数 |
|---|---|
| 20 000 | 2 |
| 30 000 | 2 |
| 30 000 | 3 |
| 50 000 | 4 |
| 合计 | 11 |

即11台岸桥能够满足此集装箱码头各种设计方案中集装箱船舶的装卸要求。

2. 堆场作业的工艺设计

堆场作业的工艺设计是根据集装箱堆场的容量、布置形式确定采用的设备类型、技术性能以及配置的数量。集装箱码头规模大小直接影响集装箱堆场作业工艺的设计。一般来说，集装箱码头泊位年通过能力在15万TEU以上的，其堆场作业工艺宜采用以轮胎式场桥、轨道式场桥或跨运车为装卸设备的工艺方式；泊位年通过能力在15万TEU以下的，其堆场作业工艺可选择采用正面吊为装卸设备的工艺方式。在轮胎式场桥与轨道式场桥的选择上，轨道式场桥比轮胎式场桥具有堆场利用率高、控制范围大、运营成本低、节能、环保，便于实现自动化的特点，且符合2006年《中国节

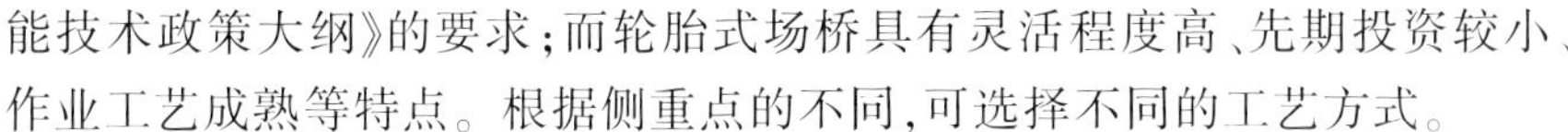



能技术政策大纲》的要求；而轮胎式场桥具有灵活程度高、先期投资较小、作业工艺成熟等特点。根据侧重点的不同，可选择不同的工艺方式。

在配置的数量上，基本原则是在船舶装卸过程中，以岸桥为中心，力争使岸桥作业为零等待，保证装卸船舶效率最高。考虑到装船的集装箱来自不同的场地、卸船的集装箱放置在不同的场地以及倒运等陆运作业，堆场设备数量要有一定的冗余。

3. 水平运输的工艺设计

水平运输的工艺设计是为了满足船舶装卸与堆场作业之间稳定连续运行的要求。合理配置水平运输设备数量，既要满足集装箱船舶装卸的需要，又要兼顾倒运等陆运作业。集装箱码头的水平运输过程中潜在最大的不确定因素，比如运输距离、交通状况、作业等待等，在配置数量上也要有足够的冗余。

## 三、集装箱码头主要作业流程装卸工艺的效率匹配

集装箱码头主要作业流程装卸工艺的效率匹配是从整个集装箱码头运营的角度出发，合理配置各种集装箱装卸设备的数量，最大限度满足码头生产的需要，同时达到投资最优的目标。

根据经验，一般来说，集装箱装卸设备的基本匹配关系为：

(1)堆场采用轮胎式场桥

岸桥:轮胎式场桥:集卡=1:3:6

(2)堆场采用轨道式场桥

岸桥:轨道式场桥:集卡=1:2:6

随着集装箱装卸设备朝着高效化的趋势发展，集装箱装卸生产效率有了较大的提升；计算机、通信技术的普及与应用，使集装箱码头作业过程中信息传递迅速、便捷；由于集装箱码头采用专用集装箱码头业务操作管理系统，打破了装船、卸船、倒运、集港、提箱等单一传统作业循环，将上述各环节整合在一起，如集卡在一个循环内完成装船与卸船两个作业内容；集装箱堆场设备根据堆场实际情况，按照系统指挥完成倒运、集港、提箱等作业，实现集装箱设备在集装箱码头的统一调配，降低了各环节的等待时间，提高了各种集装箱装卸设备的利用率；用系统观点，有效地节省了设备运用数量，优化了匹配关系。从现阶段集装箱码头的装卸工艺效率匹配来看，岸桥:轮胎式场桥:集卡基本匹配关系可以调整为1:2~2.5:4；岸桥:轨道式场桥:集卡基本匹配关系可以调整为1:2:4。部分集装箱码头考虑堆场面积大、水平运距长，在基本匹配关系的基础上，应加大堆场设备、水平运输设备的数量，满足集装箱码头高效、稳定的运转。

# 第六章 现代集装箱码头数字化建设

随着通信和计算机技术的快速发展，现代集装箱码头经营管理数字化进程不断加快。集装箱码头运营具有信息量大、效率高等特点，与船公司、货主、陆路承运人及口岸相关部门与单位联系紧密、广泛。没有数字化的支撑，现代集装箱码头无法正常运营和实施有效的管理。因此，世界各港口集装箱码头加速了数字化建设的步伐，数字化已成为现代集装箱码头的重要标志之一。现代集装箱码头数字化建设涉及生产管理、设施设备管理、经营管理和服务体系等诸多方面，在决策、管理、操作3个层面展开，通过网络与顾客进行业务信息交流。

## 第一节 现代集装箱码头数字化概述

### 一、集装箱码头数字化

数字化是指用数字编码来表达和传输信息的技术组合，它将各种信息如文本、图像、控制指令等转换成数字信号，在通信网络中进行传输，经由各类信息系统加工和处理，以满足业务、管理的需求。数字化伴随着通信技术与计算机技术在发展过程中的数字融合和网络技术发展而产生。

1. 数字化港口与集装箱码头

1)数字化港口

数字化港口是指在全港范围内建立一个以空间位置为主线，将信息组织起来的复杂系统，即按地理坐标整理并构造一个全港的信息模型，描述每一个点的全部信息，按位置组织、存储起来并提供有效、方便直观的检索手段和显示手段，使内外用户可以快速、准确、充分和完整地了解、获

取和利用其所需信息。

2)数字化集装箱码头

将数字化技术全面应用到集装箱码头经营管理的过程称为“集装箱码头数字化”。其含义为:码头的业务及商务关系通过数字化的信息系统进行连接和沟通,码头以数字化的信息系统对各类资源如设施、设备、人力、经营管理信息等进行管理和运作,码头通过数字通信和互联网与外部进行信息交流传输和交换。集装箱码头数字化依赖于一整套数字化的信息系统组织和管理码头,使其在集装箱运输市场中保持持续的竞争能力。

2. 数字化建设的背景

1)集装箱船舶大型化的需要

在市场竞争的驱动下,船公司为抢占国际集装箱运输市场,扩大其集装箱运量,降低运输成本,集装箱船舶日趋大型化。为适应这一发展趋势,集装箱码头正向深水化、大型化、规模化、高效化发展,加速了集装箱码头数字化的建设进程。

2)现代物流发展的需要

随着世界经济特别是我国经济的持续高速发展, 现代物流业呈现旺盛的发展势头。集装箱码头是现代物流重要的节点,其数字化水平直接影响其运营效率、效益、效能。目前,我国大陆沿海港口正处于由装卸、仓储、集疏运传统业态通过功能扩展和增值服务等实现港口产业升级与转型的进程之中,数字化建设是实现这一战略目标的重要保证。

3)建设集装箱枢纽港的需要

国内、国际同一区域港口间的竞争日益激烈,其中焦点之一是争夺区域或国际性集装箱枢纽港地位。港口通过集装箱码头群的规模效应、提高集装箱码头装卸效率和服务质量吸引更多的船公司在本港及其集装箱码头辟建集装箱主干航线,以争取和吸引更多的集装箱货源,促进区域或国际性集装箱枢纽港地位的形成。集装箱码头数字化建设既是达到上述战略目标的重要手段与必备条件,也是集装箱码头参与竞争的核心资源。

4)发展区域经济的需要

港口及其集装箱码头是沿海、沿江港口城市重要的比较优势与核心资源,其发展对区域经济有很强的辐射带动作用,已成为港口城市经济与社会发展的重点。集装箱码头数字化建设既有赖于区域口岸管理、信息环境,又对其改善与提升有着重要的影响和促进作用。

3. 集装箱码头数字化的主要目标

经营类型与管理模式不同的集装箱码头, 其战略及数字化建设的目

标也有所不同,但其中有许多共同之处。通常,集装箱码头数字化目标的设定要做到以下几个结合:与企业战略相结合;与码头设施设备管理、装卸工艺设计相结合;与提升码头操作管理水平相结合;与拓展码头服务功能、提高服务质量相结合;与提高码头经营效率、效益、效能相结合;与所在口岸及腹地信息环境相结合。

集装箱码头数字化目标可简述为:利用系统论、控制论、信息论3大理论及现代信息技术,紧紧围绕码头战略和生产过程自动化、管理信息化两大核心环节,实现现代集装箱码头的商流、物流、资金流、信息流的有机合成,实现集装箱码头设施设备管理、生产管理、经营管理、服务系统等数字化为一体的智能化管理,最终实现集装箱码头操作自动化、服务一体化、管理数字化、经营全球化的目标。

4. 集装箱码头数字化的基本内容

(1)通过实施码头设施设备管理数字化,实现对码头设施设备运行、维护和管理的数字化,为码头经营决策提供实时、直观、多维的数据和信息。

(2)通过实施码头生产管理数字化,实现码头生产过程的智能化、可视化以及作业实时分析,作业控制的辅助决策等。

(3)通过实施经营管理数字化,建立数字化的人力资源管理、财务管理等经营管理系统,实现办公自动化和多层次的决策支持。

(4)通过实施服务系统数字化,建立码头与顾客的关系管理、信息交换、信息服务的数字化,提供Internet、E-mail、语音、短信等多种形式的互动和协同服务,为顾客提供实时在线信息服务。

集装箱码头数字化是一逐步发展和动态完善的过程。随着经济与社会发展和信息技术的进步,集装箱码头数字化的内容将不断地充实、更新。在集装箱码头数字化建设规划的指导下,从码头规模、资金、人才等资源条件及其信息环境的实际出发,有计划、按步骤、分阶段地推进。

## 二、集装箱码头数字化建设规划和基本架构

1. 集装箱码头数字化建设规划

集装箱码头数字化建设规划是实施其数字化战略重要的前期工作内容之一,它围绕企业战略勾画数字化集装箱码头的实施方略。集装箱码头数字化建设规划指导、引领码头数字化建设工作,使数字化建设各阶段工作有序推进。数字化建设规划是一定时期相对稳定而又渐进发展的指导性文件,随着内外环境的变化与信息技术的发展,对其要作相应的调整、充实和修编。

编制集装箱码头数字化建设规划基本要点如下。

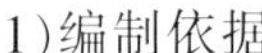

1)编制依据

(1)国民经济与社会发展规划。

(2)国家产业政策。

(3)地区和行业的发展规划。

(4)信息技术发展状况。

(5)码头内外部信息环境。

(6)企业战略。

(7)码头近期、远期经营与发展的需求。

2)数字化建设的目标

数字化建设目标应满足企业发展战略、口岸信息环境和集装箱码头近、远期经营与发展的需求。

3)数字化建设的工作方针

为实现码头数字化建设战略目标和规划确定的工作重点,应遵循“统一规划、分步实施、集中管理、资源共享、均衡发展、有效整合、专业支撑”的工作方针。

4)数字化建设的基本原则

从实际出发、量力而行、突出重点、循序渐进、内外结合、先进可行、用户友好。

5)码头生产经营现状分析评价

对码头近期的生产经营现状进行分析评价,对未来的发展前景作出科学预测。

6)码头数字化建设状况分析评价

对码头数字化建设状况进行描述、分析、评价,识别存在的问题,提出解决问题的基本思路与对策措施,并系统地说明码头生产经营对数字化建设当前与未来的需求。

7)数字化建设总体框架

参照国内外集装箱码头数字化建设的成功案例,依据自身实际情况,遵循数字化建设的规律,按照相关的技术标准或规范,设计并描述码头数字化建设的总体架构。

8)数字化建设的内容

阐述码头数字化建设的具体内容,如应用体系、技术支撑体系和运行管理体系的内容、进度和粗略安排。

9)数字化建设的保障措施

为确保码头数字化建设健康有序推进,一般应采取如思想、组织、资

源、制度等保障措施。

2. 集装箱码头数字化的基本架构

集装箱码头数字化的基本架构与其经营管理模式密切相关，应适应码头的决策、管理、操作 3 个层面对数字化的需求，运用数字化的手段推行高效、精细、扁平化管理，提高集装箱码头运营效率、效益、效能。

集装箱码头数字化基本架构的合理性、有效性、前瞻性关系到集装箱码头的经营与发展。因此应随信息技术的发展，不断改进其基本架构，充填新的内容，使其充满活力，延长数字化建设成果的生命周期，以适应和满足集装箱码头经营管理与发展的需求。集装箱码头数字化的基本架构由集装箱码头数字化应用体系、技术支撑体系、运行管理体系 3 个体系组成，并以国家和行业标准体系作其管理和技术支撑。

集装箱码头数字化的基本架构如图 6-1-1 所示。

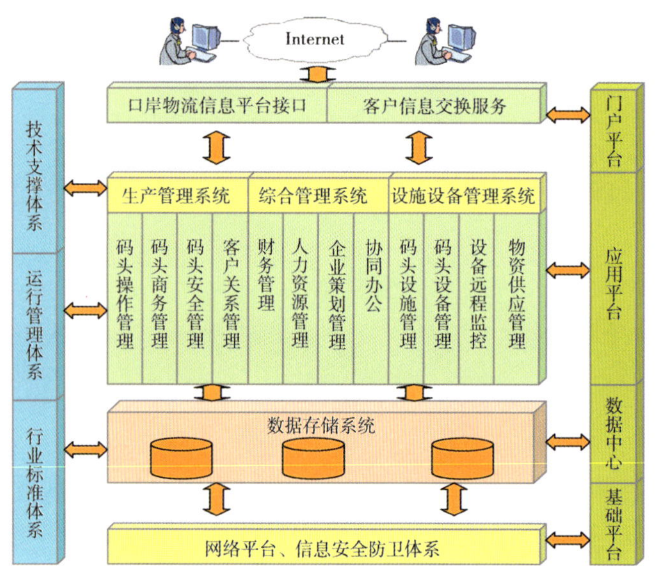


图 6-1-1 集装箱码头数字化的基本架构示意图

## 三、集装箱码头数字化与口岸物流信息化

码头数字化建设不仅着眼于集装箱码头自身的建设与发展，而且要融入并促进港口现代物流业的信息化建设，特别是对所在口岸物流信息化的建设与发展，且有非常重要的支撑与促进作用。

信息技术和互联网技术的广泛普及与应用，使口岸管理的覆盖范围大大拓展并向腹地内陆港（无水港）延伸，其运作节奏加快，空间变扁，效率提升。当今世界各大港口如新加坡、中国香港等,为适应现代物流和国际集装箱物流的发展推进“数码港”建设,建立了初具规模的口岸物流信息平台;我国大陆主要沿海港口城市如大连、天津、青岛、上海、宁波、广州、深圳等,也相继筹建不同形式的口岸物流信息平台。

1. 口岸物流信息平台的顾客群体

口岸物流信息平台是一个庞大的系统,拥有各类顾客群体,其中包括:

(1)政府部门。如海关、检验检疫、海事、边防、港口管理、商务经贸管理等部门。

(2)运输企业。如航运、铁路、公路、航空、邮政等。

(3)物流服务企业。如船代公司、货代公司、报关公司、仓储企业、码头公司等。

(4)贸易企业。如产品加工商、贸易商、批发商、零售商等。

(5)金融部门。如银行、证券、保险公司等。

口岸物流信息平台与集装箱码头的顾客群体有相当的重合度。集装箱码头可依托口岸物流信息平台与顾客保持畅通的信息交换,建立与顾客互惠、双赢、和谐发展的信息交流机制。

2. 口岸物流信息平台的信息内容

顾客通过口岸物流信息平台可获取多种信息,也可利用其发布信息,其中包括:

(1)运输企业或其代理通过该平台向用户提供船、火车、汽车,箱、货到港、在港、离港、查验、放行、提货、堆存等动态信息。

(2)海关通过该平台跟踪进出口箱货并提供箱货通关信息。

(3)物流企业通过该平台发布货盘信息和运力信息,按照物流配送流程提供相应的信息服务。

(4)船公司通过该平台向用户提供航线船期表、运输参考价格、运输价格指数等。

(5)集装箱码头通过该平台为顾客发布各类作业信息,提供如进出闸口报告、装卸船报告、堆存报告、集疏运信息等信息服务。

(6)顾客群体通过该平台可实现与港口监管部门及政府相关部门的信息联动交换。

各类顾客群体通过口岸物流信息平台实现多层面的信息交流、发布及联动交换。随着口岸物流信息平台内容的不断充实、丰富,集装箱码头依托该平台可实现辐射区域的扩大,以及功能和业务领域的拓展。

典型的口岸物流信息平台如图 6-1-2 所示。

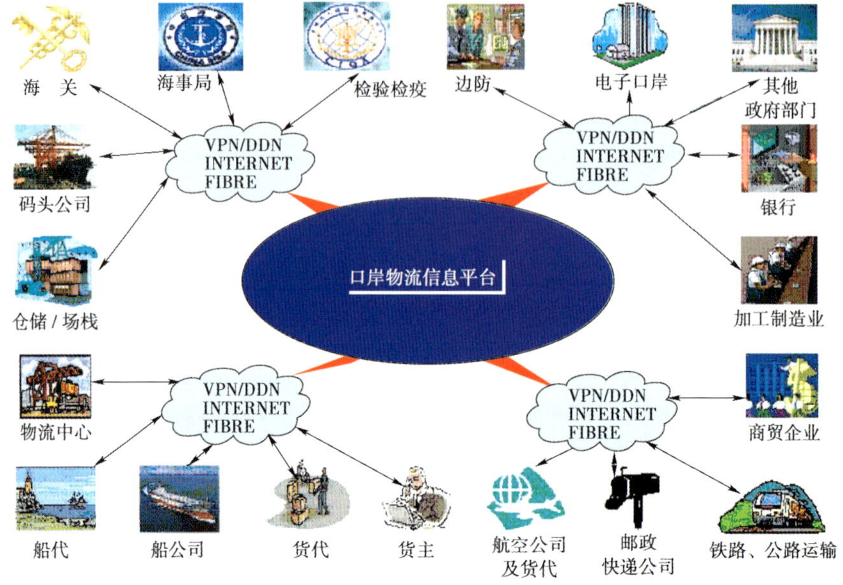


图 6-1-2　典型的口岸物流信息平台示意图

3. 集装箱码头与口岸物流信息平台的接口

随着国家和地方政府对口岸物流信息平台建设、运行的重视与支持力度不断加大，口岸物流信息平台必将会有更好更快的发展，顾客群体将不断扩大，集装箱码头数字化对其的依赖度将与日俱增。集装箱码头数字化建设要在物理层接入、软件接口和应用层面留有足够的拓展空间，更加有效地融入口岸信息化平台建设中，力求保持集装箱码头数字化与口岸物流信息平台的建设同步发展。

## 第二节　现代集装箱码头计算机网络

计算机网络现已成为现代集装箱码头必备的重要基础设施，计算机网络的建设是一复杂的系统工程，通常要经过需求分析、方案设计、方案论证和系统建设等几个阶段。计算机网络基本架构的优劣对网络的运行、管理和拓展将产生重大影响。随着集装箱码头设施设备、装卸工艺和经营管理不断融入新技术、新工艺、新方法，对码头计算机网络会产生许多新需求。口岸物流信息化的不断发展，使码头计算机网络必然逐步融入其中，使其与外部连接的形式也趋于多样化。面对新的发展和需求，码头计算机网络的基本架构要具有较好的前瞻性和可扩展性，构建一个功能齐全、运行高效、使用灵活、维护方便、安全可靠的码头计算机网络非常重要。

计算机网络建设多有专著，本节结合集装箱码头计算机网络的需求及其特点作简要介绍。

## 一、集装箱码头计算机网络建设的原则

1. 实用性

集装箱码头计算机网络是码头生产、经营的重要支撑系统，坚持实用性是码头计算机网络建设的首要目标，采用稳定、可靠、成熟的技术，保证系统长期安全运行，为码头运营提供一个高实用性的网络信息环境。

2. 可靠性

集装箱码头计算机网络投产后必须全天候运行，因此，可靠性就成为网络建设重要的内容。码头关键业务应用要进行冗余、容错、容灾设计，确保关键业务应用可靠运行。

3. 安全性

遵循有关信息安全标准，采用多种网络安全技术，构建坚固的安全防卫体系，防止各种形式与途径的非法入侵和机密信息泄露，确保网络安全、数据安全和业务操作安全，并具有足够的防止与抵御外部恶意攻击的能力。

4. 可扩展性

在满足现有码头设施设备管理、生产管理、经营管理和信息服务等需求的基础上，网络应当留有充分的可扩展性，从而能够满足日益增长的业务、管理需要。

5. 可管理性

网络具有良好的可管理性是保证码头计算机网络持续稳定运行的重要条件，IT技术人员使用管理工具可方便、灵活地对网络进行管理和维护。

6. 先进性

在实用可靠的前提下，采用国内外先进的计算机软硬件技术、信息技术及网络通信技术，使系统具有较高的性价比。

7. 经济性

在考虑以上特性的同时，应充分考虑对已有投资的保护和资金的节约。

## 二、集装箱码头计算机网络的设计

集装箱码头计算机网络具有鲜明的行业特点，交通部已编制了《集装箱码头计算机管理控制系统设计规范》，该规范对码头计算机网络设计具有指导意义。应在该规范的指导下，依据码头区域分布、集装箱吞吐量、装卸工艺、信息环境和使用需求等进行码头计算机网络设计。

1. 设计步骤

1)设计的条件

新建集装箱码头计算机网络的最佳设计期为码头装卸工艺已经确定、操作管理流程和设计已经完成或码头操作管理系统已选定；改建的现代集装箱码头，一般是在码头操作管理系统选定以后，再进行计算机网络设计。

2)集装箱码头操作管理系统的选择

操作管理系统是码头计算机网络的主要应用系统，是集装箱码头的核心应用系统，该系统的选择有几种方式：自主开发、联合开发、商品化软件等。满足该系统的运行条件，按系统功能进行网络设计是保证码头核心应用的重要内容。

3)确定应用范围

计算机网络不仅仅运行码头操作管理系统，还要运行其他应用系统如智能化闸口、财务管理信息系统、人力资源管理信息系统、设备管理信息系统、与外部的电子数据交换、办公自动化(OA)等。综合集装箱码头数字化各种需求确定码头计算机网络的基本架构、规模和资金预算。

4)码头计算机网络详细设计

可委托专业公司进行码头计算机网络详细设计和设备选型工作。

2. 详细设计

网络详细设计阶段需进行以下设计：

(1)网络的拓扑结构选择。如总线型、树型、环型、星型等。

(2)网络类型选择。如以太网、令牌环网、FDDI 光纤网、ATM 网等。

(3)网络关键技术的选择。

(4)网络传输速率设计。如核心交换层、接入层传输速率等。

(5)综合布线设计。

(6)外部计算机网络连接设计。

(7)网络安全与系统容错、容灾设计。

(8)网络主干设备的选型。

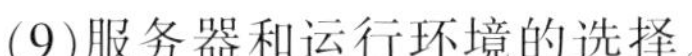

(9)服务器和运行环境的选择。

(10)网络管理工具的选择。

(11)网络信息中心(计算机房)设计。

(12)设备供电、防雷和接地保护系统设计。

计算机网络设计不但要考虑一次性资金的投入，也要充分考虑到系统运行周期内的运行维护费用及码头运营成本的承受能力。通常,大型集装箱码头计算机网络应用范围、网络规模较大,拓扑结构较复杂,性能指标和选择设备档次也比较高，大多采用有线、无线混合组网或多网域管理,计算机网络连接许多高科技的应用成果。中小型集装箱码头的计算机网络,其网络规模、拓扑结构、性能指标和选择设备相对简单一些。但无论是大型或中小型集装箱码头计算机网络，必须确保能支撑其作为核心应用的码头操作管理系统的安全可靠运行。

## 三、集装箱码头计算机网络的构成

下面结合一个较为典型的集装箱码头应用案例，说明码头计算机网络的构成。

1. 主要应用系统

1)集装箱码头操作管理系统

系统包括基本数据、泊位计划、堆场计划、船舶计划、堆场管理、作业监控、计费管理、CFS 管理等功能模块。

2)起重机远程监控系统

系统通过光缆(或无线)与岸桥和轮胎式场桥的可编程控制器(PLC)连接,设有专用设备管理服务器,用于设备的远程集中管理和监控。

3)智能化闸口

系统通过光缆或通信线与局域网连接,工作站连接多台外部设备,设有专用管理服务器,用于闸口的智能化管理。

4)视频监控系统

系统的摄像头通过有线或无线与局域网进行 IP 连接，在码头若干区域设有监控点,设有专用视频服务器,系统用于码头作业和设施的监控。

5)冷藏箱远程监控系统

系统的配电箱通过有线或无线与局域网进行通信，将数据传送到码头操作管理系统,或码头操作管理系统传送数据到冷藏箱远程监控系统。

6)码头作业无线数据通信系统

系统将码头操作管理系统的作业指令发送到轮胎式(轨道式)场桥、

岸桥、集卡、船边、闸口的无线终端，或将数据传送到码头操作管理系统。

7)数字可视化作业监控

使用无线数据通信网络作为轮胎式(轨道式)场桥、集卡 GPS(全球卫星定位系统)移动站与基站的通信网络，对轮胎式(轨道式)场桥、集卡进行精确定位，并建有 GIS(地理信息系统)系统对码头堆场进行数字描述，用以实现码头作业的数字可视化作业监控。

2. 码头计算机网络构成

通常将码头计算机网络划分为 4 个区域：外网接入区、外网服务区、内网接入区、数据中心区。

典型的码头计算机网络示意图如图 6-2-1 所示。

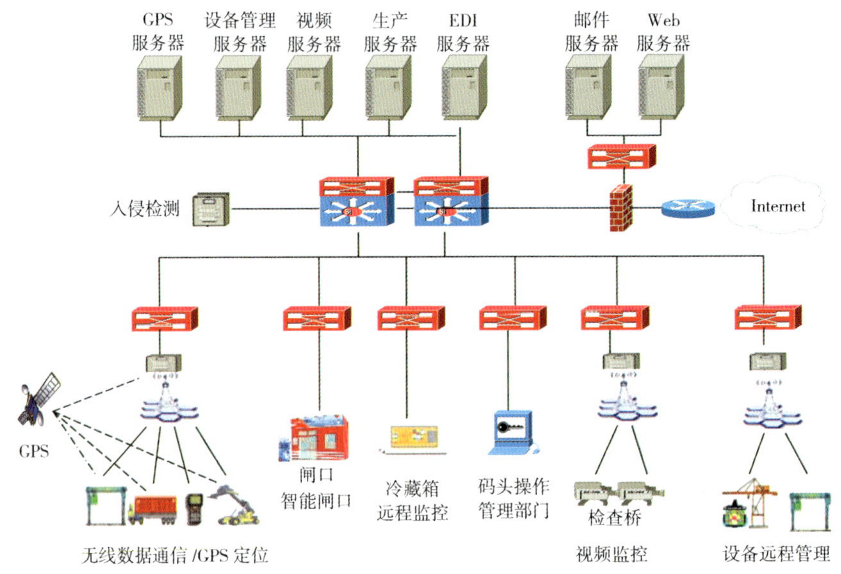


图 6-2-1　典型的码头计算机网络示意图

1)计算机网络结构

采用星型拓扑结构，网络的室外布线以光纤为主、室内布线以非屏蔽双绞线(UTP)网线为主，局域网内含有多个无线数据通信网，网络的出口采用光纤加以太网方式与互联网运营商连接。

2)网络设备

为了保证局域网络高可靠性，核心交换机采用双机热备方式，具有防火墙模块，可进行网络安全策略的设置；接入层交换机具有 3 层交换能力，可实施有效的接入层管理；由防火墙构成非军事区(DMZ)与公网的连接，有较高的带宽；网络核心交换机接有入侵检测设备，可实施网络的入

侵检测,保证网络的控管性能。

3)无线网络

根据码头的应用需要,设有用于设备远程管理的设备无线通信网;用于码头作业、设施监控的视频无线通信网;用于码头生产作业指令传输的码头作业无线通信网;用于堆场集装箱门式起重机、叉车、拖挂车 GPS 定位的 GPS 无线通信网等。无线通信网一般采用扩频技术的 2.4GHz、5.8GHz 组网或进行混频组网。

4)服务器

根据集装箱码头的应用需要,设有专用服务器如:

(1)用于集装箱码头操作管理系统的生产服务器。

(2)用于与顾客进行数据交换的 EDI 服务器。

(3)用于设备管理的设备管理服务器。

(4)用于设备定位的 GPS 服务器。

(5)用于财务和企业策划管理的经营服务器。

(6)用于视频监控的视频服务器。

(7)用于入侵检测的检测服务器。

(8)在非军事区(DMZ)设有邮件、网站、域名解析(DNS)和代理(ISA)服务器等。

5)网络和信息安全

为了保证网络和信息安全,根据码头的实际需求还应设置灾备系统、网络防病毒系统、用户认证系统、密匙系统、入侵检测系统等。

6)网络信息中心

为了保证网络信息中心安全可靠运行,根据码头的实际需求还应设置双供配电系统、不间断电源、空调新风系统、消防系统、门禁系统等。

## 第三节　现代集装箱码头管理信息系统及其新技术的应用

管理信息系统建设是集装箱码头数字化进程中的重要阶段。目前大部分码头仍以“管理信息系统”为主要形式进行数字化建设。管理信息系统涉及集装箱码头设施设备管理、生产管理、综合管理和服务体系的方方面面,在集装箱码头经营管理中发挥着重要作用。随着通信技术、计算机技术和高新技术不断进步与发展和多种技术的集成,集装箱码头管理信

息系统将与Internet应用、智能化、自动化逐步融合,向智能化、自动化集装箱码头应用系统和具有“经营辅助决策”或“商业智能”(BI)功能更高一级的应用阶段过渡。

## 一、集装箱码头管理信息系统

1. 集装箱码头操作管理系统

在集装箱码头生产管理方面,以集装箱码头操作管理系统为核心,包括商务管理、计收费管理、货运质量、安全生产等管理信息系统,随着信息技术和高新技术的不断广泛应用,逐步扩展了智能闸口、冷藏箱远程自动监控、数字可视化作业监控等应用系统。

目前,集装箱码头操作管理系统已经形成若干商品化软件,在业界比较流行或使用较为广泛的系统有NAVIS公司、COSMOS公司、TSB公司的产品。我国内地各港口和国内软件公司正努力研制拥有自主知识产权,适合国情、港情和大型国际集装码头应用的集装箱码头操作管理系统。

2. 码头设施设备管理信息系统

设施设备是码头生产经营基础设施和支撑系统。通过码头设施设备运行维护管理的数字化,使其为码头生产提供高效可靠的支撑,为码头经营决策提供直观的、多维的、实时的数据和信息。集装箱码头设施设备管理信息系统主要由设备管理信息系统、集装箱起重机管理系统、节能管理信息系统、无线抄表系统、码头视频监控系统、码头设施管理信息系统等组成。

3. 综合管理信息系统

码头综合管理数字化是管理和决策层面的数字化,综合管理的信息资源通常是码头的核心信息资源,具有商业秘密的属性。综合管理运作效率、效能对码头管理和服务质量起着至关重要的作用。通过建立较完善的人力资源管理、财务管理、顾客关系管理、经营统计分析和办公的数字化,提升码头经营的运营效率和管理水平,实现对码头经营多层次决策支持,逐步过渡到码头经营辅助决策,是集装箱码头综合管理数字化的重要内容。

## 二、集装箱码头数字化建设中新技术的应用

1. 射频识别系统(Radio Frequency Identification,简称RFID)在集装箱运输中的应用

1)RFID工作原理

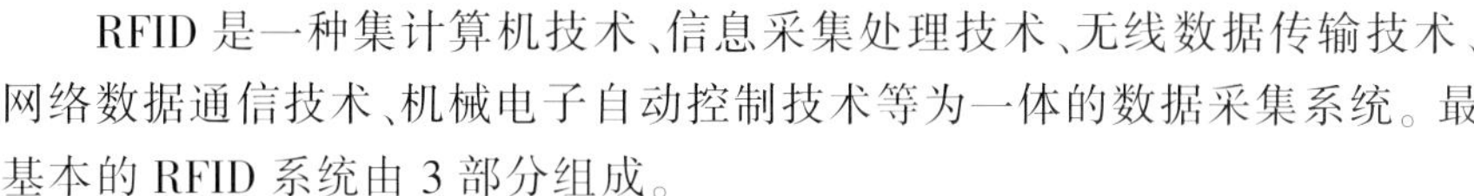

RFID是一种集计算机技术、信息采集处理技术、无线数据传输技术、网络数据通信技术、机械电子自动控制技术等为一体的数据采集系统。最基本的RFID系统由3部分组成。

(1)标签

由耦合元件及芯片组成,每个标签具有唯一的电子编码,附着在物体上,标识目标对象。

(2)阅读器

读取(有时还可以写入)标签信息的设备,可设计为手持式或固定式。

(3)天线

在标签和阅读器之间传递射频信号。

阅读器通过天线发送出一定频率的射频信号,当标签进入磁场时产生感应电流从而获得能量,发送出自身编码等,被阅读器读取并解码后送至计算机进行处理。电子标签中一般保存有约定格式的电子数据,在实际应用中,电子标签附着在待识别物体的表面。阅读器可无接触地读取并识别电子标签中所保存的电子数据,从而达到自动识别物体的目的。通常阅读器与计算机相连,所读取的标签信息被传送到计算机进行下一步的处理。

阅读器发送时所使用的频率被称为RFID系统的工作频率,划分为3个范围:低频(30~300kHz)、高频(3~30MHz)和超高频(300MHz~3GHz)。常见的工作频率有低频125kHz、134.2kHz及高频13.56MHz等。

2)RFID技术特点

(1)非接触式自动识别

RFID射频识别是一种非接触式的自动识别技术,它通过射频信号自动识别目标对象并获取相关数据,识别工作无需人工干预,可工作于各种恶劣环境。RFID技术可识别高速运动的物体并可同时识别多个标签,操作快捷方便。

(2)适应恶劣环境

短距离射频产品不怕油渍、灰尘污染等恶劣的环境,可在这样的环境中替代条形码,例如用在工厂的流水线上跟踪产品(半制成品)等物体。长距射频产品多用于道路交通管理方面,识别距离可达几十米,如自动收费或识别车辆身份等。

(3)信息准确性高

信息准确性和及时性是物流及其供应链管理的关键因素,对此RFID技术能够提供充分的保证。RFID系统使物流供应链的透明度大大提高,

物品能在物流供应链的任何地方被实时追踪，同时消除了以往各环节中的人工错误。安装在工厂、配送中心、仓库及商场货架上的阅读器能够自动记录物品在整个供应链的流动——从生产线到最终的消费者。

3)RFID 在集装箱运输中的应用

目前,国内外集装箱运输业对 RFID 技术应用开展了多方位的研究和开发,争先抢占技术和国际标准的制高点。2004 年,我国正式成立"电子标签"国家标准工作组,全国集装箱标准化委员会 SAC/TC6 也成立了从事电子标签标准化的"集装箱智能与通信识别标准化工作组"。我国大陆部分港口的集装箱码头也开展了 RFID 在集装箱运输中的试验工程,试验工程大体在两个方向展开,即将 RFID 卡安装在运输工具上(集卡)和安装在集装箱箱体上。其共同点是:集装箱到达集装箱码头时,及时解读 RFID 卡的信息,快速通过集装箱码头闸口。安装在运输工具上可用电子标签 RFID 取代装箱单(CLP)、标识车号;安装在箱体上可进行集装箱跟踪。

(1)RFID 取代装箱单

之前靠手写货物名称、重量、目的港、箱号、提单号等信息的装箱单(CLP),可以被电子标签所取代。具体做法是:

将标签贴在运载车辆挡风玻璃内侧(或选择贴在集装箱侧面);

集装箱货物信息在集装箱堆场或预录入点写入电子标签中;

在集装箱码头进闸口时由读写器读取标签中的装箱单信息。

RFID 一改过去集装箱运输中通用的手写填单方式,不仅可以实现对集装箱的高效自动识别，而且能够实现对运输过程中集装箱货物状态和运输信息的有效监控和实时管理，大大提高集装箱运输管理水平并增强其安全性。

(2)集装箱跟踪

在集装箱运输和使用过程中，最关键的环节之一就是对集装箱的跟踪管理,以及如何防止集装箱的丢失、被盗和损坏,提高集装箱的周转率,从而提高资源的使用效率。为实现上述目标，集装箱码头需要在整个供应链中对集装箱进行跟踪,以减少丢失、被盗和损坏,从而最大限度地利用资源,提高企业和社会效益。

综上所述，当前 RFID 技术在集装箱运输中的应用处在技术标准、应用标准尚未成熟的阶段。RFID 安装在运输工具上对促进口岸集装箱的快速周转,提高集装箱码头闸口通过能力可发挥重要作用。若 RFID 技术标准和应用标准与集装箱制造标准相融合，并被集装箱箱主采用,RFID 安装在箱体将会成为业界发展趋势。

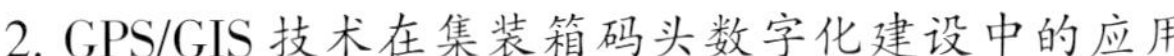

2. GPS/GIS 技术在集装箱码头数字化建设中的应用

1)GPS 简介

全球卫星定位系统(Global Positioning System,简称 GPS),是近年来开发的最具有开创意义的高新技术之一,其全球性、全能性、全天候性的导航定位、定时、测速优势在诸多领域中得到越来越广泛的应用。最初,该技术只是用于军事领域。目前,已被广泛应用于交通、测绘等行业。GPS 包括 3 个基本部分:太空部分、控制部分、用户部分。

(1)GPS 工作原理

GPS 的概念是基于卫星的距离修正。用户通过测量到太空各可视卫星的距离来计算其当前位置。每颗 GPS 卫星时刻发布其位置和时间数据信号,用户接收机可以测量每颗卫星信号到接收机的时间延迟,根据信号传输的速度就可以计算出接收机到不同卫星的距离, 同时收集到至少 4 颗卫星的数据时就可以解算出三维坐标、速度和时间。

(2)GPS 工作特点

GPS 具有全球性、全天候、连续性和实时性的导航、定位和定时功能,能够为陆、海、空等领域各类用户提供精确的三维位置、三维速度和一维时间的信息,而且具有良好的抗干扰和保密性能。GPS 的主要用途是实时导航和定位。可用于农业生产(精确农业)、林业的抽样调查和资产评估、海上航行的导航和寻找沉船以及地质勘测、军事、交通管理等。

2)GIS 简介

地理信息系统(Geographic Information System,简称 GIS),是一种采集、处理、传输、存储、管理、查询检索、分析、表达和应用地理信息的计算机系统,是分析、处理和挖掘海量地理数据的通用技术,它主要包括计算机硬件、软件、地理数据和用户等部分。

GIS 技术把地图这种独特的视觉化效果和地理分析功能与一般的数据库操作(例如查询和统计分析等)集成在一起。这种能力使 GIS 区别于其他信息系统,从而使其在广泛的公众和个人、企事业单位的解释事件、预测结果、规划战略等中具有实用价值 。

地理信息系统技术广泛应用于农业、林业、国土资源、地矿、军事、交通、测绘、水利、广播电视、通信、电力、公安、社区管理、教育、能源等领域,并正在走进人们的日常工作、学习和生活中。

3)GPS/GIS 在集装箱码头的应用——集装箱码头作业过程数字可视控制系统

将 GPS/GIS 技术应用到集装箱码头经营管理中, 是近年来集装箱码

头探索出的新的应用形式。其作用是：对集装箱码头移动设备进行精确的定位和控制；对集装箱码头作业过程实施数字可视化作业控制。

使用GPS技术对轮胎式场桥、正面吊、集卡等移动设备在码头堆场作业进行精确的定位，使用GIS技术对移动设备在码头堆场物理表达的数字化，使用数字可视技术与移动设备的精确定位、数字化表达相结合，可实时准确地展现移动设备的作业场景。将上述技术与码头操作管理系统相融合，构建一个集装箱码头数字可视化作业控制系统。可大幅度地改善操作管理人员对码头作业的操控能力，提高码头作业效率和管理水平，从而提高集装箱码头数字化水平。

集装箱码头数字可视化作业控制系统由5个模块组成：移动站、调度实时监控、大屏可视化、数据处理中心、GPS差分站模块。

集装箱码头数字可视化作业控制系统示意如图6-3-1所示。

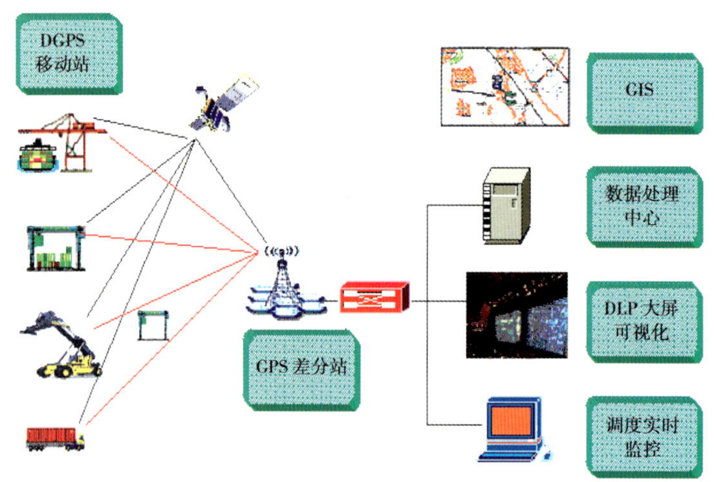


图6-3-1　集装箱码头数字可视化作业控制系统示意图

(1)移动站模块

移动站模块安装在轮胎式场桥、叉车、集卡等移动设备上，用于移动设备的精确定位。设有状态检测、集装箱吊具转锁控制和防碰撞功能，可进行数字可视化操作。该模块是司机操作平台。移动站模块依托码头操作管理软件，对无线数据通信、作业指令、设备PLC控制软件、继电器控制线路与位置功能控制器等进行有机结合，实现码头堆场各种作业的过程控制。包括堆场信息跟踪；集装箱精确定位；大车防碰撞；移动设备的位移跟踪；司机作业过程跟踪；GPS定位精度、吊具转锁、吊具开闭锁、大车运行状态窗口显示，达到视觉与空间协调一致。同时，具有故障录入、通信、查

询、坐标修正等功能，满足司机对作业现场信息的需求。

(2)实时监控模块

用于码头堆场GIS显示、堆场管理、轮胎式场桥/叉车实时监控和事后回放、岸桥/轮胎式场桥/集卡/船舶动态信息跟踪、远程控制、信息查询、数字可视化管理等。该模块是操作管理人员的操控平台。该模块综合利用移动站模块、码头操作管理系统、设备管理信息系统资源共享优势，提供调度生产设备参数、堆场作业信息，满足码头操控人员堆场作业过程控制和可视化管理需求。实现全天候24小时码头作业过程控制和可视化管理，确保码头作业效率的高效性、作业计划的严肃性和船舶动态的准确性。

(3)大屏可视化模块

用于显示码头堆场二维GIS、轮胎式场桥/叉车实时监控显示和事后回放、岸桥/轮胎式场桥/集卡/船舶动态信息跟踪、码头视频监控显示、三维可视化管理、远程计算机桌面显示和信息发布等。该模块是操作管理人员的操控平台。

(4)数据处理中心模块

用于GPS差分改正信息和时间同步信息播发，作业信息存储、转发、查询以及报表生成和打印、系统管理、故障检测和报警等，该模块安装于网络信息中心。该模块是系统的核心，负责GPS差分、DGPS移动站、DGPS调度监控、DLP大屏的数据采集、建库、运算、存储、监控、维护和数据通信。

(5)GPS差分站模块

GPS差分站主要是播发伪距差分信息到移动站，移动站软件接收信息后转发给GPS接收机。

## 第四节　现代集装箱码头与顾客的数据交换和信息服务

集装箱码头数字化不局限于码头操作管理，还需对码头服务体系实施数字化管理，码头与顾客的数据交换和信息服务是非常重要的内容之一。我国大陆集装箱码头结合顾客需求，利用信息技术、互联网技术构建“顾客信息交换服务平台”，产生多种应用形式和优秀的应用系统，大大提升了码头的信息服务水平。

## 一、概念模型

集装箱码头拥有不同类别的顾客群体，其信息需求和信息内容有所不同，具多样性和个性化的特点。如EDI(Electronic Data Interchange)电子数据交换、Web信息服务、手机短信、语音服务和联动信息处理等，如果将这些需求优化整合到统一的信息平台上，可为顾客提供多种形式的信息服务，从而加速集装箱码头服务体系数字化的进程。

集装箱码头顾客信息交换服务平台概念模型如图6-4-1所示。

图6-4-1　集装箱码头顾客信息交换服务平台概念模型

## 二、集装箱码头与顾客的数据交换

### 1. EDI技术的发展

EDI系统是随着计算机网络技术发展产生的成熟应用技术，在国际集装箱运输中广泛应用。近年来随互联网技术的高速发展，国际集装箱运输EDI报文的传输平台和传输方式也有较大发展，形成多种形式，如港航EDI中心、E-Mail、口岸物流信息平台和码头计算机-顾客计算机（VPN方式）等。

国际集装箱运输EDI系统是一项涉及面广、影响力大、蓬勃发展中的信息技术，已成为国际集装箱运输信息传输的重要手段。随着基于Internet电子商务的兴起，基于Internet的新型EDI技术应用逐步成熟，如电文加密、电子认证和应用级的数字签名等能很好地解决数据传输的保密性、不可抵赖性、确认交付等问题。将促进传统的EDI系统向Internet EDI发展，

基于 Internet 的 EDI 将成为港航 EDI 中心今后的发展方向。

2. 集装箱码头 EDI 系统

码头 EDI 系统是码头与顾客和合作伙伴间必备的信息传递手段，是码头操作管理系统与外部连接的重要数据通道，是系统内嵌的基本必备功能。它应支持多种 EDI 报文标准及自定义格式，与码头的连接方式可根据用户需要灵活选用，如港航 EDI 中心、E-mail、物流信息平台和 VPN 方式等。当前，集装箱码头与顾客的电子数据交换主要应用在与码头操作管理相关的单据方面，如进出口舱单、进出口船图、海关放行信息、装卸船报告、堆存报告、进出闸口报告等。

集装箱码头与顾客 EDI 报文交换如图 6-4-2 所示。

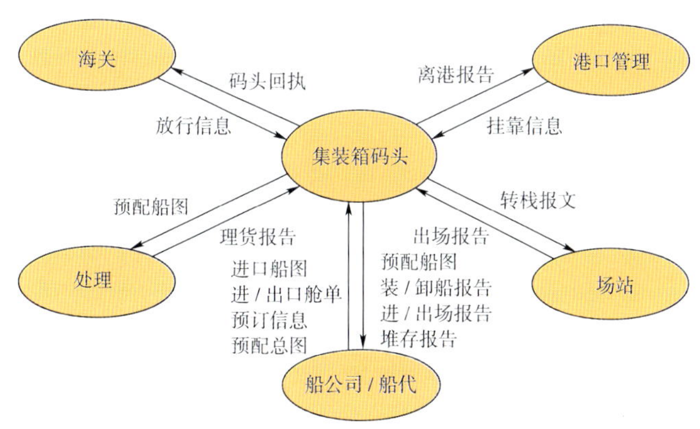


图 6-4-2　集装箱码头与顾客 EDI 报文交换

码头接收的主要报文有：

1）船舶挂靠信息报文

该报文由船公司或船代发送给码头。它实际上是船舶确报，包括船舶挂靠港及装卸各类不同规格、类型的集装箱数量等内容。码头接到此报文经泊位分配模块处理后形成码头昼夜装卸船作业计划。

2）进口船图报文

该报文由船公司或船代发送给码头。船图报文中包括在码头所卸集装箱有关信息及在船上的位置。码头依据此报文经装卸船计划模块的处理后形成卸船顺序及堆场堆存位置，供码头在卸船作业中使用。

3）进口舱单报文

该报文由船公司或船代发送给码头。它是码头所需的重要报文之一。码头依据此报文经计费、收费、放箱、统计等模块的处理，作为收费、放箱依据，并统计出集装箱货物的流向。它是码头与船公司集装箱货物交接的

重要单证。

4)装载清单报文

该报文由船公司或船代发送给码头。报文包括本航次出口集装箱的有关信息。码头接收后依据此报文,经收箱、装船计划模块的处理,进行闸口收箱核对和制作装船顺序等装船作业计划。

5)危险货物通知、清单报文

该报文由船代或经海事部门确认后再转发给码头,其主要作用是便于码头针对危险货物集装箱安排合理的装卸船计划。码头接收此报文后经危险货物处理模块和装卸船计划模块制作出装卸、堆存、集疏运计划。

6)出口舱单报文

该报文由船代向码头发送。码头接收到此报文后经航运计费、出口计费模块处理后向船公司、船代及货主收费。并依据此信息进行出口集装箱的各类统计。

码头发送的报文主要有:

1)船舶离港报文

码头对本航次船舶装卸集装箱完成后,统计出各类箱型、尺寸及船舶离港时间等信息,经 EDI 软件发送给港口当局、船公司或船代。

2)集装箱装卸报告报文

码头对本航次船舶装卸集装箱完成后,将确认后的集装箱号、尺寸、类型及残损情况以清单形式经 EDI 软件处理后发送给船公司或船代及海关。

3)集装箱堆存报告报文

码头根据不同船公司或船代的要求,提供在堆场堆存进口集装箱明细信息。码头堆场管理模块处理后将信息检索分类,经 EDI 软件发送给有关船公司或船代,供箱管使用。

4)集装箱进出闸口报文

码头根据收箱和放箱的信息分别制作出进出闸口两份报告,并发送给船代或箱管中心。

5)退关信息报文

码头在完成本航次集装箱装船作业后,将未装船的退关集装箱由装卸船计划模块处理后,经 EDI 软件发送给海关及船公司或船代。

3. 国际集装箱运输 EDI 报文国际标准

目前,通常使用的国际集装箱运输 EDI 报文标准可分为 3 种:UN/

EDIFACT标准;交通部平台文件标准;自定义格式。全国集装箱标准化委员会参照UN/EDIFACT标准，将以下国际集装箱运输EDI报文确定为国家标准：

运输计划及实施信息报文(UN/EDIFACT D.05B IFTSAI);

集装箱进/出闸口报告报文(UN/EDIFACT D.05B COEDCO);

集装箱堆存报告报文(UN/EDIFACT D.05B COEDOR);

挂靠信息报文(UN/EDIFACT D.05B CALIF);

船舶离港报文(UN/EDIFACT D.05B VESDEP);

船舶预配总图(UN/EDIFACT D.05B MOVINS)。

4. 国际集装箱运输EDI报文部颁、地区、企业标准

(1)在港航EDI系统较为流行的交通部集装箱运输EDI平台文件标准有：

船图报文(BAPLIE);

舱单报文报文(IFCSUM);

出口集装箱装载清单报文(NCL);

装/卸船报告报文(COARRI);

集装箱堆存报告报文(COEDOR);

集装箱进/出闸口报告报文(CODECO)。

(2)各港口口岸依据本地区的特点和需求先后制定的一些地区标准或企业标准有：

订舱信息报文(BKL);

转栈计划报文;

放行信息报文。

## 三、集装箱码头向顾客提供的信息服务

为了提高集装箱码头服务质量与顾客进行有效的信息沟通，各集装箱码头基本开通了网站信息服务，通过网站的信息服务向顾客提供网上在线查询、网上预约、信息发布、网上视频服务、业务联动办理和法律法规介绍等栏目。

1. 信息服务内容

1)在线查询

码头作业实时性强,作业信息变化快,顾客需要及时了解集装箱在港作业动态,其中包括：按箱号、提单号查询;集装箱进场预订查询;进场集装箱查询;集装箱装船预订查询;集装箱装船预配查询;装船集装箱查询;

集装箱卸船预订查询；卸船集装箱查询；集装箱提箱预订查询；出场集装箱查询；转栈集装箱查询；海关出口放行信息查询；出口退关箱信息查询；码头作业情况报告等。

2)EDI报文上传及下载

该功能向顾客提供基于 Internet 的 EDI 报文的上传及下载，其中包括：出口集装箱进场预订、出口预配图、出口集装箱预配清单、进口集装箱船图、进口集装箱舱单、集装箱进场报告、集装箱出场报告、集装箱装船报告、集装箱卸船报告等。

3)网上预约

向顾客提供基于 Internet 的预约功能，如出口集装箱进闸口预订；进口集装箱提箱预订。

4)信息发布

向顾客提供基于 Internet 的实时信息发布，如船舶靠离港动态；船舶作业动态；码头集装箱集港动态。

5)短信服务

向顾客自动提供定制的手机短信，如将码头集装箱集港动态信息发送给运输公司的集卡司机。

6)语音服务

向顾客提供电话语音服务，如船舶靠离港动态；船舶作业动态；码头集装箱集港动态。

7)网上视频服务

向顾客提供码头闸口及附近道路的视频图像、闸口集装箱残损图像等。

8)静态信息服务

向顾客提供的静态信息服务有：服务指南、码头公告、行业法规等信息。

2. 信息服务的实时性

集装箱码头作业信息的实时性很强，顾客往往需要及时掌握集装箱码头作业动态信息，而动态作业信息存储在码头生产服务器中。为了满足顾客对实时信息的需求，需要在码头网站服务器与生产服务器之间建立一条快速数据通道，提供高效信息查询程序。最有效的方法是将生产服务器的数据实时动态地镜像到备份服务器上，码头网站服务器与备份服务器之间建立一条快速数据通道，提供高效信息查询程序，从而为顾客提供实时性的信息服务。

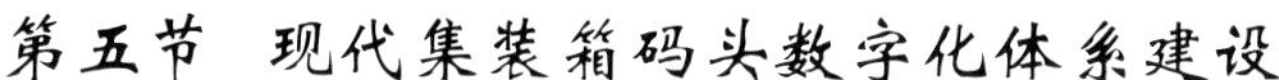

## 第五节　现代集装箱码头数字化体系建设

集装箱码头数字化建设需要有应用体系、技术支撑体系和运行管理体系的支撑。没有这3个体系的保障,数字化建设将难以进行。3个体系架构的合理性、前瞻性、有效性,对码头数字化建设起着重要的作用。集装箱码头数字化主管部门负责3个体系的运行和管理，并不断充填新内容和改进,以使3个体系保持充分的活力,适应和满足集装箱码头经营管理的需求。

本节就应用体系、技术支撑体系和运行管理体系的内容作介绍。

### 一、应用体系

应用体系设计应在信息资源规划的指导下,对码头信息资源作出统一的规划和整合,特别关注各个系统的信息资源整体性、完整性和共享性。譬如码头操作管理系统、设备管理信息系统、财务管理信息系统等,上述系统在提升码头经营管理水平中虽发挥了重要作用,但若缺乏信息资源统一规划的指导,会形成“信息孤岛”、“应用孤岛”和“资源孤岛”,无法形成信息资源整合效应来帮助码头进一步提高其管理效率和决策水平,应用体系建设有可能陷入“开发—整合—再开发—再整合”的不良循环之中。

应用体系是集装箱码头数字化的重要内容，是驱动码头数字化建设的内在动力,它涵盖生产管理、设施设备管理、综合管理和服务体系的数字化建设。数字化应用体系的建设是一个渐进的过程，它随信息技术、高新技术的发展不断充实和扩展,随顾客和口岸信息环境的新需求而赋予新的内容，随着国家信息服务业的发展而不断生成新的技术形式。

应用体系基本构成如下:

1. 操作层

码头操作管理、商务费收管理、设施设备管理、物资供应管理等。

2. 管理层

顾客关系管理、生产统计分析、财务管理、人力资源管理等。

3. 决策层

市场分析预测、码头经营分析、辅助决策支持等。

4. 协同办公信息平台

办公自动化(OA)、协同办公、移动办公等。

5. 外部接口

口岸物流信息平台接口、顾客信息交换与信息服务。

## 二、技术支撑体系

为了实施集装箱码头数字化战略,必须加快其技术支撑体系的建设。技术支撑体系的关键在于按照数字化建设的内在规律,组织协调支撑体系中的各相关方,培育一支掌握核心技术,具有关键应用开发和维护支撑能力的技术队伍,对内提供可靠有效的数字化支撑,对外提供规范的信息服务。技术支撑体系还需制定相关的技术标准、规范和行之有效的协调管理机制,保障技术支撑体系有效运行,使码头数字化建设持续、稳定、健康发展。

技术支撑体系结构示意如图 6-5-1 所示。

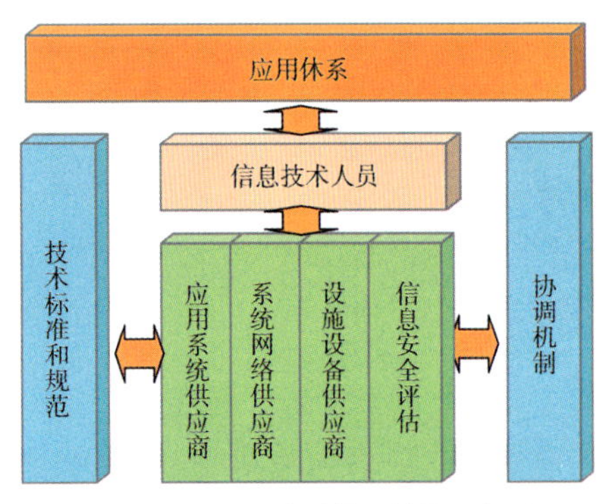


图 6-5-1　技术支撑体系结构示意图

1. 技术标准和规范的管理

在集装箱码头数字化建设中,需要大量应用国际、国家、行业技术标准和规范,有可能根据需要编制自身的标准、规范和代码,对技术标准和规范实施有效的管理并监督执行是技术标准和规范管理的重要内容。集装箱码头经营管理具有鲜明的国际化特征,因此,在应用技术标准和规范的工作中,应最大限度地采用国际标准和规范,同时要跟踪最新的国际标准和规范应用情况。集装箱码头主管部门对代码的管理工作要实行规范化管理,企业代码要尽量采用国际、国家和行业标准,并应主动积极参与行业代码编制工作。

2. 项目管理

随着集装箱码头数字化建设不断深入,有一些或大或小的应用项目需要开发,对这些项目实施有效的管理是保证项目质量、项目进度和降低成本的重要手段。目前在项目开发中存在着重技术轻管理、缺乏规范性、缺乏统一管理的倾向,这会严重影响码头数字化建设进程。项目管理是一项专业性工作,需要遵循一定的规范和技术标准,需要有一个完整的项目管理机制,集装箱码头可积极探索制定适合自己实际的项目管理规范。

3. 项目外包、供应(服务)商及管理

随着我国信息服务业的发展和社会专业化分工，在集装箱码头数字化建设中大量使用项目外包、工程外包和服务外包等方式，具体有项目外包、软件外包、运行外包、维护外包、维修外包和托管等形式。逐步建立管理规范、运行有效的项目外包、供应(服务)商及其管理机制，是技术支撑体系建设中的一项重要内容。如对合同管理、资质认定、工作流程、服务规范、质量跟踪和评价等进行全过程的管理。

4. 人才队伍建设

集装箱码头数字化人才队伍建设也是技术支撑体系的一项十分重要的内容。码头数字化建设需要既懂码头经营管理又懂计算机技术的高素质复合型人才队伍，也需要具有娴熟掌握信息技术/技能的应用人才队伍。

5. 技术协调机制

在技术支撑体系中还需建立技术协调机制。每项技术都有其开发期、成长期、成熟期、淘汰期，为了保护码头投资和争取较长的系统生命周期，对所要应用的技术需要进行定位，在技术协调机制下对系统研发、系统集成、运行维护实施有效技术整合。

## 三、运行管理体系

为了保证集装箱码头数字化建设稳步推进，还须建立运行管理体系。运行管理体系是指在码头主管部门的主导下，实施对设施设备、系统网络、系统运行、软件开发和维护及网络安全多方面的有效管理，它需要组织机构、管理规章、管理机制作支撑，目的是确保码头生产和经营活动正常进行、码头数字化可持续发展。

运行管理体系结构示意如图6-5-2所示。

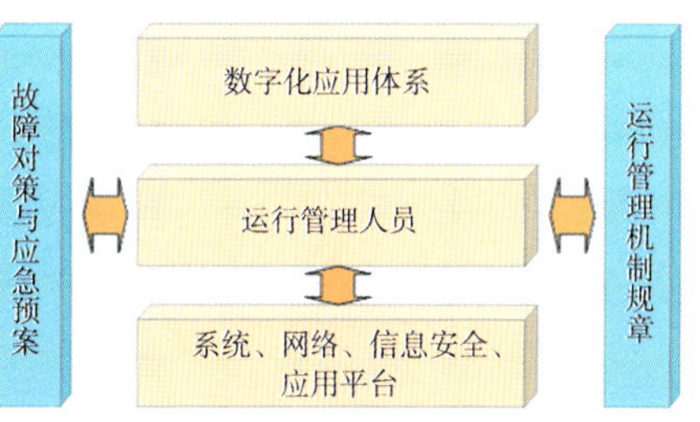

图 6-5-2　运行管理体系结构示意图

1. 组织架构

设立专管部门如信息部作为码头数字化建设的管理和执行机构，推进落实年度实施计划，承担数字化建设及3个体系的运行管理任务。在实际工作中需明确与业务部门之间的责任分工，业务部门是各种信息系统的使用者和需求发起者，主要负责提出业务需求、梳理业务流程和制定业务规范。信息部通过规范化的服务流程，为码头经营和管理提供专业的信息化服务。

信息部组织架构如图 6-5-3 所示。

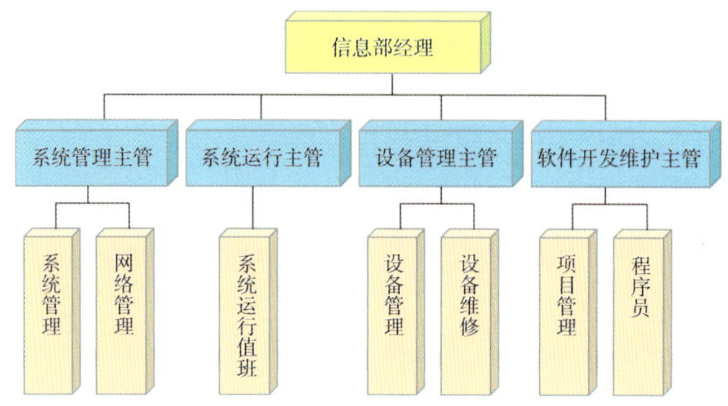


图 6-5-3　信息部组织架构

2. 年度实施计划

在码头数字化建设规划的指导下，制定切实可行的年度实施计划是十分必要的。每年对码头数字化建设工作作出安排，并制定年度目标和推进计划，数字化建设工作纳入集装箱码头年度工作安排，保证数字化建设工作顺利进行。年度实施计划主要内容如下：

(1)年度工作方针。数字化建设年度工作方针要紧紧围绕码头年度经营目标和数字化建设发展规划制定。

(2)年度工作指标。包括系统运行指标、系统安全指标、重点项目的研发指标、重点项目的建设指标等。

(3)年度工作任务。包括系统运行管理任务、设施设备管理任务、应用项目开发任务，重点项目研发任务、人才培养和培训任务等。

(4)保障和措施。为完成年度工作任务所采取的策略和措施等。

(5)资金安排。包括重点项目资金、系统运行费用、设备维修费用、软件费用和消耗品费用等。

3. 设施设备管理

(1)设施设备管理。包括设施设备的资产管理、维护维修管理、统计分析等。

(2)系统运行费用管理。包括系统运行费用、设备维修费用、软件使用费用、通信费用等。

4. 系统和网络管理

(1)用户管理。包括各类系统用户管理、网络用户管理等。

(2)数据安全管理。包括数据备份管理、防数据泄密管理等。

(3)网络安全管理。包括网络安全策略管理、网络接入管理、防入侵防

病毒管理等。

(4)软件版本管理。包括应用系统的版本管理、系统软件的版本管理等。

(5)网络、信息安全的评估。

5. 系统的运行管理

码头计算机网络系统一般是不间断运行，网络信息中心需要持续监控运行。目前,网络信息中心运行方式有无人值守、有人值守及托管等方式。

(1)系统运行监控。包括服务器运行监控、网络运行监控、关键应用系统运行监控等内容,系统的运行监控需有翔实的系统运行日志。

(2)服务请求响应。对业务部门、应用系统使用部门和顾客的服务请求予以响应,并给予规范化的服务。

(3)系统应急预案的启动。

(4)系统故障对策预案启动。

6. 软件开发维护管理

可借鉴其他行业的专著论述和同行业的软件开发、运行、维护管理办法。

7. 运行管理理规章

常见的运行管理规章有:

(1)计算机和网络系统运行管理办法。

(2)软件开发、运行、维护管理办法。

(3)电子邮箱和互联网访问管理办法。

(4)码头操作管理系统运行管理办法。

(5)相关应用系统的运行管理办法。

目前,技术支撑和运行管理体系的运作方式大体有3种方式:自主运行、外包和托管。3种方式各有利弊,各码头依据本身的实际情况进行选择。目前,我国部分集装箱码头主要是以自主运行方式为主,但为减少运行管理成本,对软件开发项目、设备维修等采取项目外包形式。随着我国信息产业和信息服务业发展和市场的不断完善，外包和托管方式将会逐步扩大,其内容也会随之增加。

## 四、码头操作管理系统应急预案

码头操作管理系统是生产管理数字化的核心应用，正常情况下该系统全年不间断运行,这对系统安全可靠运行提出了非常高的要求,但任何设备和系统不可能绝对可靠,当发生故障和事故时,需要有条不紊地作出

对策和响应。

各集装箱码头系统应急预案虽然没有统一的范本,但基本内容、要点有许多共同之处。各集装箱码头作业流程不尽相同,应急预案对策的内容也有所不同。通常情况下包括:应急预案的方针与原则、应急预案的策划、应急预案的准备、应急预案的响应、应急预案的恢复、应急预案的管理与评审改进。

1. 应急预案的特点

应急预案是在可能要发生应急事件理念的指导下制订的,码头操作管理系统应急预案(又称业务持续计划或简称系统应急预案)就是针对可能发生的重大事故,为保证迅速、有序、有效地恢复码头生产作业而预先制定的计划或方案。系统应急预案应根据码头操作管理系统涵盖的业务范围和事故影响的程度作出全方位对策,应急预案应具有详细周密、分工明确、操作性强、响应快、故障恢复时间短的特点。

2. 应急预案的主要内容

依据码头操作管理系统的特点,码头操作管理部门是应急预案实施主体,也是应急预案实施的指挥者,信息部门与相关部门在操作部门的统一指挥协调下,执行系统应急预案所规定的应急处理作业。在应急预案的策划部分应明确下述内容:

(1)应急预案的职责分工。

(2)系统应急预案的启动与恢复。

(3)装卸船应急作业程序。

(4)进出闸口应急作业程序。

(5)装卸火车应急作业程序。

(6)码头堆场应急作业程序。

(7)计收费应急作业程序。

(8)EDI应急作业程序。

3. 应急预案的评价和改进

应急预案是整个应急管理工作的具体反映,内容不仅限于事故发生过程中的应急和救援措施,还应包括事故发生前的各种应急准备和事故发生后的紧急恢复以及对预案实施效果的评价与改进,特别是对应急预案的演练非常重要。

## 五、计算机和网络系统的故障对策预案

计算机和网络系统是码头数字化建设的基础设施,建立行之有效的故障对策预案,对保证集装箱码头正常的生产和经营活动非常重要,故障

对策预案是针对计算机和网络系统可能发生的事故，而预先制定的故障处理方案，其目的是当故障发生时，采取适当合理的技术措施，在较短的时间内恢复系统运行。根据各码头计算机网络构成不同，采用的设备和技术不同，其故障对策预案的内容也有所不同。通常情况下应包括：

1. 故障对策的范围

1)供电故障

突然停电、供电线路故障、不间断电源(UPS)故障对策预案。

2)辅助设备故障

制冷送风设备故障、防火报警系统故障对策预案。

3)服务器故障

生产服务器、财务服务器、EDI服务器、Web服务器故障对策预案。

4)网络故障

主交换机故障、二级交换机故障、防火墙故障、路由器故障、网络线路故障、无线网络故障对策预案。

5)与外网连接故障

内网与外网连接的故障、互联网故障对策预案。

6)计算机病毒和恶意入侵故障

由于计算机病毒和恶意入侵引起的故障。

2. 故障对策运行机制

信息部是实施故障对策预案的主体，相关部门在信息部的统一指挥协调下，执行故障对策预案所规定作业。故障对策预案的运行是技术性、时限性很强的作业，故障对策预案的实施要求技术人员与业务管理人员紧密配合，必要时需设备供应商、网络供应商、软件供应商鼎力相助，所以建立一个良好协调机制非常重要。在故障对策预案中根据不同的故障级别，明确故障响应时间，在与供应商签订的维护合同中应明确故障响应时限，便于约束员工和供应商在较短的时间内排除故障。

3. 故障对策的评价和改进

故障对策预案的管理是一个动态管理的过程，它依据系统的变化和调整也要进行调整。在日常管理工作中，还应对故障对策预案进行演练，对故障对策预案进行评价和改进，以保证故障发生时，故障对策预案行之有效。

## 六、计算机网络和信息安全防卫体系

随着集装箱码头数字化建设的高速发展，计算机网络等基础设施的

不断拓展、延伸,已然形成了规模庞大的系统。面对这样一个巨大、复杂的系统,如何科学合理地架构支撑集装箱码头数字化建设的计算机网络和信息安全防卫体系,是必须认真考虑和急需对待的问题。

1. 防卫对象

1)设施设备安全的防卫对象

环境安全包括:供电、容灾、防尘、防潮、防水、防高低温、防电磁干扰;

设备安全包括:防盗、防毁、防止线路截获、防电磁辐射、电源保护、设备冗余备份;

线路安全包括:避雷、电磁辐射、安全漏洞、备份线路(有线/无线)。

2)信息安全的防卫对象

包括:计算机病毒、黑客攻击、垃圾邮件、恶意软件、数据损坏、不良应用和操作。

2. 建设原则

依据集装箱码头计算机网络和信息安全的实际要求,合理确定网络和信息安全防卫体系的建设原则非常重要。

1)统一规划、集中管理的原则

网络和信息安全防卫体系的建设是一项复杂的系统工程,必须坚持统一规划,形成技术和管理高度融合的体系,在运行管理上实行高度的集中管理,保持体系的有效性和可控性。

2)确保重点的原则

集装箱码头数字化建设是一个渐进过程,贯穿这个过程始终的重点是集装箱码头操作管理系统。当前网络和信息安全防卫技术尚处在发展期,加之资金的限制,应将网络和信息安全防卫的重点安排在集装箱码头操作管理系统运行环境上。

3)合理分割防卫区域的原则

集装箱码头数字化是一个庞大系统,已经融入了各种信息技术和高新技术,同时也伴随着风险。信息技术往往是先有矛后有盾,所以面对庞大防御区域,必须进行合理的分割,形成若干个防御区,重点区域重点布防,若干个防御区既相对独立又能有机结合,以达到最佳防御效果。

4)重在管理的原则

网络和信息安全防卫体系不是一成不变的静态体系,而是一个动态管理的体系,当前网络和信息安全防卫技术处在发展期,还存在一些缺陷,在此状态下网络和信息安全的管理非常重要,必须有行之有效的管理规章和运行机制做保障。

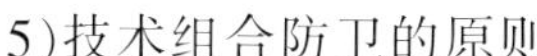

5)技术组合防卫的原则

构成对网络和信息安全的威胁来自多方面，既有对设备设施的安全威胁，也有信息安全的威胁，所以网络和信息安全防卫体系必须采用多种防卫技术的组合。

3. 基本内容

网络和信息安全防卫体系的建设越来越受到集装箱码头决策层和管理层的高度重视，据不完全统计，国内外在建设计算机网络时，投资额的5%~15%用于网络和信息安全防卫体系建设。通常，网络和信息安全防卫体系包括：

(1)环境安全的防护。

(2)设备安全的防护。

(3)线路安全的防护。

(4)服务器和系统安全。

(5)网络安全策略。

(6)安全监控策略(入侵检测、漏洞扫描、桌面安全管理)。

(7)计算机病毒防范。

(8)数据安全策略(数据备份、数据加密)。

(9)灾难备份策略。

(10)密匙系统、身份认证。

网络和信息安全防卫体系的运行需有管理机制和管理规章来支撑，特别是对内网的管理非常重要。在管理上要做好以下工作：

(1)严格规章，安全教育

健全的管理体制是维护网络正常安全运行的关键，需要明确安全管理人员在管理上的权利和义务，网络设备专人负责、维护，另外还需要对相关人员进行统一的网络安全教育，提高员工网络安全整体认识水平。

(2)明确责任，技术培训

网络管理员是决定系统网络是否可以安全、有效运行的根本因素，因此需要不断提高网络管理人员的技术水平。

(3)动态监控，专家咨询

系统的复杂性和安全产品的多样性导致很多情况下，集装箱码头没有能力解决网络中出现的问题，这就需要安全产品的生产厂商定期提供网络安全风险分析和针对新产品、新标准的培训，为预防突发性安全危机提供有力支持。

(4)专业网络安全服务

网络安全由产品、技术、服务等多个方面组成,单纯依靠网络安全产品已经不能满足日益增长的网络安全防护需要。用户需要更深层次的网络安全服务。从而,全面提升企业整个系统的安全可靠性。这就需要大批从事网络安全研究的技术顾问,从更加专业、系统的角度,为企业提供全面的网络安全解决方案。

# 第七章　现代集装箱码头市场营销

集装箱码头的市场营销和其所在港口的功能、定位和货源特点密切相关。港口及其集装箱码头的功能拓展对市场营销产生重要的影响。随着国家之间、地区之间、港口之间，甚至同一港口不同港区之间，出现了不同程度的竞争，使港口腹地的界限日趋模糊，增加了集装箱码头市场营销的难度。因此，现代集装箱码头市场营销的重要性日益凸显，市场营销已经成为现代集装箱码头运营者重点关注的课题。集装箱码头市场营销最主要的内容是集装箱货源的开发与组织及顾客管理。

## 第一节　集装箱货源

集装箱运输与集装箱货源密不可分，开发与组织集装箱货源是保障现代集装箱码头高效运营的必要条件之一。集装箱货源开发与组织的对象是适宜装箱的货物，因此研究适箱货源以及不同货物的运输要求并加以分析，对于集装箱货源的开发与组织有着重要的意义。

### 一、适箱货物的分类

在需要运输的货物中，从技术角度看不适宜用集装箱运输的很少(例如质量较大、形状不规则的大件货物，从物理形态上无法满足装箱要求)；但从经济效益角度考虑，就有很多不适宜集装箱运输的货物，例如大宗货物，采用专用车船装运显然会更经济。

在集装箱运输发展过程中，适箱货物的范围日益扩大，传统意义上的非适箱货物，如煤炭、钢材、粮食等在运输、装卸等技术不断发展和对环境要求越来越严格的条件下，越来越多地采用集装箱运输，这是现代集装箱码头在开展货源开发工作中应密切关注的重点和努力方向。

适箱货物的分类方法有多种，通常是按货物装运的形式或其性质进行分类。

1. 按货物装运形式分类

1)包装货物

其特点是机械强度较低,货件小。包装后可保护货物,便于堆码,减少运输中的货损、货差。其包装形式有箱、桶、袋等多种。

2)无包装货物或称裸装货物

其特点是机械强度高,体积较大,易于堆码。

3)散装货物

其特点是运输时可散装在货箱或货舱内,亦可装于罐装容器内。如粮谷、矿粉、煤炭、石油、酒类等。

4)成组货物

其特点是用标准化托盘将件包货物集中为一个集装单元,以便利装卸。

2. 按货物性质分类

1)普通货物(又称件杂货)

指在货物性质上不需要进行特殊积载和保管的货物的总称。按其包装形式和货物性质,又可分为清洁货物和污染货物。

(1)清洁货物。指清洁而干燥、本身没有什么特殊要求,与其他货物混载也不会损坏其他货物的货物。如茶叶、药材、罐头、纺织品、陶瓷品、橡胶制品、电气制品、玩具、袋装谷米、豆类、菜籽等。

(2)污染货物。指根据货物本身的性质和包装状态,有可能渗出液汁,飞扬粉尘、散发异味等,从而会对其他货物造成严重的湿损、污损、带味、虫蛀等的货物。如能渗出液汁的生皮,飞扬粉末的水泥,散发异味的咸鱼、胡椒,粘附污损其他货物的油脂、沥青,生虫的椰子核、牛骨等。

2)特殊货物(或称特种货物)

这类货物从其性质上需要用特殊的积载和保管方法才能装运。常见的特殊货物可分为8类。

(1)冷藏货物。需在特定的低温条件下,采用冷藏集装箱运输的货物。如水果、蔬菜、鱼类、肉类、奶油、干酪、小牛皮等冷藏保鲜货物。

(2)动物和植物。指具有正常生命活动在运输中需特殊照料,否则易发病死亡的动植物。如牛羊、蜜蜂、鲜花、果树、树苗等。

(3)笨重货物。指单件质量、尺寸较大,需用起重设备装卸的货物。如重型机械设备等。集装箱内能够用叉车作业的,杂货集装箱为2.5t,敞顶集装箱为4t。

(4)贵重货物。指价格比较昂贵的货物,多是易碎、精密物品,发生损伤后损失金额很大,故在装卸时要求特别谨慎。如照相机、仪器仪表、音像设备、丝织品、生丝等。

(5)危险货物。指易燃、易爆、易腐、毒害以及放射性的物品。如汽油、炸药、化学溶剂、毒气、放射性物质等。

(6)液体货物。指装在罐、桶、瓶、箱等容器内进行运输的液体或半液体状货物。如油、酒、药品等。液体货物易于渗漏、流失或散发而造成对其他货物的污损,故需装于一定的容器内。

(7)易腐货物。指在运输中因通风不良、高温、高湿等原因或在常温下即可腐败变质的货物。如蔬菜、瓜果、鱼类、肉类等。

(8)散货。指谷类、盐、煤炭、矿石等无特殊包装的散装运输的货物。随着集装箱化的发展,已出现了多种装运散货的专用集装箱,从而扩大了散货的适箱货源。

按货物性质分类的适箱货和相应采用的集装箱类型如图 7-1-1 所示。

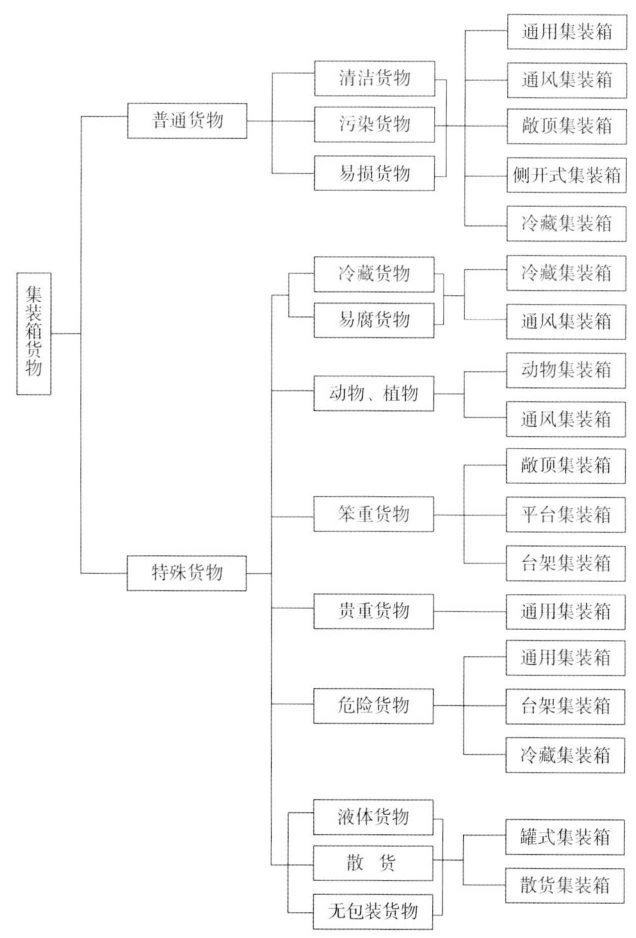


图 7-1-1　集装箱货物和集装箱类型

## 二、集装箱货源的特点

随着世界经济的发展,集装箱适箱货的生成量也随之增加,就总的发展趋势来看,货物集装箱化的比率越来越高。从这类货物的生成及运输性质来看,其主要表现出以下几个特点:

(1)运输质量要求高。

(2)运输时间性要求高。

(3)单位产品的货物价值较高。

(4)单位产品承受运价的能力较强。

(5)批量小。

(6)呈零星分散状存在。

## 三、决定集装箱货源量的因素

1. 国家或地区经济发展的影响

一个国家或地区的经济发展水平,是影响集装箱货源量的主要因素。发达国家或地区的产品技术含量高,附加值高,适合集装箱运输,因此,该国该地区的集装箱货源量就相对充足;反之,欠发达地区的产品主要是初级产品如煤炭、矿石、工业原料、农产品等,产品附加值低,承受各项费用的能力较差,不适宜采用集装箱运输,因此,该地区的集装箱货源量就相对匮乏。即使是发达地区,由于地域差异以及不同地区、不同时期在经济增长方式上的差异,其集装箱适箱货的构成也不尽相同,往往反映在单箱货进出口贸易货值上的差异,其结果体现在集装箱箱量上,高货值高科技含量相应箱量要少,反之,箱量高。此外,我国单箱平均货重地区差异较大,对集装箱箱量的生成产生一定的影响。

2. 国家外贸政策和国际市场供求关系的影响

国家的外贸政策将直接影响到国际贸易量。当国家鼓励外贸出口或进口时,出口或进口的货运量就会显著地增加,集装箱货源也随之增加;而国家限制外贸出口或进口时,出口或进口贸易量就会相对减少,集装箱货源也会随之减少。同时,受 WTO 等市场准入规则的影响,国际贸易中非关税壁垒,如“绿色壁垒”等发挥的作用越发明显。

国际市场的供求关系在一定程度上也影响着集装箱货源量。当某种商品在国际市场供大于求时,该种产品的出口贸易量就会明显下降;而供小于求时,该种产品的出口贸易量又会显著地增加。在这种情况下,集装箱货源量也会随之变化。

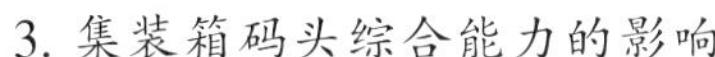

3. 集装箱码头综合能力的影响

现代集装箱码头所面对的主要是两方面市场需求：一是货源市场需求；二是班轮公司需求。货源市场需求决定着贸易货类和货量；班轮公司的需求影响着码头泊位类型、等级，班轮公司最大的需求，是码头的装卸效率和保班能力。现代集装箱码头只有以强大的综合能力作保证，才能赢得两个市场，争取更多的货源。

1）集装箱码头全方位综合服务功能及服务质量的影响

随着国际集装箱运输的发展，内陆集疏运系统的日益完善，出口商特别是港口腹地出口商对出海口岸的选择，有着更高的要求，港口及其集装箱码头间货源竞争更加激烈，在同等条件下，吸引货主的重要内涵，其焦点集中在码头全方位及增值服务功能与服务质量上。为用户提供全方位的运输、商务、金融、保险、通信、设备、信息、优惠条件等各方面的综合服务，是提升码头综合竞争力，进一步开拓集装箱货源市场的重要途径之一。

2）集装箱码头辐射功能及主干航线辟建的影响

集装箱码头必须与现代物流系统相协调乃至超前发展，才能满足顾客需求。现代集装箱码头必须能够提供快速、安全、可靠、准确、“门到门”等方面灵活的综合物流服务，成为集装箱多种运输方式联运中心，具备与腹地连接的高效完善的集疏运系统网络，航线的开辟与服务范围，及完善的沿海或内河支线运输网络系统直接影响集装箱运输量与吞吐量的增减。同时，应建有发达的集装箱物流园区、铁路集装箱换装中心等。上述集装箱运输系统配套工程的实际运作，将极大提升集装箱码头的综合能力，最大限度地增强码头辐射功能，从而吸引大量的适箱货源。

4. 保税港区功能建设的影响

保税港区——自由港的规划建设，为集装箱码头国际中转货源开发，提供了新的增长点。保税港区的发展重点是国际中转、国际配送、国际采购、国际转口贸易和出口加工业等，为港口产业群的崛起创造良好发展空间，也为现代集装箱码头开展国际货运中转业务，提供了预期货源基础。

## 第二节　集装箱货源量的预测

集装箱码头的经营规模、经营成果，都与吞吐量水平有着密切的关系，集装箱码头腹地货源量的多少直接影响其吞吐量水平，是制订集装箱码头发展规划的重要依据。对集装箱货源量进行科学预测具有非常重要

的意义。在实际预测操作中,根据数据来源特点,更多的是就整个港口一定时期的集装箱货源量进行预测,集装箱码头则更关注其在腹地的市场占有率。

## 一、集装箱货源量预测的意义

从集装箱码头的经营角度来看,对腹地集装箱货源及其运量进行科学预测,其意义主要表现以下几个方面:

(1)集装箱码头制订总体发展规划和适度超前投资建设的重要依据之一。

(2)集装箱码头制定经营决策的前提之一。

(3)提高集装箱码头经营管理水平的重要手段。

(4)可促进集装箱码头提高竞争能力和应变能力。

## 二、集装箱货源量预测的基本程序

1. 确定集装箱码头腹地集装箱货源量预测任务

集装箱货源预测基本任务是按货物的种类及适箱程度,分别预测各个不同时期的运量。

2. 收集分析有关历史数据和预测所需的各种资料

为预测集装箱货源量,应系统全面地收集有关的历史资料和规划资料,并对收集到的资料进行分类加工整理和分析;对已获取资料的统计口径、方法、时间及其准确性、全面性、可比性进行核查,以确保资料的真实可靠及口径的一致。

集装箱货源量预测的资料来源一般可分为3类:

1)集装箱码头内部资料

主要包括历年集装箱码头吞吐量统计资料和其他相关资料。

2)集装箱码头外部资料

(1)国家及政府法规、产业及相关经济政策,国民经济与社会发展规划及有关数据,如国家的经济贸易政策,交通运输政策和中长期、远景规划,集疏运通道现状及建设情况等。

(2)国外技术经济情报和国际经济、贸易活动资料。如某一国家或地区的政治、政局、经济发展情况,金融市场变化情况,银行利率和汇率的变化情况,通货膨胀的程度,政府经济政策和法令等。

3)对腹地调查获取的资料

3. 集装箱货源量预测方法的选择

集装箱货源量的预测,可以采用定性预测方法,也可以采用定量预测

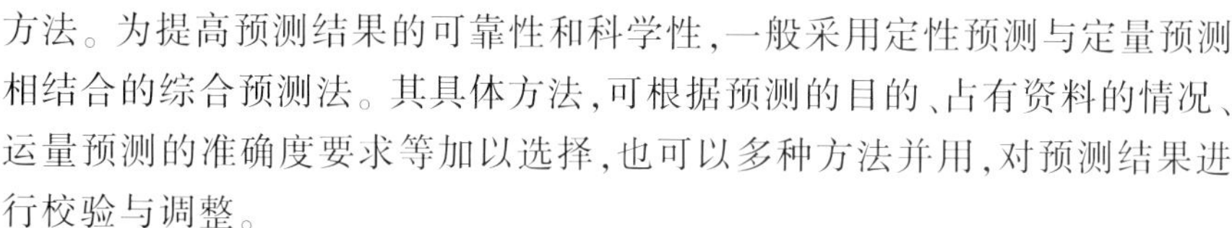

方法。为提高预测结果的可靠性和科学性,一般采用定性预测与定量预测相结合的综合预测法。其具体方法,可根据预测的目的、占有资料的情况、运量预测的准确度要求等加以选择,也可以多种方法并用,对预测结果进行校验与调整。

在进行运量预测时,要通过资料的分析、推理和判断,揭示运量的变化规律,确定货源量预测的模型,使其尽可能地反映实际货源量的变化,然后对货源量加以预测。

4. 对集装箱货源量进行预测

对货源量进行预测,就是根据确定的预测模型或公式进行外延或类推,即进行预测计算。进行外延或类推前后,均应考虑影响集装箱货源量的内部和外部因素动态变化情况,如有些因素的变化,导致其结果不同于以往和现实,即应考虑对货源量预测的目标值进行必要的调整与修改,乃至重建新的预测模型进行演算。

5. 分析集装箱货源量预测误差

用定量预测方法进行预测,与定性预测方法进行预测的结果往往不一致,那就要在两种预测结果的波动范围中选取主观认为合适的结论。

预测的结果和实际发生的情况往往会有差距,即发生预测误差。误差的产生有多种原因,既有主观原因,也有客观原因。预测误差小,结果可以接受;预测误差大,会失去预测意义。在此种情况下,需找出原因,去除其中的不可取因素,得出适当结论。

6. 集装箱货源量预测模型的建立与改进

货源量预测误差大,大多因为构建的预测模型不能准确地描述实际情况,或预测方法选择不当。因此,预测模型应建立在一定的理论和大量的统计资料基础之上,并在工作中不断地摸索、积累、磨合,做出改进。

## 三、集装箱货源量预测常用方法

1. 集装箱货源量预测方法的分类

1)定性预测方法

定性预测方法即非量化预测方法,是以经验分析、逻辑判断、推理对事物的内在规律及其发展趋势和未来状态进行分析、假设、判断、推理、估计与评价。常用的定性预测方法主要有类推法、经验判断法、用户调查法、专家意见法 4 大类。

定性预测方法的优点是简便易行,不需要经过复杂的运算过程,其不足是往往不能够提供以精确数据为依据的市场预测值,而只能提供市场

未来发展的大致趋势。如果预测方法得当、资料齐全、分析判断准确,定性预测结果仍是可供参考的重要依据。

定性预测方法是集装箱码头预测腹地集装箱货源及其运量的主要方法之一,它不仅是在不掌握统计资料,无法以定量的形式进行分析的情况下应用,而且在定量预测中,对各变量的特征、相互关系、有关参数的确定等必须进行定性分析。定性预测与定量预测不是互相排斥,而是相辅相成的关系,且定性预测是定量预测的基础。定性预测的应用范围相当广泛,许多行业都采用这种方法。

2)定量预测方法

定量预测方法即数量预测方法,是在充分占有大量、准确、全面而系统的历史数据资料的基础上, 根据研究对象的特点结合实际经验和客观情况,选择或建立定量化的数学模型,通过分析、计算,推断出对象在未来可能出现的状态和结果。常用的定量预测方法可分为时间序列分析法和回归分析法。

定量预测方法的优点是通过对所占有的大量数据资料运用数学方法加工处理,从而揭示有关变量之间的规律性和联系,并以数据说话,比较准确地预测市场未来的发展趋势,为经营管理决策提供科学依据。不足之处是,由于某些因素无法用定量的方式表达,因此,选择和建立预测模型时不能把所有的因素都考虑进去,造成单纯量分析的同时忽视非量化因素。

3)综合预测法

所谓综合预测法就是把定性预测与多种定量预测结合运用的方法。这种方法综合了定性与定量方法的优点,使之互为补充,相互验证。任何一种预测方法都有其一定的适用条件和范围,有其应用的局限性。多种方法结合运用可以找出相关因素(或变量)相互影响的规律性,对各种不同预测结果进行对比分析,找出并消除不确定因素,经过综合分析与评价,有利于提高预测结果的科学性、可靠性和准确性。

2. 集装箱货源量预测的常用方法

集装箱货源运量预测的数学模型很多,较常用的有以下几种方法:

1)移动平均法

预测模型为:

$$F_{t+1}=(X_t+X_{t-1}+\cdots+X_{t-N+1})/N$$

或

$$F_{t+1}=\frac{X_t}{N}-\frac{X_{t-N}}{N}+F_t$$

式中:$X_t$ 为新观测值;$F_{t+1}$ 为下一期预测值。

移动平均法的优点是计算量少, 移动平均线能较好地反映时间序列

的趋势及其变化，但是要求集装箱吞吐量历史数据呈平稳增长态势。

2）指数平滑法

预测模型为：

$$F_{t+1}=F_t+a(X_t-F_t)$$

式中：$a=1/N$，$a$ 值的确定可通过计算均方差使其最小时获取。

指数平滑法既不需要存储全部历史数据，也不需要存储一组数据，从而大大减少了数据存储，甚至有时只需一个最新观察值、一个最新预测值和 $a$ 值就可以进行预测，但是指数平滑法需要找到最佳 $a$ 值，以使均方差最小，这需要通过反复测算确定，工作量较大。

3）回归分析法

预测模型为：

$$y=b_0+b_1x$$

式中：$b_1$，$b_0$ 为相关参数。

$$b_1=\frac{\sum(x-\bar{x})(y-\bar{y})}{\sum(x-\bar{x})^2}\quad, b_0=\bar{y}-b_1\bar{x}$$

回归分析法建立在大量数据基础上，寻求隐藏在随机性后面的统计规律性，它需要较完整的历史统计数据作支撑。

4）数理统计法

集装箱码头对腹地集装箱货源量的预测，一般以集装箱码头的吞吐量为因变量，以集装箱码头腹地的外贸进出口总值为自变量，采用的预测模型为一元线性回归方程：

$$Y=a+bX$$

式中：$Y$——各年该集装箱码头的吞吐量；

$X$——各年该集装箱码头腹地的外贸进出口总值；

$a,b$——回归系数。

求 $a$、$b$ 的公式为：

$$a=\frac{\sum Y-b\sum X}{n}\qquad b=\frac{\sum XY-\frac{\sum X\cdot\sum Y}{n}}{\sum X^2-\frac{(\sum X)^2}{n}}$$

式中：$n$——年份数。

建立预测模型 $Y=a+bX$ 后，还应对其可信度进行检验。如检验通过，则

说明预测模型的可信度高，预测模型从整体上使用。此后，即可通过模型进行预测。

此外，对集装箱码头腹地货源量的预测，还可以把集装箱码头腹地的外贸进出口总值、国内生产总值同时作为自变量，通过建立二元回归方程：

$$Y=a+bX_1+cX_2$$

进行预测，其方法基本同上。

5)趋势外推法

趋势外推法是定量预测中常用的方法之一，具体到集装箱码头，它是通过对码头集装箱吞吐量进行研究分析，按发展规律建立预测模型，在有理由相信这种规律能够延伸到未来时，在时间上外推，进而完成对未来货源量的预测。其趋势模型为：

$$Y=f(t)$$

趋势外推法主要利用图形识别法和阶差法进行模型的初步选择。

图形识别法是将时间序列的数据绘制成以时间 $t$ 为横轴、时间观察值为纵轴的曲线图，观察并将其变化曲线与各类函数曲线的图形进行比较，选择较为适宜的模型。通常情况下，先依照图形初选几种接近的模型，待进行模型分析后再确定预测模型。阶差法是通过计算时间序列的阶差并将其与各类模型阶差特点比较，选择适宜模型的方法。

6)灰色预测法

灰色预测法是常用的预测方法之一，集装箱码头吞吐量的预测就是典型的灰色系统。灰色动态($GM$)模型思想是直接将时间序列转化为微分方程，从而建立抽象系统发展变化的动态模型，$GM$ 是微单序列一阶线性动态模型，该模型精度与数据取舍有关，一般以原始数据中某一数据为基础，按等间隔的要求选一组数据。为了提高 $GM$ 在原点上的精度，通常用全数据 $GM$ 模型。

事物发展的惯性原则是起始年份距原点(预测点)越远，相对误差也越大。在一般情况下，将长期序列预测值作为下限，而短期序列预测值作为上限，使预测值落在一个灰色区间内，并遵循短期预测选择短序模型，中长期预测选择长序模型的原则。为此，灰色区间一般是生成模型 $X(k+1)$未来发展的可能区间，即增长上界为 $Q_{max}$，增长的下界为 $Q_{min}$。

$GM(1,1)$模型是最常用的一种灰色动态预测模型，由一个单变量的一阶微分方程构成。设原始数据列为 $X^{(0)}=\{X_{(i)}^{(0)}, i=1,2,3,\cdots\}$

作一阶累加形成生成模型：

$$X^{(1)}=\{X_{(i)}^{(1)},i=1,2,3,\cdots\}$$

其中：$X_{(k+1)}^{(1)}=\sum_{k=0}^{i}X_{(k)}^{(0)}$

由此得出预测模型：

$$\hat{X}_{(i+1)}^{(0)}=\left[X_{(1)}^{(0)}-\frac{\mu}{a}\right]e^{-ai}+\frac{\mu}{a}$$

式中：参数 $a,\mu$ 由已知系数确定。

$$\begin{bmatrix}\mu\\a\end{bmatrix}=(B^TB)^{-1}B^TY_n$$

$$Y_n=\begin{bmatrix}x_{(2)}^{(0)}\\\cdots\\x_{(n)}^{(0)}\end{bmatrix},B=\begin{bmatrix}-\frac{1}{2}(x_{(1)}^{(1)}+x_{(2)}^{(1)}) & 1\\-\frac{1}{2}(x_{(2)}^{(1)}+x_{(3)}^{(1)}) & 1\\\cdots & \cdots & \cdots\\-\frac{1}{2}(x_{(n-1)}^{(1)}+x_{(n)}^{(1)}) & 1\end{bmatrix}$$

经累减还原得到原序列的预测模型：

$$\hat{x}_{(i+1)}^{(0)}=\hat{x}_{(i+1)}^{(1)}-\hat{x}_{(i)}^{(1)}$$

灰色预测法是一种对含有不确定因素的系统进行预测的方法，灰色预测是对既含有已知信息又含有未知信息的系统进行预测，就是对一定范围内变化的、与时间有关的灰色过程进行预测。它所研究的对象是部分信息已知而部分信息未知的“小样本”、“贫信息”的不确定性系统，具有所需样本数据少、计算简单等优点。

7)专家调查法

专家调查法，又称德尔斐(Delphi)法，是美国兰德公司(RAND)的研究人员于1964年创立的一种定性预测方法。它是目前定性预测中最常用的方法之一。专家分析法的基本特征是采用函询即调查表的方式收集和征求所预测领域的专家智慧和经验，将专家的答复作统计分析，再将分析结果反馈给专家，如此反复进行，使各种不同意见逐渐趋向一致。从而得出一个比较统一的预测结果，供决策者参与。

专家调查法的特点和优点表现在：

(1)匿名性。在进行函询调查中，专家彼此互不相知，不受领导、权威的约束和能言善辩者所左右，可充分发表各种不同的意见。

(2)反馈性。参加应答的专家从反馈咨询表中，可得到集体的意见和

咨询状况,便于做出新的判断。

(3)筛选性。通过数轮咨询后,专家的意见会相对集中,为决策提供依据。

使用专家调查法进行预测时,专家的选择是保证调查结果权威性的关键。

8)腹地调查法

腹地调查法是一种定性与定量相结合的方法,它是从局部到全局,在信息分析深入、调查研究广泛的基础上,寻找出腹地经济发展与集装箱码头吞吐量的关系,从而完成预测。其所需要的主要资料包括腹地经济现状及发展规划,腹地交通现状及规划,腹地外贸现状及规划,腹地经济或主要大型企业及其产品与集装箱码头吞吐量关联的紧密程度以及海关、有关政府部门的相关统计资料等。

集装箱码头货源量预测,不管采用何种方法和数学模型,由于经济活动是动态的,在世界经济一体化的今天,影响货源量总值的因素千变万化,不确定因素很多。因此在实际预测中,应尽量采取定量预测和定性预测相结合的方法,对各种预测结果进行综合分析,以增强适应性和灵活性,减少误差和失真。

## 第三节 现代集装箱码头货源市场开发及货源组织

随着我国改革开放不断深入,及市场经济体制的建立与完善,原来由计划调配货源的方式已转变为由码头自身开发货源,货主自主选择货物的出海、登陆口岸。因此,现代集装箱码头经营者也改变坐等货主上门的做法,努力加大货源市场的营销力度,加强对货源市场的分析研究,最大限度地满足顾客需求,以争取到更多的货源,扩大市场占有率。

### 一、港口腹地

港口腹地的大小和经济发展状况,是影响港口吞吐量、港口规划与发展的重要因素。因此,对港口腹地合理定位,搞清港口目前和将来的腹地范围,是集装箱码头营销工作的一项重要内容。

港口腹地是指经由港口集散货物的生产、消费及转运的区域范围,该区域由陆域和海域两部分组成。因此,港口腹地可分为陆域腹地和海

域腹地。

货源主要来自陆域腹地和海域腹地。陆域腹地是指港口在陆地上吸纳货源的区域，陆域腹地是每个港口发源、兴起的基础；海域腹地是指港口依靠优越的地理位置或依靠自身航线多、航班密、功能齐全的优势，而在海上的吸引辐射范围。就世界上绝大多数港口而言，是否依托于一定范围的并具有一定经济发展潜力的陆域腹地，是一个港口能否兴旺并保持持续发展的首要条件。决定一个港口集装箱货源的因素，一是自身陆域腹地的集装箱生成量和吸纳量，二是海域腹地中的支线港的生成量和吸纳量。

## 二、集装箱码头货源市场开发的特点

传统意义上的集装箱揽货是指班轮公司为使自身所经营的班轮能在载箱量和舱容上得到充分利用，尽量做到满载或接近满载，以取得最大的收益，而从货主那里争取货源的行为。集装箱货源揽货的主体是班轮公司或其货运代理人，集装箱码头仅仅是货物换装和货物水路转运的场所。

随着经济发展，传统的各港经济腹地已演变为相邻港口间相互渗透、交叉的共同腹地，并成为各港间争取货源的焦点。因此，集装箱码头对集装箱货源的开发与组织工作需有新的认识。目前，大多数集装箱码头采取灵活有效的方式，与船公司及其货运代理人、相关单位紧密配合，深入腹地开发组织集装箱货源，共同参与集装箱货源市场的竞争。

船舶大型化后，船舶经营人为追求航运规模效益，必然要进行航线调整，大型集装箱船舶只挂靠一些主要港口。那些具有充分的货源，并且能够及时、高效地进行集疏运的大型深水港口便成为首选目标。因此，集装箱码头货源开发组织工作的另一重要内容，就是在充足的货源支撑下，吸引班轮公司多辟新的远洋航线和加大航班密度，这对于建设集装箱枢纽港尤为重要。

集装箱码头揽货与班轮公司揽货在性质上有相同的一面，也有不同的一面。相同的一面是：两者均为获取最大收益而从货主那里争取货源。班轮公司揽货，是为使船舶舱位利用率达到较高水平，以降低单位运输成本，获取最大运输收益；集装箱码头揽货，是为使尽可能多的集装箱货物经过码头装卸，增加集装箱吞吐量，获得最大的装卸收益。集装箱码头揽货与班轮公司揽货的不同点表现为：两者对同一过程中不同阶段的侧重点不同。集装箱码头揽货是以货物经过本码头装卸为最终目的，至于集装箱由哪家班轮公司承运，则是选择合作伙伴的问题；班轮公司揽货与此正

好相反，其揽货是以货物由本公司船舶承运为最高目标，除托运人指定外，并不关心货物在哪家集装箱码头装卸。集装箱码头揽货关心的是货物经陆路运输或经海上运输后的出海、登陆地点，班轮公司揽货关心的是货物海上运输由谁来承运。

由此可见，集装箱码头揽货与班轮公司揽货不仅不存在竞争的关系，而且还是相互合作、取长补短的战略伙伴关系。对于一个特定的集装箱码头和一个特定班轮公司而言，集装箱码头将揽到的货物交付给班轮公司运输，可增加班轮公司的货运量；而班轮公司将所载运的集装箱委托该集装箱码头装卸，也可增加该集装箱码头的吞吐量。因此，在实践中，往往是集装箱码头与班轮公司共同开发集装箱码头腹地的货源市场。

由于集装箱码头揽货与班轮公司揽货对集装箱运输过程中的侧重点不同，因此，在腹地货源市场开发上的指导思想也存在差异。一般情况下，集装箱码头侧重于各腹地至集装箱码头间的“通道”建设，着重于疏通运输渠道，理顺运输环节，建立良好的“环境”，并立足于协调服务，解决货主（委托人）或班轮公司在陆路运输中基于码头交接时遇到的困难和问题，辅助以揽货的职能，多渠道、多方面地扩大市场占有率。班轮公司则侧重于货物的直接招揽。了解、掌握集装箱码头与班轮公司在招揽集装箱货源过程中各自利益所在，可以进一步密切港航伙伴关系，为集装箱码头招揽货源，增加货运量，开创新局面。

## 三、集装箱码头的市场营销方式

鉴于集装箱码头市场开发与服务销售同时进行的特点，其在腹地货源市场营销方面应采取的主要方式有：

1. 对海域腹地货源市场的营销方式

集装箱码头的市场营销主要对象是班轮公司，主要任务是向班轮公司推销自己，开发航线、航班，增加舱位是集装箱码头市场营销的核心。

1)加大航线开发力度，完善航线布局

加强与班轮公司的合作，建立港航联席制度，及时沟通信息，解决班轮公司在集装箱码头、口岸遇到的困难和问题，在保证充足出口集装箱货源的基础上，增加集装箱码头的航线、航班数量和密度，优化航线布局，最终实现航线规模与集装箱吞吐量的相互促进。这是开展海域腹地市场营销工作的基础和前提。

2)积极推动枢纽港建设，增强对海域腹地的辐射能力

利用航线优势，与其他港口开展支线中转运输业务，不断扩大对海域

腹地覆盖的广度和深度,形成区域性枢纽港。在支线运营上,可以联合船公司、支线港口或自身投资和经营,也可在支线港口以资本运营方式发展本码头的延伸服务,拓展海域货源腹地。

定期走访支线港口,征求服务意见,并对支线港加大在人力、物力、财力上的投入(可以参股等形式实现),提高支线港的管理水平,增加对支线港及其腹地货源市场的吸引强度,进而增加集装箱码头海域腹地货源量。

在政策允许的条件下,通过公共关系活动积极取得政府有关机构的支持,不断简化中转报关和出口退税手续,建设高效、便捷的中转运输环境。

3)加强与内贸船公司的合作,拓展沿海内贸集装箱运输业务对陆域腹地货源市场的营销

4)利用港口保税政策,发展国际中转、出口加工和国际采购业务,进一步拓展货源渠道

2. 对陆域腹地货源市场的营销方式

1)建立集装箱码头营销网络

集装箱码头营销网络的建设主要通过在不同地区建立办事机构及定期走访等来实现。办事机构的建设应根据腹地货源分布状况,以及集装箱码头对腹地货源的吸引强度而定,要根据该腹地对码头货源量的贡献、发展潜力、竞争程度等方面综合考虑,有所侧重。码头要对办事机构的工作绩效进行监督、考核。办事机构履行的主要职能有:

(1)宣传、推介本集装箱码头的优势。

(2)建立与主要货主和班轮公司腹地分支机构的工作联系,协调货主与班轮公司之间的业务关系。

(3)利用掌握的有关费用资料与信息,帮助货主测算有关费用,优化设计物流方案。

(4)实时解决货主在陆路运输、码头交付等方面遇到的困难和问题。

(5)定期走访货主,征求对集装箱码头服务方面的意见和建议,并及时反馈给码头经营者进行整改。

(6)收集腹地经贸及货源分布等信息,据此提出建议方案,并采取适当的行动。

(7)代理货主完成相关的货运业务等。

2)加强与腹地交通及相关主管部门、物流企业的合作,建立内陆“无水港”

集装箱码头在腹地内加强与交通及相关主管部门、物流企业合作,选

择战略合作伙伴通过投资成立合资或联营物流企业建立“无水港”，其目的是将港口的功能向内陆延伸，方便货主托运货物，增强集装箱码头对腹地货物的吸引强度。货主在“无水港”交付货物即可视为货物已交付集装箱码头，货主可从“无水港”直接办理通关和出口退税手续，获取海运提单。

在建设“无水港”的过程中，港口与腹地物流企业形成了经营实体或战略联盟，进而增强了港口对腹地市场的控制能力。

3)加强与腹地的运输通道建设，发展多式联运业务

(1)建立港口的“铁路港站”，开辟国内直达快运班列和过境陆桥运输

通过建立 “铁路港站”可实现内陆出口集装箱直接集港、海上进口集装箱直接疏港，从而大大减少短途倒运等中间环节，既节省时间、简化手续，又降低陆路运输费用。同时，还可实现“铁路箱”直接进港，实现铁路箱与海运箱的换装运输或直接“下海”运输，从而达到充分利用运输资源、降低物流成本、减少在运输中产生的货损货差、增强对腹地货源吸引力的目的。

开辟直达快运班列的目的在于解决铁路运输时间无法与班轮衔接的问题，充分发挥铁路费用低、运量大的优势；开展过境陆桥运输，可以扩大对境外地区集装箱货源地的吸引强度，增加集装箱码头的货运量。

班列运输要形成网络化，要覆盖港口腹地货源聚集的所有大中型城市。同时，还要根据货运量的增长情况，逐步增加班列的开行密度。

(2)利用内河通道，开展水—水中转业务。如果集装箱港口腹地内有适于航行的江河，可以通过与有关内河运输公司合作，开展集装箱内河通道运输，扩大集装箱码头的货源量。从战略角度讲，还可以在沿江城市投资建设码头，形成若干个以本港为母港的喂给港，以增强本港的中转功能。

4)开发集装箱边缘货类

集装箱边缘货类也叫集装箱临界货物，此类货源比较充足，在物理属性及形态上装箱是可行的，但其货值较低、承担运费能力较差，运输方式临界于集装箱和散杂货之间。因此，要把此类货物作为争取装箱的重要对象，加大装箱的组织力度，配合一定的政策扶持，促成此类货物的集装箱化运输，进一步拓展适箱货源。如北方港口可以针对腹地制造业欠发达，但资源和农副产品丰富这一情况，积极开展煤炭、钢材、粮食等边缘货类入装箱运输业务。

5)开展多种形式的公共关系活动

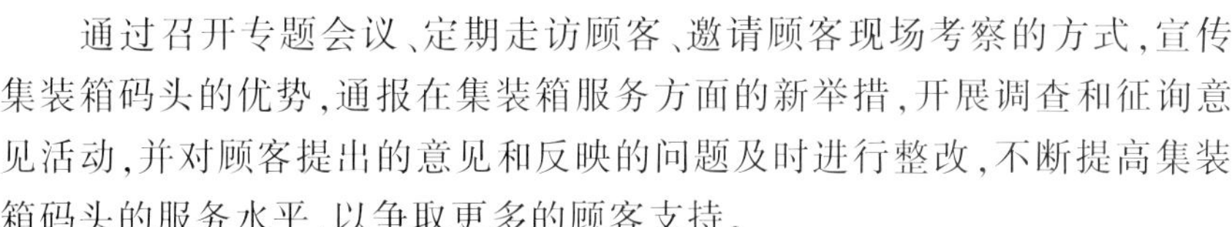

通过召开专题会议、定期走访顾客、邀请顾客现场考察的方式，宣传集装箱码头的优势，通报在集装箱服务方面的新举措，开展调查和征询意见活动，并对顾客提出的意见和反映的问题及时进行整改，不断提高集装箱码头的服务水平，以争取更多的顾客支持。

6）发展港口物流，培育新的市场增长点

港口作为水运货物集散地，既是实现流通中商品空间位置变化的场所，又是流通领域交易市场的汇集中心，具有强大的物流功能。集装箱码头应充分利用这一优势，最大化地发挥综合物流中心的作用，以功能拓展带动市场开发，不断培育新的市场增长点。

## 四、集装箱码头货源组织

集装箱码头货源组织就是坚持"安全质量第一"、"优质服务"的方针，贯彻计划运输、合理运输、负责运输的原则，把需要运输的货物，有计划、有步骤地组织起来进行运输的行为，并提供优质服务。集装箱码头通常由市场部或经营开发部负责货源组织工作。集装箱码头的货源组织按运输方式，通常可分为铁路集装箱货源组织、公路集装箱货源组织和海运（水运）集装箱货源组织 3 种方式。

1. 铁路集装箱货源组织

1）铁路集装箱货源组织形式

铁路集装箱货源组织形式主要有 4 种：

（1）整列的集装箱货源

同一品名的整列集装箱货源较少，但由于参与海上运输的集装箱船舶载箱量大，因此可组织整列的、到达同一终点站的集装箱直达列车。

（2）整车的集装箱货源

通常，整车的集装箱货源较普遍。目前，我国的铁路运输部门为鼓励集装箱经铁路运输，在运费计收方面已制定了较为优惠的政策。

（3）整箱的集装箱货源

对运量较少的货主来说，在其货源能装满 1 个整箱，但不够 1 节整车时，通常由腹地内的集装箱中转站进行统一配货，装满整车，减少单箱费用。

（4）拼箱的集装箱货源

拼箱的集装箱货源通常由内陆中转站统一加以整理、装箱后，再经铁路运输集港。

2）铁路集装箱运输的条件

(1)必须在铁路集装箱办理站办理运输。

(2)必须是适箱且适合铁路运输的货物(部分危险货物不适宜铁路运输)。

(3)必须整箱运输(至少1箱)。

(4)铁路集装箱运输的货物装箱、加封或启封、拆箱由托运人或收货人负责。

(5)必须由托运人确定重量。

2. 公路集装箱货源组织

1)公路集装箱运输的特点

公路集装箱运输由于其货物的包装形态发生了质的变化，因此其货物的装卸、运输过程也随之而发生了变化。就其货物运输的流转程序而言，出口集装箱货物必须是先将分散的小批量货物预先汇集在内陆中转站或公路港内，然后组成大批量货物以集装箱运输方式运抵集装箱码头堆场,或者由工厂、仓库直接将货物整箱装运至集装箱码头堆场。进口集装箱货物如果是整箱运输的,将直接送往工厂或仓库拆箱;如果是拼箱运输的,将集装箱送到堆场或货运站拆箱后分送。由此,公路集装箱运输的主要特点则显而易见:

(1)机动、灵活,较其他运输方式更容易实现集装箱的门到门运输。

(2)线路简单、方便。

(3)时间短,中间环节少。

(4)作业方式易实现机械化和程序化。

(5)受道路条件限制的程度较大,成本较高。

2)公路集装箱货源组织形式

公路集装箱货源组织的最基本形式是计划调拨运输,就是由“无水港”或内陆中转站统一受理其所在区域内的出口集装箱货源,根据各汽车运输公司(集卡车队)的车型、运力以及货源情况,统一调拨运输计划。

合同运输是公路集装箱的第二种货源组织形式。在计划调拨运输以外或有特殊要求的情况下,可采用合同运输形式。通常由内陆中转站、货主及其代理直接与运输车队签订合同,确定运输的时间、流量和流向。

第三种货源组织形式是临时托运。通常情况下,临时托运的批量比较小,对运输无特殊要求,是短期的、临时性的组织形式。

3. 海运(水路)集装箱货源组织

海运(水路)集装箱货源的组织方式有:

(1)组织外贸进出口货物在本码头顺利装卸。

(2)通过支线和干线的衔接,组织周边沿海地区的货物和国外到上述地区的货物中转。

(3)组织集装箱码头邻近地区的货物经沿海内贸集装箱航线运输。

(4)通过与集装箱制造厂家和定箱单位的合作,组织沿海空箱调运等。

## 五、集装箱码头营销策略

集装箱货源市场是一个不断变化的动态系统，因此集装箱码头为使其自身及其产品——装卸服务占有尽可能大的竞争优势，并确立其在顾客心目中的优势地位,就必须根据自身及腹地货源市场的情况,制定腹地货源市场开发战略和策略,这是集装箱码头经营成败的关键。

营销策略就是为了集装箱码头自身的生存和发展，以在激烈的货源市场竞争中保持并发展其实力地位而确定的目标，以及为与达到此目标所采取的各项对策措施的有机结合。不同的集装箱码头由于其经营模式、营销目标、资源和核心能力不同,因此各自的竞争地位也不尽相同,而竞争地位的差异必然导致各集装箱码头的营销策略各具特色。

1. 市场营销组合策略

市场营销组合策略也叫市场组合。市场营销组合策略是以其产品定位为基本依据,以满足消费者需要为目标,是诸多营销因素的相互配合和综合运用。

市场营销组合的确定是在调查了解影响市场变化有关的外部环境的诸因素后,结合企业内部条件和可控制的各种因素,进行最佳组合,综合运用,最有效地满足市场的需求,以取得最好的营销效果和收益。

市场营销可控因素十分复杂,集装箱码头市场营销亦然,为便于分析运用,实业界和理论界曾提出多种市场营销的分类方法。目前世界上最流行的分类法就是1960年美国销售学家麦卡锡(Mccarthy)提出的“4P”组合,即产品、定价、分销渠道和促销。由于这几个词的英文都是字母P开头,所以简称“4P”组合。同时每一个P又包括许多因素,形成每个P的次组合。这样4P内容就构成了市场营销组合的4大基本策略:

(1)产品(Product)策略。产品是市场营销组合的主导,是进入市场、争夺市场、参与竞争的武器。

(2)价格(Price)策略。价格是价值的货币表现,它随着价值上下浮动,价格高低关系消费者和企业的利益。为此,在定价时要科学,要符合需求与供给法则。

(3)销售渠道(Place)策略。销售渠道有直接销售和间接销售,对大多

数商品而言,都要经过一个或几个中间商的运销。

(4)促销(Promotion)策略。商品进入市场,必须采用各种促销策略,以提高企业声誉,增进顾客对产品的了解,达到产品的扩销目的。

然而,在施行贸易保护或地方保护的条件下,企业市场营销战略,仅靠营销组合策略来吸引顾客和顾客已经远远不够。要把"4P"变成"11P",在原有的基础上增加探查(Probing)、细分(Partitioning)、优先(Prioritizing)、定位(Positioning)、权力(Power)、公共关系(Public Relations)和人(People)这7个"P",即企业为了成功地进入特定市场,并在那里从事业务经营,在策略上要协调地运用经济的、心理的、政治的和公共关系手段,以博得当地有关方面的合作和支持。市场营销"11P"原则是在市场营销组合基础上进一步补充和发展的,其内涵更为丰富,适用范围更广泛,对现代企业营销的发展极为重要。

"探查"(Probing)指市场营销调研,是开展市场营销活动的第一步。

"细分"(Partitioning)指要区分不同类型的买主,即市场细分,是开展市场营销活动的第二步。

"优先"(Prioritizing)指选择那些最能发挥营销优势,能最大限度地满足顾客需求的市场作为目标市场,这是第三步。

"定位"(Positioning)指产品在顾客心目中的地位,企业打算让自己的产品在顾客心目中树立的形象。

"权力"(Power)是了解有关国家和地区的政治情况,并利用资源与有关部门打交道。

"公共关系"(Public Relations)就是在公众心目中树立起一个良好的形象。

"人"(People)是理解人、了解人,并贯穿于企业营销活动的全过程,是实施前面10个P的成功保证。

2. 现代集装箱码头货源营销策略

目前,由于我国大多数集装箱码头执行的是国家定价(少数码头执行的是自定价格,但也需国家主管部门批准),因此价格对于集装箱码头市场营销活动的影响相对较小,故而在运输市场发育较为成熟的情况下,集装箱码头的营销策略中往往较少考虑此项因素。通过行业公会建立正常的协调机制与政策,以及提高各自的经营自律意识,可以使集装箱码头在执行价格的问题上达成共识,以防止和避免不正当竞争和恶性竞争的发生,求得共同和谐发展。

基于11P的原则并参照现代集装箱码头的特点及腹地货源市场情

况,在开发腹地货源的过程中常常采取以下策略:

1)分层次开发策略

集装箱码头在对腹地货源进行开发时,可根据腹地不同区域的货源量以及对集装箱码头吞吐量的影响程度,确立重点开发地区、一般开发地区和待发展地区,采取不同的开发策略。如对待开发地区采取保持热线联系;对一般地区采取与当地运输部门、货运代理合作等策略;对重点开发地区应密切注视其社会经济发展的新成就、新进展、新动向,特别是建立大批量适箱货顾客档案,做好数据跟踪维护等货源开发基础性管理工作,为实施有关策略奠定科学可靠的决策依据。

2)疏通通道策略

通过与铁路、公路运输部门、支线船公司的合作,以减少中间环节,疏通腹地与集装箱码头间的水陆路运输通道。为吸引货源,集装箱码头应为顺利畅通的换装中转创造良好的环境,以增强集装箱码头对腹地货源的吸引强度。

3)加强宣传,塑造集装箱码头良好形象

通过召开新闻发布会等形式,加强集装箱码头及其所在港口和口岸的各项优势、政策、服务等的对外宣传,在腹地广大顾客中树立良好形象,增强顾客的信任感,提高集装箱码头的社会影响力和声誉。

4)协调策略

在集装箱运输过程中,顾客可能在不同的环节与不同的关系方产生矛盾,为此集装箱码头应积极协调与有关单位的联系,理顺关系化解矛盾。

5)及时解难策略

运用及时解难策略的经营观点是:"提供世界上最好的服务",并将此作为集装箱码头的象征。集装箱码头通过及时为顾客排忧解难提供种种便利,解决其在运输中遇到的困难和问题,以增强自身的吸引力。

6)质量保证策略

集装箱码头通过不断提高装卸质量和效率,用自身具有特色的服务,增强对顾客的吸引力。

7)售前、售后服务策略

售前服务是指集装箱码头利用自身所依托的整体优势和信息优势,在提供装卸服务前,为顾客准确、及时、全面地提供运输市场信息、测算全程运输费用,帮助顾客权衡利弊、选择最优水陆运输方式等,以求建立互信双赢稳定的合作关系。所谓售后服务是指集装箱码头定期或不定期走

访顾客，征求对集装箱码头服务的意见和改进建议，并据此及时落实整改，最大限度地做到让顾客满意。

8)加强与腹地外贸、运输主管部门的联系与合作

通过疏导交流取得上述行政主管部门的信任与认可，借助其行政手段，将国家法定优先的适箱货吸引到本集装箱码头。

9)集装箱码头经营者定期走访策略

通过集装箱码头经营者定期不定期主动登门拜访顾客，了解需求，并逐渐与其高管人员建立联系与工作感情，以构建正常的业务往来及信息沟通渠道，并带动影响下层管理、业务工作人员，以吸引更多的新的顾客，使之成为集装箱码头新的货源增长点。

10)提高市场营销人员的素质

重视集装箱码头营销人员的选拔、培养和考核，为其创造自学、培训、参观和经验交流的机会，不断提高其业务专长和能力等。

## 第四节　现代集装箱码头顾客管理

集装箱码头市场营销工作的主要对象是顾客，做好顾客管理是使市场营销取得良好绩效的重要途径之一。集装箱码头应当理解顾客当前和未来的需求，满足顾客要求并争取超越顾客期望。处理好与顾客之间的关系，不仅可以综合利用外部资源互惠互利形成共赢，而且还可以产生系统性经济效益，从而实现码头社会价值。

### 一、集装箱码头顾客

集装箱码头的顾客是指接受集装箱装卸服务的组织或个人。根据集装箱码头服务对象分为货主、货代、船公司、船代、运输车队、对方港站、铁路等。

集装箱码头为了及时掌握为顾客服务的情况，了解顾客需求，全面提高顾客满意度和忠诚度，在顾客细分条件下应建立顾客档案。

顾客档案的信息应包括：顾客组织名称、地域、组织类型(船公司、船代、货主单位、货代、铁路、公路运输单位、堆场等)、年货运量、货运量变化情况、顾客等级、班轮航线信息、服务情况等，以及联系人、联系人职位、部门、地址、邮编、电话、传真、E-mail、备注等。

集装箱码头应明确主管顾客档案部门或设置专职人员做好顾客档案的收集整理及维护工作。

## 二、顾客沟通

与顾客的有效沟通是建立顾客关系的基础。首先,要权责明确。集装箱码头与顾客间的关系有时因微小的误会而疏离分解,为了避免与顾客之间的误会,集装箱码头顾客管理权责划分要清楚。其次,对顾客抱怨及反馈要及时归口到责任部门及岗位,确保与顾客沟通的良性循环,提高顾客忠诚度。

与顾客沟通的方式有很多,如电话联系,高层人员定期或不定期的通信、对话,顾客拜访,作业合同的处理(包括其修改),顾客反馈(包括其抱怨),利用报刊、广告或电台、电视台宣传等等。

## 三、顾客的拜访

为进一步了解顾客当前和未来的需求,集装箱码头应定期或不定期拜访顾客,保持顾客的忠诚度。

1. 预约

集装箱码头应有针对性地做好年度顾客拜访策划,在每月实施拜访计划的过程中,首先要做的是拜访顾客预约,通过电话或电子邮件,直接与目标顾客联络,争取拜访顾客的机会,确定拜访的时间。同时,与顾客沟通此次拜访的主要目的和相关事宜,使顾客做好相应的准备,以提高拜访的质量和效果。

2. 拜访

拜访的过程也就是与顾客面对面沟通交流的过程,这也是整个拜访过程中最核心的过程。在与顾客沟通的过程中,按照预先准备全面而有条理推介和讲解;对于顾客提出的问题和想法要耐心倾听,及时排除顾客疑虑。在顾客拜访的过程中,经常遇到顾客提出需求和需要跟进的事情,要及时反馈。

3. 总结归纳

在顾客拜访中,经常遇到投诉和顾客个性化的需求,通过沟通和了解,掌握顾客的真实意图和需要,针对需求有的放矢地做好总结归纳。集装箱码头通过顾客拜访掌握顾客目前的或潜在的需求,以顾客为关注焦点,以顾客的需求为核心,不断提高码头服务的整体水平。

## 四、顾客满意程度

1. 顾客满意程度调查

集装箱码头应不断壮大顾客群体,增加战略伙伴,使船公司、货主不断巩固和发展,通过每年、每月对顾客的了解,能够对市场发展的潜能作

出相应的调整，通过满意度调查不仅能加深对顾客的理解，而且从中找出保持、发展顾客的对策，加深与顾客的合作关系。

2. 集装箱码头顾客满意度的评价

顾客满意是指顾客对其要求已被满足的程度的感受。它是顾客将其对企业的产品或服务实际感受的价值与其我的价值进行比较的结果。

顾客满意度是对顾客满意程度的定量化描述，是顾客接受产品和服务的实际感受与期望值比较的结果。顾客满意度是衡量企业业绩的重要指标。一般可分为顾客满意率、顾客满意指数和服务质量指数。

顾客满意率是在被访问的顾客中表示满意的顾客所占的百分比。

顾客满意度指数是顾客的需求和期望被满足的程度的一种指标。

服务质量指数是通过服务的提供过程、能力、绩效3个方面综合评价的新型工具。

集装箱码头应定期测量顾客满意度，有针对性地采取措施，改进服务质量，以保持顾客满意和顾客忠诚。

## 五、集装箱码头服务质量跟踪

1. 集装箱码头应通过各种渠道和方法，及时获取顾客信息

不仅要通过直接拜访顾客、每年与顾客召开年会，还要通过每月走访顾客及在顾客呼叫中心设置电子商务、传真和投诉电话等渠道，及时获取顾客信息，保持与顾客的紧密联系，听取他们在服务方面的意见和建议，然后归纳和验证顾客的需求。

2. 第三方评价

第三方独立的顾客满意度调查可以得到顾客的直接反馈，从而避免了通过集装箱码头内部估算或者对其他数据的分析测算出的顾客满意程度可能存在的偏差。由于集装箱码头行业的特性，很多顾客往往并不直接抱怨，而是以其他方式如告诉同事、朋友或家人，甚至利用互联网进行更大范围的传播。通过给顾客提供一个独立的调查渠道，让他们真实地评价集装箱码头的服务水平，通过第三方对顾客所提出的问题进行承诺和及时改进，可以有效地保持和提升顾客满意度，避免顾客的流失。

第三方评价可以公正地为集装箱码头的顾客服务部门进行顾客满意度指数测评，具体包括确定测评指标并量化、确定被测评对象、抽样设计、问卷设计、实施调查、数据汇总整理、计算顾客满意度指数、分析评价、编写顾客满意度指数测试报告、改进建议和措施等。

3. 集装箱码头投诉的处理

集装箱码头应明确顾客投诉管理程序，用来解决所有顾客的担忧、抱怨和问题，确保按照投诉管理程序如实准确地满足顾客合理需要。有条件的还应建立“顾客服务中心”，对顾客咨询、投诉等信息及相关要求进行系统的管理。

4. 获取和使用可与竞争对手、同行业标杆相比较的顾客满意信息

集装箱码头为获取行业标杆、竞争对手的信息，应通过各种渠道，不断获取同行业信息，包括集装箱运输行业的各项最佳指标，掌握同行业的各项标杆。可以通过集装箱运输行业定期公布的有关数据和信息、通过上市公司对外披露的年报、通过报刊公布的国内外信息、行业协会组织的专业会议，不断获取最新的行业信息和标杆。保证信息的及时性、准确性和客观性，找出差距，不断进取，并建立不断完善的信息库。

检验货运服务质量的最终标准是顾客满意程度，要重视服务中和服务后的顾客评定，通过发放调查表、开座谈会或登门向顾客征求意见以及第三方评价等不同形式，了解顾客对服务的意见及满意程度，最终达到改善服务质量，提高服务水平，为顾客提供优质服务的目的。同时，建立完善的顾客评价体系，是完善与顾客良好沟通提升集装箱码头整体服务质量水平的有效途径。

# 第八章　现代集装箱码头人力资源管理

当今世界港口发展的规模化、国际化、现代化趋势非常明显，集装箱码头蕴涵的科技含量高，工艺严格规范，生产组织方式先进，以现代信息技术为支撑，这些特点导致对人力资源需求旺盛，对人力资源要求提高。因此，集装箱码头应以系统理念、能位相宜理念、群体合力理念、动态管理、人本管理等理念指导人力资源管理工作，适应企业战略发展需要。

## 第一节　企业人力资源管理概述

### 一、人力资源及人力资源管理

1. 人力资源与人力资源管理的含义

人力资源，是指能够推动组织进步和经济发展的具有智力劳动和体力劳动能力的人的总和，它包括数量和质量两个方面。从广义上来说，只要有工作能力或将会有工作能力的人都可以视为人力资源。

人力资源管理是指在一个组织内，形成、培养、配置、使用、爱护组织成员，建立组织与其成员间良好的劳动关系，充分挖掘组织成员的劳动潜能，调动其积极性、自觉性、创造性，以实现组织目标的全过程活动。

2. 现代企业人力资源管理体系

现代企业人力资源管理体系是用于支持企业战略的人力资源管理体系。它包括人力资源战略与规划；人力资源管理的3大基本职能(3P)即岗位管理(Position)、绩效管理(Performance)和薪酬管理(Payments)；人力资源管理的两大关键职能即员工成长管理和知识管理；人力资源管理的3大战略职能即流程管理、组织管理和文化管理等。

### 3. 企业实施人力资源管理的意义

(1)人力资源管理是企业战略管理的重要组成部分。与战略目标相契合的人力资源管理强调发掘、发挥人力资源的能量,增强企业的凝聚力,增强员工的使命感,确保实现企业战略目标。

(2)吸引潜在的适应企业需要的应聘者,留住企业优秀的员工,为员工搭建发挥才能的平台。

(3)保证员工的职业安全与健康,激励员工更好地工作,提高员工的归属感、成就感,促进员工更好地参与企业建设和发展。

(4)提供员工发展需要的产品和服务,提高员工的素质、知识和技能,发掘员工的潜能,使员工获得足够的个人成长空间。

## 二、企业人力资源管理的内容

### 1. 工作分析与人力资源规划

1)工作分析

工作分析是以企业所有工作岗位为研究对象,采用科学方法,在系统的岗位调查和信息收集基础上,分析和评价各个岗位的功能和要求,明确每个岗位的信息(包括名称、等级、定员标准、工作内容、职责、岗位关系、工作权限、工作环境及条件、工作时间)及承担该岗位工作人员必备的资格和条件(包括学历、资历、身体条件、心理品质及能力要求,所需知识及技能等内容),并按照一定的客观标准,从工作任务繁简难易、责任大小、重要度及所需资格出发,对各个岗位进行系统的衡量、评比、估价,得出各个岗位的量值,在此基础上制定出工作(岗位)说明书等人力资源管理文件。

工作分析能够为企业组织设计提供基础信息,为人力资源规划提供前提保证,为员工招聘录用提供客观标准,为员工培训和职业生涯开发提供指导,为绩效考核提供帮助,为薪酬管理和激励提供依据。

2)人力资源规划

人力资源规划是为了实现企业的经营目标,根据企业的发展需要和内外条件,运用科学的方法,对人力资源供给和需求状况进行系统分析和评估,在劳动组织管理、岗位设置、人员配置、教育培训、薪酬分配、职业发展等方面所编制的一定时期内人力资源管理纲领。

企业人力资源规划是企业战略的重要组成部分,是各项人力资源管理工作的依据。企业编制人力资源规划要遵循战略一致性、行业特征、人本原则。通过合理的人力资源规划,可以改变员工队伍结构,提高竞争优

势，帮助企业进行科学有效的人力资源管理决策，指导人力资源管理，如招聘录用、绩效管理、员工培训和开发、薪酬管理政策的制定与实施，最终促进企业战略目标实现。

2. 员工招聘、录用

招聘是企业补充选拔员工的主渠道。员工招聘应保证公开、公平、公正的原则，以企业战略需求为导向，工作分析为基础，对岗位需求状况进行识别，根据企业持续发展所必需的人才储备与企业人力资源净需求，制定招聘计划，面向企业内部或者委托劳动代理机构面向社会、院校等发布招聘信息，利用结构化或非结构化面试方法全面了解应聘者素质及其与企业文化的融合力并作出选择。

3. 绩效管理

1)绩效管理相关概念

绩效是根据企业的业务性质、战略取向、战略目标和工作性质等，对员工的行为、所应完成的工作任务或工作结果所作出的符合一定标准的规定和要求。

绩效管理是有效管理员工以确保员工的工作行为和产出与组织目标保持一致，进而促进个人与组织共同发展的持续过程。

绩效管理包括制定绩效计划、实施绩效评价、进行绩效反馈，以及指导绩效改进的全过程。

2)实施绩效管理的意义

通过绩效管理，企业可以持续改进工作绩效，作出正确的人力资源决策，降低员工的流失率，发现企业存在的问题，改善上级和员工之间的沟通；管理者可以得到管理方式的反馈，改进团队表现，更好地理解团队成员的投入和困惑，确定如何利用团队成员的优势；员工可以弄清工作的重要性及衡量标准，获得参与目标设定与观点讨论的机会，增加认同感和价值感。

4. 员工培训与职业开发

1)员工培训

员工培训是通过对工作说明书、绩效评价结果等进行综合分析，确定员工的培训需求，针对不同的培训内容制定具体的培训方案。在培训结束后，按照培训评价标准和评价方法对培训效果进行评估。及时、连续、有计划地进行员工培训是保持和增进组织活力的有效途径，是企业创新的源泉，也是塑造优秀企业文化的有力杠杆。

2)职业开发

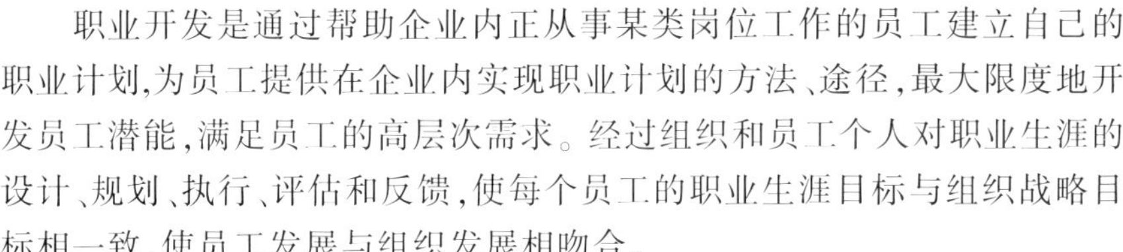

职业开发是通过帮助企业内正从事某类岗位工作的员工建立自己的职业计划,为员工提供在企业内实现职业计划的方法、途径,最大限度地开发员工潜能,满足员工的高层次需求。经过组织和员工个人对职业生涯的设计、规划、执行、评估和反馈,使每个员工的职业生涯目标与组织战略目标相一致,使员工发展与组织发展相吻合。

3)建立学习型组织

学习型组织是组织和个人通过自我超越、改善心智模式、建立共同愿景、团体学习和系统思考5项基本修炼来构建的。它是组织及其成员获取、加工、整理、创新和利用知识,指导和改善自身的行为和思想,从而达到增强适应环境、影响环境能力的组织。简而言之,就是一种能够不断学习,不断自我创造未来的组织。通过建立学习型组织,鼓励员工不断学习,不断突破自身的能力上限,培养个人、团队创新意识和开放的思考方式,全力实现企业战略。

5. 员工薪酬、福利与激励

1)员工薪酬

薪酬一般由基本薪酬和辅助薪酬两部分组成。基本薪酬主要由狭义的工资组成,是员工收入的基本体现,是确定其他劳动报酬和福利待遇的基础。辅助薪酬是除基本薪酬外以货币形式支付的劳动报酬,包括奖金、津贴、补贴、分红、股票期权等。

薪酬的计量方式分为计时工资制和计件工资制两种基本形式。其他形式的工资制度都是上述形式的转化和组合。

2)劳动定额的定义及表现形式

劳动定额是指在一定生产技术组织条件下,采取科学合理的方法,对生产单位合格产品或完成一定工作任务的活劳动消耗量所预先规定的限额。它是合理组织的重要依据,是促进劳动生产率提高的重要手段。

劳动定额的表现形式分为时间定额(工时定额)、产量定额、服务定额、工作定额等。

3)员工福利

员工福利是企业为满足员工需要,在工资收入之外,向员工本人及其家属提供的货币、实物及其他服务。员工福利包括两部分:一部分是政府通过立法形式要求企业必须为员工提供的福利,称为法定福利,例如"五险一金";另一部分是企业提供给本企业员工的福利,称为企业福利,例如健康保险计划、企业年金、带薪休假、教育培训等。随着现代福利方式的更加多样化,推行"自助餐"式的福利计划可以满足员工个性化和多样化的

需求。

4)员工激励

企业对员工的激励方法一般分为物质激励、成就激励、能力激励和目标导向激励。

(1)物质激励。物质激励是一种最基本的激励手段,内容包括工资奖金和各种公共福利。它决定着员工基本需求的满足情况。

(2)成就激励。对知识型员工而言,工作不仅仅是为了生存,更多的是为了获得一种成就感。根据作用不同,可以把成就激励分为组织激励、榜样激励、荣誉激励、绩效激励、目标激励和理想激励等。

(3)能力激励。能力激励分为培训激励和工作内容激励。培训激励可以满足员工提高能力的需求,提高员工实现目标的能力,为承担更大的责任、更富挑战性的工作及提升到更重要的岗位创造条件。工作内容激励则是通过工作多样化、扩大化,分配员工从事具有挑战性的工作等方式对其进行激励。

(4)目标导向激励。目标导向激励是通过帮助员工分析其需求状况和实现需求的条件,从而实现工作目标与员工行为目标的转化,使员工个人目标和工作目标相融合,激发员工的积极性及其内在动力。

## 第二节 现代集装箱码头人力资源配置与规划

规模化、国际化、现代化的集装箱码头人力资源配置要充分考虑集装箱码头经营管理的特殊性,实施分层次的人才获取战略,适度地进行人力资源储备;人力资源规划要和集装箱码头战略规划相契合,为企业战略服务。

### 一、集装箱码头组织结构与岗位设置

依据集装箱码头功能定位、经营模式、企业战略和生产服务全过程应具备的职能设置部门,部门根据所承担的职能设置岗位,通过工作分析,准确描述每个岗位的职责及上岗条件, 并且使每个岗位与其他岗位的关系协调一致。

1. 集装箱码头部门与岗位设置

就集装箱码头所从事的集装箱装卸作业基本功能而言, 将其职能大

体分解为业务模块、技术模块、经营模块和码头操作等模块。某集装箱码头主要组织结构情况如图 8-2-1 所示。

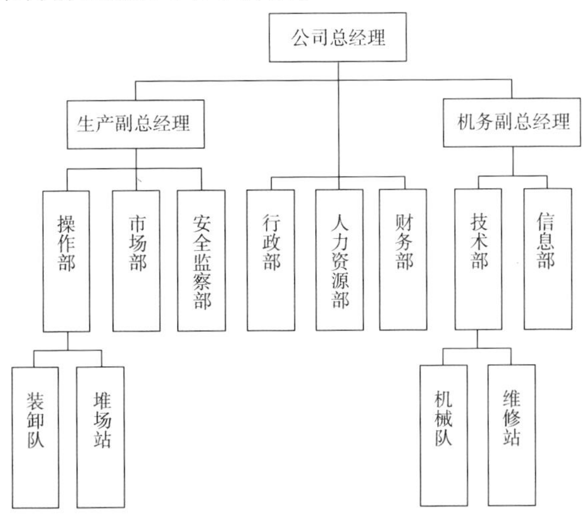


图 8-2-1　某集装箱码头组织结构图

1)业务模块

业务模块是集装箱码头运营的核心模块,它包括 4 大基本职能,即生产调度组织、货运服务质量管理、集装箱业务市场开发和安全生产管理。根据功能不同,可以设置操作部、市场部、安全监察部 3 个核心部门。

(1)操作部。主要负责集装箱码头生产调度管理。其基本职能是编制并组织实施集装箱装卸生产计划,调控生产进度,指挥、均衡、监督装卸生产,确保生产任务的完成。操作部主要岗位设置如图 8-2-2 所示。

(2)市场部。主要负责集装箱装卸生产货运服务质量管理工作,组织、落实有关货运质量标准及规章制度,监督、检查货运服务管理。制定集装箱码头货源组织与开发计划,负责货源组织与开发;实施市场调研、收集信息,掌握市场动态,完成货源开发计划工作。市场部主要岗位设置如图 8-2-3 所示。

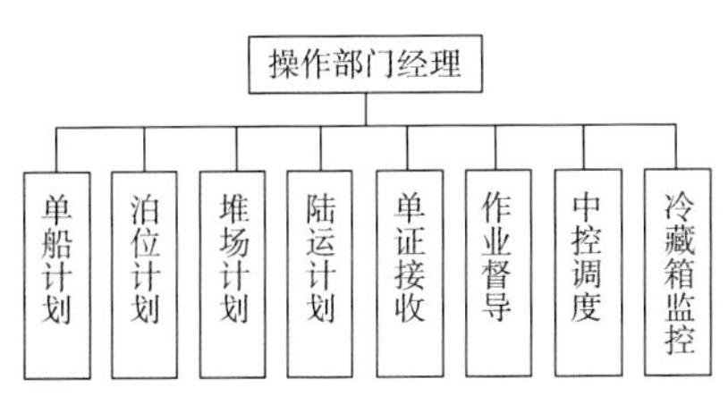


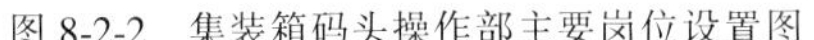
图 8-2-2　集装箱码头操作部主要岗位设置图

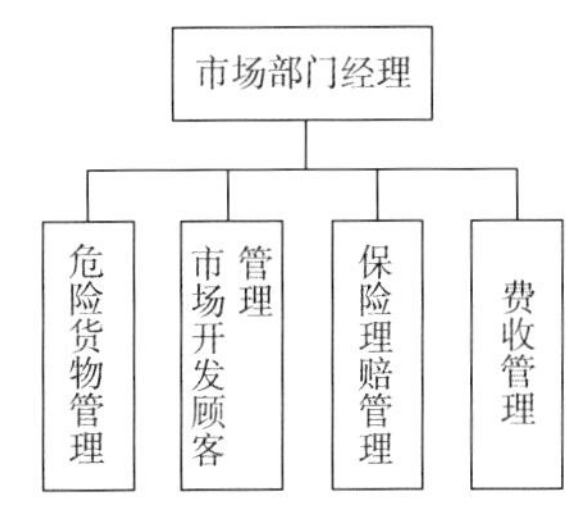


图 8-2-3　集装箱码头市场部主要岗位设置图

(3)安全监察部。主要负责集装箱码头装卸生产的安全监察与安全管理,其基本职能是制定集装箱码头安全生产管理工作计划,完善企业的安全生产规章制度;对执行各项安全法律法规、规章制度的生产系统实施指导、监督与检查,保证集装箱码头正常的生产秩序。安监部主要岗位设置如图 8-2-4 所示。

2)技术模块

技术模块为集装箱码头运营提供技术支持,包括设备综合管理和数字化建设与信息化管理两大基本职能。为此可以设置技术部、信息部两个核心部门。

(1)技术部。主要负责对企业机电设备实施全过程综合管理并对设备技术状况进行有效控制;提高企业机电设备、能源计量管理工作水平;确保企业机电设备的安全生产运行。技术部主要岗位设置如图 8-2-5 所示。

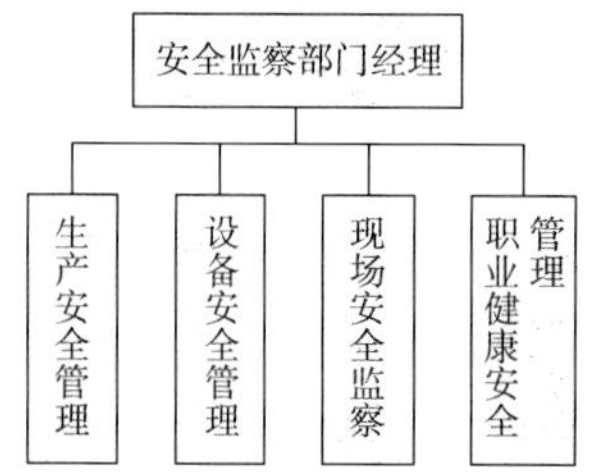


图 8-2-4 集装箱码头安全监察部主要岗位设置图

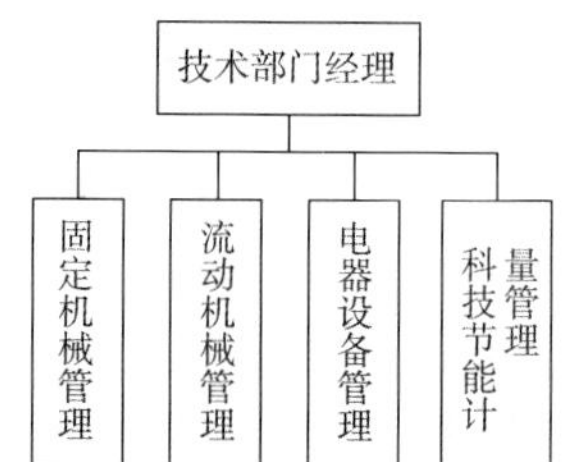


图 8-2-5 集装箱码头技术部主要岗位设置图

(2)信息部。主要负责集装箱码头公司数字化建设与信息化管理。其基本职能是落实信息化有关法律法规制度及其管理;制定集装箱码头的数字化建设、信息化管理工作规划及相关制度,按计划组织实施数字化建设工程;计算机设备及网络系统的全天候安全运行,综合管理工作组织。信息部主要岗位设置如图 8-2-6 所示。

信息部门经理
数据库管理
系统开发设计
网络管理
计算机设备管理

图 8-2-6 集装箱码头信息部主要岗位设置图

3)经营模块

经营模块为集装箱码头运营提供战略与经营支持。它包括企业日常经营管理、企业战略与企业文化建设、投融资管理、人力资源管理、财务管理等职能,一般设置行政部、人力资源部、财务部等核心部门。

(1)行政部。主要负责集装箱码头行政事务以及战略管理、企业策划综合管理等,其基本职责是主持制定战略规划及经营发展策划并推动实施;拟办各种行政文件;组织安排各种会议和重要活动;落实并督察督办会议决议;协调对外事务等。行政部主要岗位设置如图 8-2-7 所示。

(2)人力资源部。主要负责集装箱码头人力资源综合管理。其基本职能是企业人力资源规划制定;劳动组织设计;员工招聘甄选;劳动力管理;薪酬管理;绩效管理;员工培训;社会保险;人事档案管理等。人力资源部主要岗位设置如图 8-2-8 所示。

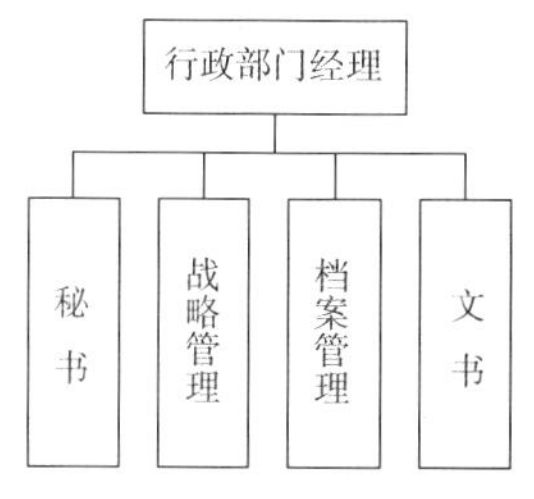


图 8-2-7　集装箱码头行政部主要岗位设置图

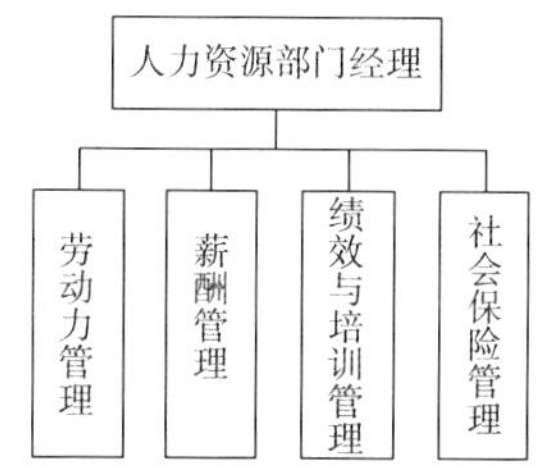


图 8-2-8　集装箱码头人力资源部主要岗位设置图

(3)财务部。负责集装箱码头资产管理,处理日常财务会计事务等。其基本职能是贯彻实施各项财务法律法规和制度;编制财务计划及指标分析;负责资产资金管理、财务基础规范化,会计电算化管理等。财务部主要岗位设置如图 8-2-9 所示。

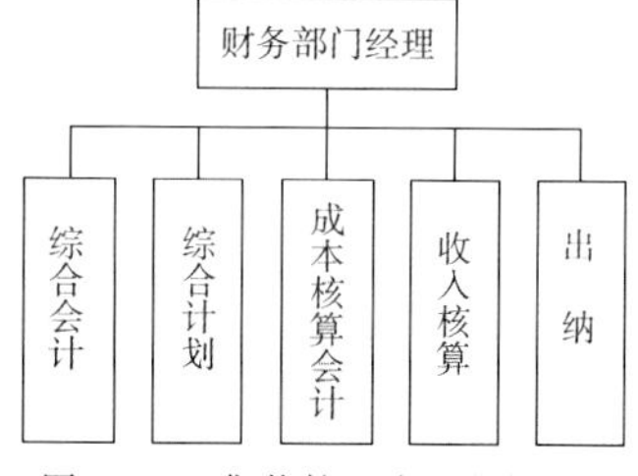


图 8-2-9　集装箱码头财务部主要岗位设置图

4)码头操作模块

集装箱码头可以根据业务需要,设置装卸队、机械队、堆场站、维修站等操作单位。

(1)装卸队主要负责执行生产调度指令,组织员工按期、安全、优质、高效地完成装卸生产任务。

(2)堆场站主要负责集疏港作业集装箱进出闸口的管理,包括出口闸口验残、称重、数据录入、进口提箱车辆出入闸口,以及与之相关的业务处理和所有场地设备操作。

(3)机械队主要负责企业固定装卸运输机械和流动装卸运输机械的综合管理工作,安全优质高效地完成生产任务。

(4)维修站主要负责组织实施集装箱机械设备、电气设备的维修和机加工服务等工作,为装卸生产提供完好的港口机械设备和电气设备。

2. 集装箱码头岗位配置原则

(1)业务模块中,操作部、市场部、安监部按照业务能力等进行配员。

(2)技术模块中,技术部与信息部按照职能分工和工作饱满程度等进行配员。

(3)经营模块中,行政部、人力资源部、财务部均按照集装箱码头规模,职能分工,工作饱满程度,经营模块与业务、技术模块人员的合理比例等进行配员。

(4)操作模块中,装卸队按作业线和班制进行配员;机械队按作业线或作业需要等进行配员;堆场站按作业线和班制进行配员;维修站按照码头机械设备拥有量等进行配员。

3. 集装箱码头员工配置原则

现代集装箱码头规模化、国际化、现代化的发展要求员工应具备国际化、现代化的管理意识。对于高层管理者应具备国际航运、港口、经贸、物流等领域的运营开发相关知识,懂得国际法律法规;中层管理者应具备现代化管理意识、能力、水平及创新意识和创新能力,沟通能力,具有某专业领域的管理特长;一般管理员工、专业技术员工、操作员工除具备专业技术知识和实际操作技能之外,还应成为复合型人才,例如闸口管理员要熟悉本企业业务流程中有关闸口的规定,熟悉危险货物知识,掌握集装箱验残的技能,熟练掌握计算机操作技能;而冷藏箱监控员除具备专业理货知识外,还需要具备电工资格证书等。

## 二、集装箱码头人力资源规划

1. 人力资源战略与规划框架(图 8-2-10)

2. 集装箱码头战略对人力资源规划的要求

随着集装箱业务的发展,集装箱码头朝着规模化、国际化与现代化的方向发展,因此对人力资源规划提出新的要求。

规模化主要体现在码头集装箱吞吐量、码头接卸能力和大型泊位的增加。规模化要求在人力资源整体需求数量稳步攀升的情况下不断优化人力资源结构,不仅在人力资源数量上要形成一定规模,更要通过培养、引进高水平人才来实现规模化目标。国际化意味着码头经营由国内走向国际,国际化同时也意味着依托城市、服务对象的国际化。国际化对人力资源规划的要求主要体现在 3 个方面:一是要形成具备国际化意识的高层经营管理团队;二是要形成知识结构完善的国际商务人才队伍;三是要形成不断学习国外集装箱码头先进经验的学习氛围。集装箱码头的现代化意味着码头综合效率的提升与协调发展。现代化对人力资源规划的要求主要体现在现代化设备、现代化管理和现代化人才方面。

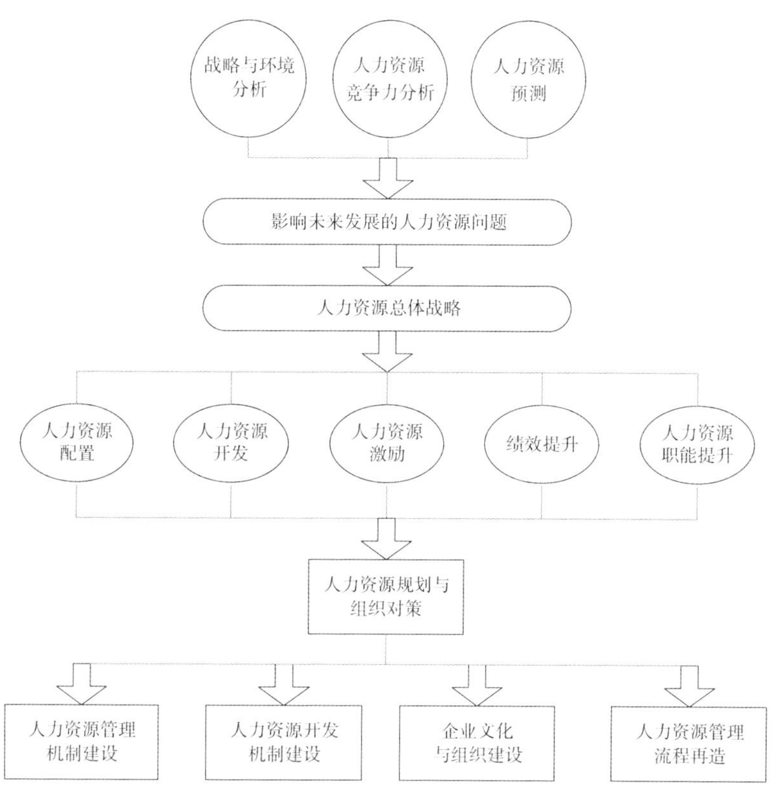


图 8-2-10 集装箱码头人力资源战略与规划框架

3. 人力资源规划包括的内容

1)发展战略与环境分析

通过回顾集装箱码头的发展历程及其发展战略的实施，分析集装箱码头所处的环境特征、市场变化,指导人力资源规划。

2)人力资源竞争力分析

从集装箱码头竞争力的不同角度,对现有人力资源及管理作出衡量、比较和判断,主要包括:员工结构与技能(潜力和素质)分析;人力资源外部与内部流动分析;劳务用工和劳务人员结构分析;人力资源成本与效能分析等。

3)人力资源预测分析

通过选取影响人力资源需求的诸因素，利用数理统计和定性分析的方法，摸清集装箱码头未来发展过程中人力资源需求数量与质量的变化趋势,为人力资源建设和战略规划的制定提供科学的依据。

影响集装箱码头人力资源需求的因素包括效能指标、效率指标、投入指标等方面。其中,效能指标主要是集装箱吞吐量指标;效率指标包括船舶装卸效率、全员劳动生产率、员工流动率等;投入指标包括基建投资、设备投资、教育投资、运营成本等。

4)人力资源总体战略

由集装箱码头战略环境分析、人力资源竞争力分析和人力资源预测分析3个方面,可以综合得出影响未来发展的人力资源问题与瓶颈,确立人力资源发展战略与规划,明确人力资源战略的基本原则与指导方针,确立人力资源总体战略的思想与目标体系,细化人力资源获取与配置、开发、激励、绩效等职能管理思想和目标。

5)人力资源战略规划的组织对策

加强人力资源管理机制建设,构建符合现代企业制度需要的机制平台;实施绩效管理制度及体系建设,将员工开发与管理纳入集装箱码头战略目标之中;构建企业文化,建立学习型组织,营造战略化人力资源管理的组织环境;实施人力资源管理流程再造,为人力资源战略规划提供强有力的支持。

## 第三节　现代集装箱码头员工招聘、甄选、录用与企业用工体制探索

通过员工的招聘、录用,吸引、选择,保留高素质的人力资源是集装箱码头生存和发展的基础。随着集装箱码头专注于核心业务经营,对于非核心业务则往往外包给专业化的劳务公司(承包商)经营。

### 一、集装箱码头员工招聘

1. 集装箱码头员工招聘依据

根据集装箱码头的战略目标及经营发展规划以及集装箱码头的组织结构和人力资源规划各阶段的需求分析,确定其所需的员工数量、结构等,为员工招聘提供组织依据。

2. 招聘方法

集装箱码头员工招聘分为内部招聘和外部招聘两种方法。

1)内部招聘

根据集装箱码头运行模式,当职位空缺后首先考虑从自身内部物色

合适的人选来填充。内部招聘的途径有内部提升、内部调动、内部招标。

(1)内部提升。从内部提拔合适的人选填补岗位空缺是集装箱码头常用的招聘方法。提升之前要对候选人进行考察与选择评价。内部提升可以迅速填补职位空缺,给员工提供职业发展机会。

(2)内部调动。内部调动也叫“平级调动”,是职务级别不发生变化,仅是工作岗位的变化。内部调动可以增加员工从事多种相关工作的机会,积累工作经验,为内部提升做好准备。

(3)内部招标。内部招标就是在集装箱码头内部进行公开招聘,凡认为符合招聘岗位要求的员工都可以申请。因而为员工提供了公平竞争的机会,有利于调动全体员工的积极性。

集装箱码头内部招聘可以为员工提供职业发展的机会，更好地激励员工;简化了招聘的程序,节约大量的费用;促进组织内部员工的合理流动;减小了因不适合企业文化所带来的招聘风险。

2)外部招聘

集装箱码头外部招聘一般采用校园招聘、网络招聘等渠道进行。

(1)校园招聘。一般情况下,对如港口机械、机电一体化、物流管理等与集装箱码头经营相关专业的初级管理人员招聘，由人力资源管理部门组织到国内有关高校进行。通过校园招聘可以得到受过一定训练、专业技术过硬、素质较好的新成员。

(2)网络招聘。网络招聘有两种实现形式:一是通过自身网站发布招聘岗位信息和对应聘者的基本要求,可以及时传播招聘信息,适应集装箱码头变化需求。二是利用招聘专业网站发布招聘信息,利用招聘网站的求职者信息库搜索合适的候选人。这种方式打破了地域的限制,使集装箱码头得到更多应聘者的应聘信息,可以在更广泛的范围内进行筛选。集装箱码头的中、高级管理人员和专业技术人员可以采取网络招聘的方式。

## 二、集装箱码头员工甄选与录用

甄选与录用是招聘的核心阶段，对申请人进行筛选的过程就是甄别合格人选的过程，只有成功的选择与录用才能保证集装箱码头获得所需要的人才。

1. 集装箱码头员工甄选

集装箱码头员工的甄选由人力资源管理部门和应聘岗位所在部门经理共同完成,在该过程中,人力资源管理部门只提供甄选的技术支持,辅助部门经理进行选择。

1)对简历或申请表进行筛选

通过求职者简历或申请表,甄选学历、工作经验等与工作说明书相符合的人员,剔除不符合条件者。对符合基本条件的申请人,将其简历中存在的疑问记录下来,在面试时要求候选人给予答复。

2)面试

根据岗位的胜任力要求,可以将面试标准划分为以下3个维度:

(1)人格特征。应聘者的性格是否满足应聘岗位的要求,包括应聘者内在的素质,如动机、价值观等。

(2)发展动力。能否胜任应聘岗位,是否具有发展潜能等。

(3)能力。应聘者的软性能力标准,是否掌握完成应聘岗位工作的各项技能,包括解决问题的能力、创造力、沟通能力、协调能力等。

根据招聘岗位的不同特征,可以采用结构化与非结构化的面试方法对应聘者进行面试,也可以利用能力特征和个性品质测定等技术进行筛选。

2. 集装箱码头员工录用

由于集装箱码头生产的特殊性,确定录用前必须进行体检,保证录用的员工各项指标符合集装箱码头生产操作的有关规定。人员体检合格后,方可签订实习合同,对录用员工进行安全培训与考核,初始配置、实习,实习期一般为3个月。

员工的初始配置通常是根据集装箱码头职位空缺的情况和应聘意愿安排的。当新员工被安排到最初的工作岗位后,人力资源管理部门要引导和帮助新员工进入职位,使其尽快适应工作和岗位要求;考察录用的员工是否符合岗位要求,是否与职位相匹配。若发现录用不妥,应及时采取补救措施。当发现初始配置职位和员工难以匹配时,在集装箱码头内部对该新员工职位进行调整,给其适应集装箱码头和职位要求的机会,尽量使“事得其人,人事相宜”。实习期满后,确认该员工能够胜任职位要求,签订正式劳动合同,以保障双方权益。

## 三、我国集装箱码头用工体制发展趋势

在竞争激烈的新形势下,集装箱码头必须把注意力集中于自身真正的竞争优势领域并提高其业务灵活性和环境适应能力。

1. 业务外包与集装箱码头用工体制变化

业务外包是当前很多行业发展中的一个重要命题。业务外包是指以合同的形式,将集装箱码头的非核心业务交予外部业务承包商完成,以便集装箱码头集中资源于符合战略经营发展的核心业务,并与上述业务、技

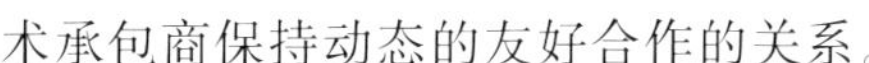

术承包商保持动态的友好合作的关系。

随着集装箱码头的发展，专业化分工越来越细致，为增强其市场竞争力，将更专注于其核心业务——调度、计划、中控，突出集装箱码头生产组织、货源组织、航线开发、客户服务、企业策划、资本运营等功能，而具体的装卸业务操作及其他辅助业务则由专业化技术服务机构或劳务公司来完成。集装箱码头业务外包领域可以分为以下几个部分：后勤业务如清洁、绿化、食堂、保安等；辅助生产业务如拆装箱、理货、设备维修保养、安全检查等；部分主营业务如码头装卸、运输等；部分管理技术业务如系统开发、信息服务等技术外包；财务处理、法律事务处理、人力资源培训等知识外包。

集装箱码头业务外包实现了用工多元化，顺应了用工体制的社会化和专业化发展的趋势，反映了市场经济的特点；有利于精简机构和人员，使集装箱码头转变成轻型结构；通过业务外包，使集装箱码头的劳动力成本，特别是福利成本得到有效的控制；通过管理责任向业务承包商转移，节约了管理费用的支出；业务外包范围的劳务员工的劳动人事关系由业务承包商管理，集装箱码头使用上述承包商属下的员工可以规避由于劳动力闲置造成的经营风险；由于集装箱码头将业务外包给具有某领域专业的承包商，通过对承包商资质的认证和对发包合同的管理监控，有利于降低安全事故发生的概率。

集装箱码头在业务外包时要注意业务承包商与集装箱码头企业文化的相容，注意双方沟通渠道的畅通。可通过采用对业务承包商进行定期指导交流，及时传达沟通各种管理要求和精神，共同探讨解决问题。

2. 集装箱码头劳务外包形式及其发展趋势

近些年来，集装箱码头用工方式大体上有两种：一种是混编制，即从事某项业务中既有集装箱码头自身原用工体制下的员工又有业务承包商的员工；另一种是单编制，即将某项业务全部外包给业务技术承包商，从事该项业务的都是与其签订劳动合同的员工。

集装箱码头操作的劳务外包形式分为码头操作服务专业承包商的劳务派遣和劳务承包两种形式。

1)劳务派遣

是指码头操作服务专业承包商将与之建立劳动关系的人员合法派遣到实际用人企业，从事生产劳动的行为。

2)劳务承包

是劳务公司以自身优良的人力资源和专业化管理为竞争力，通过承接用工企业的劳务项目，有偿完成项目任务的经营方式。

随着集装箱码头操作劳务外包逐步发展，码头操作服务专业承包商员工规模不断扩大。并且随着劳务用工体制的不断演进，外包业务员工的使用会从工作重复性高的一般岗位、对体力要求较高的繁重岗位扩大到初级管理岗位、技术含量较高的设备维修岗位等。

3. 集装箱码头生产作业全过程劳务发包

随着集装箱码头用工方式的发展，集装箱码头劳务用工体制有向码头生产作业全过程发包过渡的趋势。

1)集装箱码头生产作业全过程劳务发包

集装箱码头生产作业全过程劳务发包就是指从集装箱船舶停靠码头，到集装箱船舶装(卸)完毕驶离码头的现场全部生产过程的生产组织管理和操作过程，及与之相关联的分配形式，以契约化发包合同发包给具有相应资质的码头操作服务承包商或专业化劳务公司组织与管理。

2)集装箱码头生产作业全过程劳务发包的特点

(1)承发包双方合同标的是工作内容，实质是整体项目承包，它能够提供一种完整的码头生产作业全过程服务。

(2)集装箱码头与码头操作服务承包商、劳务专业化公司之间不仅是单纯的契约关系，而且是集装箱管理细化分工下的平等、互利、追求双赢的合作伙伴，谋求共同发展是双方的共同目标。

(3)能够提供集装箱码头生产作业全过程劳务承包的劳务公司有健全的组织管理机构和专业化的技术保障，它比集装箱码头更具有专业、管理、成本优势。

(4)集装箱码头生产作业各环节的员工管理、现场生产协调管理均由劳务公司负责，不再牵扯集装箱码头管理人员的精力，使经营管理人员集中精力从事核心业务，运营策划和经营管理。

(5)集装箱码头负责作业计划的编制，并考核作业完成情况，不再储备发包业务所需要的人力资源，减少集装箱码头空闲时人工成本支出。

(6)由于有资质、专业化的码头操作服务承包商或劳务公司有一整套较为成熟的专业技术培训管理教材和流程，能够为承包集装箱码头提供多层次的专业技术员工，减轻了集装箱码头的培训压力与费用开支。

## 第四节 现代集装箱码头绩效管理

绩效管理是一个包括计划、组织实施、控制与绩效改进的全过程的管理。绩效管理除了要有一套科学的绩效考评指标之外，还应该实施培训，

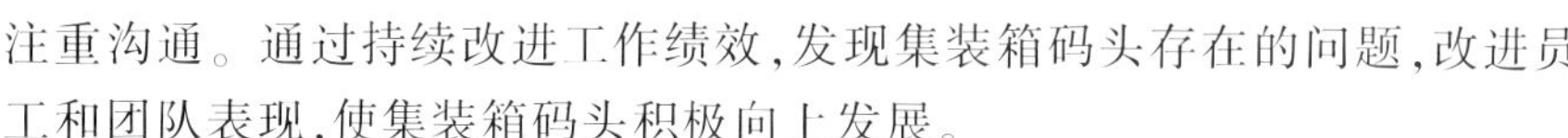

注重沟通。通过持续改进工作绩效,发现集装箱码头存在的问题,改进员工和团队表现,使集装箱码头积极向上发展。

## 一、绩效管理指标与模型

1. 关键绩效指标

关键绩效指标(Key Performance Indication,KPI)是围绕企业战略发展规划制定的,驱动企业战略发展的关键成功指标,是企业战略内容的具体量化表现形式,一般分为企业 KPI、部门 KPI 和岗位 KPI。

在制定集装箱码头的 KPI 时,要注重指标的成长性、定量性和长期性,并根据 KPI 有效性检验量表进行检测。

集装箱码头的 KPI 主要包括集装箱吞吐量、利润、经营成本、市场占有率、客户满意度、作业效率、安全指标等。

2. 普通绩效指标

普通绩效指标(Common Performance Indication,CPI)是部门根据企业的管理制度和部门职能建立的业绩标准,确保企业的各项规章制度以及部门职能得到有效的实施与执行。如果企业有些部门没有基于战略的 KPI,那么该部门的绩效就 100%由 CPI 来考评。

CPI 是部门和岗位的日常工作和制度得以完成和落实的保障,同时也是达到 KPI 的基础。基于管理制度的被称作通用型 CPI,基于部门职能的被称作专用型 CPI。

集装箱码头的 CPI 可以包括班组建设、员工培训等。

3. 能力素质模型

能力素质模型(Comptence & Skill Model,CSM)是企业针对不同岗位能力素质要求建立的模型,通常用来选拔员工上岗,确定员工培训需求,以及辅助员工职业生涯发展。很多企业将能力素质模型作为绩效考核的一部分。

建立能力素质模型的方法是,首先对岗位进行深入的研究分析,结合岗位手册和工作说明书,明确优秀岗位绩效的标准,并根据绩效标准甄选绩效优秀员工和一般员工,将岗位能力素质进行分组分类研究,将岗位信息和绩效信息研究的结果进行归纳编码,对初步形成的素质模型框架进行可行性论证,最后编制能力素质模型。

4. 平衡记分卡

平衡记分卡(Balanced Score Card ,BSC)是一个将组织的远景转变为一组由 4 项观点组成的绩效指标架构来评价组织的绩效。此 4 项指标分

别是:财务、客户、运营与流程、学习与成长。借这4项指标的衡量,组织得以明确和严谨的手法来诠释其策略,把产出和绩效驱动因素串联起来,以衡量指标与其量度作为语言,把组织的使命和策略转变为一套前后连贯的系统绩效评核量度,把复杂而笼统的概念转化为精确的目标,借以寻求财务与非财务的衡量之间、短期与长期指标之间、落后与领先指标之间,以及外部与内部绩效之间的平衡。

根据集装箱码头战略目标,使用平衡记分卡,从财务、客户、运营与流程、学习与成长4个维度,分别概括集装箱码头的战略目标和工作产出,确定集装箱码头的关键绩效指标,结合基于集装箱码头管理制度和部门职能的普通绩效指标,将绩效目标逐层分解为部门和岗位的关键绩效指标和普通绩效指标,建立绩效工作计划,执行绩效考核,最终将绩效结果进行应用。

集装箱码头的绩效管理模型见图8-4-1。

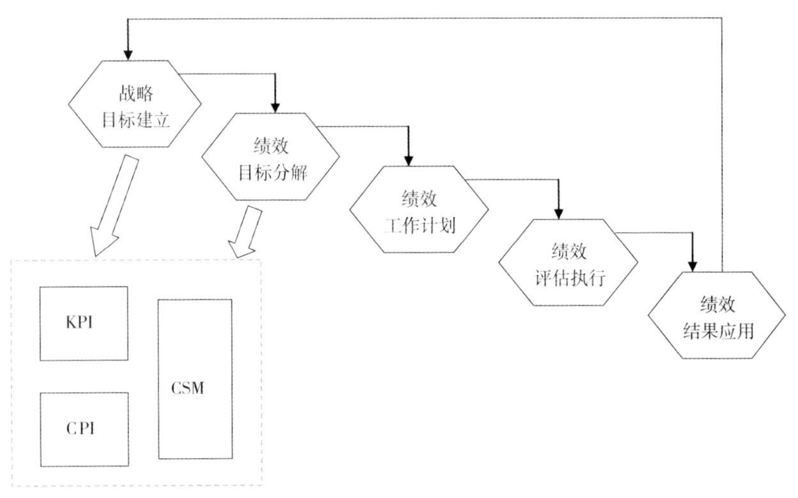


图8-4-1 集装箱码头的绩效管理模型

5. 绩效管理的角色分工

集装箱码头高层管理者、中层管理者、人力资源管理部门和员工,在绩效管理中的角色分工不同。

1)高层管理者

由其提出明确的使命和追求;确定企业发展战略规划;组织制定年度经营目标与公司级KPI;将目标分解到部门,批准部门级KPI及权重;考核中层管理人员和部门;审核考核结果的使用。

2)中层管理者

依据企业发展战略规划和公司级KPI体系,明确本部门年度及季度的目

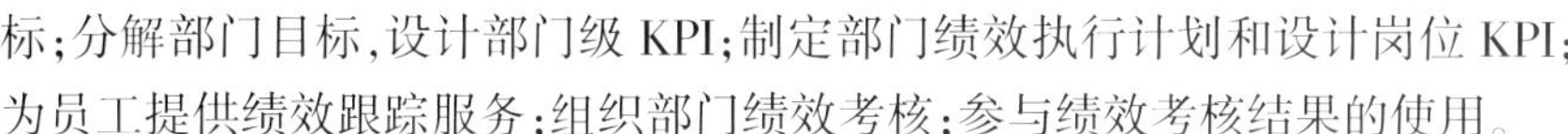

标；分解部门目标，设计部门级KPI；制定部门绩效执行计划和设计岗位KPI；为员工提供绩效跟踪服务；组织部门绩效考核；参与绩效考核结果的使用。

3）人力资源管理部门

开发绩效考核体系；为考核者和被考核者提供培训；监督和评估考核系统的实施；处理绩效考核投诉；参与绩效考核结果的使用。

4）员工

参与制定个人绩效目标，设计个人KPI，执行绩效计划；参与绩效面谈，接受反馈，执行绩效结果的应用。

## 二、建立年度战略目标

和其他企业类似，集装箱码头战略规划由高层管理者制定，每年根据规划制定年度战略实施计划与措施。从绩效管理的角度，集装箱码头可以选择平衡记分卡，分维度设计集装箱码头的关键绩效指标和普通绩效指标，并且根据需要设计能力素质模型。

## 三、分解绩效目标

在确定企业年度战略目标之后，需要对目标进行分解，在确定工作目标、关键绩效指标和标准时应遵循"SMART"原则。

1. 具体明确的原则(Specific)

绩效指标必须具体、明确。所谓具体就是指与责任人的工作职责或部门的职能相对应的工作；所谓明确就是事先对目标的工作量、完成日期、责任人等都是可以明确的。

2. 可衡量的原则(Measurable)

绩效指标应是数量化或行为化，验证指标的数据或信息是可获得的。

3. 可接受性原则(Acceptable)

绩效指标在付出努力的情况下是可以实现的，避免设立过高或过低的目标。

4. 现实可行的原则(Realistic)

在现实的物力、人力及个人学习和身体能力、资源的可利用条件下是可行的。

5. 有时间限制的原则(Time-bound)

必须在计划中列入事先约定的时间限制，注重完成绩效指标的特定期限。

某集装箱码头绩效指标的制定情况，如表8-4-1、图8-4-2和图8-4-3所示。

某集装箱码头根据 BSC 制定的 KPI 指标　　表 8-4-1

| 维　度 | 战略方向 | KPI指标 | 年度战略目标 | 权重比例(%) |
|---|---|---|---|---|
| 财　务 | 提高股东价值<br>降低经营成本 | 吞吐量增长<br>年度利润额<br>经营成本同期比<br>安装库存管理系统 | 比上年增加 8%<br>7000 万(+22%)<br>比上年降低 9%<br>年内完成 | 20 |
| 顾　客 | 提升客户价值<br>强化品牌定位 | 市场占有率<br>顾客满意度<br>品牌忠诚度 | 比上年增长 5%<br>达到 90%<br>达到 70% | 20 |
| 运营与流程 | 继续提升生产效率<br>降低安全事故次数 | 单船作业效率<br>重点班轮兑现率<br>陆运循环效率<br>箱损事故次数 | BMPH=150<br>100%<br>平均 40min<br>达到 6-SIGMA | 40 |
| 学习与成长 | 加强员工培训工作<br>鼓励员工自学计划 | 平均接受培训小时<br>经理接受培训小时<br>在职学历教育人数 | 人均 30h<br>经理 50h<br>占员工 5% | 20 |

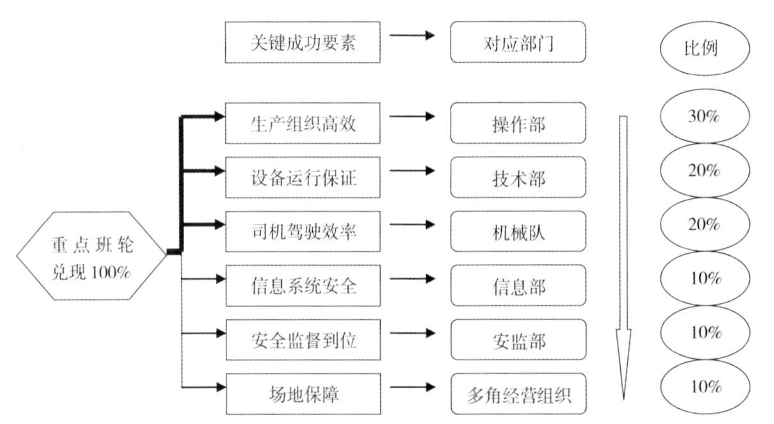


图 8-4-2　某集装箱码头战略目标 KPI 部门分解图

## 四、制定绩效计划

绩效计划是关于工作目标和标准的契约。在绩效计划中,应该包含本次绩效期间所要达到的工作目标和主要产出,设定目标达成的结果,确定目标衡量和评价的标准,说明标准评估的来源,并根据指标对战略的支持度设定权重。

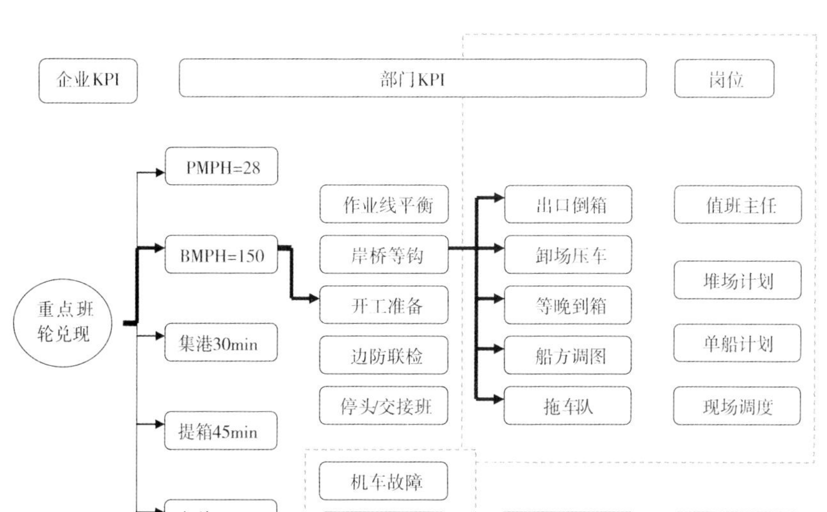


图 8-4-3　某集装箱码头操作部岗位 KPI 分解图

绩效计划的过程是一个双向沟通的过程。在该过程中，管理者与被管理者双方都负有责任。绩效计划不仅仅是管理者向被管理者提出的工作要求，也不仅仅是被管理者自发设定的工作目标。管理者和被管理者在该过程中不断地交换意见，最终对绩效计划及其相关内容指标达成共识。

在集装箱码头，员工的参与和承诺是制定绩效计划的前提，在绩效计划中充分体现参与的原则，另一原则就是绩效的实施者要作出正式承诺。让员工参与绩效计划的制定，并且签订非常正规的绩效契约，让员工感到自己对绩效计划中的内容是做出努力与贡献的，并作了很强的公开承诺，这样员工就会更自觉地坚持这些承诺，更好地履行自己的绩效计划。

某集装箱码头操作部绩效工作计划如图 8-4-4 所示。

## 五、实行绩效评价

1. 主管评价和自我评价相结合的方式

绩效评价分为主管评价和自我评价两个方面。通常情况下采用主管评价和自我评价相结合的方式。首先对各工作目标进行自我评价，然后主管再与员工进行面谈作出评价，将考核结果反馈给员工，让员工了解到自己在本绩效周期内业绩是否达到所定的目标，工作能力是否有欠缺，工作态度是否合格；并向员工传递部门的期望。最后的评价结果应在沟通后确认，双方要在考核表中签字确认考核结果。

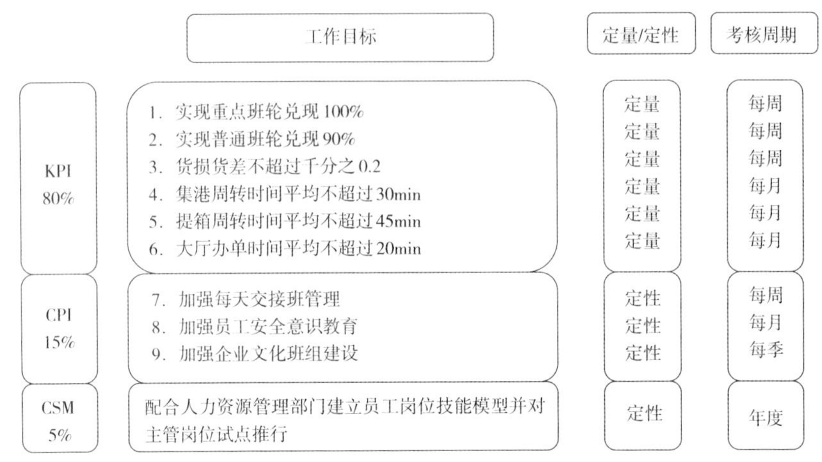


图 8-4-4　某集装箱码头操作部绩效工作计划图

集装箱码头一般管理员工或操作员工的绩效可以采用自评和本岗位部门负责人考核的方法，双方分别对员工作出评价并打分，可以设置一定的权重，例如：自评的权重为30%，部门负责人评价权重为70%。中层管理人员的绩效直接由集装箱码头高层管理人员进行考核。与生产密切相关人员的考核可引入第三方评价。例如：机械队值班队长由操作部值班主任和值班调度进行评价；操作部值班主任、调度员、安监员由装卸队、机械队进行评价；技术部技术员由操作部值班主任、值班调度、维修站负责人进行评价；设备现场维修工由操作部、机械队相应车种司机进行评价等。实施相关岗位交叉评价，可以全面科学客观地反映每一位员工的工作技能和态度。

2. 360 度评价

360 度评价也叫全方位绩效考评，是由被考评人的上级、同级、下级、本人或考评专家担任考评者，从各个角度对被考评者进行全方位评价的一种绩效考核方法。考评的内容涉及被考评人的管理绩效、专业绩效、业务绩效、工作态度和能力等方面。考评结束后，人力资源部门通过预先制定的反馈程序，将整理后的考评结果反馈给本人，从而达到改变被考评人行为，提高其工作绩效的目的。与传统的考评方法相比，360 度绩效考评的方法可以从多个角度来反映被考评人，因而考评过程更加透明，考评结果更加客观、全面、公正和可靠。

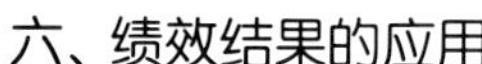

### 六、绩效结果的应用

绩效管理的目的是发现员工的绩效差距，通过应用绩效评估结果持续改善和提高员工的绩效水平，最终提升集装箱码头的整体绩效水平和竞争能力。

1. 用于报酬的分配和调整

这是绩效评估结果的一种非常普遍的用途。在集装箱码头为了增加薪酬的激励作用,在员工薪酬体系中有一部分报酬与绩效挂钩。绩效工资占员工工资比例不断扩大,考核结果可作为员工分配季度奖、年终奖的依据。考核优秀者,将有职位提升的机会和加薪的可能。在员工福利方面,绩效水平持续提高和绩效优异的员工可给予如带薪休假等福利。

2. 用于员工职位的变动

绩效评估的结果也可以为员工的职位变动提供一定的信息。员工在某方面绩效突出,就可以让其在此方面承担更多的责任,其中包括员工个人的提升、晋级;若员工在某方面绩效不够好,很可能是目前的岗位并不适合他发挥其潜能,则可以通过职位的调整使其从事更加适合的岗位工作。

3. 用于员工培训和职业开发

这是绩效评估结果重要的用途之一。通过评估,员工可以知道自己哪方面做得好,哪方面还欠缺,欠缺之处就是今后培训的方向。凡是在绩效考核结果中反映出某方面知识欠缺或者员工年度绩效考核不合格的,可由其所在部门将相关资料报人力资源部,由人力资源部汇集整理,根据具体情况统一纳入培训计划进行培训。

## 第五节　现代集装箱码头员工培训与开发

根据集装箱码头的长远发展战略,遵循“尊重劳动、尊重知识、尊重人才、尊重创造”的人才开发方针,集装箱码头要重视人力资本投资,有针对性地对员工进行培训,全面提升员工素质,逐步把集装箱码头建成学习型组织。

### 一、员工培训需求识别

通过组织层面、作业层面和员工个体层面的分析,识别员工的培训需求。

在组织层面,集装箱码头根据政策环境情况、国际集装箱运输的发展状况,以及市场情况、竞争对手的情况,结合集装箱码头的运行效率综合分析自身战略要求具备何种能力的员工队伍，然后对现有的员工队伍进

行评估，找出差距，有针对性地进行培训。

在作业层面，集装箱码头通过工作分析确定由哪些任务组成，完成这些任务需要什么技能，以及完成到什么程度就是理想或合乎标准的，从而确定培训需求。通过了解企业内部技术环境和外部技术环境之间的差距，挖掘和发现培训的潜在需求，有效合理地安排培训。

在员工个体层面，通过对员工的能力、素质和技能分析，员工工作绩效的评价，并根据员工个人的职业生涯发展规划，做好相应具有个性化特色的培训。

## 二、员工培训分类

1. 根据培训客体与岗位关系不同，培训可分为岗前培训、在岗培训和离岗培训

1）岗前培训

主要针对新员工进行。为了使新员工迅速适应环境，集装箱码头人力资源部可以组织相关部门的负责人对他们进行为期3~4周的岗前培训。内容包括：集装箱码头的历史；企业文化；未来发展战略；业务范围；集装箱码头生产的基本操作流程和机械使用情况；集装箱码头安全、人事等各项标准规章制度。

2）在岗培训

只在集装箱码头管理岗和专业技术较强的岗位的员工中进行。又分为专业技术培训和专项培训两小类。可以采取请进来、送出去或者以老带新、以师带徒等方式。集装箱码头还可以鼓励员工自学，对员工的学历教育和与岗位相应职业资格认证给予支持。

3）离岗培训

适用的范围是在各类事故（包括工伤，货损、货差，机损、船损，交通事故等）中负有主要责任的员工；竞聘上岗落聘、不服从工作安排的管理人员；技能、绩效评估不合格的操作岗员工；以及自身素质不能适应或不能满足本岗位技能要求的员工。离岗培训可以采取自学和授课相结合，以自学为主的方式进行。

2. 根据受训人员职级和工作内容不同，培训可分为决策管理层培训、督导管理层培训和专业技术人员及操作人员层培训

1）决策管理层包括总经理及分管经理

作为集装箱码头经营管理中枢，对其培训重点是提高他们的科学判断形势、驾驭市场、应对复杂局面和总揽大局的能力。内容主要涉及如何树立宏观经济观念、市场与竞争观念以及销售因素分析与营销策略制定、

预算管理、成本控制和组织行为学等课题。

2)督导管理层包括部门经理及以下的各级管理人员

对其培训注重培养创新、创业精神,提高开拓市场的能力和现代企业经营管理能力。内容重点是管理理念与能力的培训、专业知识的深化培训以及如何处理人际关系等实务技巧培训等。

3)集装箱码头各类专业技术人员和各技术工种实际操作人员

素质水平、技术熟练程度与工作态度直接影响到整个集装箱码头装卸的作业效率。对他们的培训目标着眼于提高科学素养、专业技术、科技创新和科技成果转化的能力,重点要从专业知识、业务技能与工作态度3个方面进行培训。

## 三、员工培训效果的评估

集装箱码头员工培训效果的评估可以分为学习层评估、行为层评估和效果层评估。

1. 学习层评估

是测量受训人员对原理、技能、态度等培训内容的理解和掌握程度。人力资源管理部门通过评估了解受训人员在培训前后知识以及技能的掌握方面有多大程度的提高。对于参加理论知识培训的员工,可以通过笔试了解他们的知识掌握情况，而对一些技术方面的培训则通过实际操作考核来掌握他们技术的提高情况。

2. 行为层评估

是根据受训人员培训后在实际岗位工作中行为的变化，以判断所学知识、技能对实际工作的影响。行为层评估是在培训结束后一段时间才进行的，人力资源管理部门与职能部门进行沟通，不断获得员工的行为信息,由受训人员的上级、同事、下属观察其行为在培训前后是否有差别,借助于评估量表来评价培训效果。

3. 效果层评估

是判断培训是否对企业经营成果具有具体而直接的贡献。人力资源部通过一系列指标来衡量培训效果,如生产率、事故率、员工流动率、员工士气以及企业对客户的服务等。通过对这样一组指标的分析,能够了解培训带来的收益。

## 四、集装箱码头员工职业开发

职业开发是为提高企业效益和员工对职业满意程度，组织采用教育培

训、设置职业通道等措施，挖掘并提升员工职业工作能力，帮助员工进行恰当的职业选择，促进其职业生涯发展，将企业目标和任务与员工个人需求和职业抱负融为一体的全面过程或活动。从根本上讲，组织是职业开发的主体。

组织的职业开发任务包括确定不同职业生涯阶段的职业开发管理任务；有效地进行职业指导；帮助员工制定和执行职业生涯规划；为员工设置职业通道等。

1. 确定不同职业生涯阶段的职业开发管理任务

在不同的职业生涯阶段，员工的职业工作任务、任职状态、职业行为等都有所不同，这样就要根据不同的职业生涯期员工行为和特征确定每个阶段具体的开发与管理任务。

(1)职业准备期，集装箱码头可以通过与技工学校、职业学校联合办学，与高校建立合作关系等方式有目的地进行培训，为满足集装箱码头各类人力资源的需求和招聘员工奠定基础。

(2)进入组织阶段，集装箱码头可以通过组织新员工岗前培训，考察评定新员工，达成一种可行的心理契约，接纳和进一步融合新员工。

(3)早期职业阶段，集装箱码头可以通过试用和新工作挑战等方式，发现员工的才能，帮助员工建立和发展职业规划。

(4)中期职业阶段，由于员工个人事业发展趋向定型，个人特征表现明显，人生情感复杂化，容易引发职业生涯中期危险性。集装箱码头可以通过各种方法激励员工继续奋进，将危机变成为成长的机会，还可以针对不同员工的不同情况分类指导，为其指点和开通事业发展的通道。

(5)后期职业阶段，员工即将结束职业生涯，集装箱码头可以组织他们帮助做新员工的辅导，传授经验，同时要适时做好人事调整计划。

2. 有效地进行职业指导

随着集装箱码头管理工作的改革、组织目标和任务的变更，集装箱码头的职业工作岗位会有增减，员工职业工作岗位必然发生变化，员工的未来发展方向、如何发展就需要集装箱码头给予职业指导。集装箱码头可以通过发布职业岗位需求信息，了解员工愿望、要求、想法，帮助员工认识、评估个人特质、能力、兴趣，以及分析和选择适宜职业岗位，用职能匹配定位的方法进行职业指导。

3. 帮助员工制定和执行职业生涯规划

1)提供信息

员工开始制定职业目标和计划之前，必须得到有关组织职业情况、职业选择和机会的信息。集装箱码头要及时、准确地提供信息，包括提供有

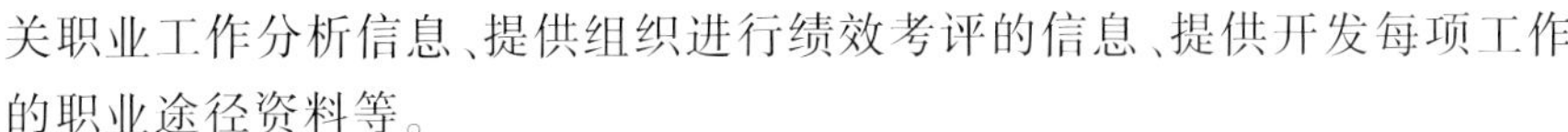

关职业工作分析信息、提供组织进行绩效考评的信息、提供开发每项工作的职业途径资料等。

2）拟定目标

在分析影响员工个人职业生涯规划主、客观因素基础上，确定员工个人的发展方向或目标，并将目标具体化，分为远程、中程、短程目标。

3）执行计划

将所有可能实现目标的途径全部列出，依据员工个人因素和客观状况，评估这些途径的可行性，从中选择最合适的途径，依据阶段目标逐步实施。在实施过程中，可以通过培训的方式帮助员工实现计划。

4）评估与修订

员工个人规划实施后，随时对规划内容、实施成效、执行方法加以评估，定期检测预定目标达成进度。根据客观环境是否变化，对以后的规划内容、实施策略进行修正。

4. 为员工设置职业通道

职业通道是员工实现职业理想和获得满意工作，或者得到职业生涯目标的路径。集装箱码头可以针对员工的不同类型和特长，设立个性化的职业生涯发展通道。对于从事生产、科技、财务、人事、法律等职能性专业的管理岗员工设置管理型发展通道。员工一般先在各部门任职，表现出才能和业绩后，会获得提升机会。被选择者需要具备的是胜任管理工作所必需的个人素质、知识技能、思维能力、人际关系等技巧。对于从事港口生产作业的操作岗员工可以设置技能型发展通道，员工通过初级工、中级工、高级工、技师、高级技师5个等级的技能鉴定逐渐晋升。

## 第六节　现代集装箱码头薪酬、福利与激励

薪酬以"按劳分配，业绩优先，兼顾公平"为原则，是集装箱码头最为基础的一项激励机制，合理的、具有竞争力的薪酬、福利与激励体系，能够稳定集装箱码头员工队伍，吸引更多的优秀人才加盟企业。

### 一、集装箱码头薪酬计量形式

在大多数集装箱码头，薪酬的计量方式分为计时工资制和计件工资制两种基本形式。其他形式的工资制度是它们的转化和组合。

1. 计时工资制

1）计时工资制的概念和特点

计时工资制是按照员工的技术熟练程度、劳动繁重程度和工作时间的长短来计算和支付工资的一种分配形式。它由两个因素决定:一是工资标准;二是实际工作时间。

计时工资制的基本特点在于对劳动的计量是以时间来表示的,员工的工资取决于其本人的工资标准和实际劳动的持续时间。因此,在计时工资形式下,员工所得工资数额同工作时间成正比。

2)计时工资制的适用范围

(1)机械化、自动化水平较高,技术性强、操作复杂,产品需要经过多道工序、多道操作才能完成,不易单独计算个人劳动成果的工种。如集装箱码头操作部、技术部、信息部、安监部的工种。

(2)主要为码头生产提供辅助工作的工种,其劳动量不便于用吞吐量准确计量的人员。如集装箱码头闸口管理部的工种。

(3)劳动量不便于统计计量的企业行政管理人员和技术人员等。如集装箱码头行政部、企业策划部、人力资源部、财务部的工种。

3)计时工资制的管理和完善

由于计时工资制按照劳动时间支付工资,因此,能够促进员工提高出勤率和提高技术业务水平,保证劳动的质量。但是,在体现按劳分配方面存在一定的局限性,其侧重以劳动时间的长短计算工资,不能准确地反映劳动强度和员工个人实际提供的劳动成果,难以体现员工劳动差别。

随着集装箱码头内部改革的深化和进一步搞活内部工资分配,需要将计时工资制与其他工资形式以及多种形式的经济责任制紧密结合起来,使员工的计时工资不仅取决于本人在一定工作时间内创造的劳动成果,还取决于集装箱码头的经营成果,有利于调动员工的劳动积极性。

2. 计件工资制

1)计件工资制的概念和特点

计件工资制是按照员工生产的合格产品的数量或完成的一定作业量,根据一定的计件单价计算劳动报酬的一种工资形式。它由工作物等级、劳动定额和计件单价所组成。它是由一定时间的劳动所凝结的产品数量来计量员工的劳动,能较准确地反映员工的实际劳动量。

现阶段,集装箱码头实施的计件工资制是一种与经济效益、社会效益紧密联系的内部分配形式,它是在既定的国家与集装箱码头工资分配关系条件下,按照自定的劳动定额和计件单价,根据员工生产的合格产品的数量来支付工资的一种报酬形式。

2)实行计件工资制的条件和范围

(1)必须是作业量的数量能够准确计提,并能正确反映员工所支出的劳动量,作业数量和质量主要取决于员工主观努力的工种。这些员工的生产成绩大小主要取决于本人的操作熟练程度和充分有效地利用工时。如集装箱码头装卸队、机械队的工种。

(2)必须是具有先进合理的劳动定额和比较健全的原始记录统计制度,有严格的计量标准的单位或工种。

(3)必须是生产任务饱满,原材料、燃料、动力供应正常;能够组织均衡生产,并鼓励增加产量的单位。如果是新建成的集装箱码头,则不宜匆忙实行计件工资制。

上述条件不是孤立的,而是互为条件的,必须基本上具备上述条件,才能推行计件工资制度。

3)计件工资制的形式

计件工资有多种形式,按实行计件的劳动定额范围划分,可以分为按同一单价计件和不同单价计件(如累进单价计件或累退单价计件);按参加计件的人员划分,可以分为个人计件和集体计件;按参与计件的方式划分,可以分为直接计件和间接计件等。计件工资的具体形式,是由集装箱码头根据自己的生产特点与工作需要制定的。

集装箱码头一般采取全额无限计件工资。就是员工全部工资都随完成和超额完成劳动定额的多少,按统一的计件单价计发,不受限制。实行无限计件工资制的员工,计件期间不再领取本人标准工资。在计件单价已经确定的情况下,员工应得的工资同完成产量定额程度成正比,同单位产品实耗工时成反比,多劳多得,对促进员工发挥主观能动性,提高劳动生产效率有较强的作用。

## 二、集装箱码头劳动定额管理

集装箱码头劳动定额可分为产量定额和工时定额。产量定额就是在单位时间内应该生产的合格产品的数量。工时定额就是在一定条件下,完成某一产品所必须消耗的劳动时间。劳动定额是考核和衡量员工生产效率的尺度,也是合理组织劳动和计算劳动报酬的依据,是实行计件工资的关键。所以,确定定额水平,必须坚持先进合理的原则,并进行定期检查和修订,以保持先进合理的水平。

(1)合理确定计件单价。计件单价就是完成某种产品的单位产量的工资支付标准。近几年来,随着体制改革的深入,为了适应工资分配等方面情况的变化,许多单位采取了如下确定计件单价的办法,可供集装箱码头

在合理确定计件单价时参考。

在企业工资基金有支付能力，职工技术等级、工作物等级和工资标准均相对应的情况下，计件单价是按工作物等级、相应的工资标准和劳动定额测算出来的。具体有两种方法：一是按产量定额计算；二是按工时定额计算。

按产量定额计算，其公式是：

计件单价=该工作物等级的单位时间的工资标准/单位时间的产量定额

按工时定额计算，其公式是：

计件单价=该工作物等级的单位时间的工资标准×单位产品的工时定额

集体计件单价的计算：

按产量定额计算，其公式是：

计件单件=计件单位定员内全体人员单位时间的工资标准之和/单位时间的产量定额

按工时定额计算，其公式是：

计件单价=计件单位定员内全体人员单位时间的工资标准×单位产品的工时定额

在确定计件单价时，工资标准的单位时间和劳动定额的单位时间应该相一致。

(2)以企业历史最高产量与工资成本相除得出计件单价，再根据各车间的产品结构、工作难易程度、劳动强度等情况分解到各种工作物，得出不同的计件单价。

(3)为了提高产品质量、节约原材料，把计件单价与奖金结合起来支付劳动报酬，即完成质量和节约指标的实行超额递增单价。

(4)计件单价随本企业或车间所得的工资总额或奖金总额大小而上下浮动。这一办法适用于企业或车间实行承包，同时采取超额计件办法的单位。

## 三、集装箱码头薪酬结构构成

由于薪酬制度多种多样，可以选择适合集装箱码头的制度进行有机地结合，以吸引和留住优秀人才。一般的集装箱码头薪酬由岗位工资、年功工资、绩效工资、奖金等部分构成。集装箱码头可以根据需要，建立相对稳定的薪酬总量形成机制，采取有差别、针对不同岗位和群体的薪酬组合模式，建立与绩效管理制度相适应的薪酬浮动机制，开展薪酬满意度调查，掌握员工对报酬和福利的心理动态。确保不同员工群体之间薪酬支付

的合法、合理和公正,提升员工报酬满意度。

除了计时工资制和计件工资制，还可以采用绩效工资制和岗位技能工资制。

绩效工资虽然以工作量为依据计算工资,但是它与计件工资不同,它是建立在系统的业绩考核与管理程序基础上的工资体系。在这种薪酬体系下，员工的业绩依照预先设计的绩效目标，利用绩效考核手段进行测评,使员工努力投入到组织所需要的活动中去,调动员工的积极性。同时,由于工资向业绩优秀的员工倾斜，可以提高集装箱码头管理工作水平和装卸生产效率,节约工资成本。

岗位技能工资制主要考虑的是员工劳动能力的价值。根据劳动技能、劳动责任、劳动强度和劳动环境要素,对不同岗位或职务进行分析比较,做出职位价值测定,进而确定不同职位的工资水平。集装箱码采用岗位技能工资制,主要是为了激励员工不断学习和提高职业能力,提高劳动力价值,为集装箱码头做出更大的贡献。

## 四、集装箱码头福利管理

集装箱码头福利一般有以下几种形式:

1. 健康保险计划

由于集装箱码头推行人性化管理，并逐步意识到员工身体和心理健康是人力资源开发管理的一个重要方面，不仅关心员工的生理疾病治疗和身体健康,还注重员工心理和精神方面的健康。

一般来讲,为了提高健康保健项目的实施效益,都采取集装箱码头和员工共同投资、共同受益的管理方式。

2. 企业年金计划

企业年金是指在政府强制实施的国家养老金制度之外，在国家政策的指导下,企业根据自身经济实力和经济状况建立的,旨在为本企业员工提供一定程度退休收入保障的补充性养老金制度。

企业年金是一项企业福利制度，是企业人力资源战略的重要组成部分,是实施养老保障“多支柱”战略的重大制度安排。企业年金与公共养老金或国家养老金、个人储蓄性养老金一起构成多支柱养老保障体系。

企业年金是由企业主办的一种商业保险形式。主要采取基金制管理,保险基金的管理和运作要走向市场化和社会化,进入资本市场,这是与基本保险的主要区别。企业年金由企业委托专门的经营机构从事基金运营,使其以投资形式进入资本市场,这样可以有效避免行政管理的种种弊端,

减少管理成本,为投保人带来比较丰厚的利润。

企业年金有的是由企业一方缴纳，有的是由企业和员工双方共同缴纳,但企业是主要的出资人。对于集装箱码头而言,企业年金能否为员工提供未来养老保险，取决于集装箱码头当前的经济效益和未来的预期效益。

此外,教育培训计划、带薪休假等福利计划和方案也在许多集装箱码头中实施,方式更加多样化,推行的“自助餐”式的福利计划可以满足员工个性化和多样化的需求。

### 五、集装箱码头激励

1. 以奖惩为杠杆的激励

集装箱码头的奖励主要设置记功、记大功、颁发特殊贡献奖、授予荣誉称号等。惩戒分为警告、记过、记大过、解聘职务、解除劳动合同等。

2. 以目标为导向的激励

目标导向激励是以帮助员工树立行为目标并强化其目标意识的方式所进行的激励。

通过设置目标,使工作任务具体化,将具体化的目标作为员工工作的方向和标准,要求员工经常自觉地用来检查和督促自己的工作。集装箱码头以目标为导向的绩效管理方法就是目标导向激励的一种体现。

3. 情谊沟通式激励

情谊沟通式激励主要通过正式沟通和非正式沟通的方式展开。正式沟通包括员工接待日制度、员工心态调查、员工满意度调查等;非正式沟通有娱乐休闲活动、家庭访问等形式。通过情谊沟通式激励,管理者能够及时了解员工的心态状况,协调人际关系。

此外,职业生涯计划、人力资本投资、员工工作丰富化、员工工作扩大化,分配员工具有挑战性的工作都是集装箱码头新的激励方法和手段。

## 第七节 集装箱码头国际化人力资源管理

随着集装箱码头经营的国际化和全球化，在国内出现了大量的合资集装箱码头,在海外,也有中国港航企业投资的集装箱码头。因此,人力资源管理也日趋国际化。虽然国际化并没有改变人力资源管理的基本功能、常规管理程序和活动,但是其管理的所有活动都将变得复杂。这种复杂性主要来自两种因素:一是由于集装箱码头涉及不同国籍的员工组合,不同

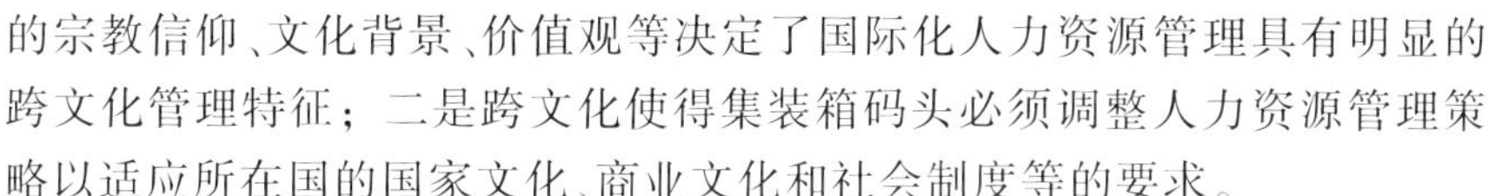

的宗教信仰、文化背景、价值观等决定了国际化人力资源管理具有明显的跨文化管理特征；二是跨文化使得集装箱码头必须调整人力资源管理策略以适应所在国的国家文化、商业文化和社会制度等的要求。

## 一、集装箱码头的母国和东道国员工

集装箱码头国际化人力资源管理涉及不同类型的员工，主要包括母国员工和东道国员工。

1. 母国员工

母国员工是指来自母公司所在国家的员工，主要是管理人员、技术专家以及分公司或子公司的高层管理者。母国员工在国外子公司或分公司的经营中占有十分重要的地位。一般来讲，母国员工在母公司中有着丰富的工作经验，熟悉公司的战略、目标、政策、程序和企业文化，从而保证分支机构与母公司在管理哲学与管理理念方面的一致性，并将母公司的技术和经验传授给当地员工，确保下属公司的经营符合母公司的意图。

外派母国员工架起了母公司与分支机构管理人员之间沟通的桥梁。通过外派母国员工，可以培养他们的全球意识，提高对不同环境的适应能力和工作能力，有利于其个人的职业生涯发展。但外派母国员工也存在一些不利的方面，如派遣费用高昂；外派员工与当地员工及其他群体，例如政府、供应商、客户进行有效沟通存在较大的困难等。

2. 东道国员工

东道国员工指在海外子公司工作的当地员工。

东道国员工熟悉当地的语言、文化、商业环境，从而能与企业内员工、东道国政府、工会、当地供应商、客户进行有效的沟通与交流。其员工成本明显低于母国员工。不利之处表现在：合格而有经验的当地人员不易找到，人员培训成本很高；东道国人员与母国人员在语言、文化方面的差异，使交流与沟通困难。

## 二、集装箱码头国际化的不同阶段对人力资源管理的不同要求

集装箱码头所处的国际化阶段在很大程度上决定着对不同来源人员的使用状况。

一般来说，在国外子公司经营的早期阶段，公司使用外派人员的数量很大，主要是为了实现生产与经营管理技术的转让和对公司服务及品牌国外营销实施更好的控制。随着企业当地管理人员、生产业务人员和技术人员吸收了这些先进知识，并具备了优质的服务能力和有效营销能力，外

派人员的数量就开始减少了。随着当地子公司的经营在更大程度上被纳入全球经营框架,外派人员的数量还会再一次增加,因为企业全球化水平提高,更需要具有国际经营经验的国际管理人员来增强其世界范围的竞争优势。

## 三、集装箱码头外派员工的培训开发

集装箱码头外派员工的培训开发主要是标准化培训和有针对性培训。

1. 标准化培训

标准化培训具有全球普遍适用性,主要包括使外派人员掌握如何进行沟通、激励或领导的培训,以及有关国际经营业务知识的培训,以提高外派人员的管理能力、技术能力、业务知识等。

2. 有针对性培训

有针对性培训即跨文化培训,这是与外派的具体国家国情相联系的培训。

决定外派成功的标志一般有个人调节适应程度、职业效率程度和人际协调效率。因此,跨文化培训也应从这3个方面入手。通过跨文化培训,提高外派人员在海外任职成功的可能性。

## 四、集装箱码头外派人员的薪酬管理

集装箱码头为其外派人员提供适当的薪酬福利是调动其积极性的关键,也是决定国际竞争力的重要因素。

1. 集装箱码头有效的国际报酬政策应达到的目标

(1)吸引并留住符合海外任职条件的员工。

(2)使员工能十分便利地在母公司与子公司之间或者子公司与子公司之间进行交流调度。

(3)使国外各子公司的报酬制度有一个稳定、公平的关系。

(4)要使本集装箱码头的报酬制度相对于其主要竞争对手有较强的竞争力。

(5)尽可能减少集装箱码头的成本。

2. 集装箱码头外派员工的薪酬体系

1)母国标准薪酬体系

对于母国外派员工采用最为广泛的薪酬体系是母国标准报酬体系,其目的在于保持外派员工报酬相对国内同事的一致性,同时对海外任职

所产生的额外费用给予补偿。

2)东道国标准薪酬体系

东道国标准薪酬体系又称工资本土化，是参照当地员工的标准来确定外派员工的薪酬，可以避免高工资东道国的职员薪酬明显高于外派经营管理人员及技术专家的情况，只适用于低工资国家向高工资国家的流动。

3)混合薪酬体系

混合薪酬体系是将母国与东道国薪酬体系部分特征相结合，主要针对的是在国际上不断流动的国际性骨干队伍，特别是集装箱码头的高级管理人员。

3. 集装箱码头外派员工的激励

给外派员工提供激励项目是大部分集装箱码头的习惯做法，这种激励项目不单是在母国标准报酬体系下才有，它同样适用于东道国标准报酬体系和混合标准报酬体系。激励主要采用津贴形式：包括海外任职津贴、艰苦条件津贴、探亲与旅游津贴等。

# 第九章　现代集装箱码头投融资管理

现代集装箱码头特别是国际性或区域性集装箱枢纽港的集装箱码头已成为集散全球或区域性资源的“磁石”与“分拨机”，其地位、作用已为人们所共识。本章对在全球兴建、扩建、改造集装箱码头的热潮中，如何融资以及现代集装箱码头建设的投融资管理进行阐述。

## 第一节　现代集装箱码头的融资策略与融资管理

集装箱码头建设一次性投资巨大，投资回收周期长。而在集装箱运营中，随着装卸设备的老化而需要更新，也需要大量资金。因此，各国在集装箱码头建设、经营中均采取了不同的筹资策略和融资方式。

### 一、发达国家(地区)政府集装箱码头建设融资策略

发达国家(地区)融资策略归纳起来大致有3种模式。

1. 政府资金和非政府资金各有侧重

该模式的特点是，既承认集装箱码头的公用性质，又重视集装箱码头的企业性质。以美国为例，美国政府把港口作为国家基础设施的一部分，每年都列入预算。联邦政府和各级地方政府以财政资金建设集装箱码头的基础设施，国家负责投资航道建设及其治理，而集装箱码头经营设施、配套设施设备等则一般由非政府资金投资建设。

2. 以政府资金为主

以德国为例，港口所在的联邦州或城市成立港口管理股份制公司，代表国家对港口基础设施进行投资与管理。港区范围内一切基础设施，如公

路、铁路支线、码头前沿、供水、供电、供气、通信设施等,统一由地方政府规划、投资,港口资产全部属于国家所有,并将完善的基础设施以优惠的价格出租给民间公司经营。而集装箱码头的各种地面设施、设备则由私人投资兴建。德国从20世纪80年代对港口进行股份制改革和码头经营私有化改革,经历了投资管理体制从分散到集中、投资由企业转移到政府的过程。但是,在政府明确作为投资主体地位的同时,又在政策上鼓励民间资本投资港口配套设施。

3. 以非政府资金为主

以英国和北欧国家为例,这些国家把集装箱码头作为企业看待,水下、水上设施的投资原则上都由集装箱码头自行解决,国家和地方财政不予补助。

以上3种模式都是基于上述各国的历史和现实而制定的融资策略。

## 二、中国集装箱码头融资策略

融资是指筹集资金。我国政府从20世纪80年代允许外资进入港口以来,港口投资已经呈现多元化发展趋势。集装箱码头投资主体多元化,呈现内资外资并举、国有民营并存的多种模式。当前,中外合资集装箱码头已占到我国内地集装箱码头总数的半数以上。

在计划经济时代,国家能够用于港口建设的财力不足,难以承担港口发展所需要的建设资金,而由各级政府“包办”港口投资,国有港口企业既无市场压力,也无实际财力用于港口投资建设。

20世纪80年代初,港口实行体制改革,对原有的投融资体制也进行了改革与尝试,政府不再包办港口建设投资,实行“以收抵支,以港养港”政策,取得了一定的经验。此后,国家出台政策鼓励各港口使用国内外金融机构政策性或商业性贷款加快港口建设,并促使投资、经营多元化。1987年,南京港成立的中外合资集装箱码头,标志着中国港口投资主体多元化正式起步。21世纪初,国内民营资本也开始进入港口领域,出现了新型的股份制港口企业,并诞生了一批港口上市公司。至此,我国港口投资主体多元化取得了突破性进展。

2004年1月1日,《中华人民共和国港口法》正式实施,确立了港口多元化投资主体和经营主体。根据国家政策,港口可以放开引入外资的持股比例,甚至允许外资控股。目前,我国内地港口投资多元化经营主要有以下几种模式:

1. 国内资本与港口企业合资经营或自建(委建)自营形式

近年来,为降低综合物流成本和构筑现代物流链的需要,国内一些大

型企业开始参与港口建设，其中航运企业采取与港口企业以股份制形式经营集装箱码头业务。如中海集团在大连、锦州、连云港、湛江等沿海主要港口积极参与内贸集装箱码头的经营。中远集团在部分港口的内贸、外贸集装箱码头建设、经营中也均有较大投入。国内资本参与中国内地港口主要集装箱码头经营情况，见表9-1-1。

2. 中外合资形式

集装箱码头的中外合资，是指海外(含港、澳、台地区)企业、个人或其他经济组织与我国企业或其他经济组织，按照中国的法律，经中国政府批准，在中国境内设立，以合资方式组成的集装箱码头有限责任公司，负责建设、经营和管理集装箱码头。通常，这种合资形式是中方提供可资利用的土地、房屋、设施、自然资源和劳动力资源等，外方提供资金、技术或主要设备等。合资双方共同经营、承担风险和分享盈利。

目前，我国沿海和内河主要集装箱码头合资率分别占集装箱泊位总数和通过能力的六七成。沿海主要港口、长江港口及珠江三角洲中港口均有合资甚至外资独资集装箱码头。集装箱码头合资已成为我国港口界的普遍现象。

3. 民营资本通过原国有港口企业股份制改造、改制或收购国有资本参与港口建设经营

由于我国民营企业当前的规模、经济实力总体上还较弱小，而大型港口资产规模较大，因此，我国进入港口领域的民营资本主要集中在沿海中小港口和内河港口，如北海港和锦州港。在大型港口中，民营资本主要集中在仓储、货运代理、集卡运输、报关、包装等集装箱及其他货类延伸业务领域。我国大型国有集装箱码头不大可能像发达国家港口民营化那样，直接出售给本国的私营企业，而只能依靠积极引进外资，并吸纳国内外非港口专业资本进入港口领域，以拓宽港口及其集装箱码头建设资金渠道。

4. 原有港口企业改组为上市公司

大型国有港口企业的改制上市，也是我国港口投资主体多元化的一种有效的融资渠道。目前全国共有11家港口上市企业，其中两家同时发行了A股和B股。这些上市公司不仅从证券市场上获得大量港口建设所需资金；同时，通过股份制改造，成为规范化的现代企业。如天津港多年来依靠证券市场回笼的资金，通过收购其他公司实现资本扩张，并完成兼并企业改制，使原有的国有港口企业模式脱胎换骨，成为充满活力的上市公司。我国港口(含集装箱码头)上市公司情况见表9-1-2。

国内资本参与中国大陆港口主要集装箱码头经营情况统计表(至2005年末)　　单位:元　　表9-1-1

| 企业名称 | 投资方 | | | 投资方 | | | 公司成立时间 | 合资年限 | 注册资本/投资总额 |
|---|---|---|---|---|---|---|---|---|---|
| | 名称 | 股比(%) | 资本金 | 名称 | 股比(%) | 资本金 | | | |
| 锦州新时代集装箱码头有限公司 | 中海码头发展有限公司 | 51.00 | 1.636亿 | 锦州港股份有限公司 | 34.00 | 1.091亿 | 2001.9 | 25年 | 3.21亿 |
| | 大连港集装箱股份有限公司 | 15.00 | 4 813万 | | | | | | |
| 连云港新东方集装箱码头有限公司 | 中海集装箱码头 | 55.00 | 2.585亿 | 连云港港口集团 | 45.00 | 2.115亿 | 2004.4 | 50年 | 4.7亿 |
| 武汉港集装箱有限公司 | 武汉港务集团有限公司 | 51.75 | 5 175.1万 | 上港集箱(澳门)有限公司 | 25.00 | 2 500万 | 2003.6 | 30年 | 1亿 |
| | 上海港集装箱股份有限公司 | 20.40 | 2 040万 | 武汉长伟国际航运实业有限公司 | 2.25 | 224.9万 | | | |
| | 武汉中远国际货运有限公司 | 0.50 | 50万 | 武汉中理外轮有限公司 | 0.10 | 10万 | | | |
| 武汉国际集装箱转运有限公司 | 中国基建港口集团有限公司 | 85.00 | 9 350万 | 武汉阳逻开发有限公司 | 9.90 | 1 089万 | 1998.4 | 50年 | 1.1亿/2.6亿 |
| | 武汉港务集团 | 5.10 | 561万 | | | | | | |
| 上海港中海集装箱码头有限公司 | 中海码头发展有限公司 | 50.00 | 1 500万 | 上海港湾实业总公司 | 50.00 | 1 500万 | 2003.3 | 30年 | 3 000万 |
| 上海盛东国际集装箱码头有限公司 | 上海港集装箱股份公司 | 51.00 | 25.5亿 | 上海国际港务(集团)股份有限公司 | 49.00 | 24.5亿 | 2005.5 | / | 50亿 |
| 广州港南沙港务有限公司 | 广州港集装箱综合发展有限公司 | 51.00 | 3亿 | 广州南沙基础设施投资有限公司 | 49.00 | 2.94亿 | 2004.9 | 30年 | 6亿 |
| 湛江港中海集装箱码头有限公司 | 湛江港集团 | 50.00 | 500万 | 中海集团 | 50.00 | 500万 | 1999.1 | 10年 | 1 000万 |

**2006年中国港口上市公司运行情况**

表 9-1-2

| 股票代码 | 股票名称 | 2006年期末每股收益(元) | 2006年期末主营收入(万元) | 2006年期末每股经营现金流量(元) | 净利润(万元) | 每股净资产(元) | 主营利润率(%) | 净资产收益率(%) | 总股本(万股) | 股东权益比例 |
|---|---|---|---|---|---|---|---|---|---|---|
| 600018 | 上港集团 | 0.14 | 1 248 437.15 | 0.23 | 296 322.15 | 1.15 | 0.47 | 12.33 | 2 099 069.35 | 0.36 |
| 600190 | 锦州港 | 0.10 | 47 559.07 | 0.21 | 10 561.06 | 1.25 | 0.58 | 7.92 | 105 548.95 | 0.36 |
| 600279 | 重庆港九 | 0.15 | 30 533.51 | 0.17 | 3 399.97 | 3.36 | 0.32 | 4.43 | 22 839.10 | 0.44 |
| 600317 | 营口港 | 0.63 | 84 728.94 | 0.39 | 16 105.73 | 4.39 | 0.36 | 14.24 | 25 708.16 | 0.38 |
| 600575 | 芜湖港 | 0.31 | 15 558.65 | 0.22 | 3 684.81 | 4.17 | 0.53 | 7.46 | 11 860.00 | 0.93 |
| 600717 | 天津港 | 0.36 | 223 965.68 | 0.56 | 51 525.62 | 2.97 | 0.44 | 11.96 | 144 884.04 | 0.70 |
| 600017 | 日照港 | 0.27 | 80 482.93 | 0.33 | 17 237.53 | 3.52 | 0.26 | 7.77 | 63 000.00 | 0.61 |
| 002040 | 南京港 | 0.13 | 16 237.10 | 0.21 | 3 105.97 | 2.11 | 0.52 | 5.99 | 24 587.20 | 0.90 |
| 000022 | 深赤湾 A | 0.95 | 190 531.29 | 1.78 | 61 396.48 | 3.45 | 0.59 | 27.33 | 64 476.37 | 0.67 |
| 000088 | 盐田港 | 0.57 | 71 703.61 | 0.20 | 70 641.99 | 2.59 | 0.45 | 21.87 | 124 500.00 | 0.94 |
| 000582 | S北海港 | −0.40 | 13 833.32 | −0.16 | −7 465.13 | 1.57 | −0.07 | −20.62 | 18 847.18 | 0.41 |
| 000905 | 厦门港务 | 0.32 | 91 912.18 | 0.45 | 16 827.83 | 2.49 | 0.25 | 12.64 | 53 100.00 | 0.60 |

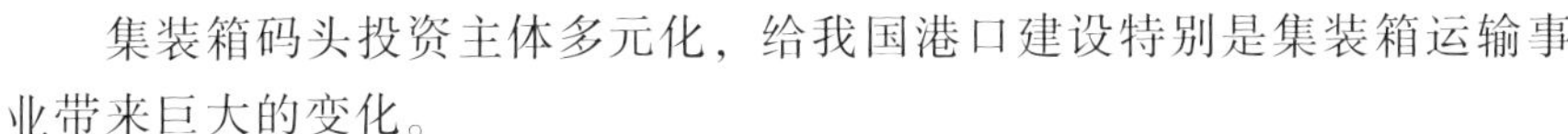

集装箱码头投资主体多元化，给我国港口建设特别是集装箱运输事业带来巨大的变化。

## 三、集装箱码头融资管理

融资管理要解决的问题是企业如何取得适时的、低成本的资金。融资管理和投资、股利分配有密切关系，融资的数量多少要考虑投资需要，在利润分配时加大保留盈余可减少从外部筹资。融资管理的关键是决定各种资金来源在总资金中所占的比重，即确定资本结构，以使筹资风险和筹资成本相配合。

1. 可供集装箱码头选择的资金来源

1）权益资金和借入资金

前者是企业股东提供的资金，不需要归还，筹资风险较小，但期望的报酬率高；后者是指债权人提供的资金，需要按期归还，有一定风险，但其要求的期望报酬率比权益资金低。筹资决策的一个重要内容就是确定权益资金和债权资金的比例关系。

2）长期资金和短期资金

前者是指企业可长期使用的资金，包括权益资金和长期负债。后者一般是指一年内要归还的短期借款。长期资金和短期资金的融资速度、融资成本、融资风险以及借款时企业所受的限制均有所区别。如何安排长期和短期筹资的相对比重，是融资管理要解决的另一个重要问题。

随着现代物流业的高速发展，集装箱码头为扩大市场份额，采取多种融资策略吸揽发展资金。为满足集装箱码头发展需要以及吸引潜在的债权人和投资者，对融资工具的选择与管理尤为重要。

2. 现代集装箱码头融资工具

目前，集装箱码头可利用的融资工具及市场主要包括：债券、普通股，证券交易所、国际金融市场等。

1）债券融资

债券是经济主体为筹集资金而发行的，用以记载和反映债权债务关系的有价证券。一般按能否转换为公司股票，分为可转换债券和不可转换债券；按利率的不同分为固定利率债券和浮动利率债券。债券的发行价格计算公式为：

$$\text{债券发行价格}=\frac{\text{票面金额}}{(1+\text{市场利率})^{n}}+\sum_{t=1}^{n}\frac{\text{票面金额}\times\text{票面利率}}{(1+\text{市场利率})^{t}}$$

式中：$n$——债券期限；

$t$——付息期限。

市场利率指债券发行时的市场利率。

2)短期负债融资

是指企业所筹集的资金使用年限较短,一般不超过一年。其主要形式是商业信用和短期借款。

3)长期借款融资

是指企业向银行或其他非银行金融机构借入的使用期限超过一年的借款。一般按照用途分为基本建设项目贷款、更新改造项目贷款、设备购置借款、科技开发和新产品试制借款等;按有无担保分为信用贷款和担保贷款。

4)可转换证券融资

即以可转换为普通股股票的证券进行融资。发行时一般对可转换证券的转换期、赎回条款、回售条款等均有明确规定。可转换证券的面值、转换价格、转换比率之间的关系为:

$$转换比率=证券面值\div转换价格$$

5)股票融资

一般是指发行无特别权利的股份即普通股的融资方式。目前,国内按发行对象和上市地区的不同分为A股、B股、H股、N股等。其可以按照股票面额即等价发行,按照流通市场上的实际价格即时价发行,也可以等价和时价的平均价即中间价发行。

6)项目融资

是指公司为某一建设项目融资和经营而成立一家项目公司,由项目公司承担贷款,以项目公司的现金流量和收益作为还款来源,以项目的资产或权益作抵(质)押而取得的一种无追索权或有限追索权的融资方式。主要包括BOT模式、TOT模式、ABS模式、融资租赁、PPP模式等。

(1)BOT模式,即建设—经营—转让,又称为“特许权投融资方式”。一般由政府通过特许权协议,将项目授予企业为此专设的项目公司,由项目公司负责基础设施项目投融资、建造、经营和维护,在规定的特许权期内,项目公司拥有投资建造设施的所有权,以此向项目使用者收费进行投资补偿,特许期满后将设施无偿移交政府。

(2)TOT模式,即转让—运营—转让。指将已经建成投产的项目有偿转交给投资方经营,融资方将一次性融通资金用来投入新建项目,协议期满后投资方将项目移交给融资方。

(3)ABS 模式,即资产担保债券。是将缺乏流动性但能产生可预见现金流入的资产汇集起来通过结构重组和信用增级，将其转换为在金融市场可以出售和流通的证券,借此融取资金。

(4)融资租赁,是以资产为基础的一种融资方式。是企业以类似分期付款的方式自租赁公司购买资产。

(5)PPP 模式,是公司与私人企业合作完成基础设施的投资和建设。集装箱码头建设中的一些公益性设施可以通过 PPP 模式使其具有投资价值。

(6)国际资本市场融资,主要是通过国际证券交易所和场外交易市场、国际金融市场、投资银行等利用各种金融工具进行融资。

(7)其他,主要是一些新型的金融工具及衍生工具,如分离式可转债、外币贷款融资、外债融资、短期融资券、资产支持商业票据等,这些融资工具已在我国集装箱码头建设中得到广泛使用。

目前,一些集装箱码头在建设中,采取由投资双方或多方投入不超过项目总投资 35%的注册资本成立码头经营公司。总投资与经营公司注册资本的差额由经营公司以贷款的方式进行码头建设,这样码头投资者仅需投入项目建设资金的 1/6 甚至更少,就可以滚动建设大于其投资额数倍乃至 10 倍的项目建设，推动集装箱码头又好又快地开发建设。

3. 集装箱码头融资管理的内容

1)融资能力估算

融资能力是企业利用各种融资工具获得资金的能力，它集中表现为在一定时期内企业能够筹集到的资金数量和质量。融资能力的大小是制定融资策略的重要依据。

集装箱码头资金来源可分为内部资金来源和外部资金来源两大类。内部资金来源是集装箱码头通过自身经营成果的积累而形成的可用资金；而外部资金来源是集装箱码头通过各种融资工具从集装箱码头外部获得的可用资金。它又分为筹集负债资金和筹集权益资金。集装箱码头从这些渠道筹集资金的能力构成总体融资能力。

(1)内部资金融资能力估算

内部资金来源就是集装箱码头在其所获得的收入和利润中重新投入到生产经营过程中,参加资金再循环的那部分资金。即内部资金融资能力主要决定于集装箱码头的收入水平、盈利能力以及有关财务政策等因素。集装箱码头内部资金融资能力可大致估计如下：

预期未来几年内的收入水平
× 税后目标经营利润率
= 税后净收益
− 现金股利
= 留存盈余
+ 折旧
= 经营产生的内部资金
− 银行贷款和长期负债还款总计
= 净内部资金来源

(2)负债资金融资能力估算

负债资金来源就是集装箱码头通过借债的方式所获得的资金。集装箱码头负债资金融资能力主要取决于其自身的盈利水平与资金来源结构。一定的盈利水平是集装箱码头偿还借款本息的重要保证,而资金来源结构则反映了集装箱码头财务风险的大小。一般集装箱码头的盈利能力是有保证的,其负债资金融资能力估算如下:

估计的未来股东权益总数(目前的股东权益+预期新的股东权益+税后净收益−股利)×行业平均负债÷股东权益比重
=总负债能力
−现有总负债
=新的负债能力

总负债能力可以是银行承诺的最大贷款金额,也可以参照集装箱码头行业的平均水平进行估算。

(3)权益资金融资能力的估算

权益资金来源是集装箱码头通过发行新股或以其他方式增资获得资金的能力。权益资金融资能力主要取决于集装箱码头的盈利能力及给股东的回报。作为上市公司要想增加新的股权资金,应在尽可能的情况下选择经营状况和金融市场状况最好的年份发行新股,力求在这一年里使得集装箱码头的利润和每股盈余有一个较大幅度的增长,为新股发行提供基础。据此权益资金融资能力的估算为:

净收益(最好增长年份)
−净收益(正常增长年份)
=额外净收益
÷EPS(正常预期水平)
=潜在可发行新股股数

×预期股票发行价格

=新股能力

-估计发行成本(发行成本)

=发行新股可得资金

因此,集装箱码头总的资金融资能力是其内部资金融资能力、负债资金融资能力和权益资金融资能力的总和，但不是上述3种能力估算值的简单相加。

2)资金筹集策略

为适应集装箱码头总体竞争战略而利用融资工具筹集低成本、低风险、高回报的必要资金,并在建设经营中有效地管理运用所筹集的资金,集装箱码头都注重制定切合自身发展战略要求的融资策略。

(1)按照如何安排临时性资金和长期性资金而言可区分为3种政策:

①配合型融资策略。其基本思想是将资产与负债的期间相配合,临时性流动资产运用临时性负债筹集资金满足其需要，对于永久性资产和固定资产运用长期负债和权益资本满足其需要，以降低集装箱码头不能偿还到期债务的风险和尽可能降低债务的资金成本。

配合型融资策略要求集装箱码头临时负债融资计划严密，实现现金流动与预期安排相一致。

②激进型融资策略。即要求集装箱码头临时性负债不但满足临时性流动资产的需要,还要解决部分永久性资产的资金需要。

采取激进型融资策略时，临时性负债在集装箱码头全部资金来源中所占比重大于配合型融资策略。虽然临时性负债资金成本低于长期负债和权益资本的资金成本，但此时集装箱码头需在临时性负债到期后重新举债或申请债务延期,必然加大了融资风险。所以激进型融资策略是一种收益性和风险性均较高的融资策略。

③稳健型融资策略。是临时性负债只满足部分临时性资产的资金需要，另一部分临时性流动资产和永久性资产则由长期负债和权益性资本作为资金来源。

与配合型融资策略相比,稳健型融资策略下临时性负债占集装箱码头全部资金来源的比例较小，是一种风险性和收益性均较低的融资策略。

一般而言,作为具有成熟经营经验的集装箱码头,能够驾驭资金的使用,多采用收益和风险配合得较为适中的配合型融资策略是有利的。而在集装箱码头建设初期,如以银行贷款作为码头建设主要资金来源时,一般

选取稳健型融资策略，采取长、短期贷款相结合的方式以减低集装箱码头建设资金成本和经营财务风险。

(2)按照集装箱码头经营成长时期，将融资策略分为3种：

①初创期的融资策略。此时集装箱码头刚投入使用，箱量尚未达产，现金流由于建设期借款压力而呈亏空，负债融资成本较高。一般集装箱码头多采取权益资本融资策略，以股东投入资金及初期收益积累为主要融资来源。

②发展时期的融资策略。此时集装箱码头积极开拓货源市场，扩大装卸规模，多采取竞争战略，财务风险较大。集装箱码头为降低财务风险，要继续采用权益资本融资策略，一方面向现有股东募集投资，一方面将大多数经营收益留存。

③成熟时期的融资策略。一旦装卸业务稳定，经营收支良好而利润空间合理，集装箱码头处于高盈利水平和低重大资本性支出的成熟期。此时集装箱码头应选择激进的融资策略，更多地运用债务融资，以放大资本杠杆所产生的正效应，增加股东价值。

3)融资选择的技术

(1)利用财务杠杆系数确定融资规模

财务杠杆系数越大，财务风险也就越大；财务杠杆系数越小，财务风险也就越小。计算公式为：

$$DFL=(\Delta EPS \div EPS) \div (\Delta EBIT \div EBIT)$$

式中：$DFL$——财务杠杆系数；

$\Delta EPS$——普通股每股收益变动额；

$EPS$——变动前的普通股每股收益；

$\Delta EBIT$——息前税前盈余变动额；

$EBIT$——变动前的息前税前盈余。

上式可简化为：

$$DFL= EBIT \div (EBIT-I)$$

式中：$I$——债务利息。

财务杠杆系数表明的是息前税前盈余增长所引起的每股收益的增长额度，在资本额、息前税前盈余相同的情况下，负债比率越高，财务杠杆系数越高，财务风险越大，但预期投资者收益也越高。由于负债比率是可以控制的，集装箱码头可以通过合理安排资本结构，适度负债，使财务杠杆利益抵消风险增大所带来的不利影响。

(2)利用最佳资本结构分析确定融资额度

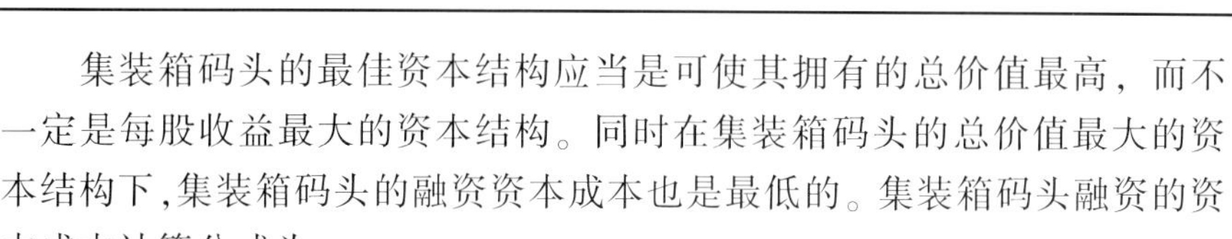



集装箱码头的最佳资本结构应当是可使其拥有的总价值最高，而不一定是每股收益最大的资本结构。同时在集装箱码头的总价值最大的资本结构下,集装箱码头的融资资本成本也是最低的。集装箱码头融资的资本成本计算公式为：

加权平均资本成本=税前债务资本成本×债务额占总资本比重×(1−所得税税率)+权益资本成本×股票额占总资本比重

在没有债务的情况下，集装箱码头的总价值就是其原有股票的市场价值。当集装箱码头用债务资本部分替换权益资本时,一开始集装箱码头总价值上升,加权平均资本成本下降,当融取债务资金达到使加权平均资本成本为最低点时,集装箱码头总价值最高,此时的融取债务资金额是最佳的融资额,也是集装箱码头处于最佳的资本结构状态。

4)融资的风险管理

集装箱码头在融资活动中,都面临着风险,诸如融资的利率风险、外币融资的汇率风险等等。风险时刻伴随着营运过程而产生。风险管理已成为经营管理的一个重要内容。

(1)融资风险成因的经济学分析

传统的融资风险认识停留在财务风险之上，主要指集装箱码头负债比重大小而影响到其支付本息能力所产生的风险。在融资运作中,如股票或贷款等,会改变原有资本结构,从而影响到股东利益的变化。融资运作的追求目的是使集装箱码头资本增值最大化，若融资运作反而导致资本增值缩小甚至减值,便形成了财务风险。如集装箱码头采用负债融资,则存在着资金利润小于贷款利润的可能性,这种可能性即为财务风险。财务风险的构成因素主要包括两方面:导致股东利益损失的可能性;过度负债导致集装箱码头破产的可能性。

融资运作操作风险主要可分为两大类:系统风险和非系统风险。

系统风险指由外界因素变动导致的所有企业均无法规避与控制的风险。因为这些风险涉及面极广,不以个别企业的意志而转移,几乎任何企业都无法回避,而且不会因为企业的多元化经营而有所消除,故又可称为不可分散风险。非系统风险是指企业资本运作过程中种种不确定因素所引发的,只与经营主体及对象有关的风险。通过经营主体的努力可分散消解,故称之为可分散风险。非系统风险主要包括:经营风险、行业风险、财务风险、管理风险、资金风险等。

非系统风险的虚拟计量模型可用下式表示：

$$Y=f(A,B,C,D,E)+PX$$

其中：$Y$ 是指融资风险成本，$A$、$B$、$C$、$D$、$E$ 分别代表非系统风险的经营风险系数、行业风险系数、财务风险系数、管理风险系数、资金风险系数，这几个系数与集装箱码头本身是多方相关的。而 $P$ 则是代表系统风险系数，$PX$ 是表示由外生的系统风险所导致的可能成本损失。

(2)利率风险管理

集装箱码头经营所需资金很大部分来自于金融机构各种形式的贷款。如何降低资金使用风险，减少资金占用成本是集装箱码头进行利率风险管理的主要内容。现代集装箱码头越来越多地利用金融衍生工具进行风险管理。集装箱码头可以根据自身的风险偏好及经济上的限制对自身的利率风险暴露进行价格风险的转移与重新分配，完成风险分散与套期保值。

利率衍生性金融商品主要包括以下几种：

①利率交换

指交易双方约定，依其交易条件及利率指标，于未来特定周期就不同计息方式的现金收付定期结算差价。在交易契约中，双方约定在特定期间内，每隔一段时期依约定的固定或浮动型态利率交换并互付对方一次利息，其交换的一连串利息金额依契约约定的项目本金计算。而本金在交易双方约定时是固定的，并不作交换，仅就各付息周期届至时结算两个交换利息的净额办理交割支付。

利率风险是集装箱码头进行利率交换交易后，可能会因市场利率上升或是下跌，导致集装箱码头所作出的契约产生损益变化的风险。同时由于交易对手可能对于现在或未来的现金流量无法履行交割义务，存在一定的信用风险，该项风险之大小除取决于契约损益金额的大小外，交易对手的履约能力也为影响该风险的重要因素，集装箱码头在承做交易前，要慎选利率交换交易商，以降低交易对手的信用风险。

②利率期货

利率期货(Interest Rate Futures)是期货交易商品的一种，其标的资产为和利率有关的存款或固定收益证券。

利率期货的特性及功能：

a.提供风险转移(Risk Transfer)的功能。

b.调整投资组合的存续期间(Duration)。

c.从事资产配置(Asset Allocation)。

d.提高资金运用效率。

e.价格发现功能(Price Discovery)。

③远期利率协定

远期利率协定(Forward Rate Agreement,FRA)是指买卖双方约定一适用于未来开始的一段期间内之固定利率与名目本金的契约,透过此契约,买方可锁定未来的借款利率,但是买卖双方并不交换名目本金,仅针对利息差额做结算。远期利率协定是用来管理利率风险的有效工具;买方用以规避利率上涨的风险,而卖方可免于利率下跌的风险;此外,对未来有预期的投资者而言,买方可享受利率上涨的利润,卖方可享受利率下跌的好处。

④利率选择权

利率选择权系一种以利率为标的资产的选择权，选择权的买方在期初支付一笔权利金给予卖方,并有权在契约到期日当天(欧式)或到期日之前任一时点(美式)执行此项权利,卖方有义务履行此契约。透过利率选择权的操作,可以帮助买方在支付权利金购买选择权后,把利率成本或投资收益固定在一定水准之上,以避免利率不利于买方时所产生的损失。而卖出利率选择权的卖方,可立即收取权利金,当利率变动不利于买方而导致其放弃执行此契约时,卖方所获取的利益便是当时所收取到的权利金,但当利率变动不利于卖方时,则将产生损失。

⑤利率交换选择权

利率交换选择权系一种以利率交换为标的资产的选择权，选择权的买方在期初支付一笔权利金给予卖方，有权在未来某特定时点执行此权利,并进入利率交换契约。针对标的利率交换契约,可将此利率交换选择权分为付固定利率的利率交换选择权(Payer's Swaption)与收固定利率之利率交换选择权(Receiver's Swaption)。

(3)外币融资的汇率风险管理

①无本金交割的远期外汇合约 (NDF,Non Principal Delivery Forward Contract)。指企业和银行议定一远期外汇合约,待双方于到期日时,仅就市场汇率与期初议定汇率的差额作交割,而不需备有本金之收付,加上承做时不需交易凭证,因此是一种可以用来预测汇率走势、兼具投资与避险功能的衍生性金融商品。

②远期外汇交易 (Delivery Forward)。指企业与银行签订远期外汇契约,约定以远期汇率预先买入或卖出未来一定时日后(交割日超过两个营业日)方进行本金交割的外汇交易,故可分为“预购远期外汇”及“预售远期外汇”。此契约交易的优点是:透过远期外汇可以预期达到规避汇率风险、锁定资金成本或利润的目的。

③外币保证金交易。外币保证金交易是一种公平竞争、自由进出且以小搏大的金融产品。从事此项交易的企业只需要先开立一个外币保证金专户,并存入欲交易金额不到一成的保证金,即可有扩大数倍的额度与银行进行外汇交易的买卖;可进行的交易币别包括美元兑欧元、日元、英镑、瑞士法郎、加拿大币、澳元、港币等国际汇市上的主要币别。

通过外币保证金交易,企业可预期达到下列目标:

a. 投资理财。利用汇率升贬机会从事低买高卖或高卖低买,以赚取汇差。

b.规避风险。企业可利用此交易或以第三国货币的买卖,以抵消外币间或人民币升贬中所造成的汇兑损失;涉及项目投资或贷款时可利用此交易,作相反方向买卖,预先固定汇率,并确保资本及利息所得。

④外汇换汇交易(FX Swap)。指在即期市场以某一货币换取另一货币,并同时约定在未来的某一天,再以约定的汇率反向换回;而换汇点 (Swap Point)即是此两笔即期和远期交易的差额。

通过外汇换汇交易,集装箱码头可以与预期达到规避汇率风险、锁定资金成本或利润的目的。

## 第二节 现代集装箱码头建设的投资管理

投资是以收回现金并取得收益为目的而发生的现金流出。集装箱码头投资决策按不同标准可分为以下类型:

1. 直接投资和间接投资

前者是把资金直接投放于港口生产经营资产, 以便获取利润;后者又称证券投资,是把资金投放于金融性资产,以便获取股利或利息收入。

这两种投资决策的具体方法截然不同。证券投资只能通过证券分析与评价,从证券市场中选择集装箱码头需要的股票和债券,并进行投资组合;直接投资要事先创造一个或几个备选方案,通过对备选方案的分析与评价,从中选择一个足够满意的方案。

2. 长期投资和短期投资

前者是指影响所及超过一年的投资,又称资本性投资。后者是指影响所及不超过一年的投资,又称流动资产投资或营运资产投资。

长期投资与短期投资的决策方法有所区别，由于长期投资涉及的时间长、风险大，决策分析时更重视货币的时间价值和投资风险价值的计量。

集装箱码头建设期的资金管理不仅直接关系到建设项目的进程及效能发挥，而且还对集装箱码头投产后作业成本和经营业绩产生长远的影响。集装箱码头建设前期投资的资金节约是最大的节约，集装箱码头的基本建设项目投资前期准备，以及工程实施的控制对于投资的资金节约将起到至关重要的作用。因此做好集装箱码头基本建设项目的资金管理十分必要，本节着重阐述集装箱码头建设投资的管理、控制与评价，从资本投入的源头即着手做好管理与前期投资控制的种种策划，为投产后的经营奠定良好的基础。

## 一、集装箱码头基本建设工作程序

我国集装箱码头的建设，是在全国港口布局规划与集装箱码头所在港口总体规划指导下及集装箱码头选址工作基础上，由投资方按照现行基本建设程序办理。如果利用外资，则要符合投资方的项目审批程序。集装箱码头从计划建设到建成投产交付使用的工作程序包括投资前期准备、工程实施、生产经营等多个阶段，其中有以下主要工作环节：项目建议书、可行性研究报告、初步设计、施工图设计、开工准备、组织施工、竣工验收等，见表 9-2-1。

集装箱码头投资项目基本建设程序简表　　表 9-2-1

| 投资前期准备 | | | | | 工程实施 | | | 竣工验收设备调试 | | 生产运营 | |
|---|---|---|---|---|---|---|---|---|---|---|---|
| 投资机会研究 | 可行性研究 | | | | 建设项目勘察设计 | 咨询招标 | 工程施工 | 竣工验收 | 设备调试 | 试生产 | 建设项目后评价 |
| | 预可行性研究 | 可行性研究 | 工程项可行性研究评估 | 投资决策 | | | | | | | |

## 二、集装箱码头建设的投资管理与控制

在传统的管理理念下，集装箱码头运营工作班子的搭建往往是在其建成投产前夕才考虑筹组，结果暴露出集装箱码头工程建设过程中若干不尽如人意的规划、设计、工程等方面的缺陷，甚至是致命的“先天不足”，给投产后的运营留下隐患，于是不得不追加投资进行改建或技术改造，加大了运行(营)负担或成本，造成浪费。为此，应学习引进发达国家(地区)成功模式，在集装箱码头建设项目启动之初即着手筹建日后负责经营管理的工作班子，与项目建设工程技术人员组成码头建设项目组，先期介入集装箱码头建设全过程的控制与管理，为最大限度地节约建设投资和建成投产运营取得最优经济效益、发挥设施设备最大效率效能，打下坚实基础。同时，现代集装箱码头建设应积极推广业主代理制和项目法人制，使投资方、建设方、施工方、监理方等各方的权责以法律形式予以明确，加强监管力度，确保建设项目按部就班正常进行。

1. 集装箱码头基本建设项目投资管理流程

集装箱码头基本建设项目投资管理涉及规划建设、港口商务、技术设备、物资、人力资源等多个部门协作，对其管理应制定一套比较科学的管理流程，以保证集装箱码头对投资项目拨款、贷款、计划、统计和财务管理及指标考核的贯彻落实。管理流程主要包括：

1)明确管理部门的权责

对项目投资管理所涉及的人、财、物等方面要有明确的管理分工，对投资管理的各个环节要任务到部门，责任到个人。

2)制定控制管理计划

集装箱码头财务部门应当在充分了解投资项目情况、与相关部门充分沟通并获取相关资料的基础上，针对投资项目的特点与要求，制定合理的控制管理计划，并根据项目变化随时予以必要的修改和补充。

财务人员一般应了解以下几方面内容：

(1)工程项目性质、类别、规模、承建方式等情况。

(2)控制管理所需相关资料的可获得性。

(3)工程材料的供应方式。

(4)建设期内工程预算定额、预算单价、取费标准、市场价格等的变化情况。

(5)工程价款结算情况。

(6)工程项目预算、结算、决算已审核情况及审核结果处理情况。

(7)工程项目现场施工条件。

(8)其他需了解的情况。

在编制控制管理计划时,一般还应当获取以下资料:

(1)工程项目批准建设、监理、质量验收等文件。

(2)概算资料及招投标文件。

(3)有关合同、协议。

(4)工程量计算书。

(5)设备、材料采购资料。

(6)取费资料。

(7)施工组织设计。

(8)隐蔽工程资料。

(9)工程变更资料。

(10)其他影响工程造价的有关资料。

3)控制管理的实施

对投资项目资金进行控制管理时,应当重点检查以下事项:

(1)工程概预算编制是否真实、准确。主要包括:工程量计算是否符合规定的计算规则,是否准确;分项预算定额选套是否合规,选用是否恰当;工程取费是否执行相应计算基数和费率标准;设备、材料用量是否与定额含量或设计含量一致;设备、材料是否按国家定价或市场价计价;对贷款及设备、材料采购的汇率风险是否采取规避措施;施工利润和税金的计算基数、利润率、税率是否符合规定。

(2)概算项目是否与规划图纸相符。

(3)审查工程项目是否包含单个工程项目,费用内容是否正确。

(4)预算是否控制在概算允许范围内。

(5)设备、材料价格的变化情况。

(6)补充合同内容。

(7)设计变更情况。

(8)计划外项目。

(9)工程变更资料。

在审核判断投资项目概算、预算、决算是否运用了不合理定额和取费标准时,还应特别关注以下事项;

(1)对工程项目概算、预算、决算有重大影响的事项。

(2)特别容易受关键因素变动影响的事项。

(3)具有高度不确定性的分项目。

(4)预算定额没有列入或需要换算的。

此外,对工程项目中的暂列费实行"严进严出",严格控制暂列费在工程造价中的列示或控制其比例,对暂列费项目严格执行公开招标等措施。

4)对已接受的方案进行再评价

对投资项目进行跟踪审核、控制,发现预测偏差,改善财务控制,为决策层提供决策参考依据。

5)编写管理分析报告

以经过核实的数据为依据,分析、评价投资项目可行及完成情况,形成分析结论,向企业决策层呈送管理分析报告。

2. 集装箱码头价值工程与招标管理

集装箱码头基本建设采取招标方式,包括公开招标和邀请招标。公开招标是集装箱码头建设采用最广泛的招标方式，该方式执行一个完整的招标程序,对有资格承包工程的企业给予同等的机会,招标单位有充分的选择余地。邀请招标可以有效地减少招标工作量和开支,并能缩短招标工期,但该方式的竞争性稍差。

近年来,在集装箱码头招标中已经引用价值工程(VE)管理技术,以期通过科学合理的招标流程,将建设项目造价控制在恰当的范围之内。

VE是指通过有组织的协作,对所研究对象的功能与费用进行系统分析,力图以最低的寿命周期成本可靠地实现必要的功能,旨在提高所研究对象价值的思想方法和管理技术。VE是一个相对概念,是作为一种尺度提出的,可概括为评价项目工程有益程度的尺度、好的程度或物美价廉的程度。VE在一定程度上相当于从项目建设中获得的经济效益。即:

价值工程(VE)=产出÷投入=功能÷成本

一般提高集装箱码头建设VE的途径可包括:

(1)造价降低,功能提高。主要靠采用新技术、新材料、新工艺、新方法等降低工程造价，靠改进设计或增加集装箱码头预期的功能来提高项目功能水平,降低总体造价。

(2)功能不变,造价降低。找出项目过剩或不必要的功能,采用代用材料、新方法、新工艺等以提高项目VE。

(3)造价不变,功能提高。靠改进设计以提高项目使用功能。

(4)造价略有提高而功能大大提高。针对集装箱码头主要经营项目在原设计基础上适当提高档次,同时使使用功能大增,相对略微提高工程造价。

(5)功能稍微降低,而造价成本大幅度降低。针对某些辅助项目、次要

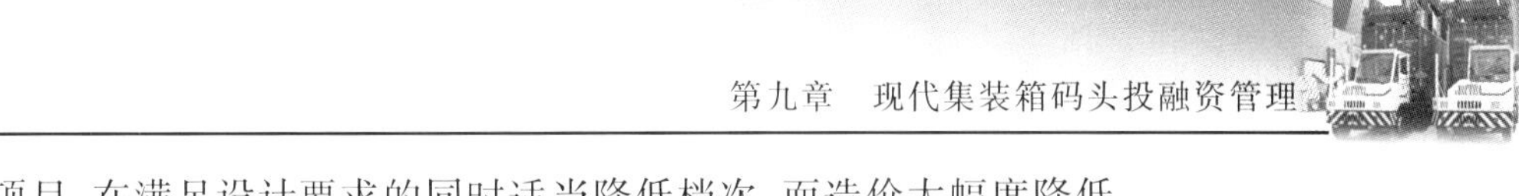


项目,在满足设计要求的同时适当降低档次,而造价大幅度降低。

由于集装箱码头属于公共性基础设施,经营周期长,质量要求高,招标企业更关注工程质量的可靠度和安全度,通过招标方案的改进,提高项目 VE,并不以投标价最低方案为选定方案;而对于集装箱码头后方配套项目及非关键项目,则应将工程造价最低方案作为首选,降低档次,在满足总体设计要求基础上,提高项目 VE。

3. 集装箱码头基本建设项目前期投资的管理

集装箱码头基本建设项目前期投资的管理主要指对集装箱码头投资项目进行财务可行性分析时的资金投向及总量的控制与管理。主要包括对集装箱码头总体布局构架的资金优化、建设期资金的来源及投放、经营期资金回收的设计,以及对投资项目招投标审核管理、项目合同审核管理等。

1)集装箱码头基本建设项目前期投资管理的重点环节

(1)研究、分析、论证规划建设部门、商务部门及设备管理部门提出的建设项目意见,提出各种投资方案。

(2)估算各种投资方案的相关现金流量。

(3)计算各种投资方案的价值指标,如净现值、内部收益率等。

(4)通过将价值指标与经验标准或行业标准的比较、评价,修改投资方案相关参数,确定最佳投资方案,供决策层参考。

2)对投资方案评价的基本方法

对投资方案进行科学准确评价才能选出最佳投资方案。鉴于集装箱码头投资大,对投资方案评价时,一般采取贴现指标和非贴现指标相结合的方式进行。

(1)贴现的分析评价方法:主要是考虑货币时间价值的分析评价方法,也被称为贴现现金流量分析技术。

①净现值法,此方法以净现值作为评价方案优劣的指标。是将方案所设想的所有未来现金流入和流出都按预定贴现率折算为现值,再比较流入现值与流出现值的差额,如差额为正,则表示投资贴现后现金流入大于贴现后现金流出,该投资方案的报酬率大于预定的贴现率,该投资方案可取。计算净现值的公式为:

$$净现值=\sum_{k=0}^{n}\frac{I_k}{(1+i)^k}-\sum_{k=0}^{n}\frac{Q_k}{(1+i)^k}$$

式中:$n$——投资涉及的年限;

$I_k$——第 $k$ 年的现金流入量;

$Q_k$——第 $k$ 年的现金流出量；

$i$——预定的贴现率。

在集装箱码头投资评价中，净现值法具有广泛的适用性，在理论上也比其他方法更完善。净现值法应用的主要问题是如何确定贴现率，一种办法是根据资金成本来确定，一般比照同期商业银行贷款利率确认；另一种办法是根据集装箱码头要求的最低资金利润率来确定，一般按同行业资金利用率平均水平或自身经营的历史平均水平确认。在实际操作中，选用后一种方法较为普遍。

②现值指数法，此方法使用现值指数作为评价方案的指标。而现值指标是未来现金流入现值与现金流出现值的比率，也称为现值比率、获利指数、贴现后收益—成本比率等。

计算现值指数的公式为：

$$现值指数=\sum_{k=0}^{n}\frac{I_k}{(1+i)^k}\div\sum_{k=0}^{n}\frac{Q_k}{(1+i)^k}$$

现值指数法的主要优点是可以进行独立投资机会获利能力的比较，它是一个相对数指标，反映投资的效率，而净现值指标是绝对数指标，反映投资的效益。

③内含报酬率法，是根据方案本身内含报酬率来评价方案优劣的一种方法。而内含报酬率是指能够使未来现金流入量现值等于未来现金流出量现值的贴现率，即是使投资方案净现值为零的贴现率。

净现值法和现值指数法虽然考虑了时间价值，可以说明投资方案高于或低于某一特定的投资报酬率，但没有揭示方案本身可以达到的具体的报酬率是多少。内含报酬率是根据方案的现金流量计算的，是方案本身的投资报酬率。

内含报酬率的计算，通常需要采取“逐步测试法”。

内含报酬率和现值指数有相似之处，都是根据相对比率来评价方案，但比率高的方案绝对数不一定大，反之亦然。若两个方案相互独立时，应优先安排内含报酬率较高的方案。

内含报酬率法与现值指数法的区别在于：在计算内含报酬率时不必事先选择贴现率，根据内含报酬率就可以排定独立投资的优先次序，只是最后需要一个切合实际的资金成本或最低报酬率来判断方案是否切实可行。现值指数法需要一个适合的贴现率，以便将现金流量折为现值，贴现率的高低将会影响方案的优先次序。

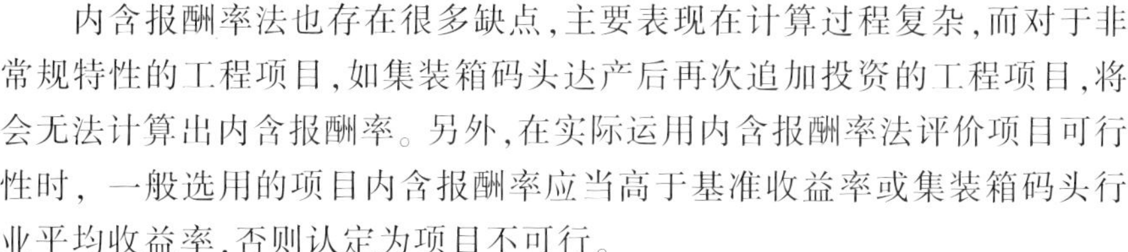

内含报酬率法也存在很多缺点，主要表现在计算过程复杂，而对于非常规特性的工程项目，如集装箱码头达产后再次追加投资的工程项目，将会无法计算出内含报酬率。另外，在实际运用内含报酬率法评价项目可行性时，一般选用的项目内含报酬率应当高于基准收益率或集装箱码头行业平均收益率，否则认定为项目不可行。

(2)非贴现的分析方法

非贴现的方法不考虑时间价值，把不同时间的货币收支看成是等效的。这些方法在选择方案时起辅助作用。

①回收期法。是指投资引起的现金流入累计到与投资额相等所需的时间，它代表收回投资所需要的年限。收回年限越短，方案越有利。

在原始投资一次支出，每年现金净流入量相等时：

回收期=原始投资额÷每年现金净流入量

如果现金流入量每年不等，或原始投资是分几年投入的，则可使下式成立的 $n$ 为回收期：

$$\sum_{k=0}^{n} I_k = \sum_{k=0}^{n} Q_k$$

回收期法计算简便，并且容易被集装箱码头投资决策者所正确理解。但其缺点在于不仅忽视时间价值，而且没有考虑回收期以后的收益。事实上，有战略意义的长期投资往往早期收益较低，而中后期收益较高。回收期法优先考虑急功近利的项目，可能导致放弃长期成功的方案。它是过去评价投资方案最常用的方法。目前，集装箱码头一般作为辅助方法使用，主要用来测定方案的流动性而非营利性，具体运用时以项目投资回收期短于标准投资回收期为评判标准，若超过标准投资回收期视为项目不可行。

②会计收益率法。此方法计算简便，投资集装箱码头时使用很普遍。它在计算时使用会计报表上的数据，以及普通会计的收益和成本观念。

会计收益率=年平均净收益÷原始投资额×100%

计算“年平均净收益”时，如使用不包括“建设期”的“经营期”年数，其最终结果称为“经营期会计收益率”。

3)投资方案现金流量的估计

估计投资方案所需要的资本支出，以及该方案每年能产生的现金净流量，会涉及很多变量，并且需要集装箱码头有关部门的参与。如业务或企业策划部门负责预测集装箱码头吞吐量和收费标准，基建部门估计建设项目水工及土建支出，技术设备管理部门负责集装箱装卸专用设备的

配备购置等。而财务人员的主要任务是：为业务、基建、技术设备、人力资源等部门的预测建立共同的基本假设条件，如物价水平、贴现率、可供资源的限制条件等；将实物量转化为价值量，预测现金流入与流出；协调参与预测的各部门工作人员，使之能互相衔接配合；防止预测者因个人偏好或部门利益而高估或低估收入和成本。

在确定投资方案的相关现金流量时，应遵循的最基本原则是：只有增量现金流量才是与项目相关的现金流量。所谓增量现金流量是指接受或拒绝某个投资方案后，集装箱码头总现金流量因此发生的变动。只有那些由于采纳某个项目引起的现金支出增加额，才是该项目的现金流出；只有那些由于采纳某个项目引起的现金流入增加额，才是该项目的现金流入。

为了合理控制集装箱码头现金流，正确计算投资方案的现金流量，在确定其现金流时应把握以下几个方面问题：

(1)要严格划定相关成本和非相关成本。相关成本是指与特定决策有关的、在分析评价时必须加以考虑的成本。与此相反，与特定决策无关的、在分析评价时不必加以考虑的成本是非相关成本。若将非相关成本纳入投资方案，则一个有利的方案可能因此变得不利，一个较好的方案可能变为较差的方案，从而造成决策失误，对集装箱码头今后投产运营产生不利影响。

(2)不能忽视机会成本。在投资方案的选择中，若选择了一个投资方案，则必须放弃投资于其他途径的机会。其他投资机会可能取得的收益是实行本方案的一种代价，被称为这项投资方案的机会成本。机会成本在决策中的意义在于它有助于集装箱码头全面考虑可能采取的各种方案，以便为既定资源寻求最为有利的使用途径。

(3)要考虑投资方案对集装箱码头其他部门的影响。当采纳一个新项目后，该投资项目可能会对港口或其他子公司，或合作方造成有利或不利影响。当前，集装箱码头不仅仅是一个码头装卸单位，而是一群关系密切的物流协作体，投资一个方案会对协作体内其他子公司或合作方交互产生影响，事实上也很难准确计量。但在进行投资分析时仍必须进行考虑。

(4)要重视对营运资金的影响。集装箱码头选定一个投资项目时，如对其中一些重要的集装箱作业环节及现金流量未能进行准确预测，就会对集装箱码头营运资金链的闭合产生较大影响，在投资项目投产后，集装箱码头因扩充业务量而增加的应收账款、应付款项等流动性资产负债对资金的需求量也不可能及时予以满足，同时因投资项目资本性支出的估

计不当还会直接导致集装箱码头的营运资金紧张，加重经营负担。

(5)要对项目经济效益评价的关键要素进行敏感度分析。在完成项目经济效益的财务评价后，找出对项目影响的关键要素，进行敏感度分析，测算盈亏平衡点等核心指标，从而确保对项目后期的经营进行有效控制。

4. 集装箱码头基本建设项目概、预、决算资金的管理

集装箱码头基本建设项目概、预、决算资金的管理包括从码头筹建到竣工验收交付投产使用全部建设资金的管理。主要包括码头设施建筑安装资金、集装箱装卸专用设备采购资金及其他工程资金。在当前码头岸线十分稀缺的情况下，围海造陆的集装箱码头土地购置或租用资金也成为集装箱码头建设资金的重要组成部分。

项目概、预、决算由施工单位根据各阶段设计的内容和要求，按照相关定额或费用标准，计算编制出项目所需要的投资额、劳动力、材料物资等报建设单位核准。要控制集装箱码头基本建设项目投资支出关键在于对工程概算和单位工程施工图预算的审核与控制。内容与组成主要包括：

1)建筑安装工程资金的管理

建筑安装工程资金是集装箱码头基本建设费用的基本组成部分，其组成内容主要包括直接工程费、间接费、施工技术装备费、计划利润及税金。

对此项内容的资金管理除审核直接费中的人工费、材料费、施工机械使用费是否按规定标准进行取费外，还应对冬季施工增加费、雨季施工增加费、夜间施工增加费、施工辅助费等其他直接费，企业管理费、财务费用等间接费以及临时设施费、现场管理费等现场经费进行重点分析，并结合港口施工条件和市场情况及时予以调整，降低高于市场价的取费标准，压缩虚列项目，削减其不符合实际情况的费用部分；对其列入的短期贷款利息支出、汇兑净损失、金融机构手续费等准确性进行核实，使项目资金做到合理分配和合理投向，充分发挥投资效益。

2)设备、工属具及办公家具购置资金的管理

主要包括按照集装箱码头设计能力要求编配的集装箱装卸专用设备、集装箱吊具、工具、器具，供电、供水、制冷、清洗、办公设备、工具、家具等的购置费。要重点审查预算编制是否符合设计工艺要求，定额标准是否合理准确，在满足设计能力需求的前提下，设备选型及配置是否科学、高效、低成本、低消耗，避免因概算、预算编制漏项或单价套低而少算，影响投资效果，同时也要防止预算、概算编制重项或单价套高而多算，加大工

程成本,影响集装箱码头建成投产后的正常运营。

3)工程建设其他资金

指除上述第1)、2)项费用以外的各项资金支出的管理。主要包括:土地补偿和安置补助费、建设单位管理费、工程质量监督费、工程监理费、定额编制管理费、设计文件审查费、研究试验费、勘察设计费、施工机构迁移费、供电贴费、大型专用机械设备购置费及建设期贷款利息等。要审核其项目编制的真实性和可靠性,查明所编制项目概算、预算与施工要求是否一致,各项计算是否与有关规定一致,内容、数值是否合理准确,是否有虚假,验证其可靠程度。

4)预留费用的管理

预留费用由项目工程造价增长预留费及预备费两部分组成。要着重审核其计算基数选定是否正确合理,预测分析依据是否真实公允,计提比例是否妥当准确。对于设计文件编制至项目工程完工在一年以内的投资项目,不得提取工程造价增长预留费。

5. 集装箱码头基本建设项目投资后评价

集装箱码头建设项目投资后评价是工程竣工投产、生产运营一段时间后,通过对项目前期工作、项目实施、项目的运营等全过程进行系统评价的一种技术活动。它是投资管理的一项重要内容,也是最后一个环节。通过集装箱码头建设项目后评价,分析项目建成后的实际情况与设计要求的差距及原因,为以后建设项目的准备、决策、实施、管理和监督等工作提供依据,并为提高建设项目投资效益提出切实可行的措施。

1)集装箱码头建设项目后评价

(1)组织评估机构。其应该满足客观性、公正性要求,具有反馈检查功能。

(2)项目后评价对象的选择。一般是港口及其集装箱码头重点发展的项目或影响较大的项目。

(3)收集资料和选取数据。主要包括档案资料、项目投产后经营资料及其他基础资料。

(4)资料的分析加工。

(5)评价及编制后评价报告。

(6)上报评价报告。

2)集装箱码头建设项目后评价的基本方法

(1)"前后对比"和"有无对比"评价法。

(2)逻辑框架法。

(3)综合评价法。

3)集装箱码头建设项目实施后评价的内容

(1)项目开工的评价。

(2)项目变更情况的评价。

(3)项目施工组织与管理的评价。

(4)项目建设资金供应与使用情况的评价。

(5)项目简化上建设工期的评价。

(6)项目建设成本的评价。

(7)项目工程质量和安全情况的评价。

(8)项目竣工验收的评价。

(9)同步建设的评价。

(10)项目吞吐能力和单位装卸能力投资的评价。

4)集装箱码头建设项目运营后评价的内容

(1)码头经营管理状况的评价。

(2)项目装卸工艺的评价。

(3)项目达产年限的评价。

(4)项目运营成本的评价。

(5)项目经营利润的评价。

(6)项目经济后评价,是项目后评价的核心内容之一。项目经济后评价的目的是衡量项目投资的实际经济效果,比较和分析项目实际投资效益与预测投资效益的偏离程度及其原因;另一面通过信息反馈,为今后提高项目决策质量服务。项目经济后评价指标主要有:项目总投资;建设期;投资利润率;投资利税率;资本金利润率;内部收益率;净现值;投资回收期;贷款偿还期;资产负债率;流动比率;速动比率。

(7)对项目可行性研究水平进行综合评价。

# 第十章　现代集装箱码头财务管理

现代集装箱码头财务管理是贯穿现代集装箱码头生产经营活动全过程、全方位、多层面的经营管理，是实现股东财富最大化目标的核心管理。其中有关集装箱码头建设的投资、融资管理已在本书第九章作详尽介绍。本章就现代集装箱码头建成投产后运营全过程的财务管理的目标、内容、原则等作概要性叙述，而将其中作业成本的预控、分析与管理作为重点予以介绍。

财务管理是企业管理的一部分，是有关资金获得和有效使用的管理工作。利用作业成本信息进行集装箱码头经营的预算管理、生产管理、进行客户盈利性分析，这类颇具成效的方法被视为现代集装箱码头经营战略管理会计和精益生产的基础而受到普遍赞誉和普及，以作业为基础的成本管理、本量利分析以及投融资管理等已经成为现代集装箱码头经营管理会计的核心。

## 第一节　现代集装箱码头财务管理概论

### 一、集装箱码头财务管理目标

企业价值在于它能给所有者带来未来报酬，包括获得股利和出售其股权换取现金。股东是企业的所有者，他们创办企业的目的是扩大财富，企业价值最大化就是股东财富最大化。目前随着我国集装箱码头产权结构的日益复杂多样，所有者对财富最大化的追求也日益显现。集装箱码头财务管理目标就是不断追求股东财富的最大化。

### 二、集装箱码头财务管理内容

实现股东财富最大化的途径是提高报酬率和减少风险，企业报酬率高低和风险的大小又决定于投资项目、资本结构和股利政策。因此，集装箱码头财务管理的主要内容是投资、筹资和股利分配。其中投资、筹资的管理已在第九章进行了介绍,此处不再赘述。

股利分配是指在集装箱码头赚得的利润中，作为股利发放给股东部分与作为再投资部分的比例分配问题。过高的股利支付率,影响集装箱码头再投资的能力,会使未来收益减少,造成股价下跌;过低的股利支付率,可能引起股东不满,股价也会下跌。

股利决策的制定受多种因素的影响，包括税法对股利和出售股票收益的不同处理、未来公司的投资机会、各种资金来源及其成本、股东对当期收入和未来收入的相对偏好等。每个集装箱码头根据自身的具体情况确定最佳的股利政策,是财务管理决策的一项重要内容。

## 三、现代集装箱码头财务管理原则

1. 有关创造价值的原则

有关创造价值的原则是人们对增加企业财富基本规律的认识。主要包括:

1)净增效益原则

指财务决策建立在净增效益的基础上，一项决策的价值取决于它和替代方案相比所增加的净收益,通常用现金流量计量。一个方案的净收益是指该方案现金流入减去现金流出的差额,也称为现金流量净额。净增效益原则应用的领域之一是差额分析法，也就是在分析投资方案时只分析它们有区别的部分，而省略相同的部分。另一个应用领域是沉没成本概念,是指已经发生、不会被以后的决策改变的成本。其与将要采纳的决策无关,因此在分析决策方案时应将其剔除。

2)有价值的创新原则

指新创意能获得额外报酬,主要应用于直接投资项目。经营只有不断创新,才能不断增加股东财富。如当前一些集装箱码头倡导的“以功能开发带动市场开发”,积极开展集装箱码头业务的延伸服务,组建“内陆港”(“无水港”)等创意为集装箱码头发展增添了活力。

3)比较优势原则

指专长能创造价值,其依据是分工理论。一方面体现在“人尽其才、物尽其用”;另一方面体现在优势互补。比较优势原则要求集装箱码头把主要精力放在自身的比较优势上,而不是日常的运行上。建立和维持自身的比较优势,是集装箱码头长期获利的根本。

4)期权原则

期权是一种能在未来特定时间以特定价格买进或卖出一定数量的特

定资产的权利,是有经济价值的。期权原则是指在估价时要考虑期权的价值。许多资产都存在隐含的期权,即后续选择权。在评价项目时就应考虑到后续选择权是否存在及其价值有多大。有时一项资产附带的期权比该资产本身更有价值。

2. 有关财务交易的原则

有关财务交易的原则是人们对于财务交易基本规律的认识。主要包括:

1)风险—报酬权衡原则

是指风险和报酬之间存在一个对等关系,投资人必须对报酬和风险作出权衡,为追求较高报酬而承担较大风险,或者为减少风险而接受较低的报酬。在财务交易中,当其他一切条件相同时一般倾向于高报酬和低风险。竞争会使报酬率降至与风险相当的水平,现实的市场中只有高风险同时高报酬和低风险同时低报酬的投资机会。

2)投资分散化原则

即不要把全部财富投资于一个项目或公司,而要分散投资。其理论依据是投资组合理论,具有普遍意义。它要求集装箱码头凡是遇到有风险的事项,都要贯彻分散化原则,以降低风险。

3)资本市场有效原则

是指在资本市场上频繁交易的金融资产市场价格反映了所有可获得的信息,而且面对新信息完全能迅速地做出调整。资本市场有效原则要求理财时重视市场对集装箱码头的估计,妄图欺骗市场的人最终会被市场所抛弃;同时理财时要慎重使用金融工具,因在资本市场上只能获得与投资风险相称的报酬,不会增加股东财富。

## 四、集装箱码头财务管理环境

财务管理环境是集装箱码头财务决策难以改变的外部约束条件,财务决策更多的是适应它们的要求和变化。财务管理环境涉及范围很广,主要包括以下几个方面:

1. 法律环境

是指集装箱码头和外部发生经济关系时所遵循的各种法律、法规和规章。主要包括:企业组织法律规范、税务法律规范及财务法律规范等。

2. 经济环境

经济环境即集装箱码头进行财务活动的宏观经济状况。主要包括国家及地区经济发展状况、政府的宏观经济政策以及集装箱码头市场竞争情况等。

3. 金融市场环境

金融市场环境主要指集装箱码头筹集资金的场所环境，主要包括金融机构与市场利率政策等。

## 第二节　现代集装箱码头作业成本

### 一、集装箱码头作业成本法

1. 概念

作业是企业的各种活动。作业成本法(Activity-Based Costing)是西方国家于20世纪80年代末开始研究、90年代以来在先进制造企业首先应用起来的一种全新的企业管理理论和方法。其基本思想是以“作业”作为制造费用分配的基础,根据“产品耗用作业、作业耗用资源”的原理,对成本的计算方法作了根本性的变革,即将着眼点放在作业上,以作业为核算对象,首先依据作业对资源的消耗情况将资源的成本分配到作业,再由作业依据成本动因追踪到产品成本的形成和积累过程,由此得出最终产品的成本。

集装箱码头装卸作业成本计算是一个以作业为基础的管理信息系统。它以集装箱码头作业为中心,而作业的划分是从装卸工艺设计开始,从装卸流程(各泊位、队站)的各个环节、服务质量、安全监督,到集疏运的全过程。通过对集装箱码头作业及作业成本的确认、计量,最终计算出相对真实的产品成本。同时,通过对所有与产品相关联集装箱码头作业活动的追踪分析,为尽可能消除“不增值作业”,改进“增值作业”,优化“作业链”和“价值链”,增加“企业价值”,提供有用信息,促使损失、浪费减少到最低限度,提高决策、计划、控制的科学性和有效性,最终达到提高集装箱码头的市场竞争能力和盈利能力,增加企业价值的目的。

2. 作业的定义内容

(1)作业的类别属性。集装箱码头作业属于哪一个类别。

(2)作业的输出。计量作业集装箱量的标准。

(3)成本动因。分配集装箱码头作业成本的成本动因。

(4)作业的增值属性。表明集装箱码头作业是增值作业还是非增值作业。

(5)组织。对集装箱码头作业负有直接责任的组织机构,通常对集装箱码头作业的成本和作业执行的效率负责。

(6)作业的标准单位成本。集装箱码头确定的集装箱码头作业的标准

成本,用以考核分析集装箱码头作业执行的效率。

(7)计量单位。标示集装箱码头作业输出的单位,如箱量、台班小时、车次等。

(8)作业能力。通常指在基础会计期间内所能完成集装箱码头作业的最大数量。

(9)作业成本。基础会计期间内集装箱码头作业的总成本。

(10)可控成本。集装箱码头作业的直接组织机构对集装箱码头作业成本负责的部分。

(11)作业账户。集装箱码头作业也需要管理,集装箱码头作业账户就是用来对集装箱码头作业进行的管理。但是集装箱码头作业账户不能参加分配,这与资源账户不一样。以集装箱码头作业类别分类法为基础,相应产生了人力作业账户、机械作业账户、库场作业账户、支持作业账户4个作业账户。根据集装箱码头经营管理的需要,各作业账户可以继续细分。

3. 成本对象

成本对象是集装箱码头经营需要计量成本的对象,这根据集装箱码头经营的需要而定。如可以把每一艘装卸的集装箱船舶作为成本对象,也可以把一个集装箱装卸操作过程作为成本对象。在分箱(货)类管理等新的管理工具中,需要计算出每个箱(货)类的利润,以此确定目标箱(货),这里的每个箱(货)就是成本对象。

成本对象可以分为市场类成本对象和生产类成本对象。市场类成本对象的确定主要是按照不同航线、不同集装箱货源渠道确定成本对象,主要衡量不同航线和集装箱货源带来的实际收益,核算结果主要用于市场决策,并支持集装箱码头进行货源组织与开发的决策。生产类成本对象是在集装箱码头内部的成本对象,包括装卸操作过程、装卸工艺,用于计量集装箱码头内部的生产成果。

根据成本对象在整个作业过程中发挥的作用不同可以把生产类成本对象分为以下3类:

(1)前方成本对象。集装箱码头现场围绕装卸集装箱作业的内部成本对象都是此类,是集装箱码头作业成本控制的重点。为了进行成本核算,需要把成本对象按操作过程分割。

(2)后方成本对象。主要是在集装箱仓库、堆场内发生的内部成本对象,可能跨越成本核算期间,分别核算不同期间核算期内累计的成本,最后计算出总的成本。

(3)辅助成本对象。这种成本对象主要是为完成前两项成本对象内容

而进行，一般在前两项成本对象服务结束时结束。

成本对象也需要建立账户进行管理。如建立按集装箱箱型的成本对象，可以建立20ft集装箱成本对象账户、40ft集装箱成本对象账户、非标准箱成本对象账户。

4. 作业成本管理(Activity-Based Costing Management, ABCM)

是以集装箱作业为中心，通过对集装箱作业及作业成本的确认、计量、分析和管理，最终计算产品成本、分析作业、改进作业，为集装箱码头增加价值的新型战略成本管理(战略管理会计)方法。它把企业管理深入到作业层次，对所有作业活动追踪并动态反映，为集装箱码头决策提供相对准确的成本信息。

## 二、基本分类

作业成本法有多种分类方法，而多种作业分类方法能提供更丰富的信息，也会带来处理的困难。在集装箱码头作业中，为了便于分析，需要选择一个首要的分类方法，其他的分类法作为辅助。一般以选择作业类别分类法为主，而以成本对象分类法为辅助。

1. 作业类别分类法

作业类别分类法把作业分为人力作业、机械作业、库场作业和支持作业。

(1)人力作业。为集装箱码头用户提供劳务服务的作业，作业的成本与提供劳务服务的数量成正比。常见的作业如装卸桥司机劳务费、理货费等。

(2)机械作业。使用装卸机械、设备提供集装箱码头服务的作业，作业的成本与使用机械设备的台次数量成正比。常见的如每个集装箱的装卸船、转场作业等。

(3)库场作业。使用集装箱仓库、堆场进行存储保管的作业。例如存箱、吊箱、集装箱出入库等。

(4)支持作业。为保证集装箱码头服务业务正常运行，而使所有作业过程都受益的作业，作业的成本与箱型数量无相关关系。例如堆场维修、管理作业等。通常认为前3个类别以外的所有作业均是支持作业。

2. 作业增值属性分类法

根据作业增值属性分类方法，把作业分为增值作业与非增值作业。

(1)增值作业(Value-added Activity)。能增加集装箱码头价值的作业，需要提高效率降低成本以增加利润。

(2)非增值作业(Non Value-added Activity)。不能增加集装箱码头价值的作业，是无效的作业，必须消除以降低成本。

通过对作业增值属性的分析,可以发现降低成本的机会。增值作业与非增值作业的判断标准如下:

(1)该作业将带来状态的改变。

(2)状态的变化不能由先前的作业来完成。

(3)该作业使得其他作业得以执行。

同时满足这3个条件的集装箱作业都是增值作业,违背其中一条或者多条标准的集装箱作业都是非增值作业。

## 三、作业成本计算模型的构建

根据"产品耗用作业、作业耗用资源"作业成本计算原理,某一作业被哪些劳务耗用,耗用的数量和比例是可以知道的。因此,我们可用下列模型表示:

$$C=A\times B$$

或

$$\begin{bmatrix} c_1 \\ c_2 \\ \cdots \\ c_m \end{bmatrix}=\begin{bmatrix} a_{11} & a_{12} & \cdots & a_{1n} \\ a_{21} & a_{22} & \cdots & a_{2n} \\ \cdots & \cdots & \cdots & \cdots \\ a_{m1} & a_{m2} & \cdots & a_{mn} \end{bmatrix}\begin{bmatrix} b_1 \\ b_2 \\ \cdots \\ b_n \end{bmatrix}$$

这里,矩阵 $A=(a_{ij})m\times n$ 表示 $m$ 种装卸劳务所耗用的 $n$ 种作业的比例,其中 $a_{ij}$ 为第 $i$ 种装卸劳务耗用作业 $j$ 的比例,且

$$\sum_{i=1}^{m} a_{ij}=1 \quad (i=1, 2, \cdots, m; j=1, 2, \cdots, n)$$

列矩阵 $B$ 表示 $n$ 种作业消耗资源的成本;$b_j$ 为作业 $j$ 所耗资源的成本。

在上式中,是假定所有的作业都被充分有效利用,即 $\sum_{i=1}^{m} a_{ij}=1$。而实际情况是,并非所有的作业都被充分有效利用,即 $\sum_{i=1}^{m} a_{ij}<1$。此时,可假设一种"虚无产品",由它来承受所有无效的,或未被充分利用作业的资源成本,使得 $\sum_{i=1}^{m} a_{ij}=1$。这可为进行作业分析和作业管理提供科学的依据,因为这种"虚无产品"的成本是不能为最终产品增加价值的,是一种浪费,必须设法降低直至消除。设置"虚无产品"的另一益处是,利用模型Ⅱ得出的产品成本是真实的成本,而不像传统成本计算方法那样将那些资源损失、浪费的成本也计入装卸成本中去,致使集装箱码头装卸成本失真。

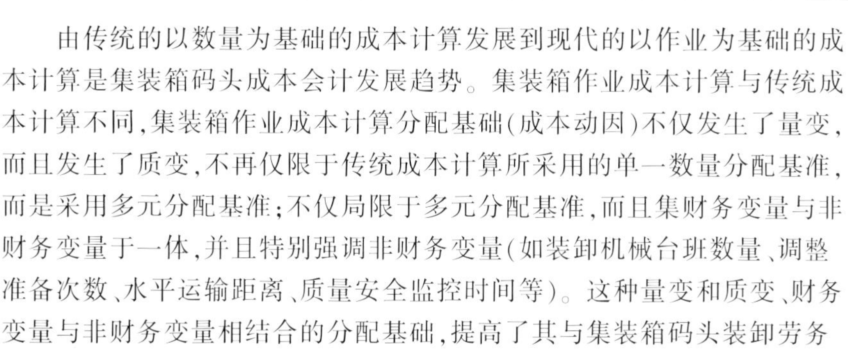

由传统的以数量为基础的成本计算发展到现代的以作业为基础的成本计算是集装箱码头成本会计发展趋势。集装箱作业成本计算与传统成本计算不同，集装箱作业成本计算分配基础(成本动因)不仅发生了量变，而且发生了质变，不再仅限于传统成本计算所采用的单一数量分配基准，而是采用多元分配基准；不仅局限于多元分配基准，而且集财务变量与非财务变量于一体，并且特别强调非财务变量(如装卸机械台班数量、调整准备次数、水平运输距离、质量安全监控时间等)。这种量变和质变、财务变量与非财务变量相结合的分配基础，提高了其与集装箱码头装卸劳务实际消耗费用的相关性，能使集装箱码头作业成本会计提供“相对准确”的经营成本信息。

## 第三节　现代集装箱码头成本费用管理

### 一、集装箱码头成本费用预测

1. 成本费用预测的意义

在现代经济条件下，成本费用管理工作不仅要反映实际耗费和分析成本超降原因，而且更应着眼于规划未来，进行成本费用预测，确定目标成本，从而控制成本的形成过程，降低成本费用，提高质量，实施全面成本费用管理。

成本费用预测是根据集装箱码头未来的发展目标和现实条件，参考其他资料，利用专门方法对码头未来成本水平及其发展趋势所进行的推测与估算。成本费用预测是确定集装箱码头经济目标的必要环节。通过预测可以动员集装箱码头各方面力量挖掘内部潜力，提出降低消耗、完成集装箱码头目标成本的方案，为集装箱码头成本决策和实施成本控制提供信息。成本费用预测既可围绕集装箱码头成本总规划开展，也可按阶段、货种的成本管理进行工作。

2. 成本费用预测的程序

成本预测通常按以下步骤进行：

(1)提出目标成本草案。

(2)预测成本的发展趋势。

(3)修订目标成本。

3. 成本费用预测的方法

具体的成本预测方法包括历史资料分析法、因素变动法、定额测算法

和预计成本测算法等。

1)历史资料分析法

成本预测中的历史资料分析法是指在掌握集装箱码头有关成本等历史资料的基础上,采用一定方法进行数据处理,建立有关成本模型,并据此预测集装箱码头未来成本的一种方法。历史资料分析法的一般程序包括:搜集资料、整理资料、处理资料和调整分析结果。常用的方法包括高低点法、加权平均法等具体方法。

2)因素变动法

是通过分析与装卸相对固定货类所耗成本有关的技术进步、劳动生产率变动以及物价变动方向和经济发展前景,考虑上述因素以及预定采取相应措施对成本指标的相对影响,预测现有货类未来成本的一种定量分析方法。

3)定额测算法

指利用装卸相对固定货类所耗的各种定额及成本价格水平等资料,预计测算现有装卸货类成本的定量分析方法。

4)预计成本测算法

一般用于开发新货类成本预测或改进目前集装箱装卸工艺成本预测。对前者,多是根据业务、技术工艺和装卸等部门提供的有关新货源资料,考虑多种可能并参考集装箱试装卸阶段有关参数进行估算,有时按标准箱成本资料进行类推;对于后者,可在集装箱原有成本资料的基础上,只对改变集装箱码头部分设计工艺或配件方法的集装箱码头装卸方案的成本进行预算与估算。预计成本测算法又包括费用要素分析法和成本项目分析法。

## 二、集装箱码头的成本费用预算

集装箱码头应按年编制成本、费用预算,内容包括:装卸成本预算、堆存成本预算、港务管理成本预算、其他业务成本预算、管理费用预算、财务费用预算及其他。

1. 成本、费用预算的编制原则和程序

1)成本、费用预算的编制原则

(1)严格遵守国家规定的成本、费用开支范围,并做到成本、费用预算和实际成本、费用计算所采用的方法相一致,以保证正确分析和考核集装箱码头成本、费用预算完成情况。

(2)与指标相衔接,保证集装箱码头成本、费用预算的可行性。

(3)有利于集装箱码头成本管理责任制的运行,促进码头"双增双节"工作的开展,能够达到并完成集装箱成本、费用的预算目标。

2)成本、费用预算的编制程序

(1)搜集整理有关资料。集装箱码头确立的成本、费用指标;固定资产折旧率,各项价格标准和费率标准;集装箱码头营运生产和其他业务生产预算,固定资产增减计划,物资供应计划,营运设备修理计划,劳动工资计划,技术组织措施计划,以及各项消耗定额、工时定额;集装箱码头各成本、费用管理部门和所属单位历年营运支出资料,预算期有关定额、支出预计增减幅度。

(2)进行试算平衡。在编制成本、费用预算前,集装箱码头财务部门应根据年度影响成本、费用的用项主要因素,通过计算,进行试算平衡。

(3)下达成本、费用控制指标。集装箱码头的财务部门应根据试算平衡得到的营运支出变动幅度及各成本、费用管理部门和所属单位的历年成本、费用资料,拟定各成本、费用管理部门所属单位成本、费用控制指标,经批准后下达。

(4)编制营运支出预算。集装箱码头各成本、费用责任部门根据下达的营运支出控制指标、产量指标,结合部门有关资料,计算预算年度内由费用责任部门归口管理的营运支出,编制营运支出预算,并汇编所属单位的增产节约措施项目计划,一并送交财务部门。

(5)编制成本、费用预算。集装箱码头财务部门应根据各成本、费用责任部门报送的营运支出预算和增产节约措施项目计划,严格审查,分析研究,并按照业务性质、营运支出,进行综合平衡,分别编制年度、季度各项成本、费用预算。

2. 成本、费用预算的编制方法

1)直接计算法

当集装箱码头各项成本、费用资料齐全,消耗定额完备时,可按成本、费用计算方法直接编制成本、费用预算。采用这种方法时,通常根据集装箱码头预算期的营运业务目标和营运支出项目的消耗定额,费用预算及有关资料,应用成本、费用计算方法,逐项计算预算期内各项目的预算成本、费用,然后汇总编制集装箱码头全部成本、费用。

2)因素变动法

当集装箱码头各项成本、费用资料不齐全,消耗定额不甚完备时,可按成本、费用因素变动方法编制成本、费用预算。采用这种方法编制集装

箱码头成本、费用预算时，主要是以集装箱码头增产节约预算作为调整成本、费用预算的依据，逐项分别对耗用定额、单价及业务量等因素进行调整，以此计算出预算期的集装箱码头成本、费用预算。

## 三、集装箱码头成本、费用控制

1. 成本、费用控制的意义

成本、费用控制是对集装箱码头生产经营的各个方面、各个环节以及各个阶段的所有成本的控制。它在时间上贯穿了集装箱码头生产经营的全过程，与成本预测、预算、分析、考核共同构成了集装箱码头成本、费用管理的完整系统。

从控制论的角度看问题，成本控制对集装箱码头经营的作用最突出。第一，从控制的难易程度上看，在价格、成本、利润、资金等几大经济要素中，对成本的控制相对于其他要素，集装箱码头掌握的主动性更大些；第二，由于成本控制最直接的结果就是可以降低成本，因而处于集装箱码头经营管理的核心地位。

2. 成本、费用控制的原则

(1)全面控制的原则。包括全员控制、全过程控制、全方位控制。

(2)讲求效益的原则。包括厉行节约、广开财路、核算招揽货源的成本。

(3)目标管理及责任落实的原则。集装箱码头进行成本控制必须与目标管理经济责任制的建立健全配套衔接，明确规定有关方面或个人应承担的成本控制责任义务，并赋予其相应的权利。

(4)物质利益的原则。对于那些成本控制卓有成效的部门或个人，应当在给予精神鼓励和适当的物质鼓励。

(5)例外管理原则。是指集装箱码头在日常实施全面控制的同时，有选择地分配人力、物力和财力，抓住那些重要的、不正常的、不符合常规的关键性成本差异(即例外)进行控制。

3. 成本、费用控制的依据

分解下达的成本、费用指标是控制成本、费用的依据，集装箱码头的成本、费用责任部门应将归口管理的指标按所属单位提出分项指标(包括技术经济指标和费用指标，如燃料消耗、物料消耗、修理费用、管理费用等)，经集装箱码头财务会计部门综合平衡后统一下达。

4. 成本、费用控制的程序

(1)确定成本控制的目标或标准。

(2)分解落实成本控制的目标。

(3)计算并分析成本差异。

(4)针对影响成本、费用的因素,采取积极措施,并对有关责任人进行奖惩。

5. 成本、费用要素的控制

(1)工资的控制。码头应制定合理的劳动定额和人员编制,严格控制员工人数的增加,努力提高工时利用率,合理调配劳动力,提高劳动生产率,并按照规定的工资标准和上级下达的劳动工资总额指标,核定的部门岗位及人员编制,控制工资总额。

(2)燃料、润料、材料、低值易耗品、备品配件物资的控制。制定合理的消耗定额,并对定额执行情况经常分析,同时根据执行情况及成本预算的要求,制定降低消耗的措施。

(3)折旧及修理费用的控制。集装箱码头财务部门要规定相应的管理制度,充分挖掘现有固定资产的潜力,提高其利用率,严格按维护修理定额控制修理费用。

(4)管理费用、营运间接费用和其他费用的控制。实行指标分级、归口管理,制定分管定额,实行限额控制,加强管理。

## 四、集装箱码头成本、费用分析

集装箱码头要按照成本、费用归口、分级管理的原则进行成本、费用分析,通过分析及时掌握成本、费用升降的原因,指出降低成本、费用的途径,改进成本、费用管理工作。

1. 成本、费用分析的方法

成本、费用分析的方法要根据集装箱码头成本、费用分析对象、目的、要求以及掌握的资料来决定,一般方法可分为定量分析法和定性分析法。

1)定量分析法(数量分析法)

定量分析法是指在完整掌握与分析对象有关的各种要素定量资料的基础上,运用现代数学方法进行数据处理,据以建立能够反映有关变量之间规律性联系的各类分析模型的方法体系。根据定量分析的方式不同,又可分为趋势外推分析法和因素分析法。

2)定性分析法(非数量分析法)

定性分析法是指由集装箱码头有关方面的专业人员根据个人经验和知识,结合分析对象的特点进行综合分析,对集装箱码头成本经营状况作出判断的一种方法。它适用于缺乏完备的历史资料或有关变量间缺乏明

显的数量关系等条件下的分析。定性分析法的特点是计算量少,主要根据人们积累的实际经验和掌握的科学知识进行判断,因此也称为判断分析法或集合意见法。

2. 集装箱码头对各项成本、费用及其升降情况分析的内容

1)成本、费用预算完成情况的分析

分析重点包括:集装箱码头实际成本、费用与预算成本、费用和上期成本、费用的差异及原因;实际降低额、实际降低率与预算降低额、预算降低率的差异及原因;价格、费率、税率、汇率、利率变化对成本、费用的影响;消耗定额或费用水平变化对集装箱码头成本、费用的影响;产量和各项技术经济指标变化对集装箱码头成本、费用的影响;货类构成变化对成本、费用的影响。

2)单位成本的分析

分析重点包括:集装箱码头单位成本构成变化以及实际单位成本与预算单位成本、上期单位成本比较的差异;集装箱码头成本各项目增减变动对单位成本的影响;集装箱码头各项技术经济指标变动对单位成本的影响。

3)营运支出项目的分析

分析重点包括:集装箱码头工资,着重分析员工人数、平均工资、劳动生产率变动对工资总额及营运支出升降的影响;燃料、润料、材料、低值易耗品、备品配件等物资及动力费用,着重分析消耗数量变动,价格变动对营运支出的影响;折旧费和修理费,着重分析其增减变动原因和各项固定资产利用率对集装箱码头营运支出项目的影响;其他费用,重点分析事故损失、劳动保护费增减情况及其原因;集装箱码头还应分析财务费用的增减变化及其原因。

## 五、集装箱码头成本、费用的考核

(1)成本、费用指标是考核集装箱码头经营效果的重要技术经济指标。集装箱码头各项业务按下列规定考核:

①装卸、堆存、港务管理业务考核成本降低率。

②其他业务一般考核收入成本率指标,计算单位成本的其他业务也可考核成本降低率指标。

集装箱码头必须把成本、费用考核作为集装箱码头经济责任制的一项重要内容,按年、季、月分口和逐级考核成本、费用预算执行的结果,并采取一定的奖惩措施。

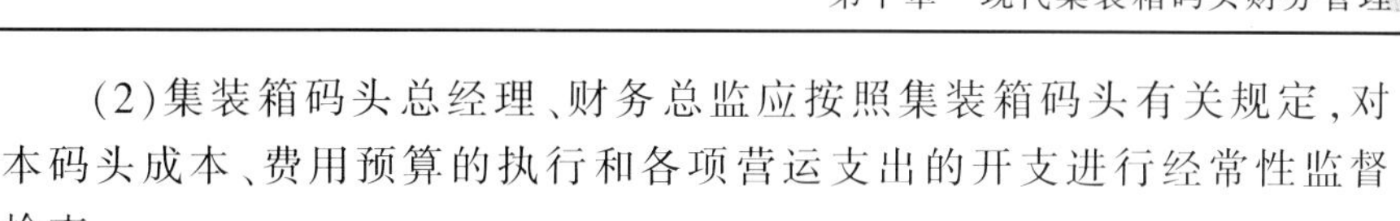

(2)集装箱码头总经理、财务总监应按照集装箱码头有关规定,对本码头成本、费用预算的执行和各项营运支出的开支进行经常性监督检查。

(3)集装箱码头的内部分支机构,应根据自身的职权范围对成本、费用管理进行检查和监督。

(4)对于擅自提高开支标准,扩大开支范围;随意摊提成本、费用,挤占收入;弄虚作假,成本、费用严重不实,以及损公肥私,挥霍企业资财,增加成本、费用开支的部门或个人,情节较轻的,责令限期改正;情节严重的,给予相应经济处罚;构成犯罪的,提交司法机关依法追究直接责任人的刑事责任。

(5)对于维护集装箱码头制度,对违反成本、费用管理规定现象进行举报的人员,应给予适当的奖励。

## 第四节　现代集装箱码头的本量利分析

### 一、集装箱码头本量利分析基本原理

1. 盈亏临界点的分析

成本性态分析为盈亏临界点的确定创造了前提条件,变动成本计算法又为临界点的计算提供了数量依据。因此,盈亏临界点和本量利的分析是成本性态分析和变动成本计算法的合乎逻辑的发展。

1)盈亏临界点的计算模型

假设以 $P$ 代表利润,$V$ 代表吞吐量,$SP$ 代表单价,$VC$ 代表单位变动成本,$FC$ 代表固定成本,$BE$ 代表盈亏临界点,根据利润计算公式可求得盈亏临界点的基本模型为:

$$BE=\frac{FC}{SP-VC}$$

盈亏临界点的计算,可以采用实物和金额两种计算形式:

(1)按实物单位(标准箱)计算

盈亏临界点的吞吐量(实物单位,标准箱)=固定成本÷单位吞吐量贡献毛益

其中:单位吞吐量贡献毛益=单位集装箱主营收入−单位变动成本

(2)按金额综合计算

盈亏临界点的收入额(用金额表现)=固定成本÷贡献毛益率

其中:贡献毛益率=贡献毛益/销售收入

2)安全边际与安全边际率模型

该模型主要用于集装箱码头分析其经营的安全程度。

“安全边际”是指现有集装箱吞吐量超过盈亏临界点集装箱吞吐量的差额,这个差额标志着从现有集装箱吞吐量到盈亏临界点有多大的差距,或者说,现有的集装箱吞吐量,再降低多少,才会发生亏损。

安全边际可以用绝对数和相对数两种形式来表现,其计算公式为:

安全边际=现有集装箱吞吐量−盈亏临界点集装箱吞吐量

安全边际率=安全边际÷现有集装箱吞吐量

因为只有盈亏临界点以上的主营收入额(即安全边际部分)才能为集装箱码头提供利润,所以主营利润又可按下列公式计算:

主营利润=安全边际吞吐量×单位吞吐量贡献毛益

主营利润率=安全边际率×贡献毛益率

此外,以盈亏临界点为基础,还可得到另一个辅助性指标,即达到盈亏临界点的作业率。其计算公式为:

达到盈亏临界点的作业率=盈亏临界点的吞吐量÷正常开工的作业量

当集装箱码头作业率低于盈亏临界点的作业率时就会亏损。所以,该指标对集装箱码头的装卸生产安排具有一定的指导意义。

3)实现目标利润的模型

实现目标利润模型是盈亏临界点基本模型的扩展。既然集装箱码头经营的目的在于盈利而非保本,那么,为了分析和规划集装箱码头目标利润,就有必要了解实现集装箱码头目标利润的模型。

此种模型又可分为以下两种:

(1)实现税前目标利润的模型

实现目标利润的吞吐量=(目标利润+固定成本)÷单位贡献毛益

实现目标利润的收入额=(目标利润+固定成本)÷贡献毛益率

(2)实现税后目标利润的模型

考虑到从税后利润着眼进行目标利润的规划和分析,更能符合集装箱码头生产经营的实际,为此,需要进一步考虑所得税率变动对实现目标利润的影响。

税前利润=税后利润÷(1−所得税率)

实现目标利润的吞吐量=[税后的目标利润÷(1−所得税率)+固定成本]÷单位集装箱的贡献毛益

实现目标利润的收入额=[税后的目标利润÷(1−所得税率)+固定成本]÷单位集装箱的贡献毛益率

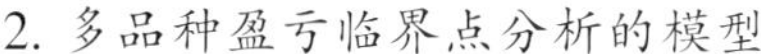

2. 多品种盈亏临界点分析的模型

在集装箱码头装卸多种类型集装箱的情况下，盈亏临界点就不能用实物单位(标准箱)计算，而只能用金额来表现，即计算盈亏临界点的收入额，通常有以下几种模型可用于多品种盈亏临界点的计算。

1)加权平均模型

该模型的关键在于求出各种类型集装箱的贡献毛益率和收入比重，然后以收入比重为权数进行加权平均。其计算步骤如下：

(1)计算全部类型集装箱的收入总额

收入总额=∑(各种类型集装箱的单价×预计吞吐量)

(2)计算各种类型集装箱的收入比重

收入比重=各种类型集装箱的收入额÷收入总额

(3)计算各种类型集装箱的加权平均贡献毛益率

加权平均贡献毛益率=∑(各种类型集装箱的贡献毛益率×各种类型集装箱的收入比重)

(4)计算整个集装箱码头综合的盈亏临界点收入额

综合盈亏临界点的收入额=固定成本总额÷加权平均贡献毛益率

(5)计算各种类型集装箱的盈亏临界点的收入额及吞吐量

各种类型集装箱盈亏临界点的收入额=综合盈亏临界点收入额×各种类型集装箱的收入比重

各种类型集装箱盈亏临界点吞吐量=各种类型集装箱盈亏临界点的收入额÷各种类型集装箱装卸单价

2)“联合单位”模型

装卸多种类型集装箱的码头，也可以使用“联合单位”作为盈亏临界点吞吐量的计量单位。该模型的主要思路是将其装卸的多种类型集装箱视同以一定组成结构的“捆绑服务”，其计算盈亏临界点的步骤如下：

(1)确定预计各种类型集装箱吞吐量的比重并计算各种类型集装箱的贡献毛益率。

(2)以预计集装箱吞吐量的比重为权数，计算联合单位的贡献毛益。

(3)计算联合单位盈亏临界点的收入额和集装箱吞吐量。

(4)计算各种类型集装箱的盈亏临界点的收入额和集装箱吞吐量。

3. 盈亏临界图

盈亏临界图是围绕盈亏点，将影响集装箱码头利润的有关因素及其相应关系，集中在一张图上，形象而具体地表现出来。

利用盈亏临界图，可以直观看到有关因素的变动对集装箱码头利润

发生的影响，从而有助于集装箱码头决策者在经营管理中提高预见性和主动性。其特点是直观、简明，但因为它是依靠目测绘制而成，所以不可能十分准确，通常应与其他方法结合使用。

盈亏临界图可根据不同目的及掌握的不同资料而绘制成不同形式的图形。通常有基本式、贡献毛益式、量利式3种。

1)基本式(图10-4-1)

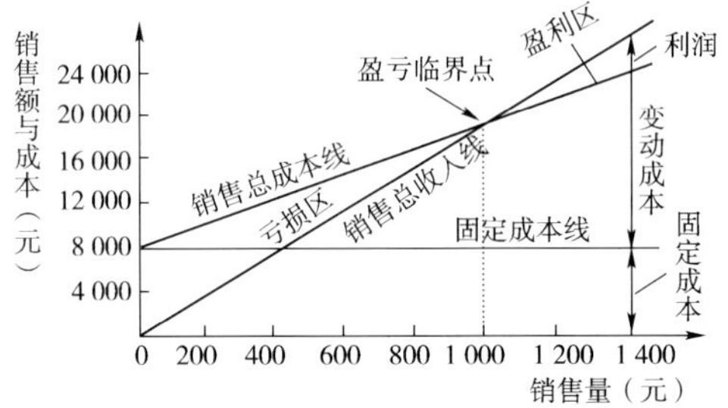


图10-4-1　基本式盈亏临界图

2)贡献毛益式(图10-4-2)

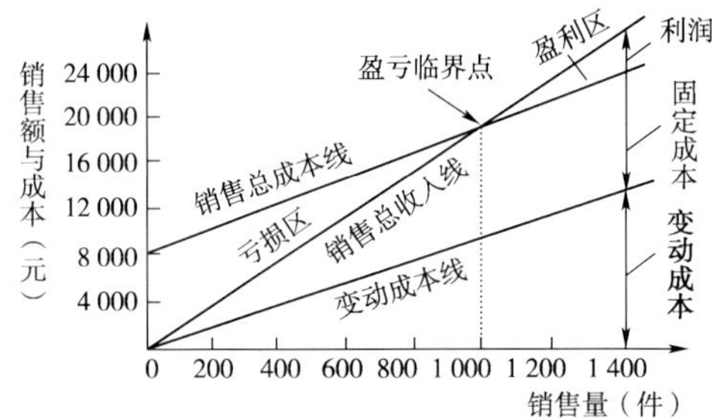


图10-4-2　贡献毛益式盈亏临界图

3)量利式(联合单位的量利图，见图10-4-3)

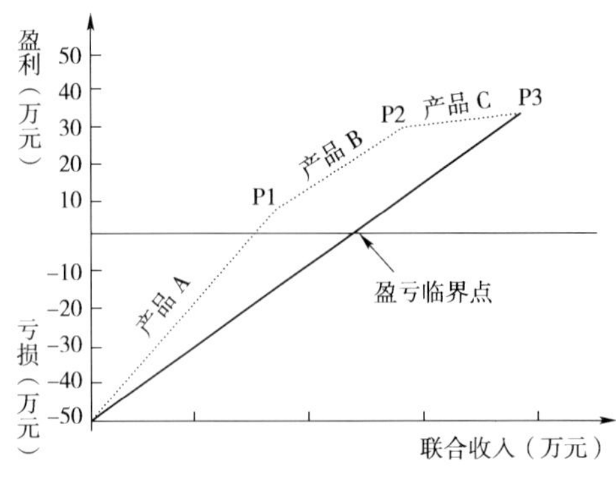


图10-4-3　量利式盈亏临界图

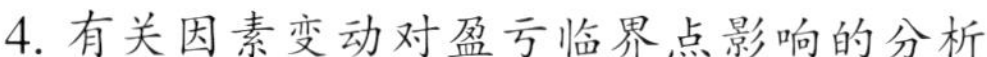
4. 有关因素变动对盈亏临界点影响的分析

从盈亏临界点的计算模型中可以看到，集装箱装卸单价、固定成本、变动成本以及各种类型结构等均对盈亏临界点产生不同程度的影响。

(1)集装箱装卸单价(销售价格)变动对盈亏临界点的影响。集装箱装卸单价(销售价格，简称单价)的变动是影响盈亏临界点的一个重要因素。在盈亏临界图上，基于一定的成本水平，单价越高，表现为“销售总收入线”的斜率越大，盈亏临界点就越低，同样集装箱吞吐量(销售量)所实现的利润就越多。

(2)变动成本的变动对盈亏临界点的影响。变动成本在盈亏临界图上表现为集装箱装卸总成本线(销售总成本线)的斜率。变动成本越大，集装箱装卸总成本线(销售总成本线)的斜率就越大，固定成本和单价不变的情况下，盈亏临界点就越高，同样集装箱吞吐量(销售量)所实现的利润就越少。

(3)固定成本变动的影响。固定成本的变动在盈亏临界图上表现为集装箱装卸总成本线(销售总成本线)的整体平移。其他因素不变的情况下，固定成本越大，集装箱装卸总成本线(销售总成本线)越高，相应地，盈亏临界点也越高，同样集装箱吞吐量(销售量)所实现的利润就越少。

(4)品种结构变动对盈亏临界点的影响。当集装箱码头同时装卸多种类型集装箱时，由于不同类型集装箱的盈利能力也各不相同，因此品种结构的变动必然要对整个集装箱码头的盈亏临界点发生一定的影响，改变品种结构将会改变集装箱码头加权平均的贡献毛益率。及时调整品种结构，适当地增大贡献毛益率高类型集装箱的比重，将会提高集装箱码头的整体盈利水平。

5. 有关因素变动对实现目标利润影响的分析

本量利分析的基本原理，就是通过盈亏临界点的分析，确定集装箱码头装卸多少集装箱，才能做到不盈不亏，进而预测集装箱码头的目标利润，并测算有关因素变动对实现集装箱码头目标利润的影响。

设：$PT$——预算期目标利润；

$VT$——预算期目标集装箱吞吐量；

$VO$——预计盈亏临界点的集装箱吞吐量；

$SP$——预计单位售价；

$VC$——预计单位变动成本；

$FC$——预计固定成本。

则：$PT=VT(SP-VC)-FC$ 或 $PT=(VT-VO)(SP-VC)$

显然，上述各个因素的变动，都会对集装箱码头目标利润的实现产生一定的影响。

## 二、本量利关系中敏感分析

在本量利关系中，进行敏感性分析的主要目的是：研究与提供能引起目标发生质变，即由盈利转为亏损时各因素变化的界限；各个因素的变化对集装箱码头利润变化影响的敏感程度；当其他因素变动时如何调整销量或单价，以保证原定的集装箱码头目标利润得以实现。

1. 有关变量下限临界值的确定及分析

在影响利润的主要因素中，求得：集装箱吞吐量和单价的最小允许值、单位变动成本和固定成本总额的最大允许值，就可得到盈亏临界点，超越了这些临界值就会由盈利变为亏损。

求得最大或最小允许值的 4 个计算公式是：

(1) $V=\dfrac{FC}{SP-VC}$

(2) $SP=\dfrac{V\cdot VC+FC}{V}$

(3) $VC=\dfrac{V\cdot SP-FC}{V}$

(4) $FC=V\cdot(SP-VC)$

2. 敏感系数的确定及分析

在引起集装箱码头利润变动的几种因素中，有些因素只要有较小的变动也会引起集装箱码头利润的较大变化，这些因素称为强敏感性因素；有些因素虽有较大变化，但对集装箱码头利润的影响却不大，这种因素称为弱敏感性因素。

测定敏感程度的指标称敏感系数，其公式是：

$$\text{敏感系数}=\frac{\text{目标值变动百分比}}{\text{因素值变动百分比}}$$

确定敏感系数的目的，是使集装箱码头管理人员明确，在影响集装箱码头利润的诸因素中，其敏感的程度孰轻孰重，以便分清主次，及时采取必要的调整措施，确保集装箱码头目标利润的完成。一般来说，单价和变动成本是最敏感的因素，集装箱吞吐量次之，集装箱码头固定成本是弱敏感因素。在集装箱运输市场供大于求，竞争激烈，集装箱吞吐量大幅度下降时，可降低单价，薄利多销，占据市场。

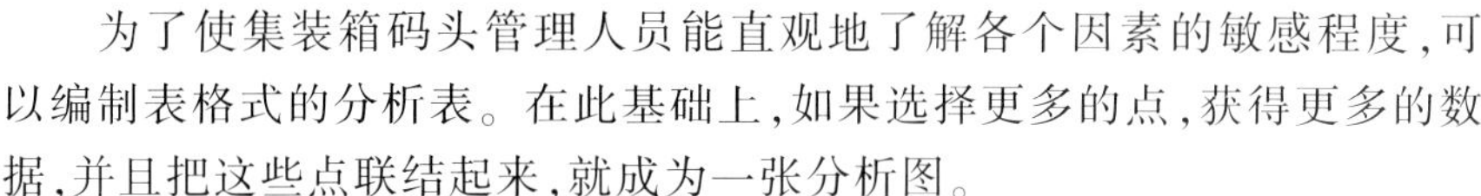

为了使集装箱码头管理人员能直观地了解各个因素的敏感程度,可以编制表格式的分析表。在此基础上,如果选择更多的点,获得更多的数据,并且把这些点联结起来,就成为一张分析图。

## 三、本量利分析在集装箱码头管理中的应用

1. 本量利分析在现代集装箱码头经营决策中的应用

在经营决策分析中，首先要考虑的是哪种方案能为集装箱码头提供更多的贡献毛益，如何更好地补偿为维持集装箱码头现有生产能力所需支付的固定成本,使企业能获得更多的利润。所以,能满足这一要求的本量利分析得以广泛地应用于集装箱码头的经营决策之中。

1)不同装卸工艺的选择

不同的装卸工艺虽然可以使其装卸不同类型集装箱在集装箱吞吐量和价格方面发生变化,但在成本方面却往往表现出较大差异性。为了充分利用不同集装箱装卸工艺的优越性,可借助本量利分析的原理进行选择。

具体操作方法:

(1)根据提供的数据,在盈亏临界图上分别画出总收入线($TR$)、代表现行集装箱码头装卸工艺的固定成本线($FC_1$)、装卸(销售)总成本线($TC_1$)和盈亏临界点($BE_1$)。

(2)再画出代表新生产方法的固定成本线($FC_2$),装卸(销售)总成本线($TC_2$)和盈亏临界点($BE_2$)。

(3)对两个盈亏临界点进行比较,如果新方法的盈亏临界点低于现行方法的盈亏临界点,则说明在集装箱码头生产能力得到充分发挥,集装箱装卸效率得到提高的同时,新方法比现行方法能获得更大的利润。

2)购置某项大型装卸设备的选择

具体操作方法:

(1)计算出新设备购置前有关单位变动成本、单位产品贡献毛益、盈亏临界点的集装箱吞吐量、安全边际和可实现的利润等数字。

(2)再计算购置新设备后变动成本的减少数、每年折旧费用的增加数以及新设备投入使用后盈亏临界点的集装箱吞吐量。

(3)最后比较新设备投入使用后可实现的利润,如果利润增加,购置就合算,否则,就不合算。

3)本量利分析对作业成本的影响

如果集装箱码头成本可用单位基准作业动因与集装箱吞吐量、批量基准作业动因与集装箱码头生产准备次数、多种类型集装箱基准作业动

因与计费小时等3对变量来解释，则对集装箱码头盈亏临界点集装箱吞吐量计算模型进行必要修正后的集装箱作业成本计算方程可表示为：

总成本=固定成本+单位变动成本×集装箱吞吐量+生产准备成本×生产准备次数+杂作业成本×计费小时数

税前净利=总收入-总成本=总收入-(固定成本+单位变动成本×集装箱吞吐量+生产准备成本×生产准备次数+杂作业成本×计费小时数)

盈亏临界点集装箱吞吐量=(固定成本+生产准备成本×生产准备次数+杂作业成本×计费小时数)÷(单箱作业收入-单箱变动成本)

可见，集装箱作业成本计算法下的盈亏临界点与传统盈亏临界点的最大区别在于分子所包含的内容。前者还包括两种非单位基准变动成本，即与规模量相关的集装箱作业成本和维持作业成本。

4)非线性的本量利分析对经营决策的影响

在现实操作中，用非线性方程取代线性方程来描述成本、收入与集装箱吞吐量之间的依存关系进行分析决策，可能更符合客观实际情况。

(1)非线性函数表达式的确定

以非线性方程描述成本、收入与集装箱吞吐量之间的依存关系，需将原始的数据进行加工，方能取得反映各有关因素之间依存关系的函数表达式。

①销售收入曲线表达式：

$$TR=a+bx+cx^2$$

求解方法：非线性回归法

②总成本曲线表达式：

$$TC=a+bx+cx^2$$

求解方法：其方程系数可采用一种简易的方法确定，先列出成本函数的二次方程 $TC(x)=a+bx+cx^2$，然后根据所收集的集装箱码头历史成本数据中的集装箱吞吐量、固定成本和总成本的数值，解上述联立方程，即可求得 $a$、$b$、$c$ 的值。

(2)非线性的本量利分析

当集装箱码头销售收入、成本均表现为曲线时，需分别确定其各自的函数表达式，然后建立利润函数式，并据以进行本量利分析，其具体计算步骤为：

①计算盈亏临界点

如以 $m$ 代表利润，则 $m=TR-TC$

由于利润等于零的集装箱吞吐量即为盈亏临界点的吞吐量，令 $m=0$，再解该二次方程，即可求得 $x$ 的两个解，也就是两个盈亏临界点。

②计算最大利润的集装箱吞吐量

使 $m$ 达到最大值的条件是：$\frac{dm}{dx}=0,\frac{d^2m}{dx^2}<0$，同时，$x\geqslant 0$。

将 $m=TR-TC=0$ 的二次公式求导后，即可得出 $x$ 的数值，亦即利润最大时的集装箱吞吐量。

③计算利润的最大值

将利润最大时的集装箱吞吐量 $x$ 的值代入上述二次方程，即可求得集装箱码头利润的最大值。

④计算最优售价

先求出销售收入 $TR$ 的值，然后根据 $SP=TR/x$ 的公式计算出最优售价。

在集装箱码头实际的经济活动中，由于集装箱货物的装卸单价、变动成本和固定成本都受到多种因素变动的影响，所以对于它们的预期的变动，往往难以在事前掌握得十分准确，而只能作概略的估计，即估计它们将在什么样的范围内变动，有关数值在这个范围内可能出现的概率是多少。在这种情况下，集装箱码头预期利润也将相应地增加或降低，而不可能通过一次简单的计算便得到一个定值。为此，需要对其预期的变动进行概率分析，然后加以综合考虑，才得以最终确定一个最可能达到的数值。

2. 本量利分析在集装箱码头目标管理中的应用

目前，无论在国外还是在国内的集装箱码头，本量利分析的应用都十分广泛。它与经营风险分析相联系，可促使集装箱码头努力降低风险；与预测技术相结合，集装箱码头可进行保本预测、确保其目标利润实现的业务量预测等；与决策融为一体，集装箱码头据此进行生产决策、定价决策和投资不确定性分析；集装箱码头还可以将其应用于全面预算、成本控制和责任会计。

本量利分析方法是集装箱码头实施目标管理的重要工具。实施目标管理，首先要建立一套完整的目标体系。在制订这些目标的过程中，往往要大量地应用本量利分析方法。

本量利分析方法应用于集装箱码头目标管理中，对促进集装箱码头发展有着积极的意义。

(1)有利于集装箱码头提高管理水平。目标管理需要有一套明确、具

体的目标体系,从而可以促进集装箱码头管理人员考虑他们将用什么办法来实现,为此需要什么样的人员、什么样的资源和应给予什么样的帮助。

(2)有利于暴露集装箱码头组织机构中的缺陷。目标管理可以促使集装箱码头管理人员把组织的作用和结构搞清楚,从而尽可能地把主要目标所要取得的成果落实到对实现目标负有责任的岗位上。

(3)有利于集装箱码头调动人们的积极性和创造性。制订好目标体系后,使人们都有一个明确的目标,便于承担完成任务的责任。

(4)有利于集装箱码头进行更有效的控制,一套明确的可考核的目标就是集装箱码头管理人员了解如何进行监督的最好指导。如果在管理上严格按照目标的完成情况进行考核,还将有助于消除平均主义的弊端。

目标管理需要本量利分析方法,本量利分析方法能够为集装箱码头目标管理服务,两者相辅相成,密不可分。

3. 本量利分析法在集装箱码头财务管理中的应用

1)在偿债能力预测中的应用

目前,集装箱码头对偿债能力进行评价和衡量的指标有许多,如流动比率、速动比率、现金比率、负债比率、已获利息倍数、债务本息偿付比率等。这些指标虽然能够从各自不同的角度来衡量集装箱码头偿债能力的大小,但却均不能揭示这一能力大小的临界状态。运用本量利分析法的原理便可以较好地解决这一问题。

息税前利润=债务利息支付额+债务本金支付额÷(1−所得税率)
=集装箱吞吐量×(集装箱装卸单价−单位变动成本)
−固定成本总额

由上述等量关系式可见,集装箱码头偿债能力的临界状态是当息税前利润等于债务利息支付额和债务本金支付额(调整后的)之和时的状态。这一种状态称之为"偿债能力的临界点"。根据上述等量关系式,可推导出下列计算"偿债能力临界点的吞吐量"的公式:

偿债能力临界点的吞吐量=[固定成本总额+债务利息支付额+债务本金支付额÷(1−所得税率)]÷(集装箱装卸单价−单位变动成本)

"偿债能力临界点的吞吐量"反映了集装箱码头为了提高偿债能力,降低债务风险而进行有关财务决策的临界状态。即:如果预计的吞吐量大于偿债能力临界点的吞吐量时,则说明集装箱码头的偿债能力较强,债务风险较小,债务本息的偿还有保障,可以维持现有的财务杠杆水平,甚至还可以适当提高;否则,集装箱码头的偿债能力较弱,债务风险较大,债务

本息难以全部偿还,因而应降低财务杠杆水平,以减少债务风险。

2)在营业现金流量预测中的应用

运用本量利分析法的原理,在假设利润全部收到现金的条件下,成本、集装箱吞吐量、营业现金流量三者之间的数量关系,可用下列公式来加以描述:

营业现金流量=净利润+折旧

=(经营收入−变动成本总额−固定成本总额)×(1−所得税率)+折旧

=集装箱吞吐量×(装卸收入单价−单位变动成本)×(1−所得税率)−固定成本总额×(1−所得税率)+折旧

由上式可见,当"集装箱吞吐量×(装卸收入单价−单位变动成本)×(1−所得税率)=固定成本总额×(1−所得税率)−折旧"时,营业现金流量等于零,即营业现金流量处于临界状态。这种状态称为"营业现金流量临界点"。营业现金流量临界点的集装箱吞吐量可根据下列集装箱吞吐量的表达式来计算:

营业现金流量临界点的集装箱吞吐量=[固定成本总额×(1−所得税率)−折旧+营业现金流量]÷(装卸收入单价−单位变动成本)×(1−所得税率)

在上述销售数量的表达式中,当营业现金流量等于零时,其集装箱吞吐量便为营业现金流量临界点的集装箱吞吐量;当营业现金流量大于零时,则说明在一定时期内集装箱码头的营业现金收入大于营业现金支出,其余额可以作其他安排;否则,就说明集装箱码头的营业现金不足,需要通过筹资等途径来加以解决,以维持集装箱码头正常装卸生产经营活动。另外,在上述集装箱吞吐量的表达式中,当营业现金流量为目标值时,其集装箱吞吐量便为保证目标营业现金流量实现的目标集装箱吞吐量。

3)在长期投资决策中的应用

在上述表达集装箱码头成本、吞吐量、营业现金流量三者之间数量关系的公式中,只要把这3个与整个集装箱码头相联系的变量看作是投资项目的变量,这个公式就成为表达在投资项目使用期内这3个变量之间数量关系的公式。由此公式可见,当投资项目的净现值处于临界状态,即等于零时,公式中的营业现金流量应是净现值等于零时的营业现金流量。这种状态称之为"项目净现值临界点"。该点的集装箱吞吐量,便可按下列公式计算:

项目净现值临界点的集装箱吞吐量=[固定成本总额×(1−所得税率)−折旧+净现值为零时的营业现金流量]/(装卸收入单价−单位变动成本)(1−所得税率)

项目净现值临界点的集装箱码头吞吐量反映了集装箱码头对投资项目进行决策分析的临界状态。如果投资项目的预计集装箱吞吐量大于净现值临界点的集装箱吞吐量,则说明该项目的净现值大于零,故该项目可行;否则,就不可行。

在上述预测偿债能力临界点及其集装箱吞吐量、营业现金流量临界点及其集装箱吞吐量、投资项目净现值及其集装箱吞吐量中,都是假定集装箱装卸单价、单位变动成本和固定成本在预测期内保持不变。但在实际工作中,对于这些假定不变的因素,都有一个有效的相关范围。另外,在时间方面,一般是以一年为期限,如果超过一年,集装箱装卸单价和各项成本均有可能发生变化。总之,这些假定如果与实际情况有出入,那么对预测分析的结果就必须作相应的修正。

## 第五节　现代集装箱码头经营业绩评价

### 一、集装箱码头业绩管理与业绩评价

1. 业绩管理的概念

集装箱码头业绩管理是依据组织体系,通过管理层与责任中心、责任中心与员工间达成的业绩合同或协议的履行、双向互动沟通及评价,而进行的管理。集装箱码头业绩管理是事前计划、事中管理、事后考核三位一体的管理体系,业绩评价是其核心内容之一。

2. 业绩评价的定义

业绩评价在本质上是一种管理控制手段,它是将已发生的结果和预先确定的标准进行对比,判断现状的好坏,供集装箱码头管理者在采取下一步管理活动时参考。集装箱码头业绩评价是通过收集集装箱码头经营成果的相关信息,将其和特定的标准进行比较的过程。业绩评价一方面为集装箱码头的业绩计划、业绩沟通提供依据,同时也为薪酬计划制定与实施、人事决策与调整等一系列管理行为提供支持。业绩评价是否全面客观,对集装箱码头未来发展和管理科学化具有重要影响。

3. 业绩管理与业绩评价的功能

以不同标准为比较基础的业绩管理与评价为集装箱码头管理层进行决策提供不同的信息。具有以下功能:

(1)激励与约束功能。

(2)资源再配置功能。

(3)战略管理功能。

## 二、集装箱码头业绩评价系统的构成要素

现代集装箱码头的业绩评价系统是集装箱码头整个管理控制系统中一个相对独立的子系统。其主要包括评价主体、评价对象、评价目标、评价指标、评价标准和评价报告6个要素。

1. 评价主体与评价对象

业绩评价根据不同的业绩评价主体和评价对象一般包括4个层面：

(1)政府管理部门的评价。

(2)潜在投资者的评价。

(3)集装箱码头所有者的评价。

(4)集装箱码头经营者的评价。

本章所称业绩评价是指后两种评价。

2. 业绩评价目标

业绩评价系统的目标是集装箱码头整个系统运行的指南和目的所在，它服从和服务于业绩评价主体。

3.业绩评价指标

是根据评价目标对评价对象的相关方面进行衡量，包括投资报酬率、每股盈余、服务质量、科技力量等财务及非财务评价指标。

4. 业绩评价标准

是指判断评价对象业绩优劣的基准，具有规划、控制、考核等功能，其选择取决于评价的目的，其制定应从集装箱码头全局利益出发，力求有充分的科学依据。

5. 业绩评价报告

是集装箱码头业绩评价系统的输出信息，也是业绩评价系统的结论性文件，是业绩评价人员以业绩评价对象为单位，通过集装箱码头财务信息系统及其他相关信息系统获取与评价对象有关的信息，经过加工整理后得出业绩评价对象的评价指标数据，再与预先确定的评价批准进行对比，分析差异产生的原因、责任及影响，得出评价对象业绩优劣的结论后形成的。

## 三、集装箱码头业绩评价原则

在集装箱码头的综合业绩考评中，无论是评价体系建立还是具体评价指标设定上均应考虑以下几个原则：

(1)目标一致原则。即长期目标与短期目标一致。

(2)战略符合性原则。指业绩评价必须以长远发展眼光进行实施,为集装箱码头战略目标服务。

(3)可控性原则。指在业绩评价实践中管理者当且仅当对其可控事件与可控成本负责。

(4)协调性原则。即在评价管理业绩时要注重评价体系与评价指标间的协调性。

(5)公正与公平原则。业绩评价本身是主观行为,但主观的行为必须以客观的事实为依据,只有这样才能公正、公平。

## 四、集装箱码头业绩评价模式

1. 财务评价指标

集装箱码头业绩评价系统中最常用的评价指标是基于财务报表的财务评价指标,主要包括盈利能力指标、现金流量指标和经济增加值(economic value added,EVA)。

1)盈利能力指标,主要有利润、投资报酬率、剩余收益等。

投资报酬率=利润额÷投资额×100%

剩余收益=部门利润−部门资产应计报酬

=部门利润−部门资产×资金成本率

2)现金流量指标,以现金流量为基础的业绩评价指标具体包括现金回收率和剩余现金流量指标。

现金回收率=营业现金流量÷总资产

其中营业现金流量是集装箱码头年现金收入与现金支出的差额,包括处置长期资产的收入和净营运资本变化的收入。

剩余现金流量指标=营业现金流量−部门资产×资金成本率

3)经济增加值,是集装箱码头经过调整的净营业利润减去其现有资产经济价值的机会成本后的余额。

$EVA$=税后营业利润−加权资本成本×投入资本

=(投资资本收益率−加权资本成本)×投入资本

其中:

税后营业利润=息税前利润×(1−所得税税率)

$=EBIT\times(1-T)$

投资资本收益率=投资报酬率×(1−所得税税率)

=息税前利润×(1−所得税税率)÷投入资本

4)财务评价指标的局限性

上述各项指标无论其具体计算集装箱码头和功能如何,其共同点都是以会计核算资料和财务报表信息为主要依据。由于这些数据较易获得且较为规范,有利于集装箱码头业绩评价顺利进行,但其缺点也是明显的:

(1)会计核算资料及财务报表信息失真会导致业绩评价的不真实。

(2)以财务报表信息为基础的业绩评价仅仅关注过去已实现的业绩,而忽略未来的发展能力,这样不仅使业绩评价不能真实反映集装箱码头投资者利益,而且在一定程度上鼓励了集装箱码头经营者的短期行为,影响集装箱码头战略意图的贯彻和实现。

(3)仅仅关注于财务信息会使业绩评价存在片面性。

(4)财务评价是一种内部化的评价,忽略了对集装箱码头在市场中的竞争地位及其变化的评价。

2. 非财务评价指标

随着集装箱码头经营环境的日益复杂化、多变化,很多集装箱码头已经意识到财务评价指标的局限性,并在实务中采用了各种非财务评价指标。目前主要非财务评价指标包括:集装箱吞吐量指标、货运服务质量指标、生产率指标等。此外,一些集装箱码头还把企业文化、价值观纳入考核范围。如精神文明建设考核指标、环境卫生考核指标、班组建设考核指标等。这种做法是现代集装箱码头管理“以人为本”思想的直接体现。

3. 综合业绩评价模式

主要是一些以非财务指标为主的各具特色的综合业绩评价系统,具有代表性的有:

(1)德鲁克以重组为核心的观点。根据彼得·德鲁克(Peter Drucker)观点,评价一个企业改革的出发点不能仅仅从其自身业绩出发,而应仔细评估其所处行业在一定时期内的重组以及企业在重组中的地位和作用。其对改革和竞争的理解为非财务指标进入业绩评价系统提供了基础。

(2)霍尔的“4尺度”论。罗伯特·霍尔(Robert Hall)认为评价企业的业绩需以4个尺度为标准,即质量、作业时间、资源利用和人力资源的开发。其认为企业可以通过对上述4个尺度的改进来减少竞争风险。

(3)克罗斯和林奇的等级制度。凯尔文·克罗斯(Kelvin Cross)和理查德·林奇(Richard Lynch)提出了一个把企业总体战略与财务和非财务信息结合起来的业绩评价系统。他们列出了一个金字塔,揭示了战略目标自上而下和经营指标自下而上逐级重复运动的等级制度,为正确评价企业业绩做出了重要贡献。

(4)卡普兰和诺顿平衡计分卡。平衡计分卡从最初业绩衡量体系成长为可以用于战略执行的考评和反馈体系，其观念是由罗伯特·卡普兰(Robert Kaplan)与大卫·诺顿(David Norton)两位学者共同提出，他们根据几家多年绩效评价突出企业的评价方法，经过对其方法的反复研讨、演绎和验证，归纳出可以提升企业竞争能力及落实策略愿景的新财务信息反馈模式体系——平衡计分卡。

平衡计分卡以平衡观念来驱动组织绩效的量度，诉求的是企业内部绩效短期和长期目标之间的平衡、财务和非财务量度之间的平衡、落后及领先指针之间的平衡、外界和内部绩效层面的平衡等状态。

目前，平衡计分卡已经上升为战略性绩效管理体系，作为战略执行的工具来使用。强调集装箱码头应建立基于平衡计分卡的战略管理体系，调动集装箱码头所有的人力、财力和物力等资源，集中起来协调一致地去达到集装箱码头的战略目标。用一个公式来表达的话，就是 BSC+MAP+SFO 的综合体。其中，BSC(Balanced Score Card)为传统 4 个角度概念的平衡计分卡；MAP(Strategy Map)为用于明晰战略和沟通战略的战略图；SFO(Strategy-Focused Organization)是把平衡计分卡作为战略执行的工具来使用的平衡计分卡实施原则和实施过程。许多集装箱码头已开始采用平衡计分卡作为其业绩评价标准。平衡计分卡的实施流程见图 10-5-1。

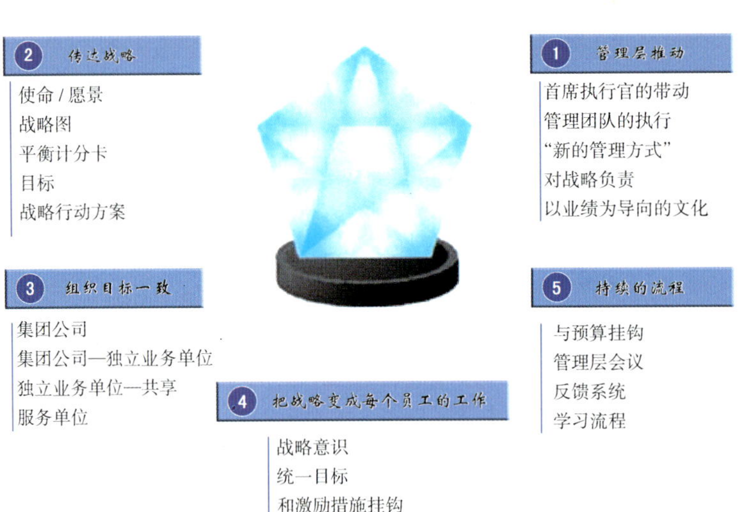


图 10-5-1 平衡计分卡的实施流程图

# 第六节　现代集装箱码头财务管理信息化

## 一、集装箱码头财务管理信息化

随着集装箱码头吞吐量的不断增长，依靠传统的方法手段已远远无法满足现代大规模信息处理特别是集装箱码头财务信息的处理要求，因此将信息化技术引入集装箱码头的财务管理领域，运用会计核算电算化、财务管理信息化等手段来提高集装箱码头运作效率和服务质量，已成为集装箱码头提高自身竞争力的迫切要求。

目前，一些集装箱码头正在积极推广利用 Microsoft 中 ODBC(Open Database Connectivity，开放式数据库连接)的工具，实现多种数据库管理系统并存情况下不同数据库的访问。在财务管理人员计算机中将可能使用的数据库定义为 ODBC 数据源，以 ODBC 数据源的设置来实现通过 Microsoft Query 作数据查询、在 Microsoft Word 中插入数据库查询结果、利用 Excel 获取外部数据进行汇总分析、加工为分类汇总表形式的 Excel 汇总信息和生成 Excel 数据分析图形，然后再将这些汇总信息、数据分析图形与文字形式的论点及解释相结合，在 Word 中形成一种复合文档，生成书面报告，以便集装箱码头财务管理人员及时随地实现财务管理信息交流。

同时，集装箱码头财务管理人员还可从外部数据库经过 Query 向 Excel 导入数据，对数据库中的数据进行分类汇总分析、利用 Excel 数据列表处理功能与 D—函数作分类汇总分析、应用 Excel 的数据列表处理功能作数据分类汇总分析、应用 Excel 的 D—函数与灵敏度分析相结合的方法作数据分类汇总分析、利用 Excel 的 pivot table 功能作分类汇总分析、用图形来表示分类汇总信息、在 Excel 中实现对财务报表的汇总等，大大增强了财务管理人员分析、监控能力，实现了集装箱管理信息资源共享，提升了财务管理水平。

总结集装箱码头所经历的财务管理信息化进程，财务管理信息化对集装箱码头财务工作带来的影响主要有以下几个方面：

(1)提高了会计信息的质量和会计工作的效率，降低了会计人员的劳动强度。

(2)促进会计工作职能的转变，改善会计人员知识结构，提高会计人员素质。

(3)引起会计工作组织方式和会计人员分工与职能的变化。

(4)改变了会计信息处理和使用的方式和方法。

## 二、集装箱码头财务管理信息化发展趋势

伴随信息时代的到来,财务管理作为集装箱码头管理的核心,应站在全球战略的高度建立一个处于集装箱码头经营管理系统核心的财务系统，这是我国集装箱码头财务管理信息化发展中面临的新课题。可以预见,现代集装箱码头财务管理信息化将出现或可能出现以下发展趋势:

(1)Internet 技术获得普遍推广和应用,可以建立大范围的信息处理网络,共享财务管理信息。

(2)信息处理和分析专业化、智能化。为集装箱码头提供信息服务的专业部门(类似于目前的代理记账)将会逐渐出现。随着多层结构技术和组件开发技术的采用,智能电子技术的发展,信息处理也会朝着智能化方向发展。

(3)与管理会计系统相结合,促进集装箱码头管理信息系统的建立和完善。财务管理信息化会计信息处理的代码化、数据共享和自动化,为财务会计(含成本会计)和管理会计两个子系统的结合提供了条件和可能,以便运用财务会计资料,建立适应管理需要的会计模型,使财务管理信息化会计从核算型向管理型发展。

(4)促进会计自身的发展和变革,推动集装箱码头财务管理信息化在新的基础上进一步完善和发展。

为适应上述发展趋势，未来的集装箱码头财务软件至少应具备如下功能:

(1)全面网络化管理,增强集团控制力。未来财务软件从设计到开发应用都定位在网络环境基础上。港口集团型的集装箱码头可通过财务软件这一网络化管理平台，利用各种远程通信方式轻松实现下属机构与集团网络的互联,集团总部可随时通过网络了解各分支机构的运营情况,从而全面增强整个集团的控制力。

(2)全新架构管理会计,加强内部监控。未来财务软件的开发设计应在财务会计基础上全新架构管理会计,软件各模块高度集成。一方面,它满足集装箱码头的日常财务核算与管理的需要，达到财务业务一体化协同运作,实现企业物流、资金流、信息流、票据流的有效整合,使集装箱码头管理者可以全面地了解集装箱码头的经济状况,提高管理水平。另一方面,还要充分考虑到集装箱码头的扩展和发展,为集装箱码头实施全球化战略服务,软件更加注重管理功能,如决策分析、预算管理等,使软件能充

分发挥预测、决策等功能。

(3)全方位开放体系,支持电子商务。未来财务软件支持各大型数据库系统,还支持各种网络操作平台以满足各种类型集装箱码头的不同需求,对金融、财税、审计和第三方软件对接或者与集装箱码头前台交易系统的衔接,都能开放和兼容,保证了软件的通用性及其全面的开放性。在网上交互方面,未来财务软件全面支持电子商务应用,实现从前台到后台、从内部到外部的有效整合与协同运作,为集装箱码头提供全面系统的电子商务解决方案。

# 第十一章　现代集装箱码头单证管理

国际集装箱运输单证,是在国际集装箱运输全过程中,用来确立、确定各有关方权利、义务转移的凭证。集装箱运输单证在集装箱运输系统中,起着非常重要的作用。为保证集装箱运输、装卸、箱货交接的顺利进行,海上承运人、集装箱码头、船代、货代、理货、集装箱场站及相关运输单位,必须使用集装箱运输单证。目前,国际集装箱运输主要3大单证有:场站收据、设备交接单、交货记录。

## 第一节　国际集装箱运输单证系统概述

### 一、国际集装箱运输单证系统的结构

国际集装箱运输单证系统可分为出口运输单证子系统、进口运输单证子系统和向主管部门及口岸监管部门申报的有关单证子系统,如图11-1-1所示。

1. 出口国际集装箱运输单证子系统中的主要单证

(1)集装箱货物托运单(订舱单)。

(2)设备交接单。

(3)场站收据。

(4)装箱单。

(5)提单。

(6)集装箱预备清单。

(7)集装箱装载清单。

(8)集装箱预配船图。

(9)集装箱配载图。

(10)货物舱单。

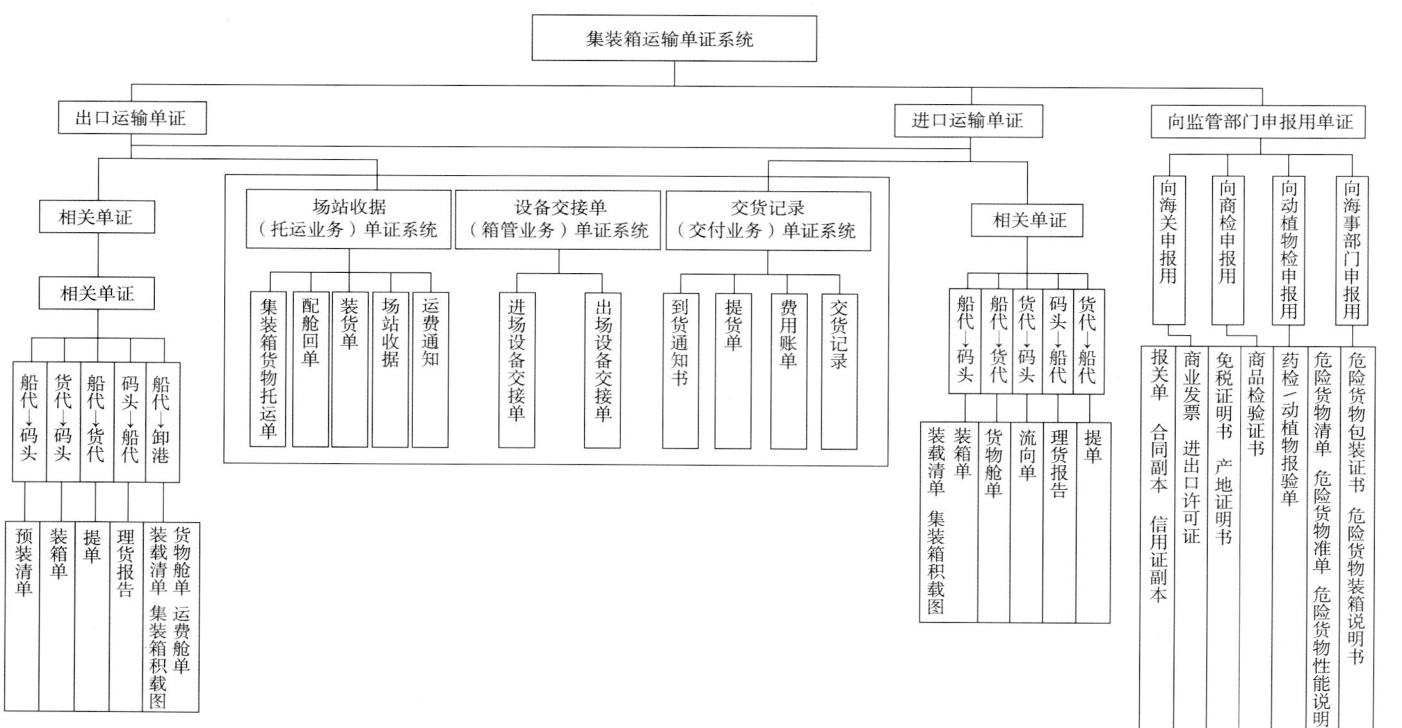


图 11-1-1　集装箱运输单证系统流转图

(11)运费舱单。

(12)理货报告等。

2. 进口国际集装箱运输单证子系统中的主要单证

(1)货物舱单。

(2)提单。

(3)集装箱装载清单。

(4)集装箱积载图。

(5)装箱单。

(6)到货通知。

(7)提货单。

(8)交货记录。

(9)设备交接单。

(10)理货报告等。

3.向有关主管部门及口岸监管部门申报的有关单证子系统中的主要单证

(1)报关单。

(2)买卖合同副本。

(3)信用证副本。

(4)商业发票。

(5)进出口许可证。

(6)完税证明书。

(7)产地证明书。

(8)商品检验证明书。

(9)出入境卫生检疫申报单。

(10)药物/动植物报验单。

(11)危险货物清单。

(12)危险货物准单。

(13)危险货物性能说明书。

(14)危险货物包装证书。

(15)危险货物装箱说明书等。

在国际集装箱运输业务中要处理的单证达100余种，以上所列的单证是在有关部门流转的主要单证。

## 二、国际集装箱运输单证的主要特点

国际集装箱运输单证与普通船舶海上运输单证有很多不同点。在运

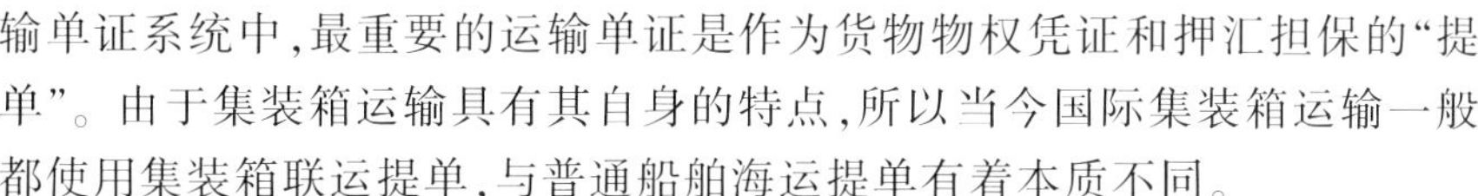

输单证系统中,最重要的运输单证是作为货物物权凭证和押汇担保的"提单"。由于集装箱运输具有其自身的特点,所以当今国际集装箱运输一般都使用集装箱联运提单,与普通船舶海运提单有着本质不同。

1. 扩大了承运人的责任范围

普通船舶海运提单,按照《海牙规则》的规定,海上承运人的责任期间是船舷—船舷,即所谓"钩到钩";而国际集装箱联运提单条款规定,集装箱联运经营人的责任期间已从原来的船舷—船舷延伸到港口—港口,或装船港的内地接货地点至卸船港的内地交货地点。集装箱联运提单条款的规定扩大了联运经营人在装船前和卸船后海上运输期间的责任范围。

在采用国际集装箱联运提单的情况下,主要由海上承运人来安排内地运输。如果海上承运人不能直接从事内地运输时,就必须与从事内地运输的承运人签订运输合同,来安排内地运输。

在集装箱联运中,如果集装箱货物遭受到灭失或损坏,而货物的灭失或损坏又无法确定在哪种运输方式或哪一运输区段发生的,则该项货运事故被推定为在装港与卸港之间的海运中发生,适用于《海牙规则》。

2. 扩大了提单的签发面

普通船舶海上国际货物的承运人为船公司,而国际集装箱货物的承运人主要有两种情况:拥有运输船舶的船公司和多式联运经营人。在提单的签发上,普通船舶海运提单是由船长签发;而集装箱联运提单,既可以由船长、船公司及其代理人签发,也可以由联运经营人或其代理人签发。

3. 订有集装箱甲板货条款

普通船舶海上运输,承运人将货物装在甲板上,这仅限于该货物有装在船甲板上的习惯,或事先应征得货主的同意,并把可以将货物装在船甲板上的条文写在提单上。否则,如果承运人擅自将货物装在船甲板上而导致货物损坏,就构成根本违反契约的行为。

基于集装箱船舶的经济性能及其构造的特殊性,必须有相当数量的集装箱装在甲板上。但是,在实际工作中,几乎不可能预先决定要把哪些集装箱装在甲板上。因此,承运人最低限度要预先保留关于甲板货的选择权。也就是说,承运人有权把装在集装箱内的货物装在船甲板上进行运输,并视同装载在甲板下,应尽到与装在甲板下相同的义务。这些内容作为特殊条款应订入提单中。

4. 订有货主装箱而承运人对箱内货物“不知悉”条款

普通船舶海上运输,船舶的积载通常是由承运人负责。而集装箱船舶的积载,有一部分由货主从事这一工作,即由货主装箱。在这种情况下,传统的海运提单条款无法解决积载责任问题。为此,集装箱提单条款对以下几个问题一般都作出具体规定:

1)不知悉集装箱装载内容

由货主把货物装进集装箱内并加以施封,承运人对装在集装箱内货物数量、标志等无法记载在提单上。但是,如果提单缺少了这些记载内容,又会影响提单的流通性,为了解决这一问题,在实际业务工作中只能根据货主的通知来记载,并保留“不知悉”条款为条件,意味着承运人对这些记载是否正确不负责任。此外,签发集装箱提单,对拼箱货物来说,承运人对货物包装内容也“不知悉”。

2)凭箱体完好、封志完整交货

因为是货主自己积载并进行施封的集装箱,所以在交付货物时,只要箱体完好、封志完整无损,即应认为集装箱货物按提单记载的状况交付,必须视为承运人已完全和全程履行了义务,并对集装箱内货物的灭失或损坏不负任何责任。

3)货主装箱不当的责任

如果是由于货主装箱积载不当发生的损害,应由货主负责,并有赔偿的义务。货主装箱,因箱内货物包装不适或配载不当而造成的损害,承运人不负责任,由货主承担一切责任。

4)承运人保留有检查箱内货物的权利

承运人要启封检查由货主装的集装箱,原则上必须得到货主的同意。但有时因推测集装箱内积载不当,或有其他原因需要启封检查,应保留承运人可以在没有得到货主同意的情况下启封检查的权利。这是必要的并应以提单条款的形式进行规定。

5)承运人对官方启封检查后果不负责任

集装箱货物在承运人照管期间,由海关或其他有关行政机关因检查集装箱内装载货物而启封并重新加封,由此引起或造成货物的灭失、损坏或其他后果,承运人不负责任。但是,在这种情况下,承运人必须做好记录并保留证据。

由于集装箱专用船舶比普通货船的船速快,要求班期准,在港停时短,单证工作量大,为了保证船期,必须采用计算机来制作单证,并通过信息网络系统进行传输。单证的标准化和规范化,是实现国际集装箱运输重要的前提条件。

# 第二节 国际集装箱运输主要单证及作用

## 一、订舱单

订舱单是托运人向船公司或其代理人发出的集装箱货物托运单证。其记载内容事项如下：

(1)货物托收事项：发货人、收货人、通知人、前程运输、收货地点。

(2)有关装船事项：船名、航次、装货港、交货港、目的地。

(3)有关集装箱货物事项：集装箱号、封志号、标记与号码、箱数或件数、包装种类与货名、毛重(kg)、尺码($m^3$)和集装箱数或件数合计等由托运人提供的详细资料。

(4)运费事项：运费与附加费、运费吨、运费率、运费预付、运费到付、兑换率、预付地点、到付地点、预付总额、正本提单份数和签发地点等。

(5)货物性质事项：普通货物、冷藏货物及冷藏温度、危险货物、液体货物、裸装车辆、活动物和散货等。

另外，还有可否转船、可否分批、装期、卸期、金额和制单日期等栏目。集装箱货物托运单经船公司或其代理人签证确认后，便成为承、托双方的订舱凭证。它又可以用作编制订舱清单、制定装船计划和安排集装箱内陆运输的主要依据和基础资料。

## 二、提单

提单是国际集装箱运输中最重要的运输单证之一，是运输合同成立的证明。一般来说已装船提单正面记载的主要事项有：货物的种类；货物的重量、体积、包装、件数和标志；货物外表的状态；发货人；收货人；承运人；船名、国籍和航次；装船港和装船日期；卸货港；运费；编制提单的地点和日期；如有多份提单，应写明提单的份数等。提单背面为运输合同主要条款。

提单的签发，即表示承运人已按提单载明的内容收到货物。提单是代表货物所有权的凭证，按照商业惯例，占有提单，即等于占有货物，而提单的转让，通常具有与交付货物本身同样的效果。

正因为提单具有物权凭证的作用，所以在国际贸易中，它可以作为买卖的标的物和向银行押汇的担保品。提单作为一种物权凭证，它赋予提单持有人占有货物的权利，谁持有提单，谁就有权要求承运人交付给他提单

项下的货物。通常,提单可以以背书的方式转让给受让人进行流通。如果出让人欲转移货物所有权,经背书并将提单交给受让人后,受让人即可取得该提单项下货物的所有权。

### 三、集装箱装箱单

集装箱装箱单是详细记载该集装箱内装载货物内容的唯一的单证，每一个装载货物的集装箱都要根据已装入集装箱内的货物制作该单证。

在集装箱装箱单上记载内容的主要事项有:集装箱号、封志号、船名、航次、装货港、卸货港、交货地、发货人、收货人、货名、标志、号码、件数、包装种类、重量和尺码以及装箱人签字等。

集装箱装箱单由装箱人制作，无论是发货人或其代理人将货物装入集装箱,还是由集装箱货运站将拼箱货装入集装箱,负责装箱者均应制作集装箱装箱单。

由于集装箱装箱单是详细记载每一个集装箱所装货物内容的唯一单证,所以在以集装箱作为货运单位进行运输和装卸作业时是很重要的。它的适用范围和作用主要是:

(1)在装箱站点,作为向海关申报集装箱货物出口的代用单证。

(2)作为托运人、集装箱货运站、集装箱码头堆场之间的货物交接单证。

(3)作为向海上承运人通知集装箱内所装货物的明细表。

(4)集装箱装箱单上所记载的货物,特别是集装箱总重量是计算集装箱船舶吃水差、稳性的基本数据并关系集装箱运输安全,因此,要求集装箱装箱单的内容记载准确。

(5)在卸货地点,作为办理集装箱货物保税运输手续的单证之一。

(6)在集装箱货运站,作为拆箱作业的主要依据等。

### 四、设备交接单

设备交接单,是在集装箱进出码头和场站时,用箱人、运箱人与管箱人或其他代理人之间交接集装箱及附属设备的凭证。设备交接单分船舶装卸交接时使用的设备交接单(一式 4 联)和陆地码头、场站收发集装箱交接时使用的设备交接单(一式 3 联)。设备交接单的记载事项主要有:用箱人/运箱人、提箱点、来自地点、返回/收箱地点、船名/航次、集装箱号、尺寸/类型、营运人、提单号、铅封号、免费期限、运载工具牌号、出场目的/状态、进场目的/状态、进场日期;进场检查记录(普通集装箱、冷藏集装箱、超

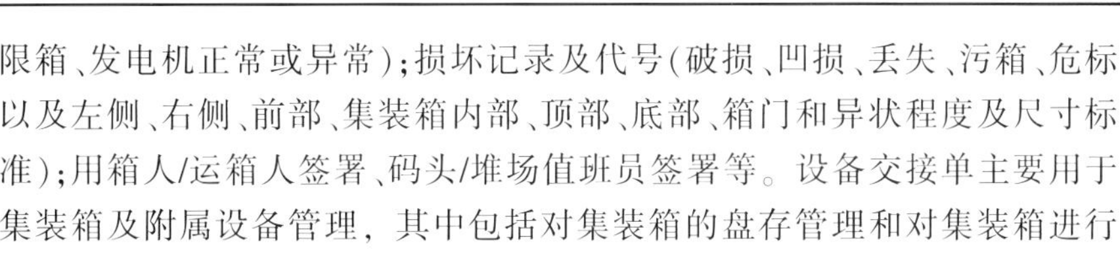

限箱、发电机正常或异常)；损坏记录及代号(破损、凹损、丢失、污箱、危标以及左侧、右侧、前部、集装箱内部、顶部、底部、箱门和异状程度及尺寸标准)；用箱人/运箱人签署、码头/堆场值班员签署等。设备交接单主要用于集装箱及附属设备管理，其中包括对集装箱的盘存管理和对集装箱进行跟踪，同时它还兼有管箱人发放集装箱凭证的功能。

## 五、场站收据

场站收据是证明海上承运人已收到托运人的集装箱货物，开始对集装箱货物负有责任的凭证，并证明当时货物状态的单证。场站收据一式10联，是包括集装箱货物托运单、货主留底联、集装箱货物托运单船舶代理留底联、集装箱货物托运单货运代理留底联、装货单联、大副联、场站收据联、海关副本联、港口费收结算联、配舱回单联和留底10联的套合单证。场站收据有与集装箱货物托运单记载相同的内容。场站收据由海上承运人委托集装箱码头堆场经营人、货运站或内陆中转站经营人，在收到整箱货物或拼箱货物后签发。

## 六、交货记录

交货记录是收货人或其代理人凭正本提单向海上承运人或其代理人换取可向集装箱码头、场站提取装有货物的集装箱或集装箱货物的凭证；是海上承运人或其代理人向集装箱码头、场站发出的放箱交货的通知；是海上承运人或其代理人将箱货交付给收货人并经双方共同签署的箱货已经交付的文件；它又是海上承运人对货物照料责任已告终止的单证。交货记录有到货通知、提货单、费用账单(2联)、交货记录(2联)计6联。

## 七、到货通知

到货通知是集装箱货物到港后，海上承运人或其代理人向提单上记载的通知人或收货人以书面形式发出集装箱货物已经到达并要求速来办理提货手续的通知。在通常情况下，应在船舶进境联检后(支线船应在抵港后)72h内，向收货人发出到货通知书。到货通知书是交货记录套合单证中的一联，它记载的主要事项有：收货人、船名、航次、起运港、目的港、提单号、交付条款、到付海运运费、卸货地点、到达日期、进库日期和第一程运输；标记与集装箱号、货名、集装箱数、件数、体积；列明若干注意事项，如通知收货人需凭本到货通知书和正本提单(加盖公章)办理提货手续

以及办理手续的船公司或其代理人的详细地址、电话号码和传真号等。向收货人发出到货通知书的目的和作用是使收货人能尽快和顺利地提取货物，加快集装箱船箱（货）周转，提高集装箱码头的作业效率以及集装箱场站的利用率。

## 八、提货单

提货单是海上承运人或其代理人指示负有保管货物责任的集装箱货运站经营人或集装箱堆场经营人，向提单持有人交付货物使用的非流通性单证。

提货单也是交货记录6联中的一联，该单证记载的主要事项有：码头或场站的名称、船名、航次、起运港、目的地、提单号、交付条款、到付海运费、卸货地点、到达日期、进场库日期、第一程运输、标记与集装箱号、货名、集装箱数、件数、重量和体积。在提货之前，收货人或其代理人除应向海关申报外，凡属法定检验、检疫的进口商品，必须向有关检验机关申报，经查验合格后，在提货单上加盖放行章。

在实际业务工作中，海上承运人或其代理人根据收货人提交的正本提单另行签发提货单，经监管查验机关查验放行后，收货人凭检验机关加盖放行章的提货单，向集装箱货运站或码头堆场提货。

## 九、舱单

舱单是海上船舶运输最重要的单证之一，它是把装船的货物按装货地、卸货地、每一份提单号所记载货物的详细内容和收货人等分别列明，所以它是具有装货一览表性质的一份目录，是办理报关手续不可缺少的单证。在进境地海关通常要求申报人提交由船长签署的舱单，以便据此掌握船舶卸货的全部情况，并对货物进行监管、查验和征收关税。

## 十、集装箱积载图

集装箱积载图，是外轮理货根据集装箱船舶实际积载情况编制的详细箱位分布图，是卸箱港编制船舶装卸计划的重要依据。

以上是集装箱运输单证系统中几种主要进口运输单证和出口运输单证的功能和作用。根据国家有关法律和法规规定由发货人或收货人向海关、检验检疫机关和港务监督机关等申报的其他单证，在此不作赘述。

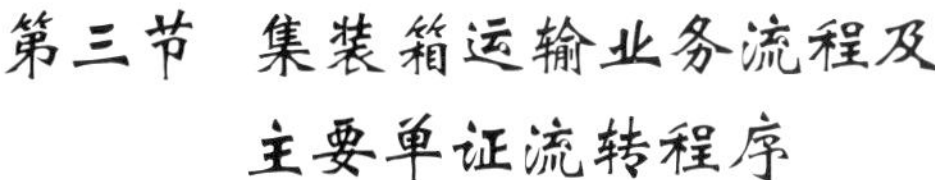

# 第三节　集装箱运输业务流程及主要单证流转程序

## 一、集装箱运输进口业务流程及主要单证流转程序

1. 集装箱运输进口业务流程

在进口集装箱船舶抵港前，出口装货港船舶代理人已将船上所装的集装箱并将准备卸船的集装箱运输单证传送给卸货港的船舶代理人。卸货港的船舶代理人将收到的舱单、集装箱积载图等资料以及船舶到港的时间信息立即分别通知收货人或其代理人等。收货人或其代理人凭正本提单向船舶代理人换取提货单，经与舱单核对无误后，即签发提货单，办理海关、检验检疫等手续。整箱货物在集装箱码头堆场办理提箱手续，集装箱码头堆场经营人凭提货单交箱，并与收货人或其代理人在设备交接单上签字。拼箱货物在集装箱货运站提货，凭提货单办理提货手续，由集装箱货运站经营人向收货人或其代理人收回提货单，将集装箱货物交由收货人或其代理人提取。

2. 外轮理货在集装箱进口业务中的作用

(1)卸至集装箱码头堆场的集装箱，由外轮理货代表船方与集装箱码头以船舷为界进行双边理箱，办理数字、残损交接。码头船边直接换装的集装箱，由外轮理货代表船方与收货人以船舷为界进行双边理箱，办理数字、残损交接。

(2)外轮理货根据集装箱理箱单的汇总数字和残损情况制作理货业务凭证、集装箱溢短残损单、设备交接单等理箱单证。

(3)外轮理货与集装箱码头或收货人核对无误后，与船方办理集装箱理箱签证手续。

3. 集装箱运输进口业务主要单证流转程序

集装箱运输进口业务需要处理的单证比较多，单证处理比普通海上运输方式也较为复杂，其流转程序如图 11-3-1 所示。

## 二、集装箱运输出口业务流程及主要单证流转程序

1. 集装箱运输出口业务流程

发货人或货运代理人填制集装箱货物托运单向海上承运人或其代理人申请订舱委托，海上承运人或其代理人接受订舱申请后，即进行船舶配

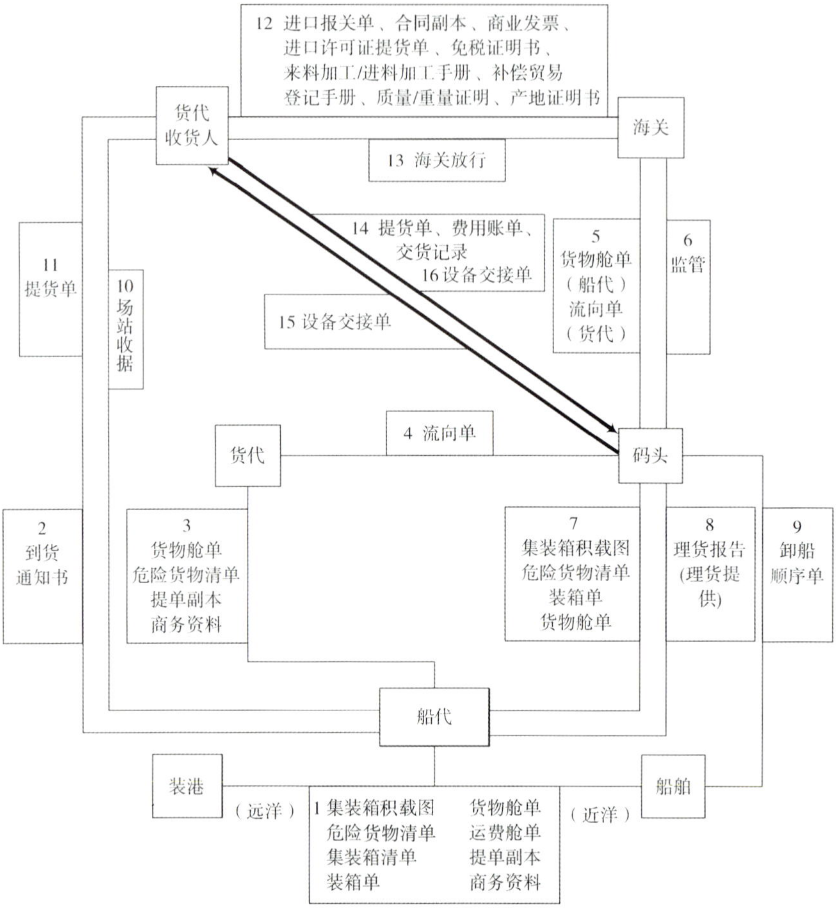

12 进口报关单、合同副本、商业发票、进口许可证提货单、免税证明书、来料加工/进料加工手册、补偿贸易登记手册、质量/重量证明、产地证明书

货代收货人

海关

13 海关放行

14 提货单、费用账单、交货记录

16 设备交接单

15 设备交接单

11 提货单

10 场站收据

5 货物舱单（船代）流向单（货代）

6 监管

货代

4 流向单

码头

2 到货通知书

3 货物舱单 危险货物清单 提单副本 商务资料

7 集装箱积载图 危险货物清单 装箱单 货物舱单

8 理货报告(理货提供)

9 卸船顺序单

船代

装港

（远洋）

1 集装箱积载图 危险货物清单 集装箱清单 装箱单 货物舱单 运费舱单 提单副本 商务资料

（近洋）

船舶

图 11-3-1 集装箱货物进口业务主要运输单证流转程序图

载(配箱)。与此同时,发货人或货运代理人应向海关、检验检疫等进行法定申报,经查核,才能对该出口货物予以放行。发货人或其代理人可在工厂、仓库进行装箱;装箱人可在货运站装箱。由外轮理货代表海上承运人进行理货。装箱后的集装箱货物,通过内地运输承运人运往集装箱码头堆场准备装船。集装箱码头堆场经营人核收装载出口货物集装箱后,签收场站收据,交发货人或其代理人。在这一过程中,船舶代理人要根据发货人或其代理人提供的有关单证,制作各类相应的单证文件,送交海关、集装箱码头、船公司和货方等。当集装箱船舶开始装船后,船边理货员进行现场理箱,并根据实际装船情况绘制集装箱积载图,递交船长和船舶代理人。发货人或其代理人凭场站收据向船舶代理人,换取待装船提单。如果

信用证规定需要装船提单，则在集装箱装船后，需经船长或大副签证，再换取装船提单。当集装箱船舶开航后，船舶代理人再将必要的卸船资料如舱单等文件，通过各种通信方式发送给卸船港船舶代理人。

2. 外轮理货在集装箱出口业务中的作用

与本节第一部分"外轮理货在集装箱进口业务中的作用"相同。

3. 集装箱运输出口业务主要单证流转程序

集装箱运输出口业务主要单证流转程序，如图 11-3-2 所示。

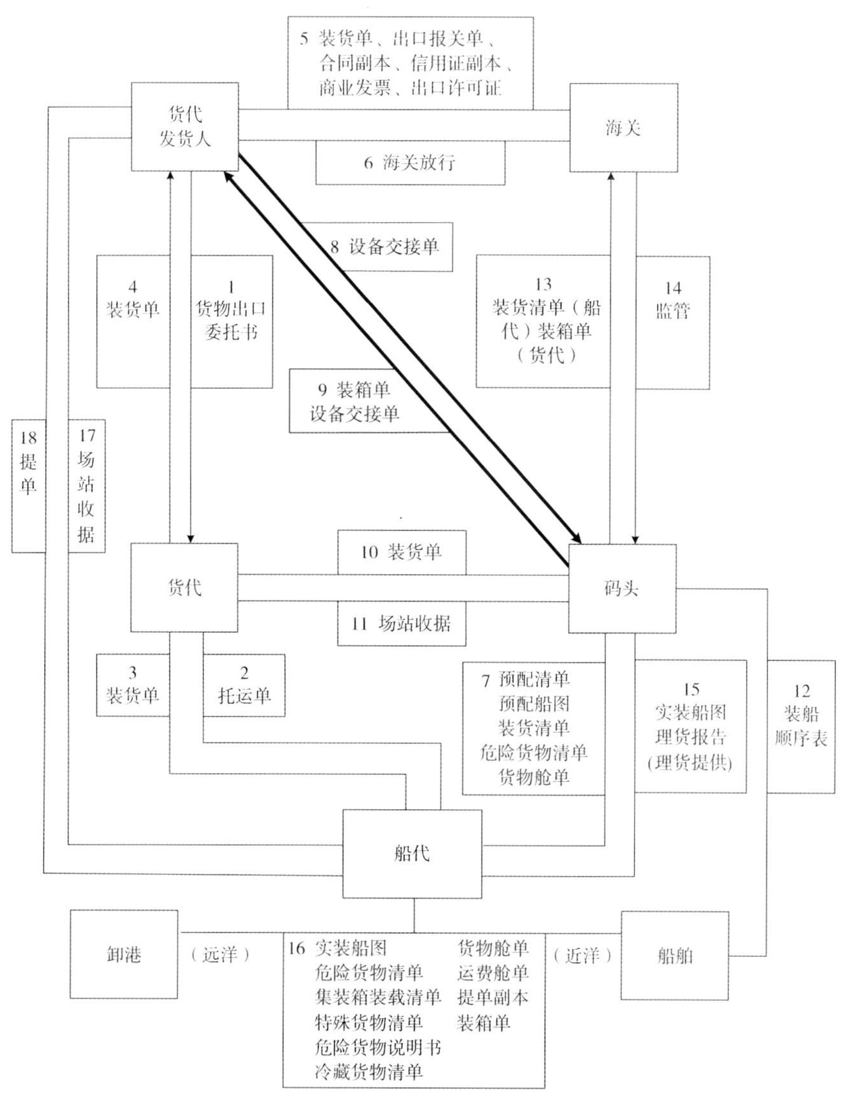


图 11-3-2 集装箱货物出口业务主要运输单证流转程序图

## 三、3 大单证格式和流转程序

如前所述,集装箱运输单证较多,但在口岸使用最多和最主要的运输单证是场站收据、设备交接单和交货记录 3 种套合式单证,被称为国际集装箱海上运输 3 大单证,国际集装箱海上运输单证中的核心单证。现将 3 大运输单证——代表托运业务单证系统的场站收据、箱管业务单证系统的设备交接单和交付业务单证系统的交货记录的格式、填制方法、流转程序和交接责任分述如下。

1. 场站收据的格式、填制方法和流转程序

1)场站收据的格式

场站收据是国际集装箱海上运输出口单证,是由海上承运人签发,证明已收到托运货物并对货物开始负有责任的凭证。而托运人据此可向海上承运人或其代理人换取待装船提单或已装船提单, 并根据买卖双方在信用证中的规定向银行结汇, 场站收据标准格式是共计 10 联的套合单证。采用无碳复印纸印制,按照其各联功能的不同,采用不同的颜色加以区分。

第①联:集装箱货物托运单(白色),用于货主留底备查;

第②联:集装箱货物托运单(白色),用于船舶代理人留底备查;

第③联:集装箱货物托运单(白色),用于货运代理人留底备查;

第④联:场站收据副本(淡蓝色),为装货单;

第⑤联:场站收据副本(淡红色),为船舶大副联;

第⑥联:场站收据(淡黄色);

第⑦联:海关副本(白色);

第⑧联:港站费收结算联(浅蓝色);

第⑨联:配舱回单(白色);

第⑩联:配舱回单(白色)。

如货主需要增加留底联数,由货主自行决定,但其联数页次必须放在第⑩联之后。场站收据格式见图 11-3-3。

2)场站收据的填制方法

填制场站收据时,应注意以下几个问题:

(1)场站收据由托运人填制。

(2)采用打印机填制场站收据各栏目的内容。

(3)在托运过程中,如有项目的更改,应由提出更改的责任方编制更正通知单,并及时送交有关部门,并由船舶代理人通知海关。

▽

Shipper　（发货人）

D/R No.（编号）

Consignee　（收货人）

集装箱货运托运单

货主留底

第一联

Notify Party　（通知人）

Pre–carriage by（前程运输）　Place of Receipt（收货地点）

Ocean Vessel（船名）Voy. No.（航次）　Port of Loading（装货港）

Port of Discharge（卸货港）　Place of Delivery（交货地点）　Final Destination for the Merchant's Reference（目的地）

Particulars Furnished by Merchants（托运人提供详细情况）

| Container No.（集装箱号） | Seal No.（封志号）Marks & Nos.（标记与号码） | No. of containers or p'kgs.（箱数或件数） | Kind of Packages: Description of Goods（包装种类与货名） | Gross Weight 毛重（公斤） | Measurement 尺码（立方米） |
|---|---|---|---|---|---|
| | | | | | |

TOTAL NUMBER OF CONTAINERS OR PACKAGES (IN WORDS) 集装箱数或件数合计（大写）

| FREIGHT & CHARGES（运费与附加费） | Revenue Tons（运费吨） | Rate（运费率） | Per（每） | Prepaid（运费预付） | Collect（到付） |
|---|---|---|---|---|---|
| | | | | | |

| Ex Rate:（兑换率） | Prepaid at（预付地点） | Payable at（到货地点） | Place of Issue（签发地点） |
|---|---|---|---|
| | Total Prepaid（预付总额） | No. of Original B(s)/L（正本提单份数） | |

| Service Type on Receiving □–CY, □–CFS, □–DOOR | Service Type on Delivery □–CY, □–CFS, □–DOOR | Reefer Temperature Required（冷藏温度） | °F | °C |
|---|---|---|---|---|
| TYPE OF GOODS（种类） | □ Ordinary（普通） □ Reefer（冷藏） □ Dangerous（危险品） □ Auto.（裸装车辆）<br>□ Liquid（液体） □ Live Animal（活动物） □ Bulk（散货） □ ______ | Class:<br>Property:<br>IMDG Code Page:<br>UN No. | | |

| 可否转船： | 可否分批： | |
|---|---|---|
| 装　期： | 效　期： | |
| 金额： | | |
| 制单日期： | | |

图 11-3-3　场站收据格式

(4)场站收据的收货方式和交货方式栏目，应根据买卖合同运输条款如实填写，在同一张单证内不得出现两种收货方式和交货方式。

(5)如系冷藏货物装箱出运，应正确填写冷藏货物所需的温度，并采用摄氏温度表示。

(6)托运危险货物装载集装箱，必须正确填写货物品类、性能、国际危规页数和联合国的编号(UN NO)，如国际危规规定主标以外还有副标的，在性能栏目上，采用主(标)/(副标)的形式填写。

(7)需要采用超限箱装运的货物，托运人在填制场站收据时，应注明托运的货物需要的箱型规格并采用代号表示，如超高集装箱(O/H)、框架集装箱(F/R)、平板集装箱(P/F)、开顶集装箱(O/T)、冷冻集装箱(R/F)和超宽集装箱(O/W)等。

(8)在第②联及第⑨联和第⑩联的右下角的空白栏，是供托运人备注和说明用的。

3)场站收据的流转程序

根据集装箱运输出口业务流程，场站收据流转程序如图 11-3-4 所示。

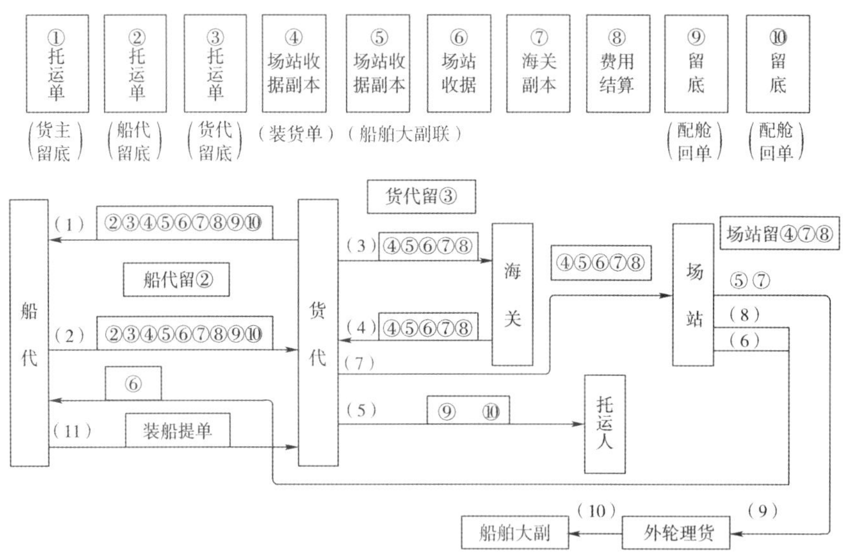


图 11-3-4 场站收据流转程序图

(1)托运人填制好全套场站收据后留下其中第①联货主留底备查联，将第②联至第⑩联送交船舶代理人。

(2)船舶代理人对其进行编号，留下其中的第②联即船舶代理人留底备查联(需要说明的是，如果是货运代理人对它们进行编号，则由货运代

理人将第②联转给船舶代理人)，并在第④联装货单上签章，以确认订舱，将其余第④联到第⑩联退给货运代理人，第③联由货运代理人留底备查，第⑨联、第⑩联由货运代理人退给托运人用作配舱回单。

(3)第④联至第⑧联货运代理人报关使用。

(4)海关审核认可时，在第④联装货单上加盖海关放行专用章，将第④联至第⑧联一并退回货运代理人(或报关人)。

(5)货运代理人(或报关人)在其装箱集港结关之前，将第④联至第⑧联一起送交集装箱场站签收。

(6)凡由场站装箱及托运人自行装箱的，均由场站经营人制作集装箱装箱单(托运人自行装箱的，集装箱场站经营人凭托运人的交接手续以及场站收据的内容制作集装箱装箱单)，在集装箱装箱单上应注明集装箱号、封志号、箱数、件数、包装种类、货名、重量、尺码等内容，应与场站收据记载的内容相一致。

(7)在集装箱进场完毕后，场站业务员应在场站收据的第④联、第⑤联、第⑥联、第⑦联和第⑨联上加批实收集装箱数并进行签收，在上述几联的右上角的日期栏内填写进场完毕的日期，由集装箱场站经营人加盖公章，将其中的第④联由场站留底备查，第⑧联留存港口结算费用，第⑤联由场站业务员在结关后送交外轮理货，最后一批不得迟于船舶开始装船前4h送达。外轮理货在装船完毕时，将第⑤联送交船舶大副留底。第⑥联于集装箱装船后4h内，由船舶代理业务员与集装箱码头场站签证组交接将其取回，船舶代理人据此向货运代理人或发货人签发装船提单。

需要说明的是，当集装箱进场完毕时，场站业务员在场站依据第④联、第⑤联、第⑥联、第⑦联和第⑧联对进场集装箱的签收，仅是属于检查核对箱体状况、箱号和封志等，集装箱内货物的数量、货物质量和货物状况仍由装箱人负责。

集装箱码头场站结关后，经港方同意的一些零星直装的集装箱进港，托运人或其代理人必须携带场站收据，这时场站业务员应对这部分场站收据随到随签收，随送交外轮理货员，当装船完毕时，再由外轮理货员送交船舶大副留底。

4)实施场站收据有关方的职责

实施场站收据有关方必须履行各自的职责，做到互相配合，共同完成出口集装箱货运任务。

(1)货运代理人(托运人)的职责

①货主装箱,应对集装箱内的货物承担责任。

②出口运入码头堆场的集装箱,必须是海关放行的集装箱,否则一切责任由货运代理人(托运人)负责。

③必须用打印机填制场站收据栏上的集装箱号、封志号、集装箱数。当一票场站收据所记载集装箱进场完毕时,如发现场站收据的记载与实际箱货情况不符,应及时用书面的形式进行更正并通知有关方,否则造成退关,由货运代理人(托运人)负责。

④如场站收据记载的内容有变更,应及时采用书面形式通知有关方,并在装船前出具书面通知。

(2)码头场站的职责

①集装箱码头场站根据海上承运人的委托协议对场站收据进行签发,其签发的场站收据,货运代理人(托运人)可据此向船舶代理人换取待装船提单。

②进入集装箱码头堆场的装载拼箱货物的集装箱,码头堆场业务员应采用一票一单签收场站收据。

③码头堆场业务员在签收场站收据时,必须做到:

一是验看第④联装货单上是否盖有海关放行专用章,没有海关放行章的,不得签发场站收据,也不得安排装船;

二是核对场站收据记载的集装箱号、封志号和集装箱数与实际进港的集装箱情况是否相符。

④码头堆场业务员必须在结关后,立即将场站收据第⑤联即船舶大副联分批送交外轮理货员,最后一批单证不得迟于船舶开始装船前4h送交。

⑤码头堆场业务员应在船舶开航后8h,将已签发的场站收据以及出口集装箱未装上船的原因,将退关的集装箱原来计划要装载的船名、航次、集装箱号、提单号,在集装箱码头堆场堆放的箱位等内容,采用书面的形式,连同场站收据一起送交船舶代理人并通知有关方。

⑥码头堆场业务员对接收的出口集装箱进一步核实,不得将未经海关放行的集装箱装上船,否则由码头堆场经营人承担责任。

⑦由于码头堆场经营人根据海上承运人场站协议的规定签发场站收据的,如因其工作过失而造成的损失,由码头场站经营人承担责任。

(3)海上承运人的职责

①对已签发场站收据的集装箱货物,在装船前的责任,由海上承运人承担。

②海上承运人或其代理人委托场站经营人签发场站收据，必须签订书面协议，以明确双方的权利和义务。

③在与码头场站经营人签订协议后，海上承运人对场站经营人享有追溯权。

(4)外轮理货的职责

①外轮理货受海上承运人委托，代表海上承运人与港口进行港航船边交接，外轮理货员应在船边理箱，并向海上承运人或其代理人提供理箱报告和残损记录。

②外轮理货员在收到场站业务员送来的全部场站收据第⑤联以后，当集装箱装船时应将装船的集装箱与全部有关的单证进行核对，经核对无误后，送交船舶大副；如有误，应通知船舶代理人更正场站收据，经更正后，方可装船。

③装船完毕后，由外轮理货员编制集装箱积载图。

④船舶开航前，外轮理货组长应与外轮代理业务员核对舱单。

(5)船舶代理人的职责

①在订舱签单时，船舶代理人应认真检查托运人所填制的场站收据是否完整，是否有误，如有问题，应通知托运人或货运代理人。

②船舶代理人根据码头堆场提交的场站收据及装船日期等信息，应及时通知发货人及其他有关方。

③船舶代理业务员在船舶开航前，应与外轮理货组长核对舱单。

④在船舶开航24h内，船舶代理人对场站收据进行核对，无误后，给托运人签发装船提单。

2. 设备交接单的格式、填制方法和流转程序

设备交接单，是集装箱所有人或集装箱租用人，委托集装箱码头堆场、货运站或内陆中转站与货方(即用箱人或其代理人)交接集装箱或底盘车等设备凭证。设备交接单的使用，既有分清交接责任的功能，又有加强箱务管理的作用，可以根据设备交接单来掌握集装箱的分布和动态。设备交接单由集装箱所有人或其代理人印制、提供和签发。

1)集装箱设备交接单的格式

设备交接单，分为船舶装卸时使用的设备交接单和码头场站发/收集装箱交接时使用的设备交接单两种(见图11-3-5和图11-3-6)。

船舶装卸时使用的设备交接单共一式4联。

第①联：外轮代理留底联(白色)；

第②联：船舶代理联(白色)；

中远集装箱运输有限公司
COSCO CONTAINER LINES
集装箱设备交接单
EQUIPMENT INTERCHANGE RECEIPT

进口专用

IN 进场

天津

EIR NO.

| 用箱人/运箱人(CONTAINER USER/HAULIER) | | | 提箱地点(PLACE OF DELIVERY) |
|---|---|---|---|
| | | | |

| 来自地点(WHERE FROM) | 返回/收箱地点(PLACE OF RETURN) |
|---|---|
| | |

| 船名/航次(VESSEL / VOYAGE NO.) | 集装箱号(CONTAINER NO.) | 尺寸/类型(SIZE/TYPE) | 营运人(CNTR.OPTR.) |
|---|---|---|---|
| | | | |

| 提单号(B / L NO.) | 铅封号(SEAL NO.) | 免费期限(FREE TIME PERIOD) | 运载工具牌号(TRUCK, WAGON, BARGE NO.) |
|---|---|---|---|
| | | | |

| 出场目的/状态(PPS OF GATE–OUT/STATUS) | 进场目的/状态(PPS OF GATE–IN/STATUS) | 进场日期(TIME–IN) |
|---|---|---|
| | | 年 月 日 |

(1)堆场留底

| 进场检查记录(INSPECTION AT THE TIME OF INTERCHANGE) | □ 正常 (SOUND) | □ 异常 (DEFECTIVE) |
|---|---|---|

损坏记录及代号(DAMAGE & CODE) BR 破损(BROKEN) D 凹损(DENT) M 丢失(MISSING) DR 污箱(DIRTY) DL 危标(DG LABEL)

左侧 (LEFT SIDE) 右侧 (RIGHT SIDE) 前部 (FRONT) 集装箱内部 (CONTAINER INSIDE) 顶部 (TOP) 底部 (FLOOR BASE) 箱门 (REAR)

| 用箱通知(NOTICE): | 如有异状，请注明程度及尺寸(REMARK): |
|---|---|
| | |

注意背面条款(CLAUSE ON THE REVERSE SIDES) 中远集运分部箱管部联系电话： 有效日期：

除列明者外，集装箱及集装箱设备交接时完好无损，铅封完整无误。
THE CONTAINER/ASSOCIATED EQUIPMENT INTERCHANGED IN SOUND CONDITION AND SEAL INTACT UNLESS OTHERWISE STATED.

| 用箱人/运箱人签署 (CONTAINER USER / HAULIER'S SIGNATURE) | 放箱码头/放箱堆场值班员签署 (TERMINAL / DEPOT CLERK'S SIGNATURE) |
|---|---|
| 年 月 日 时 分 | 年 月 日 时 分 |

图 11-3-5 进场集装箱设备交接单格式

天津

中远集装箱运输有限公司
COSCO CONTAINER LINES
集装箱设备交接单
EQUIPMENT INTERCHANGE RECEIPT

进口专用

OUT 出场

EIR NO.

| 用箱人/运箱人(CONTAINER USER/HAULIER) | | | 提箱地点(PLACE OF DELIVERY) |
|---|---|---|---|
| | | | |
| 发往地点(DELIVERED TO) | | 返回/收箱地点(PLACE OF RETURN) | |
| | | | |
| 船名/航次(VESSEL / VOYAGE NO.) | 集装箱号(CONTAINER NO.) | 尺寸/类型(SIZE/TYPE) | 营运人(CNTR.OPTR.) |
| | | | |
| 提单号(B / L NO.) | 铅封号(SEAL NO.) | 免费期限(FREE TIME PERIOD) | 运载工具牌号(TRUCK, WAGON, BARGE NO.) |
| | | | |
| 出场目的/状态(PPS OF GATE-OUT/STATUS) | 进场目的/状态(PPS OF GATE-IN/STATUS) | 出场日期(TIME-OUT) | |
| | | 年　月　日 | |

①中远船代留底

出场检查记录(INSPECTION AT THE TIME OF INTERCHANGE)　□正常 (SOUND)　□异常 (DEFECTIVE)

损坏记录及代号(DAMAGE & CODE)　BR 破损(BROKEN)　D 凹损(DENT)　M 丢失(MISSING)　DR 污箱(DIRTY)　DL 危标(DG LABEL)

左侧 (LEFT SIDE)　右侧 (RIGHT SIDE)　前部 (FRONT)　集装箱内部 (CONTAINER INSIDE)　顶部 (TOP)　底部 (FLOOR BASE)　箱门 (REAR)

| 用箱通知(NOTICE): | 如有异状，请注明程度及尺寸(REMARK): |
|---|---|
| | |

注意背面条款(CLAUSE ON THE REVERSE SIDES)　中远集运分部箱管部联系电话:　有效日期:

除列明者外，集装箱及集装箱设备交接时完好无损，铅封完整无误。
THE CONTAINER/ASSOCIATED EQUIPMENT INTERCHANGED IN SOUND CONDITION AND SEAL INTACT UNLESS OTHERWISE STATED.

用箱人/运箱人签署
(CONTAINER USER / HAULIER'S SIGNATURE)

放箱码头/放箱堆场值班员签署
(TERMINAL / DEPOT CLERK'S SIGNATURE)

年　月　日　时　分　　　　年　月　日　时　分

图 11-3-6　出场集装箱设备交接单格式

第③联:码头堆场联(红色);

第④联:船方联(黄色)。

集装箱码头、场站发/收集装箱或其设备使用的设备交接单,分为出场集装箱设备交接单和进场集装箱设备交接单两种,各有3联。

第①联:船舶代理人留底联(白色);

第②联:码头、场站联(红色);

第③联:用箱人、运箱人联(黄色)。

2)设备交接单填制规范及填制说明

设备交接单的各栏,应按设备交接单填制规范及填制说明如实填制,填制的设备交接单必须准确无误,不得擅自更改。集装箱装卸船以及进出码头、场站时,外轮理货人员、用箱人、运箱人与码头、场站必须凭设备交接单办理集装箱货运交接,根据集装箱交接标准,进行检查,并做好检查记录,经交接双方签字,作为交接的凭证。

设备交接单的填制规范及填制说明如下:

(1)用箱人/运箱人、提箱地点栏

用箱人/运箱人栏:该栏由船舶代理人填写;对出口装箱的,由码头/场站填写;进出口空箱,由船舶代理人填写。

(2)来自地点、返回/收箱地点栏

来自地点和发往地点栏:对进口拆箱的,由船舶代理人填写;对出口装船的,由运箱人填写。

返回/收箱地点栏:对进口拆箱和出口装船的,全部由船舶代理人填写。

(3)船名/航次、集装箱号、尺寸、营运人栏

船名/航次栏:对进口拆箱和出口装箱的,全部由船舶代理人填写。

集装箱号栏:进口拆箱由船舶代理人填写;出口装箱,除指定的集装箱号外,均由码头或场站填写。

尺寸/类型栏:进口拆箱和出口装箱的,全部由船舶代理人填写。

营运人栏:进口拆箱和出口装箱的,全部由船舶代理人填写。

(4)提单号、铅封号、免费期限、运载工具牌号栏

提单号栏:进口拆箱的,由船舶代理人填写;出口装箱的,由运箱人要求装箱人填写。

铅封号栏:进口拆箱的,由船舶代理人填写;出口装箱的,由运箱人要求装箱人填写。

免费期限栏:进口拆箱和出口装箱全部由船舶代理人填写。

运载工具牌号栏:进口拆箱和出口装箱全部由运箱人填写。

(5)出场目的/状态、进场目的/状态、进场/出场日期栏

出场目的/状态栏:由船舶代理人填写。

进场目的/状态栏:由船舶代理人填写。

进场/出场日期栏:由码头或场站闸口(道口)填写。

(6)出场检查记录或进场检查记录栏

由运箱人与码头或场站闸口(道口)人员进行联合检查,如有异状,由码头或场站闸口(道口)人员注明其程度及尺寸。

(7)用箱人/运箱人签署栏

该栏由运箱人签署。

(8)码头/场站值班员签署栏

该栏由码头或场站闸口(道口)人员签署。

(9)填写要求

填写各栏,字体必须工整、清楚。填写发往地点要填写完整。签名应署全。

设备交接单一经签发,不得更改,如需更改的,必须到船舶代理人那里办理更正手续,并在设备交接单上加盖更正章,非船舶代理人的更正章一律无效,未经办理更正手续的设备交接单,一律不得进入码头或场站使用。

(10)交接标准的批注

在交接过程中,集装箱箱体有下列情况之一的,都必须在设备交接单上注明。

①箱号及装载规范不明、不全,封志破损、脱落、丢失、无法辨认或与进口文件记载不符。

②擦伤、破洞、漏光、箱门无法关启。

③焊缝爆裂。

④凹损超过30mm,凸损超过配件外端面。

⑤箱内污染或有虫害。

⑥装过有毒有害货物未经处理。

⑦箱体外贴有前次危险货物标志未经处理。

⑧集装箱附属部件损坏或失灭。

⑨特种集装箱机械、电器装置异常。

⑩集装箱安全铭牌(CSC plate)丢失。

3)设备交接单流转程序

(1)在装卸船过程中设备交接单的流转程序

①海上承运人与集装箱码头的交接，由外轮理货代表海上承运人在船边与集装箱码头办理交接。外轮理货在船边理箱,并填写理箱报告。

②在卸船时,如发现集装箱箱号、封志号等与进口单证内容不符或箱体有残损,外轮理货应填制设备交接单一式4联,并经船方签字。凡在卸船前发生集装箱的残损,应定为原残,卸船后发生的残损,应视为工残。凡无原残记录的残损,一律视为工残。

③在装船时,如发现不符合交接标准的集装箱,一般不应装船。如不影响在目的港交货,且船方又同意接受,可以装船。但外轮理货应填制设备交接单一式4联,将有关情况在设备交接单上注明,并由港方签字。

④在船舶装卸作业完毕后8h内,外轮理货应将设备交接单送交船舶代理人和集装箱码头。

(2)进口重、空箱出场设备交接单的流转程序

①由管箱单位(外轮代理)填写设备交接单的有关栏目后,送交用箱人、运箱人。

②由用箱人、运箱人填写出场设备交接单的有关栏目后，交送用箱人、运箱人。

③码头闸口管理人员核对检查集装箱号、封志号,检查箱体,如发现与单证内容不相符或箱体残损，应在设备交接单上注明，并填写出场时间。用箱人、运箱人和闸口管理人员共同在设备交接单上签字。将第①联送交船舶代理人,第②联由闸口管理人员留底,第③联给用箱人、运箱人留存。闸口管理人员每天应将设备交接单的船舶代理人留底联汇总,并在第2天交至船舶代理人,做到一天一清。

(3)空箱进场集装箱设备交接单的流转程序

①进口重箱拆空后,必须严格按照船舶代理人的指令,将空箱返回到指定的集装箱堆场。收箱堆场按用箱人或运箱人的进场集装箱设备交接单接收集装箱。如发现箱体状况有与记录不符的，应在设备交接单上注明。

②当整批空箱进场时,堆场经营人亦凭用箱人、运箱人的进场集装箱设备交接单收箱，如发现箱体状况与记录不符的，应在设备交接单上注明。

③进场集装箱设备交接单,需经交接双方签字,第③联交用箱人或运箱人,第②联由集装箱堆场经营人留底,第①联送交船舶代理人,做到一天一清。

④进口的重箱,从码头拖运至另一个集装箱堆场等待拆箱时,仍执行

本程序。

(4)出口重箱进入集装箱码头堆场时,集装箱设备交接单的流转程序

①由用箱人、运箱人持船舶代理人签发的进场集装箱设备交接单,并在设备交接单上填写集装箱箱号、运载工具的牌号及进场的时间等。

②用箱人、运箱人凭进场集装箱设备交接单在码头闸口交箱。闸口管理人员核对集装箱箱号、封志号,检查箱体状况,如发现有残损的,应记载在设备交接单上,由交接双方在设备交接单上签字。第③联交用箱人、运箱人,第②联由闸口管理人员留底,将第①联进行汇总并在第2天送交船舶代理人,做到一天一清。

(5)集装箱装卸火车

①交接双方的责任划分,以火车车厢边为界。

②由码头、场站经营人填制设备交接单,应写明用箱人、运箱人提箱地点、来自地点或发往地点、返回/收箱地点、船名、航次、集装箱号、封志号、尺寸/类型、营运人、提单号、运载工具牌号、出场目的/状态或进场目的/状态、进出场时间以及进出场检查记录等。交接双方在集装箱设备交接单上签字,第③联交铁路承运人,第②联由码头堆场经营人留底,在火车装卸集装箱作业完毕后24h内,将第①联汇总送交船舶代理人。

集装箱装火车,填制出场集装箱设备交接单办理出场交接手续;集装箱卸火车,填制进场集装箱设备交接单办理进场交接手续。

进、出场集装箱设备交接单流转程序,如图11-3-7所示。

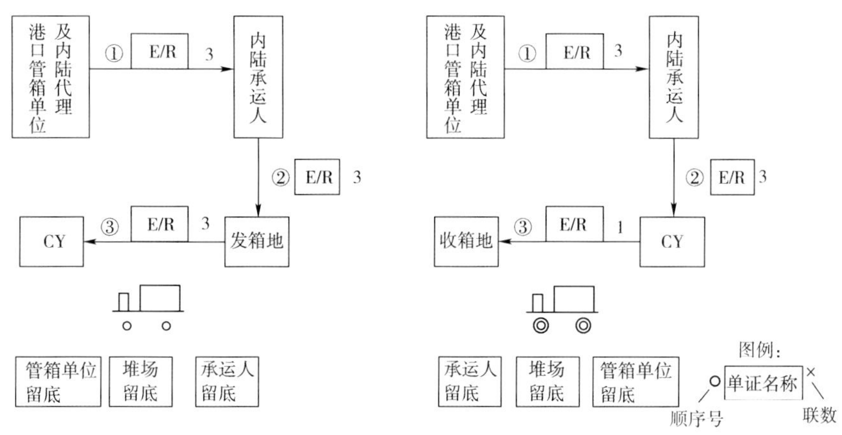


图11-3-7　进、出场集装箱设备交接单流转程序图

4)设备交接单的交接责任

(1)港方、堆场、公路、铁路承运人之间的集装箱设备交接,以港方闸口或场站大门、车厢边为界。

(2)集装箱进出场的责任划分,交接前由交方承担,交接后由接方承担。集装箱发生损坏,由责任方承担有关责任和费用。

(3)在集装箱交接时,用箱人、运箱人或运箱的集卡司机对该集装箱状态均无异议,则表示该集装箱符合设备交接单所记载的状况。对以后发生的故障或缺陷及由此产生的一切后果,由用箱人或运箱人负责。

(4)用箱人在接箱后,为保持集装箱在使用期间的良好状态,用箱人应负责对集装箱进行必要的维护和整理,并由用箱人支付费用。集装箱在使用期间,如有丢失、损坏等情况,除正常使用的自然毁损外,不论原因如何,均由用箱人负责修复或赔偿。当集装箱丢失或损坏时,用箱人应及时书面通知船舶代理人以及交接的港口和场站。

(5)用箱人、运箱人应按船舶代理人或代为交接箱的码头、场站事先指定的地点和日期归还集装箱。归还时的集装箱状况,应与用箱人、运箱人提运时交接的相同。如果集装箱未按期返回到指定的堆场,用箱人、运箱人除负责将集装箱返回到指定堆场外, 还要承担由此产生的责任及一切费用。

(6)在集装箱归还前,如发生丢失、损坏又不能修复或无修复价值时,用箱关系从宣布丢失或损坏之日起即告结束。与此同时,用箱人应立即向船舶代理人或交接箱的码头、场站经营人赔付新造的集装箱所需款项,但可扣除已使用的折旧费,其折旧费按集装箱所有人的规定办理。

(7)用箱人如拟将集装箱转让给第三人使用时,必须事先征得船舶代理人确认,但并不因此而改变原用箱人应承担的责任。

(8)当集装箱非属我国有关企业所有时,对其收取的有关费用和赔偿款项,必须通过船舶代理人向有关责任方结算。

(9)对有关集装箱使用的纠纷,由发生纠纷所在地的主管部门负责处理。

3. 交货记录的格式、填写方法和流转程序

交货记录由船舶代理人用无碳复印纸印制,所有货、船栏目由船舶代理人根据船舶抵港前由装箱港传送来的舱单或提单副本填制, 其余栏目由码头、场站经营人填制。

1)交货记录格式

交货记录标准格式一式6联,见图11-3-8。

天津中远集装箱船务代理有限公司
TIANJIN COSCO CONTAINER SHIPPING AGENCY
提　货　单 ①
DELIVERY ORDER

海关编号

<table>
<tr><td colspan="6">收货人</td><td colspan="2">下列货物已办妥手续，运费结清，准予交付收货人。</td></tr>
<tr><td colspan="2">船名</td><td>航次</td><td colspan="3">起运港</td><td colspan="2">目的港</td></tr>
<tr><td colspan="2">提单号</td><td colspan="2">交付条款</td><td colspan="4">第一程运输</td></tr>
<tr><td colspan="2">抵港日期</td><td colspan="2">箱数</td><td colspan="2">换单日期</td><td colspan="2">卸货地点</td></tr>
<tr><td colspan="2">标记与集装箱号、铅封号</td><td colspan="2">货物名称</td><td colspan="2">件数与包装</td><td>重量 (KCS)</td><td>体积 (M³)</td></tr>
<tr><td colspan="2"></td><td colspan="2"></td><td colspan="2"></td><td></td><td></td></tr>
<tr><td colspan="8">天津中远集装箱船务代理有限公司</td></tr>
<tr><td>收　货　人　章</td><td colspan="2">海　关　章</td><td colspan="3"></td><td colspan="2"></td></tr>
<tr><td colspan="3">船代公司对收货人的重要提示：<br>（1）本提货单中有关船、货内容按照提单的相关显示填制。<br>（2）请当场核查本提货单内容错误之处，否则本公司不承担由此产生的责任和损失（Error And Omission Excepted）。<br>（3）本提货单仅为向承运人委托的雇佣人或承运人保管货物订立合同的人提货的凭证，不得买卖转让（Non-negotiable）。<br>（4）在本提货单下，承运人代理人及雇佣人的任何行为，均应享受承运人享有的免责，责任限制和其他任何抗辩理由（Himalaya Clause）。<br>（5）本提货单中的中文译文仅供参考。</td><td colspan="5">注意事项：<br>1. 本提货单需盖有船代（船公司）放货章和海关放行章后方始有效。凡属法定检验、检疫的进口商品，必须向检验检疫机构申报。<br>2. 货物超过港存期，码头公司可以按有关规定处理。在规定期间无人提取的货物，按《海关法》和国家有关规定处理。</td></tr>
</table>

图 11-3-8　交货记录标准格式

第①联:到货通知书(白色);

第②联:提货单(白色);

第③联:费用账单(蓝色);

第④联:费用账单(红色);

第⑤联:交货记录(白色);

第⑥联:交货记录(白色)。

2)交货记录填制的要求和方法

交货记录各联船、货栏均由船舶代理人填制。费用账单联和交货记录联,由集装箱码头、场站经营人填制。

各联标志与集装箱箱号栏的空格为10个,可以填写10个集装箱箱号,与交货记录联箱号的空格相同。在船舶代理人填制交货记录各联集装箱箱号时,可在标志与箱号栏的前面加序号,码头、场站在填写交货记录联的记录栏时,只填写序号,不用填写箱号。当每票货的集装箱超过10箱时,可加附页,附加页数多少,视集装箱数量的多少而定,附页各联填写方法与正页相同,但在各联附页的右上角需写附一、附二……的标志。

在填制各栏时,要认真填写,字迹清晰,不得随意涂改。

3)交货记录的流转程序

(1)船舶代理人在收到进口的货物单证资料以后,对从境外进口船舶经联检后(支线船抵港后)72h内,向收货人发出到货通知书。

(2)收货人或其代理人在收到到货通知书后,凭正本提单向船舶代理人换取交货记录,在提货单上加盖专用章,连同费用账单、交货记录共5联交给收货人。

(3)收货人或其代理人持提货单、费用账单、交货记录共5联随进口货物有关资料,向海关申报。经海关查验放行后在提货单的规定栏内加盖放行章。收货人或其代理人办妥其他有关手续,必要时还需取得有关单位盖章放行。

(4)收货人或其代理人凭盖放行章的提货单、费用账单和交货记录向码头或场站办理申请提货作业计划,码头或场站核对船舶代理人签发的提货单及有关放行章后,将提货单、费用账单联留下作为放货依据结算和收取费用,在第⑤联、第⑥联交货记录上盖章,以示确认手续完备,受理提货作业申请,安排提货作业计划。

(5)收货人及其代理人凭码头或场站已盖章的交货记录联,到码头、场站库场提取货物。提货完毕后提货人应在交货记录规定的栏目内签名,以示确认提取的货物无误;交货记录上货物全部提完后,码头或场站应收

回交货记录第⑤联,将第⑥联退给船舶代理人。

(6)码头或场站凭收回的交货记录联核算费用,填制费用账单一式二联,结算费用;将第③联(蓝色)费用账单留存码头、场站,第④联费用账单(红色)联作为向收货人收取费用的凭证。

(7)码头、场站将第②联提货单及第⑤联交货记录留存归档备查。

国际集装箱海上运输交货记录流程,如图 11-3-9 所示。

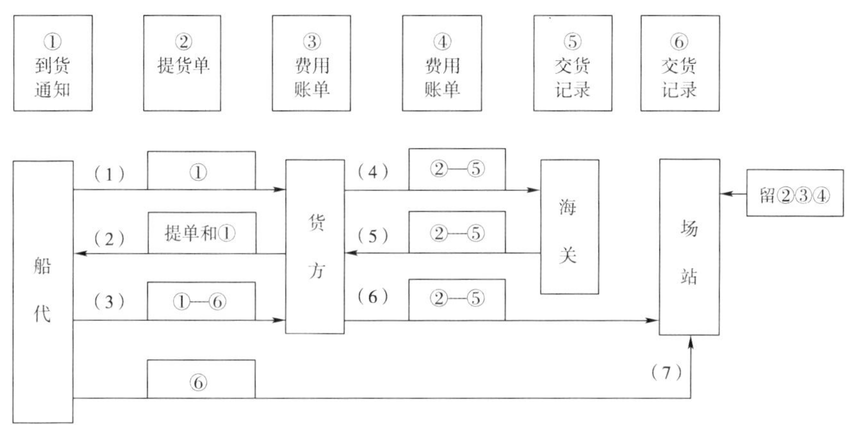


图 11-3-9　交货记录流转程序图

4)交货记录有关方的责任

(1)承运人及其代理人

海上承运人在有关提箱单证上必须列有集装箱运输方式的交货条款(CY、CFS、DOOR)。在 CY 整箱交货的,填制整箱交货记录,两票以上的货物装入一个集装箱,填制货运站拆箱交货记录。收货人或其代理人凭海运正本提单(背书),在规定的时间内,向承运人或其代理人换取提货单及码头或场站使用的费用账单和交货记录第⑤联,并在交接记录上签章后,货物交货手续完成。

①收货人或其代理人凭正本多式联运提单(背书)向多式联运经营人在当地的代理人提取、交接货物;多式联运经营人的代理人必须具有合法的代理资格。

②船舶代理人在收到传送来的船舶资料后 24h 内，将其代理的船舶舱单送达口岸主管海关和卸货码头、场站及有关单位。

③船舶代理人在进境船舶联检后(支线船舶抵港后)72h 内,向通知人或收货人或其代理人发出到货通知;若通知人或收货人不明时,船舶代理人应向装货港船舶代理人查询，待回复确认信息后，应尽快补发到货通

知。

④船舶代理人对收货人或其代理人提交的正本海运提单要认真核对,正确无误后,在提货单上加盖专用章以示放货;在特殊情况下,如收货人还未收到正本海运提单,船舶代理人可接受提单副本和银行保函,签发提货单。

⑤船舶代理人只能对其自行代理的船舶所承运的货物有权签发提货单,对不属于其自行代理的船舶无权签发提货单。

⑥对运费到付的进口货物,必须在运费结清以后,船舶代理人才能签发提货单等有关单证。

⑦如果进口的集装箱货物的交货地点在异地,船舶代理人应根据海上承运人的指示,与收货人或其他代理人取得联系,以商定向海关申报、履行或办理转关手续。凡符合转关条件的,海关可根据监管的规定,办理转关手续。

(2)集装箱码头、场站经营人

①码头或场站经营人对本码头、场站所有存放的集装箱以及集装箱货物,负有保管、装卸的责任,并按承运人或其代理人的通知放货。对整箱货物,码头、场站经营人与收货人或提箱单位办理整箱交接;对拼箱货物,码头、场站经营人与收货人或提货单位按拼箱货物办理交接。

②码头、场站经营人对海关需要查验后放行的货物,应凭海关出具的查验证明受理作业计划。对分批提运的货物,应凭交货记录受理作业计划。

③收货人或其代理人提货完毕并在交货记录上签收后,码头或场站经营人应将第⑤联交货记录整理归档备查,将第⑥联交货记录退给船舶代理人。

(3)收货人或其代理人

①收货人或其代理人在签订进口贸易合同时,应要求发货人在托运时,在托运单上写明实际收货人或其代理人的全称、通信地址、邮政编码、传真及电话号码等。

②收货人或其代理人在收到货物通知书后,应及时凭正本提单(背书)和到货通知书,向船舶代理人换取提货单。

③收货人或其代理人在办理进口货运手续时,应根据贸易性质准备好各种必需的单证资料,如进口许可证、进口贸易合同、发票、来料加工和进料加工及补偿贸易登记手册、包装证明、产地证书和内地转关证明等。

④收货人或其代理人对运费到付的货物,在换取提货单时,必须结清

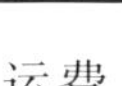

运费。

⑤对进口集装箱重箱需运往内地的,按照海关、检验检疫内地交货的有关规定办理。

⑥无正本提单而凭保函换取提货单的,必须在30天内到船舶代理人处办理销保手续。

(4)海关及有关检验机关

①海关在受理进口货物申报时,按海关有关监管规定办理,对必须进行法定检验检疫的进口货物,检验检疫机关按有关法律、法规和规章的规定办理。

②当海关受理进口货物申报时,对准予放行提运的货物,在提货单规定的栏格内加盖海关放行专用章,以示确认放行;在受理申报后,需查验完毕才放行的集装箱及集装箱货物,应向申报人出具海关查验证明,便于申报人向码头、场站经营人申请提货作业计划。

③承运人对交货地点在内地的进口集装箱货物,如需要转关并符合转关条件的,可按海关监管办法办理。

(5)法律条款

①非进口货物承运船舶的代理人擅自签发提货单,应承担由此产生的法律责任。

②收货人或其代理人凭保函换取提货单时,逾期不办理销保手续造成后果的,海上承运人或其代理人有权向海事法院提起诉讼。

③凡交货时发生货物、集装箱状况与提货单不一致的情况时,按理赔程序处理。

# 第十二章　现代集装箱码头生产作业计划

集装箱码头的生产作业计划是集装箱码头经营的重要组成部分，它既是实现经营目标的重要保证，又是编制人力资源、财务资金、物资供应、设备管理计划的依据和基础，同时也是调度部门指挥、协调各相关作业单位生产的具体行动方案。

由于各集装箱码头使用不同的业务操作系统，其功能虽然基本相同，但在具体的业务流程处理上各具特色，因此，本章以某集装箱码头计划编制系统为案例，介绍集装箱码头生产作业计划中的月度生产计划、旬度生产计划、周滚动计划、昼夜作业计划、单船作业计划的制定、实施、反馈、检查、协调、调整过程。

## 第一节　集装箱码头生产作业计划概述

### 一、集装箱码头生产作业计划编制的意义

近年来，世界各主要集装箱班轮公司为了降低单箱海运成本，投入运营的集装箱船舶呈现大型化趋势，从而带动集装箱码头不断新建改造码头设施，购置或改造机械设备，改进装卸工艺和作业流程；同时，计算机技术广泛地应用于集装箱码头作业管理的各个环节。最大限度地发挥和利用集装箱码头各种资源、完成尽可能多的集装箱吞吐量、实现最大的装卸收入是集装箱码头作业计划编制工作追求的目标。

现代集装箱码头生产昼夜连续作业，其生产外部面对的是船、车、箱、货、公路、铁路、船代、货代、海关、检验检疫等；内部涉及人、机、场，装卸船、收提箱、箱货集港、疏运、箱货堆场保管、拆装箱等各种生产作业，与此同时，集装箱码头生产还受气象、潮汐等自然因素的影响。其信息量之大，影响生产正常有序进行的因素之多，生产过程中需协调、调整工作量之

大，非一般企业可比。因此，集装箱码头生产作业计划分类较多，各项计划功能各异，又相互衔接、相互补充，具有集装箱码头鲜明的行业特点。

集装箱码头编制生产作业计划的最终目的，就是通过科学合理地配置码头泊位、机械设备、堆场、人力等资源，最大限度地满足顾客对集装箱装卸服务的需求，完成集装箱码头生产指标和利润指标。要以先进的信息技术为手段，制定周密、科学的分类生产作业计划，并对实施结果实时反馈，及时检查、协调、调整、总结，不断提升集装箱码头各类生产作业计划质量，使集装箱码头各项生产活动高效、有序地进行。

## 二、集装箱码头生产作业计划的分类

集装箱码头生产作业计划从类别上可分为月度生产计划、旬度生产计划、周滚动计划、昼夜作业计划和单船作业计划5种。下面分别介绍其功能、内容和形式。

1. 月度生产计划

月度生产计划是为保证年度生产计划的完成而制定的分阶段计划，是编制旬度生产计划和周滚动计划的主要依据。月度生产计划列明集装箱码头在一个月中每天预计靠泊码头的集装箱船舶的船名、航次、载箱量，可以初步地体现出集装箱码头的作业繁忙程度和作业高峰的分布规律。月度生产计划通常以日历的形式表现，参考样式如图12-1-1所示。

四月

| 星期日 | 星期一 | 星期二 | 星期三 | 星期四 | 星期五 | 星期六 |
| --- | --- | --- | --- | --- | --- | --- |
| 01 [illegible] | 02 [illegible] | 03 | 04 [illegible] | 05 [illegible] | 06 [illegible] | 07 [illegible] |
| 08 [illegible] | 09 [illegible] | 10 [illegible] | 11 [illegible] | 12 [illegible] | 13 [illegible] | 14 [illegible] |
| 15 [illegible] | 16 [illegible] | 17 [illegible] | 18 [illegible] | 19 [illegible] | 20 [illegible] | 21 [illegible] |
| 22 [illegible] | 23 [illegible] | 24 | 25 [illegible] | 26 [illegible] | 27 [illegible] | 28 [illegible] |
| 30 [illegible] | 31 [illegible] | | | | | |

注：[illegible]

2007

图12-1-1　月度生产计划参考样式图

集装箱码头生产计划管理部门于每月底要制定下一月度的生产作业计划，主要是按照各班轮公司航线船舶的班期制定月度生产计划。

制定月度生产计划的目的是：

(1)指导各生产作业部门了解下一个生产月度的船舶到港密度，做好重点布置。

(2)指导各生产作业部门根据月度船期计划制定各部门的各项生产、资金计划等。

2. 旬度生产计划

旬度生产计划是月度生产计划的细化和分解。旬度生产计划按照船代预报船舶抵港日期的变化进行调整，并预先进行码头泊位分配，同时列明船名、航次、进出口箱数和吞吐吨。通常在每旬旬末编制下一旬的旬度生产计划，参考形式如图 12-1-2 所示。

旬度生产计划

2007 年 04 月下旬

| 日期 | 21 | 22 | 23 | 24 | 25 | 26 | 27 | 28 | 29 | 30 |
|---|---|---|---|---|---|---|---|---|---|---|
| 星期 | 星期六 | 星期日 | 星期一 | 星期二 | 星期三 | 星期四 | 星期五 | 星期六 | 星期日 | 星期一 |
| 35 | 东方亚特兰大<br>进出<br>3200 TEU<br>30000 吨 | | 北野<br>进出<br>2500 TEU<br>18000 吨 | 雄城<br>进出<br>1300 TEU<br>15000 吨 | 普河<br>进出<br>2000 TEU<br>36000 吨 | | 青岛快航<br>进出（欧洲）<br>3200 TEU<br>30000 吨 | 新泉州<br>进出<br>4000 TEU<br>65000 吨 | 阿迪<br>进出<br>600 TEU<br>6000 吨 | |
| 36E | 北欧亚阿尔卑斯<br>进出<br>1100 TEU<br>10000 吨 | | 达飞得彪西<br>进出<br>4000 TEU<br>32000 吨 | 玉河<br>进出（泉州）<br>1100 TEU<br>20000 吨 | | 西贡快航<br>进出（黑海）<br>1100 TEU<br>10000 吨 | | | 金桥<br>进出<br>680 TEU<br>8500 吨 | |
| 36W | 民河<br>出<br>1400 TEU<br>26000 吨 | 新北仑<br>进出<br>4000 TEU<br>65000 吨 | | 博丰（中集）<br>进出（汕头）<br>400 TEU<br>7000 吨 | | | | 辽河<br>进出<br>1100 TEU<br>20000 吨 | 达飞拉威尔<br>进出<br>4000 TEU<br>32000 吨 | |
| 37 | 明春<br>进出<br>680 TEU<br>8500 吨 | | 达飞印特纳<br>出（黑海）<br>2000 TEU<br>23000 吨 | | 金星贝塔<br>进出<br>550 TEU<br>6000 吨 | | 荣春<br>进出<br>1000 TEU<br>12000 吨 | 威斯特摩<br>进出<br>1100 TEU<br>10000 吨 | 利丰南海<br>进出<br>400 TEU<br>7000 吨 | 日邮凯伊<br>进出（美西）<br>2500 TEU<br>18000 吨 |
| 38 | 忠城<br>进出<br>1100 TEU<br>13000 吨 | 达飞斯途拉<br>出（西非临时）<br>450 TEU<br>5000 吨 | 达贸阿布<br>进出（西非）<br>700 TEU<br>5500 吨 | 永信捷 1<br>进出<br>400 TEU<br>4000 吨 | | 长能<br>进出<br>1000 TEU<br>15000 吨 | 比大拉<br>进出<br>1100 TEU<br>13000 吨 | | 高河<br>进出<br>2000 TEU<br>36000 吨 | |
| | | | 预计下旬作业集装箱 31 艘次 | | | 预计下旬完成吞吐量： | | 预计下旬完成吞吐量： | | 642500 吨。 |

图 12-1-2　旬度生产计划参考样式图

码头生产计划管理部门每旬末要根据月度生产计划制定下一旬度的生产作业计划，其目的是：

(1)对月度生产计划进行调整。

(2)考虑下一旬码头泊位的合理安排与布置。

(3)船舶到港集中期即装卸船作业高峰期趋于准确和明显，旬度生产计划向码头各生产作业部门预报下一旬的作业重点时期，指导各部门制定相应的工作计划。

3. 周滚动计划

周滚动计划是在旬度生产计划的基础上，对一周内预计抵达的船舶进行码头泊位和作业岸桥预分配。周滚动计划除了体现船名、航次、作业箱量等一般信息，还具体体现出集装箱船舶进出港动态的时间、船舶靠向以及作业机械的配备等情况。周滚动计划的另一个特点是根据船舶抵港时间和作业箱量的最新变化，每天滚动更新。这对于集装箱码头内部各部门根据作业需求，提前安排设备保养、设施维护、调剂人员出勤等辅助工作，保障生产资源的有效供给，乃至作业顺利进行，具有很强的指导意义。周滚动计划的参考样式如图 12-1-3 所示。

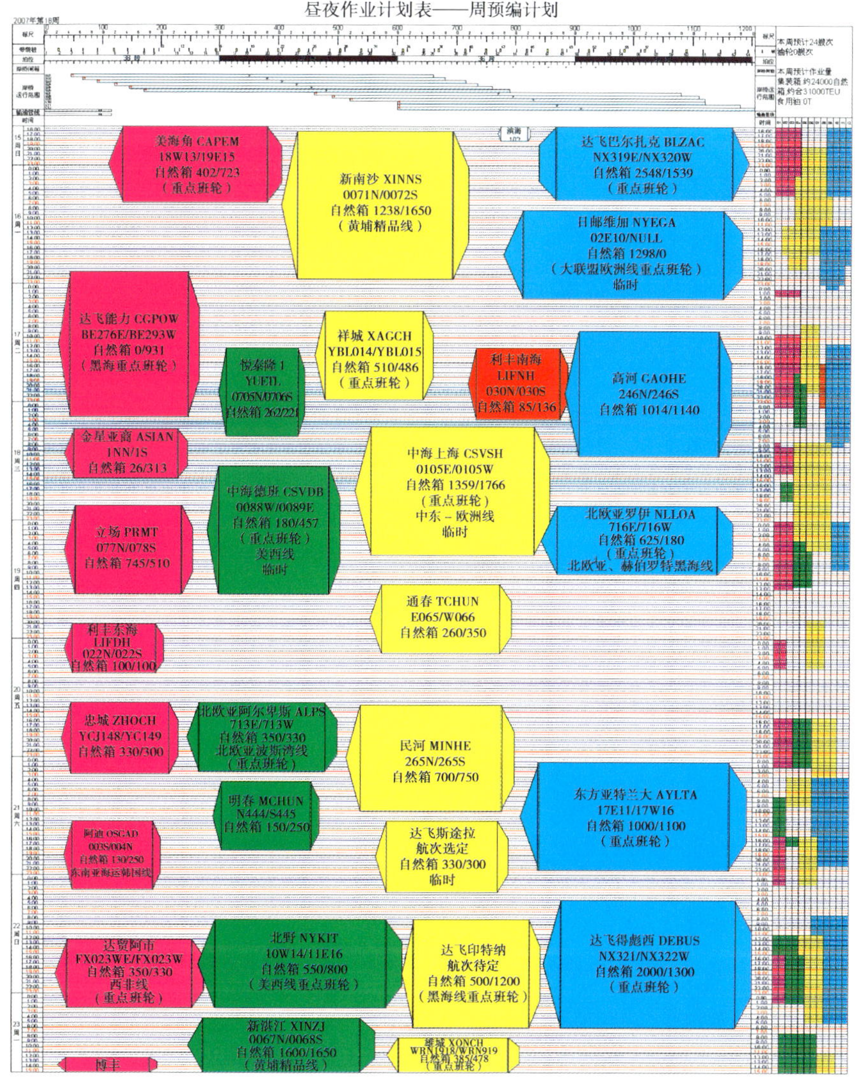


图 12-1-3 周滚动计划参考样式图

4. 昼夜作业计划

昼夜作业计划是集装箱码头生产作业计划中最重要的执行计划，是码头生产调度部门组织和指挥生产、协调码头内外各作业环节及相关作业单位的主要依据。同时也是集装箱码头各生产部门每天的工作任务书，要求所有生产行为都将围绕如何兑现昼夜作业计划而展开。它还是集装箱码头对许多部门及其岗位进行工作考核的依据。昼夜作业计划由泊位及作业计划、工班计划、机械计划、卸船场地计划、集港计划、疏运计划等组成。由于昼夜作业计划的内容较多，将在本章第二节专门介绍。

5. 单船作业计划

单船作业计划是在港集装箱船舶具体的作业计划，一般分为进口卸船计划和出口装船计划。单船作业计划必须在昼夜作业计划对船舶作业时间、机械配置限定的框架前提下编制，同时还必须兼顾船公司对船舶安全和载货规范的要求。单船作业计划编制的要求既有时效方面的，又有质量方面的。单船作业计划编制质量的优劣，直接影响集装箱码头对船公司的服务质量、船舶的航行安全、码头作业效率、作业成本以及货主的利益，是集装箱码头业务管理水平的重要体现。

## 三、生产作业计划的编制原则

集装箱码头生产作业计划，是实现生产作业的连续性、协调性、均衡性和经济性的重要保证。生产作业计划的核心是确保集装箱班轮的班期，使码头航陆运作业的各阶段、各环节、各工序之间紧密衔接，保证集装箱船舶正点靠泊、作业、离港，保持航陆运作业平衡，确保码头生产组织合理而高效，从而保证集装箱码头吞吐量和利润指标的全面完成。

编制码头生产作业计划，应遵循以下基本原则：

(1)贯彻执行国家集装箱运输有关法律法规。

(2)贯彻“安全、质量第一”的原则，合理配置码头资源，满足合同要求，兑现服务承诺。

(3)落实年度生产经营计划目标，做到统筹兼顾、全面安排、保证重点、照顾一般。

(4)作业计划指标应实事求是，积极可靠，留有余地。

# 第二节　集装箱码头昼夜作业计划的编制

## 一、集装箱码头昼夜作业计划的基本内容

### 1. 泊位及作业线计划

泊位及作业线计划如图 12-2-1 所示，包括泊位计划窗口、岸桥计划窗口、航运作业说明、潮汐及气象预报 4 个部分。

昼夜作业计划表——泊位及作业线计划

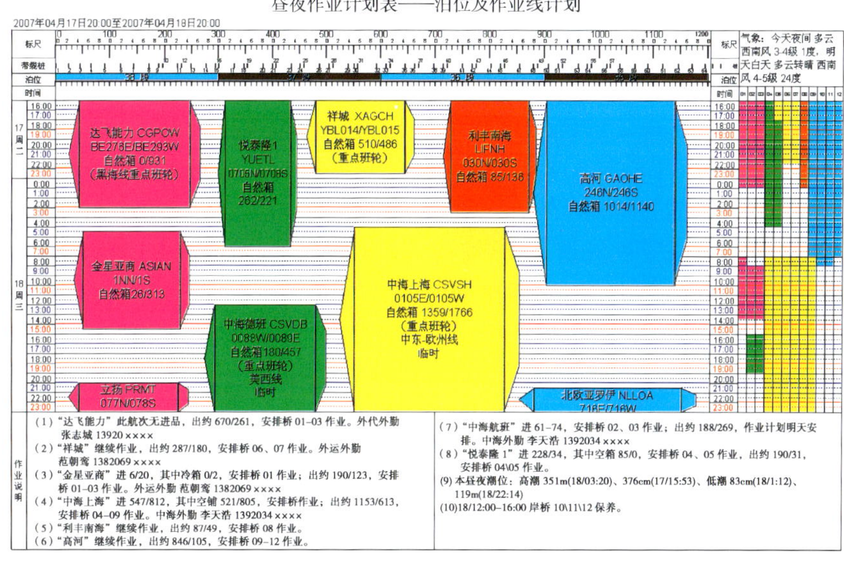


图 12-2-1　泊位及作业线计划图

(1)泊位计划窗口（简称泊位窗口）中，横坐标代表码头岸线，按实际比例显示码头岸线的长度并标明刻度，带缆桩的桩号和物理坐标，以及泊位的编号。同时隐含关联了每台岸桥的电闸箱位置、电缆长度和作业范围。此外，还隐含关联了岸线对应的码头前沿水域的当前水深。纵坐标代表时间，最小刻度精确到 0.5h，进船时间以蓝色线显示，开船时间以红色线显示，以方便调度部门使用。

泊位窗口中的船舶由矩形、三角形、梯形组合而成的图形代表。其中矩形的宽度代表船舶的实际长度，高度代表从进船动态到开船动态的时间；三角形代表船头；梯形代表船尾；三角形和梯形的宽度各为实际船长的 1/10（这样组合图形的宽度恰好可以满足海事部门泊位预留必须至少满足船长 1.2 倍的要求）。组合图形的顶端代表进船时间；底端代表开船时

间;左端和右端代表船舶停靠码头的具体桩位。这样,使用人员可以直观、清晰地了解泊位的使用安排。出现突发变化,需要临时调整泊位计划时,无论是白班的计划人员,还是夜班的调度人员,都可以通过泊位窗口这一“电子沙盘”,方便地进行推演操作,优选出最佳变更方案。

组合图形代表集装箱的船舶,分别按泊位着以不同的颜色,这是为了与相邻的岸桥窗口建立对应关系。着以灰色的组合图形,代表因各种原因需要靠泊的非集装箱船舶及浮吊、工作船等。此外,组合图形中还以文字标明船名、代码、进出口航次、分进出口自然箱箱数等主要船舶信息。

(2)岸桥计划窗口(简称岸桥窗口)中,横坐标代表依码头岸线顺序排列的所有岸桥的编号;纵坐标与泊位窗口完全一致,也代表时间。窗口内用各种颜色标注岸桥的工作时间并与作业的船舶建立起关联,使调度及其他作业部门直观、清晰地了解岸桥使用安排。

(3)航运作业说明版块以文字形式,对每艘船舶的作业,提出具体说明和要求。包括分箱型、分空重的箱数;危险货物箱、超限箱、冷藏箱等特殊箱,超重货物,贵重货物,使领馆货的作业规定;船代外勤人员的联系方式、船舶加燃料、补充淡水、补充给养、在泊维修、检疫等与作业相关的信息。此外,与码头作业相关的其他提示信息,重点安全管理规定也是航运作业说明版块的组成部分。

(4)潮汐及气象预报版块以文字形式,发布昼夜作业计划有效时间内的气象和潮汐情况,包括天气、最高气温、最低气温、风力、风向;高潮、低潮的时间和潮位等。

2. 工班计划及船舶动态

工班计划及船舶动态主要包括工班计划和船舶动态两个部分,如图12-2-2所示。

(1)工班计划表列出一昼夜各泊位作业的船名、航次、进出口箱型、箱量等基本信息,同时分别对20:00—08:00、08:00—20:00两个工班每艘船舶进、出口作业起止时间,工班作业量、开线量,平均单桥作业效率、全船作业效率提出具体要求。其中工班作业量、开线量、平均单桥作业效率、全船作业效率作为考核指标,需要值班调度在交班时将各项目实际兑现情况在计划表相应栏目中填写,与计划指标对比后记入工班考核。

(2)船舶动态表列出一昼夜的船舶动态安排,包括船名、船长、船宽、计划动态日期时间、靠泊或离泊种类、泊位名称、具体桩位区间、船舶靠向、带缆要求等信息,是值班调度指挥带缆人员及时、准确进行带缆作业的重要依据。值班调度要对船舶动态的兑现情况及时确认,对变更情况要准确地记录原因及变更结果。

昼夜作业计划表——工班计划及船舶动态

2007年04月17日20:00至2007年04月18日20:00

| | 泊位 | 船名航次 | 类别 | 作业箱量 | | 20——08班次 | | | | | | | | | | 08——20班次 | | | | | | | | | |
|---|---|---|---|---|---|---|---|---|---|---|---|---|---|---|---|---|---|---|---|---|---|---|---|---|---|
| | | | | | | 作业时间 | | 工班量 | | 开头量 | | 单桥效率 | | 全船效率 | | 作业时间 | | 工班量 | | 开头量 | | 单桥效率 | | 全船效率 | |
| | | | | 20' | 40' | 开始 | 结束 | 计划 | 实际 | 计划 | 实际 | 计划 | 实际 | 计划 | 实际 | 开始 | 结束 | 计划 | 实际 | 计划 | 实际 | 计划 | 实际 | 计划 | 实际 |
| 船舶作业 | 35 | 高河 GAOHE 246N/246S | 进口 | 777 | 237 | | | | | | | | | | | | | | | | | | | | |
| | | | 出口 | 950 | 190 | 2000 | 0800 | 1100 | | 4 | | 25 | | 100 | | 0800 | 0900 | 40 | | 2 | | 25 | | 40 | |
| | 36 | 利丰南海 LIFNH 030N/030S | 进口 | 37 | 48 | | | | | | | | | | | | | | | | | | | | |
| | | | 出口 | 87 | 49 | 2000 | 0130 | 136 | | 1 | | 24 | | 24 | | | | | | | | | | | |
| | 36 | 中海上海 CSVSH 0105E/0105W | 进口 | 547 | 812 | | | | | | | | | | | 0800 | 1500 | 1359 | | 6 | | 33 | | 180 | |
| | | | 出口 | 1153 | 613 | | | | | | | | | | | 1430 | 2000 | 670 | | 6 | | 25 | | 150 | |
| | 37东 | 祥城 XAGCH YBL014/YBL015 | 进口 | 290 | 220 | | | | | | | | | | | | | | | | | | | | |
| | | | 出口 | 287 | 180 | 2000 | 2230 | 125 | | 2 | | 25 | | 50 | | | | | | | | | | | |
| | 37西 | 悦泰隆1 YUETL 0705N/0706S | 进口 | 228 | 34 | 2000 | 2300 | 161 | | 2 | | 30 | | 60 | | | | | | | | | | | |
| | | | 出口 | 190 | 31 | 2300 | 0500 | 221 | | 1改2 | | 24 | | 4 | | | | | | | | | | | |
| | 37 | 中海德班 CSVDB 0088W/0089E | 进口 | 6 | 174 | | | | | | | | | | | 1600 | 1930 | 180 | | 2 | | 30 | | 60 | |
| | | | 出口 | 188 | 269 | | | | | | | | | | | | | | | | | | | | |
| | 38 | 达飞能力 CGPOW BE276E/BE293W | 进口 | 0 | 0 | | | | | | | | | | | | | | | | | | | | |
| | | | 出口 | 670 | 261 | 2000 | 0100 | 300 | | 3 | | 24 | | 72 | | | | | | | | | | | |
| | 38 | 金星亚商 ASIAN 1NN/1S | 进口 | 6 | 20 | | | | | | | | | | | 0800 | 0900 | 26 | | 1 | | 26 | | 26 | |
| | | | 出口 | 190 | 123 | | | | | | | | | | | 0900 | 1430 | 313 | | 3 | | 25 | | 70 | |

| | 船名 | 船长 | 船宽 | 动态 | 靠离 | 泊位 | 左靠 | 右靠 | 桩位 | 靠离泊要求 | 备注 | 本昼夜重点船舶 | |
|---|---|---|---|---|---|---|---|---|---|---|---|---|---|
| 船舶动态 | 祥城（重点班轮） | | | 17/23:30 | 开 | 37东 | | | | | | 中海上海（重点班轮） | |
| | 达飞能力（重点班轮） | | | 18/03:00 | 开 | 38 | | | | | | | |
| | 利丰南海 | | | 18/03:30 | 开 | 36 | | | | | | 下昼夜预进船舶 | |
| | 中海上海（重点班轮） | 275 | 40 | 18/05:00 | 进 | 36 | ★ | | 28-47 | 尾齐45#桩 | | 立扬、北欧亚罗伊（重点班轮）、通春（重点班轮） | |
| | 金星亚商 | 185 | 28 | 18/05:30 | 进 | 38 | ★ | | 02-13 | 尾齐12#桩 | | | |
| | 悦泰隆1 | | | 18/07:00 | 开 | 37西 | | | | | | 夜班值班经理: | 史大星 |
| | 高河 | | | 18/11:00 | 开 | 35 | | | | | | 白班值班经理: | 马 军 |
| | 中海德班 | 184 | 25 | 18/13:00 | 进 | 37 | ★ | | 14-27 | 尾距26#桩5米 | | 泊位计划员: | 王洪涛 |
| | 金星亚商 | | | 18/15:30 | 开 | 38 | | | | | | 场地计划员: | 王彦青/裴真 |
| | | | | | | | | | | | | 审核: | 张 弸 |

图 12-2-2 工班计划和船舶动态图

3. 场地及场地机械计划

场地及场地机械窗口(以下简称窗口)中以横轴为时间坐标,时间跨度为昼夜计划的两个工班,最小刻度为 0.5h;以场地各个堆场的名称或编号为纵轴。窗口内用不同的颜色代表装船、卸船、集港、疏运 4 项基本作业项目以及清场、归垛、摆重、返场等杂项作业。样式如图 12-2-3 所示。

窗口中用不同的颜色表示每台场地作业机械在作业堆场和计划时间段从事的作业项目的种类,红色代表装船,蓝色代表卸船,黄色代表集港,绿色代表疏运,粉色代表清场、归垛、摆重、返场等杂项作业,褐色代表机械维修保养,剩余的灰色部分表示没有作业任务的场地。与泊位窗口一样,场地及场地机械窗口可以使调度指挥部门和其他各作业岗位更加直观地掌握每台场地作业机械在每个时间段的工作任务和工作地点,了解每项场地作业的时效性和对后续作业的影响,便于调度指挥人员在发生临时突发事件时,科学、合理地调整、变更计划。

4. 场地作业说明

场地作业说明由卸船作业明细、集港作业明细、疏运作业明细和杂作业说明 4 个部分组成,如图 12-2-4 所示。

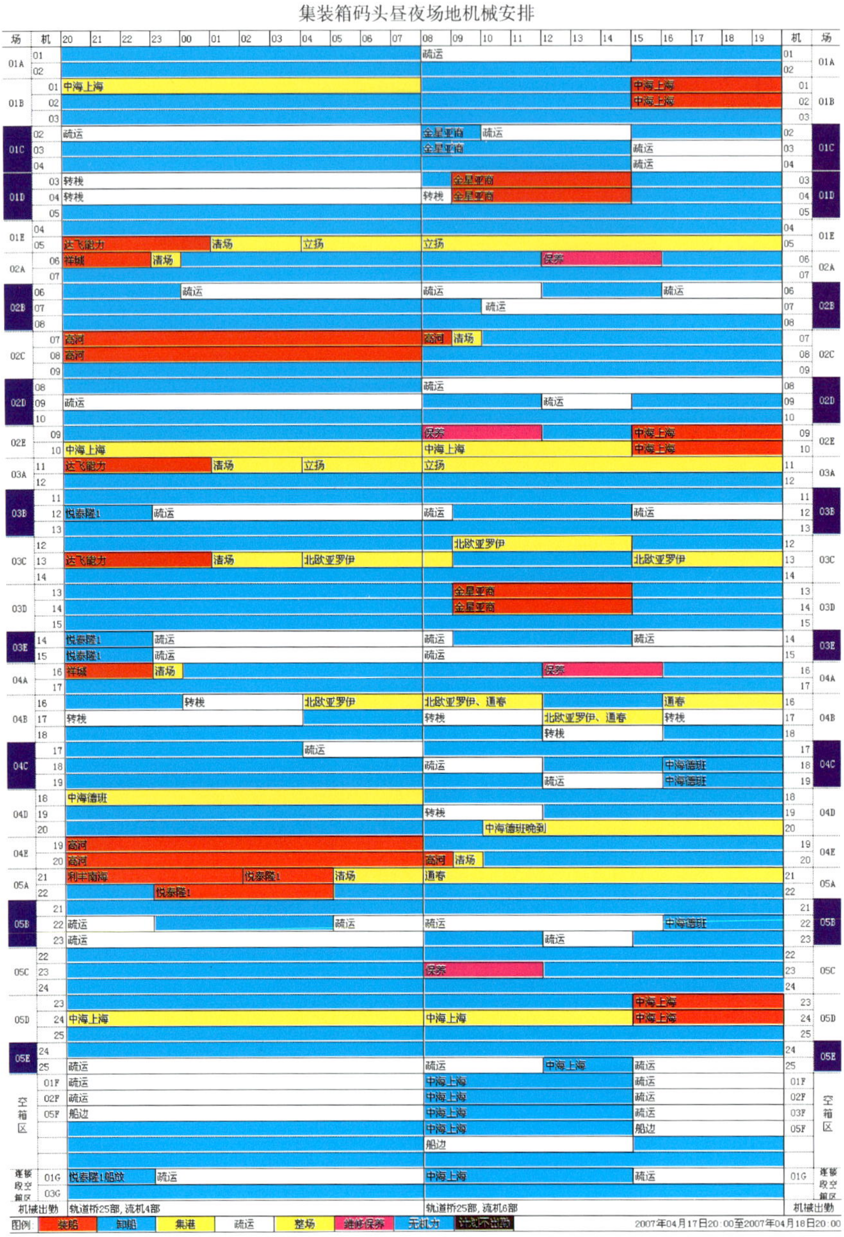

集装箱码头昼夜场地机械安排

| 场 | 机 | 20 21 22 23 00 01 02 03 04 05 06 07 | 08 09 10 11 12 13 14 15 16 17 18 19 | 机 | 场 |
|---|---|---|---|---|---|
| 01A | 01 | | 疏运 | 01 | 01A |
| | 02 | | | 02 | |
| 01B | 01 | 中海上海 | 中海上海 | 01 | 01B |
| | 02 | | 中海上海 | 02 | |
| | 03 | | | 03 | |
| 01C | 02 | 疏运 | 金星亚商 疏运 | 02 | 01C |
| | 03 | | 金星亚商 疏运 | 03 | |
| | 04 | | 疏运 | 04 | |
| 01D | 03 | 转栈 | 金星亚商 | 03 | 01D |
| | 04 | 转栈 | 转栈 金星亚商 | 04 | |
| | 05 | | | 05 | |
| 01E | 04 | | | 04 | 01E |
| | 05 | 达飞能力 清场 立扬 | 立扬 | 05 | |
| 02A | 06 | 祥城 清场 | 保养 | 06 | 02A |
| | 07 | | | 07 | |
| 02B | 06 | 疏运 | 疏运 疏运 | 06 | 02B |
| | 07 | | 疏运 | 07 | |
| | 08 | | | 08 | |
| 02C | 07 | 高河 | 高河 清场 | 07 | 02C |
| | 08 | 高河 | | 08 | |
| | 09 | | | 09 | |
| 02D | 08 | | 疏运 | 08 | 02D |
| | 09 | 疏运 | 疏运 | 09 | |
| | 10 | | | 10 | |
| 02E | 09 | | 保养 中海上海 | 09 | 02E |
| | 10 | 中海上海 | 中海上海 中海上海 | 10 | |
| 03A | 11 | 达飞能力 清场 立扬 | 立扬 | 11 | 03A |
| | 12 | | | 12 | |
| 03B | 11 | | | 11 | 03B |
| | 12 | 悦泰隆1 疏运 | 疏运 疏运 | 12 | |
| | 13 | | | 13 | |
| 03C | 12 | | 北欧亚罗伊 | 12 | 03C |
| | 13 | 达飞能力 清场 北欧亚罗伊 | 北欧亚罗伊 | 13 | |
| | 14 | | | 14 | |
| 03D | 13 | | 金星亚商 | 13 | 03D |
| | 14 | | 金星亚商 | 14 | |
| | 15 | | | 15 | |
| 03E | 14 | 悦泰隆1 疏运 | 疏运 疏运 | 14 | 03E |
| | 15 | 悦泰隆1 疏运 | 疏运 | 15 | |
| 04A | 16 | 祥城 清场 | 保养 | 16 | 04A |
| | 17 | | | 17 | |
| 04B | 16 | 转栈 北欧亚罗伊 | 北欧亚罗伊、通春 通春 | 16 | 04B |
| | 17 | 转栈 | 转栈 北欧亚罗伊、通春 转栈 | 17 | |
| | 18 | | 转栈 | 18 | |
| 04C | 17 | 疏运 | | 17 | 04C |
| | 18 | | 疏运 中海德班 | 18 | |
| | 19 | | 疏运 中海德班 | 19 | |
| 04D | 18 | 中海德班 | | 18 | 04D |
| | 19 | | 转栈 | 19 | |
| | 20 | | 中海德班晚到 | 20 | |
| 04E | 19 | 高河 | | 19 | 04E |
| | 20 | 高河 | 高河 清场 | 20 | |
| 05A | 21 | 利丰南海 悦泰隆1 清场 | 通春 | 21 | 05A |
| | 22 | 悦泰隆1 | | 22 | |
| 05B | 21 | | | 21 | 05B |
| | 22 | 疏运 疏运 | 疏运 中海德班 | 22 | |
| | 23 | 疏运 | 疏运 | 23 | |
| 05C | 22 | | | 22 | 05C |
| | 23 | | 保养 | 23 | |
| | 24 | | | 24 | |
| 05D | 23 | | 中海上海 | 23 | 05D |
| | 24 | 中海上海 | 中海上海 中海上海 | 24 | |
| | 25 | | | 25 | |
| 05E | 24 | | | 24 | 05E |
| | 25 | 疏运 | 疏运 中海上海 疏运 | 25 | |
| 空箱区 | 01F | 疏运 | 中海上海 疏运 | 01F | 空箱区 |
| | 02F | 疏运 | 中海上海 疏运 | 02F | |
| | 05F | 船边 | 中海上海 疏运 | 03F | |
| | | | 中海上海 船边 | 05F | |
| | | | 船边 | | |
| | | | | | |
| [illegible] | 01G | 悦泰隆1船放 疏运 | 中海上海 疏运 | 01G | [illegible] |
| | 03G | | | | |
| 机械出勤 | | 轨道桥25部，流机4部 | 轨道桥25部，流机6部 | 机械出勤 | |

图例：装船 卸船 集港 疏运 整场 维修保养 无机力 计划不出勤　2007年04月17日20:00至2007年04月18日20:00

图 12-2-3　场地及场地机械计划窗口样式图

(1)卸船作业明细表对一昼夜需要进行卸船作业的船舶,逐一列明船名、航次、箱型、箱数、进口场地范围和作业机械安排等重要计划信息。卸船作业明细是堆场实时策划的主要依据。

集装箱码头昼夜卸船、集港、疏运计划

| | 卸船船名 | 进口航次 | F20′ | F40′ | F45′ | E20′ | E40′ | E45′ | 场地及机械安排 | 说明及相关注意事项 |
|---|---|---|---|---|---|---|---|---|---|---|
| 卸船 | 悦泰隆1 | 0705N | 143 | 34 | | 85 | | | 03B/R12;03E/R14R15;01G流机1部 | 01G船放 |
| | 中海上海 | 0105E | 26 | 7 | | 521 | 805 | | 05E/R25;01F02F03F05F流机4部;02G流机1部 | 空箱分票;F场起5层 |
| | 中海德班 | 0088W | 6 | 174 | | | | | 04C/R17R18;05B/R22 | |
| | 金星亚商 | 1NN | 6 | 20 | | | | | 01C/R02R03 | |
| | | | | | | | | | | |
| | | | | | | | | | | |
| | | | | | | | | | | |
| | 集港船名 | 出口航次 | 集港时间 | | | 20′ | 40′ | 集港桥 | 场地及机械安排 | 说明及相关注意事项 |
| 集港 | 中海德班 | 0089E | 17/2000-18/0700 | | | 188 | 269 | | 04D/R18 | 02A收晚到 |
| | 立扬 | 078S | 18/0400-18/1300 | | | 160 | 110 | | 01E/R05;03A/R11 | |
| | 中海上海 | 0105W | 16/2400-18/0700 | | | 1153 | 613 | | 01B/R01;02E/R10;05D/R24 | |
| | 北欧亚罗伊 | 716W | 18/0400-18/1600 | | | 55 | 112 | | 03C/R13;04B/R16 | |
| | 通春 | W066 | 18/0800-18/1900 | | | 236 | 122 | | 04B/R16;05A/R21 | |
| | | | | | | | | | | |
| | | | | | | | | | | |
| 停机保养及杂作业说明 | 1、18/0800-18/1200 R09 R23 18/1200-18/1600 R06 R16 保养。 | | | | | | | | | |
| | | | | | | | | | | 2007年04月17日20:00至2007年04月18日20:00 |

图 12-2-4　场地作业说明图

(2)集港作业明细表对一昼夜需要进行集港作业的船舶,逐一列明船名、航次、箱型、箱数、出口场地范围和作业机械安排等重要计划信息。集港作业明细是堆场实时策划的重要依据。

(3)疏运作业明细表将一昼夜各类疏运作业项目,逐项列明作业类别、流向、计划集卡数量、场地范围和作业机械安排等重要计划信息。疏运作业计划的兑现情况,直接影响集装箱码头场地的周转效率,尤其对于场地堆存能力不足的集装箱码头,疏运计划的兑现情况关系到码头吞吐能力能否正常发挥。疏运作业完成情况也是对外服务质量的重要体现。疏运作业作为陆运作业的重要组成部分,应该得到集装箱码头业务管理部门的高度重视,安排日常生产要做到航陆运兼顾、保持航陆运作业平衡。

(4)杂作业说明对一昼夜摆重、返场、清场、归垛等未列入卸船计划、集港计划、疏运计划的所有杂作业项目进行布置。同时,对预见到的、可能对场地正常使用产生影响的因素进行提示。

此外,基于周滚动计划与昼夜作业计划中的泊位及作业线计划类似,也以泊位窗口的形式表现,一般包括岸桥的闸箱位置、岸桥电缆长度、岸桥作业范围、码头前沿水深。周滚动计划每天滚动更新,对码头内部各作业相关岗位合理安排机械维修等各项工作,保障生产资源的有效供给,具有指导意义。

## 二、编制昼夜作业计划的前期准备工作

在使用综合计划系统辅助编制每天的昼夜作业计划之前，需要在系统中提前完成一些基础设定。主要分为以下几个方面：

1. 码头基础设施数据

码头基础设施数据如图 12-2-5 所示，主要包括以下内容：码头岸线长度；带缆桩编号及其相对码头岸线端点的距离；岸桥闸箱编号及其相对码头岸线端点的距离；岸桥锚固坑编号及其相对码头岸线端点的距离；岸桥海侧轨道距离码头护舷最远点的距离。

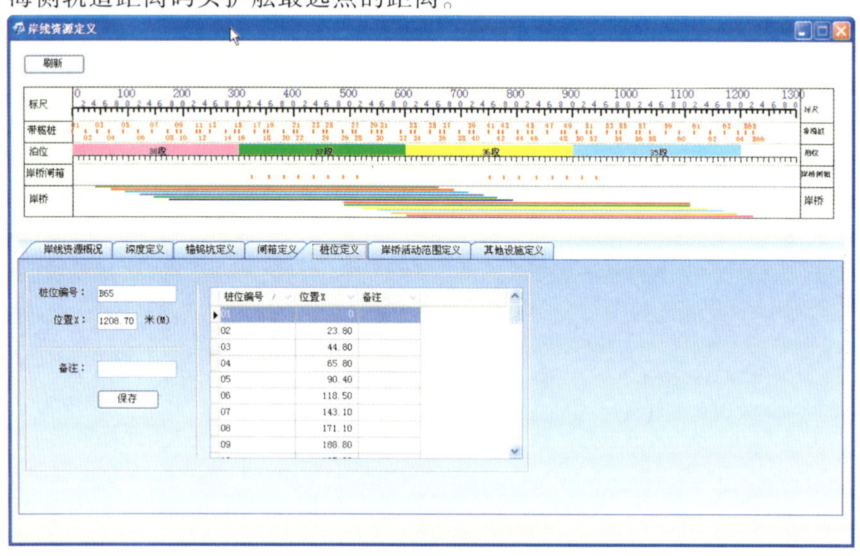


图 12-2-5　码头基础设施数据示意图

2. 岸桥技术参数

包括：岸桥电缆长度，电缆轴距离岸桥横向中心点的距离；岸桥使用的闸箱编号；岸桥横向最大宽度，左端点距离吊具中心点的距离，右端点距离吊具中心点的距离；岸桥外伸距；岸桥起重负荷。

3. 码头前沿水域的标准水深

根据航道管理部门或港口设施管理部门定期提供的码头前沿泊位水深测量图，录入岸线各点对应的码头前沿水域的实测海水深度，并随着最新测量图的提供及时在系统中更新。

4. 港口所在海域年度潮汐数据

在系统中录入或导入国家海洋水文部门发布的潮汐表数据，包括：每昼夜每次的高潮时间和潮位；每昼夜每次的低潮时间和潮位；每昼夜整点

海潮潮位。

5. 集装箱船公司代码

建立集装箱船公司代码库，建立船公司中文全称、中文简称、英文名称、船公司代码、船公司注册地国籍，便于系统使用，数据库建立关联快速检索、查询。

6. 船舶代理公司代码

建立船舶代理公司代码库，建立船舶代理公司中文全称、中文简称、英文名称、船舶代理公司代码，便于系统使用，数据库建立关联快速检索、查询。

7. 港口代码

建立全球港口代码库，建立港口中文名称、英文名称、港口代码。

8. 船名代码

建立船名代码库，建立集装箱船舶的中文户籍名称、英文户籍名称、船名代码，便于系统使用，数据库建立关联快速检索、查询。

9. 集装箱班轮航线信息

根据船公司提供的集装箱班轮航线信息，建立下列信息：航线名称、航线代码、航线营运人代码、参与航线合作运营的船公司数量，及合作方代码、航线类型、航线挂靠港港序、航线贸易属性、班期类型、班期间隔、班期、航线投入运营的船舶数量及其顺序号，对应的船名代码，对应的船舶代理代码。

10. 集装箱船舶规范信息

根据船舶规范及贝位图等其他的船舶资料以及部分实测数据，建立以下信息：船长、水线长、船宽、满载吃水、载重吨、总吨、净吨、箱位数等船舶规范中的数据；集装箱船舶贝位图，箱格编码；20ft 集装箱、40ft 集装箱兼容情况，是否可以双 20ft 岸桥吊具作业；冷藏箱插头位置，船舶起重机位置，驾驶台位置；各舱口舱盖板数量，每块舱盖板的宽度、重量，同贝位多块舱盖板之间是否咬合、咬合方式等；集装箱船舶首贝与船头最前端的距离，集装箱船舶尾贝与船尾最后端的距离，各相邻贝位之间的距离，驾驶台与驾驶台前最后一贝尾端之间的距离，驾驶台与驾驶台后最前一贝前端之间的距离，各船舶起重机械与它前面最相邻一贝尾端之间的距离，各船舶起重机械与它后面最相邻一贝前端之间的距离。

11. 集装箱船舶的营运信息

根据船舶代理或营运人提供的资料，建立船名代码、船东、营运人、营运船名、船籍、船舶呼号、海关编号、卫星电话、传真、电子邮箱、移动电话

号码等营运属性信息,并在发生变化时随时更新。

在综合计划系统中，这些基础资料对于系统逻辑关系的建立和使用至关重要。

## 三、昼夜作业计划的编制过程

1. 航运作业计划的编制

航运作业计划作为昼夜作业计划的核心,包括周滚动计划、泊位窗口及作业线计划、工班计划及船舶动态。编制计划的依据除了上一部分提到的码头设施、机械设备、航线、船舶等基础资料,还包括日常的、船舶代理提供的集装箱船舶抵口预报、确报、集装箱积载图、分尺码空重进口箱箱数、进口舱单、进口危险货物资料、进口超限箱资料、中转箱信息、冷藏箱信息、集装箱配载图、分尺码空重出口箱箱数、出口危险货物资料、出口超限箱资料,以及其他对船舶在港作业产生影响的信息。

1)船舶预指泊

综合计划系统依据各航线班期、到港船舶清单、船舶预确报、在港最大吃水,安排进港时间和泊位,见图 12-2-6。

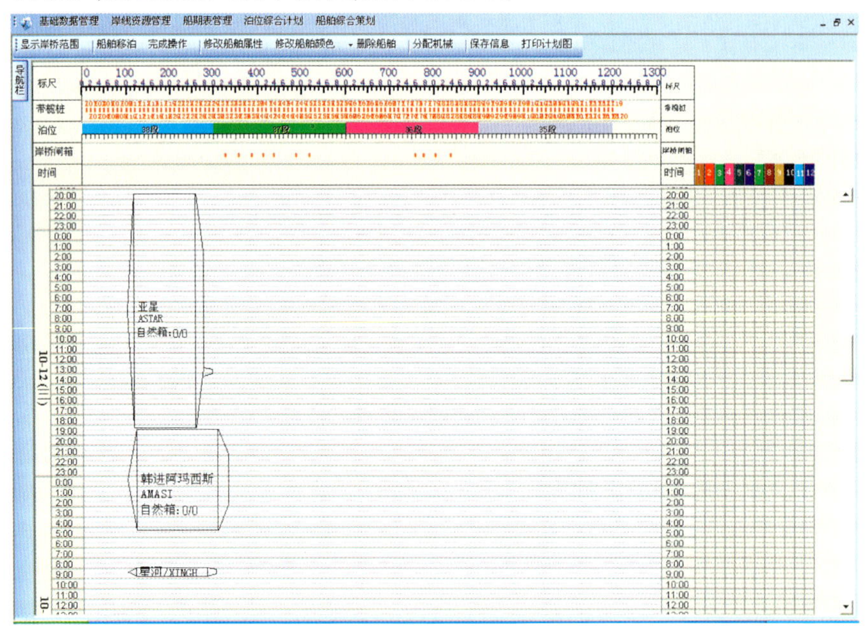


图 12-2-6 船舶预指泊图

2)岸桥预分配

船舶预指泊完毕，为每一艘集装箱船舶分配作业岸桥及其起止作业

时间等，见图 12-2-7。

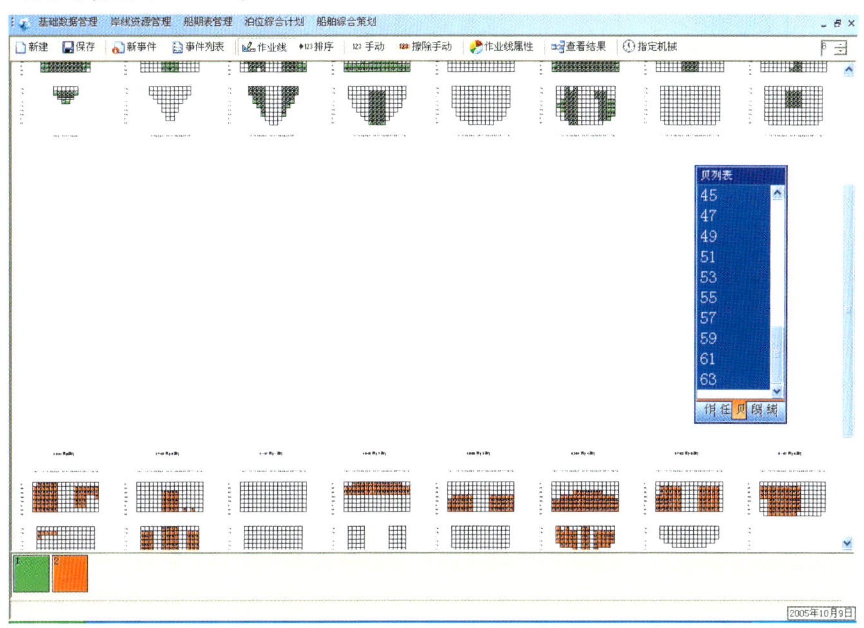


图 12-2-7　岸桥预分配图

3）集装箱积、配载图输入

依据船舶代理提供的集装箱积载图及其他相关资料，输入进口集装箱和需要落地倒箱的集装箱在集装箱积载图的分布情况，并标明超限箱、冷藏箱、危险货物箱；依据船公司预配中心提供的集装箱配载图，输入出口集装箱在集装箱配载图的分布情况，同样标明超限箱、冷藏箱、危险货物箱等特种箱，见图 12-2-8。

4）作业线策划

作业线策划可以视为岸桥预分配的第二次精细操作，安排作业船舶的具体开线量时考虑下列因素：集装箱在船上的分布情况、班轮公司对班期的要求、留给码头的作业时间、船舶作业期间可以使用的岸桥数量。

开线量确定后，需要为每条作业线分配作业区间，尽可能使每条作业线的作业箱量和作业时间保持均衡，避免形成重点作业线，延长全船作业时间。分配完毕，为每条作业线排列作业先后顺序，重点考虑任意相邻作业线的作业岸桥同时作业时位置是否冲突，并统计出每条作业线的操作数量，包括进出口作业量、开关舱盖数量、落地倒箱数量、船上倒箱数量，同时确定单台岸桥作业效率，计算出每条作业线的完工时间。最后，要对策划结果进行可行性检测。

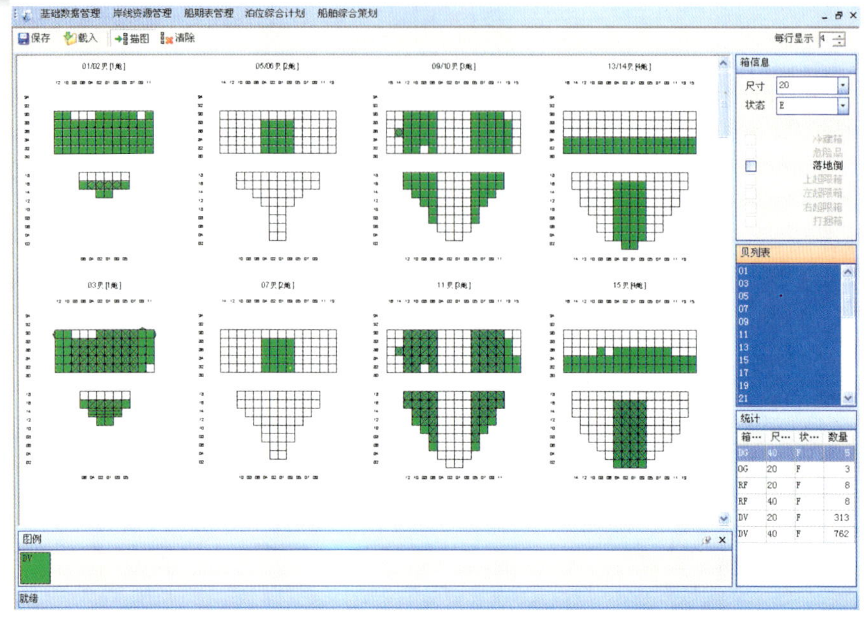


图 12-2-8　集装箱积、配载图输入图

5)作业说明

对在港集装箱船舶的作业安排,需要提出具体的说明和要求,一般包括:进出口箱量;危险货物箱、超限箱、冷藏箱等特种箱,超重货物、贵重货物、使领馆货物的作业规定以及与码头作业相关的提示信息。

6)气象预报

为作业部门提供本昼夜的气象信息,包括天气、风力、风向、最高气温、最低气温等。

上述工作完成后,即可生成航运作业计划,交生产调度部门执行。

泊位计划编制流程如图 12-2-9 所示。

2. 堆场作业计划的编制

堆场作业计划包括卸船场地计划、集港场地计划、场地及场地机械计划。

1)卸船场地计划

编制卸船场地计划主要依据由船舶代理提供的进口集装箱分尺码空重箱数,包括冷藏箱、危险货物箱、超限箱等特种箱箱量信息,安排的进口作业时间、作业开线量、进口空箱的分箱主流向、中转箱数量及流向信息、进口危险货物说明书。安排进口卸船场地,要有预见性,不能只考虑当前的船舶,还要考虑后续船舶作业对场地资源的需求。对于纵深小,场地容量不足的集装箱码头，合理安排场地使用，加快周转速度。

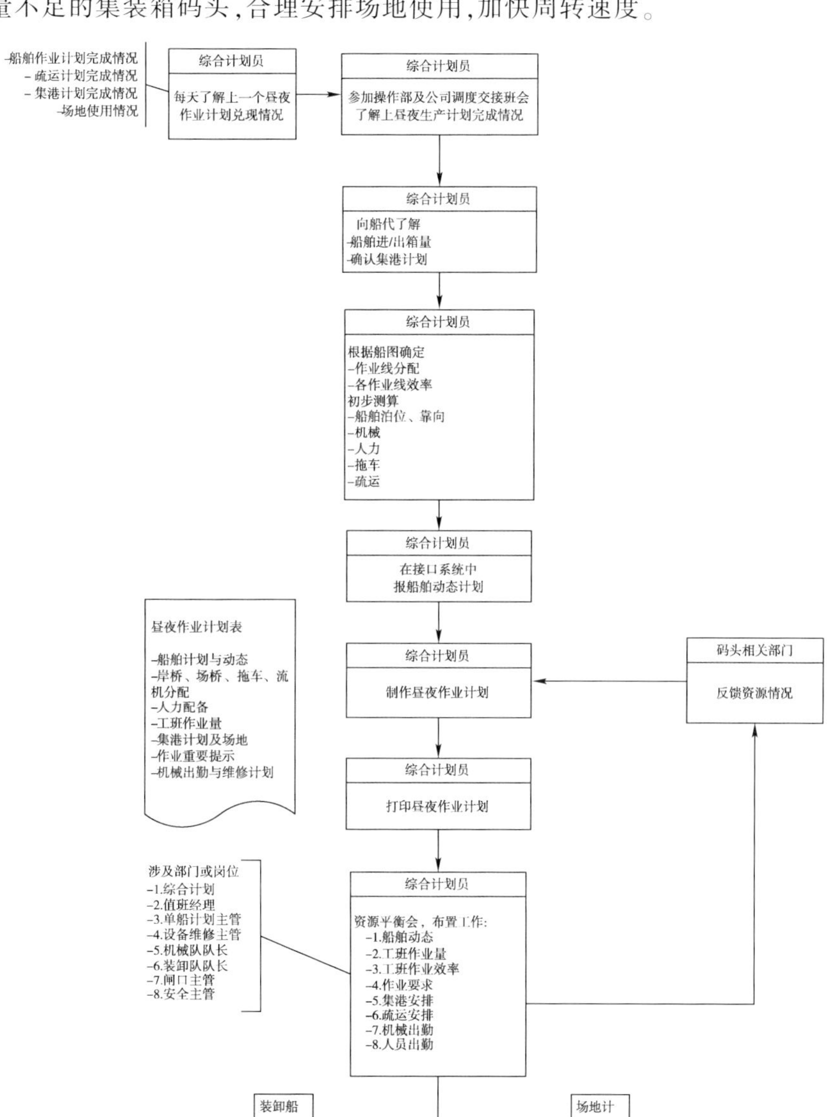


图 12-2-9　泊位计划编制流程图

堆场作业计划编制流程如图 12-2-10 所示。

2）集港场地计划

编制集港场地计划需要提前获取以下信息：分卸货港、分尺码、分空重出口集装箱箱数，出口装船作业线开线量，该航线在本码头集装箱配载

图中各卸货港货物的分布规律。

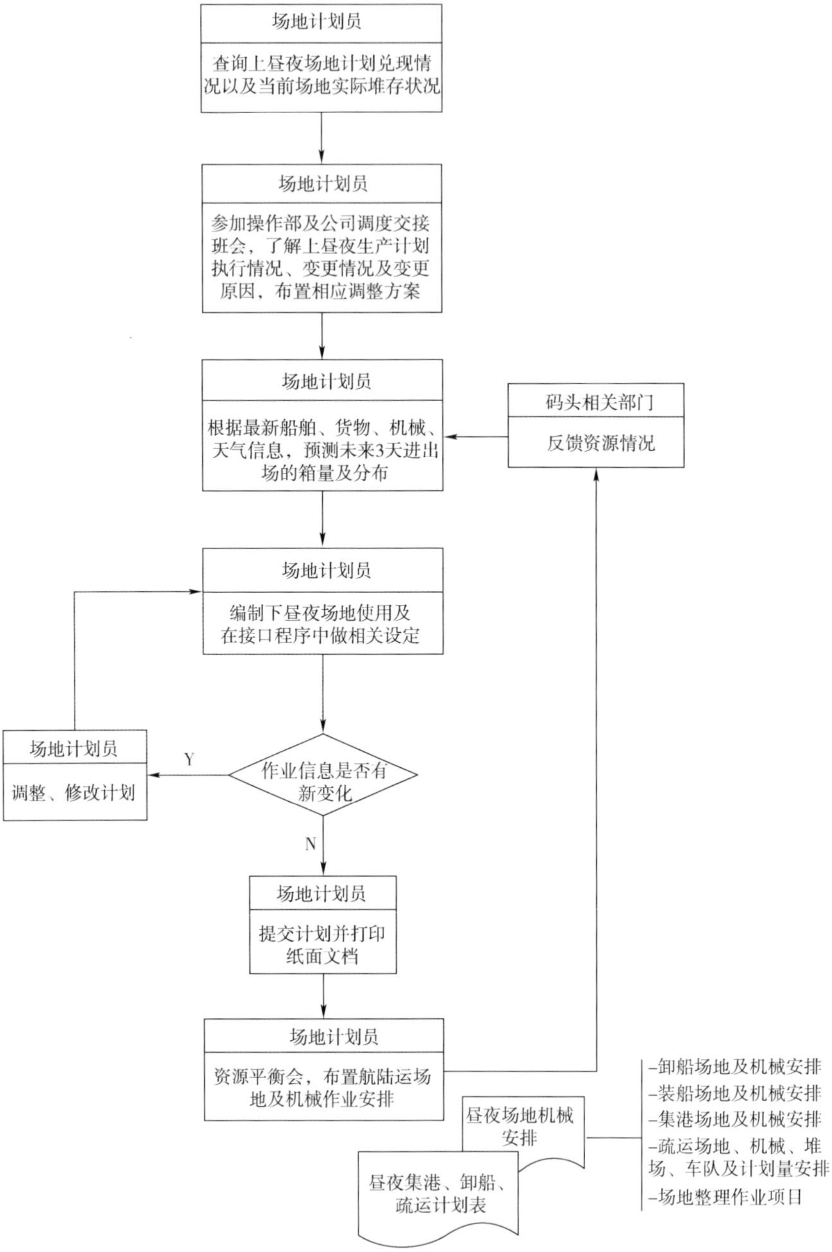

场地计划员
查询上昼夜场地计划兑现情况以及当前场地实际堆存状况

↓

场地计划员
参加操作部及公司调度交接班会，了解上昼夜生产计划执行情况、变更情况及变更原因，布置相应调整方案

↓

场地计划员
根据最新船舶、货物、机械、天气信息，预测未来3天进出场的箱量及分布

← 码头相关部门
反馈资源情况

↓

场地计划员
编制下昼夜场地使用及在接口程序中做相关设定

↓

作业信息是否有新变化

Y → 场地计划员
调整、修改计划（返回"编制下昼夜场地使用及在接口程序中做相关设定"）

N ↓

场地计划员
提交计划并打印纸面文档

↓

场地计划员
资源平衡会，布置航陆运场地及机械作业安排（→ 码头相关部门）

昼夜场地机械安排

昼夜集港、卸船、疏运计划表

-卸船场地及机械安排
-装船场地及机械安排
-集港场地及机械安排
-疏运场地、机械、堆场、车队及计划量安排
-场地整理作业项目

图 12-2-10　堆场作业计划编制流程图

根据出口装船作业线开线量，计算装船作业的场地机械数量，并分配场地区域。尽量使在一条作业线装船的出口集装箱集中在一个区域内。为避免装船作业过程中，不同作业线之间的互相干扰，每条作业线对应的场地区域应该保持适当的距离。集港场地滚动布置如图 12-2-11 所示。然后根据该航线在本码头集装箱配载图中各卸货港货物的分布规律安排出口场地。

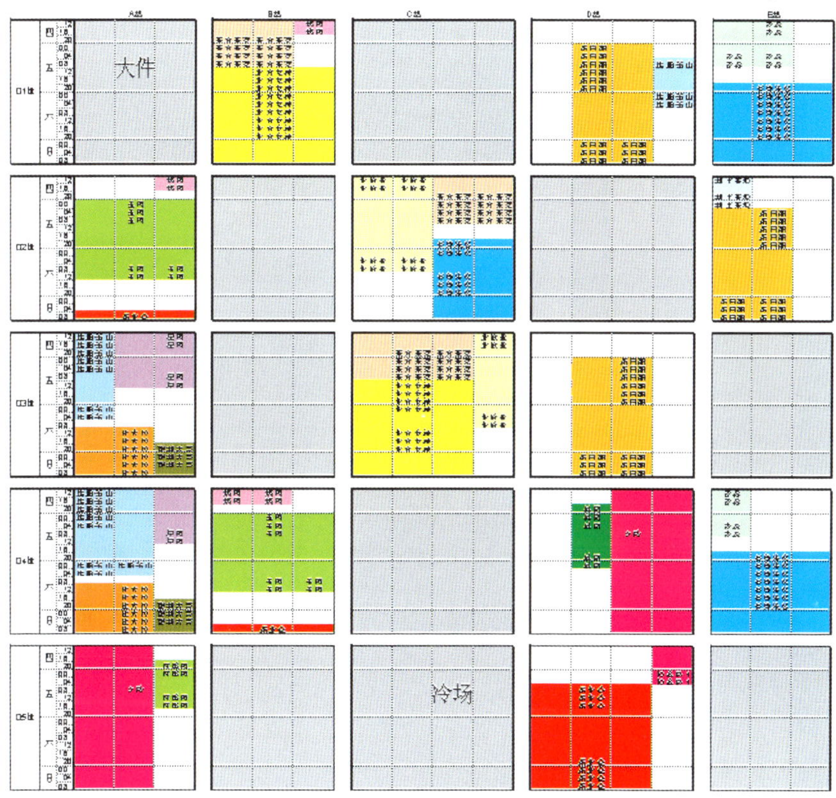


图 12-2-11 集港场地滚动布置图

3）场地及场地机械计划（见图 12-2-3）

4）确定提箱预约数

根据场地及场地机械窗口和航运作业计划预估各提箱场地提箱预约数，并进行数量设置，以便对提箱作业进行预控，避免暂时性的场地拥堵。

3. 疏运作业计划的编制

围绕航运作业计划，依据卸船、集港作业计划，充分考虑利用场地、机械作业间隙，确定提箱车队的作业拖挂车数量、作业时段、作业集装箱量，进行大票提箱、转栈作业。对于大票提箱的作业项目，首先在卸船前要了解箱的流向及承运的车队、堆场，卸船后及时催提并制定相应的作业计划。对于临时大票提箱应及时进行沟通,避免与已制定的其他计划作业冲突。疏运作业计划如图 12-2-12 所示。

疏运作业计划表

2007年04月16日2000至2007年04月17日2000

| 疏运项目 | | 船名航次 | 总箱量 | | 分布 | | 2000-0800 | | 0800-2000 | | 订单号 | 备注 | 到期日 | 作业记录 |
|---|---|---|---|---|---|---|---|---|---|---|---|---|---|---|
| | | | 20' | 40' | 场地 | 箱量 | 作业时段 | 计划箱量 | 作业时段 | 计划箱量 | | | | |
| 摆空 | 环世/沧州 | 长能 | 32 | 0 | 01F | 32 | 0100-0700 | 32 | | | E115083554 | | 4.17 | |
| 摆空 | 集散/双龙、沧州 | 达飞巴尔扎克 | 215 | 315 | 01C | 37 | 2000-0700 | 20 | | | K14081918 | 箱量一同考核 | 4.17 | |
| | | | | | 01D | 340 | 0000-0700 | 20 | 1600-1900 | 20 | | | | |
| | | | | | 02B | 104 | 0100-0700 | 20 | 1600-1900 | 20 | | | | |
| | | | | | 03E | 29 | | | 0800-1200 | 29 | | | | |
| | | | | | 05B | 20 | 0000-0700 | 20 | 0800-1100 | 20 | | | | |
| 摆空 | 振华/振华 | 美海角 | 10 | 105 | 01C | 9 | 2000-0700 | 9 | | | K16100922 | | 4.18 | |
| | | | | | 01F | 85 | 0100-0700 | 10 | | | | | | |
| | | | | | 04D | 21 | 0200-0700 | 10 | 0800-1900 | 11 | | | | |
| 船放 | 振华/振华 | 日邮维佳 | 200 | 288 | 01F | 488 | 2000-0700 | 200 | | | K16121026 | 箱量一同考核 | 4.19 | |
| 摆空 | 振华/振华 | 中国之星 | 13 | 197 | 01C | 99 | 2000-0700 | 10 | 0800-1100 | 50 | K15119511 | | 4.16 | |
| | | | | | 02B | 16 | 0100-0700 | 16 | | | | | | |
| | | | | | 02D | 22 | 2000-0700 | 10 | 0800-1100 | 12 | | | | |
| | | | | | 03B | 51 | 0100-0700 | 10 | | | | | | |
| | | | | | 04C | 22 | 0200-0700 | 10 | 0800-1100 | 12 | | | | |
| 摆空 | 贵隆/贵隆 | 新湛江 | 59 | 0 | 01F | 23 | 0000-0700 | 23 | | | E115105350 | | 4.17 | |
| | | | | | 06F | 36 | 0000-0700 | 36 | | | | | | |
| 摆空 | 中储/路航 | 新湛江 | 156 | 0 | 04C | 49 | 0100-0700 | 49 | | | E115141607 | | 4.17 | |
| | | | | | 04F | 32 | 0000-0700 | 30 | | | | | | |
| | | | | | 06F | 37 | 0000-0700 | 30 | | | | | | |
| | | | | | 01F | 14 | 0000-0700 | 10 | | | | | | |
| 转栈 | 物捷/港储 | 英迪拉甘地 | 109 | 37 | 02D | 21 | 2000-0700 | 21 | | | Z16150313 | | 4.17 | |
| | | | | | 03B | 50 | 0000-0700 | 20 | | | | | | |
| | | | | | 05E | 75 | 0000-0700 | 20 | 1600-1900 | 50 | | | | |
| | | 中国之星 | 99 | 11 | 01C | 34 | 2000-0700 | 34 | | | Z16145512 | 箱量一同考核 | 4.17 | |
| | | | | | 02D | 26 | 2000-0700 | 26 | | | | | | |
| | | | | | 03B | 26 | 0000-0700 | 26 | | | | | | |
| | | | | | 04C | 24 | 0200-0700 | 24 | | | | | | |
| | | 美海角 | 87 | 119 | 01C | 45 | 2000-0700 | 20 | | | Z16144657 | | 4.18 | |
| | | | | | 04D | 141 | 0200-0700 | 20 | 0800-1900 | 120 | | | | |
| | | | | | 05E | 20 | 0000-0700 | 20 | | | | | | |
| | | 达飞巴尔扎克 | 8 | 29 | 03E | 37 | | | 0800-1900 | 37 | Z15081703 | | 4.17 | |

图 12-2-12 疏运作业计划图

在航运、场地、疏运作业计划编制完成之后,经审核签认生效。

### 四、昼夜作业计划执行情况的评估

对昼夜作业计划执行情况的评估是集装箱码头每天早晨调度会的主要内容,包括:船舶动态兑现、航运工班计划兑现、集疏运计划兑现、机械设备运行及出勤等情况。

## 第三节 集装箱码头单船作业计划的编制

集装箱码头单船作业计划分为进口卸船计划和出口装船计划。单船作业计划的编制质量要符合安全性、正确性、及时性、操作性及规范性等几个方面的要求。

### 一、集装箱码头进口卸船计划的编制

根据昼夜作业计划和船公司、船舶代理通过 EDI 提供的集装箱积载图、舱单等信息编制进口卸船计划。其主要内容为:

(1)接收进口集装箱电子数据。

(2)对集装箱积载图和进口舱单进行格式校验。

(3)导入进口电子舱单和电子集装箱积载图报文数据,依据昼夜作业计划分配作业线,制订卸船顺序表。

(4)通过系统统计进口集装箱明细。

(5)根据昼夜作业计划的卸船场地安排、场地机械数量的配备情况具体策划作业船舶的卸船场地。

(6)监控作业过程中出现的溢卸或短卸,及时联系船舶代理进行更正。

进口卸船作业完工后,制作各类进口作业签证单,并与船方大副或货管人员签字确认。将本航次各类纸面进口单据按照规范整理后存档,对于电子文档,核对无误后存入数据库。

进口卸船作业计划的编制流程见图 12-3-1。

## 二、集装箱码头出口装船计划的编制

1. 编制出口装船计划的依据

(1)出口装载清单。出口装载清单的内容包括集装箱箱号、卸货港、目的地、尺码、箱型、空重状态、装货货名、件数、包装类型、货物净重、箱体重量、整箱重量、危险货物等级、制冷温度、超限距离等。目前,出口装载清单多数以 EDI 方式传输。

(2)场站收据,通常一式 10 联(具体内容参见第十一章有关内容)。

(3)出口集装箱堆场数据,包括船名、航次、集装箱箱号、尺码、箱型、集装箱箱体完好状态、整箱衡检重量、堆场堆码位置、铅封封号、集卡牌照号、进入闸口的日期时间、卸场的日期时间等。

(4)集装箱配载图,是由班轮公司预配中心或区域预配中心,根据航线各挂靠港的舱位分配情况和单航次在各港口出口集装箱的具体分卸货港箱数及特殊箱分港数,考虑集装箱码头装卸作业的开线量而编制的,按卸货港、尺码分类,标明不同类别集装箱装船在总贝位图积载位置的文件。集装箱配载图一般包括不同卸货港、不同尺寸的集装箱的积载位置,冷藏箱、超限箱以及不同等级的危险货物箱的积载位置。

(5)中转舱单,是准备装船的集装箱中属于中转部分的明细清单。中转舱单有时候也用进口卸船中转箱部分的进口舱单加盖船舶代理中转章代替。使用中转舱单具有下列功能:外贸中转舱单加盖海关出口放行章可以替代场站收据,起到证明海关出口放行的作用;内贸中转箱在同港但不同码头之间中转,中转舱单可作为从卸船码头提箱向装船码头集港的提箱依据;内贸中转箱在同港同一码头中转,中转舱单可作为码头箱务管理

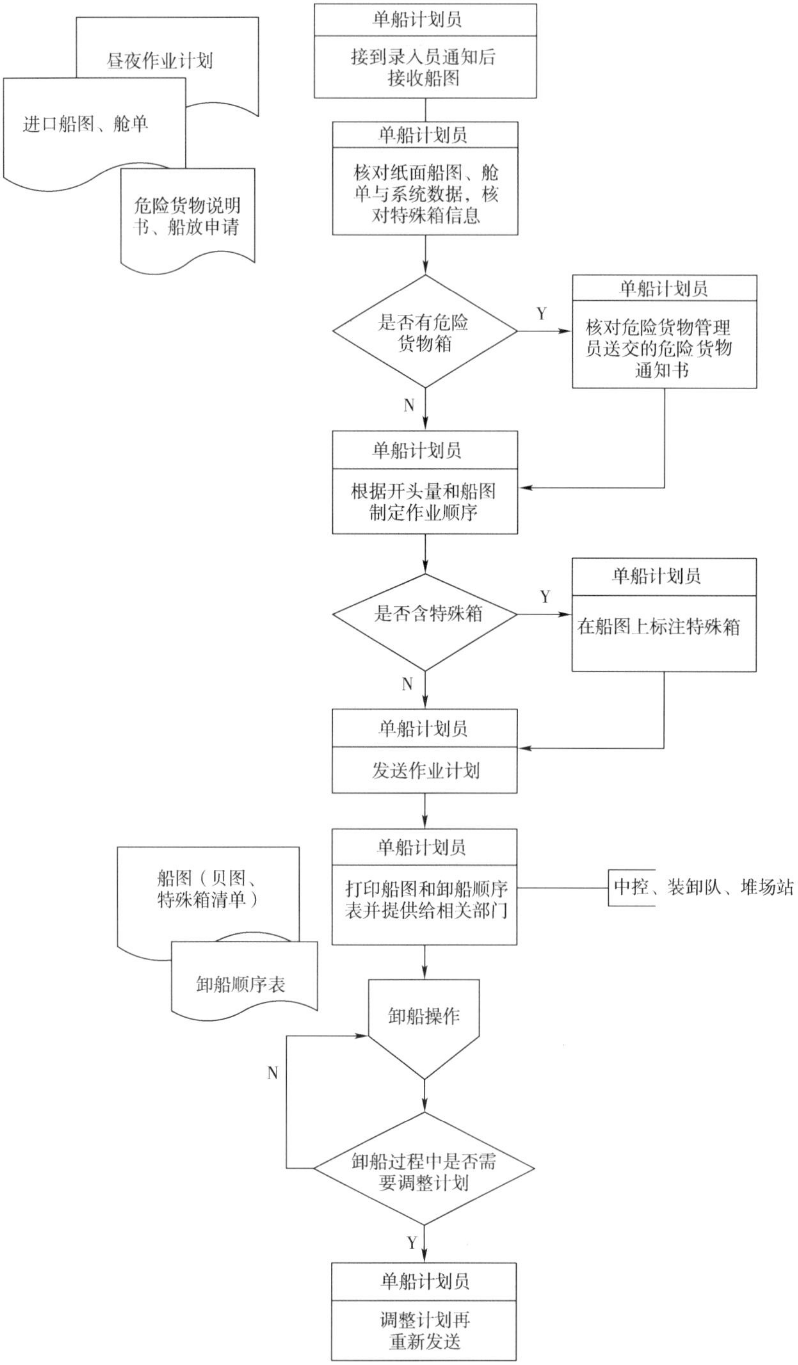

图 12-3-1　进口卸船作业计划编制流程图

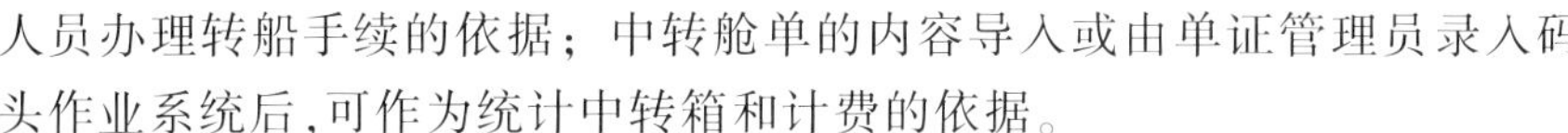

人员办理转船手续的依据；中转舱单的内容导入或由单证管理员录入码头作业系统后，可作为统计中转箱和计费的依据。

2. 出口装船计划的编制原则

(1)满足集装箱船舶的安全适航要求，包括船舶稳性、纵倾(吃水差)、横倾、舱底及甲板负荷、扭转力矩等，还要均匀分布货物重量，避免中拱或中垂。

(2)出口装船的集装箱货物必须通过海关放行，尤其注意核对拼箱货物。

(3)要求整票运输的出口集装箱货物不得分批。

(4)严格遵守集装箱配载图确定的港序，避免出现混港、压港。

(5)满足国际海事组织制定的《国际海运危险货物运输规则》关于危险货物隔离的规定，对集装箱配载图上标明的不同类别等级的危险货物箱的积载位置，不得随意改动。

(6)充分考虑昼夜作业计划对出口装船作业开线量的要求，积载过程中注意全船各条作业线同时在堆场取箱时的流量，避免在场地局部区域过于集中，造成场地作业机械之间以及拖挂车之间互相干扰。

(7)充分考虑降低场地作业机械水平移动及集装箱翻倒次数。

3. 出口装船计划的编制步骤

1)核对单据，确定分港数量，调整配载总图

集港结关后，需对出口装载清单、场站收据和出口集装箱堆场数据进行比对，即“三单核对”(对于内贸航线，不存在海关放行问题，只需要进行出口舱单和出口集装箱堆场数据之间的“两单核对”)，确定分港数量，据此与船方或班轮公司预配中心沟通，对集装箱配载总图进行调整。

2)制作出口分贝积载图

“三单核对”完毕，依据舱盖、滑道、转锁的形式，严格遵循安全适航原则、港序原则、危险货物隔离原则、作业线防冲突原则等积载原则，制作出口分贝积载图。

3)将出口分贝积载图提交船方确认

积载过程完毕，必须与船方共同完成核图过程。目前出口分贝积载图采取电子文档转换成船方计算机系统文件格式的方式进行确认。一般打印1份完整的纸面船图，记载可能发生的船图调整，核图后船方签字确认。船方对出口分贝积载图的检查核对是集装箱码头编制出口装船作业计划工序中十分重要的一环。

4)生成装船顺序表

船方签字确认后，生成装船顺序表供集装箱码头装卸作业人员组织

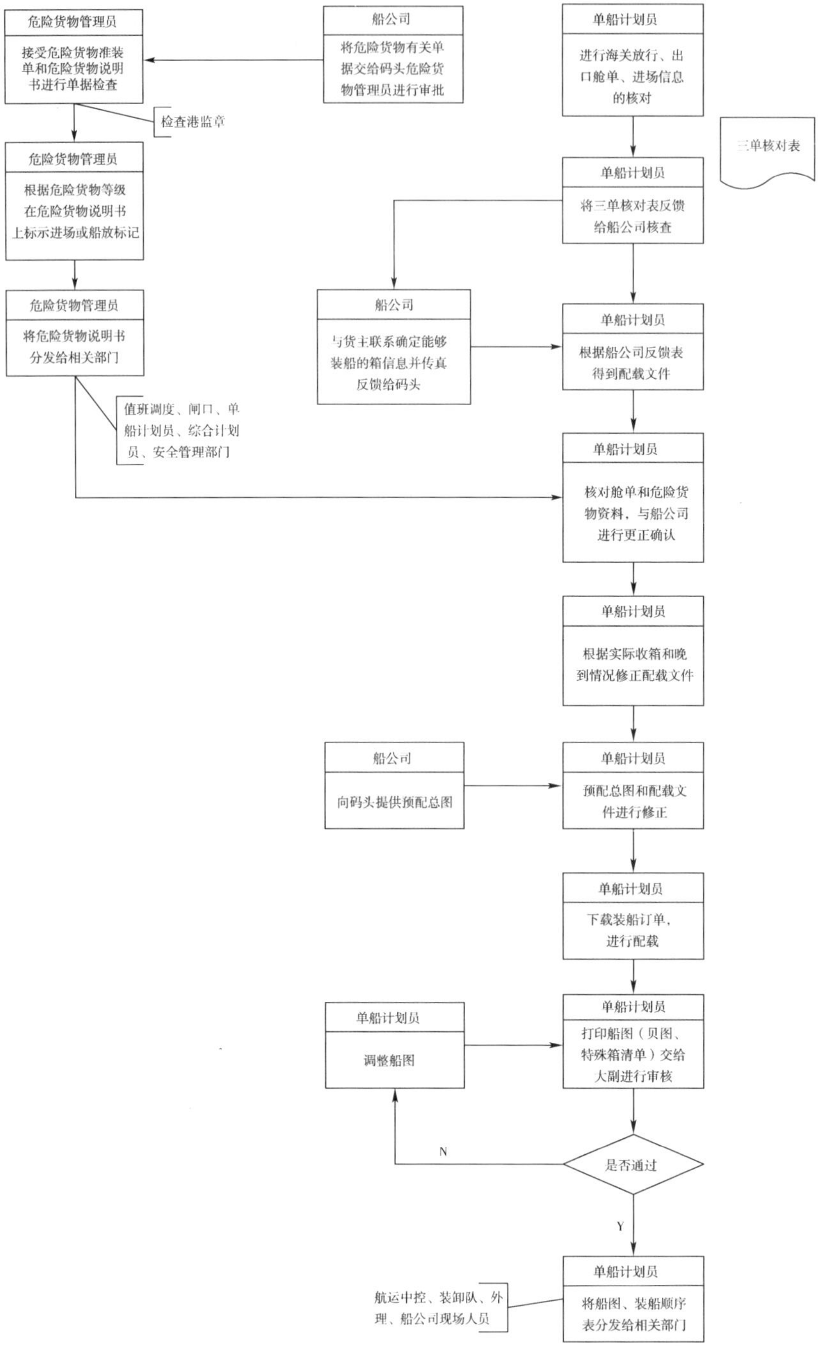

危险货物管理员
接受危险货物准装单和危险货物说明书进行单据检查

检查港监章

危险货物管理员
根据危险货物等级在危险货物说明书上标示进场或船放标记

危险货物管理员
将危险货物说明书分发给相关部门

值班调度、闸口、单船计划员、综合计划员、安全管理部门

船公司
将危险货物有关单据交给码头危险货物管理员进行审批

单船计划员
进行海关放行、出口舱单、进场信息的核对

三单核对表

单船计划员
将三单核对表反馈给船公司核查

船公司
与货主联系确定能够装船的箱信息并传真反馈给码头

单船计划员
根据船公司反馈表得到配载文件

单船计划员
核对舱单和危险货物资料，与船公司进行更正确认

单船计划员
根据实际收箱和晚到情况修正配载文件

船公司
向码头提供预配总图

单船计划员
预配总图和配载文件进行修正

单船计划员
下载装船订单，进行配载

单船计划员
打印船图（贝图、特殊箱清单）交给大副进行审核

单船计划员
调整船图

是否通过

N

Y

单船计划员
将船图、装船顺序表分发给相关部门

航运中控、装卸队、外理、船公司现场人员

图 12-3-2　出口装船作业计划的编制流程图

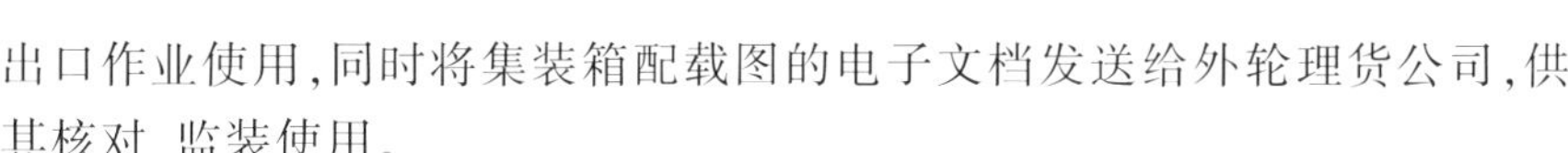

出口作业使用，同时将集装箱配载图的电子文档发送给外轮理货公司，供其核对、监装使用。

5）出口装船计划的整理与存档

出口装船开始，对作业过程进行必要的监控。依据作业中发生的临时变化，调整集装箱配载图。对于临时加载的集装箱，结合船舶装载要求，决定是否予以加载。出口作业完工前，要编制退关报告提供给班轮公司或船舶代理；编制退关箱清场清单交调度部门组织清场作业。装船作业结束时，填写各类船舶作业签证单，请船方签字确认，作为集装箱码头费收部门向船舶代理或班轮公司结费的依据。

出口装船作业计划的编制流程见图12-3-2。

## 第四节　现代集装箱码头生产指标

集装箱码头生产指标是一组反映码头装卸生产经营目标和生产经营活动状态的信息，由装卸工作量指标、装卸效率指标、船时量、车船作业停留时间指标、作业机械运行指标、堆场运用指标、泊位运用指标、驳运指标等组成。

码头生产指标按性质可以分为数量指标和质量指标两类。数量指标反映码头生产经营活动的规模和能力的水平，通常用绝对数表示，如吞吐量、操作量、堆存量、集卡流量、船舶艘数等。质量指标反映码头生产经营活动的效果和质量水平，通常用相对数、平均数(如比例、比值、百分比等)表示，如操作系数、船舶平均在港停时、泊位使用率、堆场使用率、机械使用率等。

### 一、集装箱码头吞吐量及装卸工作量指标

1. 吞吐量

吞吐量是码头指标体系中最重要的产量指标，是指经由水运运进、运出码头范围并经装卸的集装箱数量。分为进口吞吐量和出口吞吐量两个部分。

1）集装箱吞吐量的计算方法

（1）自本港装船运出码头的集装箱，计算为一次出口吞吐量。

（2）由水运运进本港卸下的集装箱，计算为一次进口吞吐量。

（3）由水运运进码头经卸下后又经水运装船运出的转口集装箱，分别按进口和出口各计算一次吞吐量。

(4)集装箱吞吐量必须以该船需要在本码头装卸的集装箱全部卸完或装妥并办完交接手续后一次进行统计。

2)不能计为集装箱吞吐量的情况

(1)自同一船舶运进码头、未经装卸又运出码头的集装箱(包括原驳换拖)。

(2)自同一船上卸下,随后又装到同一船上的集装箱,或装船后水运运出,又卸回本港的集装箱。

(3)本码头范围内的轮渡、短途运输集装箱以及为运输船舶装卸服务的驳运量和码头之间的驳运量。

在吞吐量统计中要对"转口吞吐量"和"船过船转口吞吐量"进行专门统计。转口吞吐量是指由水运运进码头,经装卸后又从水运运出码头的集装箱数量,它包括船—岸—船转口和船—船直接换装转口。这部分吞吐量是水水中转吞吐量。

吞吐量统计的截止时间,为报告期末当日的18点。也就是在这以前整船装毕或卸毕的船舶并办妥交接手续才能纳入本期完成的吞吐量,否则统计为下期完成的吞吐量。

根据交通部的规定,统计集装箱吞吐量的原始记录是集装箱交接清单或集装箱运单。

3)应根据不同目的分别统计集装箱吞吐量

集装箱吞吐量统计除按进口、出口、全港、本港等统计外,还应根据其他不同目的分别统计。

(1)按集装箱的贸易性质可以分为内贸吞吐量和外贸吞吐量。

内贸吞吐量是指国内贸易运进、运出港口并经装卸的集装箱数量,不包括香港、澳门与台湾地区;外贸集装箱吞吐量则是指我国内地与港、澳、台以及外国和地区之间贸易往来运进、运出港口并经装卸的集装箱数量,包括在我国港口中转的转口贸易集装箱。

(2)集装箱外贸吞吐量按承运船舶的国籍分为本国船和外国船。

(3)按集装箱所通过的码头泊位、浮筒等逐个统计。

集装箱吞吐量的统计除按重量吨统计(以吨为计量单位,集装箱的自重也计算在吞吐量中)外,还要按集装箱数量统计标准箱和自然箱。

集装箱吞吐量是集装箱码头的重要指标,它一方面反映了集装箱码头在国际上(或地区中)的地位,另一方面,它也是集装箱码头管理的目标,是码头硬件能力和经营管理水平综合作用的结果。在集装箱码头的计划体系中,吞吐量计划是一重要计划,其他计划的编制都以它为基础。在集装箱码头规划设计中,也是根据设计吞吐量来确定码头的规模。

2. 集装箱码头装卸工作量指标

1)装卸自然量

装卸自然量是指进、出码头并经装卸的物理数量，以标准箱(TEU)为计量单位，一个标准箱从进港到出港，不论经过几次操作，均只计算为一个装卸自然量。

装卸自然量和吞吐量一样都是集装箱码头装卸工作量的主要指标，它与吞吐量之间的主要区别是水水中转集装箱在集装箱码头进行换装作业时，每一装卸自然量计算为两个吞吐量，而水陆中转则统计为一个吞吐量。由于装卸自然量不随集装箱流程的变化而变化，因此用它作为计算集装箱码头装卸成本和其他一些指标的基础比吞吐量确切。

计算装卸自然量，一律在装船或装车出港时统计。这个统计方法首先是符合码头生产活动的特点，即当集装箱装运出港时才完成了码头的生产过程，才是一个完整的产品。同时，也可以促进集装箱码头不仅重视卸货，而且重视装货，有利于减少集装箱在库场的积压，保持集装箱码头的畅通。

2)操作量

操作量是指通过一个完整的操作过程所装卸、搬运的集装箱数量。在一个既定的操作过程中，一个标准集装箱不论经过几台机械的操作，也不论搬运距离的远近，是否有辅助作业，均只计算为一个操作量。

完整的操作过程，是指集装箱由某一运输工具(船或车)到另一运输工具(车或船)或库场，或由库场到运输工具或库场的整个装卸搬运过程。它是由装卸、水平运输、库场内等若干道工序组成。操作量是反映码头装卸工作量大小的数量指标。统计时根据报告期实际累计确定。

3)操作系数

每一个集装箱通过码头时由于其经过的流程不同而产生不同的操作量，操作量的多少并不真实反映社会效果。在装卸自然量一定的条件下，操作量越多，劳动消耗也就越多，而管理工作总是力求用最少的劳动消耗来取得最大的经济效果。为此，在指标体系中设置了操作系数这个指标。

操作系数是操作量之和与相应的集装箱装卸自然量之比。它用以测定每集装箱在本码头内的平均操作次数，它是考核集装箱码头装卸工作组织完善程度的主要质量指标之一。其计算公式为：

$$K_{操}=\frac{Q_{操}}{Q_{自}}$$

式中：$K_{操}$——操作系数；

$Q_{操}$——操作量；

$Q_{自}$——装卸自然量。

目前，操作系数一般大于1。在一般情况下，操作系数越低，码头完成换装作业所需要的劳动量越少，成本越低。

## 二、集装箱码头装卸效率及装卸工日产量指标

1. 装卸工时效率指标

装卸工时效率是指装卸工人（包括装卸司机及其助手）平均1小时所完成的操作量，它是反映码头装卸劳动生产率的指标之一。其计算公式为：

$$P_{工时}=\frac{Q_{操}}{N_{工时}} \quad (操作箱/工时)$$

式中：$P_{工时}$——装卸工时效率；

$Q_{操}$——与装卸工时相对应的操作量；

$N_{工时}$——装卸工时数。

2. 装卸工日产量指标

装卸工日产量指标是指装卸工人（包括装卸司机及其助手）平均每个装卸工作日所完成的操作量，它也是反映码头装卸劳动生产率的指标之一。其计算公式为：

$$P_{工日}=\frac{Q_{操}}{N_{工日}} \quad (操作箱/工日)$$

式中：$P_{工日}$——装卸工日产量；

$Q_{操}$——与装卸工日相对应的操作量；

$N_{工日}$——装卸实际工日数。

## 三、集装箱码头船、车在港停留时间指标

1. 船舶在港停留时间指标（以下简称"船舶在港停时"）

船舶在港停时的计算单位为：艘天或艘时。船舶在港停时统计的截止时间，一律为月、季、年末最后一天的18点。凡18点前装卸完毕，且已发航的船舶，均统计在本报告期内。18点以前虽然已装卸完毕，但尚未发航的船舶，则不统计在本报告期内。

船舶在港停时的起讫时间按以下规定计算：

船舶进港直接靠码头时，从靠好码头系妥第一根缆绳时起到装卸集装箱完毕解下最后一根缆绳时止。

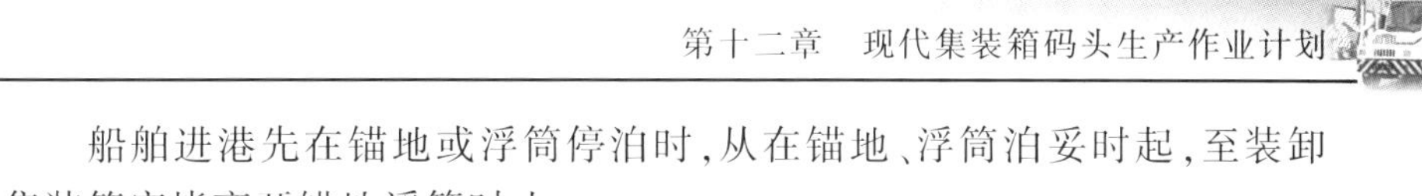


船舶进港先在锚地或浮筒停泊时,从在锚地、浮筒泊妥时起,至装卸集装箱完毕离开锚地浮筒时止。

在港停泊处于非营运状态的船舶,其停泊时间不作统计。

1)船舶在港停泊时间的组成

船舶在港停泊时间由生产性停泊时间、非生产性停泊时间和自然因素引起的停泊时间三个部分组成。

(1)生产性停泊时间

生产性停泊时间包括装卸作业时间、技术作业时间、移泊时间及其他生产性停泊时间。

①装卸作业时间。包括装卸集装箱(包括补给船用燃、物料)以及装卸前后的拆打加固、开关舱盖等辅助作业时间。

②技术作业时间。包括拖驳运输船舶的编、解船队时间。

③移泊时间,指装卸作业计划中规定或因码头条件限制,必须从某一泊位移至另一泊位的时间。

④其他生产性停泊时间,指不属于上述各种原因的生产性停泊时间,如船舶联检、交接班时间等所造成的停泊时间。

(2)非生产性停泊时间

指由于装卸组织、运输工作不善,或因货物不能按时集中等运输生产过程所造成的停泊时间,按其生产原因可分为:

①港方原因。包括因港方责任所造成的码头能力不足或调度不当,致使船舶等泊位、等库场、等人机、等港作拖驳船以及因码头装卸机具故障等造成的停泊时间。

②船方原因。包括因船方责任造成的等候集装箱积载图(配载图)、等船员以及船上机具发生故障等造成船舶无法连续作业的停泊时间。

③自然因素引起的停泊时间。指因自然因素影响而造成的停泊时间,包括风、雾、雨、雪而不能作业,高温、候潮进出港等造成的停泊时间等。

2)船舶在港停留时间的主要指标

(1)船舶平均每艘次在港停泊天数

船舶平均每艘次在港停泊天数是指船舶从进港时起到出港时止的平均每艘船舶在港停泊时间。其计算公式为:

$$\overline{T}_{次} = \frac{\sum T_{停i}}{N_{次}} \quad (天)$$

式中:$\overline{T}_{次}$——船舶平均每次在港停泊天数;

$\sum T_{停i}$——船舶停泊总艘天数;

$N_{次}$——船舶停泊总艘次数,即船舶在港停泊艘次的总和。

一艘船舶从进港起到出港时止,无论是装或卸,或是又装又卸,也无论移泊次数多少,都只计算为一个停泊艘次。

(2)船舶平均每次作业在港停时

船舶平均每次作业在港停时是指船舶从进港时起到出港时止平均每艘船舶每次作业在港的停泊时间。其计算公式为:

$$\overline{T}_{作次}=\frac{\sum T_{作停i}}{N_{作次}}\qquad(小时)$$

式中:$\overline{T}_{作次}$——船舶平均每次作业停时;

$\sum T_{作停i}$——船舶在港作业停泊总时间;

$N_{作次}$——船舶在港作业总艘次数,即船舶在港装卸次数的总和。

一艘船在港单装或单卸都计算为一个作业艘次,卸后又装的双重作业则计算为两个作业艘次。

(3)船舶平均每装卸千标准箱在港停泊时间

船舶平均每装卸千标准箱在港停泊时间是指在港停泊船舶平均每千标准箱所消耗的属码头责任的停泊时间,其计算公式为:

$$\overline{T}_{千}=\frac{\sum T_{千}}{\sum Q_{船\cdot装卸}}\times 1\,000\qquad(天)$$

式中:$\overline{T}_{千}$——船舶平均每装卸千标准箱在港停泊时间;

$\sum T_{千}$——计算千标准箱停时艘天,等于生产性停泊时间与码头原因造成的非生产性停泊时间之和;

$\sum Q_{船\cdot装卸}$——装卸船舶标准箱数之和。

(4)平均每艘船舶载箱量

平均每艘船舶载箱量是指来港停泊装卸的船舶平均定额载箱量,其计算公式为:

$$\overline{D}_{船}=\frac{\sum D_{船}}{N_{次}}\qquad(TEU)$$

式中：$\overline{D}_{船}$——平均每艘船舶载箱量(TEU)；

$\sum D_{船}$——全部抵港船定额载箱量之和(TEU)；

$N_{次}$——船舶停泊总艘次数，即船舶在港停泊艘次的总和。

(5)平均每次作业船舶载箱量

平均每次作业船舶载箱量是指抵港停泊装卸的船舶，平均每作业艘次的定额载箱量，其计算公式为：

$$\overline{D}_{船\cdot次}=\frac{\sum D_{船}}{N_{作\cdot次}}\qquad(\text{TEU})$$

式中：$\overline{D}_{船\cdot次}$——平均每次作业船舶载箱量(TEU)；

$\sum D_{船}$——所有抵港船定额载箱量之和(TEU)；

$N_{作\cdot次}$——船舶在港作业总艘次数，即船舶在港装卸次数的总和。

(6)平均每艘船舶装卸集装箱标准箱数

平均每艘船舶装卸集装箱标准箱数是指抵港停泊装卸的船舶，平均每艘次装卸集装箱标准箱数，其计算公式为:

$$\overline{Q}_{船\cdot装卸}=\frac{\sum Q_{船\cdot装卸}}{N_{次}}\qquad(\text{TEU})$$

式中：$\overline{Q}_{船\cdot装卸}$——平均每艘船舶装卸集装箱标准箱数(TEU)；

$\sum Q_{船\cdot装卸}$——抵港船舶装卸集装箱标准箱数总和(TEU)；

$N_{次}$——船舶停泊总艘次数，即船舶在港停泊艘次的总和。

(7)平均每次作业装卸集装箱标准箱数

平均每次作业装卸集装箱标准箱数是指抵港停泊装卸的船舶，平均每次作业装卸集装箱的标准箱数，其计算公式为：

$$\overline{Q}_{船\cdot装卸\cdot次}=\frac{\sum Q_{船\cdot装卸}}{N_{作\cdot次}}\qquad(\text{TEU})$$

式中：$\overline{Q}_{船\cdot装卸\cdot次}$——平均每次作业装卸集装箱标准箱数(TEU)；

$\sum Q_{船\cdot装卸}$——抵港船舶装卸集装箱标准箱数总和(TEU)；

$N_{作\cdot次}$——船舶在港作业总艘次数，即船舶在港装卸次数的总和。

(8)平均船时量

平均船时量是指抵港停泊装卸的船舶，平均每小时装卸的集装箱箱数，其计算公式为:

$$\overline{P}_{船\cdot时}=\frac{\sum Q_{船\cdot装卸}}{\sum T_{总}} \qquad (UNIT/艘时)$$

式中：$\overline{P}_{船\cdot时}$——平均船时量（UNIT/艘时）；

$\sum Q_{船\cdot装卸}$——抵港船舶装卸集装箱数总和（UNIT）；

$\sum T_{总}$——船舶在港作业总艘时数。

(9)平均舱时量

平均舱时量是指在港停泊装卸的船舶平均每一舱口（每条作业线）1小时所装卸的集装箱数，其计算公式为：

$$\overline{P}_{舱\cdot时}=\frac{\sum Q_{船\cdot装卸}}{\sum T_{舱}} \qquad (UNIT/舱时)$$

式中：$\overline{P}_{舱\cdot时}$——平均舱时量（UNIT/舱时）；

$\sum Q_{船\cdot装卸}$——抵港船舶装卸集装箱标准箱数总和（UNIT）；

$\sum T_{舱}$——船舶在港作业总舱时数。

2. 铁路货车在港停留时间指标

1)火车日均到港车数

日均到港车数是反映铁路每天平均送到集装箱码头铁路专用线的车辆数，其计算公式为：

$$\overline{N}_{日\cdot车}=\frac{\sum N_{车}}{T_{日}} \qquad (车)$$

式中：$\overline{N}_{日\cdot车}$——日均到港车数，应分别按重车、空车计算；

$\sum N_{车}$——报告期送到码头铁路专用线的车辆数，要分别按重车、空车统计；

$T_{日}$——报告期日历天数。

2)火车平均一次作业在港停留时间

平均一次作业在港停留时间是反映铁路货车在港停留时间的指标，是指报告期内已发出车辆，在港口集装箱码头铁路专用线上，平均每辆车每次作业所停留的时间，其计算公式为：

$$\overline{T}_{车\cdot次}=\frac{\sum T_{车\cdot时}}{T_{作\cdot次}} \qquad (小时)$$

式中：$\overline{T}_{车·次}$——平均一次作业在港停留时间(小时)；

$\sum T_{车·时}$——总停留车时数，是指报告期在港车辆停留小时的累计数；

$T_{作·次}$——作业车次数，指装车数和卸车数的总和，即装(或卸)一辆车计算为一个作业车次，同一辆车卸货后又装货的车称为双重作业，计算为两个作业车次。

总停留车时数的计算方法视港口有无调车机车而不同。对有调车机车的港口，其总停留车时的计算，是从铁路将车辆送至路港交接线，路港货三方检验车体或箱体，办妥交接手续起，至装卸作业完毕，港方将车辆送到路港交接线，办理完交接手续时止。它包括解体、编组、接运车辆的运转技术作业时间、辅助作业时间、待装卸时间和装卸作业时间。

对没有调车机车的港口，其总停留车时数的计算，应从铁路将车辆送到码头装卸线摘完钩时起，至装卸作业完毕，关好车门、捆绑完毕、清理好列车两旁安全通道时止。它包括装卸作业时间和等待装卸作业时间。

3)日均装(卸)火车数

日均装(卸)火车数是指平均每天装火车数、平均每天卸火车数及每天既装又卸火车数，其计算公式为：

$$\overline{N}_{日·装}=\frac{\sum N_{日·装}}{T_{日}}\quad(车)$$

$$\overline{N}_{日·卸}=\frac{\sum N_{日·卸}}{T_{日}}\quad(车)$$

$$\overline{N}_{日·装卸}=\overline{N}_{日·装}+\overline{N}_{日·卸}=\frac{N_{日·装}+N_{日·卸}}{T_{日}}=\frac{\sum N_{日·装卸}}{T_{日}}$$

式中：$\overline{N}_{日·装}$，$\overline{N}_{日·卸}$，$\overline{N}_{日·装卸}$——平均日装车数，平均日卸车数，平均日装卸车数；

$\sum N_{日·装}$，$\sum N_{日·卸}$——报告期装车或卸车数累计；

$T_{日}$——报告期日历天数。

## 四、集装箱码头生产设施运用指标

### 1. 码头泊位运用指标

反映码头泊位使用情况的指标有泊位占用率与泊位作业率。

1)泊位占用率

泊位占用率是指泊位占用时间占日历泊位小时数的比重,它反映码头泊位停靠船舶综合利用的程度,其计算公式为:

$$K_{泊·占}=T_{泊·占}/T_{泊·日}\times100\%$$

式中:$K_{泊·占}$——泊位占用率;

$T_{泊·占}$——指停靠船舶(包括运输船舶和非运输船舶)占用的时间,包括装卸时间和非装卸时间;

$T_{泊·日}$——日历泊位小时数,指生产用各泊位在册日历小时数的总和。

泊位占用时间应从船舶靠码头系妥第一根缆绳时起,计算到船舶离码头解完最后一根缆绳时止。当一个泊位停靠两艘及以上船舶时,其泊位占用时间的计算,应从第一艘船靠码头起,至最后一艘船离码头时止。停泊外侧的船一律不计算泊位占用率。

2)泊位作业率

泊位作业率是指泊位作业时间占泊位日历小时数的比重,它反映码头泊位停靠船舶进行装卸作业的使用情况,其计算公式为:

$$K_{泊·作}=T_{泊·作}/T_{泊·日}\times100\%$$

式中:$K_{泊·作}$——泊位作业率;

$T_{泊·作}$——泊位作业总时间;

$T_{泊·日}$——泊位日历小时总数。

泊位作业时间是指泊位进行装卸作业的时间,包括装卸前后的准备、结束时间,实际装卸时间,补给供应及其他作业时间,单位为泊位小时。

2. 库场运用指标

(1)堆存集装箱标准箱数。它是指堆场(仓库)实际堆存的集装箱标准箱数(货物吨数),是期初结存集装箱标准箱数(货物吨数)与报告期进场(仓库)集装箱标准箱数(货物吨数)之和。

(2)进场(库)集装箱标准箱数(货物吨数)。它是指进入堆场(仓库)堆存的集装箱标准箱数(货物吨数)。它与装卸自然量的比值就是入场(入库)系数,是计算码头通过能力和确定码头库场规模的重要依据。

(3)出场(库)集装箱标准箱数(货物吨数),是指堆存后出堆场(仓库)的集装箱标准箱数(货物吨数)。

(4)结存集装箱标准箱数(货物吨数),是指报告期末堆场(仓库)实际结存的集装箱标准箱数(货物吨数)。

(5)集装箱堆存标准箱天数,是指堆场(仓库)堆存集装箱标准箱数(货物吨数)与其堆存天数的乘积之总和。

(6)平均容量。堆场、仓库平均每天所拥有的堆存能力,其计算公式为:

$$\overline{Q}_{场\cdot存}=\frac{\sum Q_{场\cdot存\cdot日}}{T_{日}}\qquad(TEU)$$

$$\overline{Q}_{库\cdot存}=\frac{\sum Q_{库\cdot存\cdot日}}{T_{日}}\quad或\quad\overline{Q}_{库\cdot存}=\frac{\sum(A_{库}\times P_{堆})}{T_{日}}\qquad(t)$$

式中：　$\overline{Q}_{场\cdot存}$,$\overline{Q}_{库\cdot存}$——平均场、库容量；

$\sum Q_{场\cdot存\cdot日}$,$\sum Q_{库\cdot存\cdot日}$——每天场或库容量之总和(TEU 或 t)；

$T_{日}$——日历天数；

$A_{库}$——仓库(堆场)有效面积($m^2$),是指实际可以堆存货物的面积；

$P_{堆}$——仓库(堆场)单位面积堆存定额($t/m^2$),是指每平方米面积堆存的货物吨数,它分为技术定额和使用定额两种,技术定额是根据仓库(堆场)结构强度允许堆存的吨数,而使用定额是根据货物的情况、装卸工艺及安全操作规范确定的。

(7)平均堆存期,是指每标准箱(每吨货物)在堆场(仓库)平均堆存的天数,其计算公式为：

$$\overline{T}_{堆\cdot存}=\frac{N_{箱天(吨天)}}{Q_{堆}}\qquad(天)$$

式中：$\overline{T}_{堆\cdot存}$——集装箱(货物)平均堆存期(天)；

$N_{箱天(吨天)}$——集装箱(货物)堆存箱天数(吨天数)：

$$N_{箱天(吨天)}=\sum Q_{结}+\sum Q_{出}$$

其中：$Q_{结}$为每天结存标箱数(吨数),$Q_{出}$为每天出场(库)标准箱数(吨数)；

$Q_{堆}$——堆存标准箱数(货物吨数)：

$$Q_{堆}=\sum Q_{结}+\sum Q_{进}$$

其中：$Q_{结}$为上期堆场(仓库)结存标准箱数(货物吨数)；

$\sum Q_{进}$为报告期内每天进堆场(仓库)标准箱数(货物吨数)之总和。

(8)堆场(仓库)运用率。反映堆场(仓库)容量利用程度的指标,其计算公式为:

$$K_{堆(库)运}=\frac{\overline{Q}_{堆}}{Q_{容}}\times100\%$$

式中：$K_{堆(库)运}$——堆场(仓库)运用率；

$\overline{Q}_{堆}$——平均每天堆存标准箱数(货物吨数)，它的计算公式为：

$$\overline{Q}_{堆}=\frac{N_{箱天(吨天)}}{T_{日}}$$

(9)容量周转次数，是反映堆场(仓库)容量利用情况的另一指标，是堆场(仓库)单位容量平均堆存的标准箱数(货物吨数)，其计算公式为：

$$N_{容}=\frac{Q_{堆}}{Q_{容}}=\frac{T_{日}}{T_{堆\cdot 存}}\times K_{堆(库)运}$$

# 第十三章 现代集装箱码头生产作业管理

集装箱码头装卸船作业、堆场作业是集装箱码头最主要也是最基本的生产作业活动,本章以集装箱装卸作业、装卸船作业过程控制以及集装箱在码头堆场的操作为主要内容从作业管理的角度进行阐述。

## 第一节 集装箱码头生产作业管理概述

### 一、作业管理

1. 作业管理的概念及作用

作业管理是指对码头生产作业全过程进行统一的指挥、协调和监控,是码头生产作业计划正常、有序实施的关键。其重要作用是执行码头生产作业计划,并不断完善计划,对码头生产作业及经营活动进行连续的、不停顿的组织、指挥、衔接、协调和平衡,在安全优质的基础上保证码头生产作业计划的全面完成。

现代集装箱码头作业管理模式随着管理科学、信息技术的发展不断进步。当前,世界主要集装箱码头的作业管理模式已由最初的以"现场指挥"为核心,发展到以"实时生产控制管理系统"为基础、以"集中实时控制"为特点的阶段,提高了集装箱码头生产资源的使用效率,降低了运营成本。未来集装箱码头作业管理模式的发展方向将是以作业计划环节和执行环节高度融合、统一为特征的"实时计划"时期,在这一时期,集装箱码头的资源使用效率和经营效益将进一步得到提高。

2. 作业管理的要求与任务

1)码头生产作业管理的要求

作业管理依据码头生产作业计划和集装箱码头内外各种实际情况的

变化,科学合理地调节、配置各生产要素,使码头生产持续、均衡地进行。其具体要求是:

(1)预见性

影响码头装卸生产作业过程的因素很多,如天气变化、设备故障、船公司调整装载计划、作业事故等,这些因素将会打断生产作业的连续性,使生产过程出现迟滞从而导致生产计划不能兑现。因此,预见性是指对作业进程的预先估计,对当前作业态势的分析以及突发事件对作业结果影响度的判断力。预见性反映在两个方面:一是将要采取的纠正措施以及消除影响或潜在影响生产不良因素的能力;二是可能采取的预防措施及有效应急预案与响应以避免或降低突发事件对作业过程影响的能力。

(2)计划性

计划性是作业管理的基础和前提,作业管理部门要围绕码头生产作业计划的目标,在作业过程中通过灵活机动地控制和指挥,保证码头生产作业计划的兑现。一方面是要忠实地执行计划;另一方面是当作业环境、作业进程发生计划外的变化时,要积极调整作业方案,使计划目标得以实现。

(3)集中性

作业主管部门是集装箱码头中对生产经营活动进行统一指挥的中心,应具有高度的集中性、权威性。决策层形成的有关码头生产作业的各项决议、措施及其他要求,均应由作业主管部门及时布置下达并组织实施,这是由集装箱码头生产连续性、时效性的特点决定的。

(4)及时性

及时性是作业各单位发现问题要迅速,信息反馈要及时,解决问题要果断。无论是生产作业的组织、生产环节的衔接,还是装卸效率的提高、船舶在港停时的缩短,都要体现时间观念。

(5)经常性

作业管理是一项昼夜连续不断的工作,要随时掌控各生产环节的进度、生产作业资源的运转、配置及工作情况、安全操作和质量情况,要经常不断地检查对决策层生产作业的指示和决定的执行情况,发现问题及时纠正。

(6)全面性

作业管理工作既要全面掌握集装箱码头内部资源的配置和生产作业计划的执行情况,又要全面掌握与集装箱码头生产相关方(包括其他码

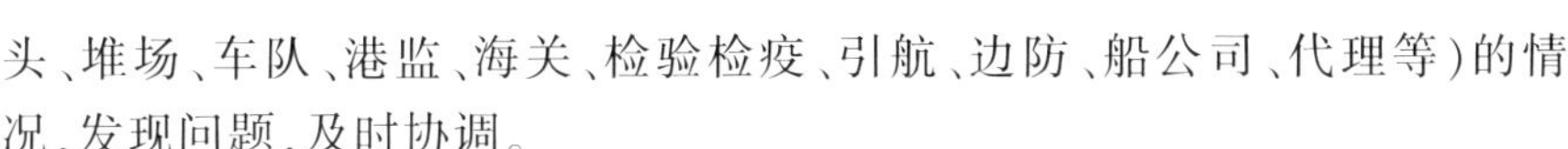


头、堆场、车队、港监、海关、检验检疫、引航、边防、船公司、代理等)的情况,发现问题,及时协调。

2)作业管理工作的任务

(1)以生产作业计划为主要依据,合理配置各生产要素,努力提高作业效率,压缩船、车在港停时。

(2)组织实施各项作业计划,统一指挥、协调配合,预先控制和及时消除影响生产作业的内外部不利因素,确保生产作业顺利进行。

(3)掌握各项作业的进度,安排好车、船、箱、货的衔接,组织好集装箱的集港、堆存、中转、疏运工作,提高直接换装比重。

(4)做好作业分析,掌握各项生产计划的完成情况并分析其主客观原因,熟悉和掌握生产作业的规律,提高工作质量。

(5)树立安全第一和为顾客服务的思想,以顾客为关注焦点,严格执行质量规范和各项操作规程,机动、灵活、迅速、果断地解决与生产作业有关的问题,保证生产作业安全有序进行。

## 二、集装箱装卸作业方法

1. 利用顶角件起吊

采取这种最通常使用的方法作业时,提升力必须是垂直作用,并均匀分布于集装箱的4个顶角件上。这种作业方法既可使用配有液压电控旋锁的专用集装箱吊具,又可使用人工吊钩、U型吊钩或手动旋锁吊具。无论采用哪种工属具,作业前都必须按照规章制度,对所使用的吊具、工属具进行严格检查。检查旋锁旋转灵敏度、吊具吊钩钢丝绳有无损伤,以防止作业过程中发生事故。

2. 利用底角件起吊

利用底角件起吊,可采用人工吊钩或底角件起吊专用吊具进行作业。这种作业方法在专用集装箱码头一般不采用, 仅限于机械化程度较低的小型仓储单位使用。

3. 利用叉槽进行装卸

按照国际标准化组织规定标准设计的,带有叉槽的集装箱(一般20ft集装箱均设计有叉槽) 可以利用叉车将叉齿插入集装箱叉孔进行装卸作业。此种作业,要注意叉车叉齿必须穿过整个箱底叉孔,其深度为集装箱宽度的2/3。

4. 利用抓臂装卸

利用抓臂装卸时,抓臂应与集装箱底部专门为此设计的抓槽相啮合。

## 三、作业管理相关知识

1. 集装箱积载图

1)积载总图(图 13-1-1)

是以侧面图形式,绘画在船舶纵剖面图上。总图上直观地表示了集装箱的贝位数及层数,在每一个箱位格子里用数字标上该层横向可堆的箱子数。

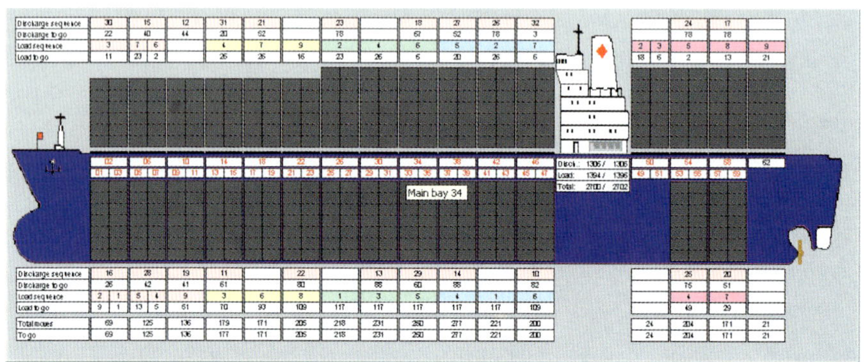


图 13-1-1 积载总图

2)每贝的横剖面图(图 13-1-2)

画在横剖面图上,表示每贝的箱位图,按贝编号逐个绘制。在每贝的横剖面图上,反映出该贝集装箱的排列情况,并区分 20ft 还是 40ft 集装箱,图上标出贝号、列号、层号。某些只能堆放 20ft 集装箱或只能堆放 40ft 集装箱的箱位也有注明。

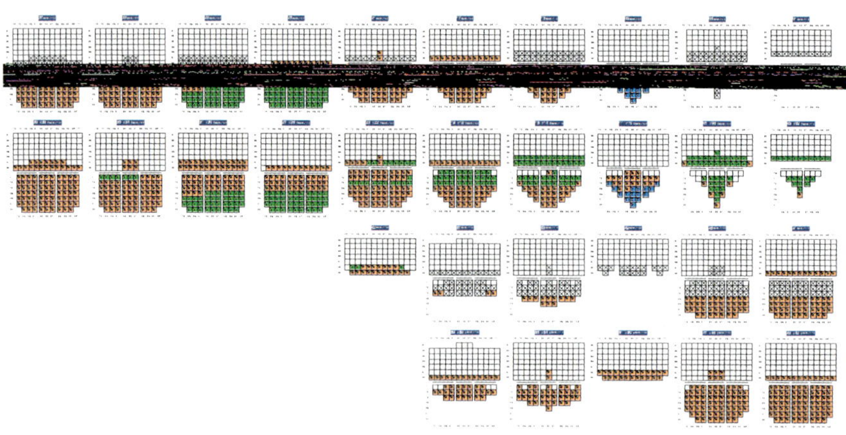

图 13-1-2 横剖面图

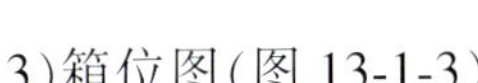

3)箱位图(图 13-1-3)

将每贝的横剖面图单独建立一张图,称“箱位图”。有多少贝,就应有多少张箱位图。箱位图上,每个箱位都有箱位编号及装载集装箱的情况。

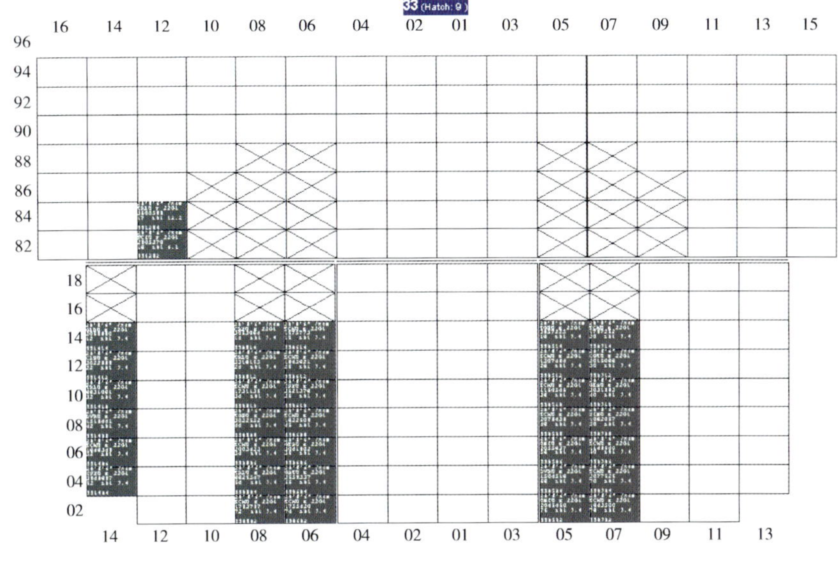


图 13-1-3 箱位图

2. 集装箱装载位置表示法

集装箱船舶的箱位编排法用贝(BAY)、列(ROW)、层(TIER)表示。

(1)贝位。从船首向船尾以序号表示:如 01、03、05……。

(2)列位。从中间向右舷的列号为奇数,如:01、03、05……;从中间向左舷的列号为偶数,如:02、04、06……;如列位总数为奇数,则最中间列号为 00。

(3)层位。层位分甲板层位和舱内层位。甲板层位由下至上用顺序号 82、84、86……表示,也可用 D1、D2、D3……表示;舱内层位由下至上用 02、04、06……表示,也可用 H1、H2、H3……表示。

每一箱位均以贝位号、列位号、层位号组合成的 6 位数号码表示,从左至右排列。

070206——表示 20ft 箱位第七贝,中左第一箱,舱内第三层。

060182——表示 40ft 箱位第六贝,中右第一箱,甲板第一层。

凡装载 40ft 或 45ft 集装箱的贝位用偶数表示,例如:一个 40ft 集装箱装载在 09、11(BAY),则标准贝位用 10(BAY)表示。

20ft 集装箱的贝位用奇数表示。

## 四、船舶相关知识

1. 船舶规范

1)船体各部分主要名称

(1)首尾线。指在船体纵向中部连接首尾的直线。

(2)左右舷。舷是指船的两侧,从尾向首看,在首尾线右边的称右舷,左边的称左舷。

(3)水线。指船体与水面相交处。

(4)干舷。水线以上的船舷,干舷值的大小标志船舶储备浮力的大小。

(5)型深。指在型长中点处,由船底龙骨上缘至干舷甲板(主甲板)的垂直距离。

(6)首尖舱。船舶最前端的水舱,可装淡水或海水,供压载用。

(7)货舱。在主甲板与内底板之间供装运货物用的舱室。

(8)压载舱。在船底板与内底板之间,用纵、横隔壁分隔成的许多小舱,可供存放淡水、燃油,或作压载水舱。

(9)机舱。是装置船舶主机、辅机的舱室。

(10)尾尖舱。在船尾部,功用与首尖舱相同。

(11)驾驶台。是驾驶船舶的处所,处在船舶最高部位,驾驶台下层大多是船员生活场所。

2)船体强度

(1)纵强度。是指在船长方向上,船体抵抗外力破坏和变形的能力。

(2)横强度。是指船体横向抵抗外力破坏和变形的能力。

(3)扭转强度。是指船体抵抗外力扭转的能力。

(4)局部强度。是船体局部抵抗外力变形、破坏的能力。

3)船舶稳性

是指船舶受到外力作用离开平衡位置发生倾斜,当外力消失后,船舶能自行回复到原来平衡位置的性能。

船舶的稳性取决于重心 $G$ 与稳心 $M$ 之间的相对位置。重心 $G$ 在稳心 $M$ 之下,外力消失后,船舶能回复到倾斜前状态称稳定状态;重心 $G$ 与稳心 $M$ 重合,外力消失后,船舶将停在已倾斜位置上,不能回复到原状态,称中性状态;重心 $G$ 在稳心 $M$ 之上,船舶会继续倾斜直到翻船,称不稳定状态。重心到稳心距离为 $GM$,$GM$ 值是衡量船舶稳性好坏的标准,称“稳性高度”。

4)关于船舶吃水的几个概念

(1)拱头。船尾吃水小于船头吃水的状态。

(2)尾倾。船尾吃水大于船头吃水的状态。

(3)中拱。首尾平均吃水大于船中平均吃水的状态。

(4)中垂。首尾平均吃水小于船中平均吃水的状态。

船舶按航行要求通常处于尾倾状态。

2. 集装箱船舶

集装箱船具有瘦长的船体外形,型深高,舱容大,单层甲板,甲板平直,有双层船底,双层船壳。由于甲板堆装几层集装箱,重心高、受风面积大,为保证航行安全,常常有15%~30%载重吨位的压舱水。

集装箱船按船舶类型可分为:

1)集装箱—杂货两用船

是既可装载普通件杂货,又可同时装载集装箱的两用船舶。其特点是大舱口、平舱盖,舱盖上也可以装载集装箱并设有换装的专用设备。目前,世界上的多用途船舶可以归入此种类别(舱盖通常为自动舱盖)。

2)半集装箱船

是将部分货舱作为集装箱专用货舱,其余的作为普通件杂货货舱的船舶。由于混装,通常需在不同码头装卸。由于移泊作业耗时较多,故其装卸效率受到影响。此种船舶除特殊航线外,很少被采用。

3)全集装箱船

这是一种专门用于集装箱运输的专业船舶。一般为大开口单甲板船,所有舱内集装箱均装载于舱口下方,舱内设置永久性箱格结构,可以防止装载于舱内的集装箱纵向、横向移动,保证船舶稳性和航行安全。由于舱内无需紧固作业,从而提高了船舶装卸作业效率。全集装箱船甲板上装载的集装箱总量可占全船总载箱量的20%~50%,从而提高了船舶载重量运用率。目前,绝大多数全集装箱船不设装卸设备。其作业方式均为吊上吊下式。

3. 外轮靠离泊相关知识

外轮靠离泊时应悬挂港口所在国国旗、联检旗(黄色,表示联检正在进行)、引航旗(红白相间,表示引航员在船上)等。

联检一般为边检和卫检。如本港为外轮国内靠泊第一港,边检时间长;如外轮来自疫区,则卫检时间长,甚至会在锚地进行联检。如本港为外轮国内靠泊非第一港,则联检时间短。联检未结束,任何作业人员不许登轮。

# 第二节 集装箱船舶装卸作业管理

## 一、集装箱码头装卸作业线

1. 作业线的概念

集装箱码头装卸作业线是指为完成装卸船作业，由一台岸边装卸机械、若干水平运输机械、堆场装卸机械及船舶调度员(中控员)、装卸工人、理货人员等资源组成的作业系统。

作业线是集装箱码头船舶装卸作业管理的最重要也是最基本的单位。由于集装箱装卸船的过程通常要通过几个相互衔接的环节来完成,不同的环节要由不同的装卸机械和人员来完成和控制,因此,作业线本质上讲是一种生产流水线,其过程输出即集装箱“船到场”或“场到船”的位移服务。

2. 作业线的组成及运行模式

1)基本模式

基本模式也称“固定模式”或“绑定模式”,是指组成作业线的水平运输机械、堆场装卸机械和人力资源在作业期间只与某台岸边装卸机械配合,形成“封闭式”的单一作业系统,如图 13-2-1 所示。

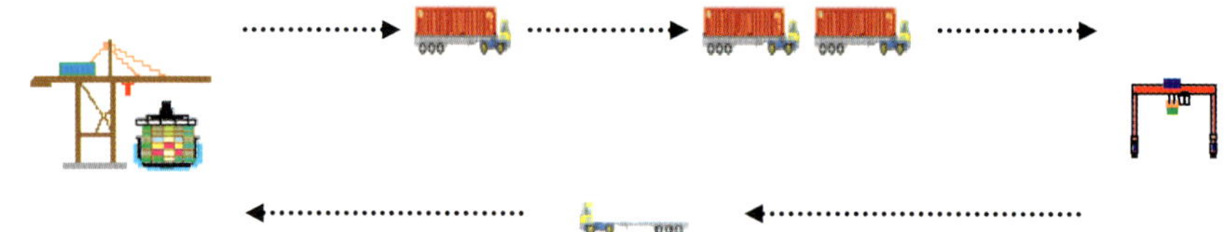

图 13-2-1 “封闭式”单一作业系统图

这种模式的优点是作业过程的控制比较简单，有利于单一作业线效率的稳定和提高。但其缺点也十分明显,首先是码头资源使用效率不高,当出现作业线间的工作量不平衡时会出现资源浪费的现象，不利于成本控制;其次,不利于提高船时作业效率。因此,为实现码头效益的最佳,近年来,随着集装箱码头现代技术的发展,如智能化管理软件、无线网络技术的进步,以“机械全场调度”思想为基础的“开放型”的复合作业线运行模式已开始得到越来越广泛地应用。

2)开放型复合模式

开放型复合作业线运行模式的产生是在运用智能化模糊控制理论,

融合现场操作和管理人员智慧和经验，解决了码头上不同位置距离的非线性尺度变换和模糊逻辑推理规则等问题，在开发出高度智能化、具有极强计算和处理能力的集装箱码头生产作业控制管理系统软件的基础上形成的。其特点是：根据不同作业项目优先级、路程远近程度、已等候时间等诸多因素来动态配置为岸边装卸机械服务的水平运输机械、堆场装卸机械等作业资源，既打破了基本模式作业系统的"闭环"结构而形成了新的"网状"结构(图 13-2-2)，同时又具备了经济高效的特性。

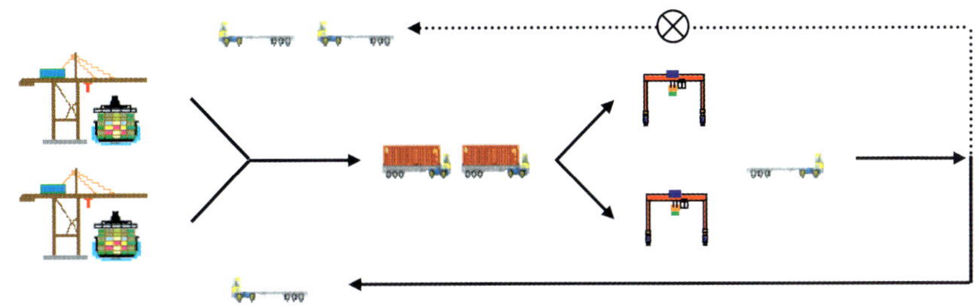

图 13-2-2　"闭环"作业补充图

实际运行中，虽然各条作业线的负荷随时间分布实时变化，但是生产作业控制管理系统会根据作业线需求的优先级，兼顾路程就近原则等智能化模糊控制算法规则得出计算结果，依靠迅速可靠的信息传递网络自动给各点的作业资源发布动态调配指令，实现"实时调度"。这种模式的实施，将有助于提高集装箱码头作业系统整体装卸能力，降低成本，提高经济效益。

## 二、作业管理组织架构

以某集装箱码头为例，组织架构如图 13-2-3 所示。

## 三、装卸作业流程

1. 卸船作业操作流程

以某集装箱码头为例，卸船作业操作流程如图 13-2-4 所示。

2. 装船作业操作流程

以某集装箱码头为例，装船作业操作流程如图 13-2-5 所示。

## 四、倒载作业

虽然装载计划是由集装箱码头、集装箱航线有关挂靠港以及船公司预配中心互相配合密切协作进行编制的，但是随着船舶挂港和装卸箱量的

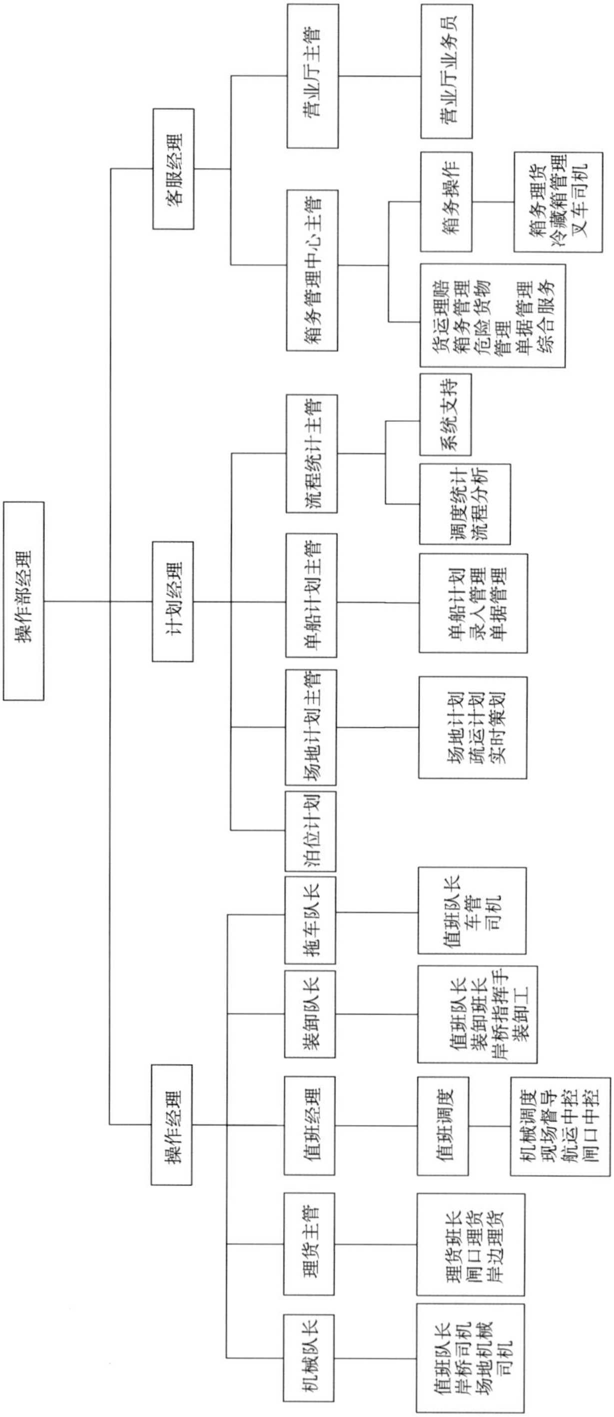

- 操作部经理
  - 操作经理
    - 机械队长
      - 值班队长 岸桥司机 场地机械司机
    - 理货主管
      - 理货班长 闸口理货 岸边理货
    - 值班经理
      - 值班调度
        - 机械调度 现场督导 航运中控 闸口中控
    - 装卸队长
      - 值班队长 装卸班长 岸桥指挥手 装卸工
    - 拖车队长
      - 值班队长 车管 司机
  - 计划经理
    - 泊位计划
    - 场地计划主管
      - 场地计划 疏运计划 实时策划
    - 单船计划主管
      - 单船计划 录入管理 单据管理
    - 流程统计主管
      - 调度统计 流程分析
      - 系统支持
  - 客服经理
    - 箱务管理中心主管
      - 货运理赔 箱务管理 危险货物管理 单据管理 综合服务
      - 箱务操作
        - 箱务理货 冷藏箱管理 叉车司机
    - 营业厅主管
      - 营业厅业务员

图 13-2-3　某集装箱码头作业管理组织架构图

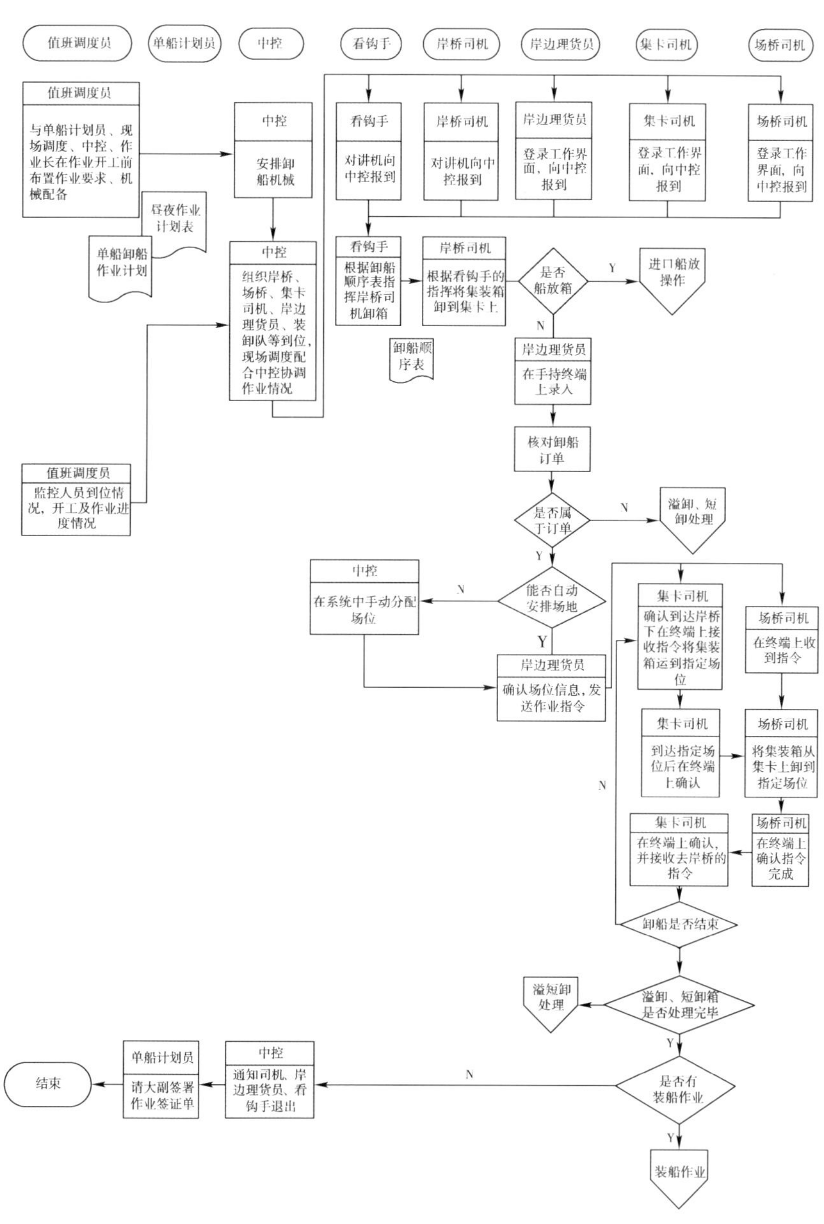


图 13-2-4　某集装箱码头卸船作业操作流程图

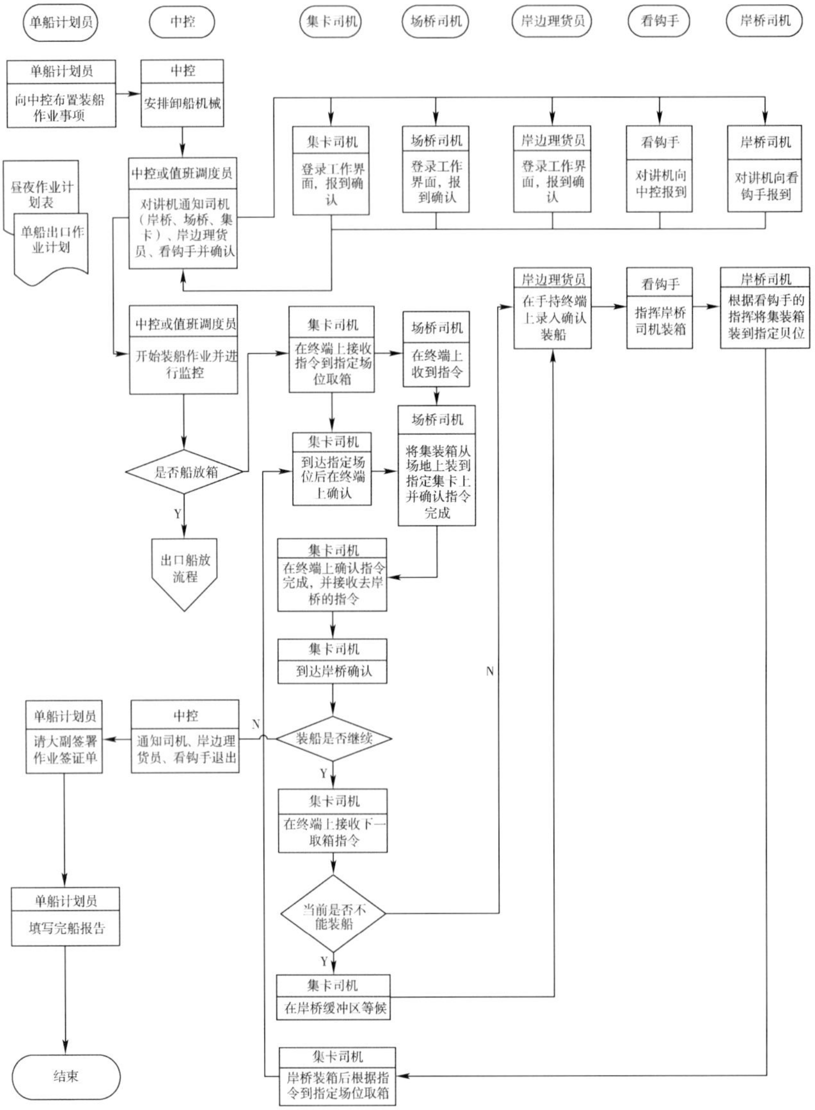

单船计划员　中控　集卡司机　场桥司机　岸边理货员　看钩手　岸桥司机

单船计划员：向中控布置装船作业事项

中控：安排卸船机械

昼夜作业计划表

单船出口作业计划

中控或值班调度员：对讲机通知司机（岸桥、场桥、集卡）、岸边理货员、看钩手并确认

集卡司机：登录工作界面，报到确认

场桥司机：登录工作界面，报到确认

岸边理货员：登录工作界面，报到确认

看钩手：对讲机向中控报到

岸桥司机：对讲机向看钩手报到

中控或值班调度员：开始装船作业并进行监控

是否船放箱

Y

出口船放流程

集卡司机：在终端上接收指令到指定场位取箱

场桥司机：在终端上收到指令

集卡司机：到达指定场位后在终端上确认

场桥司机：将集装箱从场地上装到指定集卡上并确认指令完成

集卡司机：在终端上确认指令完成，并接收去岸桥的指令

集卡司机：到达岸桥确认

装船是否继续

N

中控：通知司机、岸边理货员、看钩手退出

单船计划员：请大副签署作业签证单

单船计划员：填写完船报告

结束

Y

集卡司机：在终端上接收下一取箱指令

当前是否不能装船

N

岸边理货员：在手持终端上录入确认装船

看钩手：指挥岸桥司机装箱

岸桥司机：根据看钩手的指挥将集装箱装到指定贝位

Y

集卡司机：在岸桥缓冲区等候

集卡司机：岸桥装箱后根据指令到指定场位取箱

图 13-2-5　某集装箱码头装船作业操作流程图

增加或发生变更，为了保证船舶在航行中的稳性，必须根据船舶稳性值和吃水差来调整集装箱装载位置。有时为了集装箱装卸的需要，必须改变和交换集装箱在船上的装载位置。船舶的倒载作业，就是把已经装载好的集装箱变更其装载位置的作业，分为“船上倒箱”和“落地倒箱”两种。

“船上倒箱”指集装箱不经过码头堆场直接在船上完成倒载的作业

过程，通常用于倒载数量较少、原位置与二次计划位置较近以及特种箱（如危险货物）的情况；“落地倒箱”是最常见的倒载作业方式，指需要倒载的集装箱先卸到码头堆场再装船的过程。由于倒载作业是一种无效作业，增加船公司的成本并且影响码头作业效率，而在中途港进行倒载作业又较多，所以在编制船舶转载计划时，应尽最大努力减少或避免这种作业。

## 五、紧固作业

集装箱装卸船过程中，总有一部分集装箱是装在甲板上的，为防止这些集装箱在船舶航行过程中倒塌、移位，必须用栓固杆件和松紧螺旋扣件对其进行交叉紧固，这种作业称为紧固作业。

尽管集装箱船装卸作业已经实现机械化，但迄今为止，此项作业仍需人工完成，一般需配5~8人进行，如船舶或装卸箱量较大还需要更多的装卸工人。在紧固作业中，作业人员要注意按照船方的要求拆、打加固，将加固器材堆放整齐，不得随意放置。揭、盖舱时要清理舱盖上和舱口四周的加固件，防止舱盖上的物件掉落伤人或盖舱时压住物件。

1. 集装箱在船舶上受力作用后产生的几种运动形式及其限制的方法

(1)歪斜，控制集装箱的歪斜，用交叉绑扎方法。

(2)倾覆，防止集装箱的倾覆，可使用交叉绑扎、垂直绑扎方法或扭锁。

(3)滑移，控制集装箱滑移，应使用扭锁或定位锥。

2. 集装箱的绑扎原则

1)一般要求

集装箱一般采用角件锁紧装置、拉紧装置、箱格导轨或其他等效约束结构中的一种或几种组合进行紧固作业。

2)露天甲板上集装箱的绑扎(图13-2-6)

(1)装一层集装箱时可用角件锁紧装置（即扭锁）来紧固。

(2)装两层集装箱时，第一层与甲板之间、第一层和第二

图13-2-6　集装箱的绑扎

层之间，均用角件锁紧装置来紧固。

(3)装两层以上集装箱时，第一、第二层可用上述方法进行紧固，第三层一般除用角件锁紧装置外，还应用拉紧装置来进行紧固。

(4)在集装箱的第四层与第三层间通常用角件锁紧装置来紧固，如只用角件锁紧装置不能满足负荷要求时，可增加附加紧固装置(通常使用桥锁或扭锁链板等)。

3)舱内集装箱的绑扎

目前，集装箱船舶大多数的集装箱舱均设计为既可装40ft集装箱，又可装20ft集装箱，且还可先装20ft集装箱，再在20ft集装箱上装载40ft集装箱。集装箱舱内只有40ft集装箱的箱格导轨，装20ft集装箱时用定位锥来紧固，必要时可在最高一层上，加用桥锁来系固(图13-2-7)。

图13-2-7 最高层集装箱加桥锁系固图

3. 集装箱的绑扎设备

(1)扭锁。主要是用在甲板上两只集装箱之间的联结锁紧装置，以防止集装箱的倾覆和滑移。

(2)底座扭锁。主要用来作为集装箱和其箱下船体之间的锁紧设备，作用与扭锁一样。

(3)桥锁。是用来对两列集装箱进行横向或纵向的水平联结，它是一种附加绑扎设备，用以分散主绑扎设备的负荷时使用。

(4)绑扎棒和花篮螺丝。绑扎棒和花篮螺丝是联合一起作为集装箱的拉紧装置。绑扎棒的一头插入集装箱角件孔中，另一头通过花篮螺丝联结在甲板的集装箱绑扎件上，通过花篮螺丝的调节，使绑扎棒紧固。

4. 超限箱、大件作业工属具

集装箱码头装卸用工属具主要是用于超限箱(超高、超宽、超长)、解体大件、特种设备以及使用集装箱装卸桥吊具无法正常起吊的集装箱作业的辅助性工具。

(1)吊钩。吊钩是起重机械中应用最广泛的吊货工具，有单钩和双钩两种，吊钩属于通用性吊货工具。

(2)索具。索具是用绳索为主要材料制成的简单吊货工具的统称，属于通用性吊货工具。索具主要有各种绳扣、钢丝绳及钢丝绳扣等。

(3)装卸夹具。装卸夹具是利用夹、钳、卡等原理制成的吊货工具的统称。

## 六、装卸船作业控制

集装箱码头装卸船作业控制包括预先控制、实时控制、信息控制。

1. 预先控制

(1)在作业前制定作业预案,根据装卸船计划,作业资源配置的数量与质量(包括人员操作素质的差异),作业环境,作业要求(工班量、效率指标、质量指标、船舶动态等),特殊作业数量与分布,船舶规范等资料,预先发现作业线各环节之间可能发生的冲突及其影响,确定各作业线的作业范围、作业顺序,从而确定作业预案。

(2)采取防范措施,消除影响或潜在影响生产的不良因素。

(3)事先准备,采取有效的解决措施。码头影响生产作业因素多,情况变化快,要对生产中可能产生的问题有所预见,制定应急预案,进行预先控制,出现问题及时启动应急预案,从而掌握生产作业主动权,确保生产作业正常、顺畅进行。

2. 实时控制

实时控制是确保完成生产计划任务的关键。它是以时间为切入点,以指令控制为核心,从细节出发,控制时间、掌握细节,掌控生产效率和船舶动态。在作业过程中,调度指挥人员要时刻关注各作业线的作业进度,并与作业预案进行比对,一旦发现作业进度出现较大偏差,应立即查找原因,并采取措施进行调整,做到发现问题要迅速、信息反馈要及时、解决问题要果断。

1)作业过程控制要点

(1)控制好重点作业线,重点作业线是确保船舶动态、提高作业效率的关键。

(2)控制好主要作业机械的运行,主要作业机械的效率决定作业线效率。主要作业机械指的是承担最重作业任务或对全部作业影响度最高的机械设备,不仅指岸边装卸机械,也包括场地装卸机械。

(3)控制好作业层次,尽量减少作业中断时间,做好各作业环节的衔接、转换,缩短停顿时间,保证生产连贯地进行。

(4)尽量减少作业环节。减少作业环节就意味减少作业中断的可能性,减少作业环节也意味减少不必要的控制,使作业组织更简单快捷。特别对于箱量多、作业线多、问题多的“三多”船舶意义更大。

2)特殊作业控制要点

(1)超限箱或需要解体后作业的大件货物,原则上具备条件及时组织作业;安全管理人员核实箱、货实际重量与船舶积载图是否相符,不符时及时通知装卸工更换工艺或工属具,并对作业过程实施全程监控。

(2)框架箱内装有汽车时,货物管理人员要同船方、外轮理货检查车体残损情况,锁好车门,协助办理钥匙的交接工作。

(3)装卸危险货物箱,现场作业人员要掌握货物的性能、注意事项、急救措施,严格遵守危险货物作业的有关规定,严格执行操作规范,对于装船危险货物箱要特别注意严格按照配载位置装船,以免危害船舶航行安全,并对作业过程实施全程监控。

(4)装卸冷藏箱,现场作业人员要提前与船方和冷藏箱堆场管理人员联系,做好交接准备;冷藏箱堆场管理人员要认真检查冷藏箱的电源插头、箱体外观、制冷机工作性能、制冷记录等,按工作联系单中规定的温度进行交接,做好记录。

(5)装卸特殊物资,作业中要做好记录,提前通知各监护单位;中控调度员精心组织作业,严格落实特殊物资船前会布置的各项安全措施,并对作业过程实施全程监控。

(6)车船直接换装,中控调度员预计装卸时间;值班调度员联系货主或车队拖车准时到达船边,装卸后中控调度员通知外轮理货填报直接换装记录,闸口办理出场手续。

(7)装卸45ft集装箱,要使用平板拖车运输。

3. 信息控制

信息控制是指作业过程中的信息反馈、收集和分析,是作业管理的重要内容。作业信息包括作业数据、作业事件、作业指令等。

## 第三节　集装箱码头堆场操作管理

### 一、集装箱码头堆场堆存量计算

集装箱码头堆场的最大堆存量与码头堆场面积和所使用的装卸作业方式有关,下面将以一般集装箱码头泊位长度300m、纵深350m为例,比较不同装卸作业方式堆场的最大堆存量和最大通过能力。

堆场通过能力计算公式:

$$Q_d=\frac{S\cdot C\cdot T}{D}$$

式中：$Q_d$——年堆存能力(TEU/年)；

$S$——最大堆存量(TEU)；

$C$——堆存高度系数(取 $C$=0.7)；

$D$——平均堆存天数(取 $D$=6~8 天)；

$T$——堆场营运日历天数(取 $T$=365 天)。

1. 轮胎式场桥作业方式的最大堆存量和最大通过能力计算

轮胎式场桥作业方式，如图 13-3-1 所示。

1)如按图 13-3-1a)所示方法堆放，整个堆场可分为 16 个区，每区堆放 6 列集装箱。若在堆放 3 层箱高的情况下，堆场的最大堆存量为 5 760TEU，而最大通过能力为：

$$Q_d=\frac{5\ 760\times0.7\times365}{8}=183\ 960\text{TEU}$$

2)如按图 13-3-1b)所示方法堆放，整个堆场可分为 32 个区，每区堆放 6 列集装箱。若在堆放 3 层箱高的情况下，堆场的最大堆存量为 5 328TEU，而最大通过能力为：

$$Q_d=\frac{5\ 328\times0.7\times365}{8}=170\ 163\text{TEU}$$

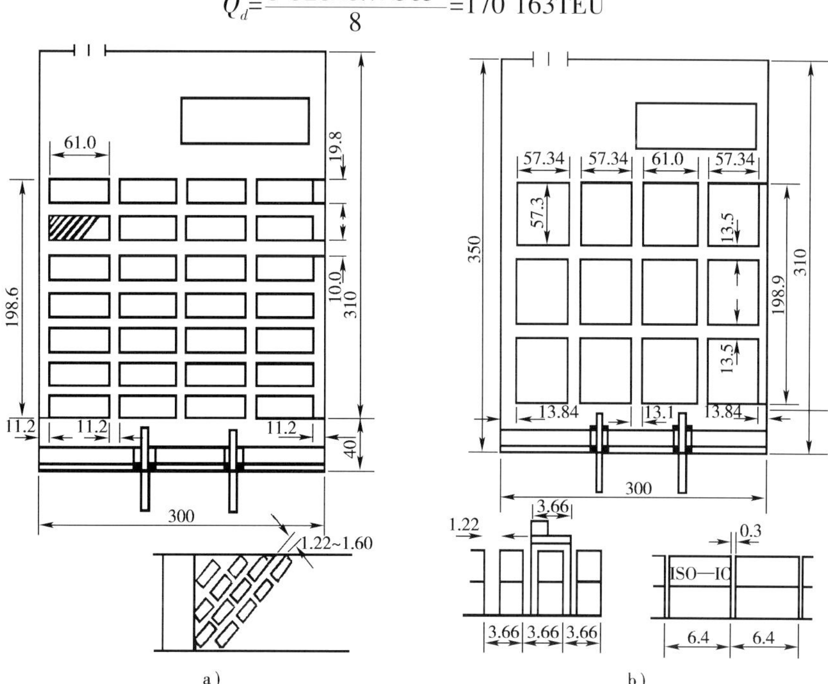


图 13-3-1　轮胎式集装箱场桥作业方式堆场布置方法图

2. 轨道式场桥作业方式的最大堆存量和最大通过能力计算

轨道式场桥作业方式,如图 13-3-2 所示。

在这种作业方式下,整个堆场分为 18 个场区,如堆放 4 层高,则可堆存 9 768TEU。最大通过能力为:

$$Q_d=\frac{9\ 768\times0.7\times365}{8}=311\ 966\text{TEU}$$

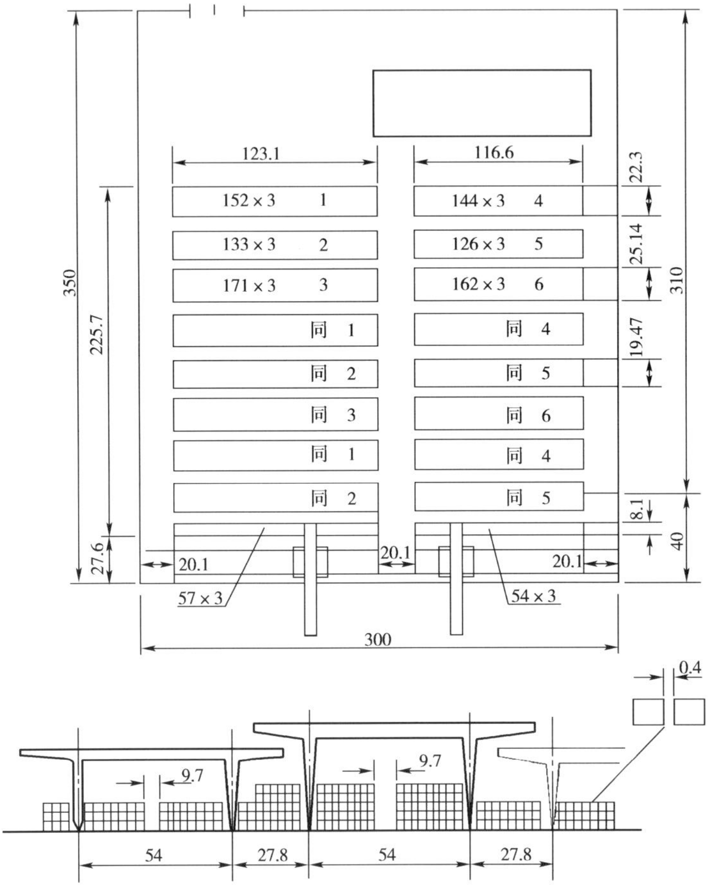

图 13-3-2 轨道式场桥作业方式堆场布置示意图

3. 集装箱跨运车作业方式的最大堆存量和最大通过能力计算

集装箱跨运车作业方式的最大堆存量,如图 13-3-3 所示,也可以按照两种方式布置:

(1)按图 13-3-3a)方法堆放时,整个堆场可分为 28 个箱区,如每个箱区堆放 2 层高,则可堆放 42TEU。最大堆存量为:

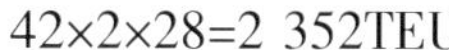

$$42 \times 2 \times 28 = 2\ 352\text{TEU}$$

堆场最大通过能力为：

$$Q_d = \frac{2\ 352 \times 0.7 \times 365}{8} = 75\ 117\text{TEU}$$

(2)按图 13-3-3b)方法堆放时，整个堆场可分为 12 个箱区，其中 9 个箱区各堆放 144TEU，另 3 个箱区各堆放 153TEU。最大堆存量为：

$$144 \times 9 + 153 \times 3 = 3\ 510\text{TEU}$$

堆场最大通过能力为：

$$Q_d = \frac{3\ 510 \times 0.7 \times 365}{8} = 112\ 101\text{TEU}$$

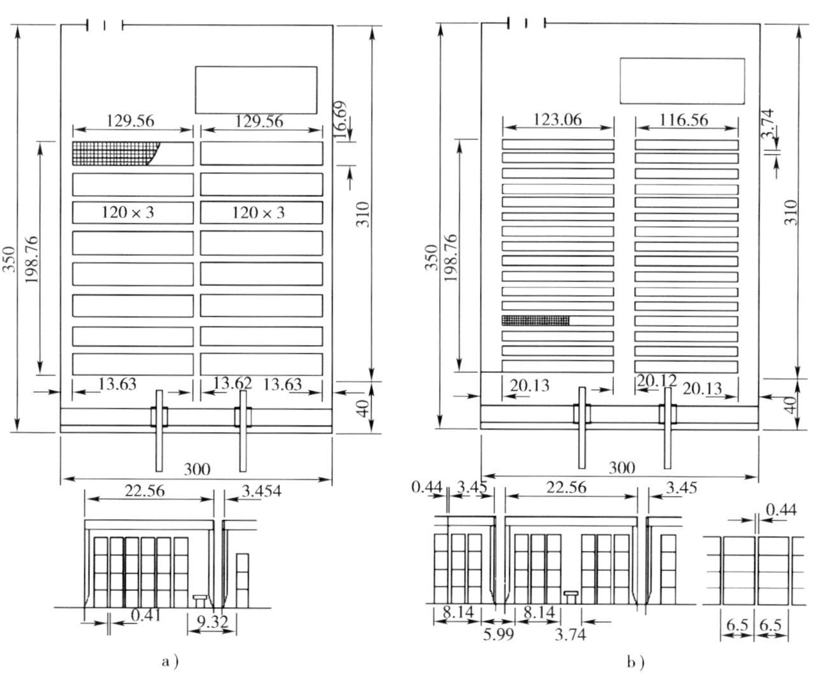


图 13-3-3　跨运车作业方式堆场布置示意图

## 二、集装箱码头堆场作业

无论是托运人集港待装船的集装箱，还是从集装箱船上卸下后待发给收货人的集装箱,都要在集装箱码头堆场进行交接。从承托运双方交接地点的改变形式来说，集装箱码头堆场可以看作是码头岸壁的延伸部分。它又是国际集装箱国内运输系统的起点和终点。因此,码头船舶装卸效率的高低,关键在于合理的组织集装箱堆场作业。此外,作为集装箱海上运输和内陆运输的衔接点，集装箱码头堆场不仅是集疏运系统空、重箱交接的场所和作业场地,而且还具有对集装箱堆存和保管的功能。

1. 集装箱码头堆场作业计划

集装箱码头堆场作业计划,是指在堆场上如何合理地制定堆放和保管集装箱的计划,即对集装箱应采取的排列顺序、堆放地点和堆码高度的计划,也称之为集装箱堆放场地配载计划,是集装箱码头作业计划系统中的核心内容。集装箱堆场作业计划,是根据交付和接收进出口集装箱以及船舶积载图预先编制出来的。将准备装船的出口集装箱按装载计划或集港模板事先堆放好，将从船上卸下的集装箱按交货方便的原则排列在堆场上，以便将集装箱顺利装上船或交付给收货人。其工作目的就是充分利用堆场,合理堆放集装箱。

2. 集装箱码头堆场作业流程

集装箱码头堆场作业计划编制的具体方法和内容在本书第十二章中已作阐述,这里重点介绍堆场作业流程。

1)收箱作业流程

以某集装箱码头使用 COSMOS 系统为例，收箱作业流程如图 13-3-4 所示。

2)提箱作业流程

以某集装箱码头使用 COSMOS 系统为例，提箱作业流程如图 13-3-5 所示。

3)清场作业流程

以某集装箱码头为例,清场作业流程如图 13-3-6 所示。

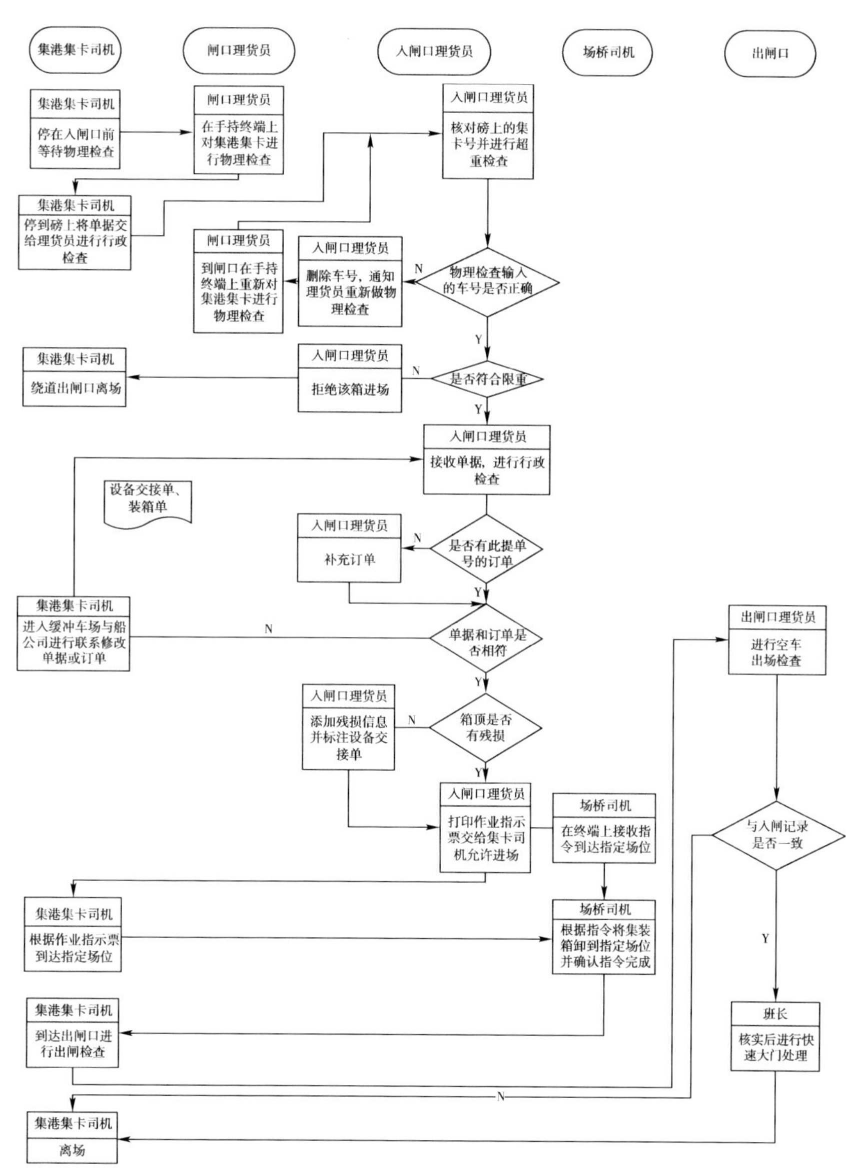


图 13-3-4　某集装箱码头收箱作业流程图

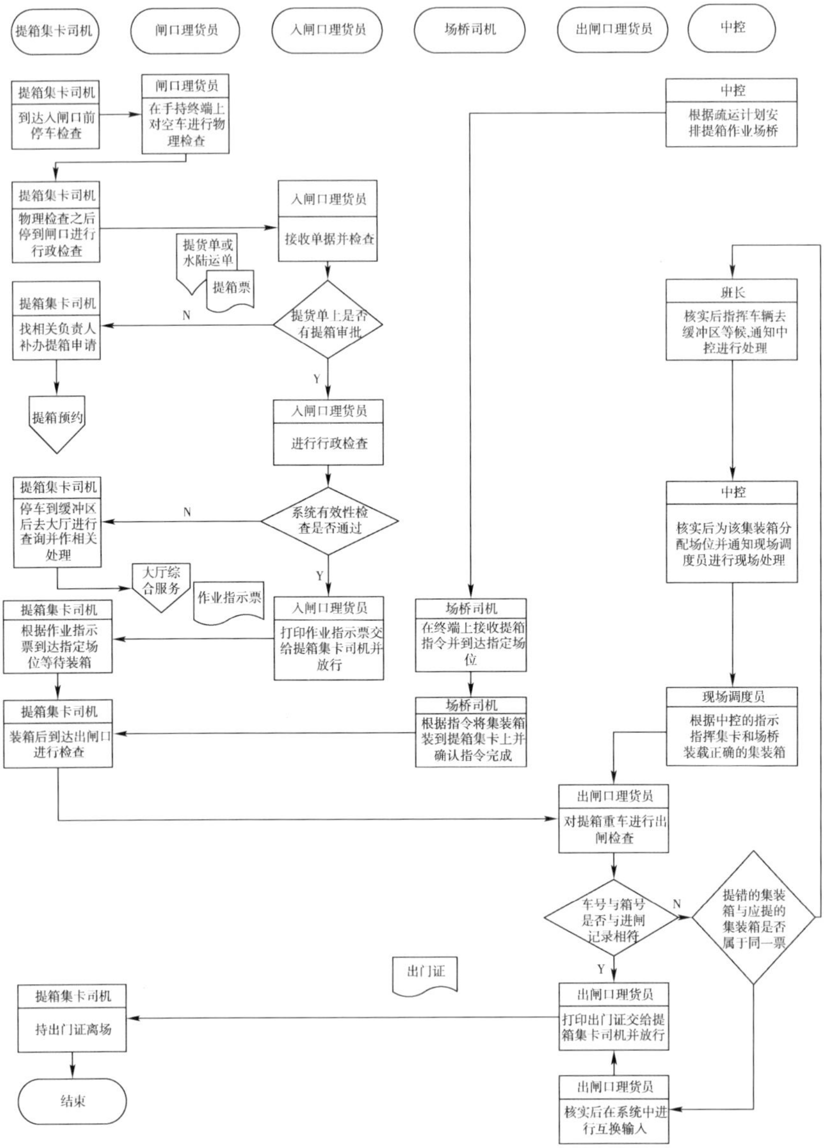

提箱集卡司机　闸口理货员　入闸口理货员　场桥司机　出闸口理货员　中控

提箱集卡司机：到达入闸口前停车检查

闸口理货员：在手持终端上对空车进行物理检查

中控：根据疏运计划安排提箱作业场桥

提箱集卡司机：物理检查之后停到闸口进行行政检查

提货单或水陆运单

提箱票

入闸口理货员：接收单据并检查

提货单上是否有提箱审批

N

提箱集卡司机：找相关负责人补办提箱申请

提箱预约

Y

入闸口理货员：进行行政检查

系统有效性检查是否通过

N

提箱集卡司机：停车到缓冲区后去大厅进行查询并作相关处理

大厅综合服务

Y

作业指示票

入闸口理货员：打印作业指示票交给提箱集卡司机并放行

提箱集卡司机：根据作业指示票到达指定场位等待装箱

场桥司机：在终端上接收提箱指令并到达指定场位

场桥司机：根据指令将集装箱装到提箱集卡上并确认指令完成

提箱集卡司机：装箱后到达出闸口进行检查

班长：核实后指挥车辆去缓冲区等候,通知中控进行处理

中控：核实后为该集装箱分配场位并通知现场调度员进行现场处理

现场调度员：根据中控的指示指挥集卡和场桥装载正确的集装箱

出闸口理货员：对提箱重车进行出闸检查

车号与箱号是否与进闸记录相符

N

提错的集装箱与应提的集装箱是否属于同一票

Y

出门证

出闸口理货员：打印出门证交给提箱集卡司机并放行

出闸口理货员：核实后在系统中进行互换输入

提箱集卡司机：持出门证离场

结束

图 13-3-5　某集装箱码头提箱作业流程图

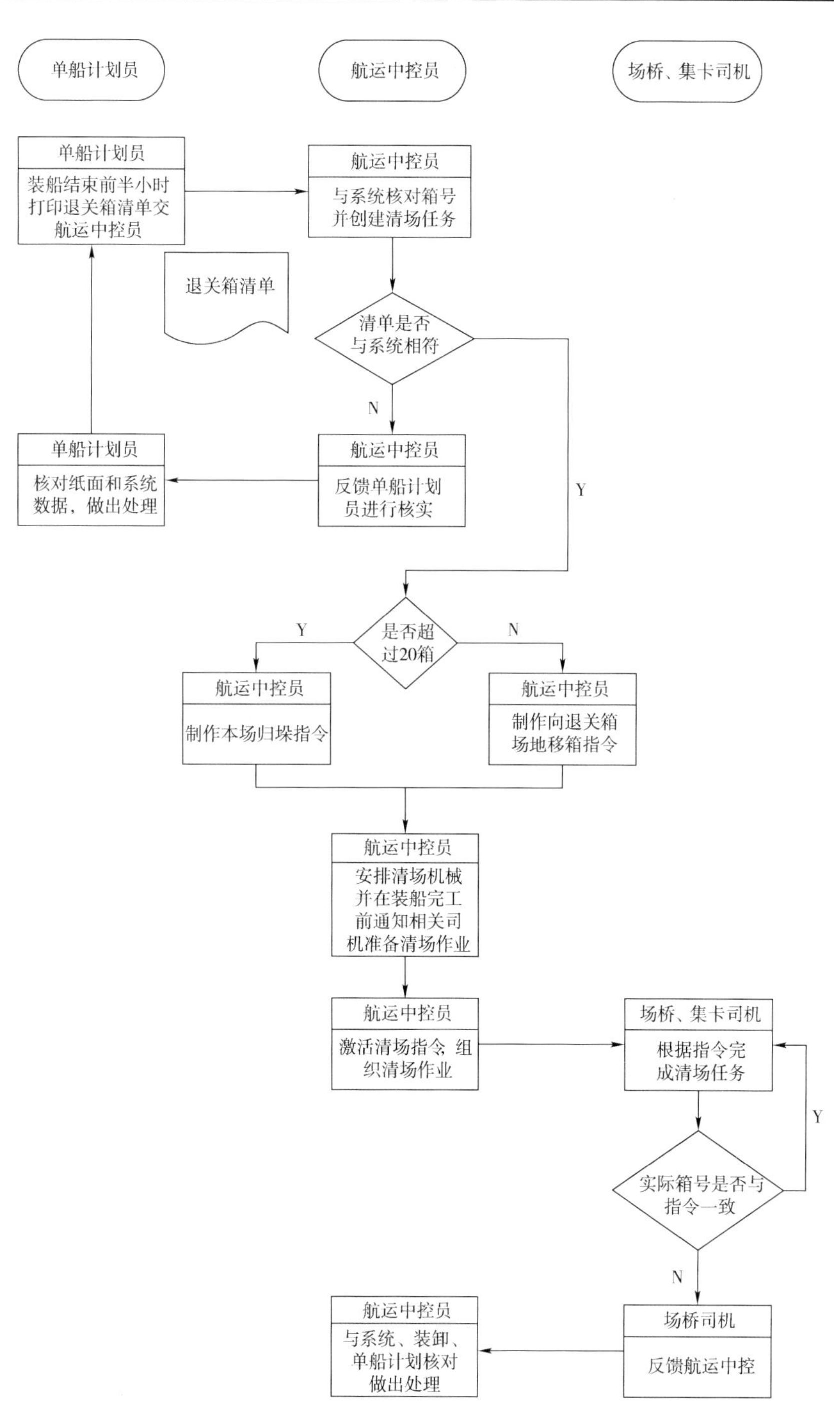


图 13-3-6　某集装箱码头清场作业流程图

# 第十四章　现代集装箱码头箱务管理

现代集装箱码头的箱务管理包括集装箱的收箱、提箱交接及集装箱的储存与保管。加强集装箱码头箱务管理,对于进一步提高集装箱码头的通过能力,保证船舶班期,具有十分重要的作用。本章主要从集装箱交接规则、集装箱堆码标准、集装箱储存与保管等方面阐述集装箱码头箱务管理工作。

## 第一节　现代集装箱码头箱务管理概述

### 一、集装箱的分类、结构与标志代号

1. 集装箱的分类

1)按尺寸分

根据 ISO/TC 104 的规定,集装箱的标准尺寸有很多种,在我国集装箱码头上最常见的有 3 种尺寸:

(1)20ft 集装箱,其尺寸按英制是:20′×8′×8′6″(长×宽×高)(6 058mm×2 438mm×2 591mm)。

(2)40ft 集装箱,其尺寸按英制是:40′×8′×8′6″(长×宽×高)(12 192mm×2 438mm×2 591mm)。

(3)45ft 集装箱,其尺寸按英制是:45′×8′×8′6″(长×宽×高)(13 631mm×2 438mm×2 591mm)。

此外,还可分为普箱与高箱,普箱高为 8′6″,高箱高为 9′6″,高箱的上横梁端壁、侧壁一般涂有黄黑相间的标志,见图 14-1-1。

2)按用途分

(1)杂货集装箱

这种类型的集装箱用途最广，大多数件杂货都可用此种类型的集装箱装运。

图 14-1-1　集装箱黄黑相间标志图

(2)敞顶集装箱

集装箱的箱顶可敞开，箱顶一般用篷布作为遮盖物。该种集装箱主要用于装运需从箱顶进行装卸的货物，也可装运超高货物。如装运超高货物，则该箱上不能再配其他集装箱。

(3)冷藏集装箱

该集装箱设有温控和自动温度记录仪，是冷藏货物的专用集装箱。

(4)平台集装箱

平台集装箱实为一种四周无遮盖的平板，通常称为平板箱。该种集装箱主要用于装载一些大型设备以及尺寸偏大的货物，是特种集装箱。平板箱的上面不能再配载其他集装箱。

(5)罐式集装箱

罐式集装箱是液体货物运输的专用集装箱。

(6)通风集装箱

通风集装箱与杂货集装箱基本相同，所不同处在于该集装箱的侧壁与端壁设有自然通风口。它用于装运需要自然通风的货物，在配载时，必须配在船舶的甲板上，以便通风。

(7)散货集装箱

散货集装箱与杂货集装箱基本相同，所不同的是该集装箱的箱顶设有装卸口，箱门下方设有卸货的卸货口。

(8)汽车集装箱

这是一种专门用来装卸汽车的集装箱，见图 14-1-2。

图 14-1-2　汽车专用集装箱图

2. 集装箱的结构

框架：包括 4 个角柱、两个上横梁、两个下横梁、两个上纵梁和两个下纵梁。

两个侧壁：包括侧板和侧柱。

两个端壁：包括端板和端柱。

箱顶：包括顶板和顶梁。

箱底：包括底板和底梁。

箱门：包括门楣、门槛、门铰链、箱门搭扣件、门锁装置和箱门密封垫等。

角件：是一个 3 面有孔的专用于固定和起吊集装箱的装置，每个集装箱均有 8 个角件，集装箱箱顶的角件称顶角件，下底的角件称底角件。

集装箱的前后方向称为纵向，与纵向垂直的方向称为横向。

3. 集装箱的标志代号

现行集装箱的标志代号有如下 6 项内容。

1）箱主代号

箱主代号由 4 个大写的英文字母组成。第 4 个大写字母"U"代表集装箱；前 3 个大写字母可以由箱主事先自定。如"中远集运"的箱主代号是 COSU；"东方海外"的箱主代号是 OCLU；"日本邮船"的箱主代号是 NYKU；"长荣海运"的箱主代号是 EMCU 等。

2）集装箱顺序号

集装箱顺序号又称箱号。顺序号应由 6 位阿拉伯数字表示。如果有效数字不足 6 位时，则应以 0 来在其前补足。如有效数字是 1234，用 0 补足后的 6 位数箱号应为 001234。

3）核对数字

核对数字又称核对号。它是一种验证手段，用以核对箱主代号和顺序

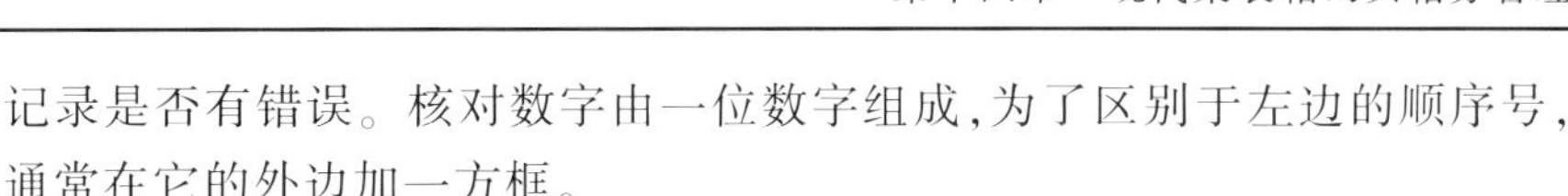



记录是否有错误。核对数字由一位数字组成,为了区别于左边的顺序号,通常在它的外边加一方框。

4)国家代号

国家代号表示集装箱的国籍,是箱主国籍的登记号。国籍登记号并不完全反映各箱主的真正国籍。国家代号原采用3个大写英文字母表示,如PRC表示中国、USA表示美国等,后改为两个字母表示,如中国CN、美国US、荷兰NL等。

5)尺寸和类型代号(表14-1-1)

集装箱箱型尺寸对应类型表　　表14-1-1

| 尺码 | 箱型 | 对应类型 | 95码 |
|---|---|---|---|
| 20ft | 干货箱 | GP | 22G1 |
| | 干货高箱 | GH(HC,HQ) | 25G1 |
| | 挂衣箱 | HT | 22V1 |
| | 开顶箱 | OT | 22U1 |
| | 冷冻箱 | RF | 22R1 |
| | 冷高箱 | RH | 25R1 |
| | 油罐箱 | TK | 22T1 |
| | 框架箱 | FR | 22P1 |
| 40ft | 干货箱 | GP | 42G1 |
| | 干货高箱 | GH(HC,HQ) | 45G1 |
| | 挂衣箱 | HT | 42V1 |
| | 开顶箱 | OT | 42U1 |
| | 冷冻箱 | RF | 42R1 |
| | 冷高箱 | RH | 45R1 |
| | 油罐箱 | TK | 42T1 |
| | 框架箱 | FR | 42P1 |
| 45ft | 干货箱 | GP | L2G |
| | 干货高箱 | GH(HC,HQ) | L5G1 |
| | 挂衣箱 | HT | L2V1 |
| | 开顶箱 | OT | L2U1 |
| | 冷冻箱 | RF | L2R1 |
| | 冷高箱 | RH | L5R1 |
| | 油罐箱 | TK | L2T1 |
| | 框架箱 | FR | L2P1 |

6)集装箱的总重和自重

集装箱总重是指集装箱自重(又称皮重,TARE WEIGHT)与最大载货重量(MAX GROSS WEIGHT)的总和。集装箱重量标识如图 14-1-3 所示。

集装箱总重和自重在箱体上均用公制和英制两种形式表示,如:

M.G. WEIGHT 30 480kg 67 200lb

TARE WEIGHT 2 200kg 4 850lb

图 14-1-3 集装箱重量标识图

## 二、集装箱码头箱务管理的内容

集装箱码头箱务管理是集装箱运输系统重要的组成部分，其内容包括集装箱的备用、调运、保管、交接、发放、检验、修理以及清洗、消毒等工作。做好集装箱箱务管理对降低集装箱运输总成本,减少滞箱费用,加快集装箱的周转,提高集装箱货物装载质量和货运质量有着重要的作用。

箱务管理是国际集装箱运输系统中一项重要基础工作,涉及港、航、路、贸、场站诸多环节。在集装箱运输、流通中,又涉及使用、调运、堆存、保管、发放、交接、装卸、中转、装箱、拆箱、检验、修理、清洗、熏蒸诸多业务。因此集装箱箱务管理,又是一项复杂的系统管理工程。箱务管理工作的成效,直接影响着国际集装箱运输效率。

## 三、集装箱码头箱务管理涉及的主要业务范围

集装箱码头的箱务管理工作,涉及码头在进行装卸船、装卸车(火车、汽车)、收提箱、拆装箱、修洗箱、堆存、保管、转栈生产业务过程中,对港存及进出口集装箱的有效控制与管理。集装箱码头对上述生产业务过程中的集装箱,其控制、管理的办法、步骤、流程、手段,已在本书第十一、十二、

十三章有关节中作了具体描述。

## 第二节　集装箱交接规则

集装箱的交接方式是依据进口提货单、出口订舱单或出口集装箱预配清单,以及上述文件内所列明的集装箱交付条款而决定的。划分货运集装箱交接方式有如下 3 种:一是按贸易条款;二是按照装箱方式;三是集装箱箱体的交接。

### 一、按贸易条款划分

1. 门到门交接(DOOR TO DOOR)

托运人负责装箱并在其工厂或仓库整箱交货;海上承运人在托运人工厂或仓库整箱接货,负责运抵收货人工厂或仓库整箱交货;收货人在其工厂或仓库整箱接货并负责拆箱。

2. 门到场交接(DOOR TO CY)

托运人负责装箱并在其工厂或仓库整箱交货;海上承运人在托运人工厂或仓库整箱接货,负责运抵卸货港集装箱堆场整箱交货;收货人负责在卸货港集装箱堆场整箱提货并拆箱,空箱按规定期限内交至海上承运人指定堆场。

3. 门到站交接(DOOR TO CFS)

托运人负责装箱并在其工厂或仓库整箱交货;海上承运人在托运人工厂或仓库整箱接货,负责运抵卸货港集装箱货运站拆箱按件交货;收货人负责在卸货港集装箱货运站按件接货。

4. 场到门交接(CY TO DOOR)

托运人负责装箱并运至装货港集装箱堆场整箱交货;海上承运人在装货港集装箱堆场整箱接货,负责运抵收货人工厂或仓库整箱交货;收货人在其工厂或仓库整箱接货并负责拆箱。

5. 场到场交接(CY TO CY)

托运人负责装箱并运至装货港集装箱堆场整箱交货;海上承运人在装货港集装箱堆场整箱接货,负责运抵卸货港集装箱堆场整箱交货;收货人负责在卸货港集装箱堆场整箱提货并拆箱,空箱按规定期限内交至海上承运人指定堆场。

6. 场到站交接 (CY TO CFS)

托运人负责装箱并运至装货港集装箱堆场整箱交货;海上承运人在

装货港集装箱堆场整箱接货，负责运抵卸货港集装箱货运站拆箱按件交货;收货人负责在卸货港集装箱货运站按件接货。

7. 站到门交接(CFS TO DOOR)

托运人负责将货物运至海上承运人指定的装货港集装箱货运站按件交货;海上承运人在装货港集装箱货运站按件接货并装箱,负责运抵收货人工厂或仓库整箱交货;收货人在其工厂或仓库整箱接货并负责拆箱。

8. 站到场交接(CFS TO CY)

托运人负责将货物运至海上承运人指定的装货港集装箱货运站按件交货;海上承运人在装货港集装箱货运站按件接货并装箱,负责运抵卸货港集装箱堆场整箱交货;收货人负责在卸货港集装箱堆场整箱提货并拆箱,空箱按规定期限内交至海上承运人指定堆场。

9. 站到站交接(CFS TO CFS)

托运人负责将货物运至海上承运人指定的装货港集装箱货运站按件交货;海上承运人在装货港集装箱货运站按件接货并装箱,负责运抵卸货港集装箱货运站整箱交货；收货人负责在卸货港集装箱货运站拆箱按件交货;收货人在卸货港集装箱货运站按件接货。

上述9种交接方式中提及的装货港、卸货港货运站,包括内陆中转站、货运站;装货港、卸货港集装箱堆场,也包括内陆“无水港”、中转站、货运站的堆场。

## 二、按照装箱方式划分

1. 整箱货 (Full Container Load,简称FCL)

由发货人负责装箱、计数、积载并加铅封的货运。整箱货的拆箱,一般由收货人办理。也可以委托承运人在货运站拆箱。但承运人不负责箱内的货损、货差。除非货方举证确属承运人责任事故的损害,承运人才负责赔偿。承运人对整箱货,以箱为交接单位。只要集装箱外表与收箱时相似和铅封完整,承运人就完成了承运责任。整箱货运提单上,要加上“委托人装箱、计数并加铅封”的条款。

2. 拼箱货 (Less than Container Load,简称LCL)

为整箱货的相对用语,指装不满一整箱的小票货物。这种货物,通常是由承运人分别揽货并在集装箱货运站或内陆站集中，而后将两票或两票以上的货物拼装在一个集装箱内，同样要在目的地的集装箱货运站或内陆站拆箱后分别交货。对于这种货物,承运人要负责装箱与拆箱作业,装拆箱费用仍向货方收取。承运人对拼箱货的责任,基本上与传统杂货运

输相同。

## 三、集装箱箱体的交接

对于集装箱箱体的交接，集装箱码头与海上(陆路)承运人通过签署“设备交接单”进行责任的划分。

(1)海上承运人与码头的交接由外轮理货代表海上承运人与码头在船边交接。

(2)经水路集疏运的集装箱，水路承运人与码头在船边交接；在船到船(驳)直取作业时由外轮理货代表海上承运人与水路承运人办理交接；在国内运输集装箱，由外轮理货代表水路承运人与码头在船边交接。

(3)经公路集疏运的集装箱，码头、内陆中转站、货运站与公路承运人在其大门交接。

(4)经铁路集疏运的集装箱，铁路承运人与托运人、收货人或受委托的集装箱码头、内陆中转站、货运站在装卸现场或双方商定的地点交接。

在交接过程中，如发现集装箱箱体有残损的，必须在“设备交接单”上注明。交接标准具体内容，在本书第十一章中已有论述。

## 四、集装箱码头与集装箱交接闸口

集装箱码头闸口是进出集装箱的“咽喉”要道，闸口实现现代化的程度以及工作效率高低，在一定程度上，决定着码头装卸作业效率。智能闸口是集装箱码头闸口功能的发展方向。

1. 集装箱码头闸口一般工作程序

集装箱码头闸口是海上承运人与托运人责任范围的分界点。进口、出口集装箱，都必须在集装箱码头闸口接受检查，办理交接手续，填写设备交接单，确认交接责任。其主要工作内容是：

(1)受理和检查进出闸口的重箱和空箱。其中对空箱必须进行严格的检查，不仅要检查箱体外部状况，而且应打开箱门检查箱体内部状态。

(2)编制和分类整理门票。门票内容包括船名、集装箱号、发货人、内地承运人、箱型、发货地、质量、报关单、堆场箱位。

(3)接收出口单据。其中包括场站收据、出口货物申报单、集装箱装箱单，并核对单据记载的内容。

(4)接收提货单，并核对交接通知单和运输许可证等。

(5)填写闸口值班记录并进行整理。值班记录主要内容包括集装箱号、空箱或重箱、箱型、发送地、收货人。

(6)检查集装箱及集装箱号、封志号是否有破损等。如果发现集装箱有破损,应立即与外轮代理联系,接受修理工程师的指导,并编制残损报告,其内容包括船名、集装箱号、堆场箱位、破损的详细情况。

(7)重箱称重。如果在提货单上未注明集装箱质量的,应会同检查员称重,并记载在门票上。

(8)准备设备交接单,做好记录,并由驾驶员签字。设备交接单的主要内容包括发货人、收货人、通知人、收货地点、船名、航次、装货港、卸货港、交货地点、目的地、集装箱号、封志号、箱数或件数、包装种类与货名、毛重、尺码和运费等。

(9)指定集装箱在堆场存放的箱位。在接收特种集装箱时,确定危险货物标志和冷藏集装箱指示温度以后,指定专门箱位堆放。

(10)管理堆场上存放的空箱,根据存放期限进行调整,掌握空箱存放期限,可编制空箱清单。该单据的主要内容包括船名、集装箱号、箱型、接收日期。

(11)编写集装箱盘存报告,掌握每天集装箱在库情况,盘存报告的主要内容包括船名、集装箱号、箱型、进出场日期、堆场箱位等。把进、出场设备交接单输入或调出计算机。通过输入或调出进、出场设备交接单,掌握集装箱动态并进行盘存管理。

2. 智能闸口

1)智能闸口的组成

集装箱码头智能闸口的组成,根据其码头布局、装卸工艺、业务流程、闸口功能、采用技术不同而有所不同,所实现的功能存有差异。通常情况下包括:门控、车号识别、箱号识别、残损识别、导引、称重、数据交换、后台处理等模块。

智能闸口的组成如图 14-2-1 所示。

2)智能闸口运作流程

(1)地感线圈触发

集装箱车辆进入闸口前端埋设的地感线圈时,压过地感线圈,产生大量的磁通量变化,对应的电流给出触发信号,I/O 接口将触发信号传送到闸口计算机,主控程序通过 I/O 接口启动车牌号视频摄像机抓拍图像,入口处发出语音提示。

(2)车牌号识别

主控程序调用车牌号图像识别程序,对抓拍的车牌号图像进行识别,识别后将车牌号图像存储在数据库中,识别的车牌号形成文本数据存储在数据库中,并注明车牌号、闸口号、年月日时分秒便于阅读程序核对。

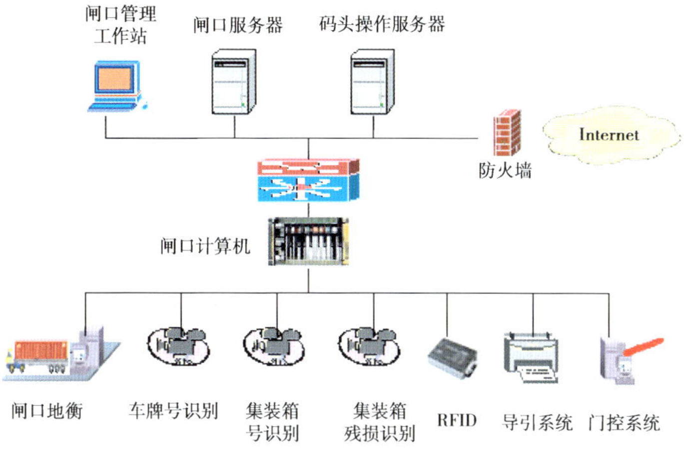

闸口管理工作站
闸口服务器
码头操作服务器
Internet
防火墙
闸口计算机
闸口地衡
车牌号识别
集装箱号识别
集装箱残损识别
RFID
导引系统
门控系统

图 14-2-1　智能闸口的组成

(3)红外线扫描

集装箱车辆抵达红外线扫描处, 红外线扫描器被触发,I/O 接口将触发信号传送到闸口计算机,主控程序通过 I/O 接口启动集装箱号或残损视频摄像系统抓拍图像。

(4)集装箱号和残损摄像、识别

集装箱号或残损视频摄像系统抓拍图像后调用集装箱号识别程序(字符识别)、残损识别程序(图像识别),识别出集装箱号、ISO 代码、集装箱残损情况。箱体图像存储在数据库中,并注明集装箱号、闸口号、年月日时分秒等,被识别的集装箱号、ISO 代码、箱位置、闸口号形成文本数据存储在数据库中,便于与阅读程序核对。

(5)阅读数据

主控程序调用读射频卡 RFID(或 IC 卡)程序,将卡中的车牌号、集装箱号、预订号等信息读出,并与集装箱号识别数据进行核对。

(6)读地衡重量

主控程序调用读地衡重量程序,计算出每个集装箱的重量,并存储在数据库中,便于闸口程序调用。

(7)闸口程序

主控程序调用闸口程序读出射频卡 RFID(或 IC 卡)相关数据,并与车牌号识别、集装箱号识别、残损识别、地衡数据进行核对,以预订号(箱号/提单号)为检索键去读取 EDI 系统收箱预订,核对无误后将闸口号、车

牌号、箱位置、箱号、ISO代码、残损代码、车队代码等写入码头操作管理系统数据库中。

(8)打印入场小票

闸口程序依据堆场计划计算出该集装箱场位并自动打印出入场小票,指示司机入场。

(9)电动挡车器

主控程序通过I/O接口启动电动挡车器放行。

3. 智能闸口与码头操作管理系统

智能闸口即是一个相对独立的系统,又是集装箱码头操作管理系统的重要组成部分,它与EDI系统和闸口程序联系紧密,码头操作管理系统应为智能闸口留有高效的数据接口,使智能闸口有机地融入系统之中,使码头操作管理系统发挥更大的效能。

## 第三节 现代集装箱码头一般货类集装箱的箱务管理

集装箱的收箱、提箱及集装箱的保管,是集装箱码头除装卸船以外的主要日常业务和生产活动。收箱业务是出口装船业务的前奏;而提箱业务则是进口卸船业务的延续。集装箱货物在进出码头进行换装的过程中,需在码头堆场停留一段时间,因此就产生了集装箱的堆存保管业务。

集装箱码头收提箱及保管业务,是码头堆场部门的主要职能。码头堆场管理水平的高低,直接影响现场生产。目前,我国主要集装箱码头,在收提箱、堆存、保管、疏运、摆重、回空等各项日常业务和生产作业中,均已实现计算机管理,以发挥码头操作管理更大效能。

### 一、一般货类集装箱箱务管理的主要内容

1. 集装箱码头收箱箱务管理及流程

码头堆场收箱业务一般是指出口重箱集港堆场收箱交接,码头货运站装箱后重箱返回堆场交接,以及受船公司委托返空箱的交接。前两种重箱,在堆场出口区域内进行交接,而返空箱的交接则在堆场专门设置的空箱堆存区域内进行。

(1)公路承运人凭设备交接单和其他相应业务单证,在码头闸口进场通道与堆场理货办理集装箱进场交接。

(2)公路承运人将集卡开到闸口地衡上称重,通过与计算机系统联网的磅码器自动识别所收集装箱重量。

(3)闸口理货核对设备交接单,检查箱体、箱号、船名、航次、车号后,理货留下两联存底,第三联交运箱人。

(4)闸口理货在设备交接单运箱人联加盖箱检章,并打印集港小票。

(5)运箱人将集卡开到集港小票上指定的场位卸箱。

(6)场地机械司机根据系统收箱指令将集装箱卸到指定场位、箱位。

(7)空箱返回进场业务,是码头堆场受船公司委托而进行的。其进场交接程序与出口重箱交接相同。码头堆场对进场空箱,按照不同船公司分类堆码。

2. 集装箱码头提箱箱务管理及流程

码头堆场提箱作业是码头制定作业计划的重要内容之一。码头堆场在卸船进场时,在考虑堆场合理积载的同时,更要考虑货主提箱方便与快捷。

码头堆场提箱作业,涉及以下几个方面业务:进口重箱出场交接;进口超期箱转栈出场交接;货运站交货重箱出场交接;调运空箱出场交接。

提箱作业在码头堆场进口区域内进行。堆场进口区域一般设置在码头堆场靠近公路一侧。

1)进口重箱提箱业务及流程

(1)公路承运人凭设备交接单、交货记录、集装箱提箱凭证,在闸口出场通道与理货办理出场交接。

(2)堆场理货核对运箱人所持设备交接单、交货记录、集装箱提箱凭证、提箱顺序表、费用结算单证、有效放行单证,并经双方检查箱体、铅封后在设备交接单上签字、交接。

(3)运箱人凭闸口理货开具的出港区门证,从闸口出场通道运箱出场。

(4)堆场理货将提箱信息及时输入计算机,及时变更堆场箱位图。

(5)货运站交货由堆场提重箱,需向调度部门提出“摆重计划”,由货运站与堆场办理重箱自堆场提离并进行交接后,运至货运站拆箱作业场地,进行拆箱作业。

2)转栈出场提箱业务流程

集装箱码头堆场根据有关规定,对于尚未提离堆场超期的进口集装箱,有权按照与船公司所签转栈协议,安排到转栈场地。

(1)码头调度转栈计划员根据场地堆存箱量和卸船日期,确定转栈集

装箱的船名、航次、箱数和转栈地点，打印该船在港集装箱清单，核对提单号，送堆场部门，堆场部门据此打印转栈顺序表。

(2)堆场部门打印转栈顺序表一式4份，加盖提箱计划章，1份送调度转栈计划员备查，其余3份交堆场当班理货备查。

(3)调度转栈计划员将准备转栈集装箱的船名、航次、箱量、转栈地点通知陆运计划员，由陆运计划员组织堆场、转栈车队、转栈场站，按照转栈顺序表实施转栈提箱作业。

(4)转栈完毕，调度转栈计划员与堆场、转栈车队、转栈场站共同核对转栈箱数，并把转栈顺序表复印件送交海关和码头有关部门。

3)货运站摆重箱返场作业流程

货运站装箱出口重箱返场作业流程，大致与上述程序相同，所不同的是码头内部交接，交接双方是码头堆场理货与货运站理货间进行交接。

3. 集装箱码头的空箱管理

集装箱码头的空箱管理主要分空箱进、出场和空箱管理。

1)空箱进场管理

码头空箱进场有两种方式，空箱卸船进场和空箱通过闸口进场。空箱卸船进场前，码头堆场计划员必须安排空箱堆存计划。空箱根据尺码的不同、箱型的不同，按不同的持箱人分开堆存，码头与船方必须在卸箱时办理设备交接单手续。

通过闸口进场的空箱主要有两种，一种为船公司指定的用于出口装船的空箱，另一种为进口重箱拆箱后返回码头。如为船公司指定用箱，则根据堆场计划员所作堆存计划按不同尺码、不同箱型，出口船名、航次堆放；如为进口箱拆箱后返回码头堆场，则根据堆场计划员所做堆存计划按持箱人的不同，分开堆放。空箱进闸口时，码头闸口与承运人办理设备交接单手续。

2)空箱出场管理

码头空箱出场主要有两种方式，空箱装船出场和空箱通过闸口出场。

(1)装船出场的空箱主要有两种，一种为船公司指定用于出口装船的空箱，另一种为装驳船的空箱。码头箱务管理员应根据代理人出具的工作联系单、空箱装船清单或船公司提供的出口装船用箱指令，安排装船用箱计划。码头配载计划员根据箱务管理员的用箱计划以及代理人提供的场站收据，结合船名、航次的配载情况，选择全部计划空箱或部分计划空箱配船。凡该船航次未能装船的空箱，箱务管理员应做好记录，以备下一航次装船之用。

(2)空箱通过闸口出场主要有下述3种：

①门到门提空箱,主要是出口载货所用空箱的提运。该空箱提运至集装箱点进行装箱后,重箱即回运本码头堆场出口区域准备装船出口。空箱门/门提离码头，货主或内陆承运人应向集装箱代理人提出书面申请,集装箱代理人根据出口集装箱预配清单向货主或内陆承运人签发出场集装箱设备交接单和进场集装箱设备交接单，货主或内陆承运人凭出场集装箱设备交接单向码头堆场提取空箱。

②提空箱出码头堆场,是指将空箱提运至码头外的集装箱堆场,如船公司提空箱至港外堆场、提退租箱等。码头箱务管理员应根据船公司或其代理人的“空箱提运联系单”发箱,联系单上应写明持箱人、承运车队、流向堆场等,并注明费用的结算方法。

③因检验、修理、清洗、熏蒸、转运等原因需向码头提空箱。货代或内陆承运人应向集装箱代理人提出书面申请，集装箱代理人根据委托关系或有关协议向货方或内陆承运人签发出场集装箱设备交接单和进场集装箱设备交接单。货方或内陆承运人凭出场集装箱设备交接单向码头堆场提取空箱,码头凭代理的工作联系单发箱。空箱出场时,码头堆场应与船方或承运人做好集装箱设备交接单和交接手续。

3)堆场空箱管理

码头堆场存放空箱的基本堆放原则，是按持箱人和箱尺寸的不同分开堆放。码头设有专用的空箱堆存箱区,一般可堆放4~5层空箱。当码头内发生拆箱作业后,拆空的箱应及时归并,并按堆垛要求堆放。

## 二、一般货类集装箱保管业务

1. 集装箱码头堆场的基本功能

无论是发货人的待装船集装箱,还是卸船后待发给收货人的集装箱,都必须经过集装箱码头堆场进行交接。堆场管理水平决定着码头效率、效能的高低。集装箱码头堆场,不仅起到集装箱装卸场地作用,同时还起着集装箱储存、保管、交接和集疏运作用。堆场管理及运作效率直接影响着码头的装卸效率和经营成果。

堆场管理,是集装箱码头现场生产管理的中心环节之—,涉及到集装箱的保管、发放、交接、装卸、中转、堆存、装箱、拆箱等诸多生产业务。由于场地上的集装箱变化频繁,各港口堆场都实行计算机管理。

堆场管理的最基本要求,是针对码头的具体情况,划分出不同区域。场地上按照集装箱的箱型、尺寸预先画出的标准区域称为箱位。在箱位线

端部标出的编号称为箱位号，一定区域或范围的箱位，再编上号码称为场位号。场位与场位之间留出适当间距，作为场地装卸机械和运输车辆通道，通道间距的大小，要视装卸工艺而决定。

2. 一般货类集装箱堆码要求

集装箱堆场场地排列方法一般有两种形式：纵横排列法和人字型排列法。前者是普通的排列法，即把集装箱按纵向和横向在场地上整齐排列；后者又称“鱼脊型”排列法，这种排列法与纵横排列法相比，可以减少通道面积，适合底盘车工艺的堆存排列方法。我国港口由于大多采用轮胎式场桥或轨道式场桥工艺，因此，普遍采用纵横排列法堆存集装箱。

集装箱堆码的基本要求是：

(1)按票、按箱型分别堆码。

(2)进出口集装箱卸场时，必须依据系统指令堆码，操作司机要做到一箱一确认，确保卸场集装箱的场位与系统中的场位标识保持一致。

(3)按箱位线堆码，箱体不压线、不出线、上下角件部位对齐，四面见线(同箱位堆码纵向不超过200mm)。

(4)陆地堆码单批箱时，重箱2层高度、空箱1层高度。

(5)集装箱堆码，上下箱角件部位应对齐，一般误差应小于100mm。

(6)集装箱堆码，箱门必须朝向同一方向。

(7)40ft 集装箱上禁止堆码20ft 集装箱。

(8)40ft、20ft 集装箱禁止混码。

(9)超高箱、敞顶箱上严禁堆放集装箱。

(10)空重箱禁止混码。

(11)高箱应集中堆码，不得与普通箱混码。

(12)危险货物箱应堆存专设的危险货物堆场，并按货物不同性质分别堆码。

(13)冷藏箱应堆存专设的冷藏箱堆场，堆码高度一般不超过3层高；对于现代化设施齐全的冷藏箱堆场，其堆码高度可视设备条件而适当增加。

(14)超限集装箱应放入专用场地，禁止放入普通箱场地。

(15)在风速不小于15m/s的气候条件下，为防止摔箱事故发生，根据箱重和风向，对集装箱采取降低层高或使用紧固装置等有效措施。

(16)堆码层高应视本码头具体条件及荷载而定。我国集装箱码头堆场，堆码高度一般为4~6层。

3. 一般货类集装箱堆存保管

据测算，在我国现行技术装备和现有管理水平下，年装卸100万TEU

的码头,其操作量与装卸自然量之比,大约是3.5:1,即年装卸100万TEU的码头,一年中要有350万TEU的处理能力。这些业务量大多在码头堆场内进行,其业务信息量和业务处理量很大。堆场要完成集装箱的收发箱、装卸、交付、保管等业务,必须采用现代化管理手段,建立一套规范的、科学的堆场管理办法。箱位准确是集装箱码头堆场管理的基本要求。

堆场业务管理基础工作包括以下几方面:

1)码头堆场作业计划

码头堆场作业计划根据周船期预报、船舶动态和箱货信息,上昼夜生产计划执行及变更情况,场地资源需求情况,机械、天气信息等,预测未来3天进出场的箱量,制定场地堆存计划和场地机械使用计划,按时交付和接收进出口集装箱。

2)核查、盘存制度及手段

为达到对场地堆存集装箱进行有效的控制,必须建立核查、盘存制度。即建立一艘船一核查、每日在港箱核查、每月一次全场盘点制度。做到每船一清、每日一清、每月一清。通过核查办法及时发现并处理溢装、溢卸、漏装、漏卸、错箱位、错箱号等问题;通过核查办法的实施,达到集装箱在堆场的实际场位、箱位与计算机存储的信息和场地积载图三位一体,准确可靠;建立一套完整的内外部集装箱交接管理办法,并按办法严格实施。对堆场集装箱所发生的收发、交接、搬倒等实施严格的动态管理,即通过码头计算机管理系统中存储的集装箱相关信息对在场集装箱进行实时控制。

## 第四节 特殊货类集装箱管理

特殊货类集装箱主要是指各类危险货物箱、保温冷藏箱以及超限箱等,其对装卸、存储有特殊的要求。

### 一、危险货物集装箱的存储

1. 危险货物的定义与分类

1)危险货物的定义

凡具有燃烧、爆炸、腐蚀、毒害、放射线等性质,在运输过程中能引起人身伤亡、财产损毁的货物,均属危险货物。

就海上运输和港口装卸、存储而言,危险货物一般是指包装或固体散装危险货物。

判断一种物质或物品是否属于危险货物的因素包括:货物的特性、包

装、浓度和含量、运输方式等等,除此之外,还要考虑国际和各国的习惯做法与相关规定。

包装或固体散装危险货物,系指根据修正的《1974 年国际海上人命安全公约》和经修订的《1973 年国际海上防止船舶造成污染公约》以及《巴塞尔公约》约束的,同时符合《国际海运危险货物运输规则》(简称《国际海运危规》)标准的物质或物品。这些物质或物品的海洋船舶运输(包括港口作业)必须遵守《国际海运危规》的各项规定,以确保船舶、港口安全,防止海洋污染。

2)危险货物的分类

危险货物的分类是根据其具有的危险类型确定的,既要符合技术条件,又要同各个现行规定尽可能不发生抵触。

联合国《橙皮书》指出,它所建议的定义是为了指出哪些货物是危险的,按其特性应该归于何类,制定这些定义是为了提供一个能够为各国和国际规则所遵循的共同模式。这些定义显示相当程度的标准化,但同时保存一定的灵活性,以考虑各种不同的情况。当《国际海运危规》中增加了废弃物运输内容后,含有危险货物的废弃物或属于污染海洋的废弃物,也被包括其中。《国际海运危规》对危险货物的分类是:

(1)第一类　爆炸品

是指通过其自身的化学反应产生气体,在这样反应的温度、压力和速度下,对周围环境造成破坏的某种固态或液态物质(或一些物质的混合物)。

(2)第二类　压缩、液化或加压溶解的气体

①临界温度低于 50℃或 50℃时,其蒸气压力大于 294kPa 的压缩或液化气体。

②温度在 21℃时,气体的绝对压力大于 275kPa 或在 54.4℃时,雷得蒸气压(Reid Vapor Pressure)大于 275kPa 的液体气体或加压溶解气体。

③为积载和隔票的目的,气体又可分为易燃气体、非易燃气体和有毒气体。

(3)第三类　易燃液体

是指正闭环试验等于或低于 61℃(相当于开环 65℃)时易于放出易燃蒸气的液体、混合液体、含有溶解固体的溶液或是悬浮液(如油漆、清漆)。

易燃液体又可分为:低闪点(-18℃)、中闪点(-18~23℃)、高闪点(23~61℃,包括 61℃)易燃液体。

(4)第四类　易燃固体、易自燃物质、遇水放出易燃气体的物质

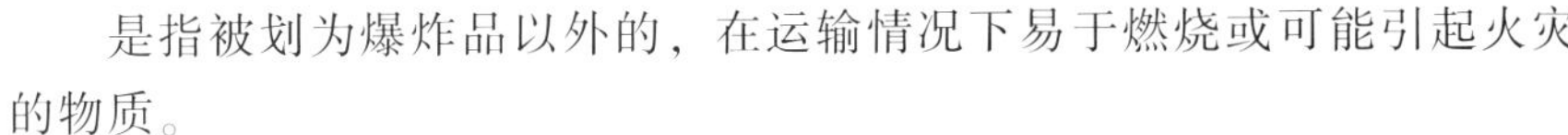

是指被划为爆炸品以外的，在运输情况下易于燃烧或可能引起火灾的物质。

易燃固体系指具有易于被外部火源(如火星、火焰)所点燃易于燃烧或遇到摩擦易于引起或有助燃烧的固体物质。本类还包括能自行反应的物质，即易于在常温或升温中，由于过高的运输温度或被污染而引起强烈的热分解的固体物质。

易自燃物质包括具有共同特性的易于自行放热和燃烧的固体物质。遇水放出易燃气体的物质，在某种情况下这些放出的气体易于自燃。

(5)第五类　氧化物及有机过氧化物

氧化物(氧化剂)是指本身虽然未必可燃，但可放出氧气，与其他物质接触时会增加其他物质着火燃烧的危险程度。

有机过氧化物为过热不稳定物质，可发生放热性自行加速分解反应，易于产生爆炸性分解、迅速燃烧，对于撞击摩擦敏感，与其他物质发生危险性反应。

(6)第六类　有毒(毒性)物质和感染性物质

有毒(毒性)物质吞咽、吸入或与皮肤接触，易于引起死亡或严重损伤或损害健康。

感染性物质系指含有微生物或它们的毒素，会引起人体或动物疾病的物质。

(7)第七类　放射性物质

此类物质包括自发放射出大量放射线的物质，人或动物接触此类物质放射性强度、时间超过一定限度，会引起人体或动物致病、损害生命组织的物质。

(8)第八类　腐蚀品

是指在其原来形态下，具有能够或多或少地损害生命组织，具有共同特性固体或液体物质。这类物质如从包装中溢漏，不仅损害人体、动物，也会严重腐蚀船舶、机械设备。

(9)第九类　杂类危险物质或物品

是指所含的杂类危险货物，在其他类别危险标准下不易划入。但这些货物具有危险性，它们没有共同的特性，所以在发生溢漏事故中，应根据其危险性采取相应的溢漏应急措施。

上述9类标志图例见图14-4-1和图14-4-2。

2. 危险货物集装箱管理

1)集装箱码头进口危险货物集装箱的管理

## 第1类——爆炸物质和物品

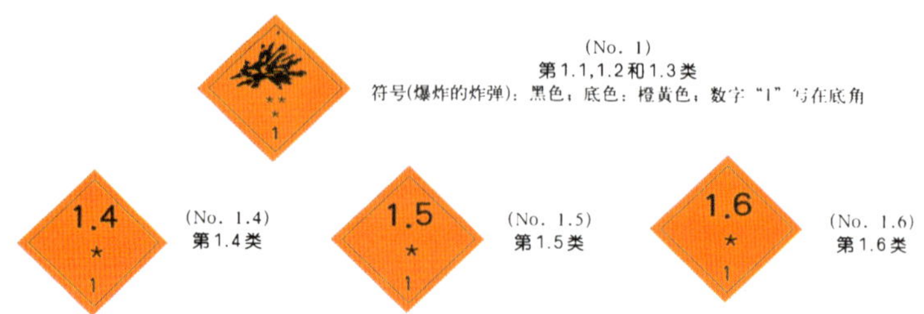

(No. 1)
第1.1,1.2和1.3类
符号(爆炸的炸弹)：黑色；底色：橙黄色；数字“1”写在底角

(No. 1.4)
第1.4类

(No. 1.5)
第1.5类

(No. 1.6)
第1.6类

底色：橙黄色；数字：黑色；数字高大约应为30mm，字体笔画的宽度约5mm
(对于100mm × 100mm的标志)；数字“1”写在底角
** 属于危险类别的位置——如果属于副危险性则留空
* 属于配装组的位置——如果属于副危险性则留空

## 第2类 气体

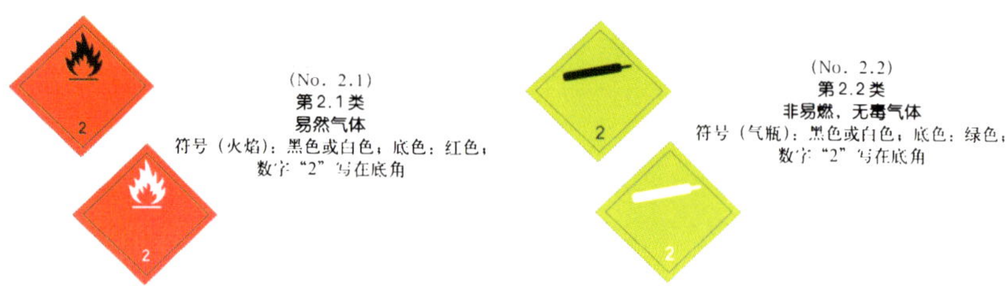

(No. 2.1)
第2.1类
易燃气体
符号（火焰）：黑色或白色；底色：红色；
数字“2”写在底角

(No. 2.2)
第2.2类
非易燃，无毒气体
符号（气瓶）：黑色或白色；底色：绿色；
数字“2”写在底角

## 第3类 易燃液体

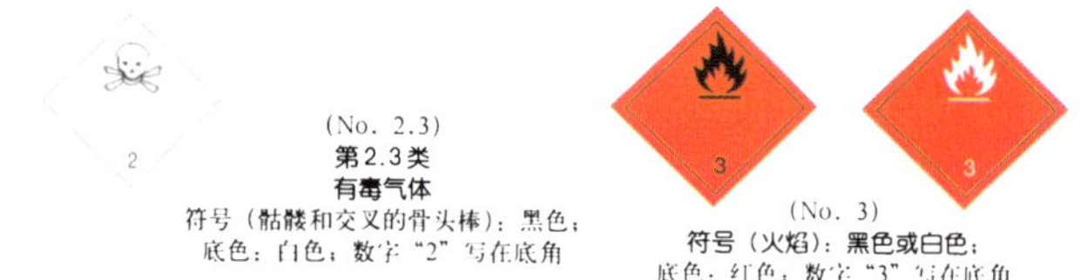

(No. 2.3)
第2.3类
有毒气体
符号（骷髅和交叉的骨头棒）：黑色；
底色：白色；数字“2”写在底角

(No. 3)
符号（火焰）：黑色或白色；
底色：红色；数字“3”写在底角

## 第4类

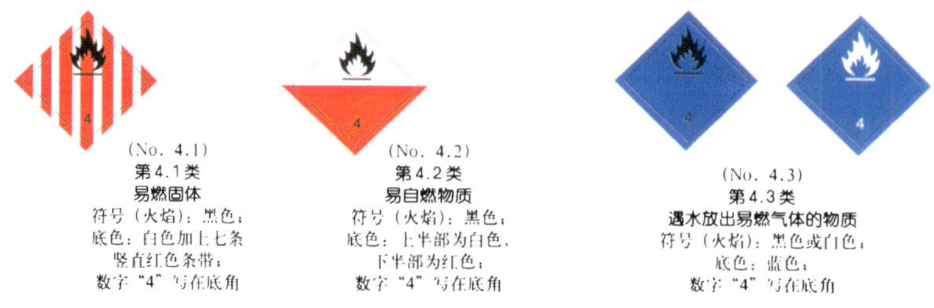

(No. 4.1)
第4.1类
易燃固体
符号（火焰）：黑色；
底色：白色加上七条
竖直红色条带；
数字“4”写在底角

(No. 4.2)
第4.2类
易自燃物质
符号（火焰）：黑色；
底色：上半部为白色，
下半部为红色；
数字“4”写在底角

(No. 4.3)
第4.3类
遇水放出易燃气体的物质
符号（火焰）：黑色或白色；
底色：蓝色；
数字“4”写在底角

图 14-4-1 危险货物标志(1)

## 第5类

(No. 5.1)
第5.1类
氧化剂（物质）

(No. 5.2)
第5.2类
有机过氧化物

符号（圆圈上带有火焰）：黑色；底色：黄色；
数字“5.1”写在底角
数字“5.2”写在底角

## 第6类

(No. 6.1)
第6.1类
有毒物质
符号（骷髅和交叉的骨头棒）：黑色；
底色：白；数字“6”写在底角

(No. 6.2)
第6.2类　感染性物质
标志的下半部可以标上‘INFECTIOUS SUBSTANCE’（感染性物质）以及
‘In the case of damage of leakage immediately notify Public Health Authority’
（“如发生损伤或泄漏立即通知公共卫生机关”）的字样
符号(三个新月性符号沿一个圆圈重叠在一起)和文字：黑色；底色：白色；
数字“6”写在底角

## 第7类——放射性物质

(No. 7A)
Ⅰ级——白色
符号（三叶型）：黑色；
底色：白色；
文字（强制性要求），
在标志的下半部用黑体标出：
RADIOACTIVE（放射性）
Contents……（内容物名称）
Activity……（强度为……）
紧跟“放射性”字样的后面标上一条
垂直的红色短杠
数字“7”写在底角

(No. 7B)
Ⅱ级——黄色

(No. 7C)
Ⅲ级——黄色

符号（三叶型）：黑色；
底色：上半部黄色加上白边，下半部白。
文字：（强制性要求），在标志的下半部用黑体标出：
RADIOACTIVE（放射性）
Contents……（内容物名称）
Activity（强度为……）
在一个黑框内标出：Transport index……（运输指数）
紧跟“放射性”字样的后面标上
二条垂直的红色短杠
紧跟“放射性”字样的后面标上
三条垂直的红色短杠
数字“7”写在底角

(No. 7E)
第7类裂变性物质
底色：白色；
文字（强制性要求），在标志的上半部用黑体标出：
FISSILE（裂变性）字样：
在一个黑框内标出：Criticality Safety index……（临界安全指数）
数字“7”写在底角

## 第8类——腐蚀性物质

(No. 8)
符号（液体，从两个玻璃容器流出来
侵蚀到手和金属上）：黑色
底色：上半部白色，下半部黑色带白边；
数字“8”写在底角

## 第9类——杂类危险物质和物品

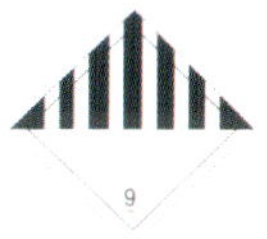


(No. 9)
符号（在上半部有7条竖直条
带）：黑色
底色：白色
数字“9”写在底角

图 14-4-2　危险货物标志(2)

(1)进口危险货物集装箱(以下简称危险货物箱)的确认与单证管理

①为便于装卸计划和疏运计划的安排与实施，港口危险货物箱管理机构，必须严格执行进口危险货物箱的确认制度，严格把好进口作业第一关。要求承运进口危险货物箱的船公司或其代理人，在危险货物箱于装货港装货前，应电告港口主管部门，办理书面确认手续。

②船公司或其代理人，向港口主管部门提供的确认电告，须具明进口船舶船名、航次、货名、贸易合同号、数量、重量、集装箱运输条款、箱号、箱型、实际收货人，《国际海运危规》规定的类别、编号、闪点等。确认电告一式2份。港口危险货物箱主管部门收到确认电告后48h内(扣除法定节假日)给予书面确认，逾期未予确认的，则视为同意装运。

③对载有《国际海运危规》第1、2、7类危险货物的进口集装箱，港口主管部门在收到船公司或其代理人的确认电告后，应及时根据确认电告联系实际收货人，要求其迅速来港办理接货确认手续(外地收货人则由船公司或其代理人联系)。

④未经港口危险货物箱主管部门确认而来港的载有《国际海运危规》第1、2、7类及其他一级危险货物(除第6、8类外)的集装箱，在船舶装卸时，由于资料不清、不全而无法联系收货人，以致造成收货人或其代理人不能在规定时间内接货、疏运的，为确保安全，港口可采取必要安全措施，由此而产生的后果，由承运船公司负责。

⑤凡经港口危险货物箱主管部门确认后的危险货物箱，由于需改动船名、航次或经其他港口转运而与原确认的船名、航次不符的，船公司或其代理人须重新办理确认手续或向港口危险货物主管部门发出更改通知书，否则按未经确认处理。

⑥船公司或其代理人须向港口危险货物箱主管部门及集装箱码头提供以下危险货物箱资料。

a.远洋航线，须在船舶抵港前7天提供如下单证：

a)货物集装箱清单2份(港口危险货物箱主管部门、装箱的集装箱码头各1份)。清单要求注明：船名、航次、提单号、贸易合同号、数量、重量、箱号、箱型、条款、收货人，《国际海运危规》规定的类别、编号，装载位置。

b)危险货物箱积载图4份。危险货物箱的装载位置，须在积载图上作出明显标志，并标出《国际海运危规》类别。

c)舱单和装箱单须注明危险货物的有关内容。

b.近洋航线，须在船舶抵港前48h，提供如下单证：

a)危险货物箱箱位报2份，其内容同危险货物箱积载图。危险货物箱

货报 2 份，其内容同危险货物箱清单。

b)船舶抵港后应立即提供危险货物装箱清单 2 份、危险货物积载图 4 份、进口舱单 4 份、装箱单 2 份。

(2)危险货物箱的卸船、进场与转栈

①承运人或其代理人，在船舶抵港前两天(远洋航线抵港前 24h)将经港航监督审批的船舶装载危险货物申报单一式 2 份分别提供港口危险货物箱主管部门和码头，码头凭申报单安排卸船。卸船时应先开舱通风再下舱作业。

②载有《国际海运危规》中第 1、2、7 类危险货物的集装箱，必须组织船—车、船—船整箱直接换装作业。无整箱直接换装作业条件的，必须立即组织在码头拆箱直接换装，不得在码头堆场或货运站堆场存放。

③载有《国际海运危规》中第 3、4、5、6、8、9 类中属于我国《水路危规》规定为一级危险货物的集装箱，卸船后不能及时提运的，必须在 24h 内转往中转站危险货物箱专用堆场。

④除①、③之外的其他类别的危险货物箱，按我国《水路危规》规定为二级危险货物的集装箱，可以在码头堆场或货运站堆场安全区域内存放。

⑤载有《国际海运危规》中第 6 类危险货物箱，需在码头堆场短期存放时，集装箱必须箱门对箱门堆放在规定的安全区域内，并责成专人负责保管。

⑥凡属转栈的危险货物箱，转栈前由转栈单位出具转场清单，并注明船名、航次、提单号、贸易合同号、箱号、箱型、货名、《国际海运危规》规定的类别，收货人等，提供给收箱单位。

⑦需拆箱的危险货物箱，应在规定的危险货物箱拆箱场地组织拆箱作业，拆卸的危险货物应及时进入危险货物仓库或专用危险货物堆场。整箱或拆箱入库(场)的危险货物应按港口危险货物主管部门规定办理。拆箱后的危险货物入库或转栈，应同时附送货物流向等有关资料。

⑧港口危险货物主管部门根据船公司或其代理人提供的资料，以船公司为单位，编制进口危险货物箱流向单并及时发给所属集装箱码头。码头应根据流向单及船公司或其代理人提供的有关资料，组织疏运和衔接工作。

进口危险货物集装箱业务管理流程如图 14-4-3 所示。

3. 危险货物箱专用堆场及其管理

1)危险货物箱专用堆场

危险货物箱专用堆场，分为码头危险货物箱堆场，即码头所划出的作

为部分危险货物箱短期存放的安全区域，以及中转站或专业危险货物库场所设置的专用堆场。

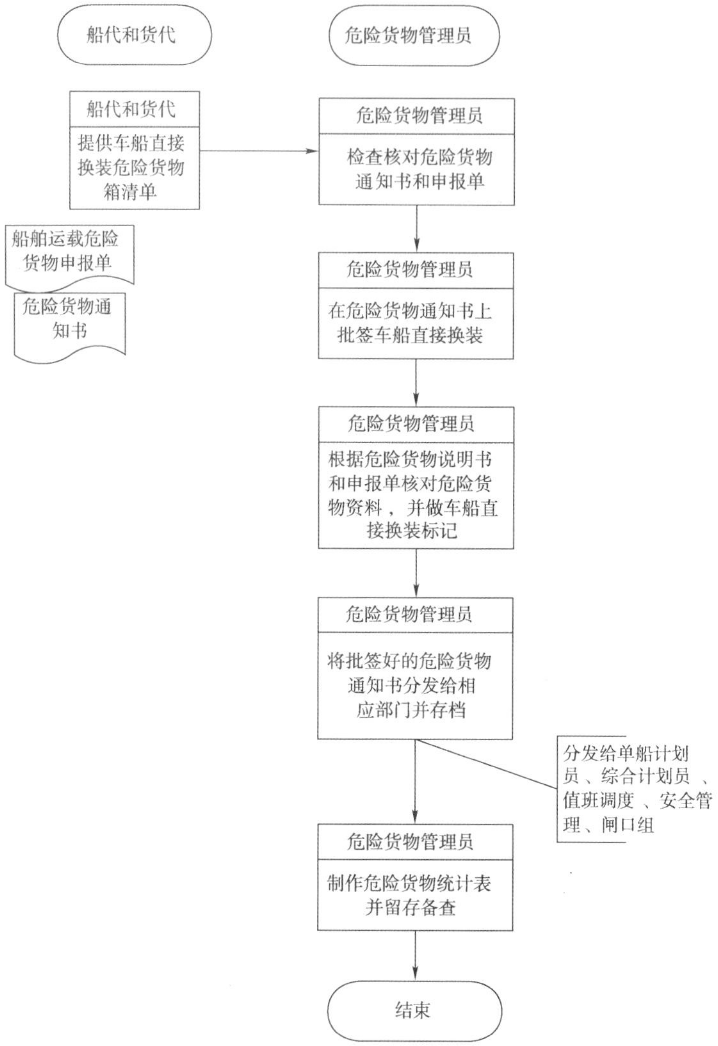

船代和货代

危险货物管理员

船代和货代：提供车船直接换装危险货物箱清单

船舶运载危险货物申报单

危险货物通知书

危险货物管理员：检查核对危险货物通知书和申报单

危险货物管理员：在危险货物通知书上批签车船直接换装

危险货物管理员：根据危险货物说明书和申报单核对危险货物资料，并做车船直接换装标记

危险货物管理员：将批签好的危险货物通知书分发给相应部门并存档

分发给单船计划员、综合计划员、值班调度、安全管理、闸口组

危险货物管理员：制作危险货物统计表并留存备查

结束

图 14-4-3　进口危险货物集装箱业务管理流程图

上述堆场,其管理必须做到:

(1)港口划出专用堆放危险货物箱的场地或仓库,应远离港口设施和人员稠密地区。专用场地或仓库必须有效隔离并划出警戒线,昼夜实施严密看管,无关人员禁止入内。

(2)危险货物堆场、仓库严禁烟火。根据危险货物不同性质类别,进行

有效隔离。配备足够、有效的消防器材以及急救、防护设施设备。

(3)库场通风良好,堆存的危险货物箱尽量保持阴凉,对第4类危险货物箱要保持干燥,要有防火防雨设备。

(4)危险货物箱专用堆场必须具有一定面积,堆场、仓库电气设备等必须是防爆型的。夏季高温季节为降温必须专门设计喷淋装置和相应的消防设备,配备专人负责保管。无论是场地堆放还是仓库内堆放,危险货物箱目前只允许堆码两层高。

2)危险货物箱专用堆场的管理

(1)危险货物箱专用堆场是港口安全管理的重点部位,必须严格遵守危险货物作业各项规定,必须做到管理制度化、交接严格化、执法一贯化、安全工作经常化。

(2)堆场、仓库各类标志明显,标明、划分不同类别不同性质的危险货物箱堆放区域和拆装箱作业区域。危险货物箱堆放区域四周,应设有效警戒围栏,挂上醒目警示牌,出入口应设警戒岗亭,安排专职人员昼夜值班看管。警戒岗亭内应设有进出人员登记本、高温期间喷淋情况记录、每日进出存箱数量记录、交接班记录等。进场提货车辆必须安装防火罩。

(3)对于码头转至堆场的危险货物箱,须凭转箱部门出具的转场清单上注明的箱号验收进场,发现箱号不符或转场清单不清的,应拒绝收箱。

(4)对拆箱后的少量危险货物,必须及时按其性质、禁忌,分别归入相应库区堆放。

(5)严格按照提单发货,认真核对唛头、货名、件数、船名、航次、箱号,发现单、货不符应立即停止发货并查明原因,做好记录。

(6)危险货物箱进场后,应及时发出催提单,3个月尚未提离的,及时报港口危险货物主管部门处理。

4. 危险货物箱的交接

(1)凡载有危险货物箱的船舶停靠集装箱码头卸箱前,码头进出口业务员根据进口资料(货报、箱报、舱单、积载图、装箱单、危险货物清单、危险货物申报单等)严格核实危险货物箱的数量、类别,整理成清单交计划调度和疏运部门。在整理核实过程中,如发现单证问题,应及时与船方联系核实;卸货过程中如发现单证与箱量上有问题,应及时联系船方更正有关单证。

(2)危险货物箱卸船,外轮理货代表船方与港方堆场理货、货主或其代理人办理集装箱交接,内容包括:箱数、箱体状况、铅封、危险货物标志。

发现问题,外轮理货应及时与有关方面联系妥善处理并做好记录。

(3)在码头货运站拆箱提货时,外轮理货必须严格按照规定核实唛头及有关标识、分清残损、理清数字并在箱边与收货人点清交接,发现单、货不符,即停止发货,会同有关方面尽快解决。

(4)危险货物箱拆箱作业中,发现原残必须及时联系外轮理货签证确认;发现工残必须坚持原则并及时向有关方面汇报。

5. 集装箱码头出口危险货物箱的管理

1)对船公司或其代理人的要求

(1)凡承运危险货物箱的船公司或其代理人,在装船前7天,将经港航监督批发的船舶装载危险货物申报单一式2份分别提供港口危险货物主管部门和集装箱码头。

(2)船公司或其代理人在向港方提供的出口装货清单、出口装箱单、出口集装箱预配清单、出口集装箱配载图上标清明显标志,列明危险货物的性质及《国际海运危规》规定的类别号。

2)对装箱单位的要求

(1)出口危险货物装箱前,装箱单位必须按照国家、省市有关规定,向港口办理海运出口危险货物包装检验手续。出口装箱的危险货物应符合《国际海运危规》要求。发货人应遵守国家有关规定,在装箱前向装箱单位交验经港口危险货物主管部门确认的、由进出口检验检疫机构签发的海运出口危险货物包装容器鉴定结果单。

(2)出口危险货物箱进入码头时,装箱人向码头闸口提供:出口装箱单、危险货物装箱证明书(一箱一书)。证明书必须经由装箱现场检查员签字并由装箱单位加盖印章。

(3)出口危险货物箱进入码头前,装箱人须按《国际海运危规》规定,在箱体四周每面贴一幅(250mm×250mm)与箱内所载货物性质相符的危险货物标志,码头严格检查把关。如没按要求贴上标志,或标志与货物性质不符,则拒绝进入码头。

(4)出口危险货物箱在码头堆场或货运站装箱时,应在指定的安全区域作业,并通知消防等有关部门,加强安全监督。装毕后,须对箱内货物进行捆扎加固,并由装箱人员负责贴危险货物标志及施加铅封。

3)对作业码头的要求

(1)对载有危险货物的出口集装箱,应坚持"迟进场、早装船"原则。对载有《国际海运危规》中第1、2、7类的出口箱,应坚持车船直接换装原则。对载有《国际海运危规》第3、4、5、6、8、9类中属于我国《水路危规》规定的一级危险货物箱,可在装船前 24h 内进场。

(2)出口危险货物箱进入码头时,如发现箱体变形或渗漏情况时,不得进入堆场,应即与装箱人或货物代理人取得联系并及时处理。

(3)对船公司或其代理人提供的集装箱配载图上标明的危险货物箱的积载位置,码头未经船方同意,不得任意变动。

出口危险货物集装箱业务管理流程如图 14-4-4 所示。

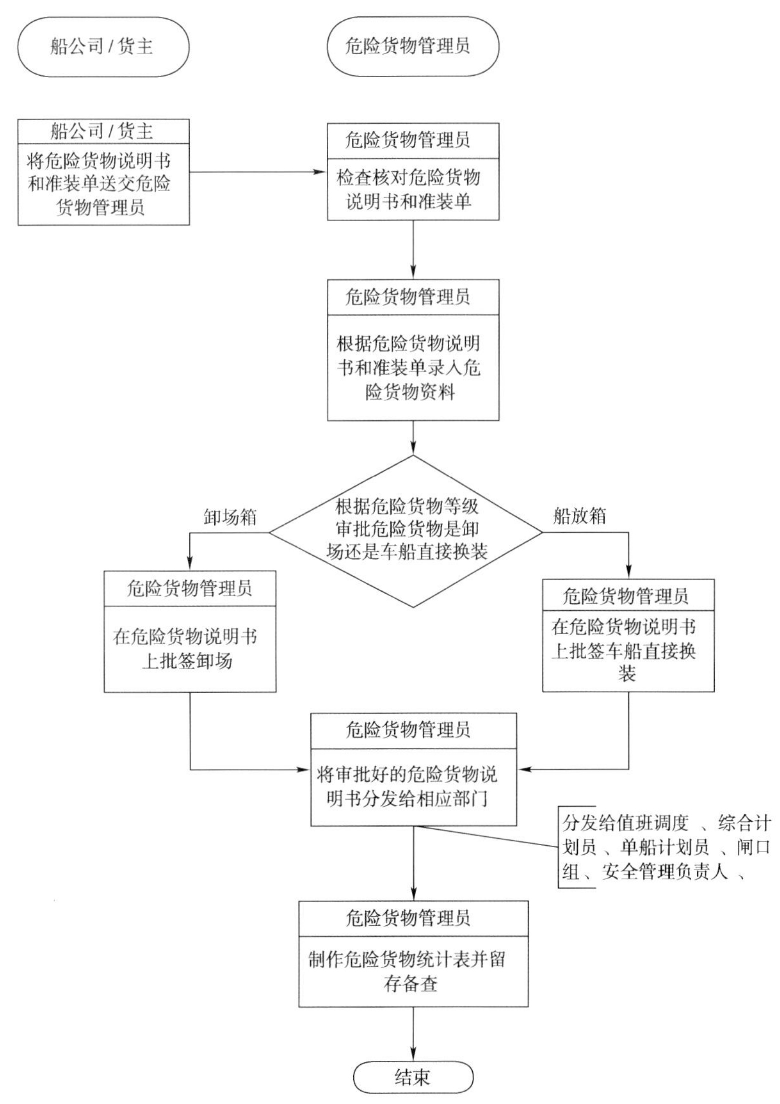


图 14-4-4　出口危险货物集装箱业务管理流程图

## 二、保温、冷藏集装箱的装卸与存储

1. 概述

保温、冷藏运输是指使用装有特制保温、冷藏设备的运输工具，运输易腐食品(如水产品、畜产品、水果蔬菜、新鲜食品等)以保持食品的鲜度、味觉和营养价值，并较快运达目的地的运输方式。冷藏运输包括冷冻运输和低温运输。

冷藏运输的对象主要是易腐食品，除此之外，像某些皮毛、丝绸等货物，在特殊条件下，为了防虫，以及某些医药品、化工产品，为了防止危险和变质，也需要采用冷藏运输方式。

冷藏运输食品，一般可分为两大类：即动物性食品和植物性食品。动物性食品包括：肉(禽肉类)及肉类制品、水产品及其制品以及蛋类及其制品、乳类及其乳制品等等；植物性食品主要指各种水果和蔬菜。

随着集装箱综合运输技术和造箱技术的发展，世界主要航线上，冷藏货物运输几乎全部实现集装箱化。冷藏货物远洋、近洋运输集装箱化率，较其他货物比率要高。

冷藏集装箱(简称冷藏箱，下同)运输，与过去采用的利用冷藏舱或专用冷藏船运输方式比较起来，具有以下优点：

(1)在进行水陆联运中，冷藏货物在进行车—船换装时，不必把货物取出集装箱，就可以实现“门到门”运输。冷藏箱运输的巨大优越性，在冷藏货物运输中，得到了充分体现。

(2)无论运输大批量还是小批量冷藏货物，均可利用冷藏箱运输，既经济又方便，大大减少运输、换装的环节，从而降低了综合运输成本，最终有利于消费者。

(3)由于冷藏箱带有冷藏装置和保温装置，在全程运输中箱内温度可以保持在-25℃~+25℃范围内，并可根据各种货物特性，自由选定并调整到各自所需适宜温度，从根本上保证了冷藏货物全程运输质量。

(4)从船公司的角度看，冷藏箱可以装在舱内，也可以装在甲板上，只要能通电，可以装在任何舱位，增加了船舶自装载量，提高了船公司航次经济效益。

由于冷藏箱本身带有制冷装置，除造价昂贵外，在管、用、养、修方面带来大量工作，它是所有集装箱类别中，技术要求最高、管理较复杂的一种专用集装箱。但是，在冷藏货物现代运输方面，冷藏箱代表现代运输技术，因而它是一种非常重要的专用集装箱。

2. 冷藏箱的一般特性

冷藏箱在通常的外部气温条件下能使箱内温度保持在-25℃~+25℃之间任一温度上。其标准电源一般为 380V×60Hz×3 φ,但装有内藏式变压器后,世界各国主要港口的电源一般都可使用。

冷藏箱本身虽带有冷藏装置,但为使其经济运行,在装载冷藏货或低温货时,一般都是在装箱前,按要求对货物进行预冷,使货物温度降低到给定温度以下,然后装箱。

在集装箱海陆联运中,为高效率地发挥冷藏箱的冷藏作用,以保持箱内冷藏货物质量,要求冷藏箱在全程运输过程中,只要能供电,其冷藏装置就能够自动启动并有效运转,箱内温度就可以保持在指定温度上。这是冷藏箱运输的最大优越性和其最根本的技术要求。

就冷藏箱海陆联运而言,在进行长距离的陆上运输时,为不间断地向冷藏箱供电,应采用带有发电机组的专用底盘车进行拖运;在码头堆场上,是靠陆上电源供电;而在集装箱船舶上,是靠船上电源供电。目前,在冷藏箱水陆联运系统中,这一系列供电技术、供电设施及其管理,无论在公路、铁路、码头、船舶各个环节,均已配套成龙,从而保证冷藏箱水陆联运日臻完善,促进冷藏箱运输的更大发展。

3. 冷藏集装箱作业规范

在冷藏箱装卸、运输、存储过程中,严格按照冷藏箱作业规范进行作业,是确保冷藏货物运输质量和运输安全的关键所在。

1)产地装箱(港内装箱)

(1)运至产地(港内)装箱的冷藏箱,必须是经过清洗和航次预先检查(PRE TRIP INSPECTION,简称 PTI,指冷藏货装箱前,对箱体、箱内净洁度、制冷机组工作状态等,按照规定标准所进行的例行检查。)的冷藏箱,未做清洗和 PTI 的箱子,以及须经而未经检验检疫机构检查合格的冷藏箱严禁使用。

(2)冷藏箱装箱前,必须按货主提供的技术文件,作温度设定、新鲜空气比的设定并进行预冷,未做温度设定及预冷严禁装箱。

(3)装箱前把箱号、设定温度、装箱时间填写在温度盘规定栏目内。装温度盘时,必须对准指示日期。

(4)装箱后,有条件的产地应进行制冷作业,至设定温度并保持 2h;无条件进行制冷作业的,拖运回程时间,不应超过 5h,超过 5h 的,建议货主使用发电机组途中发电制冷;如货主不同意使用发电机组途中制冷,应由货主签认,因运输时间过长而发生的箱内货物变质,由货主负责。

(5)装箱过程中,严禁开机制冷作业。装箱高度严禁超过回风标准线。货物与箱门保持一定间隙,以保证箱内通风顺畅。

(6)所装货物要码齐靠严,以免缝隙过大,中途回风,造成箱门处货物变质。

(7)产地装箱进港,按照设备交接单移交码头冷藏箱堆场监控人员。监控员填写收箱温度并由发箱人签字并注明运箱车号,由承运人签字担保,而后进行监控管理。

(8)装箱作业人员,必须穿戴专用工作服,以防箱货污染,装箱后立即封门制冷。

2)冷藏箱集港、收箱

(1)发货人提前提交集港计划,明确集港时间,港方做好人力、机力安排。集港车辆在港停留时间不超过0.5h。

(2)集港计划按规定的时间,由码头业务部门及时提供冷藏箱堆场监控人员,做好接卸及堆场准备。

(3)卸箱前,由监控人员负责检查箱体有无残损、制冷机组部件是否齐全有效,如有问题,应由承运人在设备交接单上签认并注明运箱车队、牌号。

(4)卸箱后,立即接通电源,检查箱体制冷设备运转状态及收箱温度,做好监控记录,并在设备交接单上注明收箱温度。收箱温度与设定温度误差超过5℃时,必须由送箱人或其代理人签保函,以划清交接责任,维护交接双方和船公司的合法权益。

3)出口装船

(1)冷藏箱堆场业务部门,按照船期计划,做出集港装船计划报码头调度部门,并抄送冷藏箱堆场监控人员,做好装船准备。等待码头调度通知。装船作业中,监控人员在现场巡视、核对,以免错装、漏装。

(2)若船方因某些原因提出疑义,监控人员应及时通知堆场业务部门并会同冷藏箱技师立即到船检查、修理,如系港外装箱的,业务部门应及时通知对方并做好相应记录。

(3)监控人员在装船过程中,应与货方或其代理人密切联系,及时处理有关问题,杜绝退关箱的发生,以免发生纠缠不清的责任。

(4)因装船过程中造成箱体残损,致使船方提出残损报告的,冷藏箱堆场业务部门在处理此类事故中,应签署“返回装箱港修理”字样。

(5)出口装船前,监控人员应把每箱温度盘填写的内容复印存档,以作为查询依据。

4)进口卸船

(1)码头调度部门根据昼夜作业计划安排,在卸船前 20min 通知现场监控人员做好接卸准备。

(2)监控人员接到卸箱通知,做好相应堆场、场位、箱位安排。

(3)船舶靠港联检完毕后,装卸人员重点对所卸冷藏箱制冷设备运转、温度情况进行检查,发现问题会同码头调度员与船方协调解决,必要时应请船方签证认可。

(4)冷藏箱卸场后,监控人员立即接通电源,并进一步检查箱体及制冷设备运转是否良好,发现问题及时上报。如发现箱体有问题,则会同码头调度与船方协调解决,必要时请船方签证认可。经检查无问题,则进入正常监控管理。

5)冷藏空箱管理

(1)码头冷藏箱堆场接到箱管中心调箱单后,由冷藏箱堆场业务部门负责办理冷藏箱空箱调进手续。

(2)冷藏箱堆场业务部门与码头堆场部门联系,查阅所调入的冷藏空箱有无原残记录,有原残记录的,复印后取回,即作为修箱凭证。

(3)调入的冷藏空箱严格按照船公司、箱型分别堆码,堆码时箱门必须朝向一侧,且箱门必须处于关闭状态。

(4)冷藏空箱进场后,再次装箱前必须严格按照"国际集装箱出租者协会"标准即 IICL 标准,对箱体进行全面检查,检查箱体有无残损、制冷设备是否完好有效、目测机器零件是否有缺损等等。发现残损箱时,由修箱部门估价、修理、收费。有原残、工残记录单的,则根据原残、工残记录,分别处理费收事宜。

(5)箱管中心分配调运空箱及空箱进场,均输入电脑,实行计算机管理。发箱时,则必须以电脑输出打印为准,并由发箱人、收箱人签认。

(6)用箱人提空箱,必须以船代或船公司的箱管中心调箱单作为放箱依据。

(7)国外船公司在码头冷藏箱堆场存放的空箱,如有调出,必须凭该公司或其在华代理机构的调箱单为依据。

(8)放冷藏空箱进行装箱作业前,必须经过检查确认,未经检查确认的冷藏空箱,严禁放箱作业。

6)冷藏集装箱的 PTI 检查与修理

(1)冷藏箱 PTI 检查的基本标准

①箱体。按照 IICL 标准对箱体进行全面检查。

②箱内净洁度。无异味、无杂物、无有害物质、无昆虫及虫卵。

③制冷机组。按照船公司制定的标准逐项检查。

达到上述标准,并经检验检疫机构确认后,视为适货箱方可装箱。

(2)PTI 检查操作要求

①使用过的冷藏箱,必须按照标准进行清洗并经检验合格后方可投入使用。

②经清洗合格的冷藏箱,按照规定时间摆放到 PTI 现场,进行 PTI 检查与维修。

③通电检查必须按 PTI 项目单或电脑指示逐项检查,检查后制冷时,要调至+10℃保持 2h,再调至−18℃制冷时,保持 12h。

④填写 PTI 检查单,并由检查人签字。

⑤温度盘要填写箱号并加盖 PTI 检查印章,填写 PTI 检查日期。

⑥把温度盘表针抬起或反放温度盘,待投入预冷时,将表针对准日期,再按要求填写温度盘上的各项内容。

⑦PTI 检查结束后,将温度盘复印留底备查。

⑧做 PTI 检查过程中,如发现残箱、坏箱,一般是按照先报后修的原则,待船公司确认后,再进行修理作业。

4. 冷藏集装箱堆场管理

在我国目前技术装备、管理水平的条件下,冷藏箱堆场管理应做到:

(1)冷藏箱进场后,监控人员必须经常巡视堆场堆存情况,应定时检查所有冷藏箱制冷设备运转制冷情况,并按规定填写监控记录,认真做好交接班记录。

(2)监控记录必须由领班值班员签认,监控人员每月汇总监控记录并送交堆场业务部门存档备查。

(3)监控人员在巡视、监控过程中,如发现某冷藏箱制冷不正常,应在规定时间内反馈堆场业务部门,业务部门立即派员进入现场查明情况并适时进行检修;如果是冷藏箱外部问题,除立即进行检修外,应由堆场业务部门及时通知货方或其代理人。

(4)监控人员经常检查、维修电源插座、闸箱,以保持良好状态。天气恶劣,影响安全供电时,检查、维修工作尤为重要。

(5)外部集港冷藏箱,在堆场制冷接电 8~16h,运行温度仍与设定温度相差超过 5℃时,监控人员应向堆场业务部门通报,由堆场业务部门与顾客联系,通报必要情况,确定是否正常。如是非正常情况,应采取相应措施,确定最终解决方法。

冷藏集装箱堆场管理流程,如图 14-4-5 所示。

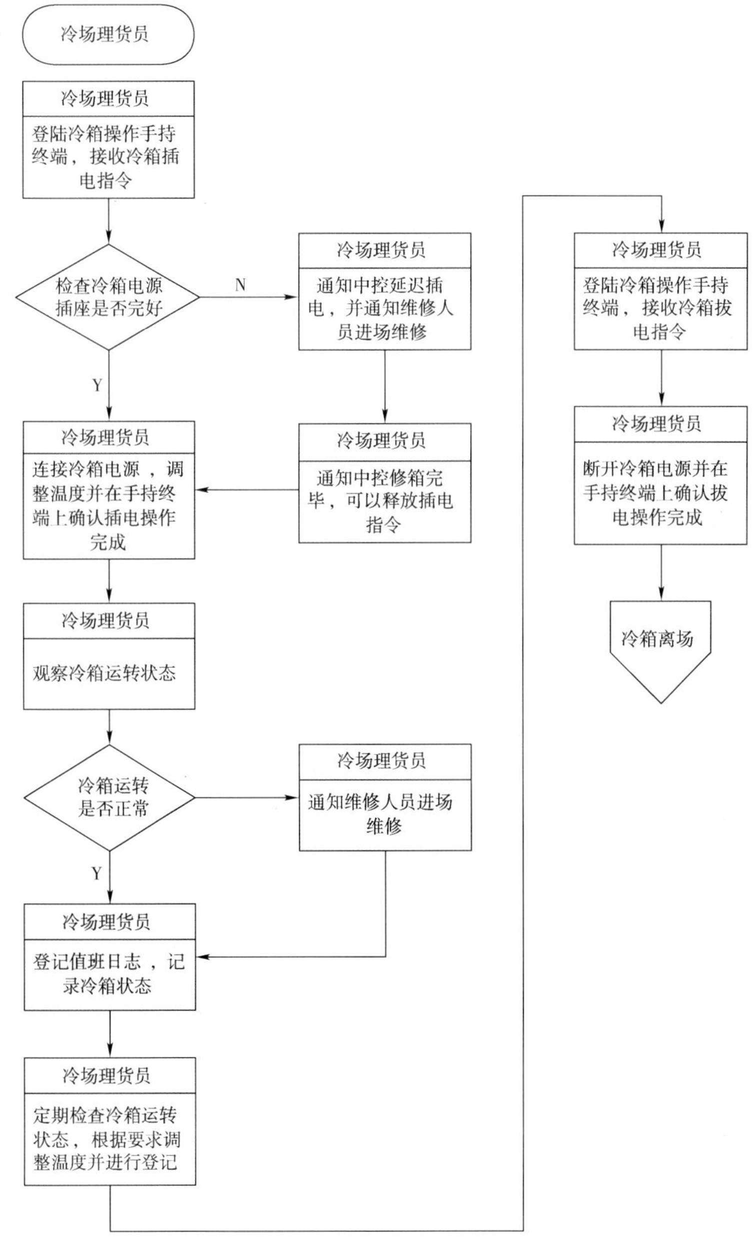

图 14-4-5　冷藏箱管理流程图

5. 冷藏集装箱装载

1)装箱前的检查

冷藏箱在装箱前对箱内、箱外和制冷装置都要进行严格检查，必须确认所使用冷藏箱的技术状态符合装货要求，才能装货。这对于冷藏箱的有效使用、保证货运质量和安全运输十分重要。

装货前对冷藏箱的检查，要注意以下几点：

(1)检查冷藏箱箱体有无残损，箱门能否正常关闭和完全打开，箱门填料是否漏气。

(2)检查箱内冷气喷管是否堵塞。

(3)检查箱底通风轨中有无杂物堵塞，箱内有无特殊气味，箱内蒸发器空气吸入侧有无纸张杂物吸住。

(4)箱内是否洁净，必要时要进行清洗、清扫、消毒，检查箱内干燥是否符合要求。

(5)检查箱内冷风循环用的风扇是否正常。

(6)检查自动密封的排水孔是否堵塞。

(7)冷藏箱预冷至设定温度并保持一定时间。

(8)所装载的低温或冷冻货物是否完全冷却到设定温度。

(9)除了装载蔬菜、水果之外，要检查通风口是否全部关闭。

(10)箱内所使用的货垫应与货物一起预冷才能使用。

2)冷藏箱装载方法

装载外形不规则的货物时，由于货物之间留有自然空隙，所以不会阻碍通风；但如果装载像纸箱类外形规则的货物时，如重叠、紧密堆装，货物之间没有空隙，就会阻碍通风而造成货损事故发生。因此，在装载外形规则的货物时，必须注意要适当使用衬垫物料，或者采用不同的装载方法，使货物与货物间留出适当空隙，以使冷风在货物四周畅通无阻地进行循环。

采用何种装载方法，利用何种货物衬垫物料，一般应征求货主意见。货主有要求的，应按货主意见去做；如果货主没有特殊要求的，一般可采用以下几种装载方法：

(1)垂直空气循环式装载

装载时，使冷风在货物间垂直方向畅通，即顺着冷藏箱从内向外的装载次序，外形规则的货物每隔数列(要根据货物特性而定)，利用衬垫物料隔开，形成垂直方向的冷风通路。

(2)水平空气循环式装载

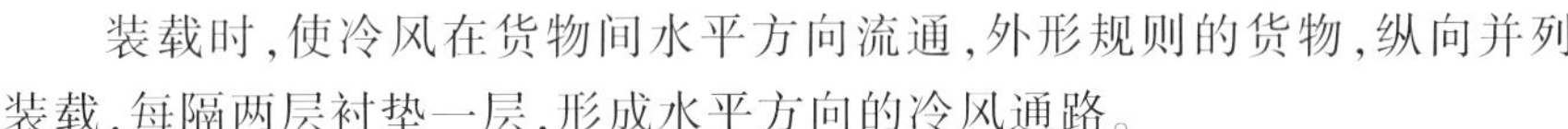

装载时，使冷风在货物间水平方向流通，外形规则的货物，纵向并列装载，每隔两层衬垫一层，形成水平方向的冷风通路。

(3)通气孔式装载

这是垂直空气循环式装载的一种变形方式，装载时每4件外形规则的货物中间形成一个通气孔，使货物中间形成冷风通路。

(4)吊挂装载

吊挂装载能使货物周围和上下部位保持充分的冷风循环，以保证货主的特殊要求和运输质量。但此种方法要解决好运输过程中，由于箱体摇摆货物碰撞产生货损的问题。另外这种装载方法的最大缺点是装载率低。

(5)冷冻整体式装载

要求货物处于完全冻结状态，并紧密堆码，使之形成一个小型冷冻整体。这从减轻冷藏箱制冷装置负荷角度，是一种有效装载方法。这种装载方法的冷风，是通过箱内壁凸条和箱底通风轨进行循环。

(6)混装货物的装载

不同货物的混装，要选择运输温度要求相一致的货物方可同装一箱。装载时，应利用隔离网络等不会阻碍冷风循环的衬垫物料进行隔票。不同货物混装一箱，要特别注意互抵性货物(如有恶臭、异味、易污染等)不能混装。

6. 冷藏箱远程监控

随着我国进出口集装箱中货物品种越来越多，其中药品、血液制品、冷藏保鲜食品所占的比例呈高速增长。由于这部分货物均需要靠冷藏箱进行装运，在运输途中和堆放时期对冷藏箱内的温度监控显得日益重要。

目前，国际上冷藏箱远程监控已进入成熟阶段，可对冷藏箱运输全程实现实时监控。在集装箱码头实施冷藏箱远程监控，是冷藏箱运输全程实时监控的重要环节，既能保证有效监控，又能满足船公司对其承运质量的要求，也能满足货损理赔的取证需要。

1)冷藏箱通信接口

目前，冷藏箱通信接口有3种方式：4芯接口方式、串行通信接口方式和电力载波通信接口方式。

4芯接口方式不能读到冷藏箱温度数值以及制冷过程中的温度变化，更不能对冷藏箱的温度进行控制，因此该方式与码头操作管理系统的通信受到限制。

码头堆场可能存放多个厂商制造的冷藏箱，需要使用多个厂商通信协议和软件，这给冷藏箱远程监控系统与码头操作管理系统的整合带来困难。

电力载波通信技术在冷藏箱远程监控已规模应用，数据是通过冷藏箱的电力电缆传输，且冷藏箱和主调制解调器之间数据传输量不受任何限制。这种数据传输是双向的，即远程监控系统不仅可以接收冷藏箱数据,还可以对冷藏箱温度点等进行修改。该方式缺点是当受到电网冲击干扰时,稳定性会受到影响。

2)系统组成

冷藏箱堆场内分电箱调制解调器，可通过网络设备（有线/无线交换机)经无线天线(或光缆)将数据传送到码头计算机网络,码头操作管理系统相应程序模块接收或发送冷藏箱控制数据，对冷藏箱堆场实行统一管理。系统可采用C/S(客户/服务器)结构,也可通过码头计算机网络与互联网联接,远程顾客可浏览冷藏箱监控数据。

在码头计算机网络环境下，实现冷藏箱监控系统与码头操作管理系统数据交换,要求以TCP/IP作为数据传输通信协议,冷藏箱监控数据按协议约定的格式“打包”发送。在两系统之间需要专用接口程序对数据交换的过程进行管理,并负责对数据包进行分解和组合。

各集装箱码头操作管理系统不同,系统之间也存在一定的差别,所以冷藏箱监控系统接口程序要与码头操作管理系统软件协调配合完成。

集装箱码头冷藏箱远程监控系统示意如图14-4-6所示。

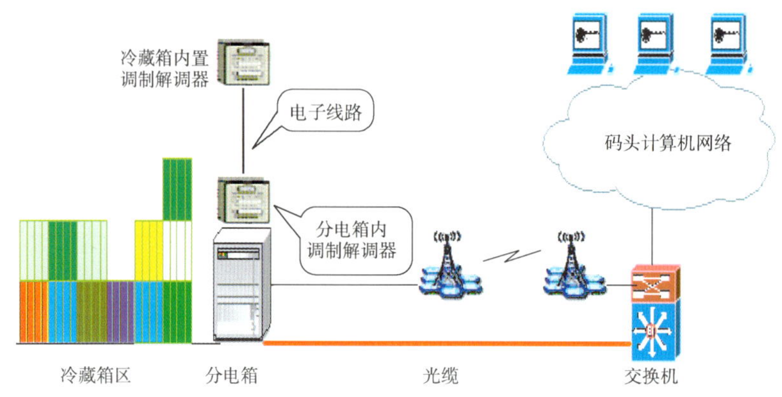


图14-4-6　集装箱码头冷藏箱远程监控系统示意图

3)冷藏箱远程监控系统与码头操作管理系统

冷藏箱远程监控系统既是一个相对独立的系统，又是码头操作管理系统扩充组成部分,它与箱务管理模块联系紧密,码头操作管理系统应为冷藏箱远程监控系统设有高效数据接口，使冷藏箱远程监控系统有机地

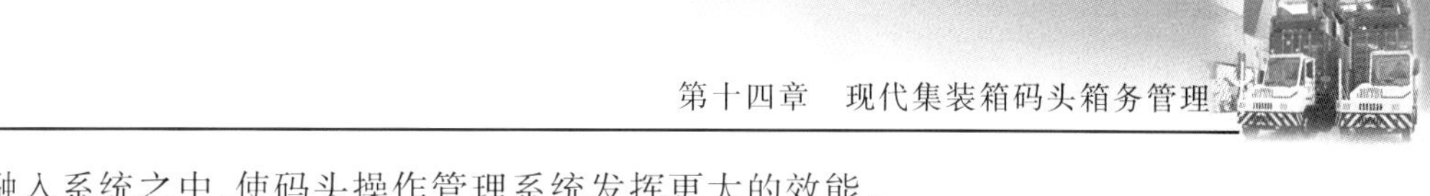



融入系统之中,使码头操作管理系统发挥更大的效能。

在我国,部分集装箱码头或堆场安装了冷藏箱远程监控系统,基本上是3种数据接口方式共存,由于资金和技术等原因,使用范围和效果并不理想。随着信息技术、无线技术、电力载波通信技术、RFID技术与冷藏箱制造技术的不断融合,技术和通信数据接口标准的逐步统一,冷藏箱远程监控系统将有机地融合到码头操作管理系统中,会产生飞跃的发展。

## 三、超限箱作业管理

超限箱是指货物装箱以后,货物的长度、高度、宽度超过箱体的标准或是单项超过箱体标准,不能用标准吊具作业的集装箱。

1. 作业前准备

(1)作业前,集装箱码头业务部门应及时与船公司或其代理了解船舶载运超限集装箱情况(包括数量、尺寸、重量、箱型及特殊货物性质、是否为大件货物等)。

(2)确认无误后码头业务部门将上述超限集装箱情况编入质量计划并在公司调度会上进行通报,提出安全质量注意事项。

(3)集装箱船载运大件货物或其他作业难度较大的集装箱货物,如属新货类或国家重点物资,正式作业前,码头业务部门必须组织召开船前会,制定具体作业方案,将机械、工属具、安全质量注意事项进行布置。

(4)对需船上解体或船上装载的大件货物。

①作业委托人应向码头提出作业申请,申请内容包括货物件数、规格、重量、作业方式、货物图片及其他相关货物资料。

②集装箱码头业务部门和工艺部门对作业委托人的申请事项结合码头的接卸装载能力进行评审。

③决定受理的,根据利用码头机械作业或作业委托人租用浮吊作业不同情况,与作业委托人签订《港口货物作业合同》,约定相应的条款。《港口货物作业合同》是集装箱码头作业的依据之一,未签合同不得作业。

④对于货物重心不明作业吊点无法确定、作业工艺难度大的超限货物作业,应由作业委托人指定作业吊点和作业方法,并在《港口货物作业合同》中进行特别约定。

⑤特殊情况下,超限货物的接卸、装载采取车船直取方式,业务部门对作业委托人提供的运输车辆在车质、载重量等方面提出相应要求,避免车辆不能运输影响船舶装卸作业。

2. 船舶作业要求

(1)超限集装箱作业必须选派有上岗资格并有相关操作经验的岸桥司机。

(2)作业前,应了解相应的气象资料,以便采取相应的措施。

(3)作业时集装箱码头安全、质量、工艺部门相关人员应到现场监护、指导。

(4)卸船时如甲板有超限箱或杂货大件,原则上要求首班次先卸。

(5)框架箱内装有汽车时,调度员要同船方、船舶理货员检查车体残损情况,锁好车门,协助办理钥匙的交接工作。

(6)现场作业人员在超限集装箱作业前应做到"五弄清":

①货物重心位置、体积、重量或标记。

②工属具及机械设备的负荷量。

③集装箱箱型及是否为超限箱。

④指挥手势、信号。

⑤作业环境和行车路线。

(7)作业指挥人员指挥岸桥司机起升吊具,小车平稳运行到超限集装箱位置。岸桥司机将转锁对准超限集装箱低速降落到合适高度。

(8)岸桥司机接到起升指令后低速起升,吊挺后停止、稳钩,确认无误后指挥人员再次发出起升指令,岸桥司机开始起吊。

(9)在吊运超限集装箱过程中,岸桥小车平稳运行至码头或船上,距目标位置 400mm 时停止,稳钩对正后平稳放在目标位置上。

(10)指挥人员指挥岸桥司机起升,当吊具起升距超限集装箱货物400mm以上时,方可指挥目标位置的集卡运行。

3. 超限箱的陆运作业要求

1)超限箱的特别规定

(1)装卸员工要确认超限箱的位置、形状和高度,并按规定领取吊装工属具。

(2)短扣、卸扣和超限箱转锁每副的负荷至少要超过箱重。

(3)短扣的长度必须超过货物超高部分 1m 以上。

(4)超限箱作业工属具连接方式: 吊具吊耳+卸扣+短扣+卸扣+超限箱转锁。

(5)装卸员工拆除超限箱的紧固装置,清除障碍物并确认货物的加固是否牢靠。装卸员工连接好工属具并将卸扣拧紧。

(6)装卸员工将 4 个超限箱转锁放置超限箱的 4 个角配件内并闭锁,确认无误后方可离开超限箱,指挥人员指挥岸桥司机起吊。

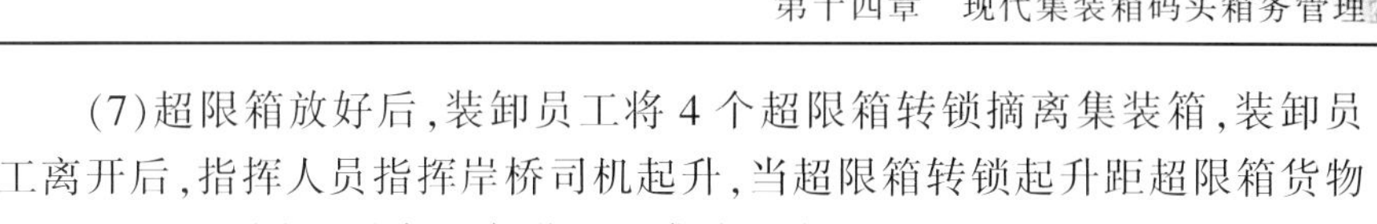



(7)超限箱放好后,装卸员工将4个超限箱转锁摘离集装箱,装卸员工离开后,指挥人员指挥岸桥司机起升,当超限箱转锁起升距超限箱货物400mm以上时方可指挥目标位置的集卡运行。

(8)超限箱必须卸入专用场地,场地内干道与货物之间必须有隔离装置。

2)水平运输

(1)集卡司机接到运行指令后,慢慢起步并按现场行车路线行驶。

(2)集卡运行时速不超过15km/h。

(3)下列货物必须采用矮板运输:货物高度超过3m以上(包括3m);货物宽度超过3.5m以上(包括3.5m);货物高度在2.5m以上(包括2.5m)并且货物的重心位置在货物高度2/3以上(包括2/3);货物重心偏离货物宽度中心线。

(4)在行车时,集卡司机注意力要集中,转弯时要放慢速度,注意过往车辆,转弯要大,尽量避免急刹车。

(5)进入场桥作业区域时,要放慢行车速度,平稳停车。

3)场地作业要求

(1)超限箱陆运作业,由陆运调度员按照陆运计划组织安排作业,作业前应详细掌握集装箱重量、高度等相关箱况信息,合理安排相应负荷的机械作业,同时通知陆运装卸人员领取与超限箱相应的工属具。

(2)作业前陆运调度员应将作业信息通知现场调度人员和安全管理人员,安全管理人员适时到作业现场检查监督作业规范的执行情况。

(3)现场调度人员要对陆运作业过程作全面跟进,对现场装卸作业人员的操作进行监督和指导。

(4)作业中,装卸人员要将工属具与作业机械的吊具锁挂牢固。

(5)作业中,看钩手和司机要随时注意观测作业环境和吊具与上下左右箱货间的安全间距,作业时选好安全站位,看钩手要戴好安全带。

(6)集装箱杂货陆运作业前,装卸员工要按陆运调度的指令领用符合安全作业要求的工属具,并将工属具与作业机械的吊具或吊钩锁挂牢固。看钩手要认真检查作业环境,仔细查看所装卸杂货的结构、重量、吊点、包装等情况,指挥装卸员工按规定挂扣、扶钩;裸体设备,钢丝绳受折点应放好隔垫物;特别超长的货物起吊时应拴好拉绳,以便控制货物转动。上下2m高以上设备时,要使用扶梯,人员上下时要安排专人扶梯子,在货物上通行、站立、作业时,一定要选好安全站位,看好后退一步,注意四周环境,防止从高处摔落,要戴好安全带。严禁用手、脚在吊起的货物下面递扣。

(7)看钩手在指挥司机起吊之前要围绕所作业的箱、货查看一周,仔细检查、确认所有吊点挂牢、锁实,再指挥司机试吊,吊挺后,要再次围绕所作业的货物查看一周,仔细检查、确认所有吊点已全部挂牢、锁实后再指挥司机用点动方式进行试吊,指挥司机吊起约10~100mm后停钩,完全确认后指挥司机起钩,同时眼随钩线走,随时注意所吊货物的动向,发现异常情况,及时通知司机采取相应安全措施。

(8)超限箱的验箱作业参照超限箱陆运作业执行。

4)拆装箱作业

(1)超限箱的拆装箱作业前,必须与作业委托人签订《港口货物作业合同》,如货物价值较高或作业难度较大时,可以动员作业委托人办理保价作业。

(2)设备大件拆装箱作业,作业方案需经工艺人员确认,应根据货物的特点合理选择机械和工属具,并有专人指挥。

(3)拆装箱作业时,拆打加固要彻底,特别是拆加固,要注意为保证货物的稳固,钉在箱体上或挤在货物缝隙的隔垫物要彻底清除,保证货物作业安全。装箱打加固要打牢靠。作业委托人有合理的特殊要求时,要按作业委托人要求作业。

(4)采用吊装作业时,必须按起吊标志兜挂货物,做到兜挂牢靠,起吊时货物吊挺后应停止起吊,作业人员检查兜挂无误后,方可示意起吊,机械司机操作时,起吊、运行、落钩要慢,严禁急刹车。

(5)采用叉车装箱作业时,必须严格按照货物的作业标志进行作业,叉车叉齿必须叉至货物宽度2/3以上,操作速度要慢,转弯应提前降低速度。

(6)拆箱货物装车时,要装正、装牢,不偏重、不集重。

(7)拆装箱货物无作业标志或按常见作业方式无法作业的,应要求作业委托人指示吊点或作业方式,并在《港口货物作业合同》中明确注明。但根据实践经验,作业委托人指示存在明显缺陷时,应拒绝作业。

# 第十五章　现代集装箱码头商务管理

现代集装箱码头商务管理是现代集装箱码头经营管理中与顾客业务联系往来最为密切的业务职能之一。港口经营人在承接集装箱运输业务时,通过与顾客订立作业合同确立当事人权利义务;当集装箱船舶装卸作业完成后则需通过计费管理计算应收取的费用;当发生集装箱箱体或货物残损差错及船具损坏等时,则由理赔管理负责善后处理。本章就以上几方面内容分节阐述。

## 第一节　现代集装箱码头作业合同管理

### 一、港口货物作业合同

2001 年 1 月 1 日,交通部依据《中华人民共和国合同法》出台了《国内水路货物运输规则》和《港口货物作业规则》。其中《港口货物作业规则》将港口经营人的独立法律主体加以进一步明确,并将港口货物作业的内容分离出来形成了独立的规章。《港口货物作业规则》对港口货物作业合同以及合同当事人的权利义务都作了具体规定。港口货物作业合同成为作业委托人和港口经营人进行业务活动的基本法律形式,对维护港口生产秩序起着积极的稳定作用。目前,我国大多数港口都以《港口货物作业规则》中推荐的合同格式文本为基础,普遍实行了合同化管理。

### 二、集装箱码头货物作业合同

集装箱码头货物作业合同属于港口货物作业合同,是指港口经营人在码头对水路(包括海上、沿海及内河、湖泊)运输的集装箱货物进行装卸、驳运、装拆箱等作业,作业委托人支付作业费的合同。由于集装箱运输

的特性,集装箱码头货物作业合同又不同于一般的港口货物作业合同。

1. 集装箱码头货物作业合同的特点

集装箱码头货物作业合同具有委托合同、运输合同及仓储合同的性质。

1)合同主体具有复杂性

港口经营人必须是合同主体一方,复杂性表现在作业委托人方面。在集装箱码头货物作业合同中能够成为作业委托人的主要有承运人(船公司)、无船承运人、船舶代理人、托运人、收货人及货物接收人等。

2)合同标的具有特殊性

集装箱码头货物作业合同标的是一种服务行为,而不是集装箱货物。港口经营人接受作业委托人委托,为作业委托人进行船舶集装箱装卸、集装箱货物堆存、装箱、拆箱等服务,港口经营人所提供的上述服务行为就成为合同标的。

3)合同形式一般采用格式合同

由于各集装箱码头业务范围具有同一性,为简化手续,集装箱码头大多制定了格式合同,在订立合同时,作业委托人予以确认合同即告成立。

4)合同当事人的权利义务具有法定性

集装箱码头货物作业合同当事人的主要权利义务条款基本上在《中华人民共和国合同法》、《中华人民共和国民法通则》、《中华人民共和国海商法》、《港口货物作业规则》以及国际集装箱运输惯例中进行了规定。这些规定的条款一般具有强制性,无需当事人协商而有法律效力。但随着集装箱码头服务内容的丰富,合同当事人协商的条款越来越多。

2. 集装箱码头货物作业合同的分类

依据不同的标准,可以对合同的类型进行划分。根据集装箱码头货物作业特点,下面仅从两种标准进行分类。

1)单次合同和长期合同

依据合同效力期限,集装箱码头货物作业合同可分为单次合同和长期合同。单次合同是指作业委托人在进行每条船(包括租赁船舶)的集装箱货物装卸作业时与港口经营人签订的作业合同。与其相对应的是长期合同,期限一般都要签订在一年或一年以上,在长期合同期内,港口经营人为作业委托人进行集装箱货物装卸作业时,双方的权利义务适用长期合同中的条款。在实践中,港口经营人虽然与作业委托人签订了长期合同,但在集装箱船舶每航次作业时,一般还要签订单次合同,双方根据实际情况约定具体的权利义务,单次合同是长期合同的补充。

2)承运人责任期间合同和非承运人责任期间合同

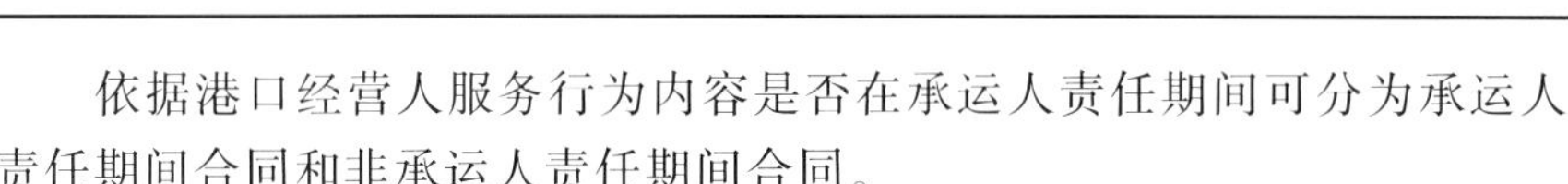

依据港口经营人服务行为内容是否在承运人责任期间可分为承运人责任期间合同和非承运人责任期间合同。

港口经营人的责任期间是从码头接收货物时起到将货物交给货物接收人时止，货物处于港口经营人掌管的全部期间。我国《海商法》第46条对从事海上集装箱运输的承运人的责任期间也作了特别的规定："承运人对集装箱装运的货物的责任期间，是指从装货港接收货物时起至卸货港交付货物时止，货物处于承运人掌管之下的全部期间。"可见，承运人的责任期间与港口经营人的责任期间有时是重合的。但集装箱码头为满足货主的需求，拓展码头的服务功能，在完成承运人委托的集装箱装卸、交付义务后，也往往从事其他服务，如CY交付条款的拆箱业务以及集装箱装卸火车的服务，这些服务活动已经不在承运人的责任期间之内。

《港口货物作业规则》调整的港口货物作业内容是指港口经营人在港口对水路运输货物进行装卸、驳运、储存、装拆集装箱等作业。集装箱码头在承运人责任期间内的货物作业与上述港口货物作业内容是一致的，即集装箱码头在承运人责任期间内所进行的货物作业在签订货物作业合同时可以遵从《港口货物作业规则》的规定，订约双方可依其而行。集装箱码头在承运人责任期间之外进行的货物作业所签订的合同双方可以选择其他法律法规作为依据。

(1)在承运人责任期间内的合同主要有集装箱货物作业长期合同和单次合同、CFS交付条款的装箱、拆箱合同。

(2)非承运人责任期间内的合同主要有CY交付条款拆箱合同、CY交付条款拆箱装火车合同以及仓储合同、验货合同等。

目前，在集装箱码头CY交付条款实施拆箱提货业务呈逐渐增多趋势，特别是大件货物几乎全部采取拆箱提货方式。CY交付货物本应是在码头堆场整箱提货，一旦拆箱，就违背了CY交付条款的本意，拆箱行为超出了承运人的责任范围。这也说明了拆箱是港口经营人与收货人双方的行为，与承运人无关。所以，为保护港口经营人、货方主的利益，集装箱码头与收货人应订立CY交付条款拆箱合同。此类合同条款应依据《合同法》以及双方约定来制定。

CY交付条款拆箱装火车合同与CY交付条款拆箱合同性质基本相同，CY交付条款拆箱装火车合同部分条款可以依照铁路有关法规去制定。对于CY整箱装火车合同的签订，要根据具体情况，既要考虑到交付条款，还要考虑到是否是国际集装箱多式联运。

集装箱仓储合同是指对于集装箱货物的储存，已不再是《港口货物作业规则》所调整的范围,它需要存货人与集装箱码头依据《合同法》签订仓储合同。

验货合同是指货主根据海关的指令向集装箱码头申请，在码头进行验货而与集装箱码头签订的合同。因为在集装箱码头验货的货物基本上是超限箱货物,需要拆包装及检验后对货物恢复原状,为确保集装箱码头与货主的合法权益,有必要签订验货合同。

3. 集装箱码头货物作业合同的一般内容及格式

集装箱码头货物作业合同的特点之一就是格式合同,作业委托人按照集装箱码头提供的格式合同进行确认,合同即告成立。交通部在颁布《港口货物作业规则》时也推出了集装箱码头货物作业合同的样本。

**港口货物作业合同**(集装箱)

编号:

作业委托人、港口经营人、货物接收人的权利与义务,适用《港口货物作业规则》

<table>
<tr><td rowspan="2">作业委托人</td><td colspan="2">名　称</td><td colspan="2"></td><td rowspan="2">港口经营人</td><td>名　称</td><td></td></tr>
<tr><td colspan="2">地址、电话</td><td colspan="2"></td><td>地址、电话</td><td></td></tr>
<tr><td rowspan="2">货物接收人</td><td colspan="2">名　称</td><td colspan="2"></td><td rowspan="2">作业项目</td><td colspan="2" rowspan="2"></td></tr>
<tr><td colspan="2">地址、电话</td><td colspan="2"></td></tr>
<tr><td colspan="2" rowspan="2">船　名</td><td colspan="3" rowspan="2">航　次</td><td rowspan="2">货物交接地点、时间</td><td colspan="2">接收</td></tr>
<tr><td colspan="2">交付</td></tr>
<tr><td colspan="5">起运港</td><td colspan="3">到达港</td></tr>
<tr><td>箱量、尺寸、箱型</td><td colspan="3">货物名称</td><td colspan="2">重量(吨)</td><td>件数、包装</td><td>作业费用及结算方式</td></tr>
<tr><td></td><td colspan="3"></td><td colspan="2"></td><td></td><td></td></tr>
<tr><td colspan="8">其他约定</td></tr>
</table>

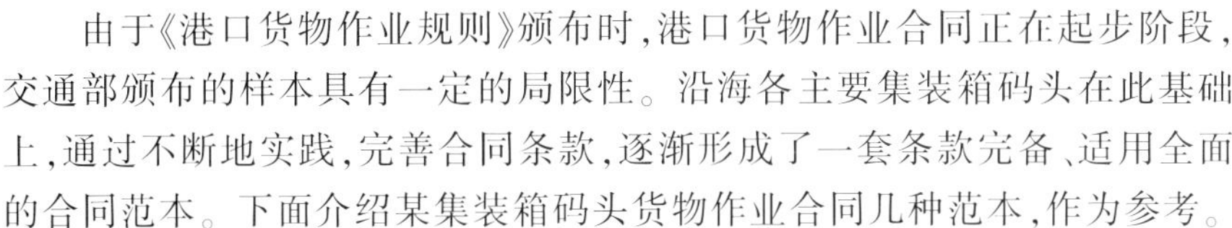


由于《港口货物作业规则》颁布时，港口货物作业合同正在起步阶段，交通部颁布的样本具有一定的局限性。沿海各主要集装箱码头在此基础上，通过不断地实践，完善合同条款，逐渐形成了一套条款完备、适用全面的合同范本。下面介绍某集装箱码头货物作业合同几种范本，作为参考。

1)长期合同

## 长期合同

甲方：

乙方：

甲方委托乙方对甲方自己拥有、代理或承运的货物进行码头货物作业，甲方向乙方支付码头货物作业所产生的各项费用。乙方同意接受委托。甲方乙方的权利义务适用《港口货物作业规则》，并经双方协商，另做如下约定：

第一，责任期间：

除非另有约定，乙方的责任期间是从乙方接收货物时起至将货物交给甲方或其指定的人时止，货物处于乙方掌管的全部期间。

第二，作业时限条款：

甲乙双方可以对码头货物作业的作业效率、船舶速遣、交接期限等进行约定，如果未做约定，甲方应按乙方指定的生产作业计划进行集装箱货物的集港发货和提运，乙方按生产计划进行码头货物作业，并按约定进行货物交接。

第三，交接条款：

集装箱货物按件数交接，交接箱体和封志。如果甲乙双方另有约定，可按约定交接方式进行集装箱货物交接。

第四，费用条款：

如未做约定，甲方应在货物作业前向乙方预付作业费用，乙方按照交通部《港口收费规则》及其他交通部颁布的现行有效的费收文件向甲方收取作业费用。如交通部修改上述费收规定，则按新颁布的文件有关规定收取作业费用。

第五，货物留置条款：

甲方应按照约定给付乙方码头作业费用，乙方按照约定交付货物；如果甲方未按照约定给付乙方港口费用，乙方可对甲方货物行使留置权，并

按照有关法律规定处置货物。

第六,雇佣条款:

如果甲方是货物承运人或是货物承运人的代理人,乙方作为承运人的雇佣人对其所承运的货物进行码头货物作业,乙方有权享受甲方在海上货物运输合同中(包括但不限于提单)所享有的一切权利,包括但不限于赔偿责任限制。

第七,无法交付条款:

甲方应保证委托乙方进行码头货物作业的货物及时接收,如果甲方货物无法交付,乙方将按照有关规定将货物处理或提存,由此产生的一切费用、风险和责任由甲方承担。

第八,不可抗力条款:

如果由于乙方不能控制的原因,如不可抗力、战争、政府命令、内乱、罢工、封锁或其他原因,导致本合同终止或不能履行,则本合同将自动终止,乙方将不承担由此引起的一切责任。但是,乙方为履行合同已经支付的相关费用,甲方应补偿乙方。

第九,赔偿责任:

乙方对货物的灭失和损坏在《中华人民共和国海商法》规定的赔偿限额内承担赔偿责任,但甲方在合同中书面声明的货物价值高于此限额,并按规定与乙方另外约定了作业协议者除外。作业合同中载明货物件数的,视为货物实际件数;未载明的,每一集装箱视为一件。

第十,争议处理:甲乙双方如发生争议,应友好协商解决;协商不成,应向××海事法院提起诉讼,并适用中国法律。

第十一,合同时效:

本合同自签字之日起生效,有效期为一年,如无变化自动延续。

第十二,附则:

甲乙双方签订的与本合同相关的协议或补充,将视为已并入本合同并成为合同不可分割的一部分,与本合同条款具有相同的法律效力,凡与本合同条款有冲突的部分,以该协议或补充为准。

本合同一式三份,甲乙双方各持一份,一份备查,由乙方保存。

甲方: 乙方:

年 月 日 年 月 日

2)单次合同

# 集装箱码头单次作业合同

作业委托人：　　　　　　地址：　　　　　　联系电话：

港口经营人：　　　　　　地址：　　　　　　联系电话：

货物接收人：　　　　　　地址：　　　　　　联系电话：

作业委托人委托港口经营人对__________轮______航次所承运的货物进行装/卸船作业，并将作业货物交付给货物接收人。

本合同中各方当事人的权利、义务适用《港口货物作业规则》并另作约定如下：

第一，责任期间：港口经营人对作业货物的责任期间，是从港口经营人接收货物时起到将货物交给货物接收人时止，货物处于港口经营人掌管的全部期间。

第二，交接条款：作业货物的交接，对于集装箱和件杂货按件数交接；对于散装货物按重量交接。如果双方另有约定，可按约定方式进行货物交接。

第三，费用条款：如未另作约定，作业委托人应在货物作业前预付作业费用，港口经营人按照交通部《港口收费规则》及其他交通部颁布的现行有效的费收文件向作业委托人收取作业费用。

第四，特殊作业条款：有特殊作业要求的货物，作业委托人应当与港口经营人约定货物作业的特殊方式和条件。作业委托人没有提出这种约定，港口经营人将按照通常惯例进行作业，如导致货物损坏、灭失、迟延交付或错运、错交，港口经营人不承担赔偿责任。对因此造成港口经营人的损失，由作业委托人负责赔偿。

第五，提供作业货物：作业委托人应按照合同的约定及时提供作业货物，由于作业委托人的原因不能及时提供作业货物，造成港口经营人的损失，作业委托人承担赔偿责任。

第六，如实申报条款：作业委托人申报的作业货物单据与货物实际情况应一致，货物包装应符合有关规定要求，因委托人提供的单证与实际货物在标记、名称、重量、体积等项目不符，包装不符合规定时，集装箱码头可根据情况拒绝作业，由此产生的责任由作业委托人负责。

第七，困难作业条款：对港口经营人作业困难而由作业委托人提出作业方案或其他特殊要求的作业项目，必要时作业委托人应提供对货运服

务质量事故负责的保证书。在进行作业时,作业委托人应现场监督,港口经营人应严格遵守作业委托人的要求。对显而易见的积载缺陷、超重、超高、超长、超宽、无作业标志及其他港口经营人没有能力的困难作业项目,港口经营人一般不予受理。

第八,货物留置条款:作业委托人应按约定给付港口经营人港口作业费用,港口经营人按约定交付货物;如果作业委托人未按约定给付港口经营人港口费用,港口经营人可对作业委托人货物行使留置权,并按有关法律规定处置货物。

第九,雇佣条款:本合同项下港口经营人作为承运人的雇佣人对其所承运的货物进行港口货物作业,有权享受作业委托人在海上货物运输合同中(包括但不限于提单)所享有的一切权利,包括但不限于赔偿责任限制。

第十,无法交付条款:作业委托人应保证委托港口经营人进行码头货物作业的货物及时被接收。如果货物无法交付,港口经营人将按照有关规定将货物处理或提存。

第十一,不可抗力条款:如果由于港口经营人不能控制的原因,如不可抗力、战争、政府命令、内乱、罢工、封锁或其他原因,导致本合同终止或不能履行,则本合同将自动终止,港口经营人将不承担由此引起的一切责任。但是,港口经营人为履行合同已经支付的相关费用,作业委托人应补偿港口经营人。

第十二,赔偿责任:港口经营人对货物的灭失和损坏在《中华人民共和国海商法》规定的赔偿限额内承担赔偿责任,但作业委托人在本合同中书面声明的货物价值高于此限额,并按规定与港口经营人另外约定了作业协议者除外。货物用集装箱、货盘、或者类似装运器具装运的,作业合同中载明货物件数的,视为实际货物件数;未载明的,每一装运器具视为一件。

第十三,集装箱拼箱货物:如果 CFS 交付条款的货物会使港口经营人作业产生困难,作业委托人提前没有确认,港口经营人可拒绝拆箱作业。对 CFS 交付条款且收货人为同一人的,港口经营人可以按整箱交付。

第十四,其他约定:

港口经营人　　　　　　　　　　　　作业委托人

年　月　日　　　　　　　　　　　　年　月　日

注:本合同一式三份,双方各持一份,一份备查,由港口经营人保存。

3)集装箱码头货物作业合同

(1)正面条款

**集装箱码头货物作业合同**

| 作业委托人、集装箱码头经营人、货物接收人的有关权力、义务适用《港口货物作业规则》、双方其他约定及本合同背面条款 |
|---|

<table>
<tr><td>船　名</td><td></td><td>航次</td><td></td><td>国籍</td><td></td><td>起运港</td><td></td><td>到达港</td><td></td></tr>
<tr><td>作业委托人</td><td colspan="5"></td><td>电　话</td><td colspan="3"></td></tr>
<tr><td>港口经营人</td><td colspan="5"></td><td>电　话</td><td colspan="3"></td></tr>
<tr><td>货物接收人</td><td colspan="5"></td><td>电　话</td><td colspan="3"></td></tr>
<tr><td rowspan="2">作业项目</td><td colspan="4" rowspan="2">装、卸汽车;装、卸火车;堆存;拆、装箱;其他杂项作业</td><td rowspan="2">货物交接条款</td><td rowspan="2"></td><td>货物交接地点</td><td colspan="2"></td></tr>
<tr><td>交接预约时间</td><td colspan="2"></td></tr>
<tr><td rowspan="2">提/运单号</td><td rowspan="2">货物名称</td><td rowspan="2">箱型、尺寸、箱量</td><td rowspan="2">箱号</td><td rowspan="2">包装/件数</td><td rowspan="2">重量</td><td rowspan="2">作业费用结算方式</td><td colspan="2">货物价值</td><td rowspan="2">是否进行保价作业</td></tr>
<tr><td>单价</td><td>总价</td></tr>
<tr><td></td><td></td><td></td><td></td><td></td><td></td><td></td><td></td><td></td><td></td></tr>
<tr><td>其他约定</td><td colspan="9"></td></tr>
</table>

(2)背面条款

本合同中各方当事人的权利、义务另作约定如下:

第一,责任期间:港口经营人对作业货物的责任期间,是从港口经营人接收货物时起到将货物交给货物接收人时止,货物处于港口经营人掌管的全部期间。

第二,交接条款:作业货物的交接,对于集装箱和件杂货按件数交接;对于散装货物按重量交接。如果双方另有约定,可按约定方式进行货物交接。

第三,费用条款:如未另作约定,作业委托人应在货物作业前预付作业费用,港口经营人按照交通部《港口收费规则》及其他交通部颁布的现

行有效的费收文件向作业委托人收取作业费用。

第四，特殊作业条款：有特殊作业要求的货物，作业委托人应当与港口经营人约定货物作业的特殊方式和条件。作业委托人没有提出这种约定，港口经营人将按照通常惯例进行作业，如导致货物损坏、灭失、迟延交付或错运、错交，港口经营人不承担赔偿责任。对因此造成港口经营人的损失，由作业委托人负责赔偿。

第五，提供作业货物：作业委托人应按照合同的约定及时提供作业货物，由于作业委托人的原因不能及时提供作业货物，造成港口经营人的损失，作业委托人承担赔偿责任。

第六，如实申报条款：作业委托人申报的作业货物单据与货物实际情况应一致，货物包装应符合有关规定要求，因委托人提供的单证与实际货物在标记、名称、重量、体积等项目不符，包装不符合规定时，集装箱码头可根据情况拒绝作业，由此产生的责任由作业委托人负责。

第七，困难作业条款：对港口经营人作业困难而由作业委托人提出作业方案或其他特殊要求的作业项目，必要时作业委托人应提供对货运服务质量事故负责的保证书。在进行作业时，作业委托人应现场监督，港口经营人应严格遵守作业委托人的要求。对显而易见的积载缺陷、超重、超高、超长、超宽、无作业标志及其他港口经营人没有能力的困难作业项目，港口经营人一般不予受理。

第八，货物留置条款：作业委托人应按约定给付港口经营人港口作业费用，港口经营人按约定交付货物；如果作业委托人未按约定给付港口经营人港口费用，港口经营人可对作业委托人货物行使留置权，并按有关法律规定处置货物。

第九，无法交付条款：作业委托人应保证委托港口经营人进行码头货物作业的货物及时被接收。如果货物无法交付，港口经营人将按照有关规定将货物处理或提存。

第十，不可抗力条款：如果由于港口经营人不能控制的原因，如不可抗力、战争、政府命令、内乱、罢工、封锁或其他原因，导致本合同终止或不能履行，则本合同将自动终止，港口经营人将不承担由此引起的一切责任。但是，港口经营人为履行合同已经支付的相关费用，作业委托人应补偿港口经营人。

第十一，赔偿责任：港口经营人对货物的灭失和损坏在《中华人民共和国海商法》规定的赔偿限额内承担赔偿责任，但作业委托人在本合同中书面声明的货物价值高于此限额，并按规定与港口经营人另外约定了作业协议者除外。货物用集装箱、货盘、或者类似装运器具装运的，作业合同中载明货物件数的，视为实际货物件数；未载明的，每一装运器具视为一件。

第十二，装箱拼箱货物：如果 CFS 交付条款的货物使港口经营人作业产生困难，作业委托人提前没有确认，港口经营人可拒绝拆箱作业。对 CFS 交付条款且收货人为同一人的，港口经营人可以按整箱交付。

港口经营人　　　　作业委托人

年　月　日　　　　年　月　日

注：本合同一式三份，双方各持一份，一份备查，由港口经营人保存。

## 三、集装箱码头签订货物作业合同应注意的问题

集装箱码头货物作业合同一般是在集装箱货物作业前由作业委托人到集装箱码头货运管理部门签订。签订集装箱货物作业合同中应特别注意下列问题：

1. 集装箱码头货物作业合同的主体问题

集装箱货物作业合同主体是指参加合同法律关系，享有权利并承担义务的合同当事人。从事集装箱运输，集装箱码头要面对诸多关系人，如托运人、承运人、收货人、船舶代理人、货运代理人。这些关系人都有可能成为合同主体，在签订集装箱码头货物作业合同时，确定正确的主体非常重要，如果合同主体不对，所签订的合同对真正的主体没有约束力，合同也就成为一纸空文。

船舶代理人是接受委托人（一般为船舶所有人、船舶经营人、承租人）的委托，代表委托人办理与在港船舶有关业务和服务，并进行与在港船舶有关的其他经济法律行为的法人和自然人。船舶代理关系的确立也需要被代理人的授权或以双方签订代理合同为依据。而船舶代理人是否有权签订码头货物作业合同？如有，是如何授权的，还有待港口经营人进一步确认。如果没有代理权限而签订合同，合同应是无效的。在目前的港口实践中，船舶代理人与港口经营人签订的单次货物作业合同较多，应注意船舶代理人必须向港口经营人出示授权委托书。

货运代理人的业务范围一般是接受货主的委托，在授权范围内，代表货主办理进出口货物的报关、交接、仓储、租船订舱等业务。货运代理人明显不具备与港口经营人签订合同的主体地位。但港口经营人的日常业务

又离不开货运代理人的工作,大多数陆上的货物运输、交接都是货运代理人代为完成的,如其接受货主委托与港口签订港口货物作业合同,其代理权限必须明确。

关于代理人签订合同时的主体资格有时是复杂的,要依照合同法的相关条款如表见代理条款等来确定。

2. 集装箱码头货物作业合同条款完备问题

目前,大多数合同文本主要是依据《港口货物作业规则》而制定,而规则在集装箱码头作业中相对规定的很少,不能完全反映集装箱码头的整体业务。通过调查,大多数主要集装箱码头的货物作业合同条款欠完备,所以,合同文本中应增加一些条款以便更好地保护集装箱码头的利益。如增加车船直取条款,对车船直取货物的交接、货物的损坏与港口经营人无关,除非证明集装箱码头在装卸中有过错;增加集装箱交接条款,由于集装箱装卸工艺的变革,传统的验残方式受到了挑战,这就需集装箱码头与船方商讨新的验残办法,如非显而易见的箱体货物损坏,如果在码头接卸时交接双方"漏残",码头证据能充分证明非码头"工残",理货员确认,船公司即应予以认可非港口经营人责任;增加交接标准条款;增加代理人栏目;增加禁止接卸超重箱条款;增加危险货物单据流转条款等等。

3. 保价作业问题

港口货物保价作业是指作业委托人在委托货物作业时声明货物的价格并向港口经营人支付保价费用,由港口经营人在货物损失时按货物的声明价格予以赔偿。保价作业的目的就是保护作业委托人或收货人的正常利益不受损失。目前,在集装箱码头大件货物的作业问题、货物作业标志不明问题较多,如作业,集装箱码头要承担很大的风险,码头可以因此要求货主进行保价作业,码头为了转移风险可以用保价费对货物作业进行专门的投保。这里面有两层法律关系,一是作业委托人与港口经营人的保价作业法律关系,二是港口经营人与保险公司的保险法律关系。这两种法律关系不能混为一谈,港口经营人应既是投保人又是受益人,目前码头货物作业合同中的保价作业条款需进一步完善。

4. 集装箱码头的留置权问题

留置是一种法定担保物权,它依法律规定而产生,而非当事人的协议成立。目前,我国的法律只对保管、运输、加工承揽合同做了留置的规定。虽然集装箱码头货物作业合同具有仓储保管、运输性质,但集装箱码头没有必要行使留置权。

(1)留置权是个复杂的问题,特别对码头来说,确定具体的债务人是

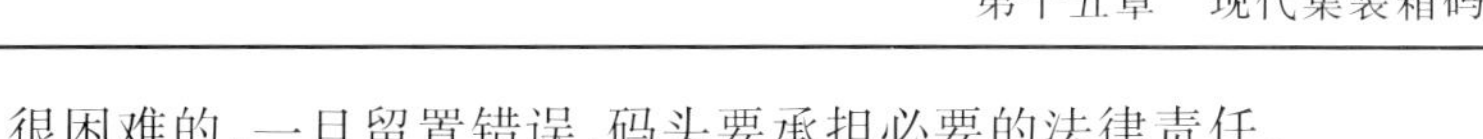

很困难的，一旦留置错误，码头要承担必要的法律责任。

(2)即使作业委托人不付作业费用，对货物的控制还有其他部门管理，如超期货归海关处理，时间过长的无主货要报有关部门处理，还有提存处理等。

如果承运人欠码头港口装卸费更不能留置货物，可以申请法院扣船索要。因此，留置条款规定在集装箱码头货物作业合同中欠充分。

5. 格式合同问题

由于在签订合同时，大多数都是集装箱码头提供格式合同文本，所以应该注意的是，格式合同虽然节省大量的订约时间，加速了交易的进行，但格式合同的弊端在于提供商品或服务的一方在拟定合同条款时，经常利用其优越的地位，制定有利于己、不利于对方的条款；例如免责条款、失权条款等，对合同上的风险及负担作不合理的分配。因此，《中华人民共和国合同法》第三十九至四十一条对格式合同作了详细规定：提供格式条款的一方应当遵循公平原则确定当事人之间的权利义务；对于违反第五十二、五十三条规定或者提供格式条款一方免除其责任、加重对方责任、排除对方主要权利的，该条款无效；对格式条款有两种以上解释的，应当作出不利于提供格式条款一方的解释。格式条款和非格式条款不一致的，应当采用非格式条款。集装箱码头在签订合同时必须对合同中有利于自己的条款向作业委托人明示或做重要提示。为了使合同顺利地签订，还应与货主、货代和船公司多多沟通，以取得他们的理解与支持。

## 第二节　现代集装箱码头计费管理

计费管理是指现代集装箱码头为船舶运输和货物装卸提供劳务，并根据有关规定的标准，向服务对象收取费用的过程。现代集装箱码头计费管理的内容涉及到现代集装箱码头的各个经营活动，直接体现了现代集装箱码头的经营成果。

### 一、集装箱码头计费的依据

集装箱码头计费是以交通部颁发的《港口收费规则》为依据的。《港口收费规则》是由“规则”和“费率表”两部分组成，并分为“外贸部分”和“内贸部分”。集装箱码头在严格按《港口收费规则》规定的计费标准，计收港口费的同时，根据不同的顾客，可签订相应的计费优惠协议。

## 二、集装箱码头计费的内容

集装箱码头计费的内容,是收取船舶和货物进、出港时,船方或货方向码头公司和港口管理当局所缴纳的必须费用,即集装箱港口费。集装箱港口费又分港口作业费和规费两大类。其中港口作业费主要包括:集装箱装卸包干费、系解缆费、开关舱费、工时费、搬移费和堆存费等。规费主要包括:港建费、港务费、保安费、停泊费等。

在集装箱码头的计费中港口作业费收入约占总收入的80%,规费收入约占总收入的20%。而港口作业费收入中,集装箱装卸包干费收入约占港口作业费收入的90%以上,是集装箱码头的最主要营业收入。集装箱码头可以就集装箱装卸包干费与不同的顾客签订计费优惠协议。

目前,集装箱船舶运输大多采用班轮条款,即船舶营运人负担装卸费用条款。集装箱码头向船舶营运人收取集装箱装卸包干费。集装箱的计费以箱为计费单位,按标准箱(20ft 或 40ft)或非标准箱计算。可折叠的标准空箱,4 个及 4 个以下摞放在一起的,按 1 个相应标准重箱计算。集装箱装卸包干费的费率还区分重箱和空箱、危险货物箱和冷藏箱。

集装箱装卸包干费所对应的集装箱装卸包干作业包括:

(1)进口重箱。将重箱的一般加固拆除,从船上卸到堆场,分类堆存,从堆场装上货方卡车或送往集装箱货运站(仓库),然后将空箱从货方卡车卸到堆场或从港方本码头集装箱货运站(仓库)送回堆场。

(2)出口重箱。将堆场上空箱装上货方卡车或送往码头集装箱货运站(仓库),将重箱从货方卡车卸到堆场或从集装箱货运站(仓库)送回堆场,分类堆存,装船并进行一般加固。

(3)进口空箱。将空箱的一般加固拆除,从船上卸到堆场,分类堆存。

(4)出口空箱。将堆场上空箱装到船上,并进行一般加固。

(5)箱体检验、重箱过磅及编制有关单证。

集装箱班轮运输对集装箱码头装卸效率的要求是第一位的。集装箱码头可以按照船公司不同的装卸效率要求,来制定不同的装卸费优惠标准。

## 三、集装箱码头计费管理的内容

目前,集装箱码头都采用 EDI(电子数据信息交换)系统来与外部联系。内部通过计算机网络管理来流转信息。计费管理的内容包括数据流转、费率维护、计算核对、发票管理和统计分析几个过程。

(1)数据流转。集装箱码头的计费数据,有纸面单据和计算机信息两部分。随着海关、检验检疫、船代和码头自身信息化的建设,无纸化已经成为可能,计算机信息已经越来越重要。目前集装箱码头计费所需的纸面单据有:船代提供的“船舶费用分摊表”、操作部提供的“港机作业签证单”、“船舶作业签证单”、“机械出租及待时签证单”、“系解缆作业单”等。这些单据的内容,都是根据操作部实际生产情况,存储在计算机系统中,通过内部计算机网络传输给计费部门。

(2)费率维护。集装箱码头的计费部门,根据交通部颁发的《港口收费规则》和上级主管部门的计费政策,结合与顾客签订的计费协议,编制相应的费率,并输入计算机计费系统。

(3)计算核对。集装箱码头的计费部门,根据得到的计费数据和费率,通过计算机计费系统,计算费用,并且核对相关的计费信息。

(4)发票管理。计费完成后,集装箱码头的计费部门制作发票,转交财务部门,向船公司或货主收费。财务部门负责对费收进行检查。

(5)统计分析。计费完成后,通过计算机计费系统,统计、汇总、分析相应时间段内的费收情况,形成报表,为现代集装箱码头经营决策提供数据。

## 第三节　现代集装箱码头理赔管理

现代集装箱码头理赔是指集装箱码头对船舶集装箱装卸、集装箱堆存、运输以及货物保管当中发生的箱损、货损、船损以及货差、延期交付等货运服务质量事故向顾客进行处理赔偿的一切活动。理赔是集装箱码头一项重要的工作,应依据贸易合同、运输合同、港口货物作业合同,并参照国家有关法律、法规及国际惯例,正确处理上述事故的理赔工作,使顾客的损失降到最低点,最大限度地保护顾客的利益。

### 一、货运服务质量事故

#### 1. 货运服务质量事故含义及分类

货运服务质量事故是指集装箱货物(包括集装箱)在空间位移过程中,即集装箱货物在装卸船、车、入库、出库、运输、交接各环节中发生的货物损坏和数字溢短、延迟交付以及造成服务投诉等事故的总称。

1)货运服务质量事故的一般分类

根据货运质量事故的表现形式分为箱损事故、货损事故、货差事故、延迟交付事故。在箱损事故中往往又包含着货损事故。

货差事故(箱差事故)是指集装箱码头对集装箱的漏收、错收、漏装、漏卸以及拆箱、装箱和货物保管中出现的混票、错票、错发、错装等。

延迟交付是指集装箱码头对集装箱或货物未能在规定期限内向约定的提货人交付。根据《中华人民共和国海商法》第五十条规定:货物未能在明确约定的时间内,在约定的卸货港交付的,为迟延交付。承运人未能在前述规定的时间届满60日内交付货物,有权对货物灭失提出赔偿请求的人可以认为货物已经灭失。

2)货运服务质量事故的等级分类

按事故实际损失价值等级可以划分为重大货运服务质量事故、大事故和一般性事故。按事故造成社会影响程度可以划分为恶性服务质量事故和一般服务质量事故。

凡发生下列货运服务质量事故必须向有关部门报告:

(1)进出口的使领馆货物、珍贵文物、尖端保密产品等发生工残、灭失事故。

(2)货物发生爆炸、火灾、落海、丢失事故。

(3)货物损失价值估价在万元以上的货运服务质量事故。

(4)船舶在作业和交接过程中有关各方对所发生或发现的残损处理意见不一致,造成停工或不能及时办理签证的情况。

(5)在装卸车、船作业中的错漏卸、错漏装等事故。

2. 货运服务质量事故发生后采取的措施

(1)信息通报。发生货运服务质量事故后,作业现场员工应立即向值班调度员报告,由调度员向码头安全质量管理部门报告。

(2)合理保护现场。事故发生后,要保护好现场,不得擅自清理,并实事求是地处理现场问题。

(3)要立即采取合理措施避免损失扩大。货运服务质量事故发生后对可能扩大损失的,应及时通报有关顾客,积极采取有效措施避免损失的扩大。

(4)检验与证据保存。货运服务质量事故发生后,码头理赔人员应迅速赶到现场,对现场进行详细勘验调查取证。对于一般事故可现场拍照及勘验获取现场资料后解除现场的封锁。对于大的或重大的货运服务质量事故,理赔人员应及时向码头的上级主管部门汇报并通知保险公司、检验机构、货主及其他相关单位。有关方面共同对现场进行勘验,共同勘定损失,必要时,各方可商议共同聘请一个都认可的检验机构对受损货物进行检验,出具的检验报告对双方具有约束力。

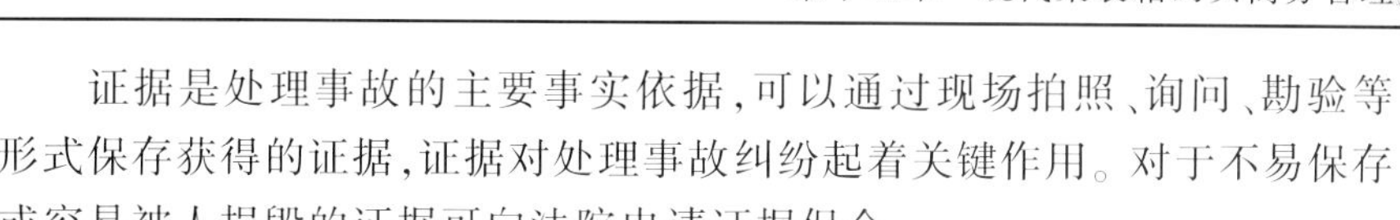



证据是处理事故的主要事实依据，可以通过现场拍照、询问、勘验等形式保存获得的证据，证据对处理事故纠纷起着关键作用。对于不易保存或容易被人损毁的证据可向法院申请证据保全。

(5)货运服务质量事故原因分析与整改。为认真吸取事故教训，总结防损经验，正确处理事故善后工作，在事故发生后，集装箱码头应组织召开事故分析会，分析事故的成因，找出作业人员的责任点，为下一步理赔及集装箱码头内部的整改打下基础。

(6)货运记录。货运记录是由集装箱码头与有关方共同编制的，记载事故发生情况、内容并送交有关方面的文件。当编制各方对事故的事实情况不存在异议的，可通过签字、盖章等形式对记载内容予以确认；各方对事实状况难以达成共识的，只需将各自的观点分别加以记明即可，无需一律强求双方意见的一致。当发生索赔时，各方无异议的货运记录具有法律约束力；各方有异议的，货运记录的证据效力由司法机关予以认定。货运服务质量事故发生后，要证明事故情况，货运记录并不是唯一记载事故情况的文件，从其他相关的单证、文件中也能反映出事故情况，所以货运记录并不是必须出具的文件。但是，在编制货运记录时，还是要求各方一定要真实可靠、实事求是的反映事故情况，切忌凭想像或估计，避免揣测、笼统字句，记录要详细准确具体。货运记录的内容主要包括船名、航次、提单号、箱号、货物名称、事故发生时间、地点、货损情况、程度、原因、责任方等等。

## 二、现代集装箱码头理赔特点

集装箱码头同其他杂货码头理赔工作一样， 都是对外进行赔偿的处理活动，但由于集装箱运输的特殊性，集装箱码头理赔工作又有其他件杂货装卸码头不具备的特点：

1. 集装箱箱损理赔所占比重大

集装箱码头既有货损、船损事故，还有箱损事故。采用集装箱装载货物运输的重要目的之一就是为了减少事故发生的概率，在装卸运输中，集装箱对货物可以起到很好的保护作用，一旦发生磕碰事故，首当其冲的是集装箱箱体先受到损坏。只有集装箱受到强烈的撞击时，对货物的保护功能失去以后，箱内的货物才会受到不同程度的损坏。故集装箱箱体的损坏远远大于箱内货物的损坏，因此，集装箱箱损的理赔所占的比重较大。

2. 理赔工作较复杂

(1)集装箱载货运输时，在各个环节交接中，大多查验箱体是否完好，而往往忽视对铅封的查验，一旦铅封号码不一致或无铅封不能交接时，对

箱内货物的交接变得非常棘手。

(2)发生箱损事故,箱内货物很可能也会发生损坏,而在码头的集装箱大都属海关监管,在查清箱损时货物是否损坏,还需海关批准,甚至惊动国外的顾客、保险人等。

(3)在国际集装箱多式联运中,对发生箱损、货损的责任区段的确认则较为复杂,集装箱码头作为多式联运经营人时,应对全程运输负责。

(4)集装箱码头作业项目、种类具有多样性,既有船舶装卸,又有集装箱的堆存,还有拆箱、装箱、火车作业等,发生的事故种类具有多样性。

以上因素决定了集装箱码头理赔工作的复杂性,这也说明了集装箱码头的理赔是专业性较强的工作。

## 三、现代集装箱码头理赔的原则

理赔是一项政策性较强、涉及面较广、情况较复杂并具有法律原则的工作。因此,在实际理赔工作中应坚持依法原则,实事求是、合情合理的原则。

1. 依法原则

理赔工作从一定意义上讲是一种法律行为,在定损、赔偿过程中,各方都应依照国家相关法律法规、依照国际惯例处理,理赔的结果对各方才具有约束力。

2. 实事求是、合情合理原则

实事求是就是应根据事故的实际情况,正确分析事故原因,确定损失程度和金额。集装箱码头发生事故时,作为其他相关方往往不在事故现场,对作业事故发生的原因、过程、损失程度并不知晓,这就需要集装箱码头必须实事求是地提供有关初始资料,必要时集装箱码头应约请权威机构对事故成因、损失情况进行鉴定。合情合理就是从事故中合理确定责任方应承担的责任和赔偿金额,使事故合理地、尽早地得到处理。

## 四、现代集装箱码头理赔程序

1. 索赔人的确定

由于海上货物运输中提单的转让,在贸易合同中的双方当事人并不确定就是货物的发货人和收货人,所以,确定有权提起赔偿的人是理赔具体工作的第一步。一般来讲,提出货物索赔的人原则上是货物所有人,或是提单上记载的收货人或合法的提单持有人。另外,还可能是货运代理人或保险公司或其他有关当事人。如果事故发生在保险责任期间且在保险

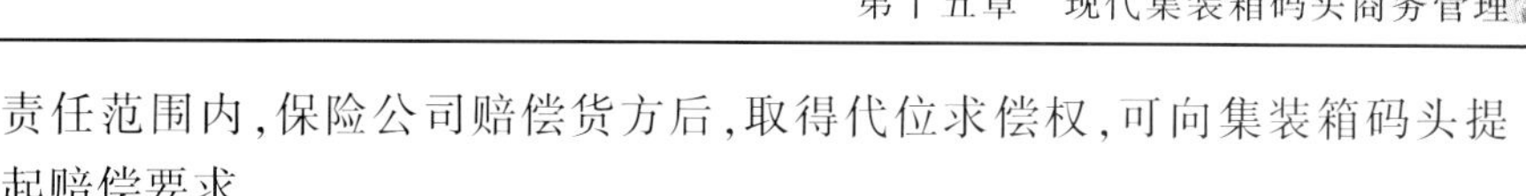

责任范围内，保险公司赔偿货方后，取得代位求偿权，可向集装箱码头提起赔偿要求。

2. 索赔证据

索赔单证是索赔人提起索赔的证据，必须准确、全面。索赔人提出索赔时必须向集装箱码头提供相应的索赔证据，主要包括索赔书、提单、装箱单、报关单、货物发票、货物检验证明、修理费发票、货运记录、权益转让证明以及事故照片等。

3. 拒赔理由

集装箱码头如能证明集装箱货物的损坏、灭失或者迟延交付是由于下列原因造成的，可以拒赔：

(1)不可抗力。

(2)货物的自然属性和潜在缺陷。

(3)货物的自然减量和合理损耗。

(4)包装不符合要求。

(5)箱体或包装完好但货物与集装箱码头签发的收据记载内容不符。

(6)作业委托人申报的货物重量不准确。

(7)普通货物中夹带危险、流质、易腐货物。

(8)作业委托人、货物接收人的其他过错。

4. 赔偿金额的确定

赔偿金额的确定一般应以合理为原则，以货损实际程度为基础。如果损失超过提单中的赔偿责任限额，以赔偿责任限额为基础进行赔偿。双方对赔偿金额有异议时，双方可共同聘请检验机构检验定损。为了使事故理赔尽早解决，从服务顾客、市场要求角度对赔偿金额也可做一些让步，但应合乎常理。

5. 赔偿

一旦赔偿金额确定以后，应尽快将赔偿金给付索赔人。一般从索赔人提出索赔之日起60日内就是否赔付、赔付金额予以确定，确定赔付后应在30日内将赔偿金额赔付索赔人。

6. 纠纷解决方式

1)协商

由于事故原因、损失金额、赔偿金额的确定涉及多环节、多部门，对高精设备还要涉及多学科，难免当事人各方会产生不同观点，但还是应以协商为主，求大同，注重合作关系。必要时请其他关系方如船公司、货代介入进行协调，以尽快达成一致意见，免去讼累。

2)诉讼

随着法律意识的不断提高,诉讼已经成为解决纷争的重要手段。在诉讼过程中,应注意下列问题:

(1)诉讼时效。索赔人可以选择侵权之诉或合同之诉,当依据《中华人民共和国民法通则》提起侵权之诉时,诉讼时效期间为两年,从知道或者应当知道权利被侵害时起计算;如果依据海上货物运输合同提起合同之诉,索赔人起诉对象为承运人,诉讼时效期间为一年,自承运人交付或者应当交付货物之日起计算。承运人赔偿后可向集装箱码头追偿。

(2)受理法院。针对集装箱码头运输中发生的作业事故的起讼,应向具有管辖权的海事法院提起。

(3)证据的保存。

### 五、集装箱码头船损事故

船损事故是指集装箱码头在作业时由于码头作业人员或码头的相关方的过失造成船舶损坏及船具丢失的事故。

船损事故发生后,集装箱码头应向船方出具船损记录,或在船舶记录中将事故情况进行备注。必要时,双方可约请船舶检验机构对损失情况进行鉴定评估。船损事故的处理程序可参照货运服务质量事故处理程序办理。

## 第四节　现代集装箱码头的生产经营保险

集装箱码头在生产经营过程中,不可避免地会遇到各种风险,如自然灾害或意外事故或作业人员的责任事故等。如何规避风险,以及在风险发生后如何及时得到补偿使风险发生后造成损失的危害降到最低点,是集装箱码头经营决策者必须考虑的问题。集装箱码头参加保险就是以缴付一定的保险费用支出,把风险转嫁给保险公司,一旦发生灾害事故的损失及责任事故的对外赔偿,能够及时得到经济补偿,从而保证码头生产、经营的正常进行和经济效益的实现。所以,参加保险也是保证集装箱码头正常生产经营的重要手段之一。

### 一、集装箱码头生产经营保险分类

1. 保险的概念

保险是指对被保险人由于自然灾害或意外事故所致经济损失给予补偿,或对个人因死亡或丧失工作能力给予物质保证的一种制度。所以保险

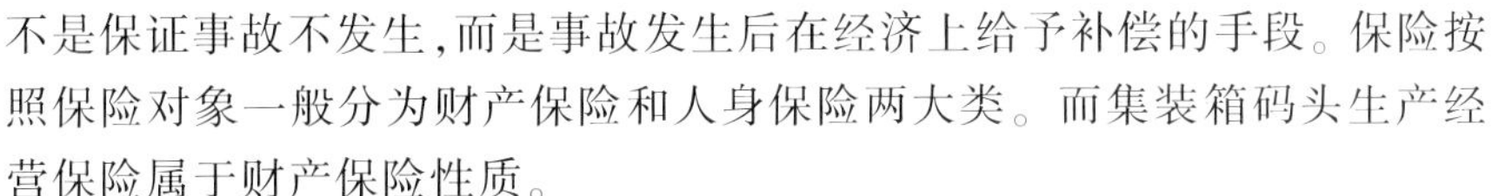

不是保证事故不发生,而是事故发生后在经济上给予补偿的手段。保险按照保险对象一般分为财产保险和人身保险两大类。而集装箱码头生产经营保险属于财产保险性质。

2. 集装箱码头生产经营保险的种类

集装箱码头生产经营保险是指保险人承保集装箱码头(被保险人)的以物质财富为内容的损害风险。主要分为:

1)集装箱码头财产损失保险

集装箱码头财产损失保险是指对集装箱码头物或其他财产利益损害的保险。凡是为集装箱码头所有或替他人保管,或与他人共有,而由集装箱码头负责的财产,都可投保财产损失险。一般集装箱码头对其码头建筑物及其设施、码头机械设备都投保了财产损失保险。集装箱码头财产损失保险中的保险标的一般都是在发生自然灾害或意外事故造成了损失的情况下,保险人才负责赔偿。

2)集装箱码头责任保险

集装箱码头责任保险是指以集装箱码头(被保险人)对第三者依法应负的赔偿责任为保险标的保险。集装箱码头对于第三者应负赔偿责任而受赔偿请求时,由保险人对此负责赔偿,这里的责任保险是一种无形财产保险。集装箱码头因作业中员工的过失责任,造成他人损失而要赔偿时,由保险人负责赔偿。

责任保险的保险标的不同于财产损失险的保险标的,它既不是特定财产,也不是人身,而是集装箱码头对第三者依法应负的赔偿责任。如果发生意外事故或集装箱码头对事故没有责任,也就不存在责任保险的保险事故,虽然对第三者造成了损失,集装箱码头及保险人均不予赔偿。

集装箱码头对上述两类保险一般分别向保险人投保。但也有保险人将二者合并组成码头综合保险。该项码头综合保险是将码头建筑物及其设施保险、码头机械设备保险、雇主责任保险和集装箱码头责任保险结合在一起的保险。

## 二、集装箱码头责任保险

虽然集装箱码头责任保险当事人为集装箱码头和保险人,但由于集装箱码头责任保险涉及第三者,所以重点介绍一下集装箱码头责任保险。

1. 集装箱码头责任保险具备的4个要件

1)必须是集装箱码头对于第三者的赔偿责任。

2)必须是集装箱码头依法应负的赔偿责任。

3)必须是受害的第三者向集装箱码头提出了赔偿的要求。

4)必须是保险人承保的赔偿责任。

2. 集装箱码头责任保险的保险范围

1)集装箱码头因过失造成的依照法律或有关规定应由集装箱码头直接承担赔偿责任的在码头进出口货物和集装箱箱体的损失，在装卸作业过程中造成的船舶机具的损坏,及其他第三者机械的损坏。

2)集装箱码头在生产经营过程中,由于集装箱码头错运造成的费用损失。

3)集装箱码头与第三者因货损货差等纠纷而引起的诉讼所花费的各种诉讼费用,包括雇佣律师的费用。

3. 集装箱码头责任保险的责任范围

1)自集装箱码头在码头接收货物卸运、储存时开始至货物装船结束为止。

2)自集装箱码头在货物卸船时开始至货物提离码头为止。

4. 集装箱码头责任保险的除外责任

保险人对以下原因造成的集装箱码头经济损失不负赔偿责任。

1)不可抗力,如海潮、飓风、海啸引起的集装箱货物损失。

2)非集装箱码头责任引起的损失,如货物包装问题、货物积载问题、发货人申报不实等原因造成的集装箱货物损失。

3)集装箱码头故意行为造成的经济损失。

4)政府或有关当局的罚金。

5. 赔偿责任

集装箱码头在与保险人签订保险合同时对赔偿责任进行必要的约定。根据行业惯例,赔偿责任一般包括:

1)对集装箱码头发生一起责任事故的赔偿限额作出约定。

2)对集装箱码头全年的累计赔偿限额作出约定。

3)对集装箱码头每发生一起事故的免赔额作出约定。

6. 索赔处理

集装箱码头在处理事故时,一经发现涉及集装箱码头责任,应尽快通知保险人，保险人应协同处理或提出处理意见。需要集装箱码头注意的是,在处理事故过程中,集装箱码头对第三者确认赔偿责任或作出承担责任的表示时必须要征得保险人的同意。集装箱码头应将涉案集装箱货物的提单、发票、装箱单、事故证明和各种费用单据备齐作为向保险人索赔的依据。

# 第十六章　现代集装箱码头设备管理

在集装箱码头的发展进程中，集装箱装卸设备的专业化和现代化发挥着举足轻重的作用，技术含量高、工艺先进、高效可靠的设备越来越多地投入到集装箱装卸作业中，并且不断朝着规格大型化、操作自动化、信息数字化、技术多样化、管理综合化的方向迈进。与此相适应，现代集装箱码头的设备管理也随着集装箱装卸设备的快速发展、码头通过能力的大幅提高，在传统港口装卸设备管理的基础上呈现出思维创新、模式创新、方法创新的趋势。无论是在前期、使用期不同的管理阶段，还是在管、用、养、修不同的管理方面，体现了集装箱专业装卸设备的管理特点。

现代集装箱码头设备管理按照港口机械设备的管理原则，根据寿命、周期、费用理论对集装箱装卸设备实行一生全过程管理。设备全过程管理是对设备的规划、设计、选型、购置、制造、安装、调试、使用、维修、改造、更新，直至报废的全过程所进行的技术、经济的综合管理，一般分为前期管理和使用期两个阶段。

## 第一节　现代集装箱码头设备前期管理

### 一、集装箱码头设备前期管理概述

集装箱码头设备前期管理是指设备从规划到投产前这一阶段的全部工作。具体包括配合码头建设进行装卸工艺中设备方案的规划、调研、论证、选型和决策，设备的采购、设计审查、制造、运输、安装、调试运转以及验收。集装箱码头在采购设备方面，力求装卸设备制造完成并运输到岸安装调试后，能够尽快投入生产。因此，集装箱码头的设备采购是一项“交钥匙”工程，设备制造厂商负责交机验收前的各项工作，设备采购方应积极

配合设备制造厂商完成有关工作。集装箱码头设备的前期管理阶段具体要做好以下几方面的工作：

(1)设备规划前的调查研究、经济技术论证，在此基础上制定集装箱设备购置与更新工作规划。

(2)收集汇总并整理分析国内外集装箱装卸设备的信息资料，必要时可进行一定范围的市场调查，为下一阶段工作奠定基础。

(3)编制设备规划的阶段性实施方案及相应的投资计划。

(4)设备购置前的国际(国内)招标文件撰写、评标准备工作。

(5)设备的设计审查、监造、运输等产品形成过程中和投产前的实际工作。

(6)设备的安装、调试及试运转、安装与调试工作分析总结、技术资料整理、组织验收、签署验收文件等。

## 二、集装箱码头设备的规划与投资效益分析

### 1. 集装箱码头设备规划的涵义和内容

集装箱码头设备的规划是运用技术经济分析的方法与价值工程的原理，提出符合集装箱码头生产经营或建设发展需要的集装箱装卸设备的购置、更新、技术改造等计划。

1)新建集装箱码头项目中配套设备的规划

新建集装箱码头的设备规划通常与整个项目的装卸工艺方案设计同时考虑。

2)集装箱码头增添设备的规划

集装箱码头增添设备的规划是为了满足生产发展的需要，在采取提高现有设备利用率、设备更新和改造等措施后，需要增添设备的规划。

3)集装箱码头更新设备的规划

集装箱码头更新设备的规划是指用优质、高效、低耗、功能先进的新型设备更新原有设备的筹划。更新设备的规划必须与产品升级换代及技术发展规划相结合。

4)集装箱码头设备现代化改造的规划

设备的现代化改造是指用现代化技术成果改变现有设备的部分结构，给旧设备装上新部件、新装置、新附件，改善现有设备的技术性能，使其达到或局部达到新型设备的水平。集装箱码头的设备改造应遵循“经济合理、提高效益、改善性能、便利维修、简化机型、降低能耗、确保安全”的原则，达到提高装卸生产效率、提高装卸设备运行安全性、节约能源、保护

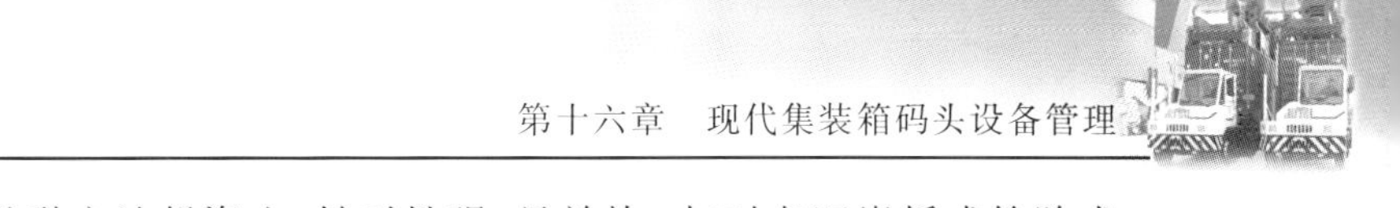

环境的目的。此种方法投资少、针对性强、见效快。如对老旧岸桥或轮胎式场桥电气控制系统及设备的技术改造。

2. 集装箱码头设备规划的编制依据

1)集装箱码头生产、发展的需求

包括码头通过能力、集装箱船舶、箱型的发展对集装箱码头的要求，以及集装箱装卸新工艺的创新等。

2)集装箱装卸设备的实物形态和价值形态

对集装箱装卸设备进行技术鉴定和经济分析，技术状况劣化，无修复价值或者虽仍可利用，但设备维修成本高，应加以更新。

3)安全、环保、节能等国家政策法规的要求

设备规划要充分考虑安全隐患、环境保护、能源使用等带有总体性的因素。

4)新引进的集装箱装卸设备对配套设施的影响

从集装箱码头平面布置、装卸工艺、场地、配套设施、作业组织等方面考虑新引进设备的需求。

5)可能筹集的资金以及还贷能力的综合考虑

3. 集装箱码头设备投资效益的分析

为了正确评价各种设备投资方案的经济效果，需要采用一些特定的技术经济评价方法，经过分析计算和对比后选出投资效益最佳方案。

投资效益的计算，按照是否考虑资金的时间价值，可分为静态法和动态法，由于集装箱码头设备的使用周期较长，考虑和国际惯例接轨，在计算时通常使用动态法。常见的设备投资效益的动态分析计算方法有净现值法、内部收益率法、投资回收期法。

1)净现值法

净现值($NPV$)指标是对投资项目进行动态评价的最重要指标之一，是指一项投资的未来收益总现值超过其初期投资现值的净额。在对任何一项集装箱设备投资时，总是希望未来能获得的收益总金额多于初始投资金额。由于收益与初始投资发生在不同时期，存在资金的时间价值，它们之间不能直接对比。必须将未来不同年份获得的预期收益，按照一定利率(折现率)折算成现值，然后与该项投资的现值进行比较。若收益的总现值大于投资总现值，即净现值是正数($NPV>0$)，则该项投资方案可取；反之，若净现值为负数($NPV<0$)，说明该方案的收益小于投资，应予舍弃。这样的分析计算方法，叫净现值法。

净现值法的计算步骤如下：

(1)计算购置设备初期投资，按规定的折现率折算成投资总额现值($KP$)。

(2)预测设备投入使用后各年的现金流量,并按年计算出当年的现金净流量($NCF$),$NCF$=现金流入量-现金流出量。

(3)按选定的折现率将各年的现金净流量折算成现值,然后求和($RP$)。

(4)计算净现值($NPV$),判定方案是否可行。

$$NPV=RP-KP$$

$$=\sum_{j=0}^{n}\frac{NCF_j}{(1+i)^j}-KP$$

式中:$n$——设备的经济寿命;

$i$——基准折现率。

(5)折现率的选取:动态分析计算中所采用的折现率称目标收益率或基准贴现率。目标收益率是评价和判断投资方案经济上是否可行的重要参数,因此必须慎重选择。确定目标收益率的一般原则是:

①以贷款筹集资金时,投资方案的目标收益率应高于或等于贷款利率。这两种利率的差额,体现着投资风险的大小。

②若为自有资金时,投资的目标收益率也应大于或等于存款的利率。一般投资收益率可按13%考虑。

2)内部收益率法($IRR$ 法)

也称作贴现法($DCF$),是动态分析法中又一种常用的重要方法。

内部收益率就是指净现值为零时的折现率。也就是说,内部收益率就是能使投资方案的总现值等于初始投资总现值的折现率。其经济含义是:投资方案在这样的利率下,在设备寿命终结时,各年的净收益刚好能将初始投资回收完毕。因此,内部收益率表明了该方案对初始投资的偿还能力,或者表明了该方案对贷款利率的最大承受能力。它反映投资方案本身所能达到的实际收益率。

采用内部收益率来评价投资方案的方法,叫内部收益率法。一个投资方案的内部收益率越高,说明这个方案的经济效益越好。

内部收益率法与净现值法的共同优点是,它们既考虑了资金的时间价值,又考虑了设备投资方案在整个寿命周期内的经营情况。两种方法的不同之处是,净现值法直接以金额的数量表示投资方案的收益大小,比较直观;而内部收益率法则是以利率的形式反映单位资金的收益性,而且在计算时不必事先知道折现率。

3)投资回收期法

投资回收期法虽然不能全面说明投资方案在项目整个寿命周期内的经济效益,但可指明投资方案的初始投资得到补偿的速度。各年现金净流

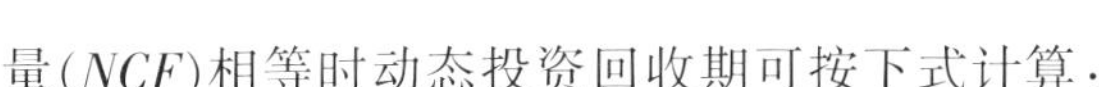

量($NCF$)相等时动态投资回收期可按下式计算：

$$T=\frac{-\lg\left(1-\frac{KP\cdot i}{A}\right)}{\lg(1+i)}$$

式中：$T$——投资回收期；

$KP$——初始投资总现值；

$i$——企业目标收益率；

$A$——年金。

例如：某集装箱码头投资4 000万元购入岸桥1台，按照每年装卸10万TEU，每TEU净收入80元计算，每年净收入800万元，企业目标收益按11%计算，其回收期为：

$$T=\frac{-\lg\left(1-\frac{4\ 000\times0.11}{800}\right)}{\lg(1+0.11)}=7.7\text{ 年}$$

## 三、集装箱码头设备的选型与购置

1. 设备选型的原则

在集装箱装卸设备选型时应按装卸工艺设计方案配置，并坚持生产上实用、技术上先进、经济上合理3项原则，并考虑以下具体因素：

(1)生产能力。设备技术参数要满足集装箱船舶装卸、装卸工艺及生产效率的要求。

(2)技术先进性。作为集装箱专业装卸设备，要体现专用、高效的特点，通过应用新技术、新材料、新工艺，不断提高操作的自动化、智能化、数字化、信息化。

(3)工艺配套性。集装箱码头专业化的装卸工艺要求工艺流程中各种设备在生产效率、装卸能力、技术性能等方面相匹配。

(4)可靠性。在规定时间内，设备无故障运行的概率要高，利用集装箱船舶班期的间隙组织维护保养，力求在船舶作业过程中设备零故障运行。

(5)可维修性。设备应结构合理，零件通用化、标准化、互换性强，设计上考虑有方便维修的空间。随着计算机、自动化技术的普及，设备上应配置起重机管理系统，方便对设备状态监测及故障诊断。

(6)操作性。按照人体工程学的原理，充分考虑操作员工的要求，以利提高装卸生产效率，减少事故发生。

(7)节能性。所选设备的装机容量要适宜，要积极采用广泛而成熟的

节能技术。

(8)安全性。设备各种安全装置必须齐全有效,特殊要求的安全装置必须通过确认。

(9)环保性。设备的使用、维护、报废处理要符合我国各级政府环保部门的有关法律法规及规定。

(10)服务性。提供设备的厂商必须有良好的售后服务体系及良好的备件供应渠道。

2. 设备购置的程序

设备的前期投资将影响集装箱码头设备投入运营后的成本，因此设备购置前的调研、预选及招标采购等工作十分关键。其主要程序如下：

(1)市场调研和预选。

(2)招标或采购文件的编写。

(3)设备招标采购前期准备工作。

(4)组织招标评标工作。

(5)协商谈判。

(6)主管机构审批。

(7)签订采购合同。

## 四、集装箱码头设备的设计审查、监造、运输、安装、调试与验收

1. 设计审查

对于集装箱装卸设备,在签订采购合同后,集装箱码头设备管理部门应选派机械、电气等有关方面的专业技术人员到设备制造厂商进行设计审查。在设计审查过程中,专业技术人员要详细审核全部图纸,进一步明确设备制造厂商提供的产品在重要细节上与采购要求的一致性,对于设计中存在的各种技术问题,包括同类产品存在的缺陷,双方共同协商,确定解决方案。通过设计审查,使设备采购方和设备制造厂商对设备技术性能、功能要求等各方面达成共识,为设备制造过程的顺利进行铺平道路。

2. 设备的监造

设备进入制造过程开始,设备管理部门应选派机械、电气等有关方面的专业技术人员到制造厂家监造,以便及时发现和解决制造过程中出现的问题,保证设备的性能和质量满足合同要求。监造工作的主要内容包括：

(1)查看各主要部件和构件的制造情况。

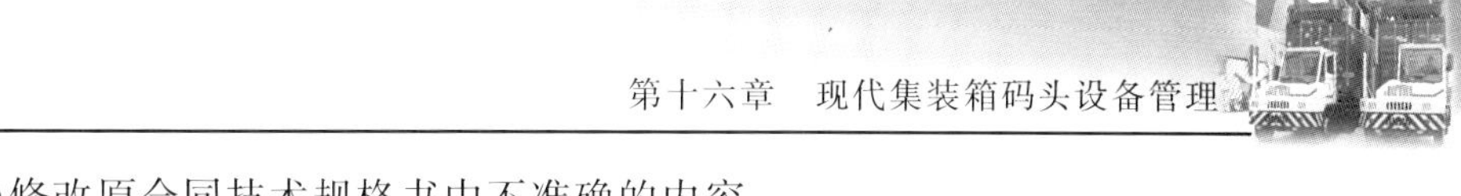


(2)修改原合同技术规格书中不准确的内容。

(3)敦促制造厂商做好生产过程检验和质量监督工作,减少设备制造完成运抵到集装箱码头后的更改。

(4)监造结束,应向主管部门领导递交书面监造报告,说明整个监造期的工作情况。

3. 设备的运输

在购置集装箱装卸设备时,一般采用FOB或CIF方式交货。对于岸桥及轮胎式场桥、轨道式场桥,目前具体运输有专业船舶及驳船运输两种,前者装卸设备占用泊位时间短,安全可靠,受潮汐的影响较小,但价格较高。后者价格便宜,装卸设备时易受潮水影响,占用泊位时间较长,运输过程易受天气的影响。

4. 设备的安装

由于大型集装箱装卸设备采用整体运输已经非常普遍,设备的安装工作基本上在制造厂商的现场完成,并进行初步调试。因此,设备到岸后的安装工作量比较小,主要是大车行走机构及附属件的安装、动力电源装置的连接等。

5. 设备的调试与验收

对于集装箱叉车、正面吊等流动设备,通常在制造厂就可以完成调试工作,到岸后经过安装以及非常少的调试,就可以进入运行试验阶段,通过试验后即可组织验收。

对于大型集装箱装卸设备的调试与验收,应由买、卖双方的主管部门根据双方合同中规定的技术规格书以及验收大纲的要求,对到岸设备进行调试、项目整改,重点是尺寸参数、工作参数、工作机构参数、控制系统参数及安全装置等主要指标和装置,各系统、机构在达到正常、安全、稳定、可靠的前提下,可进入8h运行试验,通过试验后可组织验收。

验收完毕后,双方应签署验收报告,对验收中发现的问题应以备忘录的形式注明,以便敦促设备制造厂商在正式投入使用前尽快解决。

设备管理部门在设备投入使用后,根据相关制度要求,配合财务部门办理设备固定资产管理的相关手续。

## 第二节　现代集装箱码头设备使用期管理

### 一、集装箱码头设备使用期管理概述

集装箱码头设备的使用期管理工作质量是影响设备效率、效益的关

键,其主要内容包括:制定设备使用程序、设备安全操作规程及维护规程;监督设备的正确使用,搞好设备润滑,进行日常维护和定期维护;实行设备点检、定检;开展设备的状态监测与故障诊断;进行故障修理;培训设备操作、维修员工等。通过以上工作为提高集装箱码头设备管理水平奠定良好的基础。

## 二、集装箱码头设备的使用

集装箱装卸设备的正确合理使用、精心维护保养和适时合理修理、科学检修与技术改造,是集装箱码头设备管理工作中的重要内容。设备经济寿命的长短和生产率的高低,与设备本身原有的结构和性能有关,但也与其使用维护、检修及改造等情况密切关联。

1. 集装箱装卸设备的正确使用

正确的使用设备,除设备管理部门要做好资料建档、制定相应的管理规范和培训等基础工作之外,在设备使用中要做好以下几方面的工作:

(1)配备合格的操作者。

(2)科学合理配置设备。

(3)提供良好的工作环境。

(4)树立全员参与设备管理的理念。

(5)建立健全设备使用和维护保养的规章制度,严格执行设备使用程序。

2. 集装箱装卸设备使用守则

设备使用守则是指对操作者正确使用设备的各项基本要求和规定,内容包括交接班制,使用设备的“三好”、“四会”、“三个遵守”等。“三好”即操作好、检查好、维护好设备。“四会”即会操作、会保养、会检查、会排除一般故障。“三个遵守”即遵守安全技术操作规程、遵守交接班制度、遵守日常点检制度。

## 三、集装箱码头设备的维护

严格的设备维护工作是保持设备处于正常技术状态，延长使用寿命的重要保证。集装箱码头设备的维护通常要达到整齐、清洁、润滑、安全4项要求。分为日常维护和定期维护两类。

1. 日常维护

集装箱装卸设备的日常维护是司机按照点检卡片，要求每班进行的

维护。维护中应做到:班前对设备点检部位进行检查,操作中发现异常及时处理或上报,操作后认真清洁设备,填好交接班记录。

2. 定期维护

集装箱装卸设备的定期维护由专职维护人员负责,司机参与共同完成。通常由设备管理部门根据设备的运行台时和装卸生产间隙,按计划形式下达维护任务。其目的是减少设备磨损,延长设备使用寿命,消除故障和事故隐患。

定期维护的内容应以定检卡片及计划安排中提出的专项要求为依据,其基本内容通常有:

(1)对整机进行彻底清洁,使设备干净、整洁。

(2)对各定检部位进行检查,视情况进行紧固、调整,必要时还应更换有关零部件。

(3)对各润滑点加注润滑脂,清洁(洗)或更换滤清器,按质更换润滑油。

(4)对各安全及限位装置进行实际检查和测试,保证其有效、可靠。

集装箱码头设备均需做定期维护,其间隔期应根据设备类型、使用台时及起运箱、作业环境、维护要求、管理制度要求等确定,一般分为月度、季度和年度维护。

## 四、集装箱码头设备技术状态的检查

集装箱码头设备技术状态是指集装箱装卸设备具有的工作能力。进行技术状态检查是按照集装箱装卸设备规定的性能,对其运行状况等的观察、测定、诊断的预防性工作,分为日常检查和定期检查两类。为了评价集装箱装卸设备的完好状况,还应进行技术状态的完好检查。

1. 日常检查

由司机每班进行的检查,通过人的五官感觉、简便的检测手段以及控制系统的监测功能,按规定要求和标准进行检查。

2. 定期检查

按照预定的检查间隔期实施的检查作业,包括设备的性能检查、可靠性试验等。

3. 完好检查

完好检查的标准应满足设备性能完好、运转正常、能源消耗正常、安全装置齐全可靠的基本要求。

## 五、集装箱码头设备的润滑管理

1.集装箱码头设备润滑管理的作用

集装箱装卸设备润滑管理是集装箱码头设备管理中的重要内容和基础,是开展集装箱设备状态监测的基础内容之一。加强润滑管理是保证集装箱装卸设备正常运转,延长修理周期和使用寿命的有效措施之一。

(1)确保集装箱装卸设备合理用油,满足各种设备的润滑要求。

(2)有利于油品加注、过滤、更换等日常工作适时、适量。

(3)有利于节能降耗。

(4)做好回收利用废油废液工作,减少环境污染。

(5)有利于提高有关人员的技术素养。

2. 集装箱码头设备润滑管理特点

集装箱装卸设备工作条件的特殊性决定了集装箱码头设备润滑管理的特点:

(1)工作环境恶劣,空气湿度大、空气中粉尘多、温差变化大,保持润滑正常效果较难。

(2)集装箱装卸设备构成较复杂,对润滑要求高。

(3)工况变化大,集装箱装卸设备在运行中,存在频繁启制动、长时间低速或高速运转等特点,难以保持稳定的润滑状态。

(4)集装箱装卸设备使用的油品种类多,要求严格,油品管理工作难度大。

3. 集装箱码头设备润滑管理的内容

(1)根据集装箱码头具体情况合理设置润滑工作的组织结构,配备各级润滑管理专(兼)职人员,明确部门及工作人员的职责和工作目标。

(2)按照润滑管理“定点、定质、定量、定时、定人”的“五定”要求,制定集装箱码头设备润滑管理的基本方针,建立健全润滑管理的规章制度。

(3)建立健全润滑管理档案,掌握各类集装箱装卸设备的润滑要求。

(4)正确选用润滑材料,推广应用各类润滑新材料、新技术和新工艺,适应集装箱码头设备管理工作对润滑管理的新需求。

(5)充分重视对与润滑管理密切相关的空气滤清器和冷却液的使用管理,提高润滑管理的综合效果。

(6)不断完善油液分析手段,进一步发挥油质检测在集装箱装卸设备状态监测中的作用。做好原始记录和分析,实现用油正确、跟踪化验、按质换油、状态监测。保证设备润滑可靠,延长设备使用寿命。

(7)合理润滑,在保证润滑效果的基础上,节约燃润材料,提高润滑管理工作经济效益。

(8)治理泄漏,回收废油、废液,节约资源,保护环境。

(9)开展润滑管理人员的专业培训工作。

(10)总结和推广先进润滑管理经验,不断促进、提高集装箱码头设备润滑管理工作水平。

## 六、集装箱码头设备修理

1. 集装箱码头设备修理的内容

集装箱码头设备的修理是在集装箱装卸设备技术状况劣化或发生故障后,为了恢复其应有功能、消除故障而采取的更换或修复已磨损、失效的零部件,对整机或局部进行拆装、调试等的技术活动。通过修理使集装箱装卸设备在规定的时期或寿命周期内正常地运行。主要内容包括:维修计划(决策)管理、维修技术管理、维修器材管理、维修经济管理、维修备件管理、维修评价等。

2. 集装箱码头设备修理的原则

1)预防为主的原则

集装箱码头设备管理必须贯彻预防为主的原则,有计划地对集装箱装卸设备进行预防性维修,是设备在使用过程中能保持良好的运行状态并避免故障发生的重要措施。集装箱码头设备管理采取强制保养、预防维修,是适应集装箱码头作业特点,并已取得较为明显效果的做法。

2)经济合理的原则

集装箱装卸设备技术含量越来越高,修理费用也随之增加,给集装箱码头的经济效益带来直接的影响。对集装箱装卸设备进行适当、合理的修理,降低成本,以最经济合理的修理费用使设备保持良好的技术性能,保证设备有效利用,是集装箱码头实现经营目标的措施之一。

3)为生产经营服务的原则

集装箱码头设备管理是集装箱装卸生产经营活动的重要技术基础,必须树立为集装箱码头生产经营创造经济效益的理念。正确处理生产与修理的关系,根据集装箱码头生产不平衡的特点,合理安排修理计划;努力探索、运用先进的维修方式,缩短修理停机时间。提高维修质量,减少故障,提高集装箱装卸设备的可利用率。

4)修理与改造相接合的原则

对现有集装箱装卸设备采用修理与改造相结合的办法,是改善和提

高其技术性能的一种最经济、最有效的技术措施，可达到投资少见效快的效果。

3. 集装箱码头设备修理的方式

设备修理方式可分为预防修理和事后修理两种。预防修理包括计划修理、状态修理等方式。集装箱码头设备修理采取以状态修理为主的方式，积极推行以技术状态为基础的设备修理方式。不同集装箱码头设备的修理方式可结合集装箱装卸设备特性和经营管理实际采取不同的维修方式，以增强修理的针对性，既要防止延迟修理造成设备技术状况劣化，又要防止过度修理造成的浪费。

4. 集装箱码头设备修理的分类

集装箱码头设备修理根据修理内容、技术要求以及工作量的大小进行分类。通常可以分为大修、项修和小修。

5. 集装箱码头设备修理计划管理

集装箱码头设备修理计划是集装箱码头实行设备预防修理，保持技术状态完好的具体实施安排，分为月度、季度和年度计划。集装箱码头设备修理计划管理工作要根据当前集装箱装卸设备的技术要求和技术状况劣化程度，编制设备修理计划并认真组织实施。

## 七、集装箱码头设备动态管理

通过集装箱码头设备动态管理，降低大型集装箱装卸设备故障率，充分发挥设备的效能，确保生产经营目标的实现。

在实际工作中，设备管理工作要通过掌握设备运行的规律，依靠先进科技与激励工程技术人员发挥最大积极性的机制相结合，实现全员参与设备维护的管理模式。集装箱设备动态管理强调技术人员对设备状态的控制，对维修过程的控制，对使用过程的控制，体现在管、用、养、修的各个环节、体现在设备前期、中期、后期的各个管理阶段、体现动态生产与静态设备维护修理的灵活协调。

由于集装箱装卸设备具有大型化的特点，以往对设备的监控注重于静态的检查，而静态检查对于设备运行过程中的故障起不到很好的预防作用。特别是设备的联接副、运动副等部位。而这些部位发生故障后，维修时间长，严重影响生产。为了保证大型集装箱装卸设备的正常运行，实施动态监控和状态检测方法，将静态检查和动态检查结合起来，突出动态检查，实现“预防”的目标。为了保证预防目标的实现，要从管理制度和技术措施入手进行设备运行的预控。

(1)建立设备管理的有效网络。从基础工作入手,各设备使用部门设有专业技术人员负责设备的保养、润滑、操作、交接检查、维修质量检查等工作;设备管理部门主管工程师负责月检和抽检;设备管理部门组织和检查使用部门的周检、操作人员点检的落实情况,以及各种有针对性的设备专项检查等。这种分层次、分级别、分项目的各种检查是发现设备潜在问题、掌握第一手资料的有效手段,是做好设备管理工作的基础。在设备检查中,要做到四个结合:一是设备检查与安全防护检查相结合;二是定期检查与随机抽查相结合;三是设备一般检查与各种专项检查相结合;四是静态检查与动态检查相结合。

(2)应用计算机辅助设备管理等科技手段,实现大型集装箱装卸设备动态监控与状态监测的信息化管理。通过光纤或无线信息传输方式,实时将设备的运行数据信息输送到设备管理部门并进行分析,管理人员根据掌握的设备运行状态,作出维护修理决策和计划,预防设备故障的发生。

(3)确保设备保养计划的合理性与时效性。根据设备运行状况数据的实时监控和积累的经验,有计划、合理地安排设备进行保养工作。比如大型装卸设备依据规定的运行周期进行保养, 加注润滑油、更换发动机三滤、清洁等工作。通过合理的计划性保养工作,可以使设备重新恢复到较好的状态,还可以发现一些故障隐患,并将其消灭在萌芽中。

(4)协调维护修理计划,合理安排维护修理时间。为了更加合理地利用集装箱船舶到港的间隙,对设备进行维护。要采取集中维修与分散维修相结合、轮修与项修相结合的措施。一方面,根据业务部门提供的船舶安排,事先协调使用单位和维修单位的工作计划,将分散的小修小改集中起来或者将大的工作分解,充分、合理地利用有限的时间,安排设备维护保养工作。另一方面,对于运行期较长或者出现问题较多的设备实行轮修,对其进行全面的保养或专项整治,力求将其恢复到一个比较理想的状态,投入使用。

## 第三节　现代集装箱码头设备管理的信息化

在集装箱装卸设备的管理中,信息数据浩瀚而繁杂,而设备管理各方面信息数据的采集、汇总、加工、处理和使用,对设备管理模式有很大的影响。现代集装箱码头的设备管理应以丰富、发达的信息技术为基础,通过将信息化技术与管理紧密结合,依靠发达的信息技术和信息设备,引进先

进的管理理念，对设备管理流程进行重组和再造，实现管理过程的科学化、自动化、数字化，从而提高集装箱码头设备管理水平，增强竞争力。

现代集装箱码头设备管理根据信息反映的内容、来源、用途，分为设备管理信息系统和集装箱起重机管理系统。

## 一、设备管理信息系统

系统开发的主导思想是：一要与实际设备管理流程相结合；二要能体现设备的动态管理；三要能对设备的信息做到全方位的闭环管理；四要将先进的设备管理思想融入管理系统模型中。

根据集装箱码头设备管理的业务范围，设备管理信息系统包括档案管理、维修管理、故障管理、运行管理、备件管理、经济技术管理等内容，见图 16-3-1。

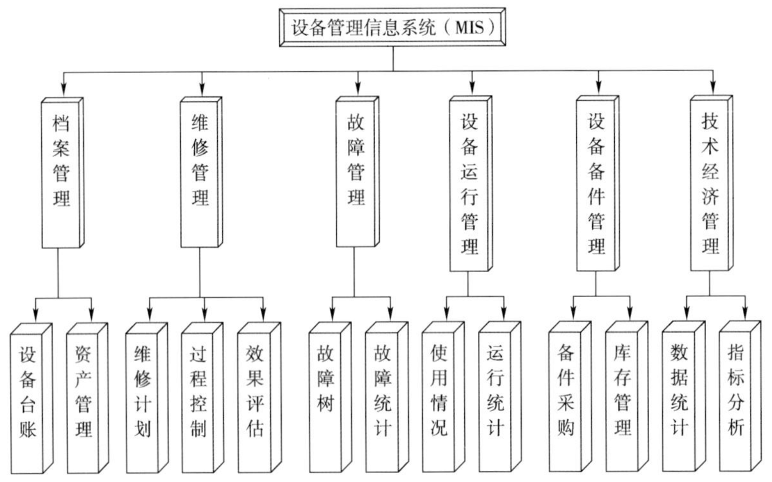


图 16-3-1　设备管理信息系统功能模块示意图

1. 档案管理

设备档案管理主要完成设备档案建立的维护工作，对在账设备的内部调拨、封存、闲置、租赁、评估、外调和报废等变动进行管理。

2. 维修管理

设备维修管理是对维修工作进行管理和控制。设备维修管理一般是设备管理人员将设备维修项目通知给维修部门，维修部门安排专人实施，最后由设备管理人员对维修效果进行评估，这个流程涉及到不同部门，出现多对一或一对多的工作关系，通过计算机管理信息系统能够掌握每个维修项目的进程，实现维修过程的闭环控制。

3. 故障管理

设备故障管理是通过汇总故障详细信息，并对故障历史数据进行统计分析，根据故障现象分析故障原因，提出解决故障的办法。在此基础上，通过归纳分类，形成故障树，定义标准化的故障部位、故障现象、故障原因、故障解决措施。一方面，在设备发生故障后，可以根据故障树查询到有关故障信息，从而为快速排除故障、恢复生产提供技术支持；另一方面，实现对设备故障的统计分析，确定重点关注的项目，为制定设备维修、改造计划提供依据。

4. 设备运行管理

设备运行管理是通过记录设备的使用情况，包括作业时间、运行台时、作业量等，反映设备的运行状况。

5. 设备备件管理

备件管理是设备管理重要组成部分，包括备件基础信息管理、采购计划管理、消耗统计和备件仓库管理等内容。基础信息管理部分包括对备件建立台账、进行 ABC 存储分类、储备定额管理等。备件仓库管理包括对各种备件的进、出、存等日常工作进行管理。

6. 技术经济管理

通过设备管理信息系统将设备相关信息完整、全面、准确地保存在数据库中，为快速、准确地进行技术经济指标的测算提供便捷的途径。在系统中，按照技术经济指标的计算公式，编制程序进行统计，可实现以不同时间间隔、设备类型等为条件进行查询，具有很大的灵活性。

## 二、集装箱起重机管理系统

集装箱起重机管理系统建立在起重机电控系统基础上，充分利用集装箱码头内现有的网络系统，将岸桥、轮胎式或轨道式场桥等大型设备、供电系统及其他辅助系统，通过以光缆或无线传输的方式联成网络，实行统一的管理和监控，并为码头自动化信息共享提供基础数据和接口。

集装箱起重机管理系统分为机上管理系统或本地起重机管理系统和远程起重机管理系统。本地起重机管理系统和远程起重机管理系统是互为关联的两个部分，本地起重机管理系统运行在设备电控室，远程起重机管理系统运行在设备管理部门的监控室，它们有共同的信息源头。远程起重机管理系统提供网络服务，支持监控终端，可以通过 IE 浏览器实时掌握设备动态，进行状态监视、信息查询、报表生成等。集装箱起重机管理系

统将采集、处理、存储后的数据通过友好的图形界面显示，来反映起重机运行状态，为不同级别的用户提供不同的功能，从而为码头设备的高效远程管理提供依据，见图 16-3-2。

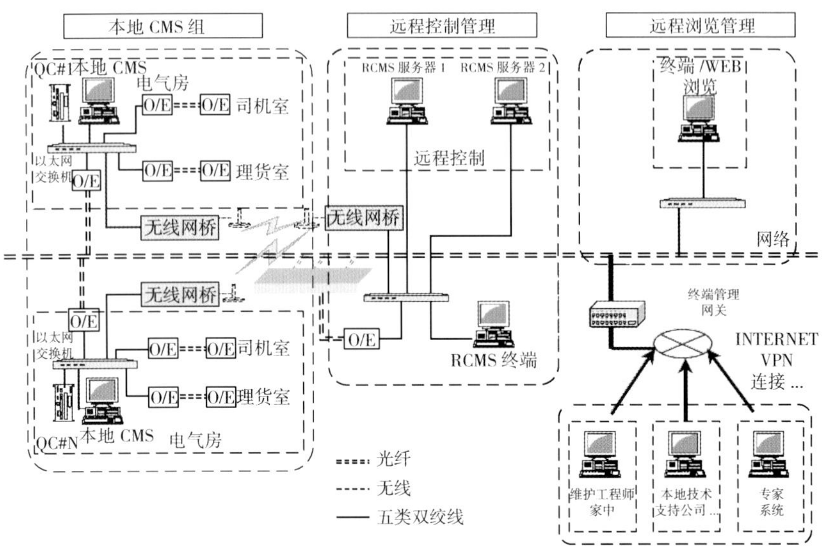


图 16-3-2 集装箱起重机管理系统网络示意图

近几年，随着变频技术和 PLC 技术的发展以及光缆、无线设备在大型集装箱装卸设备上的广泛应用，安川公司、西门子公司、GE 公司等世界知名电控厂商分别推出了各自的本地起重机管理系统和远程起重机管理系统，这些系统可以实时记录和显示设备的状况，具备故障提示功能，可以统计各个机构的工作时间并可据此制定合理的保养维修周期。通过光缆或者无线装置可以在办公室远程直接查询设备的状况和故障，便于主管工程师及时掌握设备动态情况。

集装箱起重机管理系统主要功能有：提供集装箱起重机操作数据、业务统计查询、实现对全部大型设备总体运行状态的监视、实现对某一设备或机构的工作状态的监视、维护管理、故障实时处理、提供状态回放、提供 Web 服务等。

(1)集装箱起重机管理系统提供各种操作数据，主要包括：根据集装箱尺寸、重量及起重机工作和空转时间统计的集装箱数据；主起升电机、小车电机、大车电机运转时间；起重机使用时间和集装箱装卸速度等，通过曲线图形象地表示在画面上。所有数据都存储在本地硬盘，并能够简便地进行提取显示或打印，见图 16-3-3。

(2)业务统计查询功能。可根据班次、时间范围(日、周、月、年)、装(卸)箱类型等条件,实现模糊查询,并可生成统计报表,见图 16-3-4。

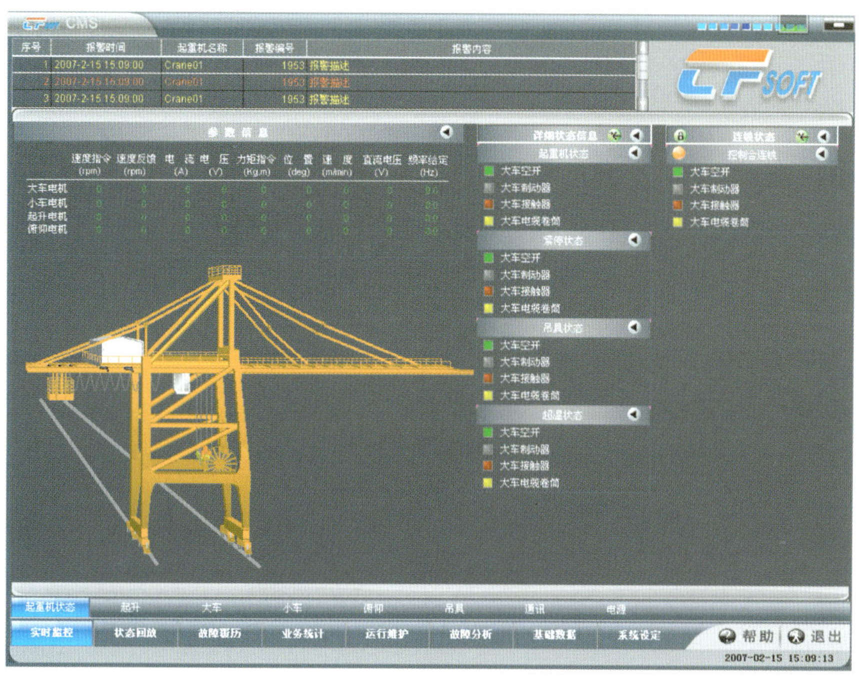


图 16-3-3　集装箱起重机操作数据

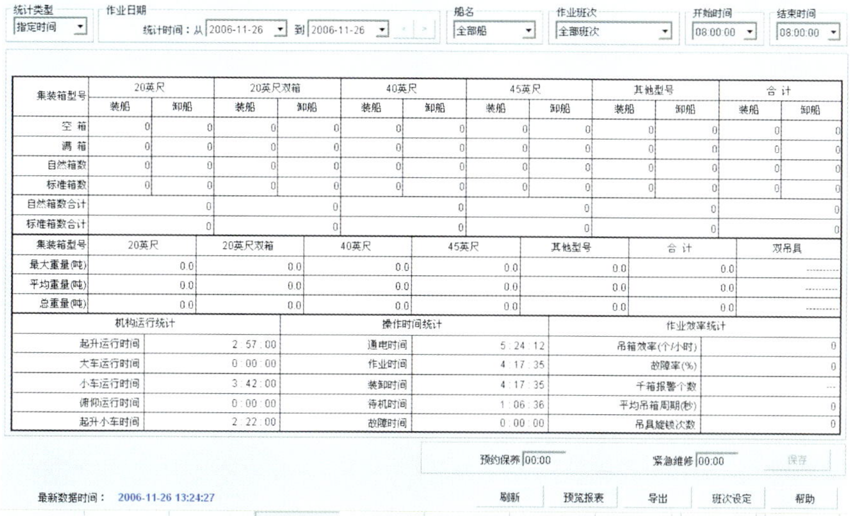

统计类型：指定时间　作业日期：统计时间：从 2006-11-26 到 2006-11-26　船名：全部船　作业班次：全部班次　开始时间：08:00:00　结束时间：08:00:00

| 集装箱型号 | 20英尺 | | 20英尺双箱 | | 40英尺 | | 45英尺 | | 其他型号 | | 合计 | |
|---|---|---|---|---|---|---|---|---|---|---|---|---|
| | 装船 | 卸船 | 装船 | 卸船 | 装船 | 卸船 | 装船 | 卸船 | 装船 | 卸船 | 装船 | 卸船 |
| 空箱 | 0 | 0 | 0 | 0 | 0 | 0 | 0 | 0 | 0 | 0 | 0 | 0 |
| 满箱 | 0 | 0 | 0 | 0 | 0 | 0 | 0 | 0 | 0 | 0 | 0 | 0 |
| 自然箱数 | 0 | 0 | 0 | 0 | 0 | 0 | 0 | 0 | 0 | 0 | 0 | 0 |
| 标准箱数 | 0 | 0 | 0 | 0 | 0 | 0 | 0 | 0 | 0 | 0 | 0 | 0 |
| 自然箱数合计 | 0 | | 0 | | 0 | | 0 | | 0 | | 0 | |
| 标准箱数合计 | 0 | | 0 | | 0 | | 0 | | 0 | | 0 | |

| 集装箱型号 | 20英尺 | 20英尺双箱 | 40英尺 | 45英尺 | 其他型号 | 合计 | 双吊具 |
|---|---|---|---|---|---|---|---|
| 最大重量(吨) | 0.0 | 0.0 | 0.0 | 0.0 | 0.0 | 0.0 | ---------- |
| 平均重量(吨) | 0.0 | 0.0 | 0.0 | 0.0 | 0.0 | 0.0 | ---------- |
| 总重量(吨) | 0.0 | 0.0 | 0.0 | 0.0 | 0.0 | 0.0 | ---------- |

| 机构运行统计 | | 操作时间统计 | | 作业效率统计 | |
|---|---|---|---|---|---|
| 起升运行时间 | 2:57:00 | 通电时间 | 5:24:12 | 吊箱效率(个/小时) | 0 |
| 大车运行时间 | 0:00:00 | 作业时间 | 4:17:35 | 故障率(%) | 0 |
| 小车运行时间 | 3:42:00 | 装卸时间 | 4:17:35 | 千箱报警个数 | --- |
| 俯仰运行时间 | 0:00:00 | 待机时间 | 1:06:36 | 平均吊箱周期(秒) | 0 |
| 起升小车时间 | 2:22:00 | 故障时间 | 0:00:00 | 吊具旋锁次数 | 0 |

预约保养 00:00　紧急维修 00:00　保存

最新数据时间：2006-11-26 13:24:27　刷新　预览报表　导出　班次设定　帮助

图 16-3-4　业务统计查询

(3)实现对全部大型设备总体运行状态的监视,同时监视所有起重机的通信及工作状态(工作中、停止工作、通信异常等),见图 16-3-5。

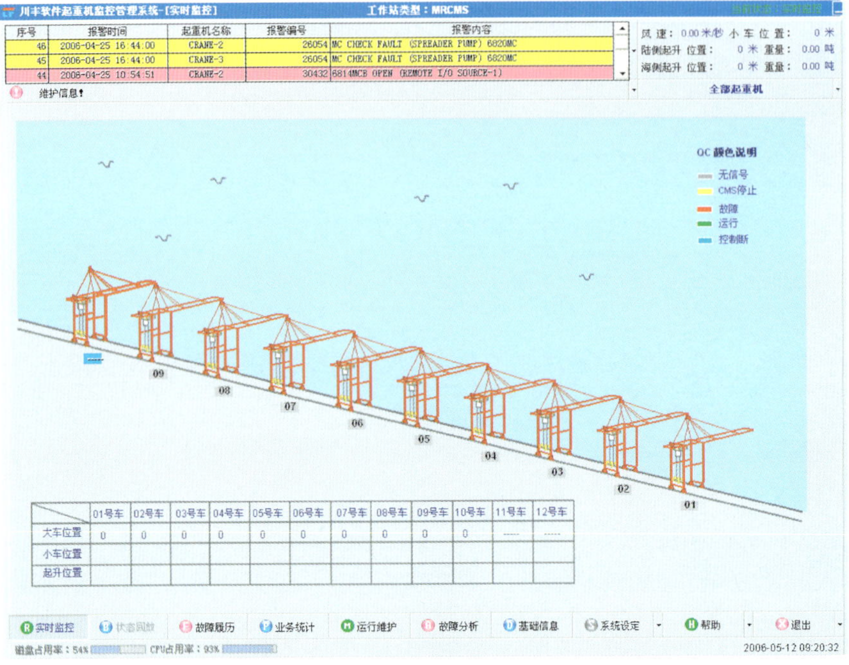


图 16-3-5　对全部大型设备总体运行状态的监视

(4)实现对作业设备工作状态的监视,并且可选择性查看各机构的实时工作状态:包括大车、小车、起升的状态;吊箱状态、电气设备工作的实时状态。采用计算机仿真技术,可实现起重机设备实时作业的模拟,见图 16-3-6。

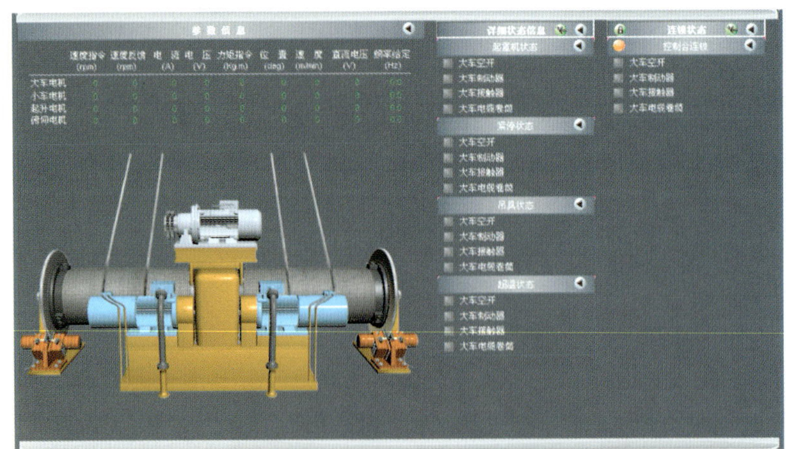

图 16-3-6　设备或机构工作状态的监视

(5)维护管理功能。实时记录设备的使用时间,并同预设的更换周期进行比较。对达到预设使用次数的设备产生预警信息,提示用户需对设备进行保养和维护,并对保养和维护信息进行记录,见图 16-3-7。

设备选择

陆侧起升

运行维护

最新数据时间：2006-05-12 12:06:43　更换履历：陆侧起升 起升运行时间

| 序号 | 起重机名称 | 项目名称 | 单位 | 标准值 | 当前值 | 使用率(%) | 状态 |
|---|---|---|---|---|---|---|---|
| 1 | CRANE-1 | **起升运行时间** | **小时** | **0** | **14** | **0.00** | **正常** |
| 2 | CRANE-1 | 起升高速制动器制动器次数 | 次 | 0 | 5035 | 0.00 | 正常 |
| 3 | CRANE-1 | 起升高速制动器衬套和制动器衬板-1 | 次 | 0 | 5035 | 0.00 | 正常 |
| 4 | CRANE-1 | 起升高速制动器衬套和制动器衬板-2 | 次 | 0 | 5035 | 0.00 | 正常 |
| 5 | CRANE-1 | 起升高速制动轮和制动盘-1 | 次 | 0 | 5035 | 0.00 | 正常 |
| 6 | CRANE-1 | 起升高速制动轮和制动盘-2 | 次 | 0 | 5035 | 0.00 | 正常 |
| 7 | CRANE-1 | 起升钢丝绳1-3 | 小时 | 0 | 14 | 0.00 | 正常 |
| 8 | CRANE-1 | 起升钢丝绳2-4 | 小时 | 0 | 14 | 0.00 | 正常 |
| 9 | CRANE-1 | 起升减速箱油品 | 小时 | 0 | 14 | 0.00 | 正常 |
| 10 | CRANE-1 | 起升电机轴承 | 小时 | 0 | 14 | 0.00 | 正常 |
| 11 | CRANE-1 | 起升减速器轴承 | 小时 | 0 | 14 | 0.00 | 正常 |
| 12 | CRANE-1 | 起升滑轮轴承 | 小时 | 0 | 14 | 0.00 | 正常 |
| 13 | CRANE-1 | 起升卷筒轴承 | 小时 | 0 | 14 | 0.00 | 正常 |
| 14 | CRANE-1 | 起升功率元件-1 | 小时 | 0 | 14 | 0.00 | 正常 |
| 15 | CRANE-1 | 起升功率元件-2 | 小时 | 0 | 14 | 0.00 | 正常 |
| 16 | CRANE-1 | 起升后大梁滑轮组 | 小时 | 0 | 14 | 0.00 | 正常 |

| 序号 | 更换计数 | 更换日期 |
|---|---|---|

刷新　小车路径　检修日志　吊具设定　更换　预览报表　导出　帮助

图 16-3-7　维护管理界面图

(6)故障的实时处理功能。快速显示所有集装箱装卸设备的实时故障,并可与专家系统链接,显示该故障历史信息,包含修理记录、备件更换记录及同类故障相关信息和维修指导等,见图 16-3-8。

图 16-3-8　故障实时处理界面图

(7)提供状态回放功能。在计算机中可保存过去一定时期内的实时信息,其存放的数据量由磁盘空间决定,见图 16-3-9。

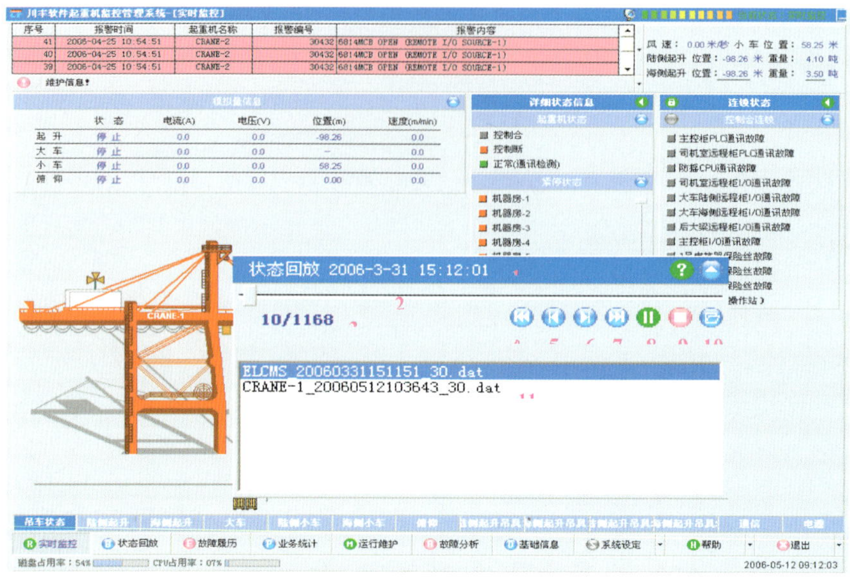


图 16-3-9 状态回放界面图

(8)提供 Web 服务功能。实现多个用户同时使用 IE 浏览的要求,访问岸桥和轮胎式场桥等设备的实时工作状态,并查询业务箱量数据、故障信息,下载统计报表。

## 第四节 现代集装箱码头设备管理的技术经济评价指标

### 一、集装箱码头设备管理设置技术经济评价指标的意义和原则

集装箱码头设备管理的技术经济指标是分析与评价设备管理水平的主要标志之一,是集装箱码头设备管理工作目标的重要组成部分。由于集装箱码头设备管理工作涉及资金、物资、劳动组织、技术及企业运营成本和经营目标等多方面、多环节的工作,故集装箱码头设备管理设置的考核指标是指导检查、评价有关业务、技术、经营活动及其经济效果等方面的依据。

集装箱码头设备技术经济指标设置的原则是:实用、精简、可操作性强。由于集装箱码头设备的技术经济指标具有相互联系、相互制约、可供考核与评价经营管理工作绩效的作用,因此,为了更好地检验和衡

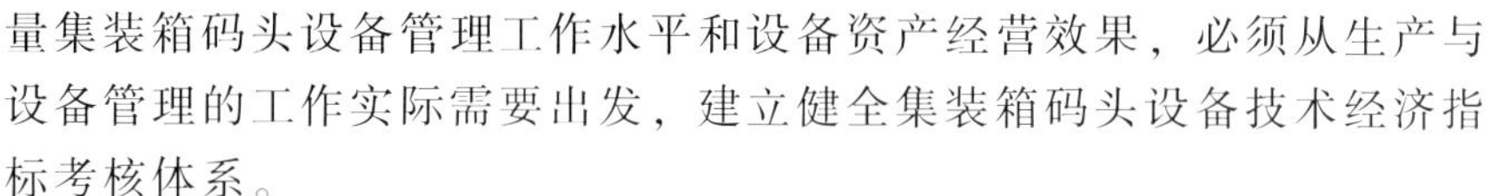

量集装箱码头设备管理工作水平和设备资产经营效果，必须从生产与设备管理的工作实际需要出发，建立健全集装箱码头设备技术经济指标考核体系。

## 二、集装箱码头设备管理的主要技术经济指标

1. 集装箱装卸设备完好率

集装箱装卸设备完好率反映集装箱码头设备技术状态是否良好，是衡量集装箱码头设备管、用、养、修工作的综合指标。该指标是指集装箱码头拥有的装卸设备的完好台时与日历台时的比值。

集装箱装卸设备完好率=(设备完好台时/设备日历台时)×100%

=[(设备日历台时-非完好台时)/日历台时]×100%

日历台时。在报告期内(年度、季度、月度)每台集装箱装卸设备在册天数乘以24小时所得乘积的总和。包括完好台时和非完好台时。在册的集装箱装卸设备包括在用、修理中的所有设备。

完好台时。技术状态良好的每台集装箱装卸设备与可供使用小时数的乘积的总和。包括工作台时和停工台时。

非完好台时。技术状态不良的每台集装箱装卸设备与因之而不能从事装卸作业和其他工作小时数乘积的总和。包括正常的修理、保养、待修、待报废、使用过程中超过规定时限(各码头各机种的统计规定不尽相同)以上的故障修理和事故停车的台时数。

2. 集装箱装卸设备利用率

集装箱装卸设备利用率是反映集装箱装卸设备在报告期内数量、时间和生产能力等方面利用程度的指标。

1)台时利用率

它是指集装箱装卸设备在报告期内的实际工作台时与日历台时之比值，用来反映集装箱装卸设备在报告期内的繁忙程度。

集装箱装卸设备台时利用率=(报告期内设备工作台时/报告期内设备日历台时)×100%

=[(日历台时-停用台时)/日历台时]×100%

工作台时。实际进行装卸作业的集装箱装卸设备台数与其装卸作业小时和其他工作小时数(包括设备转移工作场地途中的行驶时间)的乘积；

停用台时(又称非工作台时)。是指在用的集装箱装卸设备在其技术状态良好(或处于停修期间)的情况下，而未从事装卸作业的台时总和。

2)集装箱装卸设备平均台时产量

它是指平均每台集装箱装卸设备作业1个小时所完成的作业量（起运吨数或自然箱数），是反映设备效率的指标。它的大小与劳动组织、装卸工艺和操作技术有关。

集装箱装卸设备平均台时产量=设备作业量/设备作业台时

或者

集装箱装卸设备平均台时产量=设备作业自然箱量/设备作业台时

设备作业量。集装箱装卸设备在装卸作业过程中操作所完成的货物起运吨或者自然箱数。在计算作业量时，同一操作过程由几台设备联合作业，完成1t货物的装卸时，则每台集装箱装卸设备分别计一个作业量。在装卸集装箱时，不论空箱还是重箱，箱重一并计算为货物吨数。

起运吨。表示集装箱装卸设备完成装卸生产作业量的计算单位。对从事非装卸生产的作业，各集装箱码头可根据考核要求制定相应的换算方法。

作业台时。参加实际作业的集装箱装卸设备台数与装卸作业小时数的乘积。作业小时数是指设备到达现场开始装卸作业时起至最后一次货物操作完毕时为止的全部时间。

3. 集装箱装卸设备故障率

集装箱装卸设备故障率是用来综合考核设备的保修质量和司机操作技术水平的一项指标。设备的故障率常用每100个使用小时内发生的故障影响设备完好时间的比值来表示，也可以用每100个使用小时发生故障的次数（故障频率）来表示。

集装箱装卸设备故障率=（设备的故障小时/设备的使用小时）×100%

或者

集装箱装卸设备故障频率=（设备的故障次数/设备的使用小时）×100%

各集装箱装卸设备的故障率和故障频率统计时通常都有具体规定，其常见主要内容有：

(1)集装箱装卸设备调派时，因为故障或者隐患设备不能参加作业，应计算一次故障次数。故障时间从调派时开始算到设备修复好为止。

(2)在现场集装箱装卸设备因故障不能继续作业时，即计算一次故障数。故障时间从发现故障停止作业时开始算到修复报到或开始作业时为止。

(3)集装箱装卸设备故障停修时间在1个小时之内由司机自行修复者，只计算一次故障次数，不计算故障小时。

(4)集装箱装卸设备等待作业（现场候工）时间内司机发现故障并自行排除的，不计算故障次数和故障小时。如需要维修单位派人员处理且影响作业时，则计算一次故障次数，同时计算相应的故障小时。

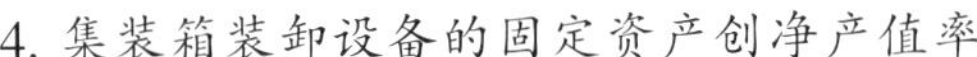

4. 集装箱装卸设备的固定资产创净产值率

集装箱装卸设备的固定资产创净产值率是反映集装箱装卸设备投资效益的经济指标。是指集装箱码头完全拥有的集装箱装卸设备当年的总净产值(总净收入)与当年设备固定资产平均原值的比值。

集装箱装卸设备的固定资产创净产值率=(当年设备的固定资产总净产值/当年设备固定资产平均原值)×100%

当年集装箱设备固定资产平均原值=(年初设备原值+年末设备原值)/2

对于年初新购的设备,年初设备原值等于设备的原值;年末设备原值应由设备的原值扣除折旧值。确定某一年度集装箱装卸设备的固定资产创净产值率时,应把设备的原值按照一定的利率换算到该年度的现值后再计算。

5. 集装箱装卸设备新度系数

集装箱装卸设备新度系数是反映集装箱装卸设备技术装备素质和设备新旧程度的指标，常指年末集装箱装卸设备固定资产净值与年末集装箱装卸设备固定资产原值的比值。由于集装箱装卸设备大修理和部件的更新会改善设备的技术状况，故在年末集装箱装卸设备固定资产净值中应加入当期的大修费和当期的部件更新费，在年末集装箱装卸设备固定资产原值中也应加入大修理和部件更新这两部分的费用。

集装箱设备新度系数=[(年末设备固定资产净值+当期的大修费)/(年末设备固定资产原值+当期的大修费+部件的更新费)]×100%

设备固定资产净值=设备原值-累计的折旧

集装箱装卸设备新度系数越低,表明设备的役龄越长,设备老化程度及无形磨损越严重,设备的故障率就越高。集装箱装卸设备新度系数的平均值反映了集装箱装卸设备的新旧程度。按照集装箱装卸设备的不同类别、机型及设备总数分别进行统计。

6. 集装箱装卸设备百小时故障次数

集装箱装卸设备百小时故障次数=(设备故障次数/设备使用台时)×100

7. 集装箱装卸设备万吨故障次数

集装箱装卸设备万吨故障次数=(设备故障次数/设备起运吨)×10 000

8. 集装箱装卸设备千箱故障次数

集装箱装卸设备千箱故障次数=(设备故障次数/设备起运箱数)×1 000

9. 集装箱装卸设备可利用率

集装箱装卸设备可利用率=设备使用台时/(设备使用台时+设备故障台时+保养台时)

10. 单位起运吨集装箱装卸设备成本

单位起运吨集装箱装卸设备成本=设备成本/设备起运吨

设备成本=设备折旧+能耗费+养护费+材料费+工时费+外修费+保险费

集装箱作业折算吨按每标箱10t计算。目的是考核单台设备或某一类设备的起运吨成本。

11. 单位吞吐量集装箱装卸设备成本

单位吞吐量集装箱装卸设备成本=设备总成本/码头吞吐量

该指标是考核某一种作业形式平均单位吞吐量的设备成本。

12. 单位起运吨集装箱装卸设备变动成本

单位起运吨集装箱装卸设备变动成本=设备变动成本/设备起运吨

设备变动成本=能耗费+养护费+材料费+工时费+外修费

目的是考核单台设备或某一类设备的起运吨设备变动成本。

13. 单位吞吐量集装箱装卸设备变动成本

单位吞吐量集装箱装卸设备变动成本=设备变动成本/设备吞吐量

14. 集装箱装卸设备台时效率

集装箱装卸设备台时效率=设备起运吨/设备使用台时

15. 集装箱装卸设备在线故障率

集装箱装卸设备在线故障率=在线故障时间/设备使用台时

16. MTTR

MTTR(Mean Time To Repair)指平均修复时间,即修复一个故障平均需用的时间,也称故障停机时间。

MTTR=设备故障台时/设备故障次数

MTTR是交通部统计标准"故障台时"指标的拓展,反映故障处理时间快慢和对故障抢修工作效率的重视程度,要求通过管理手段提升设备故障维修效率。

17. MMBF

MMBF(Mean Move Between Failures)指连续两次故障之间的平均作业箱数。

MMBF=作业自然箱/故障次数

MMBF与千箱故障次数这两个指标的代表含义相同,交通部标准中有"作业量"指标,而这两个新的指标将"故障次数"和"作业量"进行比较,MMBF值较大或者千箱故障次数较少代表集装箱装卸设备运行状态较好,日常维护工作质量较高。这也显示了设备的预防性修理是现代设备管理发展的方向,在设备正常运行的情况下,通过日常的状态监测、故障诊断技术等加强预防修理,减少设备故障,降低设备维修成本,防止生产设

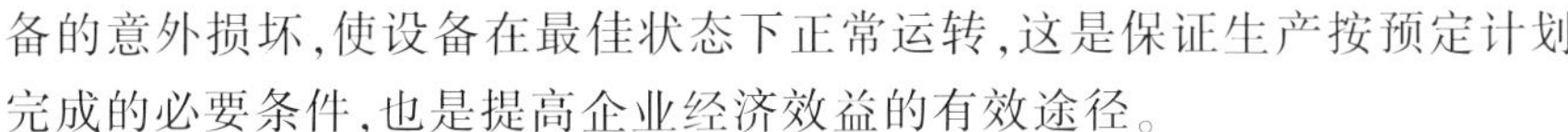

备的意外损坏,使设备在最佳状态下正常运转,这是保证生产按预定计划完成的必要条件,也是提高企业经济效益的有效途径。

### 三、集装箱码头设备技术经济指标的考核

集装箱码头应根据自身的条件特点，结合实际制定出客观反映设备管理水平的技术经济指标和相应的考核制度。集装箱码头要定期考核设备的技术经济指标,并列入领导的任期责任目标。为此,要做好制定和完善设备技术经济指标的评价标准,健全统计工作。

## 第五节　现代集装箱码头设备管理模式的趋势

### 一、集装箱码头设备管理现代化

集装箱码头设备管理现代化是指把现代科学技术的理论和方法、手段综合应用于集装箱装卸设备管理,充分发挥设备的综合效能,适应集装箱装卸作业的需要,创造最佳的设备投资效益。集装箱装卸设备管理的现代化体现在以下几个方面:

1. 设备管理思想现代化

用现代的科学管理理论和管理思想指导集装箱码头设备管理的实践。要建立设备价值形态与实物形态相结合的设备管理系统,以进行设备管理全过程的技术经济分析活动，体现设备管理的技术与经济效果。引进、消化、吸收先进的管理理念,并和集装箱码头设备管理实际相结合,是集装箱码头设备管理思想现代化的具体体现。

主动维护是继故障维修、定期维修、状态维修之后,国际上近年来提出的设备管理新理念。主动维护是对导致设备损坏的根源性参数进行控制。从而有效地防止失效的发生,延长设备的使用寿命。主动维护实际就是针对引起设备故障及磨损的原因,提前采取有效的措施,是一种事前的行为,因此可以收到事半功倍的效果。主动维护在为设备的可靠运行提供保障的同时,也大幅度降低了维修成本。把主动维护理念贯穿于集装箱码头设备的维护保养的每一个环节,改善设备维护保养的作业环境,提高设备的维护保养质量,可以显著减少故障发生概率。

探索设备“航空式管理”模式,不断提高关键设备的可靠性,适应港口集装箱码头生产的新要求。随着船舶向大型化方向发展和码头作业效率的不断提高,集装箱装卸设备也在不断的大型化和高效化,这对设备的可

靠性提出了更高的要求。集装箱装卸设备的故障直接影响集装箱班轮的航班时间,推行航空式管理模式就是追求设备的高可靠性,集装箱码头依据生产情况和自身设备特点,借鉴民航设备管理的经验,探索适合集装箱码头生产的可靠性管理模式。

2. 设备管理组织与机构的现代化

为了不断地适应经济体制改革和现代化大生产的要求，探索建立合理有效的集装箱码头设备管理运行体制和组织机构，最大限度地调动和发挥组织中每个成员及群体的积极性和创造性，逐步建立设备资源化管理框架。集装箱码头设备管理与维修组织形式和结构应该与设备管理的现代化相适应。

3. 设备管理手段与工具的现代化

要求采用先进的设备诊断仪器和装置对集装箱装卸设备连续的运行状态进行自动的监控,应用状态监测和故障诊断技术,使设备维修逐步从以时间为基础的计划预修制过渡到以状态监测为基础的视情维修。应用计算机辅助管理,逐步使设备的静态管理过渡到动态管理。不断提高设备的管理水平,逐步实现计算机辅助设备管理与决策。同时应采用现代科学技术成果和现代管理手段来不断地提高集装箱码头设备管理工作效率和扩展设备管理的功能。

4. 设备管理方法现代化

要求积极推广应用先进的设备管理方法，确保集装箱码头设备管理各项工作的标准化、规范化、系统化和科学化。

5. 设备管理人员素质现代化

重视集装箱码头设备管理人员的培养,实现管理人员素质的现代化,以适应集装箱码头设备管理现代化和“两个转变”的需要。

## 二、集装箱码头设备管理的社会化

集装箱码头设备管理的社会化是指适应社会化大生产的客观规律,按照市场经济发展的客观要求，实行集装箱装卸设备运行各个环节中的专业化服务,形成全社会的设备管理服务网络,使集装箱装卸设备运行过程中所需要的各种服务由原先的自给转变为由社会提供的过程。

集装箱码头设备技术密集,是现代科技的综合产物;集装箱装卸生产组织由专业作业系统控制,信息化程度高,管理机构精简。因此,集装箱码头设备管理在使用、维修和保养等方面的有限能力在应对设备的科学、高效管理需求方面存在很大困难。集装箱码头设备管理需要依靠社会提供

的力量,在设备使用、维修、更新改造等方面进行社会化管理。

集装箱码头设备管理的社会化与专业化管理有着密切的联系,社会上的专业化组织承担集装箱装卸设备管理的一系列工作。专业化的组织推向市场后,应该遵循市场经济的行为法则,使之逐步成为合格的专业服务机构,并且逐渐完善社会化服务体系和提高服务质量。

伴随着集装箱码头竞争的日趋激烈,降低成本是集装箱码头生存与发展的必然手段,利用社会专业维修服务公司可以充分发挥规模效应,通过竞争来降低维修成本,必将成为各集装箱码头设备管理今后一段时期内的发展趋势。

1. 集装箱码头设备管理的社会化应遵循的原则

关键设备自主维修,高技术维修专业化,一般维修市场化,建立反应快速、经济合理、满足生产、适应性较强的维修体系。

社会化、专业化和自主维修相结合,维修模式多样化,建立适应不同经营形式和现代企业制度的灵活的维修体系。具体来说就是要区别对待,对维修技术含量较低的要社会化,通过竞争来达到降低维修成本的目的;对维修技术要求非常高的要专业化,委托设备制造商或专业维修公司维修来提高维修质量,弥补自身维修能力的不足;对适合码头自主维修,能有效缩短故障停机时间,要重点建设自身的维修队伍,努力提高自主维修能力。

2. 集装箱码头设备管理社会化、专业化需注意的几个问题

1)人才队伍建设的问题

集装箱码头设备管理不是简单的把维修项目外包,盲目减少维修人员,对于那些关键装卸设备、适合自主维修的项目,一定要培养自己高水平的维修人员。这种项目对不同集装箱码头不同类别的设备可能有所不同,主要是那些一旦出现故障直接影响船舶装卸作业,只需要熟练维修人员就能迅速排除的故障,比如岸桥、轮胎式场桥控制系统的一般故障,无论设备制造厂商和专业维修公司的反应速度多快都不如现场维修人员快。对类似这样适合自主维修的项目要注重维修人才的培养,和制造商密切合作,通过培训等方式提高维修水平。随着集装箱装卸设备的自动化程度不断提高,对维修人员的技能要求不断提高,今后的设备维修人员应该是具备一定学历的高素质的人才。

2)培育竞争环境的问题

走市场化的道路一定要培育规范、有序和合理竞争的市场。集装箱码头要把握好以下两个方面。

(1)对于技术含量不是很高、入门条件较低的设备维修一定要规范设

备维修市场,保证维修质量,避免唯价格因素选择厂家。要综合考虑设备维修质量、响应速度、价格、技术水平、维修设备能力等多方面的因素。对于特种设备和涉及到安全的修理，必须要求具备相应的资质以及一定的维修业绩和经验。

(2)对于长期委外维修的项目,应该有意识地去培养竞争对手,避免因为某承揽单位已经熟悉码头的设备而排斥其他厂家，不使因此而受制于人。同时有助于在充分调研和分析设备委外维修项目内容、标准、工作量及价格构成的基础上,建立起维修价格参考体系,以便得到合理的价格。

有意识地培育设备维修市场的竞争环境，才能保证集装箱码头的长远利益。

3)适当集中建立维修基地的问题

传统的维修模式是以自主维修为主，要求具备相应的维修场地和维修设备。维修社会化必将成为发展趋势,在新建集装箱码头项目中,码头前方只设置最基本和必需的维修区域,满足现场的应急修理即可,在后方可以适度集中建设维修基地,为多个码头提供公共维修。这样既能满足自身需求,也可以租赁给社会维修单位,同时可以提高土地利用效率,能够降低港口建设和使用成本。

## 第六节　现代集装箱码头设备防风、防台安全管理

### 一、集装箱码头设备防风、防台的基本要求

集装箱码头前沿的大型集装箱装卸设备(岸桥、轮胎式场桥、轨道式场桥)自重大、迎风面积比较大,遭遇 7 级以上突发性阵风或台风时,极有可能造成巨大损失。集装箱码头发生岸桥被突发性阵风或台风袭击而损毁的事件时有发生,因此,集装箱码头设备的防风、防台工作是集装箱码头设备管理的重要组成部分。

(1)集装箱装卸设备所在的码头、堆场应当根据当地阵风或者台风的实际情况按照国家、有关部委、行业相关政策法规的要求,设置相应的锚定装置和系缆装置,对不具备防风、防台能力的码头和老旧设备应当及时采取必要和有效的改进措施,使之具备防风防台能力。

(2)对集装箱装卸设备的防风装置应当定期进行检查和维护,确保其完好并始终保持防风、防台能力。

(3)轨道式集装箱装卸设备应当设置防滑移制动装置。该装置能够满

足在轨道方向 35m/s 大风的作用下，设备不发生滑移的要求。轨道应当保持平整，轨道的两端应当设置钢筋混凝土或钢板制成的挡块，并与码头基础紧固在一起。

(4)轨道式集装箱装卸设备还必须设置防风锚定装置和防风系缆装置，或兼有防滑移和防倾覆两种功能的其他新型有效的防风装置。轮胎式场桥须设置防风系缆装置。

(5)使用中的大型集装箱装卸设备应当具有良好的整体技术性能，其行走机构的制动器应当完备、有效，并具有足够的制动力矩。

## 二、集装箱码头设备防风、防台的安全措施

1. 岸桥

(1)将岸桥锚定，锁定小车，扬起前大梁并固定在安全钩上，用防台插销锁定大梁，确认防滑制动装置处于锁紧状态。

(2)使用专用的锚定环，用拉杆或者钢丝绳分别在轨道内外侧垂直地拉紧岸桥的 4 条门腿，如不能垂直布置也可以成八字形布置。

(3)集装箱吊具起升至设计规定位置，用钢丝绳拉紧并捆绑在自身门框或者设备的其他部位。集装箱吊具设有防摆钢丝绳的，应当将吊具的 4 条防摆钢丝绳拉紧。

(4)关好全部门窗，切断操作电源。

2. 轨道式场桥

可参照岸桥的措施。

3. 轮胎式场桥

(1)将轮胎式场桥固定在防风系缆(拉杆)地锚或系缆墩柱上，锁紧制动装置，塞上轮胎防滑块。

(2)将集装箱吊具与着地重箱联结并收紧吊具钢丝绳。

(3)密盖各种箱罩。

## 三、集装箱码头设备防风、防台装置及其使用

无论是码头设备管理者，还是设备制造厂商都在不断地寻求提高集装箱码头大型装卸设备防风能力的途径或方法。从集装箱码头建设规划开始，必须考虑大型集装箱装卸设备防风、防台的要求，应当配备和设置防阵风和防台风装置(以下简称防风装置)。防风装置分为防止风的水平力、上拔力的装置和防滑制动装置，以及防风预(警)报装置。

防止风的水平力、上拔力的装置是指码头上设置的防止机械水平移

动和倾覆的装置，包括锚定坑、防风系缆（或者拉杆）地锚、系缆墩柱等。

防滑制动装置是指设备自身设置的防滑装置和行走机构配备的惯性制动器，其中防滑装置包括夹轮器、夹轨器、顶轨器、铁楔等（图16-6-1）。

夹轮器　夹轨器

顶轨器　铁楔

图16-6-1　防滑制动装置

防风预（警）报装置是指接收、测量、记录阵风和台风信息、发布警示和警报的设备和设施，基本配置为带记录和警示功能的风速仪。有条件的港口可选择配置气象雷达。

## 四、集装箱码头设备防风、防台日常工作

集装箱码头设备防风、防台工作要具备居安思危的意识，特别是对于突发阵风，没有预报，是集装箱码头设备管理难以防范的危险源。集装箱码头设备防风、防台日常工作尤为重要。

(1)保证硬件设施齐全有效。在设备状态检查过程中，将各种防风装置纳入检查项目表，发现问题及时解决。定期进行集装箱码头大型设备防风能力测试，时刻保证防风装置状态良好。

(2)建立健全防风管理体系，明确各部门职责，建立有效的信息沟通渠道，确保防风、防台工作流程顺畅。

(3)为集装箱码头设备防风、防台应急预案做好人力、物力的准备。适时组织有关部门参加防风、防台演练，通过演练熟悉预案各环节，查找不足，不断完善。

## 五、集装箱码头设备防风、防台应急预案

为了保障集装箱码头的安全生产，保护员工生命、财产和安全，避免或减少突发阵风、台风造成的损失，提高应对自然灾害的能力，集装箱码头应该根据自身实际，制定集装箱码头设备防风、防台的应急预案。

集装箱码头设备防风、防台应急预案主要包括两方面的内容：日常有预报情况的应急处理和突发阵风情况下的应急处理。

1. 日常有预报情况下的应急处理

集装箱码头的生产调度部门在接到气象部门台风预报后，立即通知设备管理部门、安监部门、设备使用单位，按照应急预案等制度的要求做好大型集装箱装卸设备防台风准备工作。

设备管理部门在接到台风预报后立即组织对集装箱装卸设备，特别是大型集装箱装卸设备的防风装置进行检查，及时排除故障，保证防风装置齐全有效。

生产调度部门根据台风预计到达的时间发布台风警报并下达停工指令，并组织协调实施防风工作。

设备使用单位在接到台风警报及停工指令后，按照集装箱装卸设备的防风措施和制造厂商的防风规定，立即安排有关人员做好防风工作。

集装箱码头的相关部门做好集装箱码头防风的监督和协调工作。

集装箱码头主管此项工作的负责人和相关部门在台风警报未解除前要坚持昼夜带班，值班人员不得擅离职守。

2. 突发阵风情况的应急处理

集装箱码头突发阵风情况的应急处理，要坚持在日常工作中落实集装箱码头防台风装置的日常检查和维修，做好应对突发阵风的必要准备。

集装箱码头在作业过程中，遇到突发阵风的袭击，大型集装箱装卸设备司机应立即停止作业，将装卸的集装箱卸下，吊具起升或放置在设计规定的位置，各机构停止动作，特别是大车禁止行走，设备上各种升降装置如电梯等停止使用，关闭好全部门窗，切断设备上的电源。

生产调度部门启动应急预案，立即通知设备管理部门、安监部门、设备使用单位，按照要求做好集装箱大型装卸设备防突发阵风的相关工作。

设备管理、使用单位在保证安全的前提下，安排人员在地面对集装箱大型装卸设备的防风装置做进一步加强，包括在轨道式设备的车轮下塞入铁楔、沙袋，在轮胎式设备的车轮下塞入木楔等。

生产调度部门、设备管理部门、安监部门、设备使用单位密切关注天气的变化，直至突发阵风结束，恢复生产。并及时对应急预案的实施情况进行总结，对相关制度进行必要的修订与完善。

# 第十七章　现代集装箱码头科技、节能、计量管理

集装箱码头作为港口现代化的基础设施，其机械化、电气化、自动化、数字化程度极高，是当今最新科技成果及其产品的聚集地。现代集装箱码头科技管理、节能管理、计量管理具有鲜明的时代特征。现代集装箱码头自发地应用先进科学的管理手段，挖掘设施、设备的最大效能，探索技术与经济结合的有效形式和途径，已成为科技、节能、计量管理的重要内容。科技、节能、计量管理工作是现代集装箱码头经营管理的重要基础。

## 第一节　现代集装箱码头科技管理

### 一、科技管理在集装箱码头经营管理中的地位与作用

1. 科技管理是集装箱码头实现管理现代化的重要手段

随着全球贸易量的快速增长，日益广泛地应用最新科学技术、逐步提升码头操作管理水平是集装箱码头实现管理现代化的要求。科技管理在集装箱码头经营管理中显得尤为重要，主要体现在科研及技改项目的研发、科研成果管理、专利成果管理、技术创新、技术改造管理及其成果应用的推广等。集装箱码头科技管理是企业实现技术创新，建设节约型、创新型企业的重要保障。

2. 科技管理是集装箱码头实现产学研结合的桥梁

为实现集装箱码头发展战略目标，必须建立产学研技术开发机制。该体制以集装箱码头为主导，以产学研联合为纽带，推动集装箱码头的科技研发。集装箱码头的研发工作借助于科技管理搭建的桥梁，利用社会的技术人力资源和仪器设备等，建立科技研发的网络体系，形成以集装箱码头为龙头的科技研发中心。

3. 科技管理是提高集装箱码头整体效率、效益、效能的重要途径

进入21世纪,我国港口设施建设技术、港口设备应用技术和现代管理手段更加成熟,集装箱码头的设施、设备和管理总体上已接近世界同行业先进水平。集装箱码头不断加大科技投入、实现自主创新,运用现代化的管理手段经营具有世界先进水平的码头,成为提高集装箱码头竞争力的重要因素。科技管理成为提高集装箱码头整体效率、效益、效能的重要途径。

## 二、集装箱码头科技管理的职责与内容

1. 集装箱码头科技管理基本职责

集装箱码头设立科技管理部门承担科技管理职能,主要负责组织制定科技进步中、长期规划与实施计划;负责组织科研技改技措项目的立项、过程控制、评审(鉴定)、成果推广工作;负责组织、推动、督促、检查科技工作,落实科技创新、科研、技改工作部署;负责专利成果管理;负责科研成果宣传推广工作并定期组织对科技人员的培训。

此外,集装箱码头根据发展的需要,结合自身实际与特点建立研发和试验基地,开展对集装箱码头生产关键技术课题的研发与实验。科技管理部门结合科研项目,负责组织课题研发小组,并落实其研发工作。

科技管理部门既要参与技术发展战略、技术创新、技术改造、技术引进规划和计划的制定,又要以课题为纽带,组织有关技术人员开展适应集装箱码头运营条件的新技术、新工艺、新装备等科研项目的研发,为新技术替代和形成新的经济增长点提供技术支撑。技术研发项目应由学科带头人或具有高级职称的专业技术人员负责。

2. 集装箱码头科技管理主要内容

主要内容包括:科研技改项目管理,科研成果管理,专利成果管理,科技管理统计、科技档案管理、技术引进和技术改造管理等。

1)科研技改项目管理

(1)科研技改项目主要内容

集装箱码头科研及技改项目主要包括:

①为决策科学化与管理现代化而进行的软科学研究。

②集装箱码头新技术、新工艺、新方法、新工属具、新软件等应用技术研究。

③重大设施、设备、技术改造(包括引进设备的技术改造及国产化改代)。

④科研成果的推广应用等。

(2)科研及技改计划的编制目的

通过编制科研及技改计划，使科研及技改工作纳入科技管理规范化轨道，以利于调动广大科技人员投身科研及技术改造的积极性，提高集装箱码头自身的科研开发能力和科研成果水平，同时还可以避免低水平封闭式的重复开发。

(3)编制科研及技改计划的依据

①国家颁布的科技发展法律法规和相关政策。

②有关部门发布的科技发展规划、计划或有关要求。

③集装箱码头科学技术进步中、长期发展规划。

④集装箱码头方针目标及重点工作要求和部署。

⑤生产或管理中具有代表性的技术、管理难题。

(4)科研及技改计划的立项条件

①能够带动系统技术发展的研制或应用项目。

②能够解决生产中重要技术难题的研制或应用项目。

③可充分提高集装箱码头生产效率的研制或应用项目。

④可明显节能、降低成本或创收的研制或应用项目。

⑤与集装箱码头决策科学化和管理现代化相关的软课题项目。

⑥有关部门委托的科研项目。

对于符合上述立项条件的项目，应按照科研及技改计划立项申报书的内容及要求，填报《科研及技改计划立项申报书》，见表17-1-1。

科研及技改计划立项申报书　　表17-1-1

<table>
<tr><td>项目名称</td><td colspan="6"></td></tr>
<tr><td rowspan="2">项目负责人</td><td>姓名</td><td></td><td>年龄</td><td></td><td>职务</td><td></td></tr>
<tr><td>专业</td><td></td><td>电话</td><td></td><td>职称</td><td></td></tr>
<tr><td colspan="2">是否合作项目</td><td></td><td colspan="2">合作方单位名称</td><td colspan="2"></td></tr>
<tr><td colspan="2">计划申请费用</td><td></td><td colspan="2">项目起止时间</td><td colspan="2"></td></tr>
<tr><td colspan="7">填报申报书的主要内容：<br>1.项目主要目的、意义。<br>2.成果预期达到的水平及经济效益。<br>3.前期工作准备情况。<br>4.主要研究、试验、改造的技术关键及主要措施。<br>5.项目支出费用预算。<br>6.申报单位审查意见。</td></tr>
</table>

(5)《科研及技改计划立项申报书》的审查

经科技管理部门组织科技管理技术委员会及有关人员对立项必要性进行审定和可行性论证。

(6)科研及技改计划项目立项可行性论证的主要内容

审定项目在技术(或理论)上是否属于行业先进水平或以上;是否存在获得成果的可能;能否获得预期较大的经济效益或社会效益;并对项目的支出费用预算进行评估。

(7)科研及技改计划项目管理程序

科技管理部门与项目承担单位签订责任书,并监督、检查其执行情况;组织对计划项目委外(或合作)合同的审批工作;组织项目过程审查,检查项目实施进度,并督促其达到预期目标;组织成果评价、登记和上报工作。

(8)项目承担单位的职责

①严格按照责任书中的各项要求,组织、协调、帮助、督促有关人员或部门完成科研项目。

②对外委托的项目、与其他单位合作的项目,按规定组织签订、履行合同。

③填报有关报表和台账。

2)科研成果的管理

集装箱码头科技管理部门为了加强对所申报的科研成果(以下简称成果)的管理,健全成果评价制度,实施科技奖励,促进成果的推广应用,应做好科研成果的管理。

(1)科研成果的内容

①研制或应用性研制的实用成果(简称应用类成果包括技改技革成果)。

②软课题研究成果。

③推广应用成果(简称推广类成果)。

④企业标准化成果。

⑤科技著作成果。

⑥专利项目成果(简称专利成果)等。

(2)成果评价申报及审批

列入科研及技改计划项目(包括少数计划外的重要项目)完成的成果及专利成果,应严格进行成果评价。项目完成后,经过试用期证明该项目已达到设计要求或预期效果,由承担单位向科技管理部门提出科研成果

评价申请,并填报科研成果评价申请表。同时,将科研成果项目工作报告、项目技术报告、项目使用报告(包括项目效益分析内容)及有关图纸、资料一并申报。科技管理部门进行初审,组织专家组,根据项目情况进行成果评价。如实用成果和推广应用成果试用期为6~12个月(根据具体情况可适当延长)。

(3)科研成果评价申请表主要内容

科研成果评价申请表主要对科研成果项目内容(摘要)及达到的水平(国际领先、国际先进、国内领先、国内先进和地区或国内同行业领先)作自我评价。

(4)申请科研成果评价应具备的条件

①已完成科研项目立项报告规定的任务要求或者合同的约定。

②不存在科研成果完成单位或者人员名次排序异议和权属方面的争议。

③技术资料齐全,并符合档案部门的要求。

(5)科研成果评价的方式

①鉴定(主要用于实用成果)。

由科技管理部门聘请科研成果相关专业的学者、专家,按照规定的形式和程序,对科研成果进行审查和评价,并作出相应的鉴定结论。

采用会议鉴定时,由组织鉴定单位聘请符合项目鉴定及有关要求的相关专业学者、专家5~9人组成鉴定组(委员会)。鉴定时到会专家不得少于应聘专家的4/5,鉴定结论必须经到会鉴定专家的3/4以上通过。

科研成果项目鉴定内容:

a.是否完成计划任务书或合同规定的指标。

b.技术资料是否齐全完整并符合规定。

c.技术成果的创造性、先进性、成熟程度及成果的水平级别。

d.技术成果的应用价值及推广的条件和前景。

e.存在的问题及改进意见。

②评审(用于软课题研究成果、科技著作成果和标准化成果)。

③验收(用于推广应用成果)。

④登记(用于已取得专利权的成果)。

(6)科研成果登记的程序及要求

科技管理部门负责办理科研成果登记的受理、审查、推荐。成果登记必备文件包括科研及技改计划项目完成登记表、项目工作报告、项目技术报告及有关图纸资料、项目使用报告(包括项目效益分析内容)等。

专利项目申请办理科研成果登记应附加如下资料：

①专利证书以及本年度缴纳年费或维持费的发票或复印件。

②专利申请文件，包括请求书、摘要、权利要求书、说明书及附图等。

③实施单位出具的应用证明材料。

科技管理部门组织对上述文件进行审查，对成果水平进行确认，并签署意见。

(7)科研成果的推广与转让

①科研成果推广应用计划项目的选项条件

科研成果推广应用和转让，是科研成果转化为现实生产力，促进集装箱码头持续发展的一项重要科技管理工作。因此，要做好科研成果推广应用计划项目的选项工作，其主要选项条件如下：

a.适用于本单位的生产、建设或管理的科研成果。

b.应用后可产生较大经济效益或社会效益的科研成果。

c.无需进行较多、较复杂的应用性研制或研究，并可较快产生效益的科研成果。

②科研成果推广应用计划项目的主要来源

a.国家、各部委等上级主管部门要求进行推广应用的科研成果。

b.本单位根据实际情况进行市场调研选定的项目。

③科研成果推广应用计划的编制及审批程序

a. 科技管理部门组织有关部门进行本单位科研成果推广应用的调研和研讨。

b. 科技管理部门在制定年度科研及技改计划时应包括年度科研成果推广应用项目。

c. 列入科研成果推广应用计划的项目，由科技管理部门负责组织实施，并做好项目进度的监管工作。

3)专利成果管理

为规范和加强集装箱码头的专利成果管理工作，激发员工发明创造的积极性，促进企业技术创新和技术进步，推动对发明创造专利权的管理、保护和利用，根据《中华人民共和国专利法》、《中华人民共和国专利法实施细则》，科技管理部门应做好专利成果管理工作，并将专利工作作为科技管理工作的重要内容，纳入集装箱码头技术开发、技术引进、技术推广、市场开拓等经营管理的各环节之中。科技管理部门应配备专(兼)职专利工作人员，负责专利成果管理工作。

(1)专利成果管理工作职责

①贯彻落实专利管理机关有关专利政策法规精神，对专利工作进行指导、监督、协调和考核。

②制定专利工作计划及管理办法。

③开展专利法及相关知识的宣传教育和咨询工作。

④组织对专利成果管理工作者进行业务培训，组织与专利有关的学习、交流、奖励活动。

⑤支持员工的发明创造活动，为员工提供有关专利事务的咨询和服务。

⑥办理专利申请过程中的相关事务并管理所持有的专利。

⑦积极组织专利技术的实施和管理专利实施许可贸易。

⑧管理专利文件、资料，并收集、利用与项目有关的专利文献和专利信息，研究专利战略，为经营决策服务，保护专利权并注意防止侵犯他人的专利权。

⑨办理对职务发明专利的发明人或设计人的奖励工作。

⑩做好技术或产品进出口中涉及到专利权的相关工作。

(2)单位申请专利的程序

①项目负责人或发明人(设计人)向科技管理部门提出专利申请，填写专利申请申报请求书(以下简称请求书)。

②请求书应写明发明创造内容，说明申请专利或作为技术秘密的必要性，并附文献检索报告、技术报告、标准图件及相关技术资料。

③科技管理部门负责对申请专利的技术内容、条件进行初审，提出意见，报主管领导审批。

(3)初审内容

①按照《专利法》第五条和第二十五条规定判断该发明创造是否可以申请专利。

②根据专利检索报告判断该发明创造是否具备新颖性、创造性、实用性。

③按照《专利法》第六条和《专利法》实施细则第十条的规定，判断发明创造是否属于职务发明创造。

④根据专利法及实施细则的有关规定审查确定发明创造的发明人(设计人)。

⑤请求书经主管领导批准后，向专利事务所提出办理专利申请。

(4)专利信息的利用

进行科研开发立项、技术改造、技术革新等技术活动前，应进行专利

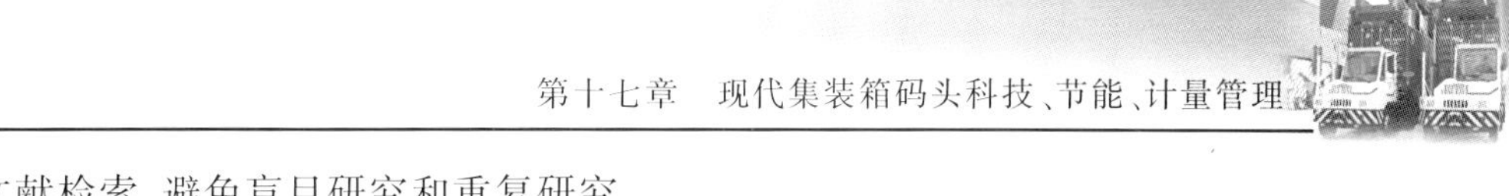



文献检索,避免盲目研究和重复研究。

在引进新技术、新工艺,购置新设备、新工具等活动中,如涉及专利权问题,应及时进行专利文献检索。

在向外转让新技术或出售企业制造的有关新设备、新工具等产品时,应先进行专利文献的检索,判断是否会造成侵权。

4)科技管理统计

为了更好地开展各项科技活动,为集装箱码头制定发展战略与规划、制定年度方针目标,提供准确、及时、系统、全面的科技管理信息,科技管理部门在建立健全相关基础工作及制度建设基础上必须做好科技统计工作。

科技统计主要是以科技经费投入、科技活动进展情况及科研成果经济效益等为统计对象,建立相应的科技项目进度表和科技投入统计台账。

(1)科技投入的费用科目与统计依据

科技投入是指在各项科技活动中,所发生的直接成本费用,如设备、设施的净值、残值等均按有关的规定进行统计。对于一次投资、跨年度完成的项目,可根据实际情况分摊到执行年度中,其数额称为执行年度分摊额。

①科技投入费用的分类

a.先进设备(仪器)的购置费和用于科研的基建支出。

b.材料费。包括材料、样品、模型、软件及为项目而购置的小型仪器、设备等费用。

c.劳务费。相关工作中工人的工时费;研究设计人员的当期工资;委外加工的加工费等。工人工时费按项目完成单位上一年度的职工平均工资折算。科研人员当期工资按项目完成单位上一年度技术人员的平均工资计算。

d.科研费。包括设计费、技术购买费、咨询费、调试安装费、测试费、技术服务、软件开发费等。

e.科技管理费。包括申报、查新、鉴定、评审、专利等管理费用。

f.科技奖励费。

g.技术培训费。

h.其他费用。包括差旅费、邮电费、资料费、印刷费、会议费等。

②主要科技活动科技投入费用的计算方法

a.自行设计、制造、编程,软课题研究(包括设备选型调研、改造方案研

究)等项目:材料费+劳务费+其他费用。

b.购置先进设备、仪器等。选型调研费+(先进设备、仪器的价格-同类一般设备、仪器的价格)×本单位购置的台数。先进设备的先进性、适用性须经本单位及设备管理部门认可。

c.设备、设施改造项目。改造方案研究费+[设备、设施改造费用(总体或部分)-设备、设施(总体或同部位)的净值或残值]。对无修复价值的设备、设施(总体或部分)及改造费用不超过5万元的改造项目,可不考虑净、残值问题。

d.与科研单位、生产厂家等合作的项目。科研项目及软课题项目合同中本方需支付的费用或其他技术合同中的科研费用。

e.科研成果推广项目。试用时的全部费用+成果先进期内推广应用的材料费用。试用时的全部费用包括:科研费、材料费、劳务费、其他费。

f.用于科研的基建支出费用。

g.科技奖励、技术培训及科技管理费用。

h.科普活动费用。主要包括科普活动设施的基建费、科普材料费、科普培训教育费、科普活动其他费用等。

将购置先进设备仪器的科技投入费和用于科研的基建支出费用、材料费、劳务费(含委外加工费)、科研费、科技管理费、科技奖励费、技术培训费、其他费用(含差旅费、邮电费、资料费、印刷费、会议费)等按相关制度规定审核后,由财务部门做财务处理,科技管理部门负责将上述科技项目发生的费用转录到列有相应科技项目的科技投入台账上。

(2)科研成果经济效益的统计与计算

科研成果经济效益是指科研成果(包括应用推广成果)经过实施后所节约或创造的价值。价值为扣除项目投入费用后的净增价值。投入费用按项目的效益年限,一次分摊或逐年分摊,其数额称为效益年度分摊额。效益年限由设备管理部门认可。

年经济效益,按科研成果采用实施后产生经济效益之日起算,以12个自然月为计算期,可以跨年度。

科研成果经济效益通常包括节约价值和创造价值两部分。

①节约价值的计算方法:

工时节约价值=(原定额工时-成果实施后定额工时)×工时费用×计算期实际工作量-项目投入费用或效益年度分摊额

原料、燃料、材料、动力等节约价值=(原消耗定额-成果实施后消耗定

额)×该物资单价×计算期实际用量−项目费用或效益年度分摊额

进口设备(或其主要零部件)国产化改、代节约价值=

$$\left(\frac{\text{该设备或其主要零部件单价}}{\text{原实际寿命}}-\frac{\text{国产化该设备或零部件单价}}{\text{预期寿命}}\right)\times\text{预期整}$$

机剩余寿命×计算期实际改、代台(件)数量−项目投入费用或效益年度分摊额

工程设计(或方案)节约价值=[原工程的审定预算−采用本设计(或方案)实施后的工程决算]−项目投入费用或效益年度分摊额

②创造经济价值的计算方法:

(成果实施后的工作效率−原工作效率)×费收单价(或产品单价)×计算期的实际产量−项目投入费用或效益年度分摊额

对于既能节约价值又能创造经济价值的科研成果或可多项节约的科研成果,应分别计算后相加,并减去项目投入费用重复计算的部分。

5)科研成果档案管理

科研成果档案是指集装箱码头在科学研究、科技活动及其管理中形成的应当归档保存的图纸、声像材料、图表、照片等科技文件资料。科研成果档案管理工作是生产管理、技术管理、科研管理、成果管理的重要组成部分,科技管理部门应对科研成果档案实行集中统一管理。

科研成果档案主要内容包括:科技管理文件、获得各级科技进步奖的科研成果的相关文件以及相关技术资料等。凡是需要归档的科技文件资料,都应当做到字迹工整,图样清晰,有利于长期保存。

科技管理部门对科技档案应进行分类、编目、登记、统计和必要的加工整理。负责科技档案归档工作的人员有责任检查和协助科技人员做好科技文件材料的形成、积累和整理工作。

科研成果档案应由科技管理部门立卷、归档,由档案管理部门统一保存。科研成果档案应符合有关案卷质量标准的规定和要求,按《科技档案分类编号实施方法》进行分类、整理,并编制科技档案总目录的分类目录,以便于查询,发挥科研成果档案的利用价值。

集装箱码头应充分运用现代信息技术,推进科研成果档案电子化。

## 三、集装箱码头技术创新

技术创新是指创新技术在企业中的应用过程。就其本质而言,是指把科学技术潜在的生产力转化为现实的生产力。它既具有产品创新和工艺创新应用的内涵,又具有技术研究深层次开拓的外延含义。技术创新的内

容非常广泛，这里仅对集装箱码头的技术创新主要内容及其途径作简要阐述。

1. 集装箱码头技术创新的主要内容

技术创新有广义与狭义之分。从广义来说，技术创新是指科学技术上的新发现，新发明转化为社会生产力的全过程活动；从狭义来说，技术创新是对企业中首次应用或出现的新技术所开展的一系列活动，如新技术的开发、新工艺的应用、功能市场的开拓等。集装箱码头技术创新的内容非常广泛，一般包括：

1)产品创新

集装箱码头的创新主要体现在不断完善服务功能，提高服务质量。

2)工艺和操作技术的创新

工艺和操作技术，是指在集装箱装卸生产过程中应用不同装卸设备而采用的不同操作技术，其创新内容主要包括：改革旧的工艺和缩短操作时间；用先进的管理操作程序控制优化运输路线，减少运输距离，降低集装箱的操作系数；应用生产工艺和操作技术的创新，大幅度提高生产效率，节约能源，提高经济效益。其中，设备和工属具创新尤为重要，主要包括：

(1)对老旧设备的电气系统、机械系统和管理系统的操作软件进行升级改造。

(2)双吊具或多箱吊具的研发等。

(3)对设备的运行速度的提升。

(4)应用变频技术、能量回馈装置等。

2. 集装箱码头技术创新的主要途径

1)技术改造

是指不断采用新技术对产品性能、生产工艺、技术装备、劳动条件和环境等进行革新改造，以保持其技术先进，使集装箱码头的设备技术性能、服务质量均保持先进水平。

(1)优势、作用

①技术改造投资少、见效快、经济效益高。技术改造与新建同等生产规模企业相比，其优越性非常显著。如通过技术改造扩大集装箱码头通过能力，投资一般可节省2/3，设备、材料可节省60%，建成时间可缩短50%以上。

②技术改造有利于企业长期稳定发展。技术改造采用高新技术和先进适用的技术成果，能够改进集装箱码头装卸中落后的装卸工艺，改善并

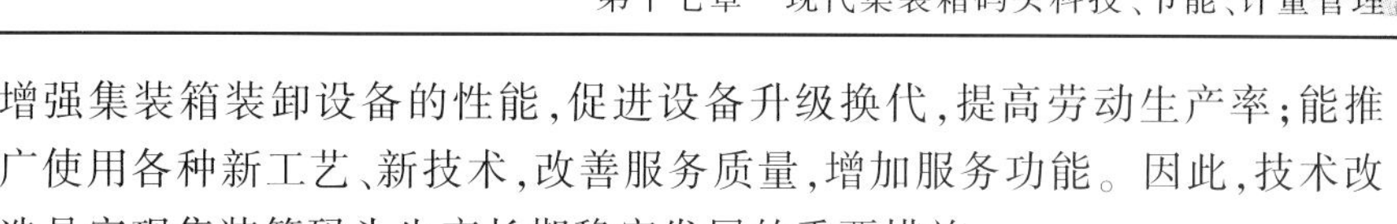



增强集装箱装卸设备的性能,促进设备升级换代,提高劳动生产率;能推广使用各种新工艺、新技术,改善服务质量,增加服务功能。因此,技术改造是实现集装箱码头生产长期稳定发展的重要措施。

(2)技术改造的内容

技术改造的内容非常广泛,主要有以下几个方面:

①改进、更新设备的性能。

②改进工艺过程,推进先进的操作方法。

③改进和制造新的工属具。

④对老旧的装卸设备,开展综合节能改造。

2)技术引进

技术引进是指集装箱码头在技术转移活动中,通过各种途径获得国内、外先进设备和高新技术,也包括先进的管理方法与手段。集装箱码头的技术引进主要体现在码头设计、设备购置与生产控制系统的选择以及对上述技术的引进。

(1)技术引进的作用

①引进技术可以大大节省技术创新时间,使集装箱装卸工艺和管理水平始终处于领先或先进地位。

②引进技术是为了通过掌握国内、外先进的科学技术,缩小企业与国内、外先进的集装箱码头科学技术方面的差距。引进技术不仅可以提高生产效率、减少消耗、降低成本,全面提高经济效益,而且通过科技人员、管理人员的消化、吸收,可以提高技术管理水平,促进员工掌握先进科学技术与管理手段,提高综合素质。

(2)技术引进的原则

①引进适用技术。新建和扩建集装箱码头时,设备管理部门应在编写设备招标文件前,充分调研先进设备的国内、外市场情况,组织召开技术专家会议,征求意见和建议,根据码头的实际情况优选论证,采用先进的设备,并将设备要求与技术参数写入招标文件。引进技术要充分考虑集装箱码头现实情况和未来发展需求,要使引进技术与实际技术水平和管理水平相适应。

②引进先进技术。引进先进的生产工艺技术和经营管理技术,亦称为引进“软件”,其具体形式很多,如购买生产控制系统及仪器、聘请专家、技术咨询等,根据自身的管理和技术水平情况可分别考虑。购买其专利使用权,并在不违背其专利权的情况下,进行引进技术的消化吸收再创新。

③讲求经济效益,择优引进技术。技术引进,要以提高经济效益为目

的。因此,凡是我国国内自己能制造的,就不要引进;关键设备,自己可以配套的,就不要成套引进;引进技术应注意其连续性、先进性、配套成龙等因素;引进技术要与引进先进管理并举。

## 第二节　现代集装箱码头节能管理

对于能源消耗成本占装卸生产成本 1/5 以上的集装箱码头来说,加强节能管理既是贯彻节能基本国策、促进节能降耗、提高企业竞争力的重要手段又是实现可持续发展,创建节约型企业的需要。

### 一、集装箱码头节能管理的意义及基本职能

1. 集装箱码头节能管理的意义

节能是国家发展经济的一项长远战略方针。集装箱码头运营所消耗的能源品种主要是指柴油、电力。集装箱码头节能,是指加强用能管理,采取技术上可行、经济上合理以及环境和社会可以承受的措施,减少从能源采购到能源消费各个环节中的损失和浪费,更加有效、合理地利用能源。为了推进集装箱码头节约能源,提高能源利用效率和经济效益,必须加强节能工作,合理调整能源消费结构,推进节能技术进步,降低能源单耗。

2. 集装箱码头节能管理的基本职能

以科学发展观为指导,坚持节能优先的方针;以大幅度提高能源利用效率为核心,调整能源消费结构;以加快技术进步为根本,以法治为保障,以提高终端用能效率为重点,健全法规,强化宣传,加强节能管理。其基本职能如下:

(1)组建完善的能源管理体系。能源管理体系中包括主管领导在内的 3 级管理体系(领导层—部门—操作班组),并设立专兼职办公机构—节能办公室。

(2)贯彻执行有关节能管理法律法规、方针、政策、标准和规定。

(3)编制节约能源规划、年度计划,制定与修改能源管理的规章制度,并认真贯彻执行。

(4)加强能源计量,督促检查能源计量器具的配备,强化节能统计及分析工作,为节能管理提供可靠的数据与信息,为编制节能计划、监督节能管理及进行能源审计提供数据依据。

(5)用能过程实行全过程的能源管理,减少能源消耗,降低能源费用。

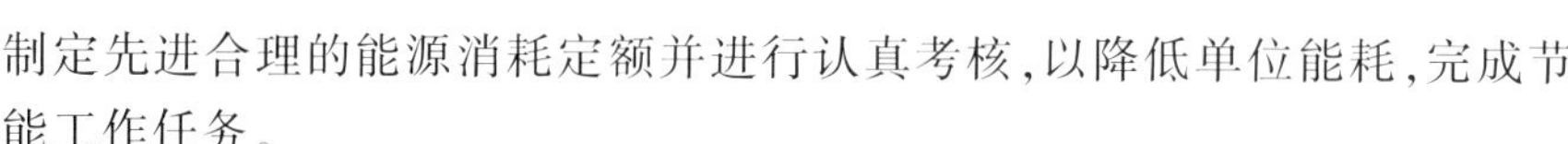

制定先进合理的能源消耗定额并进行认真考核,以降低单位能耗,完成节能工作任务。

(6)完善节能科学管理手段,保证合理用能。做好耗能设备的能源监测工作,监督和管理能源的利用情况。

(7)引入计算机技术,建立能源管理信息系统。

(8)开展节能宣传教育和培训工作。搜集、传播节能信息,组织节能技术、经验交流。

(9)开展能源审计,对用能过程进行科学分析与评价,寻找节能方向,制定节能技术改造方案,并创造条件进行节能技术改造。

## 二、集装箱码头节能统计指标体系

节能统计是节能管理的重要内容,是监督管理能源使用、进行能源审计和能量平衡的基础性工作,为能源供需提供依据,也是编制能源计划的主要依据。节能统计为制定节能技术改造方案,挖掘节能潜力,提高企业能源利用率,节约能源,改善环境提供必要的信息。

根据能源在集装箱码头内部的使用过程和特点以及保证数据的统一性、可比性、完整性和可靠性,将集装箱码头节能统计口径及节能统计指标定义如下:

1. 节能统计口径

(1)集装箱吞吐量(已在本书第十二章介绍)。

(2)主要生产用能。即装卸生产能源消耗量,指报告期内直接用于装卸生产的能源消耗总量,包括从事集装箱码头装卸、水平运输作业设备的用能,堆场,码头,仓库照明用能。

(3)辅助生产用能。指报告期内为装卸生产服务的其他辅助用能源消耗量。

(4)附属生产用能。即生活用能,指报告期内除装卸生产和辅助生产能源消耗量以外的各种能源消耗量。

(5)起运吨系数。是指起运吨与实际吞吐量的比值。

(6)操作箱系数。是指操作箱与实际箱量的比值。

操作箱是指在一个完整的操作过程中,所装卸、搬运的集装箱箱量,即一个箱量不论经过几部设备或几组工人操作,也不论使用何种装卸工艺,搬运距离远近,是否有辅助作业,均只计算一个操作箱。

(7)柴油、汽油比重换算执行交通部厅体法字[2002]265号《关于印发交通行业能源消耗统计报表制度的通知》中规定:

汽油:0.74 kg/L　　柴油:0.86 kg/L

(8)折标准煤系数:

柴油:1.457 1 千克标准煤/kg

汽油:1.471 4 千克标准煤/ kg

原煤:0.714 3 千克标准煤/ kg

电力:0.404 千克标准煤/kW·h

2. 节能指标

1)装卸生产能源单耗

统计期内完成每万吨集装箱吞吐量所消耗的装卸生产能源量。

2)生产综合能源单耗

统计期内完成每万吨集装箱吞吐量所消耗的生产综合能源量。

3)综合能源单耗

统计期内完成每万吨集装箱吞吐量所消耗的综合能源消耗量。

4)节能量

指与基期相比生产综合能耗的节超量,正为节约量,负为超耗量。

5)节能率(环比)

指基期生产综合能源单耗与本期生产综合能源单耗的差值,同基期生产综合能源单耗的比率。

6)能源消耗的吞吐量弹性系数

指能源消耗变化比例与集装箱吞吐量变化比例之比。

## 三、集装箱码头节能管理主要内容

制定集装箱码头节能管理办法及其实施细则,对落实情况进行监督与检查,将制度建设和落实情况作为考核的重要内容。并通过节能例会制度等形式,及时通报工作,分析能耗情况,保证各项节能工作的有效落实。

1. 节能统计及分析

加强集装箱码头能源消耗统计工作及时掌握能源消耗量及标箱单耗水平,将为各项管理提供准确可靠的基础数据。

(1)耗能设备的操作单位(班组)负责能源消耗统计数据的收集工作。

(2)节能管理部门负责能源消耗数据的汇总、统计、建账、归档等工作。

(3)节能管理部门按当地政府主管部门的要求,填写有关报表并报送。

(4)节能管理部门负责节能统计分析工作。节能统计分析是集装箱码头经营分析工作的重要组成部分,它是运用统计学的特有分析方法,对收集整

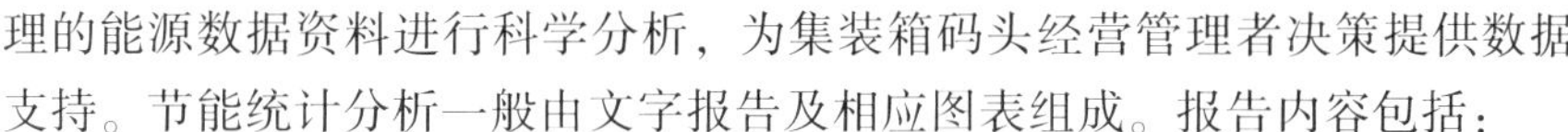

理的能源数据资料进行科学分析，为集装箱码头经营管理者决策提供数据支持。节能统计分析一般由文字报告及相应图表组成。报告内容包括：

①集装箱吞吐量情况，能源成本占营运成本的比例、能源消耗量、能源单耗情况。

②采用能源消耗统计分析方法分析能耗总量、能源单耗上升或下降的原因。

③为降低能源消耗将采取的节能措施(包括管理措施)和节能新技术。

节能统计分析常用的方法有：比较分析法、结构分析法、动态分析法、因素分析法等。

2. 定额考核

为确保集装箱装卸生产过程中的能源消耗得到有效控制，通过建立定额考核体系，推动节能管理工作及节能技术进步。

(1)节能管理部门负责各类能源消耗定额的制定和考核。

(2)各耗能部门要认真执行能耗定额，并向节能管理部门提供有关数据、资料，协助做好能耗定额考核工作。

(3)能耗定额制定原则。在满足生产工艺要求和保证生产质量的前提下，制定能耗定额，以确保能源消耗定额的科学性、合理性和可操作性。

(4)能耗定额的分类。

①设备能耗定额。根据设备状况和作业变化，由节能管理部门组织作业环节能源消耗测试，根据测试结果制定出各种设备的单耗定额。

②单位能耗限额。根据计划完成的作业量，参照各种设备的单耗定额，计算出操作耗能设备单位的能耗总量定额即该单位的能耗限额。

## 四、集装箱码头全过程的节能管理

集装箱码头全过程的节能管理是从基本建设到最终使用的全过程能源管理。在"面向全员、面向管理、面向工艺、面向全过程"工作方针指导下，结合集装箱码头特点，推动节能工作的开展。

集装箱码头与普通件杂货、散货码头相比，具有投资大，装卸设备专业化、自动化、高效化等特点。因此，做好集装箱码头的前期设计、建设及改造等基本项目"节能篇(章)"编制与评估；制定节能合理的装卸工艺；加强装卸生产组织等对于降低综合成本，提高经济效益和社会效益具有重要的意义。

1. 集装箱码头"节能篇(章)"的编制及节能评估管理

在集装箱码头基本建设及改造过程中，应遵循原国家计划委员会、国

家经济贸易委员会、建设部《关于固定资产投资工程项目可行性研究报告“节能篇(章)”编制及评估的规定》,以及交通部《交通行业实施节约能源法细则》、《关于交通行业基本建设和技术改造项目工程可行性研究报告增列“节能篇(章)”暂行规定》、《<关于交通行业基本建设和技术改造项目工程可行性研究报告增列“节能篇(章)”暂行规定>实施细则》,国家发改委和科技部《中国节能技术政策大纲(2006)》的要求进行节能篇(章)的编制及节能评估管理工作。

1)集装箱码头开展节能评估工作的必要性及重要意义

集装箱码头建设项目规模较大,必须在工程可行性研究阶段把好节能设计关。通过评估可以衡量建设工程在能耗指标、总平面布置、装卸工艺及设备选型等方面是否合理,提出节能对策和措施,避免出现“先浪费、后治理”的现象。

开展节能评估工作可以进一步完善集装箱码头能源管理体系、转变传统观念、促进各项节能法规、标准的落实和高效节能产品的推广;提高设计、建设单位节能意识;促进采用先进的工艺和装卸设备;促进集装箱码头加强能源管理,提高能源利用效率和经济效益。

2)工程可行性研究报告“节能篇(章)”的编制

“节能篇(章)”由工程可行性研究报告编制单位组织专人负责编写或委托咨询机构编写,其主要内容应包括:

工程项目能源消耗概述。主要耗能工序、设备、设施及建筑;年耗能总量;供能规模及来源。

工程项目能耗水平分析。计算出单位产品(产值)能耗及主要工序能耗指标;新建工程情况与同行业国内外先进水平相对比;改、扩建工程应有工程进行前后能耗指标的分析比较。

节能技术及其可行性分析。能耗设备选型依据;主要工序流程、设施、建筑等采取节能技术的可行性分析。

主要节能措施及经济效益、社会效益分析。

3)工程可行性研究报告“节能篇(章)”的评估

工程建设审批机关的节能办公室组织有关专家进行“节能篇(章)”的评估,其主要内容包括:

根据工程可行性研究设计方案,并结合同类工程生产过程中的能耗状况,分析重点耗能设备能耗状况以及工程主要能源损耗原因。

针对工程项目推荐建设方案,对设计过程中涉及到用能的专业总平面布置、装卸工艺及主要耗能设备、供电照明、空调与通风动力工程、给排

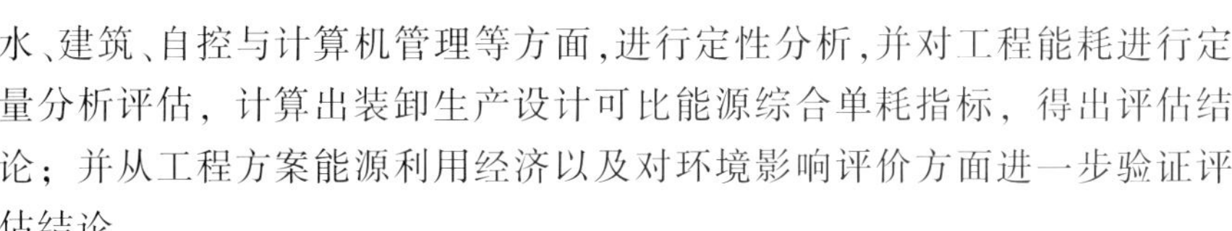

水、建筑、自控与计算机管理等方面，进行定性分析，并对工程能耗进行定量分析评估，计算出装卸生产设计可比能源综合单耗指标，得出评估结论；并从工程方案能源利用经济以及对环境影响评价方面进一步验证评估结论。

给出本评估推荐采取的典型节能技术的经济性和对环境影响的简要评价，供建设单位和设计单位参考。

在分析评估的基础上，结合工程实际，对设计及运营管理提出有针对性的节能对策和节能系统管理措施及建议。

2. 集装箱装卸工艺节能

不同的集装箱装卸工艺有不同的装卸设备组合及特点，对节能管理会产生不同影响，通过对集装箱装卸工艺的优化设计，可以在获取较高装卸效率的同时，实现节能降耗。

1)轮胎式场桥装卸工艺的用能特点

轮胎式场桥采用燃油提供动力的方式，需进行二次能源转换，能耗成本投入、噪声、废气污染较大，后期运营成本高。

2)轨道式场桥装卸工艺的用能特点

轨道式场桥采用电能作为动力，环保、噪声低，节能效益明显。

3)装卸工艺流程方案节能情况比选

(1)轮胎式场桥采用内燃机作为独立的动力源，可以进行大面积连续堆码作业，机动灵活，但随着燃油价格的不断攀升，其运营成本将逐步提高，对于堆场面积较大的集装箱码头，需要配置的轮胎式场桥数量比较多，燃油消耗成为主要的能源消耗形式，同时废气排放也会对环境造成污染，所以此种装卸工艺方案对节能有不利的影响。

(2)轨道式场桥采用电能作为动力，环保性能好，节能效益明显，但一次性投资较大。

从节能角度，轨道式场桥作业是《中国节能技术政策大纲(2006)》中提倡采用的工艺方式。

3. 加强集装箱装卸生产的组织

集装箱码头生产要求各项作业密切配合，形成高效率、完善的流水作业线，加速车、船、箱的周转；选用最优的节能机型；利用现代计算机仿真、网络、通信等高新技术，制定科学合理的调度方案，可实现生产指挥智能化，减少依靠经验指挥调度的差错率，降低能耗，取得最佳经济效益。

## 五、集装箱码头节能管理信息化

为更好地实现能源数据的快速录入、数据共享、数据分析、保存等功能，应积极开发能源管理系统。这不仅可极大地提高管理人员的工作效率,还可以实现对设备的生产能耗状况进行状态分析与监测,及时发现并解决存在的问题。

1. 节能管理信息化的原则

充分运用现代信息技术,以数据为基础,以网络建设为中心,以分级开发为原则，实现生产过程能耗的信息化管理和节能管理方式的系统化。

2. 节能管理信息系统功能

节能管理信息系统可分为统计、分析分和基础管理等 3 大模块,具体功能如下：

1)统计模块

分为能源消耗统计、能源消耗成本统计和能源平衡统计 3 部分。

(1)能源消耗量统计

①用能单位能耗量统计

a.装卸设备单机耗电统计。

b.装卸设备单机耗油统计。

c. 用能单位能耗统计月报。

②节能办公室能耗量统计汇总

a.集装箱码头综合能源消耗统计。

b.装卸生产能源消耗统计。

c.用能类别划分细目、用能类别、能源品种台账。

d.集装箱码头能源平衡表。

(2)能源消耗成本统计

①综合能耗成本统计。

②装卸能耗成本、起运系数统计。

(3)能源平衡统计

2)分析模块

通过图表进行能源消耗状况分析，为节能管理及能源结构调整提供决策依据。

(1)按能源类别、能源品种的消耗量、装卸生产能源单耗、综合能源单耗进行环比分析并配以曲线图形和数据表格。

(2)能源成本分析。装卸能源成本与装卸成本的比例及综合能源成本与总成本的比例。

3)基础管理模块

(1)能源指标计划管理

①指标的编制。根据年度生产任务计划和上年度同工艺的装卸生产能源单耗的平均数值,编制本年度的装卸生产能耗量、装卸生产能源单耗定额指标。

②指标的分解。将指标分解到各用能单位和管理部门。

(2)节能技改技措项目管理

①节能技改技措项目计划编制。节能管理部门于年初根据本年度工作计划编制节能技改技措项目计划。

②节能技改技措项目过程管理。节能管理部门根据节能技改技措项目的进展情况,编制节能技改技措项目进展情况表 。

③节能技改技措项目成果评价。节能管理部门于年底组织有关专家对节能技改技措项目成果进行评价,并对优秀项目给予奖励。

3. 能耗基础数据的采集与分析

应积极开发电量实时采集系统及燃油流量计实时采集系统,并从系统中获取电力、燃油基础数据,充分利用光纤网络、无线传输等技术传输能源数据信息,提高统计人员的工作效率。通过节能管理信息系统进行数据的统计分析,提高装卸工艺选择、设备选型、能耗定额制定等的合理性。

## 六、集装箱码头的能源审计管理

1. 集装箱码头的能源审计

根据国家有关节能法律法规、技术标准、消耗定额等,应对能源利用的物理过程和财务过程进行的监督检查和综合分析评价。可以由专业能源审计机构来审计也可以由集装箱码头自己内部审计。

2. 集装箱码头能源审计的作用

(1)可以准确合理地分析评价集装箱码头的能源利用状况和水平,实现对能源消耗情况的监督管理,保证能源的合理配置使用,提高能源利用效率,保护环境。

(2)可以使集装箱码头及时分析掌握能源管理水平及用能状况,排查问题和薄弱环节,挖掘节能潜力,寻找节能方向,降低能源消耗和生产成本,提高经济效益。

3. 集装箱码头能源审计的内容

根据能源审计的目的和要求，对能源管理概况、用能概况及用能流程、能源计量、能源统计状况、能源消耗分析、用能设备运行效率计算分析、综合能源消耗和标箱能源单耗指标计算分析、能源成本指标计算分析、节能量计算、节能技措项目的财务和经济分析等内容开展能源审计。

能源审计工作结束后，要对查出问题制定整改措施，并实施监督和检查。

建设节约型的集装箱码头，节能工作任重道远。集装箱码头应密切关注国内外先进的节能管理方法以及节能技术发展动态，不断优化工艺，开发以电能为动力的先进设备，开展混合动力装卸设备的推广应用，提高生产设备的自动化控制水平，深入开展设备用能规律及节能方法研究，积极尝试清洁能源和可再生能源的应用，达到节能环保的目的。

## 第三节 现代集装箱码头计量管理

计量在集装箱码头费用结算、安全防护、卫生职业健康安全、环境保护、检疫等方面对经营管理起着重要作用。计量管理为节能管理工作提供准确可靠的数据基础。

### 一、集装箱码头计量检测管理

集装箱码头计量检测工作应以生产经营为中心，以满足管理需要、为企业管理者提供准确可靠的计量数据为目的。

计量检测管理的内容包括：集装箱称重计量检测、集装箱残损质量监控、能源计量检测、装卸工艺测量、环境监测等。

1. 集装箱称重计量检测

集装箱称重计量检测是集装箱计量管理的重要环节。集装箱称重计量工作为贸易结算、装卸设备作业安全、集装箱质量检验、船舶配载过程中的稳性计算提供依据。

汽车衡是主要的计量设备，根据称重的要求可以配备 50 吨、80 吨、100 吨等不同规格的汽车衡，采用静态计量的方法采集运输车辆的毛重、皮重，以获得被称集装箱的净重。

2. 集装箱残损质量监控

为防止箱体变形的集装箱装船，避免运输方与港方、船方之间的纠纷，在箱体变形后是否适合继续运输需要测量，应以数据测量为依据，当超过规定要求时要及时送修。

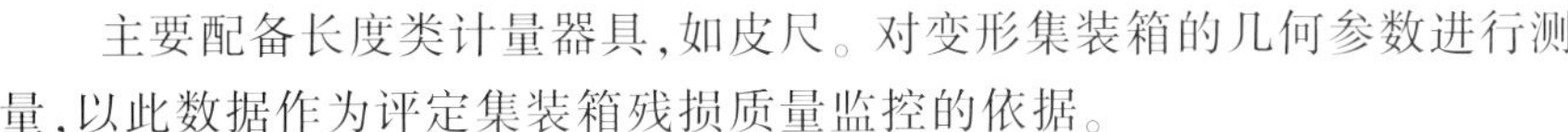

主要配备长度类计量器具,如皮尺。对变形集装箱的几何参数进行测量,以此数据作为评定集装箱残损质量监控的依据。

3. 能源计量检测

集装箱码头根据装卸作业的性质,在装卸生产设备、辅助生产设备和生活设施等环节使用的能源主要是燃油、电力。做好能源采购和使用环节的管理,通过检测制定合理的消耗定额,控制不合理的消耗,提高能源利用率是做好能源计量检测的目的。

主要配备电能表、加油机等计量器具,按照GB 1767《企业能源计量器具配备和管理通则》的要求,要做好计量器具配备,对能源使用进行检测。

电能消耗、燃油消耗的一级计量检测率应达到100%,二级计量检测应达到95%以上。

4. 装卸工艺测量

集装箱码头运营过程中,装卸工艺的制定,将直接影响装卸效率的高低,也直接涉及到能源消耗量的大小。以系统统计的方法,对作业的距离、装卸高度、装卸配机、装卸时间、装卸方法等要素进行监测,积累测量数据进行比较、分析与综合评定,以改进装卸工艺。

5. 环境监测

为创造和谐的装卸生产环境,集装箱码头的生产环境,如光度照明、噪声监测、危险货物源控制、污染源控制等进行检测,以改善员工作业环境。

主要配备照度计、噪声监测仪、危险货物源监测仪等,对确定的环境指标进行定期跟踪监测。

## 二、集装箱码头的计量器具管理

1. 计量器具配备

(1)计划。由需求部门或单位填写采购申请计划。

(2)审批。计量管理部门按管理要求和专业技术要求审查把关,审查是否符合计量器具配备和法定计量单位的要求,测量范围、准确度、功能等是否满足测量参数的需要。

(3)采购。按照计量器具管理要求,采购有计量器具生产许可证标志(CMC标志)及生产厂家技术检定合格证明的计量器具;进口计量器具的选型和验收必须经上级计量主管部门审核,且确认合格后方准使用;大型计量设备的购置,应按有关采购批准程序进行购置。

(4)验收。新购置的计量器具,要经计量管理部门验收或检定、测试。

(5)入库。入库存放的计量器具,应对其进行编号、登记建账。

(6)发放。计量器具发放时,确认在计量检定有效期内的,可以发放使用,并对外观和相互作用进行检查;对已超过检定有效期的,应重新进行计量检定。

2. 计量器具使用

(1)计量标准器具必须经各级有关计量行政部门考核合格并批准后,方能使用。

(2)所有正式使用的强制管理的计量器具都必须经过周期检定,并不得超过检定有效期。

(3)必须严格按照技术条件中所规定的使用规则和操作要求使用。对于使用计量标准器具的专业计量检测人员,必须按有关规定取得相应操作证书,方能上岗。

(4)所有计量器具及其辅助设备必须在正常使用条件下使用。正常使用条件是根据计量器具(包括辅助设备)的原理、方案、结构和用途以及被测量的类型、量值范围、要求精度和观测方法等所规定的必须满足的现场条件,以保证计量器具的计量性能和影响量的值不超出所允许的范围。

(5)操作规程

计量器具应根据其使用的重要程度、使用熟练程度,编写操作规程,指导操作者使用。

3. 计量器具检定与测试

检定与测试是将计量基准所复现的计量单位(或其倍数或分数)传递给各级计量标准直至普通(工作)计量器具的活动。是计量工作的重要环节,是统一量值、提供计量保证和检测服务的基本途径。

计量检定是计量器具常规量值传递或溯源的基本方式,测试是利用各种计量器具所进行的非常规检测。是为评定计量器具的计量性能,确定其是否合格所进行的全部工作。所有的正式检定,都必须严格按照有关计量检定规程进行。

计量器具应按周期检定,确定检定周期的主要依据包括国家检定规程的规定;工作计量器具的性能,特别是长期稳定性和可靠性水平;使用条件;使用频繁程度;使用单位的维护保养能力;已使用的工作计量器具历年周期检定合格情况;影响计量准确度和长期稳定性的其他因素。

用于贸易结算、卫生检疫、安全防护、环境监测等方面列入国家强制检定目录的工作计量器具实行定期、定点的原则进行溯源。行政区域内不能溯源的,可直接到国家计量技术机构溯源。

非强制检定计量器具包括简易计量器具和用于工艺、能源经营等方

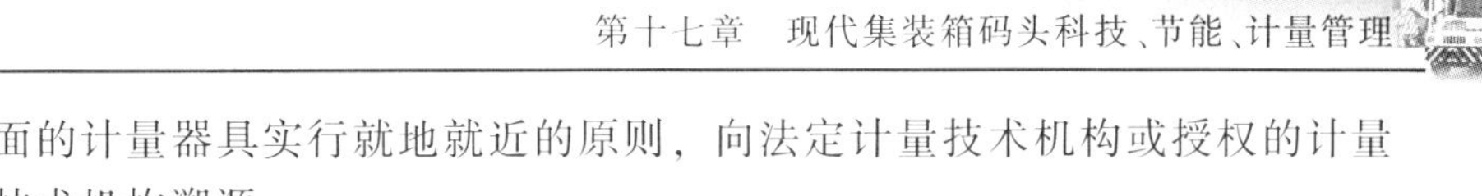



面的计量器具实行就地就近的原则，向法定计量技术机构或授权的计量技术机构溯源。

4. 不合格计量器具的管理

计量器具出现下列情况之一应确定为不合格计量器具。

(1)已经损坏。

(2)过载或误操作。

(3)显示不正常。

(4)功能出现了可疑。

(5)超过了规定的确认间隔。

(6)封缄的完整性已经被损坏。

出现上述情况之一均为不合格计量器具,应停止使用。对发现的不合格测量设备首先作出明显的不合格标记,提示任何人不能使用,并隔离存放,防止和合格测量设备混用或错用,并采取妥善保护措施。

5. 计量器具的维护与保养

(1)使用人员应熟悉计量器具的性能,掌握其使用方法,遵守并执行使用保养事项。

(2)应定期做好计量器具的维护、保养工作,保持计量器具的清洁和正常使用。

(3)对不经常使用的计量器具应妥善保养存放、定期检查。露天存放应注意防雨防潮,精密计量器具应放在安全地点,不得随意移动、注意防潮。

(4)对计量器具,必须按有关技术文件的规定,经常维护,使其保持计量性能。一旦发现技术故障或可疑之处,即应查清原因并予以排除。

(5)凡不影响计量特性的一般维修,可按技术条件所允许的范围自行处理,器具恢复正常即可使用。

(6)凡影响计量特性的维修,应慎重对待,一般不得自行处理。计量器具修复后,必须经过重新检定(不管原检定是否过期),方能投入使用。

6. 计量器具分级和彩色标志管理

为实施“保证重点、兼顾一般、区别管理、全面监督”的原则,应对计量设备进行分类和彩色标志管理,确保计量设备与预期的使用要求相适应。

1)计量设备分级管理

(1)A 级计量设备范围。列入《国家强制检定工作计量器具目录》的用于贸易结算、安全防护、卫生检疫、环境监测的计量器具。

(2)B 级计量设备范围。用于集装箱码头内部能源计量、经营管理、定额考核,出具计量数据的计量设备;用于质量检测、理化分析等有计量数

据要求的计量设备;对计量数据准确可靠有一定要求,计量性能可靠性较高的计量设备。

(3)C级计量设备范围。生产过程中非关键部位,用于监视或指示性无计量数据出据要求,与设备检修同步进行校准的计量设备;设备上不宜拆卸且准确度无严格要求的计量设备;对计量数据无严格准确度要求的指示用计量设备;准确度要求低,作为工具性使用的计量设备;国家计量行政单位明令实行有效期管理的计量设备。

2)计量设备彩色标志管理

(1)“合格证”。集装箱码头A、B、C类计量设备,经计量行政单位授权的检定机构检定合格后,分别贴此标志,颜色为绿色。

(2)“封存”。因故停用或不再使用,经技术管理部门确认封存的计量设备使用此标志,颜色为深蓝色。

(3)“禁用”。不合格计量设备与不能及时处理的计量设备贴此标志,颜色为红色。

3)标志的填写

标志填写日期为计量设备使用有效期;标志的内容由专职计量员填写齐全、字迹清晰、账物相符。

7. 计量器具档案管理

(1)原始记录。主要包括计量器具检定,修理记录,能源、原材料(物资)进出厂消耗检测记录及管理中必备的各项原始凭证。

(2)技术档案。主要包括计量器具台账、计量人员登记册、计量网络图,各类标准器具及大型精密仪器仪表设备说明书、合格证、历次检定记录、修理记录及各种规划、计划、总结等。

## 三、集装箱码头计量发展趋势

集装箱码头计量的发展,是伴随着集装箱运输的发展和国家计量管理工作的加强发展起来的。从完善计量管理工作,到计量定级、升级工作的开展,以及集装箱码头装卸作业信息管理模型的建立,形成了较为独特的集装箱码头计量管理模式。随着集装箱运输业务的发展、科学技术的进步和经营方式的转变,集装箱码头在计量机构建设、计量设备配备、计量检测和计量服务等方面已经形成了具有管理特色的计量模式。正在发挥日益重要的技术基础作用。就集装箱码头计量来讲,计量发展趋势可归纳如下。

1. 由宏观到微观

这主要是由宏观的实物计量向微观信息控制的过渡,以适应集装箱

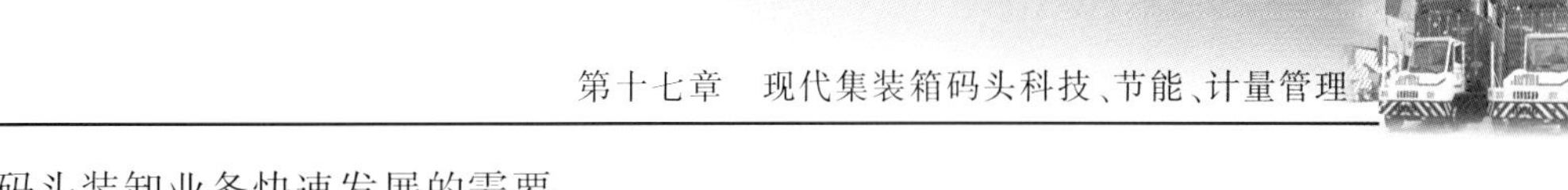


码头装卸业务快速发展的需要。

2. 由静态到动态

静态测量是针对测量过程中不随时间变化的对象的测量；动态测量指被测对象在测量过程中随时间不断变化的测量。为实现实时测量、在线测量，就必须开展动态计量测试，从而由取样测定到现场监测，以充分发挥计量测试的作用，提高经济效益和社会效益。

3. 由手动到自动

主要是发展检测系统的自动化和计量测试器具的智能化，如运用全球卫星定位系统实现准确定位，运用无线对讲机系统实现即时互动等，使计量测试由“主观”向“客观”过渡。这不仅可减轻观测者的劳动强度，而且还可提高检测效率、精度和可靠性。

集装箱运输发展给计量工作提出新的课题，如运输双箱、多箱的一次计量和动态计量问题，需要计量工作者对集装箱计量、测量的现代化技术进行深入的研究和探索。

# 第十八章　现代集装箱码头质量、安全、环境管理及港口设施保安

集装箱码头为了生存与发展应按照国际标准的规范要求，自觉地建立质量、职业健康安全、环境管理体系，并本着绩效管理持续改进的精神，积极实施“二标结合”或“三标结合”管理体系认证，以求提升企业竞争能力。同时，依据国际海事组织通过的《1974年国际海上人命安全公约》(SOLAS公约)、海上保安修正案和《国际船舶和港口设施保安规则》(ISPS规则)，按照交通部《港口设施保安规则》(交水发[2003]500号)，加强港口设施保安工作。

## 第一节　现代集装箱码头质量、职业健康安全、环境管理概述

每个组织都有自己的产品。每个组织都将面临顾客期望和需求的不断变化、技术不断进步发展以及同行业的竞争压力，这些将促使组织持续改进其产品质量，并进一步提高管理的有效性。质量管理体系能为组织提供持续改进的框架，因此，采用《质量管理体系　要求》标准，建立和实施质量管理体系应当是组织的一项战略性决策。

集装箱码头由于生产环节多，要满足顾客的要求，就必须形成严密、协调、高效的质量管理体系，并且明确规定在生产全过程中每个部门和每个岗位在质量管理中必须完成的任务、承担的职责和权限。同时，集装箱码头质量管理体系的建立应遵循GB/T 19000—2000/ISO 9000:2000《质量管理体系　基础和术语》标准中提出的8项质量管理原则，其所有过程都应体现PDCA循环的思想。

目前，许多集装箱码头以质量管理体系为基础，将质量管理体系与职

业健康安全管理体系、环境管理体系等结合或整合成一个整体，形成一体化管理体系。这对提高集装箱码头资源的综合利用及整体运营的效能十分有利。

质量管理体系与职业健康安全管理体系和环境管理体系的相容性主要表现在以下方面：

(1)各管理体系的运行都以过程为基础，用PDCA循环的方法进行持续改进。

(2)都是运用设定目标或指标，系统地识别、评价、控制、监视和测量并管理由相互关联的过程组成的体系。

(3)文件化管理体系中许多资源是可以共享的。如文件控制、记录控制和纠正预防措施等。

(4)强调了法律、法规的重要性。

随着质量管理的深入发展，一些集装箱码头为进一步提高质量管理体系的绩效，正在探索运用新的标准来管理企业，如实施《卓越绩效评价准则》标准等。

卓越绩效管理模式是20世纪80年代后期美国创建的一种世界级企业成功的管理模式，其核心是强化组织的顾客满意意识和创新活动，追求卓越的经营绩效。实施《卓越绩效评价准则》标准(即卓越绩效管理模式)与GB/T 19001—2000《质量管理体系　要求》标准的最大区别在于它不是符合性的评价依据，而是当今引领企业追求卓越，培育企业具有国际竞争力和永续经营能力的有效经营管理模式。正式实施《卓越绩效评价准则》国家标准，标志着我国质量管理工作进入了新的阶段。

## 第二节　现代集装箱码头质量管理

集装箱码头为顾客提供集装箱运输、装卸、堆存及辅助服务，其产品是服务。集装箱码头的服务质量，不仅影响集装箱码头的信誉，更决定集装箱码头的生存和发展，是集装箱码头生存与发展的“生命线”。

### 一、概述

1. 术语和定义

见GB/T 19000—2000/ISO 9000:2000《质量管理体系　基础和术语》。

2. 集装箱码头质量管理的指导思想

集装箱码头质量管理的指导思想可以应用GB/T 19000—2000/ISO

9000:2000《质量管理体系　基础和术语》标准中提出的8项质量管理原则。

(1)以顾客为关注焦点

质量管理要求组织以顾客需求为目标,想顾客所想,急顾客所急,供顾客所需,顾客至上。只有为顾客提供尽善尽美的服务,满足顾客的需求,组织才能赢得信誉,才能生存和发展。

集装箱码头顾客包括外部和内部两个方面。对外,主要包括船公司、船代、货主、货代及运输车队等,满足并争取超越顾客的期望至关重要;对内,上一个工序为下一个工序服务,上一个工序要把下一个工序看成是自己的顾客,为其做好服务。

(2)领导作用

集装箱码头的质量管理,其经营管理者起关键作用。经营管理者要确立集装箱码头的宗旨和发展方向,为员工创造并保持使其能充分参与实现集装箱码头目标的内部环境。

(3)全员参与

要求参与质量形成过程所有活动的人员,都要在各自的岗位上,各司其职,做好工作,每位员工的工作质量影响着货运服务质量。

(4)过程方法

过程方法是将集装箱码头的各项质量活动和相关的资源作为过程进行管理,可以更高效地得到集装箱码头期望的结果。

(5)管理的系统方法

将集装箱码头相互关联的过程作为系统加以识别、理解和管理,可以促进集装箱码头提高实现目标的有效性和效率。

(6)持续改进

集装箱码头要持续改进其总体业绩,并将持续改进作为集装箱码头的永恒目标。

(7)基于事实的决策方法

集装箱码头应确保用于决策的数据和信息充分、正确和可靠,还应确保需要者及时得到数据和信息。要采用科学正确的方法分析数据和信息,要根据对事实的分析,加上经验和直觉的判断,作出决策并采取行动。

(8)与供方互利的关系

集装箱码头与其供方是相互依存的、互利的关系,正确处理好这种关系可以增强双方创造价值的能力。

上述8项质量管理原则,是一个有机的整体,其之间关系可用图18-2-1表示。

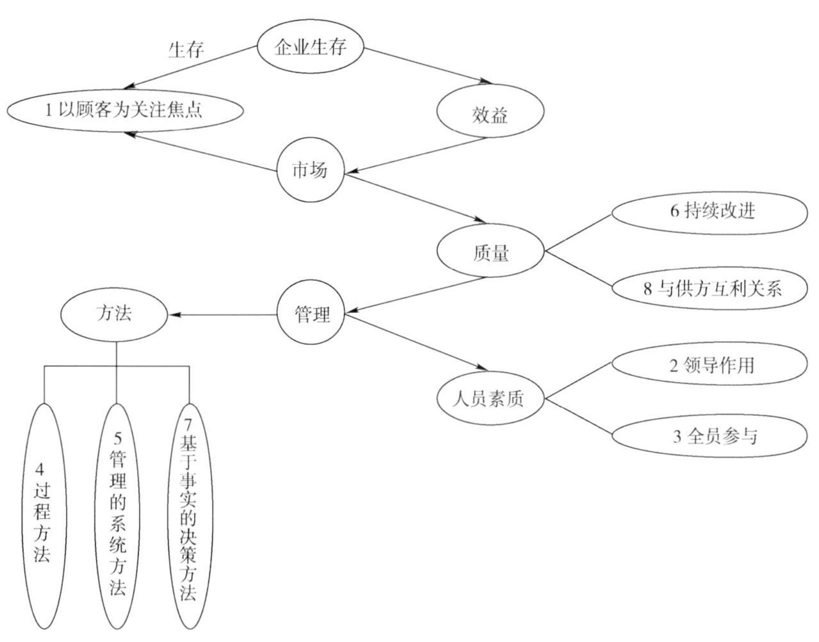


图 18-2-1　8 项质量管理原则关系图

3. 集装箱码头货运服务质量的特性

集装箱码头货运服务质量的特性是根据顾客和社会的需求转化而决定的,包括以下几个方面。

1)安全性

安全性是指集装箱货物在装卸、堆存以及运输中,不因设备、员工的操作技术、可以预防的自然灾害等原因遭受到灭失或损坏。由于集装箱码头作业的复杂性和多样性,一旦发生事故,可能造成货物的灭失或损坏,影响集装箱码头的形象、信誉和经济效益。所以,安全装卸、运输集装箱货物是货运服务质量的第一质量特性,没有安全就没有质量。

2)功能性

功能性是指提供服务所发挥的效能和作用。集装箱货物运输的功能是实现箱货位移,将集装箱及货物装船、卸船、堆存、拆箱、装箱,交给顾客。功能性是货运服务质量中最基本的特征。

3)经济性

经济性是指顾客为了得到服务所支付费用的合理程度。顾客希望能用较低的费用支出获得较好的货运服务。因此,为满足顾客的要求,就必

须以最少的人力物力消耗，以最低的成本完成货运服务工作。

4）及时性

及时性是指货运服务的效率，是集装箱码头货运服务质量的最重要特性之一。集装箱码头应努力提高作业效率，缩短船、车在港停时，加速箱货周转，使顾客获得更大的经济效益。装卸效率是集装箱码头最重要的质量指标，对提高自身的竞争力具有决定意义。

5）完整性

完整性是指集装箱货物从接收时起到交付时止完好无损。保持箱货数量和质量是集装箱码头货运服务质量的另一个重要的质量特征。所以，集装箱码头应保证集装箱货物的数量无差错，杜绝集装箱货物在装卸、运输过程中发生丢失、损坏、灭失，确保其安全运输。

6）准确性

准确性是指货运服务准确、无误。这种准确性体现在正确的填制各种集装箱运输单据；正确办理各种货运手续；正确安排各种运输工具，防止错发、错运；将集装箱货物准确无误地交付给有权提取集装箱货物的接收人；准确地计收各项费用，避免错收、漏收及漏付等。

7）方便性

方便性是指为顾客提供更加便利的服务，使顾客真正享受到优质的服务。集装箱码头应不断适应集装箱运输发展的变化，简化业务手续，减少不必要的环节，开展一站式服务。目前，国内各主要港口都在积极建立航运服务中心，顾客在此可办理揽货、订舱、换单、报关、报检等业务。

集装箱码头货运服务质量是其经营管理绩效的综合体现。集装箱码头提高货运服务质量必须坚持持续改进，必须使影响服务质量的全部因素在其服务过程中始终处于受控状态。

## 二、集装箱码头质量管理体系

宣贯质量管理标准，建立和实施质量管理体系，是质量管理的核心。

集装箱码头质量管理体系是用系统的观点，着重事前控制、预防为主，通过一系列规范化的规章制度、方法等把服务提供加以系统化、制度化，安全、完整、及时、周到地为顾客提供最满意的运输、装卸、储存及辅助服务。

### 1.集装箱码头质量管理体系的重要组成部分——货运服务质量标准

为满足顾客的需求和期望，集装箱码头应认真识别顾客需求，包括潜在的需求；依据顾客的需求和期望来确定产品的要求；确立并评价集装箱

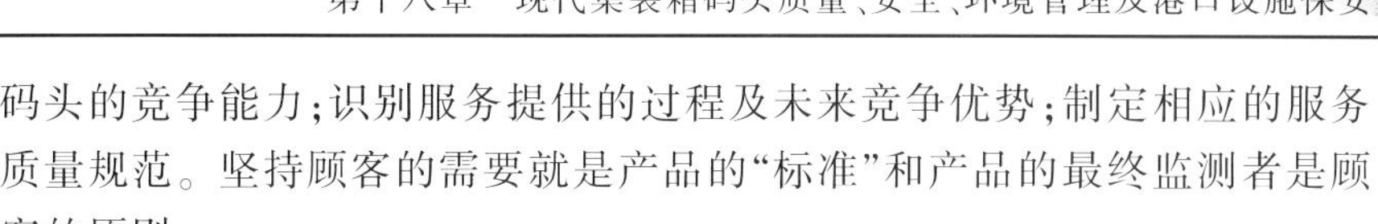


码头的竞争能力；识别服务提供的过程及未来竞争优势；制定相应的服务质量规范。坚持顾客的需要就是产品的“标准”和产品的最终监测者是顾客的原则。

1)制定货运服务质量标准的意义和作用

集装箱码头的所有部门和岗位，无论是直接或间接接触顾客，所有员工的工作质量都可转化为服务质量，为了满足顾客和相关方明示或隐含的需要，必须将服务需要转化为定性或定量的具体特性项目及其指标来实现。因此，制定和完善货运服务质量标准具有重要意义。货运服务质量标准是对每一员工的具体要求，可使员工有章可循，有助于提高员工的素质，同时可以对员工的服务质量作出判断。集装箱码头应不断地以 GB/T 19000 族标准及卓越绩效评价要求制定、完善货运服务质量标准，达到顾客满意。

集装箱码头货运服务质量的优劣最终要取决于顾客对所提供的服务的满意程度。货运服务质量标准，应有助于提高服务水平，更好地满足顾客的需要。检验货运服务质量的最终标准是以顾客满意程度为依据的，而如何得知顾客的满意程度，则需要从顾客对服务质量的评定或者意见中获得。“顾客的需求就是我们的追求”服务理念体现了顾客满意程度是衡量货运服务质量的最终标准的思想。

2)集装箱码头货运服务质量标准内容

一般包括现场操作标准、现场堆码标准、库场货物管理标准、业务流程标准、员工行为规范标准等。

2. 建立和实施质量管理体系工作流程

集装箱码头应根据自身特点和具体情况，采取不同的方法和步骤建立和实施质量管理体系工作流程，如表 18-2-1 所示。

建立和实施质量管理体系工作流程表　　表 18-2-1

| 阶段 | 项目 | 工作内容 |
| --- | --- | --- |
| 策划与准备 | 体系策划准备 | 1.顾客需求和期望分析<br>2.质量管理体系/业务流程诊断<br>3.推选工作准备 |
| | 体系策划 | 4.质量方针和目标的策划<br>5.业务流程/过程的设计策划<br>6.职能分配/职责/组织结构的策划<br>7.体系文件的策划 |

续上表

| 阶　段 | 项　目 | 工作内容 |
| --- | --- | --- |
| 体系建立 | 基础培训 | 8.GB/T 19000 族标准理解与实施培训<br>9.体系文件编写培训<br>10.内审员培训 |
| | 文件编写 | 11.体系文件编写<br>12.体系文件审批和发布 |
| 体系运行 | 体系运行 | 13.体系运行动员与宣布实施<br>14.确定和提供必需的资源<br>15.体系实施运行 |
| 体系评价和完善 | 体系评价和完善 | 16.内、外部审核<br>17.管理评审<br>18.体系纠正及改进 |

3. 质量管理体系运行

集装箱码头在质量管理体系运行过程中，要重点抓好以下几方面的工作：

(1)宣传贯彻质量管理体系文件。根据质量管理体系文件的不同内容应进行不同范围的宣贯。应使每位员工了解和自己有关的文件,知道自己应做什么、什么时间做、如何做等等,了解自己在整个质量管理体系运行中的作用和地位,了解整个质量管理体系是如何运作的。

(2)对每位员工进行培训。除了本职工作要求的技术培训外,还应进行质量管理体系有关知识的培训，使每位员工了解如何保持质量管理体系的有效运行和持续改进。

(3)注重实施的适宜性、充分性、有效性、符合性。在运行中检验质量管理体系文件是否符合集装箱码头的实际情况。通过有计划的审核和管理评审,验证质量管理体系能否达到预期的结果,能否实现质量方针和质量目标,能否满足顾客的要求等。

(4)加强信息管理。做好质量信息的收集、分析、传递、反馈、处理和归档工作是体系运行的需要,也是体系运行成功的关键。

4. 质量管理体系改进

集装箱码头主要通过外部审核、内部审核和管理评审等改进质量管理体系。其中内部审核和管理评审,是质量管理体系自我改进、自我完善

的手段，是重要的一环。

内部审核是对集装箱码头的绩效、需求、优势和不足等自我诊断和评审，以确定质量管理体系是否符合策划的安排，是否符合标准和集装箱码头所确定的要求，是否得到有效实施与保持，是进一步改进、完善体系的强有力手段。

管理评审主要是对质量管理体系进行系统的评价，提出并确定各种改进的机会和变更的需要，进而确保质量管理体系持续的适宜性、充分性和有效性。应由最高管理者亲自主持，各部门的负责人和有关人员参加。管理评审每年至少进行一次，应按照策划的时间间隔来实施。

除内部审核、管理评审外，集装箱码头还可通过自我评定寻找改进组织整体业绩的机会。自我评定是一种仔细、认真的评价，通常由集装箱码头的管理者来实施，最终得出集装箱码头的有效性和效率以及质量管理体系成熟水平方面的意见或判断。

## 三、集装箱码头货运服务质量指标体系

集装箱码头货运服务质量指标体系反映生产经营活动所应达到的或已经达到的效果和工作质量水平，用相对数表示，如比例、比值、百分率等。

1）及时性指标

（1）船舶平均每停泊艘天装卸集装箱数（TEU）

（2）单船船时效率（自然箱/小时）

单船船时效率 = 整船集装箱作业总量/ 船舶在码头的作业时间

船舶在码头的作业时间 = 作业完工时间 －作业开工时间

其中：作业开工时间指吊装（或卸）第一个集装箱开始作业时间，作业完工时间指最后一个集装箱作业完成时间。

（3）单机作业效率（自然箱/小时）

单机作业效率 = 单机集装箱作业总量/单机的毛工作时间

其中：单机作业时间指岸边装卸桥操作第一个集装箱始到最后一个集装箱止的时间。

2）安全性和完整性指标

货损率。货损件数占货运总件数的万分比，货损率一般不超过0.2/10000。

货差率。货差件数占货运总件数的万分比，货差率一般不超过

0.2/10000。

赔偿金额比率。货损、货差的损失金额占运输总收入的万分比,赔偿金额比率一般不超过 2.5/10000。

3)服务性指标

服务性指标除了顾客满意率、顾客满意指数和服务质量指数外,还包括顾客投诉件次等。实施第三方评价是对顾客满意程度评价的一种趋势。

## 第三节　现代集装箱码头职业健康安全管理

职业健康安全管理体系是 20 世纪 80 年代后期在国际上兴起的现代安全生产管理模式。

### 一、术语和定义

见 GB/T 18001—2001《职业健康安全管理体系　规范》。

### 二、集装箱码头实施职业健康安全管理体系的意义

现代安全科学理论认为,伤亡事故的发生是由于人的不安全行为和物的不安全状态所致,对于复杂的工业系统,依赖安全技术的可靠性和人的可靠性不能完全杜绝各种事故, 而经营管理因素已经成为复杂的工业系统是否发生事故的最深层原因。系统化的职业健康安全管理是以系统安全的思想为基础,从整体出发,把管理放在事故预防的整体效应上,实行全员、全过程、全方位的健康安全管理,使集装箱码头达到最佳职业健康安全状态。

(1)为集装箱码头职业健康安全绩效提供科学、有效的管理手段。

(2)有助于推动职业健康安全法规和制度的贯彻执行。

(3)使集装箱码头的职业健康安全管理由被动强制行为转变为主动自愿行为,提高职业健康安全管理水平。

(4)有助于集装箱码头与国际惯例接轨,提高参与市场竞争的能力。

(5)有助于提高集装箱码头的经济效益和社会效益。

(6)使集装箱码头树立良好的品质和形象。

## 三、危险源辨识、风险评价、风险控制及管理方案

1. 危险源辨识、风险评价、风险控制

建立并保持危险源辨识、风险评价、风险控制程序，对工作场所内所有活动和设施中的危险源进行辨识和评价，从而确定体系控制的重点，并应及时更新。

1)危险源辨识

(1)危险源辨识遵循原则：生产过程的3种状态(即正常、异常、紧急)和3种时态(过去、现在、将来)。

(2)危险源分类：按照GB/T 13861—1992《生产过程危险和有害因素分类代码》，将导致事故和职业危害的直接原因(危害因素)分为物理、化学、生物、心理生理、行为性和其他等6类。

(3)集装箱码头危险源辨识范围：工作场所内的所有人员(包括船方、车方、货方等外来人员)和所有设施、设备(包括相关单位)。

2)风险评价

运用适宜的方法对危险源进行风险评价，并监视评价过程，确保及时有效。识别出可通过制定目标和管理方案或管理措施来消除或控制的风险，并规定风险等级。

集装箱码头风险评价的主要方法：进行危险源辨识时，依据风险存在的范围、性质、时效性和控制风险的经验及风险控制措施的效果，确定风险评价的方法，通常为定性和定量方法(即LEC法)。

3)风险控制

选择风险控制措施应考虑以下因素：

(1)如果可能，完全消除危险源或风险。

(2)如果不可能，应努力降低风险。

(3)可能情况下，使工作适合于人。

(4)利用技术进步改善控制措施。

(5)保护每位工作人员的措施。

(6)将技术管理与程序结合起来。

(7)应急方案的需求。

(8)预防性测定指标对于监视控制措施是否符合计划要求。

对危险源进行评价的结果和控制的效果进行汇总，形成《危险源辨识、风险评价与控制策划一览表》，见表18-3-1，必要时予以修订更新，作为制定安全目标、指标的依据之一。

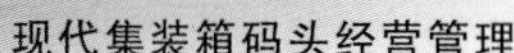



**危险源辨识、风险评价与控制策划一览表**　　表 18-3-1

| 序号 | 作业活动 | 危险因素 | 可能导致事故 | 风险评价方法 | | | | 风险级别 | 控制情况 |
|---|---|---|---|---|---|---|---|---|---|
| | | | | L | E | C | D | | |
| | | | | | | | | | |
| | | | | | | | | | |
| | | | | | | | | | |

注：$L$ 为发生事故的可能性；$E$ 为暴露在危险环境的频繁程度；$C$ 为发生事故产生的后果；$D$ 为风险值(危险等级划分)。

针对辨识出的重大危险源，形成《重大危险源控制清单》，见表 18-3-2，并按危险源辨识、风险评价和风险控制的规定及时、定期地进行更新。通过制定管理方案和相关措施，对重大危险源进行有效控制。

**重大危险源控制清单**　　表 18-3-2

管理者代表审批(签字)：

| 序号 | 重大危险因素 | 主控部门 | 所在过程/场所 | 危险影响 | 管理计划 | |
|---|---|---|---|---|---|---|
| | | | | | 目标/指标 | 管理方案/控制措施/应急预案 |
| | | | | | | |
| | | | | | | |
| | | | | | | |

2. 集装箱码头职业健康安全管理方案

1)管理方案的内容

为确保实现安全目标，安全监察部门应组织相关部门制定、实施并保持职业健康安全管理方案，管理方案应形成文件，内容包括：

(1)依据的安全目标。

(2)针对的危险源。

(3)总体实施计划。

(4)责任部门和相关部门的职责权限。

(5)具体方法或技术措施。

(6)资金、设施等资源安排。

(7)管理方案的时间进度安排表。

(8)实施结果的验证。

2)管理方案的实施与检查

(1)各级管理者应为目标和管理方案的实施提供充足的资源和专项

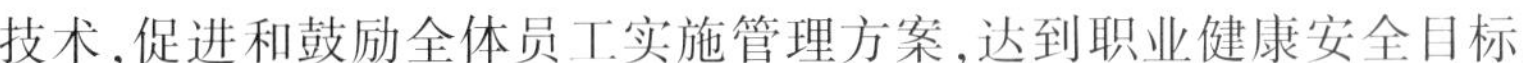

技术,促进和鼓励全体员工实施管理方案,达到职业健康安全目标。

(2)策划部门定期检查目标的实施情况,安监部门定期检查方案的实施情况;各职能部门负责与本部门相关的目标和管理方案的实施和效果检查。

3)管理方案的评审与修订

发生下列情况之一时,应对管理方案进行重新修订或制定新的管理方案。修订后的目标和管理方案应及时逐级传达。

(1)集装箱码头及部门目标发生变化。

(2)集装箱码头组织结构发生变化。

(3)集装箱码头货运服务项目发生变化。

(4)集装箱码头生产任务与计划有重大差异,或生产经营活动运行条件发生变化。

(5)发生了影响职业健康安全管理体系正常运行的重大事件。

## 四、集装箱码头安全规章制度

通过对集装箱码头装卸作业服务相关的法律法规及其他要求的识别和获取,建立符合职业健康安全管理体系要求的安全规章制度。

1)集装箱码头安全规章制度的特点和作用

(1)集装箱码头安全规章制度的特点

规章应具有强制性、规范性、技术性和稳定性。强制性是企业权力的体现,任何员工违反规章,都应受到相应的处罚;规范性是普遍的、明确的、特殊的行为规则,是以企业名义规定员工在生产过程中禁止、应该、允许的行为规范;技术性体现在劳动安全技术规程和劳动卫生规程,并有很强的科学技术性,在制定时,必须以大量的科学试验数据为根据;稳定性是在总结贯彻以往的规章制度基础上,集中员工的意见和智慧而确定的行为规则。

(2)集装箱码头安全规章制度的作用

集装箱码头安全规章制度的作用概括为保护员工的安全健康,促进生产发展。从法律上保证了员工在生产过程中的生命和身体健康,促进了劳动条件的改善,消除生产中的不安全因素和不卫生状况,不断提高劳动生产率,实现集装箱码头安全生产。

2)制定集装箱码头安全规章制度的依据

集装箱码头安全规章制度围绕如何消除、限制或预防生产过程中的危险和有害因素,保护员工安全和健康,保障设备设施和生产正常运行,

参照劳动安全及劳动卫生工程技术标准,产品在设计、生产、检验、储运、使用过程中的安全、卫生技术标准,特种设备和安全附件的安全技术标准,起重机械使用安全技术标准,集装箱码头工作条件及工作场所的安全卫生技术标准,职业安全卫生管理和员工技能考核标准等制定。

3)集装箱码头主要的安全规章制度及安全管理内容

(1)安全生产责任制和岗位责任制

安全生产责任制是最基本的安全管理制度,是所有劳动安全卫生制度的核心。其基本内容和内涵是:企业法定代表人是企业安全生产的第一责任人,必须对企业实现安全生产负总责;企业各级领导对本单位、本部门的安全生产负总责;各级工程技术人员、管理人员和生产员工,在各自的职责范围内对安全生产负相应的责任。

安全生产责任制分为各级管理者安全生产责任制,各职能部门安全生产责任制和生产员工岗位安全生产责任制。

(2)安全操作规程

集装箱码头安全操作规程主要包括:航运集装箱装卸作业安全操作规程、陆运集装箱装卸作业安全操作规程、装卸机械操作安全操作规程。

①航运集装箱装卸作业安全操作规程

a.登轮作业人员上下船梯、船舱时要踏实抓牢,拉开距离,不准披衣夹物或手拿物件。上下船梯时要检查手绳是否拴牢,不准从梯口向下抛物,不准跨船舷上下船。

b.装卸员工在船舶甲板上,上下集装箱拆打加固作业时,必须随吊具上下,不准使用梯子。

c.拆打加固使用的连接器、加固器件须使用装卸桥吊具或用桶、绳上下提放,不准随意乱抛。拆卸的连接器、加固件,应按船方要求摆放,并由船舶装卸调度员负责监督实施。

d.船舶装卸集装箱必须配备指挥人员。

②陆运集装箱装卸作业安全操作规程

拆装箱作业:

a.凡使用机械拆装箱必须有人指挥,对于易损货物和包装较差的货物,必须采取有效措施,夜间作业要有足够的照明,临时灯应保持能见度清晰。

b.当机械入箱作业时,装卸人员站位必须得当,躲开行车路线,与机械司机保持密切联系。

c.开集装箱门时,一人要先倚住左边门扇,另一人站在侧面慢慢开启右边门扇,以防止箱内落货伤人。箱门打开后,要挂好门钩或拴住门扇。

火车作业：

a.装卸集装箱时，机械司机必须听从指挥人员的指挥，加强瞭望，起落钩要稳。

b.火车未停稳时，作业人员严禁上下火车；推火车时要观察前方有无障碍物。

c.装火车要按标准车的要求作业。

③装卸机械操作安全操作规程

a.装卸机械司机必须经培训考核合格，取得驾驶证方可正式驾车作业。驾驶证必须随身携带，不得涂改转让，随时接受有关人员的检查。

b.持有学习驾驶证的见习员工或学习司机，在学习期间必须在指派的专人监护下方准驾驶车辆。

c.机械司机驾驶的车辆必须和驾驶证核准的车种相符。不准司机私自将机械交给其他司机和非司机人员驾驶。现场作业时驾驶室内严禁带人(培训司机除外)。

d.机械司机在作业操作过程中严禁接打手机。

e.机械司机在操作前应认真检查机车的灯光、方向、警报器、制动等安全设施，确保行车安全。

f.流动机械在运行中，应按规定的行车路线行驶，不准逆道行驶，倒车时应先回头，后起步，并鸣号提示。通过铁道口或公路口时，必须“一慢、二看、三通过”。铁道口警示信号不解除，不准通过。

g.装卸机械在运行或作业过程中，岸桥和轮胎式(轨道式)场桥操作室内外不准站人；叉车机盖、拖挂车拖板上不准坐人。

h.流动装卸机械应按规定位置停放。

i.装卸机械吊铲货物(包括集装箱)没有落放时，司机不准离开机车或交接班。

j.装卸机械在运行和作业中，发现影响作业因素时，应主动与有关部门或人员联系，采取必要的安全措施。

k.装卸机械需修理时，司机应与维修人员相互配合、叫应口令，采取相应安全措施。

(3)消防管理

①消防工作的方针

我国消防工作的方针是“预防为主、防消结合”。“预防为主”是把预防火灾放在消防工作的首位，依靠广大员工，贯彻执行消防法律、法规、规章及技术标准，制定并落实各项防火制度和措施，从人力、财力和物力上进

行投入,从根本上防止火灾发生。

②消防工作原则

“坚持专门机关与群众相结合的原则”。一是预防火灾,员工应当自觉遵守消防法律法规和消防安全规章制度,增强消防安全意识,掌握基本的消防和灭火知识;二是消防组织,以公安消防队为主体,码头还应建立义务消防队,作为公安消防队的必要补充;三是灭火救援时,发生火灾单位和相邻单位、员工不能袖手旁观,应当按照《消防法》规定的单位和员工的义务,做好报警、组织和参加扑救工作。

③集装箱码头消防职责

a.制定消防安全制度、消防安全操作规程。

b.实行消防安全责任制。

c.结合码头特点对员工进行消防安全教育。

d.组织防火检查,实行防火巡查并建立巡查记录。

e.配置消防设施和器材,设置消防安全标识,定期组织检验、维修。

f.保障疏散通道、安全出口畅通,并设置符合国家规定的消防安全疏散标识。

g.建立防火档案,确定消防安全重点部位。

h.制定灭火和应急疏散预案,定期组织消防演练。

(4)安全技术措施计划管理

安全技术措施计划也称为劳动保护措施计划,是集装箱码头生产财务计划的组成部分,是企业以改善劳动条件、防止伤亡事故和职业病发生为目的的各种技术项目及其实施所作的具体安排,是安全管理的一项基础工作。

①编制安全技术措施计划的意义

编制安全技术措施计划可以将改善劳动条件的工作纳入集装箱码头的生产建设计划中,使企业劳动条件的改善逐步走向制度化、规范化,从而有计划地解决集装箱码头中存在的一些重大事故隐患。

②编制安全技术措施计划的原则

a.应与财务计划同时进行,并列入集装箱码头的长远规划和年度生产财务计划。

b.安全技术措施计划的编制与实施,由生产部门的各级管理者负责,同时贯彻与广大员工相结合的原则,采纳员工合理化建议。

c.应着重解决对员工安全、健康威胁较大的关键问题。

d.应从开展技术革新,采用新技术、新工艺等方面选择措施方案。

e.按照“安全第一,预防为主,综合治理”的方针,根据集装箱码头具体

情况编制。

③安全技术措施计划的项目范围

安全技术措施计划包括以改善劳动条件，防止伤亡事故和职业病为目的的一切技术措施。

a.各种防护装置、保险装置、信号装置及各种防爆装置，即防止发生工伤事故为目的的安全技术措施。

b.各种防尘、防毒、防暑、防噪声、防震等措施，防止职业病发生的安全技术措施。

c.部分劳动环境与劳动条件较为恶劣的车间的淋浴室、更衣室、消毒室、女职工卫生室等，保证职工健康所必需的房屋及一切设施。

d.安全技术教材、图书、仪器、电教器材及培训班、训练班、展览室，开展劳动保护研究与实验工作所需要的各种设施等。

下列医疗、福利、消防和某些生产上的设施不列入安全技术措施计划项目中：

a.集装箱码头新建、改建时有关劳动安全卫生方面的技术措施，应列入基建工程项目内。

b.新的机械设备所必须配备的安全防护装置。

c.与采用新技术、新工艺、新设备相应的安全技术措施，应视为不可缺少的部分而同时解决。

d.集体福利事业所需的房屋和设施。

e.劳动防护用品、营养保健食品、防暑饮料等，应列入集装箱码头生产经营费用预算。

f.对与劳动安全卫生措施有关的设备、设施的维护检修及其耗费的燃料、电力等。

④安全技术措施经费

集装箱码头安全技术措施经预算应根据原国家计委、经委、建委《关于安排落实劳动保护措施经费的通知》及国家劳动总局、卫生部《关于加强厂矿企业防尘防毒工作的报告》中要求，“每年在固定资产更新和技术改造资金中提取10%~20%，用于改善劳动条件，不得挪用。”

(5)安全培训

所有员工每年必须接受安全培训，其培训内容根据岗位性质分别确定，但着重应将生产中出现的新问题、新动向、新设备可能给人身造成的危害作为主要内容。每次培训考核的成绩应登记注册，做到员工安全档案“一人一档”。目前，国内大部分集装箱码头装卸作业由码头操作服务承包

商或专业劳务公司承包,按照安全管理协议规定在发包方的指导下,由承包方严格做好操作员工上岗前的安全教育、特岗教育、回笼教育及转岗教育,并定期对其进行监督、检查。

(6)安全绩效考核

①安全检查内容

a.查安全生产责任制落实情况,对事故责任者进行考核。

b.查各项安全制度是否完善,安全操作规程及各项安全制度执行情况。

c.查现场操作人员有无违章现象。

d.查各种机械、设备、设施、车辆等安全装置是否齐全有效。

e.查现场各作业环节是否存在各类隐患。

②安全检查的主要形式

集装箱码头安全检查主要形式包括:定期性检查、专业性检查、季节性检查及日常性检查。

(7)集装箱码头应急预案

应急预案又称应急计划,是针对可能的重大事故(件)或灾害,为保证迅速、有序、有效地开展应急与救援行动、降低事故损失而预先制定的计划或方案。它是在辨识和评估潜在的重大危险、事故类型、发生的可能性及发生过程、事故后果及影响严重程度的基础上,对应急机构职责、人员、技术、装备、设施(备)、物资、救援行动及其指挥与协调等方面预先作出的具体安排。

①应急预案的重要作用和意义

a.应急预案确定了应急救援的范围和体系,使应急准备和应急管理有据可依、有章可循。

b.制定应急预案有利于作出及时的应急响应,降低事故后果。

c.编制集装箱码头应急预案,有针对性的制定应急措施,应进行专项应急准备和演习。

d.当发生超过集装箱码头应急能力的重大事故时,便于与上一级或相邻单位应急部门的协调。

e.有利于提高风险防范意识。

②应急预案编制中应注意的问题

a.应急预案内容应细致全面。

b.应急预案的可操作要强。

c.各种重大事故应急预案应有系统的规划和协调的部门。

d.应急预案应强调有效性、适宜性。

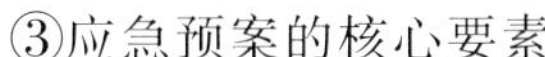

③应急预案的核心要素

应急预案是整个应急管理工作的具体反映，它的内容不仅限于事故发生过程中的应急响应和救援措施，还应包括事故发生前的各种应急准备和事故发生后的紧急恢复以及预案的管理与更新。因此，完整的应急预案按响应的过程可分为6个关键要素，包括：方针与原则、应急策划、应急准备、应急响应、应急恢复及预案管理与评审改进。

## 五、集装箱码头安全考核指标

1. 工伤事故指标

1)工伤事故频率。统计考核期内工伤事故伤亡人数与同期员工平均在册人数之比，用千分数表示。计算公式为：

$$\text{工伤事故频率}=\frac{\text{工伤人数}}{\text{员工平均在册人数}}\times 1\ 000‰$$

2)轻伤事故频率。统计考核期内轻伤事故伤亡人数与同期员工平均在册人数之比，用千分数表示。计算公式为：

$$\text{轻伤事故频率}=\frac{\text{轻伤人数}}{\text{员工平均在册人数}}\times 1\ 000‰$$

3)重伤事故频率。统计考核期内重伤事故伤亡人数与同期员工平均在册人数之比，用千分数表示。计算公式为：

$$\text{重伤事故频率}=\frac{\text{重伤人数}}{\text{员工平均在册人数}}\times 1\ 000‰$$

4)死亡事故频率。统计考核期内死亡事故死亡人数与同期员工平均在册人数之比，用千分数表示。计算公式为：

$$\text{死亡事故频率}=\frac{\text{死亡人数}}{\text{员工平均在册人数}}\times 1\ 000‰$$

2. 全员教育指标

1)全员教育率。全体员工已接受安全教育人数与应接受安全教育人数之比，用百分数表示。计算公式为：

$$\text{全员教育率}=\frac{\text{已教育人数}}{\text{应教育人数}}\times 100\%$$

2)特种作业人员培训考核率。已培训考核人数与特种作业人员人数之比，用百分数表示。计算公式为：

$$\text{特种作业人员培训考核率}=\frac{\text{已培训考核人数}}{\text{特种作业人数}}\times 100\%$$

3)更换工种和复工安全教育

更换工种安全教育是针对更换工种或岗位的人员进行新岗位的安全教育。教育内容重点是使员工掌握新工种(岗位)的特点、安全要求、危害因素及事故预防知识。

复工安全教育是指员工工伤、病痊愈复工前或休满某种假期重新上岗前对员工进行的安全教育;工伤、休假3个月以上者的复工安全教育由安全部门负责,不足3个月者由车间、队(站)安全员负责。

3. 安全检查指标

隐患整改率。已整改隐患数量与查出隐患数量之比,用百分数表示。计算公式为:

$$\text{隐患整改率}=\frac{\text{已整改隐患数量}}{\text{查出隐患数量}}\times 100\%$$

## 第四节　现代集装箱码头环境管理

在集装箱码头的建设和运营过程中,对海洋、大气等生态环境带来一定的影响,关注对生态环境的影响是现代集装箱码头肩负的社会责任。在集装箱码头的规划建设期要做好环境评估活动,做好“三同时”;在集装箱码头创建初期制定其发展愿景、战略时,要系统化地考虑对环境的控制与承诺。在方法上,应考虑采用《环境管理体系 要求及使用指南》标准,建立系统化的环境管理体系。采用技术改造、清洁生产、节能降耗等措施,对组织确定其能够控制的或能够施加影响的环境因素进行管理。

### 一、环境管理的定义、体系标准

环境管理标准旨在为集装箱码头规定有效的环境管理体系要求,这些要素可与其他管理要求相结合,帮助集装箱码头实现其环境目标或指标。环境管理体系的建立、实施与改进涉及多方面的内容,其中有些还具有战略和竞争意义。

1. 术语和定义

见GB/T 24001—2004《环境管理体系　规范及使用指南》。

2. 环境管理体系标准

(1)《环境管理体系　要求及使用指南》为国家推荐标准,其实施具有自愿性。

(2)环境管理体系标准要求企业由污染的末端治理转向污染预防全

过程的控制,促进企业树立良好的社会形象。

(3)环境管理体系标准能够规范企业环境管理活动的行为,并证实与国家法律法规及其他要求的符合性,对外可以提供第三方认证。

(4)环境管理体系能够促使组织为实现环境目标或指标,在适宜和经济条件许可时,考虑采用最佳可行技术,同时充分考虑到采用这些技术的成本效益。

(5)本标准不包含针对其他管理体系的要求,如质量、职业健康安全、财务或风险等管理体系要求，但可以将本标准所规定的要素与其他管理体系的要素进行协调或加以整合。建立适合集装箱码头的多体系一体化的管理体系,统一规划集装箱码头管理资源,降低管理成本。

3. 环境管理体系策划与文件化

(1)环境管理体系策划。避免脱离现行的管理制度和操作惯例,评估现行管理体系的状况,比照环境法律法规及其他要求,找出差距,提出评估结果。根据初始环境评估所判定出的重要环境因素,结合集装箱码头的总体经营战略,初步拟订组织的环境方针。

(2)环境管理体系文件化。比照环境管理体系标准要素要求,建立环境手册、控制程序、作业指导书及记录的文件化体系框架。如建立"三体系"结合或整合的管理体系,预先策划质量、职业健康安全与环境体系标准要求的文件衔接。

(3)环境管理体系文件编制应适合集装箱码头管理模式。反映环境因素的类别,符合技术工艺状况和人员素质。文件应适合经营战略调整、科技进步、市场导向、相关的法律法规及其他要求改变。

## 二、集装箱码头环境管理的重要意义

随着世界性环境问题的日益严重，国际社会对加强环境保护的呼声日益高涨。许多国际公约对环境保护的要求也日趋严格，国际海事组织(IMO)MARPOL 73/78 公约附则中对港口环境保护措施提出了具体要求，在这方面国外主要港口和我国的部分港口环境保护工作是比较成功的。

集装箱码头环境保护工作意义重大,必须坚持可持续发展原则。以国家环境保护法律、法规及其他要求为依据,符合国际公约要求,遵循《环境管理体系　要求及使用指南》标准所规定的要素。

在集装箱码头规划建设过程中坚持"三同时"原则,即环境工程与主体工程同时设计、同时施工、同时投产,处理好发展与自然、资源与环境的关系。在码头的施工建设期,强化环境管理,消减或消除吹填溢流、土石方开挖、施工过程中的物料运输及生活垃圾、疏浚悬浮物、施工船舶污水等对近海及陆域环境带来的负面影响。在集装箱码头经营期,要将生产过程的能源及污染的控制作为环境因素控制的重点。

## 三、集装箱码头规划建设环境评估

集装箱码头的环境评价采用《建设项目环境影响报告表》,按照国家环保法规,评价工程对自然环境、社会环境的影响范围和程度,控制污染物排放总量,确保污染物达标排放。其主要构成是:

(1)建设项目基本概况。设计船型,码头、堆场设计方案,装卸工艺、配套设施,原有污染和主要环境问题。

(2)项目所在地自然环境、社会环境简况。气象、水文、地质,社会环境。

(3)环境质量状况。包括环境空气质量现状、声环境质量现状、水环境概况、生态环境概况。

(4)环境评价适用标准及指标,如表 18-4-1 所示。

某集装箱码头改造环境评价适用的标准数据　　表 18-4-1

**环境质量标准**

《环境空气质量标准》(GB 3095—1996)中的二级标准　　单位:$mg/m^3$

| 污染物名称 | $SO_2$ | $NO_2$ | PM10 | TSP |
|---|---|---|---|---|
| 浓度限值(日均值) | 0.15 | 0.12 | 0.15 | 0.3 |

《城市区界环境噪声标准》(GB 3096—93)中的 3、4 类标准

城市区域环境噪声标准　　单位:dB(A)

| 标准 | 昼间 | 夜间 |
|---|---|---|
| 3类 | 65 | 55 |
| 4类 | 70 | 55 |

《海水水质标准》GB 3097—1997(4 类海域)　　单位:mg/L(pH 除外)

| 标准 | pH | DO | COD | SS | 石油类 | 磷酸类 | 无机氮 |
|---|---|---|---|---|---|---|---|
| 四类 | 6.8~8.8 | >3 | ≤5 | ≤150 | ≤0.50 | ≤0.045 | ≤0.50 |

续上表

<table>
<tr><td rowspan="7">污染物排放标准</td><td>《污水综合排放标准》(GB 8978—1996)中的三级标准 单位:mg/m³(pH 除外)</td></tr>
<tr><td>

| 污染物 | SS | CODcr | 石油类 | pH |
|---|---|---|---|---|
| 标准 | 400 | 500 | 20 | 6~9 |

</td></tr>
<tr><td>《建筑施工场界噪声限值》(GB 12523—1990)<br>施工阶段作业噪声标准 单位:dB(A)</td></tr>
<tr><td>

| 施工阶段 | 主要噪声源 | 噪声限值 | |
|---|---|---|---|
| | | 昼间 | 夜间 |
| 土石方 | 推土机、挖掘机、装卸机等 | 75 | 55 |
| 结构 | 混凝土搅拌机、振捣棒、电锯等 | 70 | 55 |

</td></tr>
<tr><td>《工业企业场界噪声标准》(GB 12348—1990)中的 III、IV 标准<br>单位:dB(A)</td></tr>
<tr><td>

| 类别 | 昼间 | 夜间 |
|---|---|---|
| III | 65 | 55 |
| IV | 70 | 55 |

</td></tr>
</table>

(5)建设项目工程分析。集装箱码头功能、作业流程简述、主要污染工序。

(6)项目主要污染物及预计排放情况,包括:

①大气污染物。施工期砂石料运输、堆场产生的扬尘、装卸机械烟尘等。

②水污染物。生活污水的浓度及排放量等。

③固体废物。施工期及营运期的建筑和生活垃圾;营运期的船舶废物、拆箱废物、含油棉纱等。

④噪声。施工机械、装卸机械声音等。

(7)环境影响分析。

①水环境影响分析包括疏浚悬浮物影响、吹填溢流影响、施工生活污水、施工船舶油污水等。

②施工期物料运输、存储对环境空气影响分析。

③施工期机械噪声对声环境影响分析。

④施工期对生态环境的改变分析,包括底栖环境的改变、悬浮物和浊度。

(8)建设项目拟采取的环保措施及预期治理效果。

(9)总体结论与建议。

## 四、集装箱码头生产运营中对环境因素的控制

集装箱码头生产运营过程中的环境污染主要包括内燃机械排放的废气污染,机械产生的噪声污染,船舶和陆域的生产、生活污水,船舶和陆域的固体废弃物等。

1. 基础工作

1)建立环保管理机构,明确职责

集装箱码头设置专(兼)职人员负责环境法律法规及其他要求的传达与落实;负责建立集装箱码头环保监测、检查、绩效管理考核制度。

2)建立文件化的环境管理体系

环境管理体系文件由环境手册、管理程序、作业指导书和记录4部分构成。

(1)环境管理手册

总体阐述集装箱码头的环境方针,环境目标或指标,明确重要环境因素、组织机构及其相应职责,是集装箱码头环境管理工作的指南和纲领性文件。一般附有:《环境因素清单和重要环境因素清单》、《环境法律法规清单》、《环境目标、指标和环境管理方案一览表》、《组织机构图:环境管理体系组织机构图以及体系要素职能分配表》、《环境管理体系程序文件清单》、《图表:厂区平面图、地下管网图、生产工艺流程图》等。

(2)环境管理主要程序

①环境因素管理控制程序。对环境因素识别和控制是持续改善环境影响的基础。管理程序需明确:部门职责、环境因素的调查范围与原则;环境因素识别的具体方法;评价环境因素的职责和原则;重要环境因素的评价方法和依据等。如某集装箱码头常见的主要环境因素识别清单,见表18-4-2。

②法律法规与其他要求获取程序。

明确获取的方法、识别的渠道,确定这些要求如何应用于环境因素。

③制定应急预案和响应程序。结合企业特点、作业班制,制定可操作性的预案,针对化学危险货物泄漏、船舶漏油等突发环境事件,采取措施,控制环境影响。应急程序需考虑:

a. 对内、外部应急联络人、部门及其职责作出规定,必要时应规定到工作岗位。

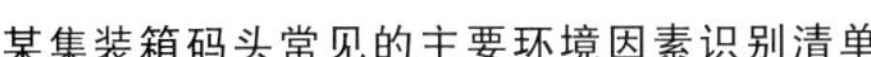
某集装箱码头常见的主要环境因素识别清单

表 18-4-2

| 活动或场所 | 环境因素 | 环境影响 |
|---|---|---|
| 港口机械 | 机械噪声排放 | 噪声 |
| | 设备润滑部分黄油渗漏 | 土壤 |
| | 油路渗油 | 土壤污染 |
| | 拖挂车尾气排放 | 大气污染 |
| | 轮胎式场桥发动机尾气排放 | 大气污染 |
| 维修区 | 气泵噪声 | 噪声 |
| | 切割机噪声 | 噪声 |
| | 电钻噪声 | 噪声 |
| | 金属边角下料排放 | 资源 |
| | 废油手套污染 | 资源、土壤 |
| | 黄油滴漏 | 土壤 |
| | 废零件排放 | 资源 |
| | 废电瓶污染 | 土壤 |
| | 维修场地废油水污染 | 土壤 |
| | 各种废车用电线排放 | 资源、土壤 |
| | 废旧轮胎排放 | 资源、土壤 |
| 集装箱堆场 | 融雪剂损蚀 | 土壤、植被破坏 |
| | 拆装箱废弃物排放 | 资源 |
| | 洗箱废水污染 | 土壤 |
| | 清洗箱的化学清洗剂污染 | 土壤 |
| | 外部拖车生活垃圾排放 | 土壤 |
| | 大件接卸废弃加固器排放 | 资源 |
| | 化学危险货物箱污染 | 土壤、大气、海洋 |
| | 冷藏箱制冷污染 | 大气 |
| 船舶靠泊 | 船舶废油水排放 | 海洋环境 |
| | 船舶生活垃圾排放 | 资源、土壤 |
| 办公区域 | 可回收的固体废弃物排放 | 资源 |
| | 不可回收的固体废弃物排放 | 土壤 |
| | 打印机墨粉、复印机碳粉泄漏 | 大气、土壤 |
| | 电冰箱/空调氟泄漏 | 大气 |
| | 绿化用杀虫剂喷洒 | 大气 |

b. 针对可能发生的紧急情况采取必要的准备(灭火器、危险货物说明书、逃生通道)。

c. 事件报告程序,现场的负责岗位,相关应急联络方式。

d. 针对已发生的紧急情况所采取的处置措施。

e. 紧急情况发生后的分析,以及对程序进行评审与修订等事宜。

f. 定期对应急预案进行演练,演练后应进行总结,必要时对原预案进行评审和修订。

一般集装箱码头环境体系程序文件清单见表18-4-3。

一般集装箱码头环境体系程序文件清单　　表18-4-3

| 程序文件 | 标准对应条款 | 程序文件 | 标准对应条款 |
|---|---|---|---|
| 环境因素的识别与评价程序 | 4.3.1 | 管理评审程序 | 4.6 |
| 法律法规与其他要求获取程序 | 4.3.2 | 应急准备和响应程序 | 4.4.7 |
| 环境目标、指标和管理方案程序 | 4.3.3<br>4.3.4 | 培训程序 | 4.4.2 |
| 环境信息交流程序 | 4.4.3 | 文件资料控制程序 | 4.4.5 |
| 纠正与预防措施程序 | 4.5.2 | 记录控制程序 | 4.5.3 |
| 环境管理体系审核程序 | 4.5.4 | 监测和测量程序 | 4.5.1 |
| 运行控制程序 | 4.4.6 | | |

(3)作业指导书

可根据集装箱码头实际需要确定作业指导书的种类和数量。

(4)记录

根据集装箱码头经营管理规模建立相应的环境管理体系记录。

3)集装箱码头环境的控制指标与监测

(1)以某港区环境控制指标为例:

①大气环境控制指标,执行GB 3095—1996《环境空气质量标准》中的二级大气环境质量标准。

②集装箱码头水环境采用GB 3097—1997《海水水质标准》中4类海水水质控制。

③集装箱码头作业现场执行GB 12348—1990《工业企业场界噪声标准》。

④办公及居住区执行GB 3096—1993《城市区域环境噪声标准》。

(2)建立管理程序,系统地进行检测和测量的控制,建立时可以考虑以下几个环节:

①明确监控与测量的内容：包括重大环境因素是否受控；目标、指标完成情况；法律法规及其他要求的符合性；运行控制程序的有效性等。

②监控的职责、方法和具体步骤。

③测量方法和监测频率。

④对监控、监测结果的处理。

⑤监测仪器的校准。

⑥做好各种监测记录。

⑦监测人员资格培训等。

2. 集装箱码头一般环境因素的控制

1)生活污水的控制

集装箱码头生产和生活污水的控制管理。废油水是集装箱码头运营期间主要的环境因素。废油水主要来源于码头的设备维修区域和船舶航行时产生的机舱油污水。

在码头规划上，做好污水管网的布局和配套设施建设，集中处理码头的污水，并再生利用；机械维修区配置油水分离器，废油水必须经过油水分离处理。在码头运营中，污水经处理转入码头污水管网进入污水处理厂处理；船舶携带的废油水由港口专门的环保专用船处理；码头生活污水可直接进行处理，主要采用活性污泥法和气浮法；雨水采用絮凝法。

2)固体废弃物的控制

码头固体废弃物包括船舶垃圾和陆域垃圾。船舶垃圾经海事部门批准，专业接收单位接收并处理；陆域垃圾由专业的环保部门收集，直接转入城市垃圾处理场处理；推行垃圾按可回收和不可回收进行分类，有利于能源的再生利用。

3)装卸机械尾气和噪声的控制

集装箱码头采用内燃机驱动方式的设备，重点控制尾气排放，一方面使用清洁能源，在油品上进行监控；另一方面加强维护修理，减轻对大气的污染。

集装箱码头要控制对居民生活区的噪声污染。

3. 集装箱码头环境因素控制案例——洗箱污染的控制

目前，国内外适箱货物种类繁多，特别是危险货物、冷藏货物、大量化工产品通过集装箱运输方式装运的运量逐年增多，防止箱体污染非常重要。必须对装运过有毒、有害、腐蚀品以及发生危险货物污染的集装箱进行清洗；冷藏箱在装箱前，也必须进行例行清洗。洗箱业务是集装箱运输系统中不可缺少的重要环节，码头规划要配套建立集装箱清洗废水处理

设施。

1)集装箱污染的分类

按污染程度的不同,大致可分为如下几类:

(1)一般粉尘污染。如尘土、杂物、无毒无害的货物碎粒、碎包装衬垫物等。

(2)染料污染。如装运过炭黑、染料、颜料等。

(3)动物液汁污染。如冷藏水产品、生牛羊皮有腥臭味和微生物对箱体的污染。

(4)油脂类污染。如各类润滑油、矿物油、动物油脂等。

(5)放射性污染。箱内装过放射性货物,如果包装欠佳,就有可能使箱体和箱内粉尘带有放射性物质。

(6)高毒性化学品污染。主要指对人体及生物有害的化学品。

(7)一般毒性化学品污染。主要指对人体有轻微毒害作用的化学品。

(8)对箱体腐蚀的污染。此类污染造成箱体、设备、人体腐蚀。

2)集装箱洗箱作业

(1)清洗作业流程

洗箱作业工艺流程如图 18-4-1 所示。

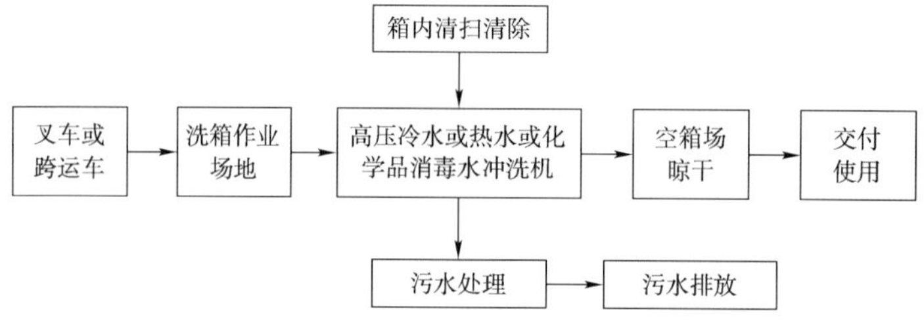


图 18-4-1 洗箱作业工艺流程示意图

(2)危险货物集装箱清洗作业过程中污染的控制

①集装箱在清洗前,必须对待洗箱情况进行详细登记。

②根据所洗集装箱原来所装货物的特性,在洗箱场地分类堆放。

③根据集装箱原装货物特性,选定相应洗箱方法。

④必须彻底清除箱内一切杂物。

⑤对清扫完毕的污箱作进一步吸尘处理。吸尘器回收的粉尘不能随便丢弃,统一处理。

⑥凡发现有明显污染的集装箱,应注明箱内所喷药物的名称及清洗工艺。

⑦采用高压冷水或热水冲洗，着重冲洗地板、内壁。

⑧将所有粘贴于箱体外部的危险货物标志(牌)清除干净。

⑨经清洗合格的集装箱应充分干燥。

⑩清洗完毕，经检验人员确认合格，粘贴洗箱标志备用。

(3)危险货物集装箱污水处理

装运过危险货物或其他污染物的集装箱，在清洗的过程中，会产生有毒、有害废水。这些废水必须根据国家《环境保护法》和地方环保法规进行处理，分解有毒物质为无毒物质，除臭、除味、除色度，并使化学耗氧量(COD)、酸碱度(pH)、悬浮物(SS)3项指标符合国家规定排放标准后才能排放。

## 五、实现清洁生产是集装箱码头追求的目标

1. 清洁生产定义

清洁生产是指将综合性、预防性环境战略持续地应用于生产过程、产品和服务中，以期增加生态效率，并减少对人类和环境的风险，是持续利用资源、减少工业污染、保护环境的根本措施。

2. 清洁生产目标

(1)通过资源的综合利用，短缺资源的代用，二次能源的利用以及节能、省料、节水、合理利用自然资源，减缓资源的耗竭。

(2)减少废料和污染物的生成和释放，促进工业产品的生产、消费过程与环境相容，降低整个工业活动对人类和环境的风险。

3. 集装箱码头实施清洁生产的主要途径

(1)从采购的源头进行控制。集装箱码头生产、生活以及办公用品应有严格的进货检验程序，防止污染产品、物品进入，把住采购源头关，确保实施清洁生产。

(2)推广使用清洁能源。

(3)生产过程积极采用节能、降耗措施。

(4)采用新工艺、新技术、新方法。

(5)持续改进环境管理体系，将环境保护与经济发展相结合，控制整个集装箱码头装卸生产过程，以最大限度保护资源和环境，实现可持续发展目标。

# 第五节 现代集装箱码头设施保安技术

中国政府对于航运业和港口业的安全管理十分重视，我国作为国际海事组织的A类理事国一向以安全作为生产前提，积极履行有关国际公

约。交通部依据国际海事组织通过的《1974年国际海上人命安全公约》(SOLAS公约)海上保安修正案和《国际船舶和港口设施保安规则》(ISPS规则),结合我国港口实际,制定了《港口设施保安规则》(交水发[2003]500号),并于2004年7月1日起实施。本节针对集装箱码头的实际和《港口设施保安规则》的有关规定,对集装箱码头设施保安技术进行介绍。

## 一、集装箱码头周界保安系统

1. 围墙

1)围墙类型

围墙的保护水平有赖于其高度、构造、材料以及其他保安措施,其类型应与能预料到的威胁相适应,达到应对潜在保安威胁的目的,根据保安等级可以分为4级。

(1)A级。保安围墙可以防范装备良好又非常熟练并蓄谋已久的入侵者,通常需要有其他周界保安系统给予支持。

(2)B级。中等保安围墙的设计要能够阻止和延缓带有作案工具的入侵者,并能阻止入侵者的翻越企图或破墙而入。

(3)C级。能阻止企图翻墙或破墙而入,但又未带作案工具试图相机而入的入侵者。

(4)D级。没有特殊保安标准的围墙,很少有防范措施;任何建筑物或栅栏都可视为D级围墙。

2)围墙的设计的要求

(1)围墙的高度和构造应满足物理安全性能要求。

(2)围墙下面不应有排水沟、管道等入口,应用水泥加固围墙下部。

(3)围墙拐角处容易翻越,应尽量减少拐角。

2. 建筑物的实体安全

建筑物实体安全主要考虑建筑物进出口的功能和安全性,可能入口包括所有的门和其他入口、一楼窗户、其他可进入的窗户、燃料通道、检修井盖、停车场、下水管道和屋顶等,不同的入口应有不同的实体安全保护措施;重点包括:门、通道门、建筑物底层的门、紧急出口、门框、门栓、铰链和门栓、窗户、管道、低矮部位、公共设施。

3. 入侵探测系统(IDS)

IDS是用来探测入侵者进入或企图进入保护区域的安防设备,通过IDS可以辨别入侵者的位置并发出报警信号。

IDS可以对某个区域提供连续的监视作用,有助于减少所需要的保安力量,将 IDS 安装在港口设施外围,能够探测进入或企图进入集装箱码头设施的入侵者并发出警报信号。

## 二、集装箱码头通道控制系统

1. 通道的人工控制

1)门岗的设置和出入口管理

(1)在集装箱码头设施、限制区域出入口门岗(控制岗),派专人值岗,根据规定和指令开启或关闭出入口。

(2)从保安角度出发,出入口宜少不宜多。

(3)出入口在不用时应封闭或隔断。

(4)在保安等级升高时,应关闭部分或全部出入口。

2)出入口的通行管理

(1)集装箱码头设施应建立通行证系统和严格的通行管理制度。

(2)为经常出入集装箱码头设施的工作人员、车辆制作并发放长期或短期的通行证。

(3)通行证或标志物等应不易仿造,并定期更换。

(4)对持有通行证或穿戴制服佩戴标志的人员、车辆,经查验确认,准予通行。

(5)有正当事务来访人员,经核实准予通行。

(6)无关人员、车辆不准通行。

2. 通道的自动控制

1)自动控制是利用密码、证件等自动识别技术,对建筑物的门、通道等出入口进行自动开启控制,常见的识别技术有:密码识别、证件或信息卡识别、生物特征识别、车辆牌照自动识别、复合识别等。

2)通道的自动控制除可以实现集装箱码头设施通道控制的功能要求外,还可以具备以下功能:

(1)自动记录人员、车辆进出信息。

(2)分时段、分区域、分权限级别的自动控制。

(3)针对破坏和非法闯入的报警。

(4)实现计算机网络化管理。

## 三、集装箱码头保安证件系统

1. 证件使用的基本要求

1)证件管理

集装箱码头设施安全保卫部门应负责制定和公布关于通行证使用、管理与监督的规定，所有证件应由安全保卫部门或授权的单位设计与制作，并指令专人负责通行证管理。

2)发证

发放证件时，应确认证件上有持证人照片、姓名和部门等个人信息，内容应与发证部门提供的格式一致。

3)遗失、被盗或误用

发生证件遗失或被盗，应在12h内报告，由保安部门通知保安人员和相关部门，宣布遗失证件无效。

4)证件的携带与出示

无论在限制区、维护区、装卸区或候船室，所有员工都要携带并出示证件，来访人员出示临时通行证。

2. 证件设计与制作

1)证件设计

(1)证件形式

①有防伪标志，可以通过复杂的背景或线形连接环设计实现。

②有辅助识别标志，可以在背景上印制主题图案，照片应与背景形成鲜明对比，面部至少占证件1/3面积。

③防止照片被替换，通过迭片结构处理和安全印制实现。

(2)证件内容

①有效期。用数字标明年、月。

②通行区域。证件上标明可以进入的区域。

③持证人姓名。

④持证人所属部门或单位。

⑤证件编号。

2)证件制作

为了保证证件制作安全，应严格控制证件的制作流程。授权人员只有拿到有关部门签字的申请表后才能开始制作证件，持证人员签字后进行发放。

3. 车辆通行证

进入集装箱码头的车辆需提供车辆通行证，并接受保安人员的检查，通行证应包括下列信息：车牌号、车辆所属单位或个人、有效期(最长不超过12个月)、通行区域、允许通过的入口通道。

4. 证件控制

证件控制措施可以采取以下形式：由个人自觉保管；建立专门机制对

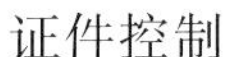

证件控制。

## 四、集装箱码头设施保安检查技术

集装箱码头设施保安检查是基于保安需要，对试图进入集装箱码头设施的人员、车辆、物品进行检查，防止恐怖分子等威胁集装箱码头设施和船舶保安的人员及物品进入。

1. 证件检查

1)证件检查内容

(1)长期在港工作人员应出示集装箱码头设施通行证或工作证。

(2)送、提货集装箱人员应出示托运、提货单据和身份证件。

(3)临时来集装箱码头联系工作人员，经与被访问人核对后，查验工作证件或身份证件。

(4)靠泊集装箱码头船舶船员应出示船员身份证件。

(5)对于探访靠泊集装箱码头船员的人员，应与船舶保安人员联系核实身份，查验证件，由船员到集装箱码头设施入口处，陪同探访者进入集装箱码头登轮。

2)证件检查方法

(1)辨别证件真假。

(2)确认人证一致。

(3)核对真假内容。

2. 对人身和个人物品的搜查

1)搜查应遵守的原则

(1)应由具有相应权利的司法人员或公安人员进行，特殊情况下，如保安等级升高，征得当事人同意，保安人员可以实施搜查。

(2)搜查人员应有策略、有礼貌和谨慎。

(3)搜查程序应系统化。

(4)人员携带的所有物品均应搜查，并通过X光或其他爆炸物探测设备扫描。

(5)应防止人员将其携带的物品与他人调换。

(6)物品只有在对其携带者的搜查结束后方能归还。

(7)搜查结束后，应对被搜查者的配合表示感谢。

2)搜查的局限性

(1)要求被搜查者的配合。

(2)电器、电子物品及机械物品只能由技术设备检查。

(3)与扫描设备相比,需要检查的人员及行李较多时,搜查比较费时。

(4)搜查的效果易受实施者主观因素影响。

(5)对于被搜查者来讲,搜查是一种不愉快的事情。

3)搜身

此项检查必须由公安人员进行,集装箱码头若确有此种需要时,应通过主管部门请求公安机关协助。

3. 行李检查

可使用X光、金属探测仪等检查设备和人工检查方法,对进港人员的行李进行检查,一般采用以下步骤:

(1)检查行李中隐藏的违禁物品。

(2)对行李进行X光扫描。

(3)用人工搜查行李。

(4)对查获的物品处置。

4. 集装箱货物和船舶备品检查

(1)在进入集装箱码头时核对货物和船舶备品清单,对单货不符、有夹藏物品嫌疑的应限制进入。

(2)可使用电子扫描、探测等设备进行检查。

(3)对运送货物和船舶备品的人员,应同时检查证件,核查身份。

(4)对运送货物和船舶备品的车辆,应同时检查有无夹藏危险物品和人员。

(5)未经预定的船舶物料,应限制进入。

(6)发现供货商交付船舶物料与船方预定内容不符,集装箱码头保安人员可拒绝其进入集装箱码头,并通报船舶保安人员。

(7)必要时集装箱码头设施保安人员可协助船方对交付物料进行检查。

(8)船舶备品检查应作为保安检查的重点。

5. 车辆检查

(1)驾驶员和随车工作人员的检查、登记。

(2)车辆证件、牌照的检查。

(3)车身检查。

(4)车辆内部检查。

(5)车辆装载货物的检查。

(6)集装箱车辆的附加检查程序。

①仔细核对运单与箱号,查看有无涂改和变造。

②检查集装箱箱门封识是否良好。

③注意观察集装箱箱体有无隐蔽开口,箱内有无异响。

④发现重大疑点,可报告海关或公安部门做进一步检查、处理。

## 五、集装箱码头保安监控系统

1. 保安监控系统功能

(1)监控集装箱码头设施,包括锚泊和靠泊区域、岸上和水上入口。

(2)监控限制区域,确保只有经过授权的人员才能进入。

(3)连续监控记录。

(4)全天候监控。

(5)使用照明和入侵报警设备。

2. 人工监控

(1)保安守卫:固定岗、游动岗。

(2)保安巡逻。

3. 自动监控

包括闭路电视系统和照明设备。闭路电视系统包括远程监视、自动记录和处理图像、核实报警和自动报警、遥控指挥调度等。

## 六、集装箱码头探测技术和设备

1. 爆炸物和武器的探测

(1)低烈度爆炸物(烟火爆炸物/推进剂)。

(2)高热度爆炸物(硝化甘油类、TNT类、塑胶爆炸物、燃料与氧化剂的混合物、引信)。

(3)武器(枪支、弹药、刀锋类武器、可导致昏迷的喷雾)。

2. 探测设备

(1)金属探测设备包括手提式金属探测器、通过式金属探测器。

(2)X光探测设备。

(3)其他类型的爆炸物探测技术设备包括核子探测设备、水蒸气及痕迹探测设备、化学探测法、爆炸物探测犬、电子回执探测。

## 七、集装箱码头保安通信系统

1. 功能要求

(1)确保可随时进行保安通信。

(2)确保集装箱码头设施保安员和船舶保安员进行联络和协调,一般使用甚高频无线对讲系统。

(3)确保保安组织与其他有关当局的通信。

(4)保安通信可借助集装箱码头已有的通信设施,但需确保保安通信优先。

(5)保安通信应采取必要的保密措施。

(6)保安通信系统的网络布建应与通道控制系统和监控系统等相协调,新建、改建港口设施可集成设计,统一布建。

2. 保安通信系统需联通的人员和机构

(1)集装箱码头设施保安员、保安工作人员。

(2)集装箱码头设施保安相关部门及人员。

(3)来港船舶。

(4)集装箱码头设施所在地相关机构,包括港口行政管理、公安、海事、海关等部门。

(5)集装箱码头保安的各级主管部门,包括交通部和所在省、区、市的交通厅、局等。

3. 保安通信可选用的设备

(1)有线设备,如电话、传真、电传、广播等。

(2)无线设备,如对讲机、移动电话、卫星电话等。

(3)港口、海运专用通信设备,如VHF、VTS、GMDSS、AIS设备等。

(4)视频监控系统的通信设备。

(5)计算机网络设备。

## 八、集装箱码头保安信息资料

1. 保安信息

保安信息是与集装箱码头设施保安直接相关或有重大影响的信息。收集和处理保安信息是集装箱码头设施保安工作的重要内容。

(1)保安信息包括保安事件信息、保安预警信息、保安等级信息、到港集装箱船舶保安信息、集装箱码头设施保安工作信息等。

(2)保安信息的收集处理包括通过向有关船舶、媒体、网络收集保安信息并核实、记录、汇总分析、报告、通报等。

2. 保安资料

(1)法律法规及其他要求

①有关港口设施保安的国际公约文件。

②有关港口设料和录音、录像资料。

③值班、巡逻、检查、清查等工作记录。

④保安信息记录。

⑤保安演练、演习记录。

⑥其他工作记录。

(2)通告通行证件、门卫查验的各类单据样本。

(3)人员、车辆办理通行证件的登记资料。

(4)相关应急预案和应急程序资料。

(5)保安设施资料。

(6)保安地图(包括电子地图)。

(7)保安住处资料管理。

(8)保安信息资料的保密。

# 附录一　部分国际组织、政府机构及非政府组织网址

| 序号 | 名称 | 网址 |
|---|---|---|
| 1 | 联合国经济与社会理事会(ECOSOC) | http://www.un.org |
| 2 | 联合国贸易和发展会议(UNCTAD) | http://www.unctad.org |
| 3 | 联合国贸易法律委员会(UNCITRAL) | http://www.uncitral.org |
| 4 | 国际海事组织(IMO) | http://www.imo.org |
| 5 | 国际港口和港湾协会(IAPH) | http://www.iaphworldports.org |
| 6 | 中华人民共和国中央人民政府门户网站 | http://www.gov.cn |
| 7 | 中华人民共和国发展与改革委员会 | http://www.sdpc.gov.cn |
| 8 | 中华人民共和国交通部 | http://www.moc.gov.cn |
| 9 | 中华人民共和国铁道部 | http://www.china-mor.gov.cn |
| 10 | 中华人民共和国商务部 | http://www.mofcom.gov.cn |
| 11 | 中华人民共和国海关总署 | http://www.customs.gov.cn |
| 12 | 中华人民共和国质量监督检验检疫总局 | http://www.aqsiq.gov.cn |
| 13 | 中华人民共和国海事局 | http://www.msa.gov.cn |
| 14 | 中国交通运输协会 | http://www.cctanet.org.cn |
| 15 | 中国航贸网 | http://www.snet.com.cn |
| 16 | 中国国际海运网 | http://www.shippingchina.com |
| 17 | 中国港口协会 | http://www.port.org.cn |
| 18 | 中国口岸协会 | http://www.caop.org.cn |
| 19 | 中国国际货运代理协会 | http://www.cifa.org.cn |
| 20 | 中国船舶代理及无船承运人协会 | http://www.casa.org.cn |
| 21 | 中国集装箱运输网 | http://www.j963.com |
| 22 | 中国集装箱工业协会 | http://www.chinaccia.com |
| 23 | 中国物流与采购网 | http://www.chinawuliu.com.cn |
| 24 | 中国港口集装箱网 | http://www.portcontainer.com |
| 25 | 国家标准化管理委员会 | http://www.sac.gov.cn |
| 26 | 国家工程建设标准化信息网 | http://www.ccsn.gov.cn |
| 27 | 中国法律信息网 | http://www.law-star.com |

# 附录二　中国主要集装箱港口及集装箱码头网址

| 序号 | 名　称 | 网　址 |
|---|---|---|
| 1 | 锦州新时代集装箱码头股份有限公司 | http://www.jnct.com.cn |
| 2 | 大连港集团 | http://www.portdalian.com |
| 3 | 大连集装箱码头有限公司 | http://www.dct.com.cn |
| 4 | 大连港湾集装箱码头有限公司 | http://www.dpn.com.cn |
| 5 | 大连大港中海集装箱码头有限公司 | http://www.hrb615.com |
| 6 | 营口集装箱码头有限公司 | http://www.ykct.com |
| 7 | 天津港(集团)有限公司 | http://www.ptacn.com |
| 8 | 天津港集装箱码头有限公司 | http://www.tctcn.com |
| 9 | 天津东方海陆集装箱码头有限公司 | http://www.toct.com.cn |
| 10 | 天津五洲国际集装箱码头有限公司 | http://www.5ict.com |
| 11 | 烟台环球码头有限公司 | http://www.dpiterminals-yt.com |
| 12 | 烟台港通货柜码头有限公司 | http://www.huisun.com |
| 13 | 青岛港(集团)有限公司 | http://www.qdport.com |
| 14 | 青岛前湾集装箱码头有限责任公司 | http://www.qqct.com.cn |
| 15 | 日照港集装箱公司 | http://www.rzport.com/jzx.asp |
| 16 | 连云港新东方集装箱码头有限公司 | http://www.lnoct.com |
| 17 | 武汉港务集团 | http://www.wuhanport.com |
| 18 | 重庆港 | http://www.cqg.com.cn |
| 19 | 武汉国际集装箱转运有限公司 | http://www.witport.com |
| 20 | 南京港 | http://www.njp.com.cn |
| 21 | 上海国际港务(集团)股份有限公司 | http://www.portshanghai.com.cn |
| 22 | 上海集装箱码头有限公司 | http://www.sctport.com.cn |
| 23 | 上海浦东国际集装箱码头有限公司 | http://www.spict.com |
| 24 | 上海沪东集装箱码头有限公司 | http://www.sect.com.cn |
| 25 | 上海明东集装箱码头有限公司 | http://www.smct.com.cn |
| 26 | 上海盛东集装箱码头有限公司 | http://www.shsict.com |
| 27 | 南通港务集团集装箱码头分公司 | http://www.ntctnet.com |

| 序号 | 名　　称 | 网　　址 |
|---|---|---|
| 28 | 张家港永嘉集装箱码头有限公司 | http://www.zwtnet.com |
| 29 | 宁波港集团有限公司 | http://www.nbport.com.cn |
| 30 | 宁波大榭招商国际码头有限公司 | http://www.cmict.com.cn |
| 31 | 宁波港北仑第二集装箱有限公司 | http://nbsct.nbport.com.cn/b2ct |
| 32 | 宁波港集装箱镇海港埠有限公司 | http://zhhh.nbport.com.cn |
| 33 | 浙江世航乍浦港口有限公司 | http://www.zitl.com |
| 34 | 厦门港口管理局 | http://www.portxiamen.com.cn |
| 35 | 厦门象屿新创建码头有限公司 | http://www.nwxy.com |
| 36 | 广州港集团有限公司 | http://www.gzport.com |
| 37 | 广州集装箱码头有限公司 | http://www.gct.com.cn |
| 38 | 广州港南沙港务有限公司 | http://www.gnict.com |
| 39 | 深圳市盐田港集团有限公司 | http://www.ytport.com |
| 40 | 盐田国际集装箱码头有限公司 | http://www.yict.com.cn |
| 41 | 蛇口集装箱码头有限公司 | http://www.sctcn.com |
| 42 | 赤湾港航股份有限公司 | http://www.szcwh.com |
| 43 | 招商港务(深圳)有限公司 | http://www.zsgw.com |
| 44 | 珠海国际货柜码头(九洲)有限公司 | http://www.zictj.com.cn |
| 45 | 湛江港中海集装箱码头有限公司 | http://www.zpct.com |
| 46 | 香港港口发展局 | http://www.pdc.gov.hk |
| 47 | 高雄港务局 | http://www.knb.gov.tw |
| 48 | 中海集装箱运输股份有限公司 | http://www.cscl.com.cn |
| 49 | 中国国际海运集装箱(集团)股份有限公司 | http://www.cimc.com |

# 附录三　主要集装箱装卸设备制造厂商网址

| 序号 | 名　称 | 网　址 |
|---|---|---|
| 1 | 上海振华港机(集团)股份有限公司 | http://cn.zpmc.com |
| 2 | 上海港机重工有限公司 | http://www.chinaspmp.com |
| 3 | 诺尔起重设备(中国)有限公司 | http://www.noellchina.com |
| 4 | 大连重工·起重集团有限公司 | http://www.dhidcw.com |
| 5 | 大连叉车有限责任公司 | http://www.dlcczc.com |
| 6 | 梵特仕集团(中国)有限公司 | http://www.fantuzzi.com.cn |
| 7 | 卡尔玛亚太有限公司 | http://www.kalmarasia.com |
| 8 | 安徽合力叉车有限公司 | http://www.helichina.com |

# 附录四 “十五”期间中国集装箱运输大事记

## 2001 年

2001年，国家计委发布《“十五”综合交通体系发展重点专项规划》（简称《规划》），确定沿海港口发展方针是：以优化港口布局和调整泊位结构为主，通过新建、扩建、改建，重点完善沿海港口集装箱运输系统、大宗散货运输系统；加快港口设施技术进步，提高技术装备现代化水平，实现由数量增长型向质量提高型、由管理粗放型向集约经营型的两个转化。《规划》确定，“十五”期间，沿海港口建设深水泊位 140 个，新增吞吐能力 26 亿吨，集装箱泊位 50 个，吞吐能力 1 650 万 TEU，等等。《规划》对集装箱运输特别作出规划：“十五”期间，重点建设上海国际航运中心集装箱深水港和能靠泊第四代以上集装船的干线港，相应发展支线港，促进我国形成布局合理、层次清晰、干支衔接、功能完善、管理高效的国际集装箱运输系统和我国大陆沿海具有 1 000 万 TEU 以上集装箱枢纽港。

2001 年 1 月 23 日，上海港首次推出 10ft 国际海运集装箱。首批新型集装箱于 1 月 23 日投用于中日定期班轮“苏州”轮，这不仅在国内而且在全球班轮业尚属首次。

2001 年 4 月 1 日，上海港建起全封闭集装箱箱管区，在上海港外高桥集装箱码头有限公司的港区内实现了全封闭式管理。

2001 年 4 月 18 日，中海码头发展有限公司在上海正式成立。

2001 年 4 月，九江港集装箱码头建成。

2001 年 4 月，重庆、泸州两港结成共同开发集装箱运输战略联盟。

2001 年 5 月 24 日，国务院批准常州港为一类口岸对外开放。

2001 年 6 月，天津港集装箱码头有限公司利用世行贷款采购的第一批集装箱装卸设备到岸，岸边集装箱装卸桥、轮胎式集装箱龙门起重机主要技术参数为当时世界领先水平，并首先规模化采用集装箱双箱作业工艺。

2001 年 7 月 17 日，广州港与新加坡港务集团签订 8 亿元的合资经营合同，共同建设、经营广州港新港区的 3 个集装箱泊位。

2001 年 8 月 18 日，中海集团与锦州港组建锦州新时代集装箱码头有限公司。

2001 年 8 月 23 日，地中海航运公司载箱 6 750TEU 的第六代超大型集装箱船“地中海·法米娅”轮首航天津港。

2001 年 8 月 28 日,宁波港与香港和记国际港务集团的合资项目正式启动,香港和记国际港务集团投资 20 亿元人民币建立宁波北仑国际集装箱码头有限公司。

2001 年 12 月 3 日,南通港狼山港区二期集装箱多用途泊位改扩建工程初步设计通过交通部评审。

2001 年 12 月 7 日,烟台港三期工程(第一阶段)通过竣工验收并交付使用。

## 2002 年

2002 年 1 月 1 日,交通部和国家计委联合发布的《关于调整外贸港口收费规定和标准的通知》(交水发〔2001〕542 号文)开始实施,对港口集装箱装卸船等价格上涨 15%。

2002 年 1 月 30 日,上海浦东集装箱物流有限公司成立,所属的上海港集装箱浦东物流转运中心工程是当时我国最大的集装箱物流转运处理基地。

2002 年 2 月,青岛港前湾港区三期工程 1、2 号泊位投产。

2002 年 4 月 1 日,上海洋山深水港建设启动。

2002 年 4 月 6 日, 当时世界最先进的第六代集装箱船德国赫伯罗特公司的“上海快航”首航上海港外高桥集装箱码头上海外高桥码头,该船最大载箱量为 7 500TEU。

2002 年 6 月 16 日,西安、郑州开通至连云港集装箱快运班列。

2002 年 8 月,张家港、常熟港、太仓港实行三港合一建立苏州港。

2002 年 9 月 22 日,我国建国以来最大的水运工程项目——长江口深水航道治理工程一期竣工。

2002 年 12 月 30 日, 国家重点大中型建设项目——大连港大窑湾一期后 6 个泊位工程竣工。

2002 年 12 月,上海振华港机股份有限公司长兴岛基地一、二期工程建成投产。

## 2003 年

2003 年 1 月,宁波海关推出全新监管模式,实行“多点报关,口岸放行”,使进出口货物通关在严密监管前提下全面提速,此举在当时属国内

首例。

2003 年 1 月 6 日，海南国投洋浦港二期工程 2 个集装箱泊位正式运营。

2003 年 3 月 28 日，我国内地首家外资控股比例达 50%的厦门港象屿码头有限公司正式挂牌运行。

2003 年 4 月 12 日，中海集团和连云港港务局合资的连云港庙岭三期 30 号泊位开工建设。

2003 年 6 月，宁波大榭岛招商国际码头有限公司成立，该公司首期规划兴建 4 个深水泊位，设计吞吐能力 180 万 TEU。

2003 年 7 月 21 日，青岛港与世界三大航运巨头签署合资协议，将共同出资 8.8 亿美元建设年吞吐能力超过 650 万 TEU 的中国最大的集装箱码头。

2003 年 7 月，时为世界单线生产规模最大的集装箱厂——南方中集东部工厂在深圳建成，该厂年生产能力 30 万 TEU，主要生产国际标准海运干货箱。

2003 年 8 月 14 日，中海集团所属中海码头发展有限公司和香港九龙仓集团所属现代货柜码头有限公司，在上海签署协议，共斥巨资 60~80 亿投入洋山深水港泊位建设。

2003 年 8 月，新疆—天津"五定"集装箱班列开通。

2003 年 8 月，中远(集团)与新加坡港务集团(PSA)在海南签署合作协议，双方合资成立新公司经营新加坡港 2 个码头泊位，年吞吐量 100 万 TEU。

2003 年 11 月 30 日，上海港集装箱吞吐量突破 1 000 万 TEU，成为中国大陆首个集装箱吞吐量突破 1 000 万 TEU 的港口。

## 2004 年

2004 年 1 月 13 日，宁波港务局、香港宁兴集团、舟山港口投资公司投资金额 50 亿人民币建设宁波舟山金塘大浦口深水集装箱码头项目。

2004 年 1 月 18 日，天津五洲国际集装箱码头公司投入运营。

2004 年 4 月，天津港、秦皇岛港试行内外贸集装箱货同船运输。

2004 年 4 月，由沪东中华造船(集团)有限公司为中远(集团)总公司建造的时为我国最大集装箱船"新赤湾"轮，在上海顺利下水，该船最大载箱量 5 688TEU。

2004年9月,盐田国际三期工程最后一个泊位顺利通过口岸验收。至此,盐田港区三期工程4个泊位全部建成。

2004年12月28日,青岛港前湾三期5~7号泊位竣工投产。

## 2005年

2005年6月18日,武汉港和上海港合资组建的武汉港务集团有限公司正式挂牌成立。

2005年6月,由上海国际港务(集团)有限公司和上海集装箱股份有限公司合作成立的盛东国际集装箱码头有限公司挂牌。

2005年8月10日,时为世界载箱量最大的集装箱船“中海亚洲”轮首航天津港,该船载箱量8 500TEU。

2005年8月26日,由南京港口集团公司、上海国际港务(集团)股份有限公司、中国远洋运输集团公司出资8.2亿共同组建的南京港龙潭集装箱有限公司正式开业。

2005年10月26日,盐田国际在伦敦获得GIL颁发的“2005~2006年度全球最佳集装箱港口”称号,这是该组织第一次为港口运营商颁奖,也是中国港口第一次获得此类全球性行业大奖。

2005年12月20日,经国家批准,宁波、舟山两港口合并统称“宁波—舟山港”。

2005年12月,中国首个集装箱自动化堆场——上海港外高桥集装箱码头全自动化无人堆场由上海振华港机与上海国际港务集团公司合作设计制造,投入工业性运转。

# 参考文献

[1] 陈慕忱.装卸搬运车辆.北京:人民交通出版社,1986
[2] 杨志刚.集装箱码头业务管理.北京:人民交通出版社,1997
[3] 于汝民.集装箱码头经营管理.北京:人民交通出版社,1999
[4] 中华人民共和国交通部.海港总平面设计规范.北京:人民交通出版社,1999
[5] 交通部水运司.港口起重运输机械管理手册.北京:人民交通出版社,2002
[6] 于汝民.港口规划与建设.北京:人民交通出版社,2003
[7] 王海平.中国集装箱运输发展.北京:人民交通出版社,2003
[8] 宗蓓华,真虹.港口装卸工艺学.北京:人民交通出版社,2003
[9] 杨志刚,王立坤,周鑫.国际集装箱多式联运实务、法规与案例.北京:人民交通出版社,2006
[10] [美]蔡斯,阿奎拉诺,雅各布斯.运营管理(第九版).北京:机械工业出版社,2003
[11] 李葆文.设备管理新思维模式.北京:机械工业出版社,2006
[12] 李葆文.现代设备资产管理.北京:机械工业出版社.2006
[13] 中国机械工程学会设备维修分会.设备工程实用手册.北京:中国经济出版社,1999
[14] 张丽君,侯超惠,胡国强,李渊.现代港口物流.北京:中国经济出版社,2005
[15] 杨文士,李晓光.管理学原理.北京:中国财政经济出版社,2004
[16] 企业国际化管理课题组.企业财务国际化管理丛书.北京:中国财政经济出版社,2006
[17] 袁福昌,李国湛,张君山.集装箱装卸搬运机械.武汉:港口装卸杂志社,1988
[18] 傅家骥,仝允桓.工业技术经济学.北京:清华大学出版社,1991
[19] 天津市劳动局.劳动安全卫生读本.1995
[20] 陈家源.港口企业管理学.大连:大连海事大学出版社,1999
[21] 王兴德.财经管理中的信息处理.上海:上海远东出版社,2001
[22] 蒋国仁.岸边集装箱起重机.武汉:湖北科学技术出版社,2001
[23] 宋柏.跨国公司全球物流运作与管理.上海:中国纺织大学出版社,2001
[24] 魏杰.企业文化塑造.北京:中国发展出版社,2002
[25] [美]彼得·圣吉.第五项修炼.上海:三联书店,2002

[26] 公安部消防局.消防监督检查.北京:警官教育出版社,2002
[27] 吴国存,李新建.人力资源开发与管理概论.天津:南开大学出版社,2002
[28] 蔡淑娥.工业企业经济活动分析.武汉:武汉大学出版社,2003
[29] 王储.会计电算化与会计工作.北京:北京财会出版社,2003
[30] 刘鼎铭.集装箱与现代物流辞典.上海:东华大学出版社,2003
[31] 田小宝,江流湉.工伤保险条例与工伤保险实用指南.北京:中国物资出版社,2003
[32] 中国国际货运代理协会.国际多式联运与现代物流理论与实务.北京:中国对外经济贸易出版社,2003
[33] 卫太夷.中国集装箱水运30年.上海:《集装箱化》,2004
[34] [美]罗伯特·希金斯.财务管理分析.北京:北京大学出版社,2004
[35] 彭翠红.港口设施保安.北京:世界知识出版社,2005
[36] 中华人民共和国财政部.企业会计准则.北京:经济科学出版社,2006
[37] 蒋屏.公司理财.北京:中信出版社,2006
[38] 国家安全生产监督管理局安全科学技术研究中心.应急体系建设和应急预案编制.2006
[39] 中国港口年鉴2005.上海:中国港口杂志社,2006
[40] 刘源张,陈志田.卓越绩效评价准则解析与实施案例.北京:中国计量出版社,2005
[41] 包起帆,罗文滨.现代集装箱码头的建设与运营技术.上海:上海科学技术出版社,2006
[42] 杨茅甄.国际集装箱港口管理实务.上海:上海人民出版社,2007

# 后　　记

《现代集装箱码头经营管理》一书是在业界前辈和专家指导下，由天津港(集团)有限公司组织专业人员历时一年编著完成。参加本书的主要编著人员有：

第一章　国际集装箱运输兴起与发展　于汝民、徐英、李竹安

第二章　我国集装箱运输发展历程　于汝民、徐英、李竹安

第三章　现代物流与现代集装箱码头　于汝民、刘虹、朱正清

第四章　现代集装箱码头运营的前期策划与战略管理　方向明、刘瑞卿、孙玉杰、朱正清

第五章　现代集装箱码头平面布置、专用装卸设备及装卸工艺　李华

第六章　现代集装箱码头数字化建设　刘宝合

第七章　现代集装箱码头市场营销　孔维东、吴达、高长根

第八章　现代集装箱码头人力资源管理　李莹、朱正清

第九章　现代集装箱码头投融资管理　史诚东　李竹安

第十章　现代集装箱码头财务管理　史诚东

第十一章　现代集装箱码头单证管理　余雷

第十二章　现代集装箱码头生产作业计划　张翃、冯金宝

第十三章　现代集装箱码头生产作业管理　余雷

第十四章　现代集装箱码头箱务管理　王海滨

第十五章　现代集装箱码头商务管理　阎洪柱、高长根、王培伟、朱正清

第十六章　现代集装箱码头设备管理　李华

第十七章　现代集装箱码头科技、节能、计量管理　王承刚、王得蓉

第十八章　现代集装箱码头质量、安全、环境管理及港口设施保安　高长根、韩宝银、王培伟

附录及有关资料由徐英、朱正清、李来库、李长军、王培伟、李华、王承刚、李竹安收集整理。

《现代集装箱码头经营管理》编审委员会主任、天津港(集团)有限公司总裁于汝民提出了全书的指导思想、撰写全书编写大纲以及基本构架，并完成了部分章节的编写。编审委员会副主任、天津港(集团)有限公司副总工程师袁宝童主持全书编写、审阅及统稿工作。编审委员会全体委员负

责各章节的审稿、定稿工作。李来库、朱正清、李长军、王培伟、王承刚、李华、李竹安、徐英、方向明、冯金宝、刘虹等负责全书各章节的修改、统稿和编校工作。

李竹安、王承刚、李华、王建负责全书编写过程中的联络、协调工作及编辑部日常事务。

本书部分章节及文稿修改、文字录入工作由朱玲、丁研、郑毅等完成。

主审刘鼎铭教授对全书的方向性、趋势性、技术性给予审阅把关，并提出系统修改补充意见。交通部水运科学研究院副院长费维军、研究员彭传圣，交通部水运规划设计院副院长陈韬，上海海事大学副校长黄有方，大连海事大学交通工程与物流学院副院长吕靖为全书或有关章节提出建设性意见并提供相关资料。

此外，《天津港口》编辑部对本书编写工作给予全力支持。

本书封面所用照片由王广荣提供。

在此，对所有支持帮助本书编写工作的各级领导、兄弟单位及各界人士表示衷心的感谢。

鉴于我们的学识水平及掌握的资料有限，本书不足之处恳请读者予以指正。

《现代集装箱码头经营管理》编辑部

2007 年 8 月